DIE EWIGE VOLLKOMMENHEIT DES SEINS

Von Simon Bartholomé

Für Franz "Fente" Friedrichs

INHALTSVERZEICHNIS

Impressum:
© Simon Bartholome
Verlag: BoD · Books on Demand GmbH, In de Tarpen 42, 22848 Norderstedt, bod@bod.de
Druck: Libri Plureos GmbH, Friedensallee 273, 22763 Hamburg
ISBN: 978-3-7693-2011-4

„Der erste Schluck aus dem Becher der Wissenschaft führt zum Atheismus. Aber auf dem Grund des Bechers wartet Gott."
(Werner Heisenberg)

„Die wunderbare Einrichtung und Harmonie des Weltalls kann nur nach dem Plane eines allwissenden und allmächtigen Wesens zustande gekommen sein. Das ist und bleibt meine letzte und höchste Erkenntnis."   (Isaac Newton)

„Jeder, der sich ernsthaft mit der Wissenschaft beschäftigt, gelangt zu der Überzeugung, dass sich in den Gesetzen des Universums ein Geist manifestiert – ein Geist, der dem des Menschen weit überlegen ist und angesichts dessen wir uns mit unseren beschränkten Kräften demütig fühlen müssen."
(Albert Einstein)

„Albert Einsteins letzte Worte waren: „Ich habe mein ganzes Leben lang gedacht, dass ich das Universum entmystifizieren würde. Aber genau das Gegenteil ist geschehen. Je tiefer ich in die Existenz eindrang, desto mehr vertiefte sich das Geheimnis. Ich sterbe voller Staunen."
Aber das ist selten; das ist die Qualität eines Genies. Ein Genie ist jemand, der nicht zulässt, dass die Gesellschaft ihn auf einen Roboter reduziert. Das ist meine Definition eines Genies. Jeder wird als Genie geboren, aber die Menschen beginnen sehr bald, Kompromisse einzugehen. Und wenn sie Kompromisse eingehen, stirbt ihre Intelligenz. Sie verkaufen ihre Seele für profane Dinge, für nutzlose Dinge. Wenn du wie Albert Einstein sterben kannst, hast du richtig gelebt und stirbst auch richtig. Albert Einstein ist viel spiritueller als euer Papst. Bevor er starb, fragte ihn jemand: „Wenn Sie wiedergeboren werden, würden Sie sicher gerne wieder ein großer Physiker und Mathematiker werden." Er sagte: „Nein, niemals! Wenn sich mir eine andere Gelegenheit bietet, würde ich lieber Klempner werden. Ich würde gerne ein ganz gewöhnliches Leben führen, anonym, damit ich das Leben leichter genießen kann, ohne dass mir jemand in die Quere kommt. Mein Ruhm, mein Prestige, meine Forschung – nichts würde mir im Weg stehen, sodass ich eine tiefere Verbindung mit der Existenz haben könnte.""
(Osho)

EINLEITUNG

„Millionen Menschen untersuchen nie sich selbst. Geistig sind sie mechanische Produkte, fabriziert durch ihre Umgebung, gedankenverloren zwischen Frühstück, Mittag- und Abendessen, Arbeit, Schlaf und Entertainment. Sie wissen nicht, wonach oder warum sie suchen, und auch nicht, warum sie niemals vollkommenes Glück und dauerhafte Zufriedenheit erlangen. Indem sie nie sich selbst erforschen, bleiben sie konditionierte Roboter." (Paramahansa Yogananda)

Die meisten Menschen leben wie Vögel, die vergessen haben, dass sie fliegen können. Sie wissen nicht, wer sie sind. Alles, was sie kennen und ihre gesamte Aufmerksamkeit beansprucht, ist ihre oberflächliche Identität als Person und alle damit einhergehenden Angelegenheiten. Sie glauben, dass ihr Personalausweis ihr tatsächliches Selbst relativ präzise darstellt. Es ist ziemlich verblüffend und immer wieder zutiefst faszinierend, dass verhältnismäßig wenige Menschen im Laufe ihres Lebens das intensive Bedürfnis verspüren, sich selbst und die essenzielle Natur ihrer Erfahrung tiefgehend zu erforschen, und diesem Impuls leidenschaftlich nachgehen. Stattdessen gilt es insbesondere in der westlichen Welt als "normal" und somit erstrebenswert, das gesamte Leben ausschließlich damit zu verbringen, kurzlebigen Vergnügungen nachzujagen, den alltäglichen Zyklus – geprägt von Nahrungsaufnahme, Sexualität, Beruf und Unterhaltung – unhinterfragt zu akzeptieren und niemals darüber hinauszugehen, sich also zu fragen, was all dem eigentlich zugrunde liegt. Wir orientieren uns einfach an unseren Mitmenschen, übernehmen deren Weltbild sowie ihre Wertvorstellungen und folgen meist der Mehrheit bezüglich der allgemein praktizierten Lebensweise. Dabei gerät in Vergessenheit:

„Wer Wahrheit sucht, der darf die Stimmen nicht zählen."
(Gottfried Wilhelm Leibniz)

„Es ist kein Zeichen geistiger Gesundheit,
gut angepasst an eine zutiefst kranke Gesellschaft zu sein."
(Jiddu Krishnamurti)

Als soziales Wesen ist der Mensch darauf konditioniert, sich an seine Artgenossen anzupassen, um nicht ausgeschlossen zu werden, denn in der Gemeinschaft bestehen wesentlich bessere Überlebenschancen. Wenn allgemeine Panik ausbricht, schließen sich die meisten Menschen an und geraten ebenfalls in Panik. Manchmal ist es jedoch ratsam, die Angst stattdessen zu hinterfragen, ihre Quelle ausfindig zu machen und herauszufinden, ob sie gerechtfertigt ist.

Wir werden von morgens bis abends von den Medien mit völlig unwesentlichen Informationen bombardiert, während die zahlreichen Phänomene und Erkenntnisse, von denen ein geringer Teil in diesem Buch präsentiert wird, weitgehend unbekannt bleiben.
Wir ertrinken in einer Flut von nutzlosen Informationen bspw. über Sportveranstaltungen, Ereignisse im Leben prominenter Personen (ohne jede Bedeutung für das eigene Dasein) und Politik, während unser Durst nach wahrer Weisheit ungestillt bleibt.
Der spirituelle Lehrer Eckhart Tolle sagte auf einem Vortrag am 26. Oktober 2010 in Karlsruhe: „Das Erwachen der Transzendenz ist das Wichtigste, das im Leben eines Menschen geschehen kann – und das Unglaubliche ist, dass praktisch niemand in unserer Zivilisation davon spricht. Man wird vollgestopft mit Wissen, ohne das Wissen um das Kostbarste, das es gibt, ohne welches das menschliche Leben gar keine wirkliche Erfüllung finden kann."
Sich an relativen Dingen aller Art zu erfreuen ist keineswegs verwerflich, jedoch entwickelt sich Unterhaltung zum Problem, wenn sie zur einzigen Quelle unserer Freude wird und damit unser Leben ausmacht. Kaum jemand wagt es während dieser mechanischen Existenz, tiefgehende Fragen zu stellen, die jeden uns von direkt betreffen und we-

sentlich größeren Einfluss auf unser Leben haben als all das, womit wir in der Regel unsere Zeit vergeuden. Vielleicht liegt die Vernachlässigung jener Fragen daran, dass wir sie bereits für beantwortet halten...

„Bildung ist erlernte Unwissenheit."
(Ramana Maharshi)

Die im Westen dominierende Grundannahme geht davon aus, dass wir alle nichts als zufällig entstandene Zellhaufen sind, die getrennt voneinander existieren, aus dem Nichts entstanden sind und irgendwann wieder in jenes verschwinden. Jeder ist sich selbst der Nächste. Der Sinn des Lebens wird zwar im Streben nach Glück erkannt, jedoch glauben die meisten von uns, dass dieses Glück nur durch das erworben werden kann, was in unserer Gesellschaft als "Erfolg" bezeichnet wird. Erfolg wird oftmals definiert durch beruflich-wirtschaftlichen Erfolg und weltlichen Ruhm, d. h. Anerkennung seitens möglichst vieler Mitmenschen. Wer reich und beliebt ist, „hat's geschafft". Mehr geht nicht.
Oder doch? Der Schauspieler Jim Carrey weiß, wovon er spricht:

„Ich wünschte, jeder würde reich und berühmt werden.
So könnten alle erkennen, dass das nicht die Lösung ist."

Die immer noch weitverbreitete Auffassung, Ruhm und Reichtum seien die Quelle des Glücks, wird schon dadurch entkräftet, dass zahlreiche Prominente – also reiche und berühmte Menschen – so unglücklich sind, dass sie sich dazu entschließen, ihren Körper zu töten, um ihrem Leben ein vermeintliches Ende zu setzen. An einer mangelnden Anzahl von Anhängern, sogenannten 'Fans', oder finanzieller Armut hat es mit an Sicherheit grenzender Wahrscheinlichkeit nicht gelegen.

„Das Wort "Superstar" finde ich abstoßend, weil es eine Illusion ist."
(Bruce Lee)

Völlig unabhängig vom gesellschaftlichen Status kann es sich als lohnenswert erweisen, sich eine berechtigte Frage zu stellen: Ist ein Leben als konditioniertes Phänomen ohne jegliche Tiefe nicht ein erbärmliches Dasein, das auf Dauer dazu verdammt ist, unbefriedigend zu sein?

„Glücklicherweise werden manche mit einem spirituellen Immunsystem geboren, das früher oder später die illusorische Weltsicht ablehnt, die ihnen von Geburt an durch soziale Konditionierung aufgepfropft wurde. Sie spüren, dass etwas nicht stimmt, und suchen nach Antworten. Inneres Wissen und anomale äußere Erfahrungen zeigen ihnen eine Seite der Realität, die andere nicht kennen, und so beginnt ihre Reise des Erwachens. Jeder Schritt der Reise wird gemacht, indem man – anstatt der Menge – dem Herzen folgt.", so der französische Nobelpreisträger Henri Bergson.

Im Herzen jedes Menschen schlummert die Erinnerung an die Ewigkeit. Solange sie nicht wiedererweckt wird, ist beständiges Glück ausgeschlossen, weil wir nicht im Einklang mit unserer wahren Natur leben. Im Zustand der Vergessenheit gibt es im Leben eines jeden Menschen einen immer wiederkehrenden Impuls aus der Tiefe, der uns dazu motivieren möchte, tiefer zu blicken, aber in den meisten Fällen erfolgreich ignoriert wird. Der niederländische Wissenschaftler Bernardo Kastrup hat diesen Herzensimpuls schön in Worte gekleidet:

„Der Mensch sehnt sich von Natur aus nach Wundern, Transzendenz, geistigen Landschaften jenseits der Grenzen des gewöhnlichen Lebens. Irgendetwas im menschlichen Geist schreit laut, dass es mehr gibt als die raumzeitlichen Grenzen des Körpers."

Man möge mir in diesem Buch die vertrauliche Anrede gestatten, da ich sie als wirkungsvoller empfinde, um die gewünschte Botschaft zu vermitteln... Ich möchte dir eine Geschichte erzählen, die auf einer wahren Begebenheit beruht. Vielleicht wird sie dich zum Lachen bringen und gleichzeitig eine wichtige Lehre offenbaren... In meiner Kindheit brachte mir mein Vater bei, dass Hummeln nicht stechen können. Es gab keinen Grund, ihm nicht zu glauben, weil er sich mit Tieren eigentlich sehr gut auskannte. Eines schönen Sommertages – ich war schätzungsweise 6 oder 7 Jahre alt – spielte ich in unserem traumhaft schönen Garten und entdeckte dabei eine prächtige Erdhummel. Sie sah sehr hübsch und kuschelig aus. Ich entschied, mich mit ihr anzufreunden und sie zu streicheln. So fand ich heraus, dass Hummeln doch stechen können! Mein Vater schlug daraufhin in einer Lektüre nach und stellte überrascht fest, dass Erdhummeln wie Bienen und Wespen über einen Wehrstachel verfügen. Den zweifelsfreien Beweis bildete der sichtbare Stachel, den er mit einer Pinzette liebevoll aus meiner Haut entfernte – Entschuldigung akzeptiert.

Ich möchte mit dieser Geschichte verdeutlichen, dass es sehr schmerzhaft sein kann, sich auf falsche Informationen zu verlassen. Daher ist es nicht verkehrt, sich eine gewisse Skepsis zu bewahren und eigene Erfahrungen zu sammeln. Aus diesem Grund lade ich dich herzlich dazu ein, die Informationen, die ich in diesem Buch präsentiere, nicht einfach hinzunehmen. Insbesondere dann, wenn sie dir unglaubwürdig erscheinen, solltest du Nachforschungen anstellen und meine Angaben kritisch hinterfragen. Es gibt beispielsweise eine gewaltige Literaturauswahl, die es dir ermöglicht, zu überprüfen, ob meine Ausführungen eine zuverlässige Basis haben. Ich gebe im Folgenden lediglich das an dich weiter, was kluge Menschen an mich weitergegeben haben. Es wurde allerdings einer gründlichen Überprüfung meinerseits unterzogen, hat dieser standgehalten, sich in eigenen Erfahrungen immer wieder restlos bestätigt und darüber hinaus als außerordentliche Bereicherung erwiesen. Dementsprechend liegt es mir am Herzen, möglichst viele meiner Mitmenschen an diesen Erkenntnissen teilhaben zu lassen.

Dabei fungiere ich lediglich als Überbringer der "frohen Botschaft". Weisheit ist keine Errungenschaft einer Person, genauso wie das Sonnenlicht keine Eigenschaft eines Fensters ist. Manche Menschen sind Werkzeuge, durch die Weisheit in diese Welt gelangen kann, so wie ein Fenster es dem Licht der Sonne ermöglicht, einen Raum zu erhellen.

Das Fenster ist nicht die Quelle des Lichts. Ebenso ist kein Mensch der Schöpfer oder Besitzer der Weisheit, sondern bestenfalls ihr Diener. Die erste Annahme aus meiner Kindheit, die sich als Illusion entlarvte, sobald ich älter wurde, war der Glaube daran, dass erwachsene Menschen weise sind. Weisheit ist zeitlose Selbsterkenntnis und hat im Gegensatz zum angesammelten Wissen (dem Auswendiglernen von Fakten) nichts mit dem Alter eines Menschen zu tun. Erwachsene mögen 'gebildeter' sein und somit über mehr relatives Wissen verfügen als Kinder und Jugendliche, aber Weisheit suchte ich bei den meisten vergeblich. Ich bemerkte zwar, dass sie mir beibringen konnten, wie man ein "erfolgreiches" menschliches Leben führt – worum sie auch stets bemüht waren –, doch nur in den seltensten Fällen erhielt ich bei ihnen befriedigende Antworten auf meine tiefergehenden Fragen. So erkannte ich früh, dass ich selbst nach jener ersehnten Weisheit suchen musste.

Du wirst dich vielleicht gelegentlich darüber wundern, dass dieses Buch so viele Zitate enthält und ich oftmals keine eigenen Worte wählte. Es ist und bleibt überaus wichtig, selbst nachzudenken und jede geäußerte Stellungnahme zu hinterfragen, solange keine schlagkräftigen Argumente vorgelegt werden. Dabei ist es gleichgültig, wer sie äußert, denn jeder Mensch kann sich irren. Man sollte bis zu einem gewissen Punkt unbeeinflussbar sein und bleiben. Doch ich gebe hemmungslos preis, dass die vielen Menschen, die ich in diesem Buch zitieren werde, meine Lehrer waren und sind, meine richtungsweisenden Freunde, die mir behutsam den Weg aufzeigten. Durch eine sorgfältige Erforschung dessen, worauf sie liebevoll hinwiesen, haben sich ihre Aussagen als absolut wahrhaftig herausgestellt. Sie wirkten somit durch ihr kostbares Vermächtnis auf mich ein. Wenn diese Menschen sprechen, verneige ich mich in Ehrfurcht und verlasse mit Freude die Bühne, um ihnen das Wort zu überlassen. Aus diesem Grund enthält dieses Buch eine derart ausgeprägte Zitatsammlung. Die Worte all dieser Menschen empfinde ich als so enorm kraftvoll, dass ich einfach nicht darauf verzichten konnte, mit ihnen meine eigenen Aussagen zu unterstreichen.

„Wer bin ich?"

Das ist die wichtigste Frage, die ein Mensch jemals in seinem Leben stellen kann. Umso stärker verblüfft es, dass kaum ein Mensch es wagt, diese Frage zu formulieren und ernsthaft zu untersuchen.

Wie bereits angedeutet, besteht die allgemein geltende Problematik darin, dass wir grundsätzlich zu selten hinterfragen, was uns von klein auf gelehrt wird. Wir nehmen etliche vermeintliche Tatsachen mit völliger Selbstverständlichkeit hin und registrieren nicht, dass es sich bei den übermittelten Informationen oftmals keineswegs um gesichertes Wissen handelt, sondern um bloße Glaubenssätze, d. h. unbewiesene Hypothesen, die einfach als Tatsachen dargestellt werden, was aber unbemerkt bleibt, weil sie nicht ausreichend in Frage gestellt werden.

Das trifft auf die Wissenschaft kaum geringfügiger zu als auf die Religion. Wissenschaft und Religion dominieren das Denken der Menschen – und beide sind von zahlreichen Dogmen durchdrungen, welche uns auf der Suche nach Wahrheit erheblich einschränken.

Die meisten Menschen übernehmen in ihrer Kindheit das Weltbild ihrer Eltern bzw. ihrer gesellschaftlichen Umgebung, ohne es wirklich kritisch zu hinterfragen. Es erscheint bequem, sich nicht selbst auf die Suche nach der Wahrheit begeben zu müssen. Uns wird das "Wissen" auf einem Silbertablett serviert und wir haben nichts weiter zu tun, als es uns – gemütlich im Sofa sitzend – zuzuführen.

Aus dieser Konditionierung resultiert nicht nur das Welt-, sondern auch das Selbstbild einer Person. Wir übersehen dabei jedoch etwas von außerordentlicher Bedeutung: Diese Gehirnwäsche ist überaus schädlich, weil sie uns zu Menschen aus zweiter Hand macht.

Die meisten Menschen denken, wie man sie zu denken gelehrt hat. Sie sind von Kopf bis Fuß konditioniert, weil sie von blinden Blindenführern für das Leben ausgebildet wurden, die selbst nichts hinterfragt haben und von schwerwiegenden Ängsten und Zweifeln geplagt werden.

Wie viel von dem, was du zu wissen glaubst, weißt du aus eigener Erfahrung? Wüsstest du es, wenn kein Mensch es dir jemals beigebracht hätte? Erkennst du das grundlegende Problem, von dem deine gesamte Weltanschauung, all deine Wertvorstellungen und schlussendlich auch dein Selbstwertgefühl in Mitleidenschaft gezogen werden?

Die Frage „Wer bist du?" würden die meisten Menschen beantworten, indem sie ihren Namen nennen, sich einem Geschlecht und einer Spezies zuordnen und ggf. noch die Eigenschaften ihrer Persönlichkeit angeben. „Worte reduzieren die Wirklichkeit auf etwas, das der menschliche Verstand erfassen kann, und das ist nicht gerade viel. Die Sprache besteht aus fünf Grundlauten, die von den Stimmbändern erzeugt werden. Das sind die Vokale. Hinzu kommen die Konsonanten, die durch Luftdruck gebildet werden usw. Glaubst du, dass eine Kombination von derartigen Grundlauten jemals erklären könnte, wer du bist?", so Eckhart Tolle in seinem sagenhaften Buch "Eine neue Erde".

Die Wahrheit ist also, dass kein Wort der menschlichen Sprache uneingeschränkt zum Ausdruck bringen kann, was du wirklich bist. Davon abgesehen, dass jedes Wort früher oder später zwangsläufig vom Verstand fehlinterpretiert wird und in die Irre führt, handelt es sich bei jedem Wort um eine Form. Einzelne Formen können das Formlose in seiner unbegrenzten Totalität nicht angemessen repräsentieren. Man kann das Grenzenlose nicht anhand von Grenzen unverfälscht darstellen. Es genügt zu sagen: Ich bin. Jede Hinzufügung wird der unaussprechlichen Wirklichkeit nicht gerecht. Allerdings geht es nicht um die Worte „Ich bin", sondern um die Stille, die darauf folgt. Diese Stille ersetzt ein weiteres Wort, welches man bei einem derartigen Satzbeginn erwarten würde. In der Stille liegt tiefere Wahrheit als in jedem Wort. Worte sind nur verbalisierte Gedanken. Du kannst dich der menschlichen Sprache bedienen und die Frage aller Fragen mit einem Gedanken beantworten, der durch die Vibration deiner Stimmbänder zu einem gesprochenen Wort wird. Aber jede Antwort, die sich der Sprache bedient, ist falsch. Damit möchte ich bereits zu Beginn ausdrücklich darauf hinweisen, dass alle Wörter in diesem Buch lediglich als Hinweise dienen und nur dann wirklich hilfreich sein können, wenn du über sie hinausgehst und unmittelbar erfährst, worauf sie hinweisen. Ich möchte dich also motivieren, herauszufinden: Wie wäre es, wenn du die Frage „Wer bin ich?" nicht beantwortest, indem du deinem Wortschatz einen Begriff entnimmst, den du für besonders geeignet hältst – und dich stattdessen einfach erfährst? Du wirst dich selbst weder durch einen Blick in den Spiegel noch durch eine psychotherapeutische Analyse deiner Traumata wirklich erfahren und kennenlernen. Denn all das gleicht dem Schwimmen an der Meeresoberfläche. Sofern du genug Mut aufbringen kannst, würde ich mich freuen, wenn du die Schwimmflügel ablegst, meine Hand ergreifst und mit mir in die mysteriöse Tiefe des Ozeans abtauchst.

Jeder Mensch, völlig unabhängig von seiner Religionszugehörigkeit (sofern er/sie sich nicht von Dogmen einschränken lässt), kann zur wertvollsten aller Erkenntnisse kommen. Mit dem Tabu zu brechen und den Tod zu studieren, ist eine weitgehend unterschätzte Möglichkeit, die in diesem Buch nicht vernachlässigt werden darf.

Uns sind unzählige Wege zugänglich, die allesamt zum selben Ziel führen. Es sollte offensichtlich sein, dass alle Weltreligionen letztendlich auf dieselbe Erkenntnis hinauswollen und sich somit essenziell keineswegs voneinander unterscheiden. Um das zu erkennen, muss man wahrlich kein Genie sein – wie Nikola Tesla, der sagte: „Der Buddhist drückt es auf eine Weise aus, der Christ auf eine andere, aber beide sagen dasselbe: Wir sind alle eins."

Die Erkenntnisse und Erfahrungen, die in diesem Buch vorgestellt werden, sind älter als die Menschheit selbst. Es ist mehr als wahrscheinlich, dass Menschen schon vor Tausenden von Jahren regelmäßig spirituelle Erlebnisse hatten. Sie sind der Ursprung aller Religionen.

Natürlich haben bei deren Entstehung auch die Ängste der Menschen eine Rolle gespielt und viele Annahmen hinzugefügt, die ursprünglich nicht von essenzieller Bedeutung waren. Aufgrund jener Dogmen ist es nicht immer einfach, die Essenz wieder freizulegen und den wahren Wert zu erkennen.

In diesem Buch wird der Versuch gewagt, in erster Linie die Einsichten hervorzuheben, welche auf tatsächlicher Erfahrung beruhen.

Die unmittelbare Erfahrung ist die wirkliche Quelle der Spiritualität. Wer sie einzig und allein auf Wunschdenken reduziert, hat einfach nicht genau genug hingesehen.

Der geniale Wissenschaftler Werner Heisenberg beging diesen Fehler offenbar nicht: „In der Geschichte der Wissenschaft ist seit dem berühmten Prozess gegen Galilei immer wieder behauptet worden, dass die wissenschaftliche Wahrheit nicht mit der religiösen Interpretation der Welt in Einklang zu bringen sei. Obwohl ich von der Unangreifbarkeit der naturwissenschaftlichen Wahrheit in ihrem Bereich überzeugt bin, so ist es mir doch nie möglich gewesen, den Inhalt des religiösen Denkens einfach als Teil einer überwundenen Bewusstseinsstufe der Menschheit abzutun, einen Teil, auf den wir in Zukunft zu verzichten hätten. So bin ich im Laufe meines Lebens immer wieder gezwungen worden, über das Verhältnis dieser beiden geistigen Welten nachzudenken; denn an der Wirklichkeit dessen, auf das sie hindeuten, habe ich nie zweifeln können."

Sein Kollege Niels Bohr schloss sich an: „Die Tatsache, dass die Religionen im Laufe der Jahrhunderte in Bildern, Gleichnissen und Paradoxien gesprochen haben, bedeutet lediglich, dass es keine anderen Möglichkeiten gibt, die Realität, auf die sie sich beziehen, zu erfassen. Das bedeutet aber nicht, dass es sich nicht um eine echte Realität handelt."

Viele Menschen sagen: „Ich glaube an das, was ich sehen und anfassen kann. Nur das ist die Realität." Wie witzig! Das ist ein Gedanke – und diesen Gedanken kann man weder sehen noch anfassen. Diese Menschen sollten sich fragen, ob sie das sehen und berühren/fühlen können, was alles Sehen und Fühlen möglich macht – das Bewusstsein. Erkenne, dass der offensichtlichste Fakt der Erfahrung nicht gesehen oder berührt werden kann. Das Bewusstsein ist unsichtbar und ungreifbar, aber seine Anwesenheit ist eine Tatsache, die niemals geleugnet werden kann.

Die Unkenntnis der Informationen, die ich innerhalb der folgenden Ausführungen zu präsentieren gedenke, ist letztlich nichts Geringeres als die alleinige Ursache für all das psychische Leid auf diesem Planeten. So ist meine Motivation nicht geringfügig ausgeprägt, diese Informationen zu popularisieren.

Glaubst du, dass die durchschnittliche geistige Verfassung des Menschen von einer gesunden Stabilität zeugt? Glaubst du, dass die Menschen glücklich sind? Schaue dir unsere Gesellschaft an. Begebe dich auf die Straße und blicke in die Augen deiner Mitmenschen. Du wirst unter den Erwachsenen wenige bis keine finden, die einen mehr oder weniger glücklichen Eindruck vermitteln. Woran liegt das? Wir gehören einer Menschheit an, die wohl so intensiv wie nie zuvor an psychischen Erkrankungen leidet, obwohl viele von uns in einem Überfluss an physischen Gütern leben. Angst und Sorgen aller Art dominieren das Verhalten der Menschen in dieser Gesellschaft. Die meisten Menschen sind körperlich relativ gesund und trotzdem unglücklich. Vielen von ihnen fehlt es nicht an Geld, aber an Lebensfreude. Wo liegt das Problem? Wir haben vergessen, wer wir sind!

Die Auswirkungen dieser Tatsache sind verheerend, was sich anhand des alltäglichen Weltgeschehens mit Leichtigkeit verifizieren lässt. Der Zustand, in dem sich offenkundig ein Großteil der gesamten Menschheit befindet, ist schlichtweg bedauernswert und erfordert dringend eine kollektive Revolution, die im Inneren der Menschen ihren Anfang nimmt und sich schließlich in der Außenwelt als harmonisches Zusammenleben manifestiert, das von einer nie dagewesenen Glückseligkeit geprägt ist. Das ist keine Utopie!

Wir sollten unser Hauptaugenmerk darauf richten, wie wir das Leid in dieser Welt überwinden können – zunächst das persönliche Leid und, darauf basierend, jenes auf der kollektiven Ebene. Es gibt schlicht und ergreifend kein wichtigeres Thema als dieses, solange es noch leidende Menschen auf der Welt gibt – und sei es nur ein einziger. Das Leid kann allein durch Selbsterkenntnis vollends überwunden werden.

Nun ist die Zeit gekommen, dir eine kleine Vorschau – den Inhalt dieses Buches betreffend – zu gewähren, die hoffentlich ein wenig Vorfreude in dir hervorruft. Wir werden in den Kapiteln 1 bis 12 hauptsächlich die Natur des Seins ergründen. Im letzten und bei weitem umfangreichsten Kapitel widmen wir uns zahlreichen Phänomenen und Erlebnissen, die uns dabei behilflich sind, die eben erwähnte Natur des Lebens, das wir letztendlich selbst sind, zu verstehen. Wir werden also zunächst aufdecken, was allen Erfahrungen zugrunde liegt, bevor wir dann überwältigende Erfahrungen präzise begutachten, die mit unmissverständlicher Deutlichkeit auf genau diese Grundlage hinweisen. Schon im ersten Kapitel werden wir einen flüchtigen Blick auf einige bemerkenswerte Phänomene werfen, um das Fenster für den Lichteinfall zu öffnen.

Normalerweise habe ich es bisher immer so gehandhabt, dass ich die Leser in meinen Ausführungen Schritt für Schritt an tiefere Erkenntnisse heranführte. Dieses Mal verfolge ich eine etwas andere und reizvollere Strategie – mit der Absicht, den Verstand gewissermaßen zu überfordern, indem ich ihn von Beginn an mit Aussagen konfrontiere, die er vermutlich nicht nachvollziehen können wird. Einige der in dieser Einführung enthaltenen Aussagen mögen bereits eine verwirrende Wirkung entfacht haben, sollten im weiteren Verlauf aber ausreichend erörtert werden. Fühle dich also bitte nicht zu schnell entmutigt und übe dich in Geduld. Die Bedeutung aller Äußerungen sollte früher oder später ersichtlich werden. Auch kann es vorkommen, dass du angesichts mancher Angaben meinerseits ein Unbehagen in dir verspüren wirst, weil es dem, was dir beigebracht wurde und vertraut vorkommt, kohärent entgegengesetzt ist. Wenn die Ausführungen in diesem Buch in dir auf Ablehnung stoßen, so kann ich dir versichern, dass dies auf einem simplen Missverständnis beruht, welches im weiteren Verlauf der Reise aufgelöst werden sollte. Auch hier gilt also, sich nicht zu schnell abschrecken zu lassen und ein voreiliges Urteil zu vermeiden. Ich verspreche dir aus der Tiefe meines Herzens, dass es keine größere Bereicherung gibt als die Erkenntnisse, die im Mittelpunkt dieser Publikation stehen.

Der Verstand mag bei jeder Gelegenheit argumentieren, das alles sei „zu schön, um wahr zu sein", doch das Herz weiß es besser.

Was dir ebenfalls auffallen wird, sind ständige Wiederholungen jener Einsichten, die ich als besonders bedeutsam empfinde. Vielleicht wird dein Verstand angesichts dieser Repetitionen genervt sein. Das ist gut so. Wir werden den kleinen Menschenverstand so lange nerven und überfordern, bis er seine eigene Beschränktheit einsieht und kapituliert, sodass eine größere Intelligenz in dir, die sich nicht mit einem IQ-Test ermitteln lässt, den ihr zustehenden Platz in der ersten Reihe einnehmen kann.

Es kann durchaus sein, dass manches beim ersten Mal noch auf Unverständnis stößt, aber später nicht zuletzt aufgrund zwischenzeitlicher Aufklärungen den konditionierten Verstand überwinden kann, ins Herz einsickert und dort Bestätigung findet. Dann wurde das Paket zugestellt und der Absender – meine Wenigkeit – hat seine Mission erfüllt.

Wer das Bedürfnis verspürt, tiefer zu blicken und sich folglich mit diesem Thema beschäftigen möchte, jedoch nicht über die erforderliche Zeit verfügt oder nicht die Motivation aufbringen kann, ausführliche Bücher (wie dieses) mit mehreren hundert Seiten zu studieren, dem sei alternativ mein vorangegangenes Buch "Die Essenz der Spiritualität" ans Herz gelegt, welches die herausgearbeitete, komprimierte Essenz auf lediglich 50 Seiten präsentiert. Es ist fast vollständig mit Ergänzungen und zusätzlichen Ausführungen im vorliegenden Buch enthalten.

In all meinen Büchern zu diesem Thema weise ich wiederholt darauf hin, dass Bewusstsein völlig unabhängig vom Körper erfahren werden kann. Der bedingungs- und ausnahmslose Fortbestand unserer essentiellen Identität über den physischen Verfall hinaus kann tatsächlich als eine von allen Zweifeln befreite Gewissheit betrachtet werden. Die höchst bedeutungsvolle Erkenntnis lautet: Wir sind nicht (nur) unser Körper, sondern ewiges Gewahrsein. Gesellschaftliche Konditionierung hindert uns daran, das klar zu erkennen. Weil wir uns meist auf der Oberfläche des Lebens aufhalten und einzig den vergänglichen Erscheinungen unsere Aufmerksamkeit schenken, gerät der unvergängliche Kern in der Tiefe in Vergessenheit. Daraus resultiert früher oder später zwangsläufig Leid. Wenn wir die Oberfläche des Lebens verlassen und jenseits unserer Persönlichkeit unmittelbar die Essenz dessen erfahren, was wir auf tiefster Ebene der Betrachtung sind, dann wird dem Leid durch die daraus hervorgehende Selbsterkenntnis dauerhaft der Boden entzogen.

Zum Ende der Einleitung eine kleine Empfehlung: Wenn ich Bücher zu diesem Thema gelesen habe, hörte ich währenddessen häufig Musik. Diese hat die Aufnahme der Botschaften erleichtert und regte sozusagen ihre Verdauung an. Vielleicht möchtest auch du das Lesen dieses Buches mit (bestenfalls gefühlvoller) Musik kombinieren.

Ich lade dich hiermit herzlich zu einer gemeinsamen Reise ein und biete dir an, zusammen mit mir herauszufinden, dass und auch wie wir durch spirituelle Selbsterkenntnis – basierend auf der daraus resultierenden Gewissheit der Unsterblichkeit – einen unerschütterlichen inneren Frieden etablieren können, der unabhängig von äußeren Ereignissen ist.

Bevor wir unsere gemeinsame Reise starten, möchte ich nochmals darauf hinweisen, dass ausnahmslos alle Behauptungen in diesem Buch in deiner eigenen unmittelbaren Erfahrung überprüft werden können. Ich und all jene, die ich zitiere, werden nichts behaupten, was du nicht auch selbst erfahren kannst. Vieles benötigt keine tiefe Erforschung, oftmals nur einen Augenblick totaler Aufmerksamkeit. Einige Erkenntnisse wirst du jedoch wahrscheinlich nur dann nachvollziehen können, wenn du sie kontinuierlich und leidenschaftlich erforschst.

Vor einem Reisestart wird man in der Regel dazu aufgefordert, sich anzuschnallen. Ich möchte dich hingegen darum bitten, dich abzuschnallen – von deiner Konditionierung, von deinem Welt- und Selbstbild, von allem, was du für real und illusionär hältst. Lege allen Ballast ab, damit dich nichts mehr daran hindern kann, mit mir emporzusteigen und zu fliegen!

„Wir erleben eine Realität, die auf einer dünnen Schicht von Lügen und Illusionen beruht. Eine Welt, in der Gier unser Gott ist und Weisheit Sünde, in der Spaltung der Schlüssel ist und Einheit ein Hirngespinst, in der die vom Ego getriebene Klugheit des Verstandes gepriesen wird und nicht die Intelligenz des Herzens. Die Welt ist wie ein Fahrgeschäft in einem Vergnügungspark, und man hält es für real, denn so mächtig ist unser Verstand. Es geht rauf und runter, es gibt Nervenkitzel, es ist bunt, es ist laut und es macht eine Weile Spaß. Viele Leute haben die Fahrt lange hinter sich und fragen sich: "Hey, ist das echt oder nur eine Fahrt?" Andere haben sich daran erinnert, kommen zu uns zurück und sagen: "Hey, mach dir keine Sorgen; hab keine Angst, niemals, denn das ist nur eine Fahrt." Und wir ... töten diese Leute. "Bringt ihn zum Schweigen! Ich habe eine Menge in diese Fahrt investiert, bringt ihn zum Schweigen! Sieh dir meine Sorgenfalten an, sieh dir mein dickes Bankkonto an, und meine Familie. Das muss echt sein." Es ist nur eine Fahrt. Aber wir töten immer die Guten, die versuchen, uns das zu sagen, ist dir das schon mal aufgefallen? Aber das ist egal, denn es ist nur eine Fahrt. Und wir können sie jederzeit ändern, wenn wir wollen. Es ist nur eine Entscheidung. Keine Anstrengung, keine Arbeit, kein Job, kein gespartes Geld. Nur eine einfache Wahl, genau jetzt, zwischen Angst und Liebe. Die Augen der Angst wollen, dass du größere Schlösser an deinen Türen anbringst, Waffen kaufst, dich abschottest. Die Augen der Liebe hingegen sehen uns alle als Einheit, kein einziges Wesen ausgeschlossen – um die Welt zu verändern, genau jetzt, für eine bessere Fahrt." (Bill Hicks)

„Du träumst den Traum der Sterblichkeit! Wenn du dir dessen bewusst bist, wirst du dann auf irgendetwas reagieren? Wirst du auf Situationen reagieren, wenn du weißt, dass du träumst? Nein, natürlich nicht. Du wirst lachen! Du wirst einen Krieg sehen und mitten auf dem Schlachtfeld stehen und sagen: "Was macht ihr da? Das ist alles nur ein Traum! Werft eure Waffen weg. Ihr vergeudet eure Zeit! Niemand stirbt, niemand wird getötet, niemand wird geboren. Es ist alles nur ein Traum." Und sie werden dich wahrscheinlich erschießen, weil du das sagst. Das macht keinen Unterschied! Du bist dir bewusst, dass du träumst, also nimmst du wahr, wie du erschossen wirst, und du lachst weiter. Und dann wachst du auf." (Robert Adams)

Es gibt eine Realität, die unteilbar ist, eins,
die Quelle und das Sein von allem;
kein Objekt, nicht einmal ein Verstand,
sondern reiner Geist oder klares Bewusstsein;
und wir sind das und nichts als das,
denn das ist unsere wahre Natur;
und der einzige Weg, es zu finden,
ist, beständig nach innen zu schauen,
wo äußerster Frieden, unvergängliche Freude
und das ewige Leben selbst zu finden sind.

Douglas Harding

Kapitel 1

ES GIBT KEINEN TOD

„Niemand stirbt.
So etwas wie den Tod gibt es nicht.
Es gibt nur ewiges Leben – und das bist du."
(Robert Adams)

„Dieser Ort ist ein Traum.
Nur ein Schläfer hält ihn für real.
Dann kommt der Tod wie die Morgendämmerung
und du wachst auf und lachst über das,
was du für deinen Kummer gehalten hast."
(Rumi)

Im Juni 2015 ließ mein Vater unerwartet seinen Körper zurück. Als ich kurz darauf einer Bekannten begegnete und ihr mitteilte, dass der Grund meiner bevorstehenden Heimreise die Beerdigung meines Vaters ist, hat sie mir durch ihre Reaktion, welche sicher repräsentativ für das Kollektiv ist, einen Einblick in den allgemeinen Zustand der Menschen gewährt. Denn diese Reaktion, die ich im Folgenden möglichst genau zu beschreiben versuche, demonstrierte mir eindringlich, dass viele Menschen nicht mit dem Tod umgehen können. Mehr noch... dass die meisten Menschen offensichtlich nicht wissen, was der Tod eigentlich ist. Die Hilflosigkeit im Umgang mit dem Tod und den Hinterbliebenen eines Verstorbenen ist beträchtlich und in meinen Augen alarmierend, weshalb ich mich verpflichtet fühlte, u. a. dieses Kapitel zu verfassen.
Nun zu ihrer Reaktion auf die Neuigkeit:

Ohne Zeitverzögerung fiel ihr der Unterkiefer herunter und sie blickte mich mit weit aufgerissenen Augen an, in denen sich zudem überraschend schnell Tränen bildeten. Innerhalb weniger Sekunden errötete ihr Gesicht und sie begann, am gesamten Körper zu zittern. Man muss wahrlich kein Experte für Körpersprachendeutung sein, um zu registrieren, dass ein Mensch, der solch ein Verhalten zeigt, am liebsten augenblicklich der Situation entweichen würde. Sie stotterte und wusste offensichtlich nicht, welche Worte sie wählen könnte, um angemessen zu reagieren. Mehr als alles andere aber verunsicherte sie die Gelassenheit, mit der ich dieser Situation begegnete. Angesichts dieser Interaktion kam ein geradezu merkwürdiger Gedanke auf:

Wessen Vater ist denn nun eigentlich gestorben?

Obwohl ich mich zwischenzeitlich darum bemühte – weil die gesellschaftliche Konvention es verlangt (ein ohnehin fragwürdiger Beweggrund) –, habe ich nie eine Träne um meinen Vater vergossen.

Wir hatten ein gutes Verhältnis zueinander und man darf mich hinsichtlich meiner Persönlichkeit durchaus als einen emotionalen Menschen bezeichnen. Ich kann jedem Leser versichern, dass mein Verhalten in Bezug auf den Tod meines Vaters und der grundsätzliche Umgang mit dem Thema (es handelt sich nicht um den einzigen Todesfall) absolut nichts mit meiner Persönlichkeit zu tun haben.

Dass ich nicht um meinen Vater trauerte, ist schlichtweg darauf zurückzuführen, dass für mich nicht der Hauch eines Zweifels daran besteht, dass er lebt und dass es ihm gut geht.

Die meisten Menschen sind leider nicht in der Lage, den Zusammenhang zwischen den Erkenntnissen und meiner "Beziehung" zum Tod zu registrieren. Es gibt einen einfachen Grund, welcher sich niemandem auf den ersten Blick erschließt: Ich war vorbereitet. Ich war vorbereitet, weil ich es gewagt habe, entgegen aller gesellschaftlichen Erwartungen die Oberfläche des Lebens zu verlassen und tiefer zu blicken – was sich als die mit Abstand beste Entscheidung erwies, die ich je getroffen habe. Diese Möglichkeit steht ausnahmslos jedem Menschen zur Verfügung, und zwar zu jedem Zeitpunkt seines Lebens. Ich möchte jedoch nicht missverstanden werden: Selbstverständlich muss sich niemand für empfundene Trauer und deren ungehemmten Ausdruck rechtfertigen, daran findet sich nichts Verwerfliches. Aber jeder Mensch kann zu der erhellenden Erkenntnis gelangen, dass die Ursache der Trauer – der gefürchtete und verhasste Tod – eine Fata Morgana ist.

Möglicherweise mag das nun als eine zu gewagte und ungerechtfertigte Aussage meinerseits erscheinen. Dann möge der/die Leser/in mir auf all den folgenden Seiten seine/ihre ungeteilte Aufmerksamkeit schenken und die Erlaubnis erteilen, dies auszuführen.

Sterben kann jeder!

Vorerst betrachten wir die völlig offensichtlichen Fakten.

Wenn man es genauestens begutachtet, ist die Angst vor dem Tod – unabhängig von seiner wahren Natur – geradezu irrational. Eigentlich ist doch nichts natürlicher, "normaler" und einfacher, als zu sterben. Denn sterben kann jeder. In jeder einzelnen Sekunde sterben weltweit durchschnittlich zwei Menschen (während sekündlich vier Kinder zur Welt kommen) und wahrscheinlich mehrere Milliarden Lebewesen aller Art. Die allermeisten Menschen und Tiere, die je diesen Planeten bevölkerten, haben den Tod bereits hinter sich gebracht (Schätzungen gehen von rund 100 Milliarden Menschen aus). Ausnahmslos jeder von uns wird den Sterbeprozess – ob langwierig oder plötzlich – meistern.

Eine weitere offenkundige Tatsache ist die, dass Menschen aufgrund ihrer deutlich überdurchschnittlichen Lebensdauer im Vergleich zu den meisten anderen Tieren allen Grund zur wertschätzenden Dankbarkeit hätten. Selbst ich habe mit 31 Jahren körperlich bereits länger gelebt als schätzungsweise 99,9 % aller Lebewesen der Erdgeschichte. Wir haben in der Regel mehr als genug Zeit, dieses physische Leben auszukosten. Nichtsdestotrotz ist die Angst vor dem Tod unter Menschen ein ständi-

ger (wenn auch oft unterdrückter) Begleiter, überall auf der Welt.
Die Wurzel dieser Furcht ist der Glaube an die Auslöschung der eigenen
Identität, das vermeintliche Ende des Lebens/Seins.
Doch ist dieser Glaube begründet?

Ich habe in tiefer Meditation Bewusstseinszustände erlebt, die sich
schlichtweg nicht in Worte fassen lassen (später werde ich es trotzdem
versuchen) und kann mit absoluter Gewissheit bestätigen, dass das
Bewusstsein völlig unabhängig vom Körper und unauslöschlich ist.
Selbst wenn ich sowohl zuvor als auch danach niemals von der Möglichkeit vergleichbarer Erfahrungen gehört hätte, würde ich die Realität
meiner eigenen Erlebnisse nicht bezweifeln.
Auch ohne die unermesslich reichhaltige Fülle all der vielfältigen Informationen, die überall verfügbar sind, hätte nur eine einzige meiner Erfahrungen allein ausgereicht, um mich vollends davon zu überzeugen,
dass ich nicht auf diesen physischen Körper beschränkt bin. Nichts und
niemand könnte mich jemals vom Gegenteil dessen überzeugen, was ich
selbst erfahren habe. Doch auch ohne die Basis subjektiver Erfahrungen
ist es durchaus möglich, einen Einblick in die Unsterblichkeit unserer
essentiellen Natur zu erhalten.

Ich möchte durch dieses Buch auch dazu beitragen, dem Tabuthema
des Todes entgegenzuwirken.
Eckhart Tolle hat es in seinem literarischen Juwel "Stille spricht"
auf den Punkt gebracht:
„In der westlichen Kultur ist es noch immer weit verbreitet, den Tod zu
verleugnen. Eine Kultur, die den Tod verleugnet, wird unweigerlich
oberflächlich, weil sie sich nur mit der äußeren Erscheinungsform der
Dinge befasst. Wenn der Tod verleugnet wird, verliert das Leben seine
Tiefe. Dann werden wir in unserem Leben der Möglichkeit beraubt,
in Erfahrung zu bringen, wer wir jenseits von Name und Form sind,
denn es ist der Tod, der uns diese Dimension eröffnet."

Der größte Irrtum in der Geschichte der Menschheit

Zahlreiche Wissenschaftler betrachten unser Bewusstsein als zufälliges und letztlich unbedeutendes Nebenprodukt neuronaler Prozesse und folglich als ein Erzeugnis des Gehirns. Das ist eines jener Dogmen der Wissenschaft, die ich anfangs erwähnte. Das Gehirn wird dementsprechend als notwenige Voraussetzung für bewusste Erfahrungen angesehen. Dies war nie mehr als eine unbewiesene Hypothese, auch wenn es nicht selten mit bemerkenswerter Arroganz und Ignoranz als Fakt präsentiert wurde. Tatsache ist: Niemand konnte je nachweisen, dass unser Gehirn als Produzent des Bewusstseins fungiert.

Auch Prof. Dr. med. Wilfried Kuhn, Neuromediziner und Chefarzt der Neurologie an der Klinik Schweinfurt, gibt zu: „Die neurobiologische Vorstellung, dass das Entstehen von Bewusstsein an materielle Vorgänge gebunden ist, ist zwar eine brauchbare Arbeitshypothese, konnte aber nicht bewiesen werden."

Im Verlauf dieses Buches werde ich anhand von gewissen Phänomenen aufzeigen, dass die Annahme, unser Bewusstsein werde vom Gehirn hervorgerufen, inzwischen einwandfrei widerlegt ist, auch wenn das noch nicht überall zur Kenntnis genommen wurde.

Kein Gehirn, kein Bewusstsein: In der Geschichte der menschlichen Spezies – einer Biographie voller Trugschlüsse und Fehleinschätzungen – hat es wahrscheinlich keinen weiteren Irrtum gegeben, der so verheerend ist wie dieser.

Der Tod (als Ende des Lebens) ist eine menschliche Erfindung. Wir halten uns für die klügsten Lebewesen und gehen davon aus, dass Tiere nicht intelligent genug sind, um sich ihrer eigenen Sterblichkeit bewusst zu sein. Tatsächlich sind wir Menschen aber wohl die einzigen Lebewesen, die sich ihrer eigenen Unsterblichkeit nicht bewusst sind!

Es sind einzig und allein menschliche Gedanken, die einen regungslosen Körper, dessen Organe ihre Funktionalität eingestellt haben, als "tot" interpretieren. Wir glauben, dass damit das Leben erloschen sei.

Tiere würden niemals auf eine solch verrückte Idee kommen. Das Leben ist nicht erloschen, sondern nur entwichen.

Grundsätzlich sei an dieser Stelle erwähnt: Die Vielfalt und Masse der Belege dafür, dass Bewusstsein unabhängig vom Körper erfahren werden kann, ist überwältigend. Auch 800-seitige Bücher, die sich ausschließlich auf die Beweise konzentrieren, könnten unmöglich alles berücksichtigen. Es erübrigt sich also eigentlich, zu erwähnen, dass es auch den Rahmen dieses Buches um ein Vielfaches sprengen würde. Hier kann ich lediglich eine extreme Zusammenfassung anbieten.

Damit der Tod nicht länger als Tabuthema betrachtet wird, sollten die Menschen dringend mit Informationen in Kontakt gebracht werden, die leider weder in der konventionellen Wissenschaft noch in der Kirche ausreichend in den Vordergrund gerückt werden. Wer nicht sämtliche relevante Fakten kennt, kann sich unmöglich eine fundierte Einschätzung zum Thema bilden. Uns werden diese überaus kostbaren Informationen vorenthalten, weil diejenigen, deren Aufgabe es sein sollte, das fundamentale Wissen an die Menschheit zu vermitteln, selbst unwissend oder ignorant sind. Meine Intention besteht daher darin, diese Versäumnisse gemäß meiner beschränkten Möglichkeiten auszugleichen, indem ich einen bescheidenen Beitrag dahingehend leiste, u. a. das Phänomen der Nahtoderfahrung (im Buch häufig mit NTE abgekürzt) in unserer Gesellschaft zu popularisieren.
Wer den Mut aufbringt, über den Tellerrand hinauszublicken, wird nicht selten von jenen verspottet, die es vorziehen, in den vorgegebenen Mustern der gesellschaftlichen Konditionierung zu verbleiben.
„Diejenigen, die in der Lage sind, hinter die Schatten und Lügen ihrer Kultur zu blicken, werden niemals verstanden, sie werden mit ihrem Glauben von den Massen alleingelassen.", sagte schon der antike Philosoph Platon. „Wenige sind imstande, von den Vorurteilen der Umgebung abweichende Meinungen gelassen auszusprechen. Die meisten sind so-

gar unfähig, überhaupt zu solchen Meinungen zu gelangen.", stellte auch der revolutionäre Physiker Albert Einstein fest. Nur wenn man es wagt, einen neugierigen Blick hinter den verbotenen Schleier zu werfen, nimmt man dem "Geheimnis" seinen Schrecken und sieht die verborgene Schönheit des Todes.

Korrelation ist nicht Kausalität

Der Beweis dafür, dass zwischen Gehirn und Bewusstsein eine Beziehung besteht, findet sich in den Korrelaten, also in gewissen Zuständen der Hirnphysiologie, die entsprechende Bewusstseinszustände zur Folge haben. Viele schlussfolgern daraus, dass das Gehirn das Bewusstsein erzeugt. Damit wird Korrelation mit Kausalität gleichgesetzt. Eine Korrelation kann eine wechselseitige Beziehung sein, jedoch sollte sie von einer kausalen Beziehung differenziert werden. Die fehlerhafte Schlussfolgerung ist nur möglich, weil Folgendes außer Acht gelassen wird (entweder aus Unkenntnis oder Ignoranz): Der Beweis dafür, dass kein 1:1-Verhältnis zwischen Gehirn und Bewusstsein besteht – das heißt, dass sich unser Bewusstsein nicht auf ein Gehirn reduzieren lässt –, eröffnet sich durch die zahlreichen Ausnahmen. In vielen dokumentierten Fällen hat das Gehirn keinerlei Aktivität vorzuweisen, sodass teilweise sogar der Hirntod diagnostiziert wird, während das Bewusstsein 'expandiert' und einen höchst intensiven Zustand annimmt. Sinngemäß lautet eine häufig getroffene Aussage seitens jener Menschen, die eine Nahtoderfahrung gemacht haben, wie folgt: „Es ist doch paradox, dass ich mich ausgerechnet dann besser fühlte als jemals zuvor, als es mir körperlich schlechter ging als jemals zuvor!" Man erwartet den Höhepunkt des Leids oder tiefe Bewusstlosigkeit, aber lernt stattdessen die größtmögliche Intensität und Lebensfreude kennen.

> „Gerade als die Raupe dachte, die Welt sei zu Ende,
> begann sie zu fliegen." (Barbara Haines Howett)

Das Gehirn ist offensichtlich nicht der Erzeuger, sondern der Empfänger, Vermittler und Filter des Bewusstseins. Solange eine Verbindung besteht, beeinflussen Hirnzustände das Bewusstsein bzw. dessen Inhalt. Reißt diese Verbindung jedoch ab, was beim physischen Tod automatisch geschieht, kann das Bewusstsein sein ursprüngliches Potenzial, welches absolut grenzenlos ist, wieder ausschöpfen.

Das Bewusstsein wird also vom Gehirn sozusagen in diese Welt übertragen. Es ist nicht im Gehirn angesiedelt – ebenso wie die Musik nicht im Radio lokalisiert ist. Wenn das Gehirn funktionsuntüchtig ist, kann es das Bewusstsein nicht mehr übertragen, so wie die Musik von einem defekten Radio nicht mehr übertragen werden kann.

Stelle dir ein defektes Radio vor. Weil man keine Musik hören kann, könnte man schlussfolgern, dass das Radio der Erzeuger der Musik sei und dessen alleiniger Ursprung, sodass der "Tod" des Radios gleichbedeutend mit dem völligen Verschwinden der Musik ist. Doch Tatsache ist bekanntlich, dass die Musik weiterhin spielt und an das Radio gesendet wird, und zwar auch dann, wenn das Radio kaputt und nicht mehr empfangsbereit ist. Die Quelle ist also allzeit lebendig und stets präsent, vollkommen unabhängig von der Existenz und dem Zustand des vorübergehenden Empfängers.

„Die Suche nach dem Bewusstsein im Gehirn gleicht der Suche nach dem Radiosprecher im Radio." – Nassim Haramein (Physiker)

„Mein Gehirn ist nur ein Empfänger. Im Universum gibt es einen Kern, von dem wir Wissen, Kraft und Inspiration erhalten. Ich bin nicht bis in die Geheimnisse dieses Kerns vorgedrungen, aber ich weiß, dass er existiert." – Nikola Tesla (genialer Erfinder)

Berechnungen haben demonstriert, dass die Speicherkapazität unseres Gehirns bei weitem nicht ausreicht, um alle Erinnerungen eines menschlichen Lebens zu hinterlegen.

Erinnerungen werden nicht im Gehirn gespeichert, sondern von diesem abgerufen, weshalb neurophysiologische Schäden das Gedächtnis bzw. den Zugang zu den Erinnerungen beeinträchtigen können.

Neurologische Untersuchungen seit den 1980-er-Jahren haben außerdem gezeigt, dass das Gehirn selbst gar keine Entscheidungen trifft. Es ist bloß ein Empfänger, der über bewusste Entscheidungen erst 100 bis 150 Millisekunden, nachdem sie getroffen wurden, informiert wird. Der ursprüngliche Entscheidungsträger befindet sich nicht im Körper.

Bewusstsein ohne Gehirn

Das erste spezifische Phänomen, das hier eine Begutachtung verdient, ist das sogenannte Wasserkopf-Syndrom, welches in der Medizin als Hydrocephalus bezeichnet wird. Dabei handelt es sich um eine extreme Rückbildung der Gehirnsubstanz, sodass teilweise mehr als 90 % des Schädels nur mit Zerebrospinalflüssigkeit gefüllt ist. Das Gehirn solcher Patienten bringt in Extremfällen nur 50-150 Gramm auf die Waage, ein gesundes Durchschnittsgehirn wiegt mit 1300-1400 Gramm ungefähr 10 Mal so viel! Man sollte annehmen, dass eine solch geringe Gehirnmasse keinesfalls eine hohe Intelligenz ermöglicht...

Dr. John Lorber, ein angesehener Experte für frühkindliche Entwicklungsstörungen, untersuchte viele Menschen mit Wasserkopf-Syndrom und fand heraus, dass einige überdurchschnittlich intelligent sind. Laut Dr. Lorber studierte ein Hydrocephalus-Patient erfolgreich Mathematik, und zwar mit nur etwa 5 % vorhandener Gehirnmasse!

Er besaß also praktisch kein Gehirn!

Nicht nur die Gehirnmasse ist beim Hydrocephalus signifikant reduziert, auch der anatomische Aufbau kann nicht mit einem normal ausgebildeten Gehirn verglichen werden: Oft sind ausgerechnet die Gehirnregionen betroffen (also nicht vorhanden!), die von vielen Neurowissenschaftlern für die Produktion von Bewusstsein verantwortlich gemacht werden.

Es stellt sich die Frage, wie derartige Beobachtungen mit der Hypothese in Einklang gebracht werden können, welche besagt, dass das Bewusstsein vom Gehirn produziert wird und auf dieses angewiesen ist.

Vergleichbare Feststellungen gibt es im Zusammenhang mit der operativen Entnahme einer Gehirnhälfte (Hemisphärektomie), die oftmals keinerlei Auswirkungen auf die Wahrnehmungsfähigkeiten der Person zur Folge hat – obwohl plötzlich 50 % des Gehirns entfällt.

Es gibt unzählige weitere Phänomene, die uns darauf hinweisen, dass Bewusstsein auch dann erfahren werden kann, wenn keine körperliche Grundlage gegeben ist, so z. B. die Terminale Geistesklarheit. Sie beinhaltet auffällige Verhaltensweisen oder verbale Äußerungen von sterbenden Menschen, die darauf hinweisen, dass sie ungewöhnliche Ereignisse wahrnehmen ("Sterbebettvisionen"). Offenbar ermöglicht die beginnende Trennung des Bewusstseins vom Körper im Sterbeprozess Wahrnehmungen, die uns im Normalzustand in der Regel nicht zugänglich sind. Es kommt vor, dass Patienten mit fortgeschrittener Demenz und entsprechend erheblich beeinträchtigten Hirnfunktionen plötzlich eine Geistesklarheit an den Tag legen, die es ihnen ermöglicht, Angehörige wiederzuerkennen und sich zu verabschieden, bevor sie sterben. Wenn das Bewusstsein vom Gehirn abhängig wäre, dann könnte ein schwer beschädigtes oder nahezu vollständig zurückgebildetes Gehirn, wie im Falle der Demenz oder des Wasserkopf-Syndroms, keinesfalls ein uneingeschränktes oder gar erweitertes Bewusstsein hervorbringen. Dass dieses dennoch unter den beschriebenen Umständen auftritt, stellt unter Beweis: Das Bewusstsein ist nicht auf ein Gehirn angewiesen.

Für den Fall, dass diese Schlussfolgerung vorschnell erscheint, kommen wir nochmals auf die terminale Geistesklarheit zurück und betrachten, was ernstzunehmende Fachleute darüber zu sagen haben...

Der Neurochirurg Eben Alexander schrieb: „Viele Menschen waren Zeugen einer erstaunlichen und plötzlichen geistigen Klarheit, die sich bei dementen älteren Menschen oft unmittelbar vor dem Tod einstellt. Dafür gibt es keine neurophysiologische Erklärung."

Auch der Psychiater und Neurowissenschaftler Bruce Greyson hat dieses Phänomen erwähnt und seine Bedeutung hervorgehoben: „Ich fragte mich, ob es Beweise gibt, die über das hinausgehen, was ich bei meinen Forschungen über Nahtoderfahrungen gefunden habe. Ich entdeckte, dass es eine ganze Menge davon gibt. Eine ähnliche unerklärliche Erfahrung ist die sogenannte "terminale Luzidität" oder "paradoxe Luzidität", bei der jemand, der seit Jahren an einer irreversiblen Gehirnerkrankung wie der Alzheimer-Krankheit leidet und nicht in der Lage ist, zu sprechen oder Angehörige zu erkennen, plötzlich wieder geistig klar wird. Menschen, die an terminaler Luzidität leiden, gewinnen die Fähigkeit zurück, Angehörige zu erkennen, sinnvolle Gespräche zu führen und angemessene Gefühle auszudrücken, ohne dass es dafür einen offensichtlichen neurologischen Grund gibt. Darüber hinaus haben neuere Studien an Menschen, die unter dem Einfluss psychedelischer Drogen stehen, gezeigt, dass die ausgefeilten mystischen Erfahrungen, die mit diesen Drogen verbunden sind, mit einer verringerten Gehirnaktivität einhergehen. Außerdem zeigen Messungen der REM-Gehirnaktivität bei Menschen, die Nahtoderfahrungen gemacht haben, dass diese tatsächlich geringer ist als bei anderen Menschen. Ein italienisches Forscherteam fand heraus, dass Personen, die sich an ihre Nahtoderfahrungen erinnerten, keine Gehirnwellenmuster aufwiesen, die typisch für die Erinnerung an Fantasien oder Träume sind, sondern Gehirnwellenmuster, die typisch für Erinnerungen an reale Ereignisse sind. Dies zeigt, dass Nahtoderfahrungen ganz und gar nicht wie ein Traum sind."

Nahtoderlebnisse

Mein Vater hat als Rettungsschwimmer vier Menschen vor dem Ertrinken bewahrt. Einer von ihnen machte in der lebensbedrohlichen Situation eine interessante Erfahrung, an der er mich während eines telefonischen Interviews teilhaben ließ. Heinz aus Berlin berichtet:

„Ich bin beinahe ertrunken. Es geschah im Schwimmbad. Ich war im Wasser und es zog mich nach unten. In Gedanken schickte ich ein Stoßgebet los: ‚Gott, hilf mir!' Das empfehle ich jedem in einer solchen Lage, denn es gab später noch einen anderen Vorfall. Da überschlug ich mich mit meinem Auto, hatte jedoch nach der Äußerung des kurzen Gebets großes Glück und überlebte auch das. Nachdem ich im Schwimmbad unter Wasser Gott um Hilfe gebeten hatte, war da erstmal eine ganze Weile nichts, an das ich mich erinnern könnte. Dann sah und spürte ich ein angenehmes, warmes Licht. Ich sah auch eine grüne Wiese. Es kam mir vor, als würde ich über diese Wiese gehen. Es herrschte Stille. Es war vollkommen ruhig und friedlich. Ich hatte kein körperliches Gefühl. Kurz danach war es plötzlich wie in einer Hölle. Das war der Schmerz durch die Wiederbelebung. Es war ungeheuerlich, als ich in den Körper zurückkehrte." ... Heinz war damals ein junger, kräftiger Mann, jedoch nach eigenen Angaben kein guter Schwimmer. Er befand sich eigener Einschätzung zufolge (noch) nicht im Zustand des klinischen Todes, hatte jedoch das Körperbewusstsein verloren. Über seine Wahrnehmungen sagt er: „Das ist ein Sehen, das nicht mit unseren normalen Sinnesorganen erklärbar ist, denn ich war ja noch unter Wasser. Ich deute es als einen Blick in eine andere Welt. Der Zustand war wohl jener unmittelbar vor dem Tod." ... Als wir miteinander telefonierten, war Heinz ein alter Mann und das Erlebnis lag mehrere Jahrzehnte zurück. Doch mir fiel auf, dass er mit einer solchen Lebendigkeit und Frische darüber sprach, als habe es sich erst vor kurzem zugetragen. Das gilt gleichermaßen für sämtliche Nahtoderfahrene, mit denen ich Interviews führte. Über die Nachwirkungen seiner Erfahrungen berichtete Heinz: „Ich bin dadurch vorsichtiger geworden, denn ich habe realisiert, dass dieses Leben jederzeit plötzlich enden kann. Ich lebe bewusster."
Außerdem stellt er bezüglich der damaligen Begleitumstände fest und hebt folgende Tatsache hervor:
„Interessant ist vor allem, dass dein Vater erst kurz zuvor seinen Rettungsschwimmschein gemacht hat, sodass er fähig war, mich zu retten."

Nahtoderlebnisse können unter verschiedenen Umständen auftreten. Oft berichten Menschen nach einem Herzstillstand und der darauffolgenden Reanimation von einer solchen Erfahrung. Verschiedene Elemente tauchen immer wieder auf, sodass sich – unabhängig vom kulturellen /religiösen Hintergrund der Person – universell übereinstimmende Gemeinsamkeiten offenbaren: Ein überwältigendes Glücksempfinden, die Vereinigung mit einem eindrucksvollen Licht, das als viel heller als die Sonne und dennoch nicht blendend beschrieben wird und im wahrsten Sinne des Wortes bedingungslose Liebe ausstrahlt, die Begegnung mit verstorbenen Angehörigen (darunter auch geliebte Haustiere) und eine detaillierte Lebensrückschau, in welcher der Nahtoderfahrene mit den Auswirkungen seines physischen Lebens konfrontiert wird – um vorerst nur einige der typischen Merkmale einer Nahtoderfahrung zu nennen. In der zuletzt genannten Lebensrückschau erlebt die betroffene Person gewisse Situationen nochmals – auch einige, die sie längst vergessen hat – und lernt zugleich die Perspektive eines anderen, an der Situation ebenfalls beteiligten Menschen kennen, indem sie sich in dessen Körper wiederfindet (später individuelle Beispiele). Besonders beweiskräftig ist die extrakorporale (außerkörperliche) Erfahrung, die oftmals verifizierbare Wahrnehmungen enthält. Dabei handelt es sich um eine Verlagerung des Bewusstseins auf eine Position außerhalb des Körpers. Der/Die Erlebende kann so aus der Vogel-Perspektive beispielsweise bei seiner/ihrer eigenen Operation zusehen.

Die Chemikerin Dr. Julie Lapham kam durch einen Umfall im Labor dem Tode nahe. Durch eine lebensgefährliche Schnittwunde am Handgelenk und den daraus resultierenden hohen Blutverlust kollabierte sie. Ihr Fall enthält einige der kürzlich erwähnten Merkmale einer NTE, darunter die Betrachtung des eigenen Körpers aus der Vogelperspektive, die Begegnung mit dem Licht und die Wahrnehmung von Tieren und Menschen in einer außerweltlichen Umgebung. Sie beschreibt ihre Erfahrung, die im Krankenhaus begann: „Ich lag auf einem OP-Tisch – und plötzlich befand ich mich an der Decke und schaute auf mich selbst hinab. Ich konnte auf einmal alles wieder klar sehen und hören. Ich beobachtete die Ärzte und das übrige Personal, wie sie meine Kleidung aufschnitten, nach Blutkonserven riefen und nach einem Defibrillator. Dann war ich im Himmel, umgeben vom tiefsten Blau, das ich je gesehen hatte. In einiger Entfernung war dieses strahlend helle Licht von der Größe der Sonne, jedoch von einem Weiß, wie ich es auch noch nie gesehen hatte. Das Licht und ich bewegten uns langsam aufeinander zu. Und dann konnte ich plötzlich vage etwas in dem Licht erkennen – ich sah Berge und Täler, Flüsse, Bäume, Tiere und Menschen. Doch dann begann ich mich aus einem mir unerfindlichen Grund langsam von dem Licht abzuwenden und meine Sicht fiel auf das Universum, auf Planeten, Sterne, Galaxien – und auch auf die Erde. Eine Silberschnur schien mich wie ein loser Faden mit der Erde zu verbinden."

Jene "Silberschnur" wird schon in der Bibel und auch in anderen alten Schriften erwähnt.

Viele Nahtoderfahrene liefern nach ihren außerkörperlichen "Reisen" äußerst detailreiche Informationen, die sich bei nachfolgender Überprüfung als exakt richtig erweisen. Stets liegt die Quelle des Wissens außerhalb der Reichweite der körperlichen Sinne.

Der Biologe und Quantenphilosoph Dr. Ulrich Warnke erwähnt einen höchst verblüffenden Fall:

„Was uns Lebende sicherlich am meisten fasziniert, ist das Wahrnehmungsvermögen klinisch toter Patienten. Manchmal schauen sie sogar aus dem Fenster und erkennen draußen Einzelheiten.

Einmal beobachtete ein Sterbender einen Autounfall draußen auf der Straße, als er während seiner Herzoperation zur Decke des Operationssaals schwebte. Später trug er dazu bei, den flüchtigen Fahrer ausfindig zu machen, denn er merkte sich das Autokennzeichen des Flüchtenden. Als er aus der Narkose erwachte, erhielt die Polizei alle wichtigen Hinweise von ihm, sodass der Fahrer daraufhin gestellt wurde."

In einem weiteren Beispiel berichtet ein Krankenpfleger über einen wiederbelebten Patienten:

„Eine Woche später, bei der Medikamentenausgabe, begegnete ich dem Patienten wieder. Als er mich sah, sagte er: „Oh, dieser Pfleger weiß, wo mein Gebiss ist." Ich war ganz überrascht, doch er erklärte mir: „Ja, Sie waren doch dabei, als ich ins Krankenhaus kam, und haben mir das Gebiss aus dem Mund genommen und es auf einen Wagen gelegt, auf dem alle möglichen Flaschen standen. Er hatte so eine ausziehbare Schublade und in die haben Sie meine Zähne gelegt." Das erstaunte mich vor allem deshalb, weil sich dies meiner Erinnerung nach alles zu einer Zeit abgespielt hatte, als der Patient in tiefem Koma lag und gerade reanimiert wurde. Weitere Nachfragen ergaben, dass er damals selbst sehen konnte, wie er im Bett lag, und dass er von oben auf die Ärzte und Pflegekräfte herabsah, die ihn mit aller Kraft zu reanimieren versuchten. Er konnte auch den kleinen Raum, in dem er wiederbelebt wurde, und das Aussehen der Anwesenden korrekt und genau beschreiben. Er war tief bewegt von dem, was er damals erlebt hatte und sagte, dass er sich heute nicht mehr vor dem Tod fürchte."

Der folgende Fall stammt zwar nicht aus der Nahtodforschung, verdeutlicht aber ebenfalls eindrücklich die Zuverlässigkeit außerkörperlicher Wahrnehmungen: In den 1960-er Jahren untersuchte der Psychologe Charles Tart in einem Schlaflabor eine Frau, die regelmäßig außerkörperliche Erfahrungen machte (einige Menschen können außerkörperliche Erfahrungen gezielt herbeiführen, also bewusst ihren Körper verlassen)... Er schrieb eine willkürlich ausgewählte, fünfstellige Zahl auf ein Blatt Papier und legte dieses auf ein hohes Regal. Es konnte ausgeschlossen werden, dass die Frau aus ihrer körperlichen Position heraus mit ihren physischen Sinnen die Zahl wahrnehmen konnte. Sie gab später an, ihren Körper verlassen und aus einer erhöhten Position die Zahl erkannt zu haben. Ihre Angabe war korrekt. Bei der Zahl handelte es sich um 25.132. Die Wahrscheinlichkeit, zufällig die richtige Zahl zu erraten, liegt bei 1 zu 100.000. Besonders erstaunlich ist, dass dieser Versuch mit der Frau 7 weitere Male erfolgreich durchgeführt wurde. Auch andere Probanden haben sich an den Versuchen beteiligt und sollen den Test ebenfalls bestanden haben.

Es sollte erwähnt werden, dass auch Fälle vorliegen, in denen das Bewusstsein Betroffener Einblicke in Situationen oder Gegebenheiten erhielt, die sich auf anderen Kontinenten oder gar Planeten ereigneten...

Wer den Körper verlässt, um außersinnliche Wahrnehmungen zu ermöglichen, lässt sich nicht von physischer Distanz einschränken. Als Beispiel möge das sogenannte 'Remote Viewing' herhalten. Dabei handelt es sich um Fernwahrnehmungen, beispielsweise innerhalb meditativer Zustände. Während der außersinnlichen Wahrnehmungen erhalten die Erlebenden Zugang zu einem Wissen, dessen Quelle sich weit außerhalb der Reichweite ihres Gehirns befindet, teilweise sogar außerhalb unserer Erde...

Ingo Swann, ein Experte der Fernwahrnehmung, entdeckte, nachdem er sich in einen entsprechenden Zustand versetzt hatte, im Jahre 1973 einen Ring um Planet Jupiter. Dieser war der Wissenschaft zum damaligen Zeitpunkt noch nicht bekannt. Erst sechs Jahre später bestätigten Forscher die Existenz dieses schwachen und nur mit Raumsonden nachweisbaren Ringsystems.

Zurück zu Nahtoderfahrungen ...

Im Austausch mit Nahtoderfahrenen fällt auf, dass sie nicht im Geringsten an der Wirklichkeit ihrer Wahrnehmungen zweifeln.

Ich fragte eine nahtoderfahrene Frau, wie sie damit umgeht, dass sie selbst keinerlei Zweifel an der Realität ihrer Erfahrung hegt, aber ihren Mitmenschen diese Gewissheit nicht mit Worten vermitteln kann.

Ihre Antwort amüsierte mich: „Ich weiß, dass mir nicht jeder glaubt und manch einer mag mich vielleicht sogar für verrückt halten. Es gibt auch Leute, die mich in einer Diskussion davon überzeugen wollen, dass ich mich irre. Aber ich diskutiere nicht. Ich warte einfach ganz entspannt, bis sie sterben und es selbst erfahren."

Selbst blinde und sehbehinderte Menschen können während einer Nahtoderfahrung uneingeschränkt sehen! Sharon Cooper – Autorin mehrerer Bücher zu spirituellen Themen – und der Psychologe Kenneth Ring haben in ihrem Buch "Wenn Blinde sehen" 30 eindrucksvolle Fälle zusammengetragen. 80 % der Menschen, die von Geburt an über keinerlei Sehkraft verfügten, berichten nach einer außerkörperlichen Erfahrung von visuellen Wahrnehmungen, die sich ebenfalls überprüfen und bestätigen lassen. Die Psychiaterin und Nahtodforscherin Elisabeth Kübler-Ross schrieb, dass blinde Menschen nach ihrer NTE sogar akkurate und realitätsgetreue Angaben u. a. über die Farben der Kleidung von anwesenden Menschen machen konnten – sowie darüber, in welcher Reihenfolge sie den Raum betreten und wie genau sie sich verhalten haben. In ihren Träumen können die Blindgeborenen normalerweise nicht sehen. Dass Blinde nur in Todesnähe sehen und darüber hinaus auch Menschen mit gesunden Augen nach ihren Nahtoderlebnissen von visuellen Wahrnehmungen berichten, die ihren Erzählungen zufolge viel umfangreicher sind als bei körperlicher Gesundheit (bspw. 360-Grad-Rundumsicht), ist ein göttlicher Wink mit dem Zaunpfahl!

Schon vor Tausenden von Jahren hat der legendäre Philosoph Platon erkannt: „Des Geistes Auge fängt erst dann an, scharf zu sehen, wenn das des Leibes seine Schärfe zu verlieren beginnt."

Wer von Geburt an vollständig blind ist, hat noch nicht einmal eine Vorstellung von der Fähigkeit des Sehens. Das Gehirn eines Blindgeborenen hatte niemals die Möglichkeit, durch funktionierende Augen einen Einblick in die Außenwelt zu erhalten. Da die betroffenen Menschen dennoch von klaren visuellen Eindrücken berichten, müssen wir als zwangsläufige Konsequenz dessen ein vom Körper und somit von den Augen unabhängiges Bewusstsein annehmen.

Menschen mit funktionsuntüchtigen körperlichen Sinnen sollten nicht verzagen, denn jene Einschränkungen werden mit dem Körper vorübergehen.

„Im Himmel werde ich hören." – Ludwig van Beethoven

Zwei nahe miteinander verwandte und recht unbekannte Arten der Nahtoderfahrung verdienen an dieser Stelle eine Erwähnung.

Zum einen die sogenannte empathische Nahtoderfahrung...

Sie widerlegt im Grunde schon sämtliche Erklärungsversuche von verzweifelten Materialisten und Atheisten, die auf eine körperliche Grundlage als alleinige Ursache hinauswollen (auf jene Thesen bin ich in meinen ersten Büchern ausführlich eingegangen). Denn im Falle einer empathischen NTE befindet sich zumindest eine beteiligte Person in einem körperlichen Normalzustand ohne Lebensgefahr. Hier werden gesunden Menschen Einblicke in die Sterbeprozesse ihrer Mitmenschen gestattet. Sie machen zeitgleich ähnliche oder identische Erfahrungen wie nahestehende Personen, die eine "klassische" NTE in körperlicher Todesnähe erleben. Dabei kommt es auch zu parallelen außerkörperlichen Erfahrungen, in denen sich die beiden sogar begegnen und in einem andersartigen Zustand miteinander kommunizieren können, wovon sie später übereinstimmend berichten (falls die Person, die tatsächlich dem Tode nahe war, überlebt hat). Menschen, die am empathischen Erlebnis beteiligt sind, müssen sich nicht in physischer Nähe zueinander befinden. Im folgenden Beispiel für eine empathische Nahtoderfahrung erzählt ein Mann, wie er den Tod des Sohnes seiner bereits verstorbenen Freundin erlebte: „In dem Moment, als er starb, als sein EEG zu einer geraden Linie wurde, sah ich seine Mutter, die kam, um ihn abzuholen. Dabei muss man sich ganz klar vor Augen halten, dass sie schon fünf Tage zuvor gestorben war. Und dann kam es zu dieser unglaublich schönen Wiederbegegnung. Irgendwann reichte sie mir die Hand und bezog mich in ihre Umarmung mit ein. Es war unbeschreiblich und ekstatisch. Und ein Teil von mir verließ meinen Körper und begleitete sie zum Licht. Ich weiß, dass das sehr seltsam klingt. Aber in diesem Moment, in dem ich Anne und ihren Sohn auf ihrem Weg zum Licht begleitete, war ich vollkommen bei Bewusstsein und zugleich war ich auch ganz bewusst in dem Raum, in dem die ganze Familie entsetzlich traurig darüber war, dass ihr kleiner Neffe und Enkelsohn gerade gestorben war.

Ich begleitete die beiden. Gemeinsam gingen wir auf das Licht zu, doch irgendwann wusste ich, dass ich zurückkehren musste. Ich fiel einfach in meinen Körper zurück. Es war eine überwältigende Erfahrung, ich glühte förmlich vor Glück und bemerkte plötzlich, dass ich mit einem strahlenden Lächeln in diesem Raum zwischen all diesen Menschen stand, die gerade ein geliebtes Kind verloren hatten. Um zwischen all den trauernden und weinenden Menschen nicht pietätlos zu wirken, bedeckte ich hastig mein Gesicht mit den Händen."

Die Ärztin Dr. Jamieson liefert ein weiteres Beispiel. Hier der dazugehörige Bericht: „Sie war zu Besuch bei ihrer Mutter, als diese einen Herzstillstand erlitt. Sie führte Wiederbelebungsmaßnahmen durch, jedoch ohne Erfolg. Fassungslos realisierte Jamieson, dass ihre Mutter gestorben war und stellte dann erstaunt fest, dass sie selbst sich außerhalb ihres Körpers befand und auf die Szenerie herunterschaute. Sie wandte den Blick zur Seite und sah dort ihre Mutter neben sich schweben. Dann sah sie, dass Licht ins Zimmer strömte, als käme aus es einem Riss im Universum. In diesem Licht standen Freunde ihrer Mutter, die in den vergangenen Jahren gestorben waren. Jamieson beobachtete, wie ihre Mutter ins Licht glitt und wieder mit ihren Freunden vereint war. Dann verschwand das Licht und der Riss schloss sich. Jamieson befand sich wieder neben dem toten Körper ihrer Mutter und konnte sich nicht im Geringsten erklären, was soeben geschehen war."

Eine sehr ähnliche, ebenfalls eher ungewöhnliche Art der NTE ist die kollektive Nahtoderfahrung, die wie auch die empathische NTE "geteiltes Nahtoderlebnis" genannt wird. Wie die Bezeichnung bereits verrät, machen auch hier mehrere Menschen zugleich dieselbe Erfahrung. Die Anzahl der Erlebenden ist im Grunde unbegrenzt. Ich erinnere mich an einen Fall, dem ich im Studium der Literatur begegnete: Eine Gruppe von Feuerwehrmännern wurde im Wald von einem Feuer eingeschlossen und drohte im Rauch zu ersticken. Mehrere von ihnen verließen ihre Körper, begegneten jeweils verstorbenen Angehörigen, sahen sich außerdem gegenseitig und machten später übereinstimmende Angaben.

In speziellen medizinischen Fällen wird während einer Operation eine Hypothermie herbeigeführt, d. h. der Körper des Patienten wird heruntergekühlt, z. T. auf unter 20 °C. Dabei wird ein vollständiger Kreislaufstillstand, inklusive Unterbrechung der Herzaktivität, toleriert. Häufig ist dies die Vorgehensweise bei einem chirurgischen Eingriff am Gehirn, wobei diesem zur Vorkehrung sämtliches Blut entzogen wird, damit die Ärzte übersichtlich arbeiten können. In diesem Zustand zeigen EKG und EEG die "Nulllinie", also gibt es weder eine Herzfunktion noch eine messbare Hirnaktivität. Der Patient ist klinisch tot. Auch unter diesen Umständen kann es zu Nahtoderfahrungen kommen. Als Beispiel möge der Fall einer Frau namens Pam Reynolds dienen, die während ihrer Operation unter Hypothermie eine klare außerkörperliche Erfahrung hatte und später genaue Angaben zu ihrer Operation machen konnte, welche bestätigt wurden. Diese Nahtoderfahrung ereignete sich, als sich das Gehirn absolut nicht in der erforderlichen Verfassung befand, um Bewusstsein zu ermöglichen. Es hatte seine Arbeit schlicht und ergreifend eingestellt. Aus neurowissenschaftlicher Sicht sind ein funktionierender Hirnstamm, eine intakte Großhirnrinde sowie ein ungestört arbeitender Hypothalamus und Hippocampus notwendige Voraussetzungen für Bewusstsein. Wenn diese Bestandteile des Gehirns ihre Funktion erfüllen, indem sie ihre jeweiligen Aufgaben verrichten, ist das mit Leichtigkeit auf dem Elektroenzephalogramm (EEG) zu erkennen, denn dieses dokumentiert die elektrische Aktivität im Gehirn. Zeigt das EEG jedoch die "Nulllinie", dann ist diese Aktivität nachweislich zum Erliegen gekommen. Die Nahtoderfahrung während der Hypothermie widerspricht dem materialistischen Ansatz. Aus medizinischer Sicht ist es in diesem Zustand schlichtweg unmöglich, Bewusstsein zu erfahren. Dennoch konnte Pam Reynolds das Geschehen in allen Einzelheiten äußerst präzise schildern. Wir werden uns diesen Fall neben einigen weiteren noch in einem späteren Kapitel (13: Spirituelle Phänomene und Erfahrungen) ausführlich ansehen. Viele Nahtoderfahrungen ereignen sich unter Vollnarkose. Aber normalerweise dürften Menschen grundsätzlich keine bewussten Wahrnehmungen haben, solange sie anästhesiert sind. Stattdessen berichten viele von überwältigend intensiven und teilweise erweiterten Bewusstseinszuständen.

Dafür gibt es keinerlei medizinische Erklärungen.

Gelegentlich wird argumentiert, es könne nicht ausgeschlossen werden, dass noch in den Tiefen des Gehirns eine Restaktivität vorhanden sei, welche nicht erfassbar ist und für die Wahrnehmungen verantwortlich sein könnte. Damit ist die eigentliche Fragestellung aber verfehlt, denn es geht nicht darum, ob es noch eine nicht messbare Restaktivität gibt, sondern darum, ob es eine Aktivität gibt, die nach neurowissenschaftlichem Kenntnisstand ausreicht, um bewusste Wahrnehmungen zu ermöglichen. Angesichts der Klarheit der Wahrnehmungen in den Nahtoderlebnissen würde eine Restaktivität ohnehin nicht ausreichen, denn das Gehirn müsste keine geringere, sondern eine erheblich gesteigerte Funktionalität vorweisen (wenn es die Quelle des Geistes wäre). Sollte man also für derartige Wahrnehmungen unter Vollnarkose eine nicht messbare Restaktivität im Gehirn verantwortlich machen wollen, so möge man bedenken, dass ungewöhnlich intensive Wahrnehmungen auch mit einer überdurchschnittlichen Gehirnaktivität einhergehen müssten, die von den leistungsfähigen Messgeräten jedoch definitiv registriert wird und auf dem EEG erkennbar ist. Daher kann sie völlig ausgeschlossen werden.

Nichts ist mehr wie zuvor

Ein Nahtoderlebnis bewirkt in der Regel schwerwiegende Veränderungen. Die Angst vor dem Tod ist in vielen Fällen völlig verschwunden. Aufgrund der überwältigenden Schönheit der Erfahrung kann gelegentlich eine regelrechte Todessehnsucht vorkommen.

Im Animationsfilm "Ice Age 2" besucht das Säbelzahn-Eichhörnchen Scrat den Himmel und ist von Glücksgefühlen überwältigt. Die erfolgreiche Wiederbelebung durch das Faultier Sid beendet die schöne Erfahrung kurz vor ihrem Höhepunkt (Vereinigung mit einer göttlichen Nuss). Scrat muss erzürnt feststellen, dass er wieder auf der Erde ist. Er "bedankt" sich bei seinem Lebensretter, indem er ihn verprügelt. Jene im Film dargestellte Enttäuschung angesichts der Wiederkehr ist nicht weit von der Realität entfernt. Es kommt in der Tat vor, dass ein erleichtertes und glückliches medizinisches Personal nach einer erfolgreichen Reanimation überrascht ist, weil sich der Patient selbst von der 'Lebensrettung' ganz und gar nicht begeistert zeigt.

Ein nahtoderfahrener Mann sagte während eines Interviews zu mir: „Beerdigungen sind für mich Feste. Die haben's geschafft. Die beneide ich." Dieser Mann, der zu den herzlichsten Menschen gehört, die mir je begegnet sind, erzählte mir, dass er auf der Beerdigung seiner Mutter ein buntes Hemd trug, um Freude statt Trauer auszudrücken.

Der Komiker Stan Laurel wäre stolz auf ihn gewesen: „Wenn ihr bei meiner Beerdigung weint, werde ich nie wieder mit euch sprechen."

All das bedeutet aber nicht, dass ein Mensch nach einer Nahtoderfahrung grundsätzlich nicht mehr in der Lage ist, das physische Leben anzunehmen und fortzusetzen. Gelingt es einer betroffenen Person, ihr Erlebnis einzuordnen und in die Lebensführung zu integrieren, kann sich die Todessehnsucht in eine umso stärker ausgeprägte Lebensfreude verwandeln. Bei den Nahtoderfahrenen, die ich interviewte, fiel mir insbesondere ein Leuchten in ihren Augen auf, das sie geradezu kennzeichnet und von einer überdurchschnittlich stark ausgeprägten Lebensfreude zeugt. Weitere potentielle Folgewirkungen einer Nahtoderfahrung sind (u. a.): Erhöhte intuitive Sensitivität, neue Fähigkeiten, gesteigertes Mitgefühl im Umgang mit Lebewesen aller Art, stärker empfundene Naturverbundenheit, erhöhte Wertschätzung klassischer Musik, geringeres Interesse an traditioneller Religion, hingegen gesteigertes Interesse an Spiritualität. Es kommt zu einem Umschwung in den Wertvorstellungen: Der Materialismus erleidet in den Augen eines nahtoderfahrenen Menschen einen deutlichen Wertverlust und es kommt zu einer erheblich gesteigerten Wertschätzung der Liebe.

Eine nahtoderfahrene Frau gab ihre Eindrücke bezüglich ihrer neu gewonnenen Lebenssicht auf bemerkenswerte Weise wieder: „Für alles und jedes, womit ich in Kontakt komme, empfinde ich eine tiefe Liebe. Ich fühle mich eins mit ihm und spüre, dass wir alle ein Teil voneinander sind und schließlich Teil eines größeren Bewusstseins – Gott. Zum ersten Mal in meinem Leben bin ich mir der Dinge um mich herum wirklich bewusst, meine Augen haben sich geöffnet, um endlich zu sehen: Die einfachsten Dinge, ein Blatt, ein Baum, ein Grashalm, ein Frosch – alles ist für mich ein Wunder der Schöpfung. Ich lasse mir Zeit, es zu bewundern, denn ich fühle das Band des Lebens zwischen uns."

Der Grund für das eben erwähnte Phänomen, dass sich Menschen nach einer Nahtoderfahrung laut einer Studie des niederländischen Kardiologen Pim van Lommel durchschnittlich eher weniger zu traditionellen Religionen hingezogen fühlen als zuvor, erschließt sich, wenn man dieses Phänomen und die Zusammenhänge unter die Lupe nimmt:

Die Religion eines Menschen bestimmt zwar nicht den Inhalt der NTE, kann aber Einfluss darauf nehmen, wie sie im Nachhinein beschrieben oder interpretiert wird. Die konfessionslose Spiritualität ermöglicht der betroffenen Person, ihre NTE von jeglichen Wertungen freizulassen. Wer versucht, sein Erlebnis einem vorgegebenen Muster anzupassen, wird es vermutlich verfälschen. Durch sein festgelegtes Weltbild könnte ein streng religiöser Mensch zu dem Versuch verleitet werden, die NTE dort hineinzupressen und sich weigern, den damit kollidierenden Inhalt anzuerkennen. Das kann in der Tat bei der Verarbeitung einer NTE und ihrer Integration in das Leben ziemlich problematisch sein.

Die nahtoderfahrene Autorin Sabine Mehne erzählte in einem Interview: „Als ich mit meiner Nahtoderfahrung im Gepäck in den Gottesdienst ging, dachte ich nur: Was machen die hier eigentlich? Es kam mir so verkopft und aufgesetzt vor. Ich habe da gar nichts gespürt. Diese Liebe, diese Freiheit, dieses Wundervolle, das war da gar nicht. Irgendwann bin ich dann aus der Kirche herausgerannt, weil ich es nicht mehr ausgehalten habe. Ich stand dann draußen und dachte: Ach, hier bist du,

Lieber Gott!"

Oftmals sind spirituelle Erfahrungen ursächlich dafür, dass der betroffene Mensch sein Leben völlig umkrempelt. Ein recht populäres Beispiel ist William Griffith Wilson. Nancy Clark schreibt in ihrem Buch "Göttliche Momente – Spirituelle und nahtodähnliche Erfahrungen im Alltag": „1936 war Bill Wilson, ein langjähriger Alkoholiker, völlig am Ende. Er lag auf den Knien und schrie, „Wenn es einen Gott gibt, dann soll er sich zeigen!" Und plötzlich war der ganze Raum von einem brillanten, weißen Licht erfüllt, er selbst in eine Ekstase versetzt und danach fest davon überzeugt, dass er für einen Moment in der Gegenwart Gottes war. Er hat nie wieder einen Tropfen Alkohol angerührt. In Folge dieser Erfahrung transformierte er sein Leben komplett und wurde zum Gründer der Anonymen Alkoholiker."
Wilson selbst schlussfolgerte:
„So wurde ich davon überzeugt, dass Gott sich sehr wohl um uns Menschen kümmert, wenn unser Verlangen nach Ihm stark genug ist. Es hat lange gedauert, bis ich das sehen, fühlen und glauben konnte.
Wie Schuppen fielen Stolz und Vorurteile von meinen Augen und eine neue Welt wurde sichtbar!"

Manchmal bin ich angesichts der Hartnäckigkeit unserer Zweifel und der Skepsis unseres konditionierten Verstandes erstaunt. Deutlicher geht es nicht. Die Hinweise springen uns regelmäßig aus allen Richtungen mitten ins Gesicht. Wie viele göttliche Fingerzeige brauchen wir noch, um das Offensichtliche anzuerkennen? Leider muss ich oftmals einer Feststellung von Dschingis Khan zustimmen: „Es gibt Menschen, die gehen in den Wald und finden doch kein Holz."
Auch der geniale schwedische Wissenschaftler und Mystiker Emanuel Swedenborg fand klare Worte:
„Die Engel sind sehr erstaunt, wenn sie hören, dass es Menschen gibt, die alles der Natur und nichts dem Göttlichen zuschreiben, und auch

solche, die glauben, dass ihr Leib, in dem so viele bewundernswerte Dinge des Himmels zusammengetragen sind, aus der Natur zusammengeflossen sei, ja dass sogar auch das Vernünftige des Menschen von daher stamme, während sie doch, wenn sie nur einigermaßen ihren Geist anstrengen wollten, sehen könnten, dass dergleichen Dinge aus dem Göttlichen und nicht aus der Natur stammen und dass die Natur nur erschaffen wurde, um das Geistige zu umkleiden und es in angemessener Weise im Letzten der Ordnung darzustellen!"

Es gibt keinen Tod!

Das Verlassen des Körpers z. B. innerhalb einer Nahtoderfahrung bewirkt in der Regel eine sofortige Desidentifikation. Das Bewusstsein erkennt, dass es nicht der Körper ist, für den es sich lange gehalten hat. Stelle dir, liebe/r Leser/in, einmal vor, du hast dich 20, 40 oder 80 Jahre lang mit deinem Körper identifiziert. Du glaubtest, dass ausschließlich das, was du im Spiegel siehst, dein Selbst ist.

Da du in einer unbewussten Gesellschaft aufgewachsen bist, kam wahrscheinlich nie jemand auf die Idee, dich darauf hinzuweisen, dass du mehr bist als Materie, mehr als ein überaus komplexer Zellhaufen.

Dann befindest du dich in einer Extremsituation oder es kommt aus nicht ersichtlichen Gründen zu einer unvorhergesehenen Trennung des Bewusstseins vom Körper. Jetzt bist du plötzlich in der Lage, auf deinen eigenen Körper herabzublicken. Du siehst ihn vollkommen klar, die Wahrnehmung hat keine traumähnlichen Züge, sie ist sehr intensiv. Sofern du kurzsichtig bist, wirst du in diesem Zustand feststellen, dass du wieder uneingeschränkt sehen kannst. Während deiner außerkörperlichen Erfahrung erkennst du, dass die Augen des Körpers nie der Sehende waren, sondern das Fenster, durch das der Sehende hindurchblickte. Zum ersten Mal überhaupt nimmst du dein eigenes Gesicht dreidimensional wahr. Es gibt keine persönliche Anhaftung mehr, du bist

emotional so unbeteiligt, dass es dir nichts ausmachen würde, jetzt mit-
anzusehen, wie der Körper zerstört wird. Du erfährst dich selbst nur
noch als reines Bewusstsein, das einfach nur wahrnimmt, ohne Bewer-
tung und übermäßige Interpretation. Das ist eine gewaltige Befreiung.
Selbstverständlich hast du auch jegliche Schmerzen zurückgelassen,
falls sie dich zuvor plagten.
Hast du auch nur eine ungefähre Vorstellung davon, wie schwerwiegend
sich eine solche Erfahrung auf dein künftiges Leben auswirken wird,
wenn du bisher nie den Unsinn hinterfragt hast, den die Gesellschaft dir
jahrzehntelang eingetrichtert hat?
Du erkennst plötzlich:
Nichts und niemand kann mir jemals etwas anhaben!
Beim sogenannten Tod stirbt lediglich das, was ich nicht bin.

Genau das erkannte eine beträchtliche Anzahl von Menschen weltweit
durch spirituelle Erlebnisse wie Nahtoderfahrungen.
Selbst ohne eigene Erfahrung kann man zu dieser Einsicht gelangen...
Der australische Hirnforscher John Carew Eccles (Neurophysiologe &
Psychologe) erhielt für seine erkenntnisreichen Arbeiten über die Sy-
napsen den Nobelpreis für Medizin. Er zog als renommierter Vertreter
der Neurowissenschaften ein erstaunliches Fazit:
„Wissenschaft und Religion sind sich sehr ähnlich. Beide sind phantasie-
volle und kreative Aspekte des menschlichen Geistes. Das Auftreten eines Konflikts ist das Ergebnis von Unwissenheit. Wir sind durch einen
göttlichen Akt ins Leben getreten. Diese göttliche Führung zieht sich
wie ein roter Faden durch unser ganzes Leben. Wenn wir sterben, verschwindet das Gehirn, aber die göttliche Führung und Liebe bleibt bestehen. Jeder von uns ist ein einzigartiges, bewusstes Wesen, eine göttliche Schöpfung. Das ist die religiöse Sichtweise. Es ist die einzige Ansicht, die mit allen Beweisen übereinstimmt."
Eccles sagte auch: „Ich bleibe dabei, dass das Mysterium des Menschen
vom wissenschaftlichen Reduktionismus in unglaublicher Weise herab-

gewürdigt wird, wenn er beansprucht und verspricht, die gesamte spirituelle Welt letzten Endes auf materialistische Weise mit Mustern neuronaler Aktivität erklären zu können. Dieser Glaube muss als ein Aberglaube betrachtet werden. Wir müssen erkennen, dass wir sowohl spirituelle Wesen sind, die mit einer Seele in einer spirituellen Welt existieren, als auch materielle Wesen, die mit ihrem Körper und ihrem Gehirn in einer materiellen Welt existieren."

Wilder Penfield, der Vater der modernen Neurochirurgie, glaubte ursprünglich daran, dass zwischen Geist und Gehirn kein Unterschied besteht, dass also das Bewusstsein aus dem Gehirn hervorgeht. Noch bevor sich die Nahtodforschung etablierte und folglich die überwältigenden Resultate hervorbrachte, die heute in der reichhaltigen Literatur zum Thema dokumentiert sind, änderte Penfield nach jahrzehntelanger Erforschung des menschlichen Gehirns seine diesbezügliche Einschätzung: „Ich nahm die Idee, dass das Bewusstsein des Menschen, sein Geist, nicht auf Gehirnmechanismen reduziert werden kann, immer ernster und war schließlich überzeugt davon."

Innerhalb der letzten Jahrzehnte widmeten sich viele seriöse Ärzte und Wissenschaftler der Nahtodforschung und kamen zu klaren Schlussfolgerungen. Dr. Pim van Lommel, Autor des lesenswerten Buches "Endloses Bewusstsein", leitete eine Langzeitstudie und stellte das eindeutige Resultat mit folgenden Worten vor...

„Die Kontinuität des Bewusstseins: Aus wissenschaftlichen Untersuchungen geht hervor, dass Bewusstsein unabhängig vom Körper erfahren werden kann, wenn das Gehirn nicht mehr funktioniert. Unsere Ansicht über den Tod ändert sich grundlegend, denn der Tod ist nur das Ende unseres physischen Aspektes. Die Essenz des Menschen, das Bewusstsein, ist endlos, ist non-lokal, ist immer da. Immer!"

Nach intensiven Jahren der Nahtodforschung zog auch der Arzt Dr. Sam Parnia ein Fazit, dem es ebenfalls nicht an Klarheit fehlt:

„Als Wissenschaftler, die sich an den Grundsatz der Objektivität und der Unvoreingenommenheit halten, müssen wir uns natürlich fragen:

Was sollen wir mit den Beweisen anfangen, die uns von Millionen von Überlebenden aus aller Welt geliefert wurden? Definitionsgemäß muss es ein Leben nach dem Tod geben."

Ja, es gibt ein Leben nach dem Tod.
Noch kompromissloser und radikaler ausgedrückt: Es gibt keinen Tod.

Selbst wenn wir fest daran glauben oder das klar erkannt haben und somit zweifellos wissen, kann die Konfrontation mit dem Unbekannten – kombiniert mit der Angst davor, das Bekannte zu verlieren – den Tod des Körpers zu einer respekteinflößenden Erfahrung machen. Diesbezüglich würde ich gerne dem Buch "Beweise für ein Leben nach dem Tod" von Dr. Jeffrey Long das ermutigende Zitat eines Nahtoderfahrenen namens Mark entnehmen: „Man braucht den Tod nicht zu fürchten. Hat nicht Peter Pan gesagt ‚Sterben ist das größte Abenteuer'? Diese Reise machen wir alle einmal. Lasst im Augenblick des Todes die Angst einfach los und genießt die Fahrt."

„Den Tod fürchten, ihr Männer, ist nichts anderes,
als sich weise dünken und es doch nicht sein;
denn es heißt, sich ein Wissen einzubilden, das man nicht hat."
(Platon)

„Der Tod könnte das größte Geschenk für den Menschen sein.
Dennoch wird er gefürchtet, als wäre es gewiss,
dass er das schlimmste aller Übel sei."
(Sokrates)

Die Angst vor dem Tod ist mit Sicherheit wesentlich unangenehmer und kreiert mehr Leid als der Tod selbst. „Ängstigt euch nicht vor dem Tod, denn seine Bitterkeit liegt in der Furcht vor ihm.", empfahl Sokrates. Die Beschäftigung mit dem Tod kann sich als äußerst wertvoll erweisen.

Wir besiegen die Angst nicht, indem wir vor ihr davonlaufen oder sie beständig verdrängen, sondern indem wir uns ihr stellen. Leider bringt man uns stattdessen bei, allem Unangenehmen durch ablenkende Aktivitäten auszuweichen.

„Das Nahen des Todes und auch der Tod selbst, die Auflösung des physischen Körpers, sind immer eine große Möglichkeit für spirituelles Erwachen. Leider wird diese Chance in den meisten Fällen verpasst, weil wir in einer Kultur leben, die vom Tod fast kein Verständnis hat.", so Eckhart Tolle. Mit dem Tabu zu brechen und den Tod zu "studieren" kann die Angst vor ihm schmälern oder völlig verschwinden lassen, bestätigt durch unzählige mutige Menschen, unter ihnen der große Musiker Wolfgang Amadeus Mozart: „Da der Tod der wahre Endzweck unseres Lebens ist, so habe ich mich mit diesem wahren, besten Freund des Menschen so bekannt gemacht, dass sein Bild allein nichts Schreckliches mehr für mich hat." Als Mozart schließlich im Alter von 35 Jahren starb, ließ er folgende letzte Worte verlauten: „Der Geschmack des Todes ist auf meiner Zunge, ich fühle etwas, das nicht von dieser Welt ist." Während Mozart ihn den „wahren, besten Freund" nannte, betrachtete der große Schriftsteller Hermann Hesse den Tod als Bruder: „Ich wusste plötzlich wieder, dass der Tod unser kluger und guter Bruder ist, der die rechte Stunde weiß und dessen wir mit Zuversicht gewärtig sein dürfen. Und ich begann auch zu verstehen, dass das Leid und die Enttäuschungen und die Schwermut nicht da sind, um uns verdrossen und wertlos und würdelos zu machen, sondern um uns zu reifen und zu verklären."

Kinder und Tod

Manche Menschen, die mit dem Thema vertraut sind, äußern die Vermutung, dass Babys bei der Geburt deshalb weinen, weil die "Seele" durch den neuen, mit vorher nicht dagewesenen Einschränkungen versehenen Zustand einen regelrechten Schock erleidet.

Kindern fällt es in der Regel auch sehr viel leichter, den Körper wieder zu verlassen. Unter genauerer Betrachtung erscheint das nicht mehr sonderlich sensationell, denn schließlich bewohnen sie ihn noch nicht lange genug, um sich allzu stark mit ihm zu identifizieren. Tatsächlich zeigt die Statistik, dass sich Kinder im Falle eines Herzstillstandes danach mit größerer Wahrscheinlichkeit an eine Nahtoderfahrung erinnern können als Erwachsene. Auch ohne Todesnähe, so z. B. während schwerer Misshandlungen, kommt es relativ häufig vor, dass Kinder außerkörperliche Erfahrungen machen und das traumatische Geschehen distanziert betrachten können. Es kommt zwar ebenfalls vor, dass Frauen nach einer Vergewaltigung von einer Entkörperlichung berichten, jedoch (prozentual gesehen) seltener als Kinder in Missbrauchsfällen. Je länger wir ein Haus bewohnen, desto mehr gewöhnen wir uns daran... und umso schwerer könnte es uns fallen, es wieder zu verlassen.

Im Grunde also müssen wir uns um sterbende Kinder die geringsten Sorgen machen. Die Todesursache ist zweitrangig. Wir können sicher sein, dass sie immer geborgen sind.

Je jünger ein Kind ist, desto geringer ausgeprägt dürfte seine Todesfurcht sein, weil es noch keine gefestigte Idee vom Sterben hat. Es ist noch frei von den Illusionen der Erwachsenen und somit frei von den damit einhergehenden Ängsten.

Solltest du ein Kind "verloren" haben, sei dir sicher, dass es ihm höchstwahrscheinlich besser geht als dir selbst.

Elisabeth Kübler-Ross verfasste ein Buch mit dem Titel "Kinder und Tod". Sie leistete großartige Pionierarbeit in der Nahtodforschung und schrieb das Vorwort für das erste Buch des Sterbeforschers Bernard Jakoby ("Auch Du lebst ewig"), der wiederum das Vorwort für mein erstes Buch ("Über Gott und die Welt") verfasste. Kübler-Ross war selbst nahtoderfahren und leistete reichlich Sterbebegleitung.

Auch sie versuchte, uns die Angst zu nehmen:

„In der Zeit des Übergangs werden eure Führer, eure Schutzengel, Menschen, die ihr geliebt habt und die vor euch gegangen sind, da sein, um euch zu helfen. Wir haben das zweifelsfrei nachgewiesen, und ich sage das als Wissenschaftlerin. Es wird immer jemand da sein, der euch bei diesem Übergang hilft."

Niemand von uns wird je allein gelassen, am allerwenigsten die Kinder. Niemand muss den Sterbeprozess völlig ohne jeden Beistand meistern. Das bestätigen auch Nahtoderfahrene. Wir erhalten liebevolle Unterstützung und werden behütet. Beim Übergang namens 'Tod' werden Sterbende häufig rücksichtsvoll an den neuen Zustand herangeführt und allmählich umgewöhnt. Ein Gefühl der absoluten Geborgenheit dominiert dann, wenn wir es am dringendsten brauchen.

„Der Sterbende ist Gottes Freund."
(Mohammed)

Elisabeth Kübler-Ross empfiehlt dennoch, sich vorerst dem irdischen Dasein zuzuwenden und die Spiritualität darauf anzuwenden: „Es ist nicht das Ende des physischen Körpers, das uns Sorgen machen sollte. Unser Anliegen muss vielmehr sein, zu leben, solange wir am Leben sind – unser inneres Selbst von dem geistigen Tod zu befreien, der eintritt, wenn wir hinter einer Fassade leben, die darauf ausgerichtet ist, den äußeren Definitionen dessen, wer und was wir sind, zu entsprechen."

Davon abgesehen wirft die Erkenntnis der Unsterblichkeit häufig nachfolgende Fragen auf: Wie sehen uns die Verstorbenen, verfolgen sie unser Leben weiterhin mit Interesse? Was genau geschieht nach dem Tod mit uns, was werden wir erleben? Haben die Todesursache und Art des Sterbens Einfluss auf den Zustand und das Erleben nach dem Tod?

Auf die letzte Frage möchte ich zuerst eingehen.
Diese wird oftmals im Zusammenhang mit dem Thema Suizid gestellt.
Ein Mensch, der sich zum "Selbstmord" entschließt, ist sich seiner selbst als unbegrenztes Sein in der Regel nicht bewusst. In diesen Fäl-

len ist das Bewusstsein so sehr von illusionären Strukturen überlagert, dass der Betroffene davon völlig absorbiert ist und nicht in der Lage, über seine Leidensgeschichte hinauszublicken, um tief in sich selbst das zu erkennen, was vom Leid nicht berührt wird. Wenn er sich dann das "Leben nimmt", hat das nichts mit persönlichem Versagen zu tun, weder seines eigenen noch seiner Nahestehenden oder eines Therapeuten. Kein Tod geschieht zufällig. Jeder Mensch legt sein Körperkleid dann ab, wenn es ihm bestimmt ist. Die Todesursache ist nicht von Bedeutung. Für das Bewusstsein spielt es keine Rolle, wann und wie es diskarniert. Intellektuell betrachtet liegt einem Selbstmord das Motiv zugrunde, das Bewusstsein auszulöschen, sodass mit diesem auch sämtliche Probleme und Sorgen verschwinden: „Ich ertrage mein Leben nicht mehr und möchte es daher beenden. Wenn ich dann nicht mehr existiere, kann ich nichts mehr wahrnehmen und folglich auch nicht mehr leiden." So lautet die offenkundige Annahme. Natürlich ist das ein großer Irrtum. Durch eine unmissverständliche Erfahrung kommt man dann zu der Erkenntnis, dass es gar nicht möglich ist, das Bewusstsein auszulöschen bzw. das Leben zu beenden. Auf einer tieferen Ebene, davon bin ich absolut überzeugt, schlummert in ausnahmslos jedem Menschen die intuitive Gewissheit, dass das Bewusstsein unsterblich ist, auch wenn bei vielen der Verstand widersprechen mag.

„Alle Kinder dieser Welt sind in dem einen Wissen geboren, erst ihre Eltern führen sie in die Irre dunkler Illusion.", so 'Prophet' Mohammed.

Auf dieser ursprünglichen Gewissheit, die sich nie vollkommen verdrängen lässt, basiert der Mut, der erforderlich ist, um den eigenen Körper zu töten oder um sich grundsätzlich in Lebensgefahr zu begeben (wie auch bei waghalsigen Abenteuern).

Aus dieser Perspektive ist ein Selbstmord die Entscheidung des Bewusstseins, sich vom Körper und allen damit einhergehenden Einschränkungen zu befreien: „Ich ertrage diese Grenzen nicht mehr. Ich möchte mich wieder in meiner unbegrenzten Essenz erfahren und frei sein, also bereite ich jetzt diesem Menschen ein Ende und lege die Form ab."

Dies dient aber nur der Erläuterung und ist nur relativ wahr, da reines Bewusstsein eigentlich wahllos ist und keine Entscheidungen trifft. Es verweilt einfach. Diese beiden Betrachtungsebenen habe ich einst bei einem Vortrag verwendet, den ich vor einer Selbsthilfegruppe von Suizidhinterbliebenen hielt, und sie erwiesen sich als hilfreich.

Es ist nicht möglich, eine allgemeingültige Aussage darüber zu treffen, welche Erfahrungen Suizidopfer nach dem Tod machen. Sie mögen durchaus sehr unterschiedlich sein. Jedenfalls stellen sie alle fest, dass wirkliche Selbsttötung unmöglich ist, da jenes Selbst unzerstörbar ist. Zudem sollte nochmals betont werden, dass nichts durch reinen Zufall geschieht und der Tod jedes Menschen dann eintritt, wenn es vorgesehen ist. Dahingehend zum Thema Selbstmord ein interessanter Vorfall: Eine Frau namens Elvita Adams sprang im Jahre 1979 aus dem 86. Stock des Empire State Building, um Suizid zu begehen. Sie überlebte mit einer gebrochenen Hüfte, weil ein starker Windstoß sie einen Stock tiefer durch ein offenes Fenster wieder zurück ins Gebäude blies.

> „Niemand kann sterben,
> außer mit Erlaubnis Gottes
> zum aufgezeichneten Termin.“
> (Mohammed)

Die Beantwortung der ersten Frage – ob Verstorbene weiterhin an unserer Lebensführung auf der körperlichen Ebene interessiert sind – überlasse ich dem Medium Paul Meek:

„Wenn du im Jenseits eine geliebte Mutter hast und die Liebe ist sehr stark, dann ist es ihr ganz bewusst, wie es ihrem Kind auf der Erde geht. Wenn du durch eine emotionale Krise gehst, deinen Job wechselst oder eine Scheidung bevorsteht, bekommt sie das in jedem Falle mit. Das ist für sie kein Leid oder eine seelische Belastung. All das sieht sie nicht mehr mit menschlichen Augen. Sie weiß, dass das für dich alles ein Lernprozess ist und dass er eines Tages ein Ende nimmt.“

Man muss kein Medium sein, um zu erahnen, dass Verstorbene nicht von uns verlangen, nach ihrem Übergang unser gesamtes Leben von der damit einhergehenden Trauer dominieren zu lassen. Sie wünschen sich sicher, dass wir uns weiterhin am Leben erfreuen und sie genauso betrachten wie eh und je... „Ich bin nur in das Zimmer nebenan gegangen. Ich bin ich, ihr seid ihr. Das, was ich für dich war, bin ich immer noch. Gib mir den Namen, den du mir immer gegeben hast. Sprich mit mir, wie du es immer getan hast. Gebrauche nicht eine andere Lebensweise. Sei nicht feierlich oder traurig. Lache weiterhin über das, worüber wir gemeinsam gelacht haben. Ich bin nicht weit weg, ich bin nur auf der anderen Seite des Weges." – Ernst Reuter

Nun zur allgemeiner formulierten Frage:
Was geschieht nach dem Tod mit uns?
Zunächst einmal liefert das weitverbreitete Phänomen der Nahtoderfahrung klare Hinweise darauf, dass es zwar übereinstimmende universelle Elemente gibt, jedoch ebenso, dass der Inhalt der Erfahrungen äußerst vielfältig ist. Die Lebensführung eines Menschen und insbesondere sein geistiger Zustand beim letzten Atemzug haben höchstwahrscheinlich großen Einfluss auf den Zustand unmittelbar nach dem Tod. Es ist leicht nachzuvollziehen, dass ein Mensch, der knapp 100 Jahre lang mit der Überzeugung gelebt hat, auf einen physischen Körper beschränkt zu sein und nie mit spirituellen Lehren in Kontakt kam, möglicherweise größere Schwierigkeiten haben wird, sich vom Körper und dieser Welt zu lösen und auf einen neuen Zustand einzulassen, als jemand, dessen Leben von spiritueller Praxis geprägt war und der jenen Zustand somit bereits kennt. Ersterer mag zunächst erstaunt darüber sein, dass er überhaupt noch lebendig ist, woraus eine gewisse vorübergehende Verwirrung resultieren kann. Das Phänomen der sogenannten "erdgebundenen Seelen" lässt sich nicht einfach ignorieren. Hingegen dürfte sich der Schock für einen spirituellen 'Meister', der seinen Körper schon zu dessen Lebzeiten regelmäßig überwunden hat, in Grenzen halten.

Jedoch möchte ich an dieser Stelle betonen, dass auch viele Menschen, die ohne jede spirituelle Erkenntnis gelebt haben, während einer Nahtoderfahrung ihren "neuen" Zustand problemlos ohne eine Phase der Umgewöhnung annehmen und als völlig natürlich erkennen konnten.

Bezüglich der möglichen Zustände nach dem Tod des physischen Körpers mögen einige durchaus sehr erdähnlich sein, wie aus zahlreichen Nahtoderlebnissen oder medialen Nachtodkontakten hervorgeht. Ich erinnere mich an den Fall eines verstorbenen Mannes, der seiner noch im Körper befindlichen Frau durch ein Medium mitteilte, dass er sich in einer Welt aufhält, die von unserer kaum zu unterscheiden ist. Er ließ sie wissen, dass bspw. ein Baum ebenso solide sei wie ein irdischer und dass er ihn anfassen und seine Rinde mit den Händen spüren könne. Vielleicht dient ein derartiger Zustand als Vorbereitung für eine erneute Inkarnation auf der Erde oder als Ebene des Übergangs nach einem irdischen Tod, um sich allmählich von der Erde zu lösen und umzugewöhnen.

Der Thanatologe Bernard Jakoby – kürzlich erwähnter Autor vieler Bücher über Nahtoderfahrungen und andere spirituelle Phänomene – geht von drei hauptsächlichen Zuständen nach dem Tod aus (bitte lasse dich nicht von den Bezeichnungen abschrecken, sofern sie seltsam klingen):

1. Die "Astralwelten"

   Diese sind mehr oder weniger erdähnlich und werden in zahlreichen Nahtoderfahrungen entsprechend beschrieben. Schon in den alten Weisheitsschriften wird darauf hingewiesen, dass wir über einen "Astralleib" verfügen (das geistige Äquivalent der physischen Form), also einen subtilen, feinstofflichen Körper, der von Verletzungen des grobstofflichen Körpers nicht in Mitleidenschaft gezogen werden kann.

2. Die "höheren Lichtwelten"

   Hier gibt es immer noch Individualität, wenn auch subtiler als auf der Astralebene oder im physischen Universum. Diese Ebene liegt bereits jenseits dessen, was sich ein durchschnittlicher, weltlich orientierter Mensch vorstellen kann.

3. Die "Verschmelzung mit Gott"

Dies ist wohl das Ende der Dualität. Die "Seele" ist zu ihrem Ursprung zurückgekehrt und wieder in der Quelle aufgegangen, wie ein Tropfen im Ozean. Das gilt als letztendliches Ziel aller ernsthaften spirituellen "Sucher". Das Ergebnis: ewige Vollkommenheit, Liebe und Glückseligkeit jenseits jeglicher Vorstellungskraft. Hier erweist sich eine Aussage von Albert Schweitzer als zutreffend: „Es gibt keine ewige Verdammnis, nur eine ewige Erlösung."

Bernard erzählte mir, dass er die exakte Bestätigung dieses Modells in dem spirituellen Klassiker "Autobiographie eines Yogi" erhalten habe. Bei dieser Gelegenheit werde ich den Autor des soeben erwähnten Buches, den großen spirituellen Lehrer Paramahansa Yogananda, zu Wort kommen und ausführlich erläutern lassen, was nach dem Tod geschieht. Seine folgende Aussage enthält auch einige Botschaften, die ich wenige Seiten zuvor ebenfalls erwähnte:

„Die Seele hat das Gefühl, durch einen Tunnel zu schweben. Dann driftet sie (vorerst und vorübergehend) in einen Zustand des Schlafs, der millionenfach tiefer und angenehmer ist als der tiefste Schlaf, den man im physischen Körper erlebt. Der Zustand nach dem Tod wird von verschiedenen Menschen unterschiedlich erlebt, je nachdem, wie sie auf der Erde gelebt haben. So wie sich die Menschen in der Dauer und Tiefe ihres Schlafes unterscheiden, so unterscheiden sie sich auch in ihren Erfahrungen nach dem Tod. Die Seelen in der Astralregion sind in hauchdünnes Licht gekleidet. Sie hüllen sich nicht in Knochenbündel mit fleischlichen Hüllen. Sie tragen keine zerbrechlichen, schweren Körper, die mit anderen groben Körpern zusammenstoßen und zerbrechen. Deshalb gibt es in der Astralwelt keinen Krieg. Es gibt auch keine Unfälle, denn alle Dinge koexistieren in gegenseitiger Hilfe und nicht in Feindschaft. Alle Schwingungsformen funktionieren in Harmonie miteinander. Alle Kräfte leben in Frieden und bewusster Hilfsbereitschaft. Die Seelen leben in gegenseitigem Erkennen und Zusammenwirken und atmen nicht Sauerstoff, sondern die Freude des Geistes.

"Freunde aus anderen Leben erkennen einander in der Astralwelt mit Leichtigkeit.", sagte Sri Yukteswar (sein Lehrer). "Sie freuen sich über die Unsterblichkeit der Freundschaft und erkennen die Unzerstörbarkeit der Liebe, die bei den traurigen, trügerischen Abschieden des irdischen Lebens oft bezweifelt wird."

Wie herrlich ist das Leben nach dem Tod! Du wirst nicht mehr das alte Gepäck der Knochen mit all seinen Problemen mit dir herumschleppen müssen. Du wirst im Astralhimmel frei sein, ungehindert von körperlichen Beschränkungen. Wenn ein geliebter Mensch stirbt, solltest du nicht unangemessen trauern, sondern erkennen, dass er auf eine höhere Ebene gegangen ist. Freue dich, dass er frei ist. Diese Einstellung ist viel hilfreicher. Natürlich wären wir keine Menschen, wenn wir geliebte Menschen nicht vermissen würden; aber wenn wir uns einsam fühlen, wollen wir nicht, dass selbstsüchtige Anhaftung die Ursache dafür ist, dass sie erdgebunden bleiben. Extremer Kummer hindert eine verstorbene Seele daran, zu größerem Frieden und Freiheit voranzuschreiten. Wenn du die Intensität deines Interesses an einem geliebten Menschen nicht verlierst, wird diese Seele definitiv deine Schwingungen empfangen. Solche Gedanken geben den geliebten Menschen ein Gefühl des Wohlbefindens, ein Gefühl, geliebt zu werden. Sie haben dich nicht vergessen, genauso wenig wie du sie vergessen hast. Sage ihnen im Geiste: "Wir werden uns irgendwann wiedersehen und unsere göttliche Liebe und Freundschaft zueinander weiterentwickeln." Wenn du ihnen jetzt ständig deine liebevollen Gedanken schickst, wirst du sie eines Tages sicher wiedertreffen. Du wirst wissen, dass dieses Leben nicht das Ende ist, sondern nur ein Glied in der ewigen Kette einer Beziehung zu deinen Lieben."

Letztendlich möchte ich mich Swami Rama anschließen:

„Was nach dem Tode kommt, lässt sich durch intellektuelle Argumente oder Diskussionen nicht begreifen. Die absolute Wahrheit ist wissenschaftlich nicht beweisbar, denn sie kann nicht wahrgenommen, nicht objektiviert und nicht von unseren Sinnen erfasst werden. Aus diesem Grund können Wissenschaftler auch keine zwingenden Schlüsse auf die Unsterblichkeit der Seele und das Leben nach diesem Leben ziehen, und nichts kann sie von einer anderen Sichtweise überzeugen.

Die objektive Welt ist nur die eine Hälfte des Universums. Was wir mit unseren Sinnen wahrnehmen, ist nicht die ganze Welt. Die andere Hälfte des Universums, die aus unserem Bewusstsein, Gefühlen und Gedanken besteht, lässt sich nicht durch die sinnliche Wahrnehmung äußerer Dinge erklären. Die Seele ist nicht erschaffen. Sie ist ihrem Wesen nach Bewusstsein und vollkommen. Nach der Loslösung vom materiellen Körper bleibt alles Verborgene bewahrt. Die Seele bleibt bestehen. Unsere Seele bleibt ewig vollkommen und wird nach dem Tod weder zerstört noch aufgelöst. Leben und Tod sind nur zwei verschiedene Namen für die gleiche Sache; die beiden Seiten einer Medaille. Wir fürchten nicht den Tod, sondern die Furcht vor dem Tod. Der Sterbeprozess an sich ist nicht schmerzhaft; er ist eher eine Veränderung der Gegebenheiten. Ungenügende Vorbereitungen und Bindungen verursachen die Schmerzen, die man im Moment des Todes erfährt. Man leidet, weil man nicht dazu in der Lage ist, vollkommen loszulassen."

Was ein Mensch nach seinem Tod erlebt, weiß eine/r am allerbesten: Er/Sie selbst. Denn jede Erfahrung ist subjektiver Natur. Objektive Analysen seitens jener ohne eigenen Einblick sind absurd. Erfahrungen können nur von denen wirklich beurteilt werden, die sie gemacht haben.

Ganz gleich, welcher spezifische Erfahrungsinhalt uns erwarten mag, darf es als eine von sämtlichen Zweifeln befreite Gewissheit erachtet werden, dass wir schlicht und ergreifend unsterblich sind.

> „Ich kann in drei Worten alles zusammenfassen,
> was ich über das Leben gelernt habe: Es geht weiter."
> (Robert Frost)

Sich nicht gegen den nahenden Tod aufzulehnen und gelassen hinzugeben, gelingt nur verhältnismäßig wenigen Menschen und setzt in der
Regel tiefe Erkenntnis voraus. Albert Einstein war nicht nur im Hinblick
auf seine Intelligenz, sondern offenbar auch bezüglich seiner ungewöhnlichen Furchtlosigkeit ein Ausnahmemensch... „Das Leben ist eine auf-
regende Geschichte. Es macht mir Vergnügen. Es ist wundervoll. Wenn
ich jedoch wüsste, dass ich in drei Stunden zu sterben hätte, würde
mich das sehr wenig beeindrucken. Ich würde mir überlegen, wie ich
diese drei Stunden am besten verwenden könnte, dann ruhig meine Pa-
piere in Ordnung bringen und mich friedvoll hinlegen."
Derartiges zu sagen, scheint leicht, aber Einstein ließ seinen Worten
später auch Taten folgen: Er verweigerte sich 1955 im Alter von 76
Jahren einer möglicherweise lebensrettenden Herzoperation und verließ
diese Welt mit einer bemerkenswerten Gelassenheit:
„Ich will gehen, wenn ich gehen will. Es ist geschmacklos, das Leben
künstlich zu verlängern. Ich habe meine Sache hier getan. Es ist Zeit
zu gehen. Ich werde es auf elegante Weise tun."
Man beachte die Ähnlichkeit mit der gleich folgenden Aussage...
Der große französische Schriftsteller Antoine de Saint-Exupéry hat dem
Tod als Pilot selbst mehrmals ins Gesicht geblickt; z. B. irrte er 1935
nach einer Notlandung fünf Tage allein durch die Wüste und wäre beinahe verdurstet.
Mein Vater liebte sein folgendes Zitat aus dem Jahrhundertbestseller
"Der kleine Prinz".
Ich erinnere mich noch gut daran, wie er es mir vorgelesen hat: „Hast
du Angst vor dem Tod?", fragte der kleine Prinz die Rose. Daraufhin
antwortete sie: „Aber nein. Ich habe doch gelebt, ich habe geblüht und
meine Kräfte eingesetzt, soviel ich konnte. Und Liebe, tausendfach ver-
schenkt, kehrt wieder zurück zu dem, der sie gegeben. So will ich warten auf das neue Leben und ohne Angst und Verzagen verblühen."

„Obwohl der normale Mensch den Tod mit Furcht und Traurigkeit betrachtet, kennen ihn diejenigen, die ihn schon erlebt haben, als eine wundersame Erfahrung von Frieden und Freiheit. Im Tod vergisst man alle Beschränkungen des physischen Körpers und erkennt, wie frei man ist. Dann kommt eine große Erkenntnis, ein freudiges Gefühl der Erleichterung. Du weißt, dass du unabhängig von deinem sterblichen Körper existierst.

Jeder von uns wird eines Tages sterben, also gibt es keinen Grund, Angst vor dem Tod zu haben. Es gibt nichts zu fürchten. Wenn der Tod kommt, lache darüber.

Der Tod ist nur eine Erfahrung, durch die du eine große Lektion lernen sollst: Du kannst nicht sterben.

Unser wahres Selbst ist unsterblich. Wir können niemals zerstört werden. Wir existieren, und diese Existenz ist ewig. Die Welle kommt ans Ufer und kehrt dann ins Meer zurück; sie ist nicht verloren. Sie wird eins mit dem Ozean oder kehrt in Form einer anderen Welle wieder zurück. Dieser Körper ist gekommen und wird wieder verschwinden, aber die Essenz in ihm wird niemals aufhören zu existieren. Nichts kann dieses ewige Bewusstsein beenden. Selbst ein Materieteilchen oder eine Energiewelle ist unzerstörbar, wie die Wissenschaft bewiesen hat; die geistige Essenz ist ebenfalls unzerstörbar.

Der Körper ist nur ein Kleidungsstück. Wie oft hast du in diesem Leben deine Kleidung gewechselt, und doch würdest du nicht sagen, dass du dich verändert hast. In ähnlicher Weise änderst du dich nicht, wenn du dieses körperliche Kleid beim Tod ablegst.

Das Wort "Tod" ist eine große Fehlbezeichnung, denn es gibt keinen Tod."

Paramahansa Yogananda

Wenn jemand, den wir lieben, stirbt,
sind wir so sehr damit beschäftigt,
das zu betrauern, was gestorben ist,
dass wir das ignorieren,
was nicht gestorben ist.

Ram Dass

Nach dem Tode geht die Seele, die sich aus dem Leibe zurückzieht, zu einem Wesen hin, das ihr ähnlich ist, zu einem göttlichen Wesen, das unsterblich und voll Weisheit ist, bei welchem
sie sich eines wunderbaren Glückes erfreut, befreit von ihren
Irrtümern und ihrer Unwissenheit und von jeder Tyrannei der
Furcht, sowie von allen anderen, mit der menschlichen Natur
verknüpften Übeln. Sie bringt in Wahrheit mit den Göttern die
ganze Ewigkeit zu.

Platon

Der Tod ist eine von unwissenden Menschen geschaffene Fiktion.

Sadhguru

In Wirklichkeit gibt es so etwas wie Tod oder Geburt nicht.
Ich weiß das
und ich sage es mit der Autorität meines Wissens.
Wir sind alle in der Ewigkeit
und wir werden immer da sein.
In Wirklichkeit kommt und geht niemand,
niemand wird geboren oder stirbt.
Aber um diese Wahrheit zu erfahren,
müssen wir uns zuerst von den Fesseln
unserer Unwissenheit befreien.

Meher Baba

Nie wurde der Geist geboren.
Nie wird dessen Sein enden.
Nie gab es eine Zeit, in der er nicht war.
Anfang und Ende sind ein Traum.
Das Selbst weiß alles.
Unsterblich ohne Anfang,
unveränderlich besteht der Geist alle Zeit.
Der Geist wird nicht getötet, wenn der Körper getötet wird.
Wer denkt, dass er tötet
und wer denkt, dass er getötet werden kann,
ist unwissend.
Er tötet nicht, noch wird er getötet.
Der Geist ist geringer als das Geringste
und größer als das Größte.
Er lebt in allen Herzen.
Das individuelle Selbst und das universelle Selbst
leben im Herzen wie Schatten und Licht.

Shankara

Kapitel 2

WENN SICH DAS BEWUSSTSEIN SEINER SELBST BEWUSST WIRD

„Richte deine Aufmerksamkeit auf das Selbst. Wenn du das Selbst erkennst, kann dich nichts berühren. Du kannst den Körper zerstören, du kannst die Welt, in der wir leben, zerstören, aber du kannst das Bewusstsein nicht verändern. Das Verschwinden des gesamten Universums wird dich nicht beeinflussen, denn das Selbst ist unzerstörbar.“
(Annamalai Swami)

Leid – das Produkt der Unbewusstheit

Die Menschen leiden. Das ist keine spektakuläre Neuigkeit, sondern eine altbekannte und völlig offensichtliche Tatsache, mit der wir immer wieder konfrontiert werden. Sollten wir es nicht vor allen anderen potentiellen Prioritäten für erstrebenswert erachten, die Wurzel des Leidens ausfindig zu machen und herauszureißen? Die meisten Menschen akzeptieren die vermeintliche Tatsache, dass physische und psychische Schmerzen ein unvermeidlicher Bestandteil unseres Daseins sind. Wenn wir diese Annahme hinterfragen, finden wir aber heraus, dass Leid keine natürliche Begleiterscheinung des menschlichen Lebens ist, sondern die natürliche Folgewirkung der Ignoranz gegenüber unserer wahren Natur! Es gibt einen Begriff, den man innerhalb der Spiritualität des Öfteren verwendet, um auf den Normalzustand des Menschen hinzuweisen: Unbewusstheit. Dieser Begriff verweist auf die Unkenntnis der spirituellen Tiefe in uns selbst. Diese ist kein theoretisches Konzept, sondern eine Wirklichkeit, die jeder Mensch unmittelbar erfahren kann.

Das Wissen um das Vorhandensein dieser Tiefe jenseits des Verstandes ist älter als die Menschheit, doch weil es in Vergessenheit geriet, seitdem wir dem Verstand übermäßige Bedeutung zumessen, betrachtet unsere heutige Gesellschaft es als "Glaubenssache". Um präventiv kein irreführendes Missverständnis aufkommen zu lassen, sei betont: Wenn ich die Bezeichnung "Tiefe" gebrauche, beziehe ich mich nicht auf etwas, das tief in deinem Gehirn oder anderswo im Körper lokalisiert ist. Es ist deine wahre Natur, die unter allen Umständen gleichermaßen präsent und verfügbar ist.

Sie ist nicht menschlich, sondern göttlich.

Aus der Unkenntnis unserer spirituellen Natur resultiert eine Lebensführung, die von materialistischen Wertvorstellungen dominiert wird, was zwangsläufig Begierde, Angst und folglich Leid hervorruft. Ein Leben auf der Oberfläche des Seins orientiert sich ausschließlich an Formen. Da ausnahmslos alle Formen vergänglich sind, verflüchtigen sich mit ihnen auch Glück und Gelassenheit, sofern sie davon abhängig waren. Es ist so offensichtlich! Wenn Glück an ein bestimmtes Ereignis geknüpft ist, dann kann es nur vergänglich sein. Jedes Ereignis hat einen Anfang und ein Ende, es kommt und geht – und somit auch das Glück... Es sei denn, wir finden es in uns selbst.

Letztlich beinhaltet der Zustand der Unbewusstheit, dass sich das Bewusstsein seiner selbst überhaupt nicht mehr bewusst ist. Es richtet seine Aufmerksamkeit auf alles Mögliche – außer auf sich selbst.

Wenn Wissenschaftler versuchen, etwas über das Bewusstsein herauszufinden, vergessen sie meist etwas sehr Entscheidendes: Alle wissenschaftlichen Erkenntnisse sind Erkenntnisse des Bewusstseins, weil unser Bewusstsein die alleinige Quelle der Wissenschaften ist. Es ist ganz und gar unmöglich, Bewusstsein im Labor zu untersuchen – weil das Bewusstsein immer selbst der Untersuchende ist! Die Wissenschaft beschäftigt sich objektiv mit Phänomenen, aber das Bewusstsein lässt sich niemals objektivieren, weil es selbst das untersuchende Subjekt ist!

Der Suchende ist das Gesuchte!
Ein Wissenschaftler, der das Bewusstsein nur für eine komplexe Illusion als Resultat biochemischer Vorgänge im Gehirn hält (und es gibt in der Tat einige, die diesen Standpunkt vertreten), ist nur ein Beispiel dafür, dass das Bewusstsein glauben kann, herausgefunden zu haben, dass das Bewusstsein nicht wirklich existiert. Das ist an Absurdität nicht zu übertreffen. Aber wir haben stets die uneingeschränkte Freiheit, uns selbst zu verleugnen.

Der Raum, in dem alles geschieht

Wir sind das, was *ist*, doch wir halten uns für das, was geschieht. Das Bewusstsein ist jedoch nichts von dem, was geschieht, sondern der Raum, in dem es geschieht. Es ist kein Phänomen, sondern die Grundlage aller Phänomene. Wenn wir diesbezüglich eine Nachforschung anstellen, können wir zu der bedeutenden Erkenntnis gelangen, dass reines Bewusstsein tatsächlich das einzige Kontinuum in unserem Leben ist. Betrachten wir das genauer: Allein in der Zeit, in der du diesen Satz liest, sterben in deinem Körper etwa 50 Millionen Zellen und werden durch andere ersetzt. Der menschliche Körper stößt innerhalb von ein paar Jahren den Großteil seiner Zellen ab und erneuert sie. Der Körper, den du jetzt erfährst, ist nicht derselbe Körper wie der in deiner Kindheit. Es ist noch nicht einmal exakt derselbe Körper wie jener, der heute Morgen aufgestanden ist. Es ist offensichtlich, dass die physische Form einer erheblichen Wandlung unterliegt. Selbiges gilt für die Persönlichkeit und den Verstand. Du denkst heute höchstwahrscheinlich auch anders als noch vor 10, 20 oder 50 Jahren, hast also andere Lebenseinstellungen und Meinungen. Aber das reine Bewusstsein im Hintergrund aller Wahrnehmungen, das sich der Gedanken und des Körpers bewusst ist, hat sich nie wirklich verändert. Jeder kann spüren, dass sein essentielles 'Ich' im tiefsten Innern immer dasselbe geblieben ist und dass sich alle Veränderungen letztlich nur auf der Oberfläche ereignet haben. Daran, dass du dich an deine Kindheit erinnern kannst und sie als „meine Kindheit" bezeichnest, erkennst du, dass damals dasselbe 'Ich' präsent gewesen sein muss wie hier und jetzt. Obwohl sich alle Eigenschaften der Person erheblich verändert haben, lässt sich eine unbestreitbare Bewusstseinskontinuität feststellen. Alle vergänglichen Erscheinungen haben also in einem unvergänglichen "Raum" stattgefunden! Wir sehen aber meist nur die Formen und vergessen das formlose Gewahrsein, obwohl wir selbst es sind. Im Kino werden wir von den Bildern auf der Leinwand absorbiert, sodass uns Letztere nicht mehr auffällt, obwohl wir sie pausenlos betrachten. Ist es nicht so? Dies führt dazu, dass wir das Wesentliche missachten und folglich vergessen, dass nichts von dem, was geschieht, jemals dem Raum etwas anhaben kann, in dem es geschieht – dem, was wir im tiefsten Innern sind.

Erleuchtung

Eine der schönsten Definitionen spiritueller Erkenntnis, auf die ich je gestoßen bin, stammt vom spirituellen Lehrer Adyashanti:
„Spirituelles Erwachen ist ein Erinnern. Es geht nicht darum, etwas zu werden. Es geht nicht darum, sich zu transformieren. Es geht nicht darum, sich zu verändern. Es ist ein Erinnern an das, was wir sind, so als ob wir es schon lange wüssten und nur vergessen hätten. Im Moment dieses Erinnerns, wenn das Erinnern authentisch ist, wird es nicht als etwas Persönliches angesehen. So etwas wie ein "persönliches" Erwachen gibt es eigentlich nicht, denn "persönlich" würde Trennung bedeuten. "Persönlich" würde bedeuten, dass es das "Ich" oder das Ego ist, das erwacht oder erleuchtet wird. Aber in einem wahren Erwachen wird sehr klar erkannt, dass sogar das Erwachen selbst nicht persönlich ist. Es ist der universelle Geist oder das universelle Bewusstsein, das erwacht. Nicht das "Ich" erwacht, sondern das, was wir sind, erwacht vom "Ich"."

Das spirituelle Erwachen eines Menschen wird traditionell als "Erleuchtung" betitelt. Dabei handelt es sich – entgegen vieler falscher Auffassungen – weder um das Resultat einer äußeren Einwirkung noch um eine persönliche Errungenschaft (siehe Zitat). Die Erleuchtung ist nichts, was du zukünftig erreichen könntest. Sie sollte nicht als Höhepunkt einer spirituellen Entwicklung aufgefasst werden. Eine Menge Verwirrung entspringt der Annahme, dieses Leben sei ein Lernprozess mit dem Ziel der Vervollkommnung nach einer mühseligen Reise durch verschiedene Entwicklungsstufen. So entsteht der schwerwiegende Irrglaube, unser Selbst sei unvollkommen und die uns bereits innewohnende Glückseligkeit könne nur in ferner Zukunft durch harte Arbeit erlangt werden. Das Leben ist keine Schule, in der wir geprüft werden sollen, sondern ein spielerischer Ausdruck göttlicher Liebe und Kreativität.

Erleuchtung ist eigentlich völlig unspektakulär. Sie ist schlicht und ergreifend das, was übrig bleibt, wenn alle illusionären Strukturen entfernt wurden. Sie ist also dein natürlicher Zustand bzw. das, was allen Zuständen immer zugrunde liegt. Das werde ich nun ausführen... Man könnte vielleicht sagen, dass es (sehr stark vereinfacht dargestellt) drei Ebenen der spirituellen Selbsterkenntnis gibt:
1. Keinerlei Selbsterkenntnis
Hier identifiziert sich das Bewusstsein vollständig bspw. mit einem Körper, einer individuellen Persönlichkeit und dem begrenzten menschlichen Verstand. Das Formlose hält sich für Form. Es vergisst sich selbst und seine Unermesslichkeit. Das Bewusstsein ahnt nichts von seiner eigenen Tiefe. Es richtet seine Aufmerksamkeit auf alles außer sich selbst, sein Blick ist voll und ganz nach außen gerichtet. Dieser Zustand gleicht einer Hypnose. Somit ist der Mensch im Formentraum gefangen. Daraus resultiert eine Lebensgestaltung, die ausschließlich auf der Oberfläche stattfindet, was zwangsläufig von Leid geprägt ist. Der Großteil der Menschheit befindet sich offensichtlich in diesem Zustand. Hier ist die Wurzel aller menschlichen Konflikte und Probleme zu finden.

2. Theoretische Selbsterkenntnis

Relativ viele (aber insgesamt verhältnismäßig wenige) Menschen mögen zwar auf intellektueller Ebene erkennen: „Ich bin nicht der Körper, sondern körperunabhängiges Bewusstsein. Ich bin das unpersönliche, ewige Formlose und nicht nur eine persönliche, vergängliche Form."

Wird diese Erkenntnis jedoch nicht vollends verinnerlicht und in die Lebensführung integriert, bleibt sie weitestgehend wirkungslos. Hier beruht alles auf einer Idee, einem Glauben oder einer Überzeugung, nicht auf unzweifelhafter Erfahrung. Das trifft wohl auf die meisten "spirituellen" und "religiösen" Menschen zu. Auf dieser Stufe der 'Selbstverwirklichung' kann ein Mensch immer noch von äußeren Geschehnissen innerlich erschüttert werden, weil die Erkenntnis nicht über die intellektuelle Ebene hinausgeht, weshalb einschränkende Zweifel verbleiben.

3. Wahrhaftige Selbsterkenntnis

Sehr wenige Menschen repräsentieren diese Erkenntnisebene.

Das Bewusstsein wird mit absoluter Klarheit als essentielle Identität erkannt und identifiziert sich nicht mehr mit Formen. Es akzeptiert und beobachtet als unbeteiligter Zeuge im "Hintergrund" (dazu später mehr) die Vergänglichkeit aller Formen, was den "eigenen" Körper impliziert, und weiß ohne den geringsten Zweifel (nur möglich, wenn über die intellektuelle Ebene hinausgehend und auf Erfahrung basierend), dass nichts und niemand ihm jemals etwas anhaben kann. Es nimmt nun folglich nicht mehr die Perspektive eines der Bilder auf der Leinwand ein, sondern jene der Leinwand, auf der alle Bilder erscheinen (Analogie für die Desidentifikation, die später genauer elaboriert wird).

Das Formlose ist endgültig aus dem Formentraum erwacht. Dieser von allen Konditionierungen befreite Bewusstseinszustand, welcher mit einem unerschütterlichen inneren Frieden einhergeht, wurde in früheren Epochen bevorzugt als Erleuchtung bezeichnet. Das Resultat ist eine Glückseligkeit jenseits jeglicher Vorstellungskraft. Dies ist der größtmögliche und einzige wirkliche Erfolg in einem menschlichen Leben.

Was könnte wichtiger sein als beständiges Glück?

Lehrer: „John, was möchtest du später mal werden?"
John Lennon (als Kind): „Glücklich."
Lehrer: „Du hast die Frage nicht verstanden."
John Lennon: „Sie haben das Leben nicht verstanden."

Leid als Lehrer

„Leid ist für den Geist das, was Schmerz für den Körper ist. Wenn du deine Hand ins Feuer hältst, empfindest du Schmerz. Der Schmerz ist kein Fehler. Der Schmerz ist die Intelligenz des Körpers, die dir sagt: Nimm deine Hand aus dem Feuer! Der Schmerz arbeitet also für dein Wohlbefinden. Auf der Ebene des Verstandes ist das Leid genau dasselbe, eine Botschaft. Mit anderen Worten: Das Leid ist nicht dazu da, um uns zu bestrafen. Im Gegenteil, es ist da, um uns zu helfen. Es ist ein Warnsignal. Es kooperiert mit deinem Wunsch nach Glück. Es sagt dir, dass du deine Hand ins Feuer gelegt hast. Das Leiden sagt dir: Du hast dich selbst mit einem getrennten, begrenzten Selbst verwechselt. Schau noch mal genau hin! Am Anfang ist es ein sanfter Ruf, aber mit der Zeit wird er immer heftiger. Unabhängig von seiner Intensität sagt der Weckruf jedoch immer dasselbe: Wir haben übersehen oder vergessen, wer wir wirklich sind." – Rupert Spira

„Die Verzweiflung schickt Gott nicht, um uns zu töten, er schickt sie, um neues Leben in uns zu erwecken." – Hermann Hesse

„Durch Fehler und Irrtümer vervollkommnet sich der Mensch. Durch das Leid aber lernt er, dass alle Wege, die in Dunkelheit beginnen, zum Lichte führen müssen." – Hippokrates

Leid kann als Katalysator dienen und zur Selbsterkenntnis führen. Bei Sonnenschein halten sich manche Wassertiere gerne an der Wasseroberfläche auf, doch schlechtes Wetter bringt sie dazu, abzutauchen. Wenn es draußen ungemütlich ist, halten auch wir uns lieber im Haus auf. Falls außen alle Möglichkeiten ausgeschöpft sind, lohnt sich ein Blick nach innen. Was du nirgends an der Oberfläche finden kannst, wartet auf dich in der Tiefe. Die regelmäßigen Enttäuschungen (Enttäuschung = Ende der Täuschung) an der Oberfläche des Lebens zwingen dich dazu, abzutauchen. Wenn ein Traum als angenehm empfunden wird, verliert das Bewusstsein, das du bist, sich gerne in seinen Wahrnehmungen und identifiziert sich mit ihnen. Handelt es sich allerdings um einen Albtraum, wird es dazu motiviert, sich von den belastenden Wahrnehmungen zurückzuziehen und sich wieder seiner selbst bewusst zu werden. Daher erreichen oftmals Menschen, die intensivem Leid ausgesetzt sind, später eine besonders stark ausgeprägte spirituelle Tiefe.

Das Bewusstsein ist sich seiner selbst im Falle der meisten Menschen überhaupt nicht mehr bewusst. Es befindet sich im Zustand der totalen Selbstvergessenheit. Das, was immer präsent ist, verliert sich in dem, was vorübergehend erscheint. Du bist nichts von dem, was geschieht, sondern der Raum, in dem alles geschieht!

Wir sehen die Bilder auf der Leinwand und vergessen die Leinwand. Das Resultat der Selbstverleugnung ist eine Hypnose, die uns dazu bringt, Dramen zu kreieren, die es in Wirklichkeit – also unabhängig von unseren destruktiven Gedanken – gar nicht gibt. Wenn wir aber von Bildern vereinnahmt werden, die eine leidvolle Wirkung entfachen, ist es ratsam, die Aufmerksamkeit wieder von diesen Bildern abzuziehen, somit Abstand zu ihnen einzunehmen und als reines Bewusstsein zu verweilen – als unbeteiligter Zeuge, welcher sich nicht mehr mitreißen lässt.

> „Du bist reines Bewusstsein,
> der Zeuge aller Erfahrung.
> Du bist reine Natur der Freude.“
> (Shankara)

Die intensive Beschäftigung mit Spiritualität und ihre Integration in die Lebensführung, insbesondere der "unbeteiligte Zeuge" oder meditative Versenkung, wird von vielen Menschen schwerwiegend missverstanden. Sie fehlinterpretieren diese Lebensweise als Form der Verdrängung, „Leben in einer Blase" oder Flucht vor der "Realität" – womit sie die Außenwelt meinen. Dabei bemerken sie nicht, dass sie selbst ständig vor ihrer eigenen Innenwelt fliehen!

Experimente haben gezeigt, dass die meisten Menschen sich selbst schmerzhafte Stromstöße versetzen, und zwar freiwillig, nur um nicht allein in einem stillen Raum sitzen zu müssen. Nach wenigen Minuten wird es für sie unerträglich – obwohl es keinerlei äußere Bedrohung gibt, halten sie es nicht lange aus. Sie sind offensichtlich einfach damit überfordert, mit sich selbst allein zu sein, ohne sich – wie üblich – ablenken zu können, indem sie sich in vielfältiger Unterhaltung verlieren.

Als ich damals fanatisch Kampfsport praktizierte, hielt ich mich für mutig, weil ich nicht davor zurückschreckte, mich erfahrenen Kampfkünstlern zu stellen. Gleichzeitig war ich zu feige, mich mir selbst zu stellen – mich selbst und mein eigenes Innenleben mit vollkommener Ehrlichkeit zu betrachten, ohne mich abzulenken, indem ich den Fernseher einschalte oder Körper und Verstand anderweitig in allerlei Aktivitäten verstricke. Aus Gewohnheit verlor auch ich mich in Nebensächlichkeiten. Erst später begriff ich, dass wahrer Mut darin besteht, sich einer schonungslosen Selbsterforschung hinzugeben.

Früher hielt ich mich für einen Sieger, weil ich meine Gegner in Kämpfen bezwang. Heute weiß ich, dass der einzig wahre Sieger jener ist, der sein eigenes Ego überwindet. Danach gibt es allerdings niemanden mehr, der sich selbst für einen Sieger oder Verlierer halten könnte.

Auch wenn ich jedes Lebewesen des Universums in einem Zweikampf besiegt hätte, so hätte ich doch niemals die Glückseligkeit kennengelernt, die sich mir durch Selbsterkenntnis offenbarte.

Meditation ist keine Flucht vor der Realität, sondern ein direktes Eintauchen in die Realität! Diese Realität bist du selbst.

Das Ende der Konditionierung

Wer sich mit seinem Körper identifiziert, identifiziert auch andere mit deren Körpern. Stets überträgt man die eigene Identifikation auf seine Mitmenschen. Da man ein mentales Bild seiner selbst entworfen hat, entwickelt man auch für die Menschen, denen man begegnet, ein fiktives Bild, das niemals den wahren Wesenskern des Gegenübers zu erfassen vermag. Innerhalb von Sekunden fällst du innerlich ein Urteil über die andere Person und ordnest sie einer bestimmten Persönlichkeitskategorie zu. Man sieht jeden Menschen, mit dem man in Interaktion tritt, durch den Schleier der Gedanken, welche durch die Vergangenheit konditioniert und damit immer voreingenommen sind.
So sind wir nicht in der Lage, das Wunder des Seins zu erkennen, das in jedem Menschen verborgen ist – das Wunder, das jeder Mensch und jedes Lebewesen ist.
Zu oft verwechseln wir das Verhalten mit der Identität.
Wir sind nicht, was wir tun. Vor allem sind wir nicht unsere Fehler.

„Einen Mann nach seiner schwächsten Tat zu beurteilen, ist wie
die Kraft des Ozeans anhand einer einzigen Welle zu beurteilen.“
(Elvis Presley)

Man möge sich vor Augen führen: Menschen, die lieblos handeln, können im Grunde nichts dafür, weil ihr Ego die Kontrolle übernommen hat. Ihr ursprünglich unkonditioniertes Bewusstsein befindet sich in einem Zustand der Selbstvergessenheit, sodass die konditionierten Verhaltensmuster deutlich hervortreten, eine Trennung kreieren und Leid erzeugen. Wir können aber durch das Ego hindurchblicken und dasselbe Bewusstsein in ihnen aufspüren, das auch unsere eigene Essenz ist.

Dann erkennst du die tiefe Wahrheit in Gandhis Worten: „Du und ich, wir sind eins. Ich kann dir nicht wehtun, ohne mich zu verletzen.“

Die großen spirituellen Lehrer sämtlicher Kulturen – unter ihnen Jesus, Buddha, Laozi, Rumi und Ramana Maharshi – mögen sich zwar hinsichtlich ihrer Wortwahl voneinander unterscheiden, verfolgten aber allesamt die Absicht, in ihren Schülern die illusionären Strukturen zu durchdringen, um das unermessliche Innere zu erreichen und auf sich selbst aufmerksam zu machen. Im Grunde reicht es schon aus, sich einfach selbst zu fragen „Bin ich bewusst?", damit das Gewahrsein die Aufmerksamkeit von den flüchtigen Ereignissen abzieht und sich wieder seiner selbst gewahr wird. Anstatt immerzu von Objekten aller Art hypnotisiert zu sein, fragst du dich, was das wahrnehmende Subjekt ist. Wenn du deine Aufmerksamkeit vorübergehend von all deinen Sinneswahrnehmungen abziehst und stattdessen ergründest, was sich all dessen stets bewusst ist, dann wirst du dir ohne äußere Hilfe deiner selbst gewahr. Wer oder was ist sich all dessen bewusst, was du siehst? Wer oder was ist sich all dessen bewusst, was du hörst, riechst, schmeckst und fühlst? Wer oder was ist sich deines Körpers bewusst? Wer oder was ist sich deiner Gedanken und Emotionen bewusst?

„Alles, was du siehst, hörst, berührst, schmeckst, denkst und dir vorstellst, kommt und geht. Wisse, dass du das nicht bist. Das, was nicht kommt und vergeht, aber in dem alle Phänomene kommen und vergehen, kenne das – als dein Selbst." (Mooji)

So wird sich das Bewusstsein seiner selbst bewusst, womit die einzige erforderliche Voraussetzung dafür erfüllt ist, dass das Leid des Menschen endgültig transzendiert werden kann. Durch Selbsterkenntnis treten wir aus der Konditionierung heraus und in die Freiheit ein. So wird außerdem jegliche Trennung aufgehoben und auf tiefster Ebene der Betrachtung zweifelsfrei erkannt: Wir sind alle eins.

Was geschieht, wenn sich das Bewusstsein seiner selbst bewusst wird? Das verlorene Kind kehrt nach Hause zurück und das Leid endet!

Wir werden das alles nun erst einmal sacken lassen und im übernächsten Kapitel die Ursachen des Leidens genauer unter die Lupe nehmen...

Kapitel 3

VOM SCHEIN ZUM SEIN

Die Welt ist nicht, was und wie sie zu sein scheint.
Dass uns die körperlichen Sinne lediglich einen Ausschnitt der Wirklichkeit präsentieren, der nicht annähernd an die Totalität des Großen Ganzen heranzureichen vermag, sollte mittlerweile weitgehend bekannt sein. Es spricht nichts dagegen, sich auf seine Sinne zu verlassen und an diesen Wahrnehmungen zu erfreuen, solange nicht vergessen wird, dass der größte Wert jenseits davon liegt...
„Wir sind miteinander verbunden wie die Sterne am Firmament, mit untrennbaren Banden. Diese Bande können wir nicht sehen, aber wir können sie fühlen. Um einander zu kennen, müssen wir über die Sphäre unserer Sinneswahrnehmungen hinausgehen.", so Nikola Tesla.
Wir glauben, voneinander getrennt zu sein, weil wir nur Formen sehen. Wir sehen also Grenzen, wo in Wirklichkeit keine sind. Selbst auf körperlicher Ebene ist Trennung eine Illusion. Ob wir es sehen können oder nicht... Alles geht ineinander über. Darauf verwies auch Alan Watts: „Deine Haut trennt dich nicht von deiner Umwelt. Sie ist eine Brücke, über die die Außenwelt in dich hineinfließt. Und du fließt in sie hinein."

Die formlose Form

Wir akzeptieren die Realität der Materie und stellen die Wirklichkeit des Geistes in Frage. Wir glauben also an das, was immer nur indirekt erfahren wird und verleugnen das, was immer unmittelbar erfahren wird. Allein das ist schon bemerkenswert. Man sagt, der Geist sei ein Produkt der Materie, d. h. das Immaterielle sei seiner Essenz nach etwas Materielles, das Nicht-Physische sei letztendlich auch etwas Physisches. Tatsächlich ist es aber genau umgekehrt...

Dass die Wissenschaft nach wie vor überwiegend materialistisch ausgerichtet ist, ist angesichts gewisser Erkenntnisse, die ich in diesem Kapitel vorstellen werde, geradezu amüsant.

Max Planck, der Begründer der Quantenphysik, darf ohne Zweifel zu den größten Wissenschaftlern des 20. Jahrhunderts gezählt werden. Er traf folgende Aussage:
„Als Physiker, der sein ganzes Leben der nüchternen Wissenschaft, der Erforschung der Materie widmete, bin ich sicher von dem Verdacht frei, für einen Schwarmgeist gehalten zu werden. Und so sage ich nach meinen Erforschungen des Atoms dieses: Es gibt keine Materie."
Seinem berühmten Freund und Kollegen Einstein wird dieses Zitat zugeschrieben: „Bezüglich der Materie haben wir uns geirrt. Was wir Materie genannt haben, ist Energie, deren Schwingung so weit herabgesetzt wurde, dass sie mit den Sinnen wahrnehmbar ist. Materie ist Geist, reduziert bis auf den Punkt der Sichtbarkeit. Es gibt keine Materie."

Du magst entgegnen: „Es gibt keine Materie!? Sie mögen Genies sein, doch sie müssen sich irren, denn ich kann den Stuhl, auf dem ich Platz genommen habe, sehr deutlich sehen, ich kann ihn berühren und fühlen. Er ist fest und greifbar." Ja, du nimmst ihn dementsprechend wahr, doch das ist tatsächlich nichts als eine Sinnestäuschung.
Wenn wir wissenschaftlichen Fakten eine hohe Aussagekraft und Verlässlichkeit beimessen, dann sollten wir diese betrachten: Materie besteht zu 99,9 % aus leerem Raum! Setzt man das Ausmaß des Raumes zwischen den Atomen mit der Größe eines Atoms in Relation, dann liegt das Größenverhältnis ungefähr bei 99,999999 (Leere) zu 0,000001 (Form) – das gilt ebenso für den Raum innerhalb eines Atoms, wenn man ihn mit der Abmessung des Atomkerns vergleicht.

Wir begutachten hier keine esoterische Hypothese, sondern eine belastbare Erkenntnis der Physik. Es ist das Formlose, das jeder Form zugrunde liegt. Die Essenz der Form ist das Formlose. Die Form ist letztlich formlos. Die Buddhisten wissen das schon seit über 2.500 Jahren. Ihre historischen Schriften bringen es auf den Punkt: „Form ist Leere."

Wenn wir so tief wie möglich in die Materie vordringen, um ihre Essenz zu erfassen, finden wir nie etwas Solides und Greifbares, das sich lokalisieren lässt. In den Worten des Physikers und Mathematikers Max Born: „Wir haben nach festem Boden gesucht und keinen gefunden. Je tiefer wir eindringen, desto unruhiger wird das Universum; alles rauscht und vibriert in einem wilden Tanz. Ich bin jetzt überzeugt, dass die theoretische Physik eigentlich Philosophie ist." Max Born war maßgeblich an der Entwicklung der Quantenmechanik beteiligt. Für seine grundlegenden Forschungen erhielt er den Nobelpreis für Physik.

Materie ist bestenfalls eine nebensächliche Randerscheinung. Das gilt selbstverständlich nicht nur für unsere schöne Erde, sondern für das gesamte Universum. Der leere Raum zwischen den Sternen ist so gewaltig, dass die Sterne selbst in Relation dazu kaum mehr erwähnenswert sind – davon abgesehen, dass sie sich unter genauerer Betrachtung als ebenso formlos erweisen. Licht bewegt sich mit unvorstellbar hoher Geschwindigkeit fort: 300.000 Kilometer pro Sekunde. Doch das Licht mancher Sterne, die wir nachts wahrnehmen können, wenn wir einen Blick in den unermesslichen Weltraum werfen, benötigt in manchen Fällen Tausende, Millionen oder gar Milliarden Jahre, um unseren Planeten zu erreichen und endlich von uns gesehen zu werden. Die Distanz, die es dabei überbrückt, ist leerer Raum. Wie gesagt sind auch sämtliche darin enthaltene Erscheinungsformen letztlich formlos.

Ist es angesichts dieser Tatsachen nicht vollkommen offensichtlich, dass materialistische Wertvorstellungen zum Scheitern verurteilt sind?

Denn nichts hat wirkliche Substanz. Streng betrachtet hat sogar nichts wirkliche Existenz, denn das Wort "existieren" bedeutet so viel wie "hervorstehen" oder "herausragen" und impliziert somit die Illusion der Trennung. Wir könnten zwischen Sein und Existenz differenzieren: Das Sein geht der Existenz voraus. Das Sein ist das Formlose und die Existenz die Form, die das ewige Sein vorübergehend angenommen hat. Existenz verweist also auf Materie, die sich wiederum als illusionär entlarvt, wenn wir tiefer blicken.

„Immer wenn ich einen Vortrag über Quantenphysik halte, kommt es mir so vor, als ob ich über Spiritualität sprechen würde. Ich habe die letzten 35 Jahre lang Materie studiert, nur um herauszufinden, dass sie nicht existiert!", so Hans-Peter Dürr, ein weltweit anerkannter Kernphysiker. Einer seiner Vorläufer, der Nobelpreisträger Werner Heisenberg (einer der Begründer der Quantenphysik), drückte sich geradezu poetisch aus: „Wenn man in den subatomaren Bereich blickt, so entdeckt man, dass unsere Welt aus geistigen Strukturen von unglaublicher Schönheit besteht."

Warum alles und nichts gleichbedeutend sind

Das Wort "Nichts" geht mit Assoziationen einher, aus denen fehlerhafte Schlussfolgerungen resultieren. Womöglich ist kaum ein anderes Wort der menschlichen Sprache derart schwerwiegend missverstanden worden. Ist dir aufgefallen, dass sich das englische Wort für "Nichts" – Nothing – aus zwei Begriffen zusammensetzt? No thing! Übersetzt: Kein Ding, kein Objekt.

Das Wort "Nichts" verneint also lediglich die Materie.

„Du bist nichts!" klingt furchtbar lebensverneinend und abschreckend, nicht wahr? Das liegt allein an den tief verankerten Assoziationen, die auf einem ursprünglichen Irrtum beruhen. Es bedeutet aber doch letztlich nichts anderes als: „Du bist kein Ding, keine Materie, du bist undefinierbar."

Das gilt auch für die furchteinflößende Aussage: „Du bist niemand!"
Auch hier ist es hilfreich, in die englische Sprache überzuwechseln, um
die Anatomie des Wortes und die Übersetzung zu betrachten: Nobody –
No body – kein Körper!

„Du bist niemand!" ist keine Beleidigung, sondern die befreiende Feststellung: „Du bist kein Körper!"

Fällt dir nun auf, wie hilfreich es ist, sich nicht von Vorurteilen abschrecken zu lassen und einen Blick hinter den Schleier zu werfen?

Indem du hinterfragst, trittst du aus dem Gefängnis der Konditionierung
heraus und in die vollkommene Freiheit ein.

Selbstverständlich möchte das Ego lieber jemand sein, "some-body", ein
bestimmter Körper, ein separates Individuum, das von den sogenannten
"anderen" getrennt ist und somit die Chance erhält, eine Hierarchie zu
kreieren und sich ihnen überzuordnen.

Wie ausgeführt erweist sich Materie unter genauer Betrachtung als
immateriell, d. h. jedes Objekt ist letztendlich ein Ausdruck des vermeintlichen Nichts – „Everything (every thing) is nothing (no thing)":
Jedes "Ding" ist nicht wirklich ein Ding im konventionellen Sinne.

Oder um eine besonders kompromisslose Übersetzung zu wählen:
Alles ist nichts.

Jedes Ding (Every-thing) entpuppt sich als kein Ding (No-thing), weil es
im gesamten Universum niemals ein separates Fragment und somit kein
wirklich unabhängiges Objekt geben kann.

Einer Geschichte zufolge betrat ein weiser Unbekannter ein Königreich.
Er ging in den Palast des Königs und setzte sich auf seinen Thron. Ein
Diener des Königs sah das und sprach den Mann an: „Du wagst es, dich
auf den Thron des Königs zu setzen! Wer bist du?" Der Mann antworte-
te: „Ich bin größer als der König." Der Diener erwiderte entsetzt: „Wie
kannst du es wagen? Unter Menschen ist nur ein Kaiser größer als der
König. Bist du der Kaiser?" Der fremde Eindringling sagte mit ruhiger
Stimme: „Nein. Ich bin größer als der Kaiser."

Es fiel dem Diener zunehmend schwer, sich zusammenzureißen: „Du unverschämter Narr! Nur Gott ist größer als der Kaiser!" Der weise Mann antwortete: „Ich bin sogar größer als Gott." Dem Diener fiel endgültig die Kinnlade herunter... „Du bist verrückt. Nichts ist größer als Gott!" „Dieses Nichts bin ich.", sagte der Mann.
Natürlich ist das Nichts nicht wirklich größer als Gott, weil zwischen den 'beiden' kein Unterschied besteht (denn Gott ist kein Objekt und somit 'no-thing').

Die Begriffe "Nichts" und "Niemand" entfernen alle Einschränkungen und legen schließlich das frei, was wahrlich unermesslich und seiner Natur nach zutiefst friedvoll ist:
Das formlose Gewahrsein, unser wahres Selbst.

Keine Widersprüche – nur verschiedene Perspektiven

Alle Formen kommen und gehen. Aber dabei handelt es sich nur um die Oberfläche des Lebens, nicht um das wirkliche Leben, das in der für den Verstand unergründlichen Tiefe liegt.
Das einzig Beständige ist die Unbeständigkeit – so lautete sinngemäß eine Schlussfolgerung des legendären Naturwissenschaftlers Charles Darwin. Auch das ist richtig, ebenso wie die Aussage: Veränderung ist eine Illusion. Man muss hier zwischen der relativen und absoluten Betrachtungsebene differenzieren, um zu registrieren, dass es sich nicht um einen Widerspruch handelt. Als Analogie möge eine unermessliche Leinwand dienen, auf der zahlreiche verschiedene Bilder erscheinen. Darwin bezog sich auf die Bilder auf der Leinwand, die selbstverständlich vergehen und durch nachfolgende Erscheinungen ersetzt werden. Die andere Betrachtungsweise, die von spirituellen Lehrern bevorzugt wird, bezieht sich auf die Leinwand, welche sich nie verändert, weil sie das eigenschaftslose Absolute ist, welches dem Relativen vorausgeht.

Die Bilder repräsentieren die Formen und die Leinwand das Formlose, das allem zugrunde liegt.
Das Bild ist eine vorübergehende Ausdrucksform dessen, was wir sind. Die Leinwand ist das, was wir essentiell sind.

Nichts verschwindet je!

Wenn auf der Wasseroberfläche eines Ozeans eine Welle entsteht und schließlich wieder verschwindet, bleibt ihre Essenz während dieses gesamten Prozesses und darüber hinaus erhalten – das Wasser löst sich bekanntlich nicht auf, wenn es die Wellenform verliert.
Wenn ein physischer Körper stirbt und verwest, bis nur noch Staub übrig bleibt, ist die Energie, die ihn einst ausgemacht hat, nicht verschwunden. Sie hat nur einen anderen Zustand angenommen. Jeder Zustand geht vorüber und wird von einem nachfolgenden abgelöst, aber das Sein, welches alle Zustände annimmt, ist ein anfangsloses Kontinuum und als solches ewig.
Es gibt weder Geburt noch Tod. Nichts entsteht wirklich und nichts verschwindet je. Es entstehen nur immer wieder neue Bilder auf der Leinwand, die von nachfolgenden Bildern ersetzt werden, welche früher oder später dann auch wieder vergehen. Das ist der Kreislauf des Lebens. Alle Bilder kommen und gehen. Aber das ist der Inhalt des Lebens, nicht das Leben selbst. Wenn die Bilder sich auflösen, ist das, was sie einst ausgemacht hat, immer noch da. Nur die Form, die das Formlose angenommen hatte, ist nicht mehr erkennbar.
„Nichts verschwindet je. Nur Formen werden beständig transformiert.", so auch der spirituelle Lehrer Rupert Spira in seinem großartigen Buch "Bewusstsein ist alles".
Wenn ein Stern "stirbt", dann wird er, abhängig von seiner Masse, nach einer Supernova zu einem Weißen Zwerg, einem Neutronenstern oder einem Schwarzen Loch. Aus den Überbleibseln entstehen neue Formen...

Der menschliche Körper besteht hauptsächlich aus 'Sternenstaub'. Das, was du im Spiegel erblickst, ist nichts anderes als die Asche "toter" Sonnen! Wenn der Körper stirbt und verwest, bis nur noch eine Handvoll Staub übrig ist, geht die Energie nicht verloren. Schlussendlich kehrt alles nur in seinen neutralen Ursprungszustand, das ewige Formlose, zurück.

Fragen wie „Wohin geht das Bewusstsein nach dem Tod?" weisen darauf hin, dass der Fragesteller nicht begriffen hat, dass es letztendlich keine Orte, sondern nur unterschiedliche Bewusstseinszustände gibt. Bewusstsein hat keinen festgelegten Standort.

Es ist non-lokal, also allgegenwärtig.

Und am Ende steht die Liebe

Die traditionelle Interpretation von Himmel und Hölle unterliegt einem verheerenden Missverständnis. Der Himmel und die Hölle sind keine Orte, sondern Geisteszustände. Es handelt sich um natürliche Folgewirkungen des eigenen Denkens, Sprechens und Handelns. Somit erschafft sich jeder seinen eigenen Himmel und seine eigene Hölle – und zwar auch schon hier auf der physischen Ebene.

„Der Mensch bringt sich selber in die Hölle, nicht der Herr."
(Emanuel Swedenborg)

„Du fühlst dich gut, du fühlst dich schlecht – niemand außer dir selbst ist dafür verantwortlich. Niemand kann dich wütend machen und niemand kann dich glücklich machen. Wenn du leidest, ist es wegen dir. Wenn du fröhlich bist, ist es wegen dir. Wenn du dich glücklich fühlst, ist es wegen dir. Niemand ist dafür verantwortlich, wie du dich fühlst, nur du, du alleine. Du bist die Hölle und zugleich der Himmel."
(Osho)

Die Hölle als jenseitiger Ort der Strafe ist eine menschliche Erfindung. Strafen kommen nur unter uns auf der Erde vor, denn sie entspringen den Grenzen des menschlichen Verstandes.

Während der darauf konditionierte Verstand die Richtlinie des "Auge um Auge, Zahn um Zahn" mit geschickten Argumenten als einzig umsetzbare Philosophie zu rechtfertigen versucht, fordert uns die Liebe sanft dazu auf, die andere Wange hinzuhalten, um den Kreislauf der Gewalt im Keim zu ersticken. Der Hass fordert Bestrafung und Vergeltung, wahre Liebe hingegen verzeiht ausnahms- und bedingungslos.

Die Liebe ist keine auf uns Menschen beschränkte Empfindung und lässt sich vom kleinen Menschenverstand auch nicht auf Biochemie reduzieren. Sie ist göttlicher Natur und allumfassend.

Die Liebe ist der natürliche Zustand des Bewusstseins, wenn es sich selbst in allen "anderen" erkennt – die Erkenntnis der Einheit in einer Welt der scheinbaren Vielfalt. Das Leid endet nur durch die Liebe.

„Alles Leid
ist auf die Tatsache zurückzuführen,
dass Vielfalt gesehen wird,
wo es doch nur Eines gibt."

Anandamayi Ma

„Vom wahren und einzig wirklichen "Standpunkt" des reinen Bewusstseins aus gibt es nur sein unendliches Selbst, das sich in eine scheinbare Vielfalt und Verschiedenheit endlicher Formen aufteilt, aber niemals aufhört, es selbst zu sein.

Das ist es, was William Blake meinte, als er sagte: „Wenn die Türen der Wahrnehmung gereinigt würden, würde dem Menschen alles so erscheinen, wie es ist, nämlich unendlich."

Das ist es, was die Sufis meinen, wenn sie sagen:
„Wohin das Auge auch fällt, dort ist das Antlitz Gottes."

Das ist es, was Huang Po meinte, als er sagte:
„Die Menschen vergessen die Realität der illusorischen Welt."

Das ist es, was Jesus meinte, als er sagte: „Das Königreich des Vaters ist ausgebreitet über die Erde, und die Menschen sehen es nicht."

Das ist es, was Parmenides meinte, der die Worte der Bhagavad Gita wiederholte, als er sagte:
„Das, was ist, hört nie auf zu sein; das, was nicht ist, entsteht nie."

Das ist es, was Cézanne meinte, als er sagte, dass die Kunst „uns einen Geschmack von der Ewigkeit der Natur geben muss".

Alle großen Weisen und Künstler aller Zeiten und aller Orte haben dies auf die eine oder andere Weise gesagt oder ausgedrückt. Dies ist die einzig wahre Revolution. An der Wurzel allen Verlangens nach Veränderung liegt dieser ultimative Wunsch: nur die Realität aller Erfahrung zu kennen; nur die Liebe zu kennen.

Solange die Probleme, mit denen die Menschheit konfrontiert ist, nicht bis zu ihrer letzten Quelle zurückverfolgt werden – dem Ignorieren dieser Realität –, werden sie vielleicht vorübergehend gelindert, aber niemals wirklich gelöst werden."

Rupert Spira

Die Liebe ist dasselbe wie
absolutes Bewusstsein, reine Intelligenz oder die Kraft Gottes.

Robert Adams

Mit allen Kreaturen bin ich in schönster Seelenharmonie.
Wir sind verwandt, ich fühle es innig
und eben darum liebe ich sie.

Wilhelm Busch

Alle sagen, Liebe tut weh, aber das stimmt nicht.
Einsamkeit tut weh. Ablehnung schmerzt.
Jemanden zu verlieren, tut weh. Neid schmerzt.
Jeder verwechselt diese Dinge mit der Liebe,
aber in Wirklichkeit ist die Liebe das Einzige auf der Welt,
das allen Schmerz überdeckt und dafür sorgt,
dass man sich wieder wunderbar fühlt.
Liebe ist das Einzige auf dieser Welt, das nicht weh tut.

Liam Neeson

Wenn die Macht der Liebe
die Liebe zur Macht übersteigt,
dann erst wird die Welt Frieden kennen.

Jimi Hendrix

Kapitel 4

DARUM LEIDEST DU

„Du musst von all dem Wahnsinn wegkommen, denn wir werden selbst wahnsinnig, wir verwechseln unsere Rollen mit dem, was wir wirklich sind. Der Mensch ist nicht seine Rolle. Der Mensch ist etwas Tieferes als das. Gehe also allein in den Wald oder an einen anderen Ort in der Natur und finde heraus, wer du wirklich bist! Und wenn du dich nicht mehr mit deinem bestimmten, vorübergehenden Körper verwechselst, sondern dich mit dem gesamten Prozess der Natur und des gesamten Kosmos identifizierst, dann wird etwas Lustiges passieren, wenn der Tod kommt... Der Tod kommt und wird niemanden finden, den er töten kann." (Alan Watts)

„Wenn wir uns mit unserem Ego identifizieren – einer bestimmten, dissoziierten Gruppe von Ideen –, machen wir das Universum im Allgemeinen und sogar unsere eigenen aufdringlichen Gedanken und unerwünschten Gefühle zu unterdrückenden Tyrannen. Sie werden zu äußeren Faktoren, die uns einschränken und unter Druck setzen. Identifizieren wir uns hingegen nicht mit bestimmten dissoziierten Ideen, sondern mit dem Bewusstsein selbst – mit dem, das alle Gedanken und Gefühle hervorruft –, erlangen wir einen unergründlichen metaphysischen freien Willen. Dieser entspringt nicht der Macht des Ichs, die Welt zu kontrollieren, sondern der Erkenntnis, dass wir die Welt sind."
(Bernardo Kastrup)

Ein Leben auf der Oberfläche, das mit materialistischen Wertvorstellungen einhergeht, ist charakteristisch für den im 2. Kapitel thematisierten Zustand der Unbewusstheit. Spiritualität spielt in einer solchen Lebensführung keine ihr bewusst zugewiesene Rolle. Unter diesen Umständen ist es ganz und gar unmöglich, ein bedingungslos glückliches Leben zu führen. Das ist eine Tatsache.

> „Es ist unmöglich,
> dass ein Mensch ohne Religion
> seines Lebens froh werde."
> (Immanuel Kant)

> „Es ist nicht der materielle Mangel, sondern die spirituelle Armut,
> die den Kern allen menschlichen Leidens ausmacht."
> (Paramahansa Yogananda)

Du magst nun wie folgt auf diese "Behauptungen" reagieren: „Ich kann mit Religion und Spiritualität nichts anfangen und empfinde nicht das Bedürfnis, sie in mein Leben zu integrieren. Ich brauche sie nicht. Ich bin jung, körperlich gesund, habe viele Freunde, einen wundervollen Partner an meiner Seite und großartige Kinder, die mein Leben bereichern. Wir wohnen in einem schönen Haus und sind finanziell abgesichert, weil ich einen Beruf ausübe, der mein Konto niemals hungern lässt und mir darüber hinaus noch Spaß macht. Es geht mir sehr gut. Ich habe ein tolles Leben! Aber für Spiritualität interessiere ich mich nicht. Damit ist deine Behauptung, man könne ohne sie nicht glücklich sein, widerlegt." – Das ist ein Leben, welches wohl der Idealvorstellung des zivilisierten Menschen entspricht. Davon abgesehen, dass bei Leibe nicht alle Menschen angesichts ihres Lebensinhalts eine derartige Aussage treffen können, handelt es sich offensichtlich um einen Zustand der Glückseligkeit, welcher an zahlreiche Bedingungen geknüpft ist. Ich bezog mich aber auf bedingungsloses, absolut gesichertes Glück, nicht auf eine Zufriedenheit, die nur unter bestimmten Voraussetzungen aufrechterhalten werden kann. Im Falle der meisten Menschen offenbart sich die Notwendigkeit äußerer Geschehnisse, damit das Glück bestehen bleibt. Sobald nicht mehr alles so reibungslos verläuft wie bisher, verschwindet es schneller, als es einst gekommen ist. „Ich bin glücklich, wenn...", müsste sich beinahe jeder Mensch eingestehen, wenn er sein eigenes Innenleben und Verhalten furchtlos hinterfragen würde.

Ein Leben auf der Oberfläche kann durchaus zufriedenstellend sein, allerdings in ausnahmslos jedem Fall nur vorübergehend. Denn woraus besteht das Leben auf der Oberfläche? Vereinfacht ausgedrückt: Aus Formen. Und was geschieht mit Formen? Sie sind vergänglich, sie lösen sich früher oder später auf. Das basiert auf einem universellen Naturgesetz, dem sich nichts und niemand entziehen kann. Wir stoßen also auf die Garantie, dass sich sämtliche Formen, die uns "glücklich machen", irgendwann verflüchtigen, und mit ihnen verflüchtigt sich auch der innere Friede, der von ihnen abhängig war. Du verlierst vielleicht deinen Job, deine körperliche Gesundheit oder ein geliebter Mensch stirbt... und sobald Derartiges geschieht, leidest du.

Das ist das Schicksal des unbewussten Menschen.

„Gesundheit ist das Wichtigste im Leben!" So lautet eine allgemein anerkannte Auffassung. Aber eines ist absolut sicher: Du wirst deine körperliche Gesundheit früher oder später verlieren, weil der Körper vergänglich ist. Und wenn du ihr die größte Bedeutung beigemessen hast, wirst du spätestens dann mit intensivem Leid konfrontiert.

„So ist es nun einmal. Das Leben ist nicht immer schön, es kann auch sehr gemein sein. Es nimmt dir alles weg, was es dir zuvor gegeben hat. Es gibt kein gesichertes Glück. Es ist unmöglich, immer im Frieden zu sein. Damit müssen wir uns abfinden.", magst du entgegnen. Davon abgesehen, dass eine solche Betrachtungsweise die Illusion zum Ausdruck bringt, dass das Leben etwas von dir Getrenntes sei, versichere ich dir mit jeder Faser meines Seins: Es ist nicht unmöglich. Es gibt Menschen, die das anhand ihrer eigenen Erfahrung bestätigen können – und es hat sie in der Geschichte der Menschheit schon immer gegeben. Einige erlangten Popularität und nutzten ihren Einfluss für den Versuch, als spirituelle Lehrer andere Menschen darauf aufmerksam zu machen, aber die meisten von ihnen blieben unbekannt. Jene Menschen (und ich werde im Verlauf dieses Manuskripts noch einige Namen nennen) sind die lebenden Beweise dafür, dass es wirklich möglich ist, dauerhaft im Frieden zu sein. Im Grunde kann man mit einem einzigen Wort all das zusammenfassen, was dich bisher davon abgehalten hat, diese vergessene Möglichkeit zu erkennen:

Identifikation

Was ist Identifikation? Der Ursprung aller Unbewusstheit. Sie geschieht größtenteils unbeabsichtigt, durch einen Mangel an Selbstreflexion. Der Begriff "Identifikation" enthält bereits den überwiegenden Bestandteil des Wortes "Identität" und das ist kein Zufall...

Du identifizierst dich beispielsweise mit deinem Körper, deinem Geschlecht, deiner Persönlichkeit, deinen Eigenschaften und Fähigkeiten, deinen Gedanken, gesellschaftlichen Rollen und mit deinem materiellen Besitz. Darauf basiert dein Identitätsgefühl, du beziehst daraus also deine Identität, dein Selbstbild – und das bedeutet, dass du all diese Dinge – bewusst oder unbewusst – für das hältst, was du bist.

Ist dir bewusst, wie fatal das ist?

Ist dir bewusst, dass darin der Ursprung für all dein Leid zu finden ist? Je stärker wir mit etwas identifiziert sind, desto schwerer fällt es uns, es loszulassen, wenn die Zeit dafür gekommen ist. Wir klammern uns daran, weil wir glauben, ohne es unvollständig und nicht glücklich sein zu können. Identifikation geht mit Anhaftung einher und eine Kernaussage der buddhistischen Lehre lautet: Anhaftung verursacht Leid.

„Halte nie an etwas fest.
An etwas festzuhalten ist der Grund unserer Unbewusstheit."
(Osho)

Wenn das unbegrenzte und unpersönliche Bewusstsein, das ausnahmslos jeder von uns ist, sich selbst ignoriert und vollkommen von Wahrnehmungen hypnotisieren lässt, dann bezieht es seine Identität ausschließlich aus seinem eigenen Inhalt. Was ursprünglich formlos ist, hält sich für Form. Das ist Identifikation, die größte Behinderung auf dem Weg zur spirituellen Selbsterkenntnis.

All das, womit wir uns identifizieren, setzen wir mit unserem Selbst gleich. Wir übersehen, welch schwerwiegende Einschränkungen wir uns damit selbst auferlegen...

Rollenidentifikation

Gestatte mir, dir zunächst einmal die Tücken der Rollenidentifikation begreiflich zu machen. Es gibt unzählige gesellschaftliche Rollen, von denen uns manche seitens unserer Umgebung zugewiesen werden, während wir andere eigenständig wählen. Ein naheliegendes Beispiel ist der Beruf, der natürlich einen erheblichen Teil deiner Lebenszeit in Anspruch nimmt und aufgrund der finanziellen Versorgung für den sogenannten "modernen" Menschen unerlässlich ist.

Wir stellen die allesentscheidende Frage: „Wer bin ich?" Antwort: „Ich bin Architekt."/„Ich bin Krankenschwester."/„Ich bin Putzfrau."

In Ordnung, dann wissen wir jetzt, wer du bist.

Oder ist es doch nicht so einfach? Untersuchen wir das gemeinsam...

Wenn du glaubst, Architekt, Krankenschwester oder Putzfrau zu *sein*, dann erliegst du einer verheerenden Illusion, die u. a. zur Folge hat, dass dein Selbstwertgefühl von derartigen Umständen abhängig ist. Als Arzt oder Anwalt hast du vielleicht ein stark ausgeprägtes Selbstwertgefühl, weil du einen Beruf ausführst, der gesellschaftlich angesehen ist. Die Anerkennung seitens anderer Menschen hat erheblichen Einfluss auf dein Selbstwertgefühl. Es leidet also darunter, wenn du zurückgewiesen und nicht anerkannt wirst. Was verbirgt sich denn eigentlich hinter dem Begriff "Selbstwertgefühl"? (Hinterfrage alles!) Das Wort an sich offenbart es schon: Natürlich das Gefühl deines Selbstwerts, d. h. der Wert, den du selbst oder andere Menschen dir beimessen.

Glaubst du wirklich, mehr oder weniger wert zu sein, weil du einen bestimmten Beruf oder Status hast, durch den du einen überdurchschnittlich großen und angeblich bedeutsamen oder kleinen, vermeintlich unbedeutenden gesellschaftlichen Beitrag zu leisten scheinst?

Den Gipfel der Illusion erreichen wir, wenn wir im Hinblick auf populäre, scheinbar bedeutende Menschen Begriffe verwenden wie "V.I.P." ("Very Important Person", also "sehr wichtige Person").

Wenn du Profisportler oder Musiker bist, dann glaubst du womöglich (zumindest unterbewusst), mehr zu sein als andere Menschen oder dein damaliges "Ich". Du kannst niemals mehr oder weniger sein, als du schon bist. Aber dessen kannst du dir nicht gewahr werden, wenn du dein Selbstwertgefühl von gesellschaftlichen Rollen abhängig machst, indem du dich mit ihnen identifizierst.

Wenn wir eine gesellschaftlich angesehene Rolle ausfüllen, ist es verführerisch, sich mit ihr zu identifizieren und stolz darauf zu sein, z. B.: „Ich bin ein bedeutender Politiker!" – so machen wir eine vorübergehende Aktivität zu einer scheinbar beständigen Identität.

Jede Rollenidentifikation ist zum Scheitern verurteilt und kann keinen dauerhaften Bestand haben, weil früher oder später die Illusion entlarvt wird. Denn wir werden jede Rolle, ohne Ausnahme, irgendwann zurücklassen müssen, spätestens auf dem Sterbebett. Dann bist du kein 'VIP', Pilot, Architekt, Tischler oder Hartz-4-Empfänger mehr. Dann bleibt nur noch das, was immer da war – das Einzige, wovon wir nie getrennt werden können, weil es unsere wirkliche Identität ist, unser wahres Selbst. Wir werden im Laufe des Buches gemeinsam herausfinden, was das ist.

Man kann jede Rolle annehmen und ausfüllen, ohne gezwungen zu sein, sich mit ihr zu identifizieren.

Es kann ohne Frage großen Spaß bereiten, bestimmte Rollen zu spielen. Solange wir uns nicht mit ihnen identifizieren, werden wir sie eines Tages bereitwillig abgeben können, ohne übermäßig darunter zu leiden.

Die Identifikation mit Gegenständen

Eine typische Art der Identifikation ist jene mit materiellem Besitz, also mit allerlei Gegenständen. Diese geschieht fast ausschließlich unbewusst, d. h. auf intellektueller Ebene wissen wir: „Das Auto in meiner Garage hat nicht wirklich etwas mit dem zu tun, was ich bin. Es macht nicht mein Sein aus. Ich bin immer noch derselbe, wenn es verkauft, gestohlen oder zerstört wird." Doch schon als Kleinkinder haben wir begonnen, uns mit verschiedenen Gegenständen zu identifizieren. Wir haften am sogenannten Eigentum, weil wir unbewusst glauben, dass er ein Teil dessen ist, was wir sind. Verlieren wir ihn, dann scheinen wir weniger geworden zu sein, ebenso wie wir mehr zu werden scheinen, wenn wir unserem Besitz materielle Güter hinzufügen, und zwar bestenfalls solche, die unser gesellschaftliches Umfeld dazu bringen, möglichst beeindruckt von uns zu sein. Hier lautet die unbewusste Annahme: „Je mehr ich habe, desto mehr bin ich." Es gibt auch: „Je mehr ich kann, desto mehr bin ich." Das ist die Identifikation mit Fähigkeiten aller Art. Oder: „Je mehr ich weiß, desto mehr bin ich." – die Identifikation mit dem Bildungsstand.

Wir gehen also grundsätzlich davon aus, dass unsere Identität Verluste erleiden oder erweitert werden kann. Weil das mentale Selbstbild, das ausschließlich aus unhinterfragten Gedanken besteht, eine klare Definition von uns selbst hervorruft (eine Definition ist immer eine Einschränkung), halten wir uns für etwas Begrenztes und bekanntlich können Grenzen immer ausgeweitet oder enger gezogen werden.

Wir bemühen uns also das ganze Leben lang um Weiterentwicklung und Wachstum auf der persönlichen Ebene – darum, mehr zu werden als wir jetzt sind. Doch das ist völlig unmöglich, weshalb Leid die unausweichliche Folge ist. Wir leiden solange, bis wir vollauf realisieren, dass wir einer Illusion zum Opfer gefallen sind.

Wir werden sehr schnell zu der Annahme verführt, dass das, was wir vermeintlich besitzen (in Wahrheit handelt es sich um Leihgaben und wir besitzen überhaupt nichts), einen Teil unserer Identität ausmacht. Selbst wenn uns alle materiellen Besitztümer entrissen werden, bleiben wir im tiefsten Inneren davon völlig unbeeinträchtigt. Aber es gibt ein Problem: Wir wissen das nicht, weil wir vergessen haben, wer wir sind.

Die Identifikation mit dem Körper

Angeblich glauben sehr viele Menschen an ein Leben nach dem Tod, also an den Fortbestand des Bewusstseins über den Tod des physischen Körpers hinaus. Gleichzeitig aber identifizieren sie sich mit ihrem Körper, d. h. sie glauben, der Körper zu sein, als der sie sich erfahren. Das ist natürlich vollkommen widersprüchlich. Denn wären wir der Körper, könnten wir unmöglich dessen Tod überleben. Eine körperliche Wiederauferstehung wird es nicht geben. Wenn du auf deinen Körper beschränkt wärst, dann könntest du nicht von ihm befreit werden. Weil du tatsächlich aber nicht dein Körper bist, kannst du ihn verlassen – ich versichere dir, dass das möglich ist. Nicht nur ist es möglich, sondern es wird irgendwann mit absoluter Sicherheit geschehen, spätestens dann, wenn der Körper stirbt. Weil unsere wahre Identität nicht auf den Körper reduziert werden kann, benötigen wir ihn nicht, was spätestens der physische Tod unter Beweis stellen wird. In diesem Buch sollte ausführlich und tiefgehend erörtert und nachvollziehbar aufgezeigt werden, dass du keinen Körper brauchst, um zu SEIN.

Inwiefern die Identifikation mit dem Körper verheerende Folgen hat, liegt auf der Hand. Wer sich mit seinem Körper identifiziert, macht sein Glück von dessen Verfassung abhängig. Die Aussage „Gesundheit ist das Wichtigste!" ist ein klares Symptom für die Identifikation mit dem Körper. Wer dann im Alter schwächer wird oder erkrankt, verliert das, was er für das Wichtigste hielt. Aber was wir im tiefsten Innern sind, kann nicht erkranken und ist unsterblich.

„Höre auf, dich mit Rasse, Familie, Namen, Gestalt und sozialer Stellung zu identifizieren. Diese gehören zum Körper, dem Kleid der Vergänglichkeit. Sei nicht stolz auf Reichtum, Verwandte und Freunde oder die Jugend. All dies wird von der Zeit in einem Wimpernschlag entrissen. Gebe diese illusorische Welt auf, erkenne und erreiche das Höchste."
(Shankara)

Jeder Körper – ohne die geringste Ausnahme – wird vergehen. Ein junger Mensch mit einem attraktiven und leistungsfähigen Körper verdrängt wahrscheinlich lieber, dass er oder sie eines künftigen Tages – schlagartig oder allmählich – die Schönheit und alle körperlichen Fähigkeiten einbüßen wird, die jetzt das Identitäts- und folglich Selbstwertgefühl beeinflussen. Wenn du dich aber nicht durch den allem zugrunde liegenden Gedanken „Ich bin dieser Körper" mit der physischen Form identifizierst, dann kannst du im Falle einer Erkrankung oder im fortgeschrittenen Alter als unbeteiligter Zeuge den plötzlichen oder allmählichen Verfall des Körpers beobachten, ohne davon innerlich berührt zu werden, weil du weißt, dass diese Form nicht mit dem gleichgesetzt werden kann, was du bist. Du erkennst: „Was mit dem Körper geschieht, geschieht nicht mit mir." Ja, das ist in der Tat möglich!

Die Identifikation mit Gedanken

„Jeder, der mit seinem Verstand identifiziert ist, statt mit seiner wahren Stärke, dem tieferen, im Sein verankerten Selbst, wird die Angst als ständigen Begleiter haben." – Eckhart Tolle

Besonders leidvolle Konsequenzen lassen sich auf die Identifikation mit dem Verstand zurückführen. Die Identifikation mit dem Verstand sorgt dafür, dass wir den Gedanken eine Bedeutung beimessen, die sie in Wirklichkeit nicht haben.

Wie fatal das ist, verdeutlicht folgender Sachverhalt: Ausnahmslos jede Lebenssituation ist unabhängig von unseren Gedanken und den daraus hervorgehenden Interpretationen vollkommen neutral. Es ist, wie es ist, und bevor wir ein Problem daraus machen, gibt es keines. Die Natur an sich kennt keine Wertung, erst der Mensch bringt diese durch seine Gedanken hervor. Eine Situation scheint erst dann gut oder schlecht zu sein, wenn der Verstand sie entsprechend einordnet. „An sich ist nichts weder gut noch schlimm; das Denken macht es erst dazu.", erkannte auch William Shakespeare. In den Worten von Eckhart Tolle:

„Das Leben ist nicht so ernst, wie dein Verstand es dir weismachen will." / „Alle Probleme sind Illusionen des Verstandes."

Keine Lebenssituation kann jemals Leid hervorrufen, sondern nur der gedankliche Widerstand gegen diese Lebenssituation!

Jeder Mensch kann bestätigen, dass ein Großteil des Leids selbstverursacht ist, und zwar durch belastende und letztlich sinnlose Gedanken. Der Verstand liebt es, ein Drama nach dem anderen zu kreieren.

Das gesamte illusionäre Selbstbild gründet allein auf unbeobachteten Gedanken. Im Grunde kann es ohne Gedanken überhaupt nicht zu einer Identifikation kommen.

Man kann mit Leichtigkeit feststellen, dass die Menschen sehr häufig mit gedanklichen Positionen identifiziert sind, z. B. indem man ihr Verhalten während einer Diskussion beobachtet: Wenn sie ihre Stimme erheben, also lauter sprechen, um ihrer Argumentation verbalen Nachdruck zu verleihen, dann identifizieren sie sich offensichtlich mit einer gedanklichen Position, also einer persönlichen Meinung, die sie vertreten. Das kann und sollte man auch bei sich selbst beobachten, wenn man bewusst genug ist und Selbstreflexion betreibt. Worum geht es dabei? Warum nehmen Menschen so emotional an Diskussionen teil? Weil sie die Wahrheit – bzw. das, was sie für die Wahrheit halten – verteidigen wollen? Nein. Die Wahrheit braucht keinen Rechtsanwalt! Eine Tatsache bleibt auch dann eine Tatsache, wenn sie von niemandem als solche akzeptiert wird. Jeder weiß das. Worum geht es also? Es geht in vielen

Fällen darum, Recht zu behalten und den "Diskussionsgegner" ins Unrecht zu setzen. Wenn ein Mensch mit einer Meinung identifiziert ist, dann glaubt er unbewusst, eine Diskussion "gewinnen" zu müssen, denn eine Niederlage würde dem Selbstwertgefühl und damit dem Ego schweren Schaden zufügen. Schlimmstenfalls scheint ein Identitätsverlust zu drohen. Denn wer bin ich, wenn mein gesamtes Weltbild, das all meine Aufmerksamkeit in Anspruch nahm, wie ein Kartenhaus zusammenbricht? Wie würde es sich anfühlen, eine Meinung einfach nicht zu äußern und sich während einer Diskussion zurückzuhalten oder sich erst gar keine eigene Meinung zu einem bestimmten Thema zu bilden? Spielt es eine Rolle für dich, was andere Menschen angesichts dieser Vorgehensweise von dir halten könnten? Geht ein Teil deiner Identität dadurch verloren, bist du dann weniger als zuvor?

Die Identifikation mit Emotionen

Was liegt folgender Aussage zugrunde? „Ich bin wütend!"
Natürlich die Identifikation mit einer Emotion.
Du setzt das Sein (‚Ich bin') mit der Emotion gleich (Wut).
Wahrhaftiger wäre aber die Formulierung „Ich empfinde Wut" oder „Ich nehme Wut wahr". So entsteht eine Distanz und es kommt nicht zu einer Identifikation. Wenn wir das beobachtende Bewusstsein im Hintergrund der Gefühle und Gedanken sind bzw. bewusst diese Position einnehmen (denn wir sind es ohnehin immer, ob wir es wissen oder nicht), dann können sie uns nicht überwältigen.
Um ein Missverständnis zu vermeiden, sei erwähnt:
Selbstverständlich muss sich niemand bspw. für empfundene Wut oder Trauer und den ungehemmten Ausdruck der Emotionen rechtfertigen. Aber es schadet durchaus nicht, zu der Erkenntnis zu gelangen, dass auch dann im Hintergrund tiefer Friede herrschen kann, wenn im Vordergrund Tränen fließen.

Nationalität ist eine Illusion

Eine weitverbreitete Identifikation ist jene mit einer bestimmten Nationalität. Natürlich resultiert auch diese allein aus Gedanken.
Glaubst du, Deutsche/r zu sein?
Unter genauerer Betrachtung erweist sich die Nationalität eines Menschen als Illusion. Auch aus der Perspektive der Genetik kann kein Mensch eindeutig einer bestimmten Nation zugeordnet werden. Es gibt keine separierten Vorfahren des deutschen Menschen, des britischen Menschen, des Australiers. Es gibt keine rein deutschen Gene, weil wir keinen unabhängigen Entwicklungshintergrund haben. Wie konnte das in Vergessenheit geraten? Alle Menschen auf diesem Planeten haben denselben Ursprung und gemeinsame Vorfahren.
Eine erweiterte Perspektive bezieht auch die Tierwelt mit ein, welche erheblich darunter zu leiden hat, dass wir unsere Verwandtschaft zu ihr verdrängen.
Wenn man die Erde aus dem Weltall betrachtet, stellt man fest, dass die Grenzen zwischen den Ländern und diese selbst gar nicht wirklich existieren und bloß Erfindungen der Menschen sind. Deutschland existiert nicht wirklich! Das gilt ebenso für die USA, Mexiko, China usw. Demnach gibt es weder Deutsche noch US-Amerikaner etc.
Bruce Lee, der größte Kampfkünstler des 20. Jahrhunderts, wurde in den USA als Sohn eines chinesischen Vaters und einer deutsch-chinesischen Mutter geboren. Er brachte es in einem Fernsehinterview auf den Punkt. Der kanadische Journalist Pierre Berton fragte ihn, ob er sich eher als Chinese oder US-Amerikaner empfinde. Seine Antwort: „Wissen Sie, wie ich von mir selbst denken möchte? Als Mensch. Es ist doch so: Unter dem Himmel gibt es nur eine einzige große Familie."
Wer sich mit einer bestimmten Gruppe identifiziert, welche nicht die gesamte Menschheit umfasst, der separiert sich von seinen Mitmenschen und kreiert eine Trennung. Eine Trennung hat stets das Potential, sich auf der individuellen Ebene zu einem Konflikt in zwischenmenschli-

chen Beziehungen und auf der kollektiven Ebene schlimmstenfalls zu einem Krieg zu entwickeln. Der Beweis: Allein im 20. Jahrhundert sind mehrere Millionen Menschen ums Leben gekommen, weil sie selbst oder diejenigen, von denen sie getötet wurden, sich mit ihrer Nationalität, Religion oder mit einer Ideologie identifizierten und damit nicht in der Lage waren, die bedingungslose Einheit allen Lebens zu erkennen.

Solange es nur einen einzigen Menschen gibt, der sich mit seiner illusionären Nationalität identifiziert, wird es auf diesem Planeten keinen absoluten Frieden geben. Deshalb steht jeder Mensch indirekt dem Weltfrieden im Weg, welcher mit Überzeugung sagt: „Ich bin Deutscher /Christ." o. ä. Ist das nicht offensichtlich? Ist es nicht offensichtlich, dass es nur eine einzige große Familie gibt, welcher alles und jeder bedingungslos angehört? Wer sich mit einer bestimmten Gruppe identifiziert, schränkt sich selbst ein und verhindert, ausnahmslos allen Menschen gleichermaßen unvoreingenommen gegenübertreten zu können.

An dieser Stelle möchte ich Eckhart Tolle zitieren, um meine bisherigen Ausführungen zu unterstreichen... „Je stärker das Ego ist, umso stärker ist das Gefühl der Getrenntheit zwischen den Menschen. Die einzigen Handlungen, die keine Gegenreaktion herausfordern, sind solche, die dem Wohl aller dienen. Sie beziehen ein, statt auszugrenzen. Sie verbinden, statt zu trennen. Sie dienen nicht "meinem" Land, sondern der ganzen Menschheit, nicht "meiner" Religion, sondern der Entfaltung des Bewusstseins aller Menschen, nicht "meiner" Spezies, sondern allen fühlenden Wesen und der gesamten Natur."

Albert Einstein drückte es ähnlich aus: „Der Mensch erfährt sich selbst, seine Gedanken und Gefühle als abgetrennt von allem anderen – eine Art optische Täuschung des Bewusstseins. Diese Täuschung ist für uns eine Art Gefängnis, das uns auf unsere eigenen Vorlieben und auf die Zuneigung zu wenigen Nahestehenden beschränkt. Unser Ziel muss es sein, uns aus diesem Gefängnis zu befreien, indem wir den Horizont unseres Mitgefühls erweitern, bis er alle lebenden Wesen und die gesamte Natur in all ihrer Schönheit umfasst."

Es gibt in spirituellen Lehren eine häufig anzutreffende Bezeichnung, auf die wir bereits einige Male gestoßen sind und welche die der Unbewusstheit zugrundeliegenden Identifikationen zusammenfasst...

Das Ego

„Ich bin allein auf dem Weg zu meinem Stelldichein. Aber wer ist das, der mir in der stillen Dunkelheit folgt? Ich weiche zur Seite, um seine Anwesenheit zu vermeiden, aber ich entkomme ihm nicht. Es lässt den Staub von der Erde aufwirbeln mit seiner Angeberei. Es fügt jedem Wort, das ich ausspreche, seine laute Stimme hinzu. Er ist mein eigenes kleines Ich, mein Herr, es kennt keine Scham. Aber ich schäme mich, in seiner Begleitung an deine Tür zu kommen." (Rabindranath Tagore)

Das Ego entsteht durch die Identifikation mit Form (mit physischen Formen wie dem menschlichen Körper und materiellem Besitz & subtileren Formen wie der Persönlichkeit und dem Verstand). Es ist das falsche Selbstbild, die große Illusion, welche für erschreckend intensives und vollkommen unnötiges Leid aller Art verantwortlich ist. Der Begriff "Ego" stammt aus der lateinischen Sprache und bedeutet wörtlich übersetzt: Ich. An dieser Stelle sollte erwähnt werden, dass das Ego nicht wirklich existiert. Es ist kein Wesen, das sich lokalisieren und vernichten ließe. In der Spiritualität benutzt man dieses Wort lediglich, um auf das fiktive Selbst hinzuweisen – und somit darauf, dass du glaubst, etwas zu sein, das du nicht bist. Und wenn du eine Illusion für dein wahres Selbst hältst, dann leidest du. Vielleicht leidest du nicht durchgängig, obwohl auch das bei vielen Menschen der Fall ist, aber mit absoluter Sicherheit früher oder später, immer und immer wieder – und zwar solange, bis du erkennst, wer du wirklich bist.

Wie Tolle auf der vorherigen Seite anmerkte, bist du, je stärker das Ego ausgeprägt ist, desto fester davon überzeugt, ein von deiner Umwelt und anderen Menschen separiert existierendes Individuum zu sein.

Keine unüberprüfte Annahme ist schwerwiegender als die des absoluten Getrenntseins. Wie wir im letzten Kapitel gesehen haben, erweist sich jede Trennung als vollkommene Illusion, wenn wir uns auf die subatomare Ebene vorwagen und die dort herrschenden Gesetzmäßigkeiten betrachten. Alles, was existiert, besteht aus energetischen Schwingungen, die harmonisch ineinander übergehen. Auf dieser tiefen Ebene der Betrachtung existiert kein physischer Körper, ob belebt oder vermeintlich unbelebt, unabhängig vom Großen Ganzen und dessen unzähligen Teilen. Alles ist miteinander verbunden.

Bis zu einem gewissen Grad könnte man das Ego als eine natürliche Einrichtung bezeichnen. Es dient dazu, die körperlichen Bedürfnisse zu befriedigen. Wenn das Ego vollständig verschwindet, kann der Körper sogar sterben. Als ein durchaus geeignetes Beispiel, welches diesen Sachverhalt verdeutlicht, könnte die Geschichte des spirituellen Lehrers Ramana Maharshi (1879-1950) dienen. Er ist sicherlich einer der bemerkenswertesten Menschen des vergangenen Jahrhunderts. Da die Identifikation mit dem Körper in seinem Fall nicht mehr vorhanden war, vernachlässigte er ihn, sodass er beinahe verhungerte. Sein Geist verweilte in einem dauerhaften Zustand des absoluten Friedens und war offenbar kaum mehr in der Lage, den Körper und dessen Bedürfnisse wahrzunehmen. Nur durch äußere Eingriffe konnte die physische Form erhalten werden, was sich als sehr bedeutsam erwies, zumal Ramana Maharshi der Welt ein außergewöhnlich inspirierendes Vermächtnis hinterließ und vielen Menschen zur Selbsterkenntnis verhalf (auch Mahatma Gandhi hat ihn aufgesucht, um vorübergehend sein Schüler zu sein). Wir werden in einem späteren Kapitel auf diesen Fall zurückkommen. Durch das Ego glaubst du, ein Individuum zu sein. Das ist gewissermaßen notwendig, denn wenn du niemals die Bedürfnisse deines Körpers jenen der Umwelt hinsichtlich ihrer Wichtigkeit überordnest, dann vernachlässigst du ihn, was es unmöglich macht, seine Gesundheit aufrechtzuerhalten. Das Ego erfüllt im physischen Leben also einen Zweck. Das Problem besteht allerdings darin, dass es im Falle zahlreicher Menschen Ausmaße annimmt, die weit über die natürliche Grundlage hinausgehen. Daraus resultieren täglich überall auf der Welt Konflikte, die unsägliches Leid hervorrufen.

„Innerer Widerstand schneidet dich von anderen Menschen, von dir selbst, von der Welt um dich herum ab. Er verstärkt das Gefühl der Getrenntheit, von dem das Überleben des Ego abhängt. Je stärker dein Gefühl der Getrenntheit, desto mehr bist du an das Manifeste gebunden, an die Welt der Form." – Eckhart Tolle

Das Ego benötigt die Illusion der Trennung, um zu überleben. Und um die Trennung zu betonen, braucht das Ego Konflikte, denn im Zustand des Friedens, der Einheit, geht alles ineinander über, sodass keine wirkliche Trennung mehr erkennbar vorhanden ist und die eigenständige Existenz kaum mehr bestätigt wird. Das Ego muss sich selbst definieren und dadurch klare Grenzen schaffen: „Ich und der andere."
(Kollektives Ego: „Wir und die anderen.")
Es zehrt in erster Linie vom Vergleich mit anderen Menschen und möchte sich bestenfalls überlegen fühlen, weil sein Selbstwertgefühl davon abhängt. Doch nicht nur das Bedürfnis, sich anderen überzuordnen, stammt vom Ego, sondern auch z. B. Selbstmitleid. Du glaubst auch dann, jemand Besonderes zu sein und kannst daraus dein Identitätsgefühl beziehen, wenn du deiner Einschätzung nach mehr gelitten hast als die meisten anderen Menschen.
Wenn du dich durch das Ego als etwas Begrenztes erfährst, dann glaubst du, dass du theoretisch irgendwie vergrößert oder verkleinert werden kannst. Diese Vorstellung ist der Grund für das Wettbewerbssystem in unserer Gesellschaft und all die lieblosen Konkurrenzkämpfe. Durch das Ego verdrängt der Mensch die Gemeinsamkeiten, die ihn mit allem verbinden, und fokussiert sich auf die Unterschiede, um die vermeintliche Trennung hervorzuheben. Das Ego betont das Anderssein des anderen bei jeder sich bietenden Gelegenheit.

Über sich selbst sagt es des Öfteren liebend gerne so etwas wie:
„Ich bin kein Jedermann. Ich bin einfach anders. Ich bin besonders.“

Wenn dich jemand beleidigt oder sogar physisch angreift, verlangt dein Ego eine Gegenreaktion. Wenn du keine Reaktion zeigst, interpretiert das Ego dieses Verhalten als unerwünschte Schwäche. In Wirklichkeit aber zeugt es von Stärke. Aus der äußerst beschränkten Perspektive des Egos wirst du durch einen verbalen oder körperlichen Angriff in deinem Selbstwert erniedrigt. Weil du dich bedroht fühlst, glaubst du, dich zur Wehr setzen zu müssen, um dein Selbstwertgefühl wieder aufzubessern, damit das Ego befriedigt ist.

Als Jesus von Nazareth von uns verlangte, die andere Wange hinzuhalten, wollte er damit den Kreislauf der Ego-Reaktionen, die sich immer und immer wieder gegenseitig provozieren – das ist das Konzept des Krieges – durchbrechen.

Wenn du erkennst, dass deine Identität nicht bedroht werden kann, dass du nichts Begrenztes und Definierbares bist, dann erkennst du auch, dass nichts deinen innersten Kern jemals erschüttern kann. Somit erübrigt sich der Gegenangriff und Friede kehrt ein.

Sobald du vollends erkannt hast, dass deine wahre Essenz nicht die illusionäre Individualität, sondern das unendliche Sein selbst ist, dann verlierst du folglich mit sofortiger Wirkung das Interesse an einer Verteidigungsreaktion und der Konflikt ist ein für alle Mal beendet.

Wir fassen zusammen: Die Identifikation mit Formen, die mit unserem wahren Selbst – dem Formlosen – niemals gleichgesetzt werden können, führt unweigerlich zu Leid, immer und immer wieder. Problematisch ist, dass die gesellschaftliche Konditionierung auf vielfältige Identifikationen abzielt und damit Illusionen aufrechterhält. Aus Illusionen resultiert zwangsläufig Leid. Je mehr Aufmerksamkeit und Wertschätzung die Gesellschaft einer Rolle schenkt und entgegenbringt, die eine Person ausfüllt, desto verführerischer ist es für sie, sich mit ihr zu identifizieren.

Wenn deine Rolle von anderen Menschen als bedeutsam erachtet wird, tritt dein Ego auf den Plan und sieht darin die Chance, seine Identität daraus zu beziehen und das Selbstwertgefühl zu stärken. Nur Bewusstheit wird dich davor bewahren, dich immer wieder aufs Neue im Traum der Rollenidentifikationen zu verirren.

Identifizieren bedeutet "gleichmachen", d. h. wir setzen das, womit wir uns identifizieren, mit uns selbst gleich. Spätestens jetzt sollte sich klar offenbaren, wie absurd Identifikation im Grunde ist.
Während die Desidentifikation vom Körper ein mühsamer Prozess sein kann, lässt sich meiner Einschätzung nach die Identifikation bspw. mit Gegenständen verhältnismäßig leicht überwinden. Ohnehin stellt sich Eigentum als Illusion heraus: Es handelt sich natürlich nur um Leihgaben, die wir früher oder später zurücklassen müssen. Wenn wir das nicht bereitwillig tun, wird uns die Natur dazu zwingen. Wir haben also die Wahl zwischen dem sanften und harten Weg. Selbstverständlich ist auch der Körper eine Leihgabe, aber die diesbezügliche Identifikation ist oft ziemlich gefestigt und lässt sich ohne dramatische Erfahrungen in der Regel nicht sofort durchbrechen. Jedoch wird dieses Buch noch einige Möglichkeiten dafür vorstellen, wie du die etablierte Gewohnheit, dich mit der physischen Form gleichzusetzen, überwinden oder zumindest schwächen kannst. Wie alt du bist, spielt keine Rolle. Es ist kein Geheimnis, dass auch junge Menschen sterben. Aus göttlicher Perspektive ist der Tod eines Kindes nicht tragischer als der eines älteren Menschen, denn in Relation zur Ewigkeit sind eine Sekunde und einhundert Jahre identisch. Doch die menschliche Perspektive ist sehr beschränkt. Wahrscheinlich empfinden ältere Menschen in der Regel sogar größere Angst vor dem Tod als Kinder. Trotzdem vermeiden es die meisten selbst im hohen Alter, sich vorzubereiten. Unabhängig vom Alter deines Körpers solltest du dir bewusst machen: Jeder Atemzug könnte dein letzter sein. Das ist nicht pessimistisch, sondern realistisch. Daher kann frühzeitige Vorbereitung nicht schaden.

Das Ende der Suche nach sich selbst

Nichts kann dem, was wir essentiell sind, etwas hinzufügen oder ent-nehmen. Im tiefsten Innern bleiben wir von Gewinn und Verlust aller Art immer vollkommen unberührt. Doch das gerät schnell in Vergessenheit, wenn wir nicht mehr wissen, wer wir wirklich sind.

So sucht sich das Bewusstsein in all den vielfältigen Erscheinungen, de-ren Form es vorübergehend annimmt. Und wenn es sich selbst nur als Form kennt, dann interpretiert es das Ende der Form als sein eigenes Ende. So entstehen der Glaube an die eigene Sterblichkeit und die Angst vor dem Tod.

Da sich früher oder später ohne Ausnahme alle Formen auflösen, wird sich mit ihnen auch das Glück verflüchtigen, sofern es an sie geknüpft und somit von ihnen abhängig war. Deshalb ist es so wichtig, sich selbst als das unendliche Gewahrsein zu erkennen.

Im "normalen" Bewusstseinszustand sind wir so von den Objekten fas-ziniert, dass wir dem Licht des Bewusstseins keine Beachtung schen-ken, obwohl es deren alleinige Grundlage ist. Ohne Bewusstsein kann es bekanntlich keine Wahrnehmungen geben.

Es ist durchaus möglich, einen inneren Frieden zu etablieren, der von keinem Geschehnis jemals erschüttert werden kann. Die Voraussetzung: Erkenne dich selbst als die bewusste Präsenz, die schon da ist, bevor ihr alles 'hinzugefügt' wird, womit du dich normalerweise identifizierst und die auch noch da ist, wenn sich all das wieder aufgelöst hat.

Du bist nichts von dem, was kommt und geht. Du bist der Geist, der das Kommen und Gehen der Körper erfährt. Du bist das Formlose, welches das Erscheinen und Vergehen aller Formen bezeugt.

„Jeder ist sich seines ewigen Selbst bewusst.
Du siehst so viele sterben und glaubst dennoch,
dass du unsterblich bist. Weil es die Wahrheit ist."
(Ramana Maharshi)

Wenn ein Bestandteil unseres Lebensinhalts verschwunden ist und es uns trotzdem immer noch gibt, dann wissen wir, dass es niemals unsere Identität gewesen sein kann – denn wenn sich unsere Identität auflöst, müssten wir uns logischerweise mit ihr auflösen.

Wenn das, womit du dich identifiziert hast, verschwindet und du bist noch da, dann weißt du spätestens nach diesem Geschehnis, dass es nie deine Identität war. Denn wenn es deine Identität gewesen wäre, wärst du gemeinsam damit verschwunden. Du verlierst deinen Job, aber du bist noch da. Du warst also nie Arzt, Pilot, Architekt oder Gärtner. Eines Tages wirst du deinen Körper verlieren, inklusive all seiner Eigenschaften und Fähigkeiten, doch du wirst dann immer noch da sein. Er war also nie das, was du deiner Essenz nach bist.

Was du wirklich bist

Wir haben herausgefunden, dass du keine der Rollen bist, die du auf der Bühne des Erdenlebens spielst, um das Schauspiel zu komplettieren. Außerdem ist deine Identität nicht mit deinem Verstand, deiner Persönlichkeit und deinem Körper gleichzusetzen. Tatsächlich ist auch die Feststellung "Ich bin ein Mensch" nur eine relative, aber keine absolute Wahrheit, denn was wir als Mensch klassifizieren, ist in erster Linie der physische Körper, der du nicht bist.

Wer also bist du? Vielleicht wäre es empfehlenswert, lieber zu fragen: „Was bin ich?" Denn das Wort 'wer' könnte uns wieder zu der Illusion verleiten, dass die Lösung etwas Bestimmtes, Definierbares, Persönliches sei. Deine persönliche Geschichte ist nicht deine Identität! Diese macht die Person aus, den individuellen Körper und dessen Entwicklung von der Geburt an bis zur Gegenwart. Deine Persönlichkeit hat bestimmte Eigenschaften, die du somit ggf. für die Eigenschaften dessen hältst, was du bist. Zum jetzigen Zeitpunkt wirst du folgende Aussage möglicherweise noch nicht vollends nachvollziehen können, dennoch erwähne ich es bereits: Das, was du wirklich bist, deine essentielle Identität, dein innerster, wahrer, von allen Illusionen befreiter Wesenskern, hat keinerlei Eigenschaften, weil er absolut unbegrenzt, unbeschreiblich und undefinierbar ist (jede definierende Eigenschaft ist ein Schleier, mit dem das unendliche Sein überzogen wird bzw. den es sich selbst überzieht). Im Gegensatz zur Persönlichkeit ist er zudem unkonditioniert.

Das Ego liebt es, seine Einzigartigkeit zu betonen. Und es ist überhaupt nichts falsch daran, eine einzigartige Persönlichkeit zu *haben*, sofern du nicht glaubst, diese zu *sein*. Solange du glaubst, jemand Bestimmtes zu sein, bist du anfällig für Leid. Und weil die meisten Menschen sich selbst für eine bloße Person halten und noch nicht einmal die Möglichkeit in Betracht ziehen, dahingehend einer Täuschung anheimgefallen zu sein, wird jenes Leid als unvermeidlich angesehen.
Wenn man den Menschen gewisse Fragwürdigkeiten aufzeigt, reagieren viele mit der Rechtfertigung: „Aber das ist doch normal!" ... Man sollte sich vielleicht fragen, ob es erstrebenswert ist, "normal" zu sein, wenn dies bedeutet, dass man mehr oder weniger unglücklich ist. Indem wir unsere selbstgewählten Limitationen akzeptieren, weil alle anderen das ebenfalls tun und es somit "normal" ist, lernen wir unsere wahre Größe niemals kennen und das grenzenlose Potential bleibt unausgeschöpft. Deshalb ist die absolute Freiheit unter uns Menschen so selten.

> „Man ist nur dann absolut frei, wenn es keine Identität mehr gibt.
> Du bist weder ein Christ noch ein Hindu noch ein Mohammedaner.
> Du bist weder ein Inder noch ein Japaner noch ein Deutscher.
> Du bist weder ein Mann noch eine Frau.
> Du bist reines Bewusstsein – und dieses Bewusstsein ist ewig."
> (Osho)

Doch die Erkenntnis "Ich bin Bewusstsein" reicht nur dann aus, wenn du dir zusätzlich darüber im Klaren bist, was Bewusstsein wirklich ist ...

Kapitel 5

BEWUSSTSEIN IST ALLES

„Es gibt nur einen Weg, um Frieden in die Welt zu bringen.
Es gibt nur einen Weg, um euch selbst Frieden zu bringen.
Es gibt nur einen Weg, um Probleme zu überwinden.
Es gibt nur einen Weg, um euch selbst zu finden.
Dieser Weg ist, zu erkennen, dass alles Bewusstsein ist."
(Robert Adams)

Rupert Spira schreibt in "Bewusstsein ist alles": „Um auf die zweite Stufe des Verstehens hinzuwirken, lässt Bewusstsein zunächst seine exklusive Identifikation mit einem einzelnen Körper/Geist los und lernt sich selbst als Nichts, als 'Kein-Ding', als kein Objekt, keine Erscheinung kennen. Es entdeckt sich selbst als Zeugen aller Objekte, bevor es sich wieder auf die Totalität seiner Erfahrung einlässt und sich selbst als alles erkennt. Bewusstsein vollzieht den Übergang von ‚Ich bin etwas' zu ‚Ich bin nichts' und dann von ‚Ich bin nichts' zu ‚Ich bin alles', ohne je etwas anderes als es selbst zu sein oder zu werden."
Ich werde im Folgenden den Versuch wagen, die drei von Spira genannten "Stufen" der Erkenntnis in eigene Worte zu kleiden und ausführlich zu erläutern.

Etwas ... Nichts ... Alles

Im Falle der meisten Menschen setzt das Bewusstsein seine Identität bekanntlich mit einem bestimmten physischen Körper gleich. Es glaubt, ausschließlich der Körper zu sein. In diesem Zustand dominiert die Vorstellung: „Ich bin etwas." (bzw. „Ich bin jemand.")

Demnach richtet das Bewusstsein den Fokus auf einen Aspekt seiner Wahrnehmungen und identifiziert sich durch Gedanken mit diesem auserwählten Teil des Erfahrungsspektrums, während es die vermeintliche Außenwelt als von der eigenen Identität verschieden interpretiert.

Daraus resultiert die begrenzende Schlussfolgerung: *„Dies* bin ich und *das* bin ich nicht!"* So ignoriert es seine wirkliche Natur, glaubt folglich, ein einzelnes Bild auf der Leinwand zu sein (analogisch betrachtet) und schränkt sich selbst erheblich ein.

Intuitive Impulse oder bestimmte Vorkommnisse und Erfahrungen können zu Einsichten führen, durch die sich das Bewusstsein an sich selbst erinnert. Dies löst eine Desidentifikation von der physischen Form aus, weil erkannt wird, dass das wahre Selbst unabhängig von einem funktionierenden Körper ist. Der einfache Beweis für den Fortbestand des Bewusstseins über den physischen Verfall hinaus (und damit für das Leben nach dem Tod): Bewusste Wahrnehmungen während eines nachweislichen Totalausfalls sämtlicher Hirnfunktionen. In einem solchen Zustand gibt es ebenso viel Aktivität im Gehirn wie im Falle des endgültigen Todes – gar keine. (Siehe Kapitel 1)

Das Bewusstsein registriert auf der zweiten Ebene der Selbsterkenntnis seine eigene formlose Essenz, verweilt folglich als unbeteiligter Zeuge im 'Hintergrund' und bleibt von dem Formenspiel unberührt, das sich im Vordergrund zu entfalten scheint. In diesem "Stadium" sieht es ein: „Ich bin nichts." (bzw. „Ich bin niemand."; im Sinne von no-body / no-thing; keine Materie und von dieser unabhängig)

Das Bewusstsein erkennt sich selbst als die unendliche Leinwand, auf der alle Bilder erscheinen. Es stellt fest, dass es nicht – wie bisher angenommen – all dem angehört, was kommt und geht, sondern dass es der Raum ist, in dem alles erscheint und vergeht.

In zahlreichen spirituellen Lehren wird durch die „Nicht dies, nicht das"-Vorgehensweise (in der Fachsprache als 'Neti Neti'-Prozess bezeichnet) immer wieder auf die Unabhängigkeit des Bewusstseins von den vielfältigen Erscheinungen verwiesen, weil die meisten Menschen noch nicht über die "Ich bin jemand"-Erkenntnisebene hinausgelangt sind und zunächst diese exklusive Identifikation überwunden werden sollte. Die Aussage „Ich bin nicht der Körper" soll also vorerst andeuten, dass sich unsere essentielle Natur nicht auf eine Form reduzieren lässt. Es ist die vorübergehende Befreiung von den Objekten, bevor das Gewahrsein sich wieder voll und ganz auf den Inhalt der Erfahrung einlässt. Dieser Schritt ist notwendig, wenn das Bewusstsein sich für ein Fragment gehalten hat, damit es sich an seine bedingungslos inhärente Unabhängigkeit erinnert.

Es besteht jedoch ein wichtiger Unterschied zwischen „Ich bin nicht der Körper" und „Ich bin nicht *nur* der Körper"...

Wir beginnen mit „Ich bin ausschließlich der Körper", durschreiten die Erkenntnis „Ich bin nicht der Körper" und 'enden' bei „Ich bin absolut alles, einschließlich des Körpers / aller Körper."

Wir täuschen uns also zunächst selbst mit „Ich bin ein kleines, armes Fragment" und schreiten dann fort von „Ich bin die befreite Leere" zu „Ich bin die totale Fülle!"

Letztendlich können wir also zu der tiefen Erkenntnis gelangen, dass das Bewusstsein ausnahmslos alles ist, inklusive aller Erscheinungen. So entlarvt sich die physische Welt als dessen Manifestation – als die Form, die Bewusstsein annimmt, um sich selbst darin zu erfahren.

Daher begegnet man gelegentlich Aussagen wie (sinngemäß) dieser: „Die Welt erscheint absolut real aus einer materialistischen Perspektive. Sie entpuppt sich als vollkommene Illusion, wenn ihre Substanzlosigkeit durchschaut wird – ebenso ist sie illusionär, wenn sie als vom Bewusstsein unabhängig und andersartig betrachtet wird. Sie ist wieder real, wenn sie als Ausdruck des Bewusstseins selbst verstanden wird."

Die letzte Erkenntnisebene offenbart eine tiefgreifende Tatsache: Du bist nicht nur die Leinwand, sondern auch jedes Bild, das auf ihr erscheint. Denn ausnahmslos jedes Bild besteht nur aus der Leinwand. Du bist alles!

Da diese Erkenntnis zu tiefgehend für die intellektuelle Ebene des Verstehens ist, fahre ich zunächst mit einem Gedankenexperiment fort, um dem menschlichen Verstand einen Zugang zu ermöglichen. Angenommen, wir befinden uns in einem nächtlichen Traum. Wir träumen, dass wir barfuß über eine Wiese schreiten und die Sonne genießen, welche das Gras unter unseren Sohlen in einem wundervollen Grün erstrahlen lässt. In der Ferne erblicken wir einen großen Baum und bestaunen dessen Schönheit. Innerhalb dieses Traums würden wir mit an Sicherheit grenzender Wahrscheinlichkeit aus vollster Überzeugung behaupten, dass die Sonne, die Wiese, der Baum und sämtliche Erscheinungen in diesem Traum völlig unabhängig von unserem Bewusstsein existieren. Wir erfahren uns als Person und somit als Bestandteil einer Welt, die wir bewusst wahrnehmen, während wir träumen. Tatsache aber ist, dass der gesamte Inhalt des Traumes inklusive Sonne, Wiese und Baum verschwindet, sobald der Traum endet und wir erwachen. Wir öffnen die Augen und erkennen, dass wir geschlafen haben. Tatsächlich also war die gesamte Welt, deren vermeintliche Realität wir innerhalb des Traums nicht bezweifelt haben, sehr wohl einzig und allein von unserem Bewusstsein abhängig. Dieses Bewusstsein ist der Träumende. Die Sonne, die Wiese und der Baum waren nichts als Schöpfungen des Bewusstseins, sie waren sozusagen aus Bewusstsein gemacht, denn dieses stellt sich als ihre alleinige Substanz und Essenz heraus, wenn wir das genauer untersuchen. Sobald das Bewusstsein sich von den Wahrnehmungen zurückzieht, löst sich der gesamte Inhalt auf. Besteht denn ein sonderlich signifikanter Unterschied zwischen unseren Träumen im Schlaf und den Wahrnehmungen im sogenannten Wachzustand? Abgesehen davon, dass Letztere beständiger und geordneter zu sein scheinen, überwiegen offensichtlich ganz eindeutig die Gemeinsamkeiten. Letztendlich entpuppt sich der Inhalt beider Bewusstseinszustände als flüchtige Erscheinung. Es gibt in der Tat gravierende Hinweise darauf, dass auch dieses Leben letztlich nicht mehr als ein Traum ist (und dass der Tod dementsprechend das Erwachen aus diesem Traum ist bzw. der Be-

ginn eines intensiveren Traums, eines neuen Films auf derselben Leinwand). Viele nahtoderfahrene Menschen berichten von einer Wahrnehmungsintensität, welche die Realität unserer gegenwärtigen Erfahrungen
ernsthaft in Frage stellt, wenn man sie damit in Relation setzt. In tiefer
Meditation können wir zu der von allen Zweifeln befreiten Gewissheit
gelangen, dass das Bewusstsein selbst die alleinige Grundlage der gesamten Existenz ist. Ohne Bewusstsein gibt es absolut nichts. Es ist ohnehin grundsätzlich vollkommen unmöglich, jemals auch nur einen einzigen belastbaren Beweis dafür zu finden, dass irgendetwas unabhängig
vom Bewusstsein existieren kann, weil es die Anwesenheit des Bewusstseins voraussetzt, um eine derartige Überprüfung vorzunehmen.

Bestätigung seitens der Quantenphysik

Sogar in den Naturwissenschaften haben Forschungsresultate eine Tür
zu der Erkenntnis geöffnet, dass die Rolle des beobachtenden Bewusstseins keinesfalls zu unterschätzen ist...
Der Neurochirurg Eben Alexander (intensives Nahtoderlebnis durch
schwere Hirnhautentzündung; siehe Kapitel 13) trifft in seinem Buch
"Blick in die Ewigkeit" folgende Aussage:
„In den 1920er-Jahren machte der Physiker Werner Heisenberg (und
andere Begründer der Quantenmechanik) eine Entdeckung, die so seltsam ist, dass sich die Welt immer noch nicht damit abgefunden hat. Bei
der Beobachtung subatomarer Phänomene ist es unmöglich, den Beobachter (d. h. den Wissenschaftler, der das Experiment macht) vollständig vom Beobachteten zu trennen. Im Alltag übersieht man diese
Tatsache allerdings leicht. Es ist unmöglich, die innerste Realität des
Universums zu erforschen, ohne sein Bewusstsein einzusetzen. Das
Bewusstsein ist nicht nur alles andere als ein unwichtiges Nebenprodukt
körperlicher Prozesse, es ist höchstwahrscheinlich die Basis von allem."
Im Nachfolgewerk "Vermessung der Ewigkeit" kommt er darauf zurück:

„(...) Entdeckungen wie die von Erwin Schrödinger, nämlich dass das Ergebnis bestimmter subatomarer Experimente vom Bewusstsein des Beobachters abhängig ist, sodass eine Kernreaktion, ausgelöst in einer Kiste, die 3 Tage zuvor versiegelt wurde, nicht zum Abschluss kommt, bis die Kiste geöffnet wird und die Ergebnisse der Aktion von einem bewussten Beobachter erfasst werden. Die Kernreaktion bleibt in einem Schwebezustand zwischen Geschehen und Nicht-Geschehen, bis das Bewusstsein auf den Plan tritt und sie in der Wirklichkeit zementiert."

Sobald sich das Bewusstsein in Form eines Wissenschaftlers zur Messung entschließt, – und erst dann! – nimmt das Objekt der Forschung messbare Eigenschaften an. Das wird als Aktualität bezeichnet. Zuvor befand es sich in einem undefinierbaren Zustand der Potentialität. Im Allgemeinen gehen wir davon aus, dass alles, was wir wahrnehmen, auch unabhängig von dieser Wahrnehmung objektive Eigenschaften hat. Tatsächlich aber entstehen sie erst durch die Wahrnehmung. Das Bewusstsein bestimmt offensichtlich, wie sich die Materie verhält. Das verdeutlicht der bekannte Placeboeffekt (mehr dazu in Kapitel 11). Der Geist liegt der Materie zugrunde. Das wirkt auch gar nicht mehr abwegig, wenn man die physikalische Erkenntnis begutachtet, der zufolge Materie sich unter genauerer Betrachtung als substanzlos erweist (99,9...% Leere) und ihre Solidität offenbar nichts anderes als eine Sinnestäuschung ist (siehe Kapitel 3).

Noch tiefer als die Erkenntnis, welche besagt, dass das Bewusstsein die Realität erschafft, ist diese: Bewusstsein und Realität sind eins, und zwar insofern, als die gesamte Natur ein sichtbarer Ausdruck des im Ursprungszustand unsichtbaren Bewusstseins ist – wie auch ein Spiegel unsichtbar bleibt, bis sich Objekte in ihm widerspiegeln.

An dieser Stelle möchte ich, um nochmals in die Quantenphysik einzutauchen, den von Eben Alexander erwähnten, revolutionären Wissenschaftler Werner Heisenberg selbst zu Wort kommen lassen:

„Nach Ansicht der Gegner der Quantenphysik wäre es wünschenswert, zu der Realitätsvorstellung der klassischen Physik oder, allgemeiner gesprochen, zur Ontologie des Materialismus zurückzukehren, also zur Vorstellung einer objektiven, realen Welt, deren kleinste Teile in der gleichen Weise objektiv existieren wie Steine und Bäume, gleichgültig ob wir sie beobachten oder nicht. Dies aber ist unmöglich."

Bekanntlich basiert die makrophysische Ebene der von Heisenberg als Beispiel herangezogenen Steine und Bäume auf den Gesetzmäßigkeiten der mikrophysischen Ebene, welche für menschliche Augen unsichtbar ist. Sämtliche bedeutende Vertreter der Quantenphysik, insbesondere ihre Gründerväter – Max Planck, Werner Heisenberg, Erwin Schrödinger, Niels Bohr, Wolfgang Pauli, Pascual Jordan, Max Born etc. – lehnten eine rein materialistische Deutung der Wirklichkeit ab und verschrieben sich teilweise ausdrücklich der Spiritualität. Nicht zuletzt deswegen empfinde ich es als überaus erstaunlich, dass einige heutige Physiker die schwerwiegenden Konsequenzen der Quantenphysik und die primäre Position des Bewusstseins innerhalb dieser immer noch nicht zur Kenntnis genommen zu haben scheinen. Der Materialismus ist schlicht und ergreifend als restlos widerlegt anzusehen.

„Der Materialismus ist ein Hirngespinst. Er stellt ein erstaunliches Versagen des menschlichen Intellekts dar, zu sehen, was direkt vor seiner Nase liegt. Er verbirgt die wunderbare Einfachheit der Natur hinter einem Schleier der Erfindungsgabe. Sein weiteres Überleben angesichts der zunehmenden Beweise und der direkten Erfahrung erfordert ständige und bewusste Pflege. In der Tat dient der Materialismus mächtigen wirtschaftlichen und politischen Interessen.", so Bernardo Kastrup (Informatiker & Wissenschaftler).

Sofern der gesunde Menschenverstand angesichts der bisherigen Ausführungen rebelliert und die Schlussfolgerung „Ich bin alles" als realitätsfern betrachtet, möge man bedenken, dass es nicht der Besinnung auf die Quantenphysik bedarf, um zu derartigen Einsichten zu gelangen. Es gibt ein sehr naheliegendes Beispiel, das uns im alltäglichen Dasein immer wieder begegnet und ebenfalls verdeutlicht, dass das Bewusstsein Formen annimmt. Bevor Menschen ein Bauwerk errichten, ist dieses nicht mehr als ein gedankliches Konzept. Durch die darauffolgende Umsetzung der Idee wird aus einer bloßen Vorstellung sichtbare "Realität". Das Familienhaus, das zuvor nur auf theoretischer Ebene in Form von Gedanken existierte, nimmt Form an und manifestiert sich nach und nach im vermeintlichen "Außen". All das beginnt im formlosen "Inneren" des Menschen. Betrachte eine Tasse, einen Stuhl oder den Fernseher in deinem Wohnzimmer. Der Ursprung all dessen ist das unbegrenzte Schöpfungspotential des Bewusstseins. Menschliche Erfindungen und die unübersehbare Ordnung in der Natur legen gleichermaßen die Kreativität einer Intelligenz offen, die auf tiefster Ebene der Betrachtung identisch mit dem Gewahrsein ist, welches sich jetzt dieser Zeilen gewahr ist. Das gesamte Universum ist offensichtlich von Bewusstsein "durchdrungen" und letztlich eine Manifestation desselben – ein Ausdruck dessen, was wir selbst sind.

Wer Wahrheit sucht, zähle nicht die Stimmen!

Wir haben stets die Wahl zwischen eigener Erfahrung und Konditionierung, zwischen Praxis und Theorie. Entweder wir vertrauen unserer unmittelbaren Erfahrung oder der allgemein akzeptierten Weltsicht der westlichen Kultur, die tief in uns verankert ist. Diese geht mit völliger Selbstverständlichkeit davon aus, dass die "Dinge" auch dann noch vorhanden sind, wenn wir unsere Aufmerksamkeit von ihnen abziehen. Wir wurden darauf konditioniert, zu glauben, dass wir äußerst beschränkte Individuen sind, die als winzige Partikel voneinander getrennt in einer riesigen, bedrohlichen Welt existieren. Man belächelt die Äußerung der Feststellung, dass jene Welt auf unserem eigenen Selbst basiert und dass es sie ohne dieses überhaupt nicht gibt.
Das Hauptargument für die Entscheidung zugunsten der kulturellen Konditionierung – entgegen der Tatsache, dass unsere unmittelbare Erfahrung keineswegs damit übereinstimmt – bezieht sich meist darauf,

dass die Mehrheit der Menschen einer Hypothese zugestimmt und sie als absolute Wahrheit akzeptiert hat. Ich möchte daran erinnern, dass vor nicht allzu langer Zeit ein gewisser Mann eine überaus einflussreiche Position übernahm, weil die Mehrheit der Wähler ihn als kompetent einschätzte, was verheerende Folgen hatte. Vor einigen Jahrhunderten war es eine allgemein anerkannte "Wahrheit", dass die Erde eine Scheibe sei. Stets zu empfehlen: Wer sich auf die Suche nach der Wahrheit begibt, möge sich nicht zu stark von vorgefassten Meinungen beeinflussen lassen und dargebotene Ideen bestenfalls einer gründlichen Überprüfung unterziehen. Es gibt noch nicht einmal einen unerschütterlichen Beweis dafür, dass die "anderen" Menschen, mit denen wir in unserem Leben täglich interagieren, absolut real und nicht nur bloße Einbildungen sind (womit ich dies aber nicht postulieren möchte). Einzig die allem vorausgehende Erkenntnis „Ich bin" lässt sich nicht in Frage stellen. Das Bewusstsein kann keine Einbildung sein, denn die Voraussetzung einer Einbildung ist wiederum die Präsenz eines Bewusstseins! Sinneswahrnehmungen sind der Prüfstein der Realität. Sie sind die Instrumente, durch die wir das Vorhandensein der Welt bezeugen. Ihre Basis ist das Bewusstsein. Ausnahmslos alles, was wir kennen, kennen wir nur durch das Bewusstsein. Es ist die Substanz der Wahrnehmungsinstrumente und damit auch der Welt. Wir wissen um Letztere, weil wir sie sehen und fühlen können – und sowohl visuelle Sinneseindrücke als auch Empfindungen aller Art bestehen aus nichts anderem als Bewusstsein. Ohne dieses könnte es keine Wahrnehmungen geben und ohne diese keine Welt.

Sind alle Wahrnehmungen nur ein Traum?

Im Grunde sind alle Erfahrungen gleichermaßen wirklich bzw. unwirklich, was sowohl für "diesseitige" als auch für "jenseitige" in den Nahtoderlebnissen gilt. Ob Halluzinationen, Träume, Wahrnehmungen im "Wachzustand" oder mystische Erfahrungen: Das Bewusstsein allein ermöglicht sie. Es ist stets das alleinige Substrat jeder Wahrnehmung, und zwar unabhängig davon, wie faszinierend und spektakulär diese ist. Als der unkonventionelle Lehrer Tony Parsons gefragt wurde, wie es zur Wahrnehmung eines Engels während eines erweiterten Bewusstseinszustands kommen kann, wies er darauf hin, dass dies einfach nur die Einheit (Bewusstsein) sei, die „engelt" (in "Das ist es – Vom Ende der Illusion des Getrenntseins"). Damit ist natürlich gemeint, dass das Bewusstsein die Form dessen annimmt, was in ihm erscheint – in diesem Fall eben die Form eines Engels.

(Ich möchte hier ohne direkten Bezug ein schönes Zitat aus dem genannten Buch von Tony Parsons einwerfen: „Nach dem Tod gibt es nur Einheit und Freude.")

Selbst wenn alle Wahrnehmungen nur ein Traum sind, verweisen sie auf etwas unbestreitbar Wirkliches – das Gewahrsein, in dem der Traum erfahren wird. Du bist bewusst, das steht absolut fest. Nichts kann so naheliegend, unzweifelhaft und unbestreitbar wie das Bewusstsein sein. Es ist wahrlich nicht anspruchsvoll, das zu erkennen!

Der Traum ist zweitrangig, der Träumende geht ihm voraus.

Die Quelle ist stets von größter Bedeutung.

Dazu eine schöne Parabel des persischen Mystikers Rumi:

„Der Meditierende im Obstgarten: Ein Mann sitzt in einer Plantage, üppige Obstbäume, pralle Reben. Sein Kopf auf den Knien, die Augen geschlossen. Sein Freund sagt: 'Warum diese mystische Versenkung, wenn die Welt doch so schön ist, so eine Gnade?' Er antwortet: 'Dieses Außen bildet sich aus dem Innen. Ich ziehe den Ursprung vor.'"

Dieser Urgrund des Seins liegt in den Tiefen jeder Person verborgen, ist selbst aber vollkommen unpersönlich.

Selbstverständlich bezieht es sich niemals auf die individuelle Persönlichkeit, wenn darauf hingewiesen wird: „Du bist alles!"

Es gibt kein persönliches Selbst und es hat nie eines gegeben.

Eine solche Radikalität schreckt selbst den Großteil der "spirituellen Menschen" ab, weil sie ihre Individualität unter keinen Umständen verlieren möchten. Aber die Angst vor dem Verlust des individuellen "Ich" lässt außer Acht, dass dieses nie wirklich existent war. Was nicht existiert, kann auch nicht verschwinden. Was verschwindet, ist lediglich die Täuschung, indem das Gedankengebäude zusammenbricht, welches die Grundlage der Illusion eines separaten Wesens war. Jeder kann das anhand seiner eigenen Erfahrung überprüfen: Sobald wir mit dem zwanghaften Denken aufhören, ist unsere Persönlichkeit nicht mehr aufzufinden, da sie keine von den Gedanken unabhängige Existenz besitzt. Sie basiert auf der gedanklichen Vorstellung: „Ich bin dieser Körper und habe diese und jene Eigenschaften." Wenn keinerlei Gedanken auftauchen, gibt es nur noch reines Bewusstsein, das sich vorübergehend in Form einer physischen Erscheinung zum Ausdruck bringt.

Im Buddhismus ist die Substanzlosigkeit des "Ich" ein zentraler Aspekt. Nach dem Studium von mehreren hundert Büchern zum Thema muss ich die Einschätzung äußern, dass wohl kein anderer Autor den "Ich-Verlust", welcher die Nicht-Existenz des individuellen Selbst demonstriert, sowie die damit einhergehende, vom Verstand ausgehende Angst, so zutreffend beschrieben hat wie Suzanne Segal in ihrem Buch "Kollision mit der Unendlichkeit – Ein Leben jenseits des persönlichen Selbst". (Im 13. Kapitel werden wir einen genaueren Blick darauf werfen).

Die persönliche Geschichte basiert auf Erinnerungen und wurzelt damit in der Vergangenheit, während wir unser wahres Selbst nur in der zeitlosen Gegenwart 'hervorholen' können.

Die Vorstellung, die Persönlichkeit zu "verlieren", mag abschreckende Wirkung entfachen, wenn man sich mit ihr identifiziert (also glaubt, diese zu sein) und davon ausgeht, dass sich Glück, Freude und Liebe auf *jemanden* beziehen. Alle angenehmen und unangenehmen Zustände sind jedoch schon immer völlig unpersönlich gewesen. Man kann das Leid nicht verleugnen, aber zu der Erkenntnis gelangen, dass es niemanden gibt, der leidet, sondern einfach Leid, das im Gewahrsein erscheint und von diesem erfahren wird. Ebenso gibt es niemanden, der sexuell erregt ist, sondern sexuelle Erregung, die einfach im Gewahrsein erscheint und

von diesem wahrgenommen wird (um lediglich zwei Beispiele zu nennen).
An alledem ist wahrlich nichts Persönliches.

Erfahrung ist immer einheitlich

Die Bilder auf der Leinwand des Bewusstseins gehen harmonisch ineinander über, eine wirkliche Trennung gibt es nicht. Kein Objekt hat eine
unabhängige, eigenständige Existenz und besteht für sich selbst.
Genau genommen gibt es immer nur ein einziges farbenfrohes Bild!
Es wird immer nur Eines erfahren, d. h. Erfahrung als solche ist unter
allen Umständen stets nahtlos, ganz und einheitlich, bevor der konditionierte Verstand sie in Stücke reißt, jedes dieser Stücke mit einem Eti-
kett versieht und selbstgeschaffenen Kategorien zuordnet. Diese Verwechslung der Interpretation der Erfahrung mit der tatsächlichen Erfahrung ist die Quelle des Leids.
Die Erfahrung von einem Objekt bestätigt in erster Linie die Anwesenheit des Bewusstseins. Was auch immer vom Bewusstsein erfahren wird
– dadurch weiß Bewusstsein um sich selbst. Bewusstsein erfährt immer
nur sich selbst. Ja, wir haben immer nur uns selbst erfahren! Alles, was
wir sehen, jede erdenkliche Erscheinung, beweist durch ihr Dasein nicht
ihre eigene, unabhängige Existenz, sondern in erster Linie die Präsenz
des sie wahrnehmenden und bezeugenden Bewusstseins.
Somit verschleiern Objekte das Bewusstsein nicht, sie offenbaren es!
Alle Handlungen des Menschen gründen letztlich in der tiefliegenden
Sehnsucht nach Einheit. Wenn klar erkannt wird, dass wir tatsächlich
immer nur Eines erfahren und dass wir darüber hinaus selbst dieses Eine sind, dann tritt die objektlose Freude hervor, die unter der Oberfläche als unser wahrer Wesenskern immer präsent ist und sich jeglicher
Beschreibung entzieht. Sich selbst als alles zu erkennen, entfacht eine
so unfassbar beglückende und friedvolle Wirkung, dass es mir – basierend auf eigener Erfahrung – am Herzen liegt, möglichst viele meiner

Mitmenschen durch schriftliche Beiträge wie diesen darauf aufmerksam zu machen, damit auch sie bewusst am Wunder teilhaben können.

Du bist alles!

Es handelt sich nicht um eine intellektuelle Erkenntnis und es bedarf auch keiner solchen, denn auf der Ebene des Verstandes werden ohnehin immer einschränkende Zweifel verbleiben. Die höchste Erkenntnis, zu der dein Verstand kommen kann, ist die Einsicht der eigenen Beschränktheit. In den Worten von Blaise Pascal:
„Die oberste Aufgabe der Vernunft ist es, dem Menschen zu zeigen, dass einige Dinge jenseits der Vernunft liegen."
Wenn du die Grenzen des Verstandes erkennst und akzeptierst, bist du bereit, dich einer unendlich viel größeren Intelligenz zu bedienen.

„Der Glaube sagt, was die Sinne nicht sagen,
aber er sagt nicht das Gegenteil von dem, was sie wahrnehmen;
er ist nicht gegen sie, sondern über ihnen."
(Blaise Pascal)

Es ist kein Glaube und keine Theorie, sondern einwandfreie Gewissheit: Wir sind absolut eins mit allem, was wir wahrnehmen. Präziser: Alles, was ich wahrnehme, ist ein Ausdruck meiner selbst. Geräusche, Gerüche, visuelle Eindrücke – nur Bewusstsein, das die Form dieser Phänomene annimmt. Vogelgezwitscher ist Stille (= Bewusstsein), welche die Form wunderschöner Töne annimmt. Ein Vogel ist Bewusstsein, das die physische Form dieser fantastischen Erscheinung annimmt, um sich selbst darin zu erkennen... Der Vogel ist nicht von mir verschieden! Das erkenne ich aber nur, wenn ich frei von Gedanken bin, weil alle Gedanken von der gesellschaftlichen Konditionierung belastet sind und somit an die große Illusion der Dualität glauben.

Wenn ich im gedankenfreien Zustand (als reines Gewahrsein) einen Wald (oder auch eine Stadt) durchschreite, eröffnet sich mir eine absolute Intimität und Vertrautheit mit ausnahmslos allem – es ist so überwältigend! Keinerlei Trennung... Ich erkenne mich selbst in allem und jedem. Das ist Liebe. Nicht die an Bedingungen geknüpfte "Liebe", welche Erwartungen stellt, diese erfüllt haben will und nur unter jener Voraussetzung weiterhin Zuneigung gewährt. Bedingungslose Liebe erlaubt allem, zu sein, wie es ist, weil es als absolut perfekt erkannt wird, sobald die trennende Klinge der konditionierten Gedanken transzendiert wurde. Eckhart Tolle hat das in "Stille spricht" schön in Worte gefasst: „Wenn du still einen Baum oder Menschen anschaust, wer schaut da? Etwas Tieferes als du in Person. Das Bewusstsein selbst betrachtet seine Schöpfung. In der Bibel steht, dass Gott die Erde erschuf und sah, dass sie gut war. Genau das siehst du, wenn du in gedankenfreier Stille schaust."

Natürlich dürfen wir nicht vergessen, dass die Leinwand und sämtliche Bilder, die auf ihr erscheinen, zwar essentiell absolut identisch sind, aber dass die Leinwand (das reine Bewusstsein) dennoch von allen Bildern unabhängig ist. Selbst wenn alle Bilder verschwinden (also wenn die "Außenwelt" verschwindet), ist deren Quelle noch da. Der Ozean ist mehr als die Summe aller Wellen. So ist auch die Leinwand mehr als die Summe aller Bilder. Jedes Bild scheint der Leinwand etwas hinzuzufügen, weshalb der große spirituelle Lehrer Jean Klein die Welt der Phänomene einst als Erweiterung dessen, was wir sind, bezeichnete. Doch letztlich verändert sich das Bewusstsein nie. Es bleibt so, wie es immer ist – eigenschaftslos, absolut vollkommen und ewig.

Es gibt tatsächlich nur EIN Bewusstsein, das sich parallel in den zahlreichen Formen zum Ausdruck bringt (womit die lineare Zeit als Illusion entlarvt wird). Nur mit dieser Erkenntnis ist jegliche Unterscheidung und Trennung wirklich konsequent und kompromisslos aufgehoben.

Der Schwerpunkt einer altindischen Weisheitslehre namens Advaita Vedanta ist die Nicht-Dualität (alias Non-Dualität) des Seins. 'Dvaita' bedeutet übersetzt Zweiheit oder Dualität, folglich ist Advaita dessen Verneinung. Da die Realität, auf die im Advaita Vedanta eindringlich hingewiesen wird, unmittelbar erfahrbar ist, sagte der eben erwähnte Jean Klein: „Advaita ist kein System, keine Religion oder Technik. Es ist noch nicht einmal eine Philosophie. Es ist einfach die Wahrheit."

Advaita Vedanta ist die Grundlage des Hinduismus, einer im Westen zutiefst missverstandenen Religion. Wenn ich an den Schulunterricht in meiner Kindheit und Jugend zurückdenke, bin ich erstaunt angesichts der Unwissenheit meiner Religionslehrer bezüglich anderer Weltreligionen. Den Hinduismus als polytheistische Religion (Verehrung einer Vielzahl von Göttern) einzuordnen, zeugt von einer extrem oberflächlichen Betrachtungsweise. Die vielen Götter im Hinduismus sind eher als Symbolbilder zu verstehen, als Ausdrucksformen des All-Einen. Wie letztendlich alle Religionen möchte auch der Hinduismus auf das Eine hinaus und ist dabei teilweise sogar noch radikaler – ich erinnere mich an eine interessante Unterhaltung mit einer Inderin, die sagte: „Atheisten glauben, dass es keinen Gott gibt. Christen und Moslems glauben, dass es nur *einen* Gott gibt. Hindus hingegen glauben weder Ersteres noch Letzteres. Sie sagen, dass es *nur* Gott gibt."

Non-Dualität (Nicht-Zweiheit) verweist auf Einheit. Die Bezeichnung enthält eine Verneinung, da sich sprachlich nur ausdrücken lässt, was die absolute Realität bzw. das wahre Selbst *nicht* ist. Außerdem ist die Zahl 1 nur sinnvoll, wenn sie in Relation zur 2 und weiteren Zahlen steht. Wenn es keine 2 gibt, kann es auch keine 1 mehr geben. Und wenn es 1 gibt, kann es auch 2 geben. Alle Zahlen – einschließlich 1 – beziehen sich auf Objekte: Ein Stuhl, ein Tisch etc. Bewusstsein ist kein Objekt, es hat keine Form. Also wäre es präziser, zu sagen, dass es nur Bewusstsein gibt, anstatt es *ein* Bewusstsein zu nennen. (Behalte von nun an im Hinterkopf, dass es bloß aus sprachlichen Gründen geschieht, wenn ich mich im weiteren Verlauf auf das Eine beziehe.)

Aus diesem Grund bezeichnet man die Einheit allen Seins in spirituellen Lehren oft nicht einfach als Einheit, sondern lieber als Non-Dualität.

Sobald das Bewusstsein sich selbst als Essenz aller Geschehnisse erkennt, kann ihm dementsprechend kein Ereignis je wieder Angst einflößen, weil es nichts Fremdartiges mehr gibt. Hast du Angst vor dir selbst? Wie könnte ich mich vor jemandem/etwas fürchten, wenn ich doch weiß, dass er/sie/es letztlich auch bloß mein eigenes Selbst ist?

Angst hat immer mit Gedanken zu tun und seine letztendliche Wurzel liegt natürlich darin, dass der ängstliche Mensch nicht weiß, wer er ist. Bis zu einem gewissen Grad mag sie auch eine nützliche evolutionäre Einrichtung sein, um den Körper zu schützen. Es gibt Fälle von Menschen, die nach einem Unfall und einer daraus resultierenden Hirnschädigung fortan unfähig sind, Angst zu empfinden. Allein dies weist schon darauf hin, dass Angst dem Bewusstsein nicht auf natürlicher Basis innewohnt und erst entsteht, wenn es durch ein Gehirn (oder anderweitig) gefiltert wird.

Wenn das unkonditionierte Bewusstsein nicht mehr durch den Verstand getrübt wird und somit die Fantasie der Trennung endet, dann ist der Moment gekommen, in dem Subjekt und Objekt – Wahrnehmender und Wahrgenommenes – kollabieren und nur reines Wahrnehmen übrigbleibt. Nun gibt es keinen Liebenden und Geliebten mehr, sondern nur reine Liebe, die wir nicht empfinden, geben oder empfangen, sondern *sind*.

Liebe ist die Erkenntnis der Einheit in einer Welt der Vielfalt, genauer: Liebe *ist* die Einheit in der Vielfalt.
Aus diesem Grund sehnen sich alle Menschen, ob sie es wissen oder nicht, nach Liebe. Sie sehnen sich nach Einheit, weil das ganz einfach ihre wahre Natur ist. Dieser Weckruf kommt aus der Tiefe und kein noch so lauter Verstand kann ihn jemals völlig verstummen lassen.

Die Liebe ist die Auflösung sowohl des Subjekts als auch des Objekts, d. h. die Auflösung der Dualität bzw. die Einsicht, dass es nie eine tatsächliche Dualität gegeben hat. Denn die Subjekt-Objekt-Beziehung ist selbstverständlich dualer Natur. Ein Subjekt benötigt ein Objekt und umgekehrt, sie bedingen einander – und sie verschwinden gemeinsam, nämlich jedes Mal dann, wenn du nicht mehr denkst.

Die Liebe und das Glück strahlen immer im Hintergrund ausnahmslos jeder Erfahrung, weil sie gleichbedeutend mit dem reinen Bewusstsein sind, das du bist. Reines Bewusstsein ist pure Liebe. Diese Liebe hat nichts mit hormongesteuertem Verliebtsein zu tun und ist kein romantischer, sentimentaler Zustand. Es ist einfach das totale Annehmen und die völlige Akzeptanz, die Abwesenheit auch nur des kleinsten Widerstandes. Es ist vor allem die Abwesenheit des Gefühls der Andersartigkeit. Die Leinwand erlaubt jedem Bild, auf ihr zu erscheinen... Diese Liebe kennt keine Trennung und sieht folglich überall nur sich selbst. Erkenne, dass du nichts Besonderes tun und keine Anstrengungen unternehmen musst, um die Liebe sich entfalten zu lassen. Liebe ist schon die natürliche Verfassung jeder Erfahrung und tritt sofort in den Vordergrund, sobald die Gedanken sich verabschieden. Auch im Zustand der Verliebtheit verschwindet die Illusion der Trennung, ohne dass wir es bemerken, weil wir dann mehr fühlen als denken.

Man kann über die allseits präsente Empfehlung „Liebe deinen Nächsten wie dich selbst" noch hinausgehen: Erkenne deinen Nächsten als dich selbst! Hier gibt es kein Innen und Außen, kein Ich und Du, sondern nur nicht-lokales Sein, die unendliche Weite.

Alles erscheint *im* Bewusstsein *als* Bewusstsein.
Es gibt nichts außer Bewusstsein. Nichts, was du nicht bist.
Alles ist eins. Das, was sich JETZT dieser Zeilen BEWUSST ist, ist das undefinierbare, namen- und formlose Eine, bis in alle Ewigkeit.

„Das Bewusstsein drückt sich durch die Schöpfung aus. Diese Welt, in der wir leben, ist der Tanz des Schöpfers. Die Tänzer kommen und gehen im Handumdrehen, aber der Tanz lebt weiter. Bei vielen Gelegenheiten, wenn ich tanze, habe ich mich von etwas Heiligem berührt gefühlt. In diesen Momenten habe ich gespürt, wie sich mein Geist erhebt und eins wird mit allem, was existiert. Ich werde zu den Sternen und dem Mond. Ich werde zum Liebenden und zum Geliebten. Ich werde zum Sieger und zum Besiegten. Ich werde zum Meister und zum Sklaven. Ich werde der Sänger und das Lied. Ich tanze weiter und dann ist es der ewige Tanz der Schöpfung. Der Schöpfer und die Schöpfung verschmelzen zu einer Ganzheit der Freude. Ich tanze weiter ... und tanze ... und tanze, bis es nur noch ... den Tanz gibt."   (Michael Jackson)

... Dieses Beispiel zeigt:
Nicht nur die großen Mystiker der Vergangenheit und die spirituellen Lehrer der Moderne haben es erkannt. Jeder kann jederzeit zur wertvollsten aller Einsichten gelangen – auch 'normale‘ Leute wie du und ich, die voll und ganz am menschlichen Leben teilnehmen und sich nicht in die Himalaya-Berge zurückziehen, um fernab der Zivilisation zwölf Stunden täglich zu meditieren.
Einer von ihnen ist der Unterhaltungskünstler Hans-Peter Kerkeling:
„Es hat eine Weile gedauert, bis ich es verstehen konnte. Das alles ist es, was ich bin. Ich bin meine Mutter und mein Vater, mein Bruder und meine Großeltern. Ich bin ihr Lachen und ihr Schmerz. Ich bin meine Tante Gertrud, Tante Annemarie, Tante Lisbeth, Tante Hedwig, Onkel Kurt und Tante Veronika. Ich bin Frau Edelmund, Frau Rädeker und Frau Strecker und viele mehr. Und gleichzeitig bin ich auch Tante Lore und die Richtung, in die sie mich im Kinderwagen auf dem Feldweg geschoben hat. Ich bin die gescheckte Kuh auf der Weide, das gelbe Korn auf dem Feld und der rote Mohn am Wegesrand. Ich bin der schmale Trampelpfad und dessen Ende. Ich bin der wolkenlose Himmel. Ich bin wach."
Chapeau, Hape!

Um dir ein weiteres schönes Beispiel zu präsentieren, hier ein Bericht des großen spirituellen Lehrers Jiddu Krishnamurti: „Am ersten Tag, als ich mir der Dinge um mich herum bewusster wurde, hatte ich eine ganz außergewöhnliche Erfahrung. Da war ein Mann, der die Straße reparierte. Dieser Mann war ich selbst. Die Spitzhacke, die er in der Hand hielt, war ich selbst. Der Stein, den er zerschlug, war ein Teil von mir. Der zarte Grashalm war mein eigenes Sein, und der Baum neben dem Mann war ich selbst. Ich konnte fühlen und denken wie der Straßenarbeiter, und ich konnte den Wind spüren, der durch den Baum fuhr, und die kleine Ameise auf dem Grashalm konnte ich fühlen. Die Vögel, der Staub und das Geräusch waren ein Teil von mir. In diesem Moment fuhr in einiger Entfernung ein Auto vorbei. Ich war der Fahrer, der Motor und die Reifen. Ich war in allem, oder vielmehr war alles in mir, das Unbelebte und das Belebte, der Berg, der Wurm und alle atmenden Dinge. Den ganzen Tag über blieb ich in diesem glücklichen Zustand."

Wir nähern uns dem Ende dieses Kapitels mit einem Zitat von Jesus, der seine Selbsterkenntnis im eher unbekannten Thomas-Evangelium, das von der Kirche nicht anerkannt wird, unnachahmlich ausdrückte:

„Hebet den Stein empor und ihr werdet mich finden.
Spaltet das Holz und ich bin dort.
Denn im Feuer und im Wasser,
ebenso wie in jeder Lebensform,
bin ich offenbar als ihr Leben und ihre Substanz."

Wichtig: Er spricht hier stellvertretend für ausnahmslos jeden. Es ist nicht die Person, die hier gesprochen hat, sondern das Bewusstsein, das die Person in diesem Fall als Instrument benutzte, um seinem Erwachen Ausdruck zu verleihen. Und was gesagt wurde, ist gleichbedeutend mit:

Ich bin alles.

In der tiefsten Tiefe bist auch du kein Teil, sondern das Ganze!

„Die Essenz des Vedanta ist, dass es nur ein Sein gibt
und dass jede Seele dieses Sein in seiner Gesamtheit ist,
nicht nur ein Teil dieses Seins."
(Swami Vivekananda)

Bewusstsein ist alles.
Das bedeutet: Ich bin alles.
Auch ich spreche für jeden, ohne die geringste Ausnahme!

Kapitel 6

SAT-CHIT-ANANDA
GLÜCK IST DEM BEWUSSTSEIN INNEWOHNEND

„Fast alle Menschen sind mehr oder weniger unglücklich, weil fast alle das wahre Selbst nicht kennen. Das wahre Glück liegt allein in der Selbsterkenntnis. Alles andere ist flüchtig. Wer sein Selbst kennt, ist immer glückselig." (Ramana Maharshi)

„Nichts kann dich glücklicher machen. Jede Suche nach Glück ist Elend und führt letztlich nur zu noch mehr Elend. Das einzige Glück, das diesen Namen verdient, ist das natürliche Glück des bewussten Seins." (Nisargadatta Maharaj)

„Alle, die ihren wahren Reichtum noch nicht gefunden haben, die strahlende Freude des Seins und den tiefen, unerschütterlichen Frieden, der damit einhergeht, alle die sind Bettler, mögen sie materiell auch noch so reich sein. Sie suchen im Außen nach Vergnügen und Erfüllung, nach Wertschätzung, Sicherheit und Liebe, während sie einen Schatz in sich tragen, der all diese Dinge beinhaltet und zugleich unendlich viel größer ist als alles, was die Welt anzubieten hat." (Eckhart Tolle)

„Es gibt nur eines, das besser ist, als das zu bekommen, was man will: zu wissen, dass man glücklich sein kann, ob man es bekommt oder nicht." (Adyashanti)

Im Advaita Vedanta wird die Natur der absoluten Wirklichkeit und damit des ureigenen Selbst als Sat-Chit-Ananda tituliert. Diese drei Zentralbegriffe sollen die "Eigenschaften" des wahren Selbst komprimiert auf den Punkt bringen. Populäre Vertreter des Advaita Vedanta wie Shankara und Ramana Maharshi heben in ihren Lehren immer wieder die Bedeutung von Sat-Chit-Ananda hervor.

Sat-Chit-Ananda stammt aus dem Sanskrit, der wohl ursprünglichsten Sprache Indiens und einer der ältesten Sprachen der Welt.
Sat steht für Sein oder Existenz, also für die "Außenwelt".
Chit ist Bewusstsein, also (relativ gesprochen) die Innenwelt.
Aus der Erkenntnis der absoluten Einheit von Sat und Chit resultiert schließlich Ananda: Glückseligkeit.

Es sind einzig und allein die konditionierten Gedanken, welche unsere Erfahrung in ein scheinbar inneres Selbst und eine vermeintlich äußere Welt aufteilen. Dies ruft die Unterscheidung zwischen einem wahrnehmenden Subjekt und einem wahrgenommenen Objekt hervor. Unabhängig von Gedanken ist jene Trennung schlicht und ergreifend nicht existent.

Allein die Tatsache, dass wir etwas sehen können, zeigt bereits, dass wir nicht wirklich davon getrennt sind und uns essenziell nicht davon unterscheiden. Darauf hat auch Ramana Maharshi hingewiesen:
„Wären der Sehende (das Ego) und das Gesehene (die Welt) in ihrer Realität verschieden, wäre der Akt des Sehens niemals möglich. Da aber das Sehen möglich ist, wisse, dass sie (der Seher und das Gesehene) ein und dieselbe Realität haben."

Wenn die Illusion nicht als solche erkannt wird, dann glaube ich, Bewusstsein (Chit), eine Welt (Sat) außerhalb meiner selbst wahrzunehmen. So scheint die Natur der Erfahrung eine grundsätzliche Verschiedenheit zu beinhalten. Die Folge dieser fundamentalen Täuschung ist

Identifikation: Das Bewusstsein teilt die nahtlose Totalität der Erfahrung, mit der es ursprünglich eins ist, durch Gedanken in "ich" und "anderes" auf. Es identifiziert sich mit einem Körper und nimmt die äußerst einschränkende Perspektive eines separaten Wesens ein, das in einer bedrohlichen Welt lebt und stetig um sein Vorrecht und ums Überleben kämpfen muss. Tiefe spirituelle Erfahrungen können schließlich zu einer Einsicht führen, die weit über die Verstandesebene hinausreicht. Diese Einsicht impliziert den Kollaps jeglicher Unterscheidung zwischen dem Selbst und der Welt.

Gedankenfreie Stille enthüllt eine totale Intimität und Vertrautheit mit allem, was dich "umgibt". Das farbenfrohe Bild auf der Leinwand des Bewusstseins wird als Ausdruck des ureigenen Selbst erkannt: Sat und Chit, Sein und Bewusstsein, sind eins.

Das Bewusstsein lebt durch die unzähligen verschiedenartigen Erscheinungsformen seine unerschöpfliche Kreativität aus.

Wenn klar gesehen wird, dass die Vielfalt zwar ihren Wert hat, weil sie viele einzigartige Ausdrucksformen ermöglicht, aber letztlich nur eine vorübergehende Erscheinung auf der Oberfläche des Seins ist und dass ihr stets absolute Einheit zugrunde liegt, dann wird jegliche Trennung und Unterscheidung durch den unmittelbaren Einblick in die wirkliche Essenz der Natur restlos zerschmettert und kehrt nie wieder zurück.

Normalerweise wird diese Erkenntnis durch einen Prozess, der sich über mehrere Jahrzehnte oder sogar mehrere Inkarnationen erstrecken kann, zunehmend etabliert. In seltenen Fällen (einige Beispiele dafür werden wir uns im 13. Kapitel anschauen) kommt es zu einem plötzlichen, radikalen Erwachen ohne vorausgehende spirituelle Praxis.

Ob prozesshaft oder unvorbereitet, die Effekte sind schwerwiegend: Weil das Selbst und folglich die Welt fortan mit gänzlich neuen Augen gesehen werden, kann egozentrisches, liebloses Verhalten auf der Basis eines falschen Selbstbildes nicht fortbestehen, und zwar weil es ein solches nicht mehr gibt.

Die Gewissheit der ausnahms- und bedingungslosen Einheit allen Lebens /Seins beeinflusst – sofern authentisch – zwangsläufig die gesamte Lebensführung in außerordentlicher Intensität. Es kommt zu einem gründlichen Ausmerzen der fehlerhaften Grundannahmen, mit erheblichen Konsequenzen... Das Resultat: Empathie, Vertrauen und bedingungslose Liebe. Eine Herzensneigung zur Harmonie zählt bekanntlich auch zu den charakteristischen Nachwirkungen einer Nahtoderfahrung.

Gelegentlich begebe ich mich in einen Wald, setze mich auf eine Bank, schalte den Verstand aus und genieße die überwältigende Freude und den unerschütterlichen Frieden, die jeder Erfahrung innewohnen und sich offenbaren, sobald jegliche Konditionierung außer Gefecht gesetzt wird. Die Primatologin und Anthropologin Jane Goodall weiß, wovon ich spreche: „Die ganze Zeit über kam ich den Tieren und der Natur näher, und dadurch auch mir selbst und der spirituellen Kraft, die ich um mich herum spürte. Für diejenigen, die die Freude des Alleinseins mit der Natur erlebt haben, braucht man wirklich nicht mehr zu sagen. Für diejenigen, die es nicht erlebt haben, können meine Worte niemals das kraftvolle, fast mystische Wissen um Schönheit und Ewigkeit beschreiben, das plötzlich und völlig unerwartet kommt."

Es ist allerdings nicht unbedingt notwendig, die Natur aufzusuchen, um nachvollziehen zu können, weshalb die ursprüngliche Lehre so eindringlich darauf hinweist, dass die Erkenntnis der Einheit von Sat und Chit mit Ananda, also Glückseligkeit, einhergeht (manchmal wird Ananda auch mit Verzückung oder einfach Seligkeit übersetzt).

Wohin ich auch schaue – ich erblicke überall nur mich selbst (und ich spreche nicht von der Person S.B.!). Das hat mit Größenwahn nichts zu tun, weil ich keine Hierarchisierung vornehme und mich niemandem überordne. Wen sollte ich mir unterordnen, wenn es keine anderen mehr gibt? Das Ego würde sagen: „Ich bin das Eine und du bist es nicht!" Das Bewusstsein aber 'sagt': „Ich bin das Eine und das gilt auch für dich. Was du bist, das bin auch ich. Was ich bin, das bist auch du. Ich bin du! Du bist ich!"

Das Ego reagiert darauf natürlich so: „Stopp! Bis hierhin und nicht weiter! Komm' mir nicht zu nahe! Hier bin ich und da bist du, und dort ist die Grenze, die Trennlinie. An Einheit bin ich nicht interessiert. Also bleib' gefälligst auf Abstand!"

Die absolute Vereinigung schreckt selbst viele "spirituelle Menschen" ab, weil sie die Aufmerksamkeit unter keinen Umständen von ihrer Individualität abziehen wollen. Diese Angst entspringt dem Glauben daran, nicht mehr als ein Individuum zu sein. Die Identifikation sorgt dafür, dass wir die Auflösung der Individualität unbedingt vermeiden wollen, weil wir befürchten, dass als Folge dessen unser kostbares Lebensgefühl verschwindet. Auf die Erkenntnis der Nicht-Existenz des individuellen Selbst reagiert der auf das westliche Weltbild geprägte Verstand normalerweise ablehnend. Dann ist es hilfreich, darauf hinzuweisen, dass wir unsere Individualität mit dem Tod nicht verlieren, obwohl sie nicht das beständige Selbst sein kann. Wir müssen lediglich unseren physischen Körper hinter uns lassen. Das bestätigte auch der große Emanuel Swedenborg: „Der Mensch, wenn er aus der natürlichen Welt in die geistige übergeht, was also geschieht, wenn er stirbt, nimmt all das Seinige – oder das, was zu seinem Menschen gehört hat – mit sich, mit Ausnahme seines irdischen Leibes.“

Was du wirklich bist, ist allumfassend. Es gibt tatsächlich nur dein ureigenes Selbst. Insofern bist du gewissermaßen immer allein. Falls dies ein furchterregendes Gefühl der Einsamkeit in dir hervorrufen sollte, kann ich dich beruhigen – mit Einsamkeit hat das nichts zu tun. Diese ist abhängig von der Illusion der Trennung. Du kannst dich nur dann einsam fühlen, wenn du dich selbst als abgetrenntes Fragment empfindest und wenn es andere gibt, deren Gesellschaft dir verwehrt wird. Erkennst du dich aber als alles und jedes, dann gibt es keine anderen mehr, von denen du getrennt sein könntest. Es gibt überhaupt nichts mehr außerhalb von dir selbst. Wovon könntest du also abgeschnitten sein? „Fühle dich nicht einsam. Das gesamte Universum ist in dir.“, so Rumi. Der spirituelle Lehrer Mooji stellt klar: „Du bist nicht allein als Person, als Individuum. Du bist allein als das gesamte Universum, als alles.“ ... Aus diesem Grund hat Rupert Spira die allumfassende Intimität der non-dualen Selbsterkenntnis als „das Alleinsein der Liebe“ bezeichnet. Auch Krishnamurti betonte die Signifikanz der Unterscheidung zwischen Einsamkeit und Alleinsein (All-Ein-Sein): „Es ist schön, allein zu sein. Allein zu sein bedeutet nicht, einsam zu sein. Es bedeutet, dass der Geist nicht von der Gesellschaft beeinflusst und kontaminiert wird.“ Er sagte sogar: „Alleinsein kann es erst geben, wenn die Einsamkeit aufgehört hat.“
Wenn all die Gedanken und Gefühle, die unsere Gesellschaft als erstrebenswert erachtet, abwesend sind, wird dadurch das wahre Wunder zur Entfaltung gebracht... Das Bewusstsein genießt seine eigene Kreation und stellt fest: Es fehlt nichts! Völlig unabhängig von sämtlichen Um-

ständen muss keiner Erfahrung jemals etwas hinzugefügt werden, damit sie als makellos bezeichnet werden darf.
Die Vollkommenheit ist da, hier und jetzt!

Die Suche nach beständigem Glück in der "Außenwelt", d. h. bspw. in Objekten, bestimmten Ereignissen, zwischenmenschlichen Beziehungen usw., entlarvt sich als der größte Beitrag zum Drama des menschlichen Seins. Die Unkenntnis der Tatsache, dass Glückseligkeit dem Bewusstsein selbst innewohnt, dass Frieden seiner Natur inhärent ist, kann im Grunde als Garant für das Unglück begriffen werden. Nichts vermag so zuverlässig das Leid des Menschen aufrechtzuerhalten wie seine Suche nach Glück in flüchtigen Erscheinungen.
Rupert Spira erläutert das nachvollziehbar:
„Die eigene Identität und Sicherheit in etwas zu investieren, das erscheint, sich verändert und verschwindet, ist die Ursache des Unglücks. Alles ist unsicher. Nichts Objektives ist von Dauer. Wir sollten alle erwachsen werden und uns dieser Tatsache ehrlich und mutig stellen. Wenn wir unser Glück, unsere Sicherheit und unsere Identität in etwas Objektives investieren – das heißt in eine Beziehung, eine Tätigkeit, unsere Intelligenz, unsere Gesundheit, unseren Reichtum usw. – dann ist das ein Rezept für Elend.
Was ist also das Heilmittel für diese existenzielle Unsicherheit? Es gibt ein Heilmittel. Es kann nur darin bestehen, herauszufinden, ob es etwas Sicheres in unserem Leben gibt. Das Heilmittel besteht darin, in sich selbst zu entdecken, was wirklich sicher ist. Denn wenn Sie Ihren Seelenfrieden in irgendetwas investieren wollen, dann in etwas, das sicher, vertrauenswürdig und zuverlässig ist – etwas, das Sie nie verlassen hat, das sich nie verändert hat, das nie von Ihnen getrennt wurde.
Wenn Sie Sicherheit wollen, investieren Sie sie in etwas, das sicher ist. Was ist nun in Ihrer Erfahrung sicher? Was hat Sie nie im Stich gelassen? Was ist nie von Ihnen getrennt worden? Was hat sich nie verändert? Was hat sich nie bewegt? Was ist nie verschwunden? Was hat

Sie nie verurteilt? Was ist in Ihrer Erfahrung sicher? (Antwort: „Ich.")
Perfekt! Ich, Bewusstsein. Investieren Sie Ihre Identität und Sicherheit
allein in das. Ihre Identität, Ihre Sicherheit und Ihren Wunsch nach Glück
in etwas anderes als das zu investieren, ist ein Rezept für Unglück.
Unsere Sicherheit in etwas zu investieren, das unsicher ist, ist Wahnsinn – und Leiden ist das Ergebnis. Das ist eine unausweichliche Tatsache, eine Tatsache, die viele Menschen nicht wahrhaben wollen, weil sie
glauben, dass sie zu schmerzhaft sei. In Wirklichkeit ist das Gegenteil
der Fall. Es ist das Tor zum wahren Glück."

Wenn wir das "innere" Glücksempfinden, dessen Auslöser ein "äußeres" Ereignis zu sein scheint, zu seiner Quelle zurückverfolgen, dann
wird offensichtlich, dass es niemals von außen in uns eingepflanzt werden kann, sondern unterhalb der Oberfläche immer vorhanden ist und
nur vorübergehend durch illusionäre Strukturen verschleiert wird.
Glück ist dem Bewusstsein innewohnend. Glück ist das, was wir sind.
Suche nicht nach Glück. Nichts und niemand kann dich jemals glücklich
machen. Glück ist immer da. Du bist immer da. Du selbst bist das Glück!
Du bist, was Sat genannt wird. Ebenso bist du Chit und Ananda. Du bist
Sein-Bewusstsein-Glückseligkeit! Es sind drei verschiedene Begrifflich-
keiten für ein und dieselbe Realität, drei unterschiedliche Namen für
das, was du bist.

„Frieden, Glück und Liebe sind innerhalb unseres eigenen Seins immer
präsent und vollständig verfügbar in jedem Moment der Erfahrung,
unter allen Umständen. Das ist die wichtigste Entdeckung, die jeder
machen kann." (Rupert Spira)

„Wer glaubt,
dass nur Sonnenschein Glück bringt,
hat noch nie im Regen getanzt."
(Fred Astaire)

Kapitel 7

ES IST UNMÖGLICH, BEWUSSTLOS ZU SEIN

Immer wieder werden innerhalb des allgemeinen Sprachgebrauchs Aussagen wie diese getroffen: „Er/sie hat sein/ihr Bewusstsein verloren." „Er/sie ist bewusstlos."
Die Verwendung derartiger Ausdrücke demonstriert bereits eine fundamentale Unkenntnis in Bezug auf unsere essentielle Natur. Wir haben kein Bewusstsein, wir sind Bewusstsein.
Wir können verlieren, was wir haben bzw. zu haben scheinen, aber wie können wir das verlieren, was wir sind? Wie könnten wir von unserem Selbst getrennt werden? Es ist offensichtlich völlig unmöglich.

Trotzdem ist jener Irrglaube tief in uns verankert, welcher davon ausgeht, dass wir unser Bewusstsein verlieren und bewusstlos werden können – obwohl in der gesamten Geschichte der Menschheit niemals jemand einen auf Erfahrung basierenden Beweis dafür geliefert hat, dass das Bewusstsein kommt und geht. Niemand hat jemals die Geburt und den Tod seiner selbst erfahren, was natürlich ohnehin absolut ausgeschlossen ist, da Bewusstsein bereits präsent sein müsste, um festzustellen, „Ich bin soeben entstanden" und ebenfalls noch anwesend sein müsste, um zu bezeugen: „Ich bin soeben verschwunden."

Davon abgesehen, dass fehlende Erinnerungen niemals als ausreichender Beweis für fehlendes Bewusstsein gelten können (zumal wir nachweislich in vielen Situationen bewusst waren, an die wir uns überhaupt nicht erinnern können), kann man zu der zweifelsfreien Erkenntnis gelangen, dass es schlicht und ergreifend unmöglich ist, bewusstlos zu sein. ...

Das Bewusstsein ist mehr als sein Inhalt

Dass bei der Interpretation verschiedener körperlicher Zustände wie z. B. einer Vollnarkose oder einem Kreislaufkollaps sehr häufig Bewusstlosigkeit geschlussfolgert wird, lässt sich darauf zurückführen, dass wir nicht genügend zwischen dem Bewusstsein und den Wahrnehmungen differenzieren, d. h. wir setzen das Bewusstsein mit seinen Wahrnehmungen gleich und vergessen folglich, dass es vollkommen unabhängig von diesen ist. Sicher ist hier eine zusätzliche Erläuterung anhand der schon zuvor verwendeten Analogie hilfreich: Das Bewusstsein ist wie eine Leinwand und die Wahrnehmungen sind wie Bilder, die auf der Leinwand erscheinen. Ohne die Leinwand gibt es keine Bilder, aber die Leinwand ist selbstverständlich nicht auf Bilder angewiesen. Ohne Bewusstsein kann es keine Wahrnehmungen geben, aber auch ohne jede Wahrnehmung ist Bewusstsein präsent.

Wenn das Bewusstsein sich mit seinem eigenen Inhalt identifiziert, dann interpretiert es die Abwesenheit des Inhalts als seine eigene Abwesenheit. Es glaubt, selbst das zu sein, was sich zwischenzeitlich aufgelöst hatte und schließlich wieder zurückgekehrt ist. Beim Inhalt des Bewusstseins handelt es sich natürlich um Gedanken, Gefühle, körperliche Empfindungen, Sinneswahrnehmungen usw. Da diese während der vermeintlichen Bewusstlosigkeit allesamt unauffindbar sind und weil die meisten Menschen in der Regel ihr Identitätsgefühl allein aus ihnen beziehen, glauben sie, dass auch das, was sie selbst sind, derweil vorübergehend nicht existiert hat. Dies beruht darauf, dass die Leinwand vergessen hat, dass sie mehr ist als die Summe aller Bilder, die auf ihr erscheinen.

Wir lassen also bedeutende Tatsachen außer Acht, wenn wir von einem Verlust des Bewusstseins sprechen. Was wir dementsprechend benennen, ist beispielsweise der Tiefschlaf. Rupert Spira hat es absolut perfekt auf den Punkt gebracht: „Der Tiefschlaf ist nicht die Abwesenheit des Bewusstseins, sondern das Bewusstsein der Abwesenheit."

Tatsächlich erweist sich der Tiefschlaf unter genauerer Überprüfung als reines Bewusstsein. Im traumlosen Zustand ist das Bewusstsein weiterhin präsent, auch wenn man sich später nicht mehr daran erinnern kann. Woran sollte man sich auch erinnern? Es gab dort nichts (no-thing), keine spezifischen Wahrnehmungen, keine Objekte, nur reine Präsenz. Dieser Zustand ist frei von Gedanken, körperlichen Empfindungen, zeitlos und unpersönlich. Es herrscht Frieden. Deshalb wird der Tiefschlaf als erholsam empfunden. Hin und wieder wirkt es sich offenbar befreiend aus, wenn alle Projektionen wieder zurückgezogen werden.

An bestimmte Wahrnehmungen kann man sich später ggf. erinnern, aber wenn keinerlei Wahrnehmungen im Bewusstsein auftauchen, kann das Gedächtnis auf nichts Spezifisches zurückgreifen. Erinnerungen gelten immer nur für den Inhalt des Bewusstseins, für Objekte der Wahrnehmung. Reines Bewusstsein selbst kann nicht erinnert werden, weil es keine objektiven Eigenschaften hat.

Da der menschliche Verstand durch seine ausschließlich auf objektive Erfahrungen ausgerichtete Konditionierung mit der absoluten Leere nichts anfangen kann, entwickelt er eine Theorie, durch die er seine eigene Quelle verleugnet. All dies dient dem verzweifelten Versuch, einen Zustand im Nachhinein zu erfassen, den der Verstand konzeptuell nicht einordnen kann, weil er selbst währenddessen abwesend war.

Es gibt durchaus einen Nachklang der objektlosen Erfahrung des Tiefschlafs und das intuitive Wissen darum, dass wir auch im traumlosen Schlaf gleichmäßig gegenwärtig sind.

Wir wissen im tiefsten Innern, dass das, was wir essentiell sind, nicht verschwinden und wieder auftauchen kann, sondern das Substrat von allem (every-thing) ist, das verschwindet und ggf. wieder auftaucht.

Haben wir abends, wenn wir zu Bett gehen, Angst davor, in einen tiefen Schlaf zu fallen? Nein, im Gegenteil. Menschen beklagen sich nur dann darüber, schlecht geschlafen zu haben, wenn sie z. B. Albträume hatten oder falls sich ihr Schlaf irgendwie unruhig gestaltete. Wenn der Ver-

stand überaktiv ist, kann er uns durch die sinnlose Wiederholung belas-
tender Gedanken den Schlaf rauben. Das hat mit Tiefschlaf nichts zu
tun. Tatsächlich bezieht sich ein unbefriedigender Schlaf stets auf die
scheinbare Abwesenheit des Tiefschlafs.

Mit den bisherigen Ausführungen möchte der Autor jedoch nicht darauf
hinaus, dass der Tiefschlaf ein auf Dauer erstrebenswerter Zustand ist.
Es gibt keinen endgültigen Tiefschlaf. Irgendwann erscheinen wieder
Wahrnehmungen. Zwangsläufig wechseln sich die Zustände ab.

Gelegentlich bleibt die Leinwand leer, bis wieder neue Bilder in Erscheinung treten. Die Möglichkeiten der Wahrnehmungen sind von grenzenloser Vielfalt. Daher ist die leere Leinwand das Meer aller Möglichkeiten!
Doch keines der Bilder bleibt auf ewig erhalten. Einzig die Leinwand,
also das Bewusstsein selbst, ist ewig und unveränderlich. In den Worten
der spirituellen Lehrerin Ganga Mira: „Tempel und Kirchen werden zerstört, Götter und Religionen werden aufsteigen und fallen, Gurus werden wechseln, dein Name wird in Vergessenheit geraten, dein Körper
wird sterben, aber wer du wirklich bist, bleibt immer unverändert."

Wenn man den Tiefschlaf als die Abwesenheit aller Bilder betrachtet –
also als die völlig leere Leinwand –, so ist es noch nicht einmal folgerichtig, ihn als Zustand aufzufassen. Tatsächlich ist es der Tiefschlaf,
der als Grundlage aller Zustände dient und ununterbrochen präsent ist.
Es ist der Tiefschlaf, der die Form des sogenannten Traum- und Wach-
zustands annimmt – so wie sich die leere Leinwand für Bilder aller Art
zur Verfügung stellt.

Es gibt interessante Parallelen zwischen dem Tiefschlaf und Meditation.
Beide Verfassungen des Bewusstseins sind gewissermaßen neutral, weil
keine Objekte gegenwärtig sind. Sowohl in tiefer Meditation als auch im
tiefen, traumlosen Schlaf verweilen wir einfach als das, was wir unserer
Essenz nach sind, jenseits der Persönlichkeit. Die größte Befreiung besteht darin, dass alle Aktivitäten des Verstandes ruhen.

Meditation ist keine Handlung

„Die ultimative Meditation ist völlig mühelos. Sie ist die einzige Erfahrung, die keine Anstrengung erfordert. Selbst ein harmloser Gedanke, ein Gefühl oder eine Empfindung erfordert mehr Energie, als einfach nur zu sein. Deshalb sagte Ashtavakra: 'Das Erwachen gehört dem höchst faulen Menschen, für den selbst das Blinzeln zu viel Mühe ist.'", erklärte Rupert Spira bei einem Vortrag mit einem Schmunzeln auf den Lippen. Dabei muss ich an ein Video denken, in dem der spirituelle Lehrer Robert Adams minutenlang nicht blinzelt.

Während das unpersönliche Gewahrsein ununterbrochen da ist, taucht die Person nur hin und wieder darin auf, und zwar wenn wir zu träumen beginnen oder aus dem Schlaf 'erwachen'. Im Grunde verschwindet die Persönlichkeit jedes Mal vollständig, sobald wir mit dem Denken aufhören. Insofern ist die Person nicht der Handelnde, sondern in gewisser Weise selbst eine Handlung, eine Aktivität des göttlichen Geistes. Wenn man die Begriffe Tiefschlaf und Meditation einfach als Synonyme für reines Bewusstsein versteht, lässt sich auch folgende Aussage von Rupert Spira problemlos nachvollziehen: „Aus dem Blickwinkel der Ignoranz ist die Person das, was wir sind, und Meditation ist etwas, was wir tun. Aus dem Blickwinkel des Verstehens ist Meditation das, was wir sind, und die Person etwas, was wir tun. Meditation ist nicht etwas, was wir tun. Ob wir es wissen oder nicht, Meditation ist, was wir sind."

Jetzt und das Phänomen der Zeit

„Die Zeit ist eine Illusion." – Albert Einstein

Es gibt ein weiteres brauchbares Synonym für Gewahrsein: Jetzt. Das Jetzt ist nicht nur das, was jetzt geschieht, sondern vor allem der

Raum, in dem es geschieht. Das wird häufig verwechselt und allein daraus resultieren die Missverständnisse. Es gibt nur das ewige Jetzt, was eigentlich nur eine andere Bezeichnung für das reine Bewusstsein ist: Das Bewusstsein ist das Jetzt. Du bist das Jetzt! Es ist die Leinwand, nicht nur die Bilder, die gerade erscheinen. Das Jetzt ist unendlich viel mehr als alles, was es je enthalten könnte – ebenso wie das Bewusstsein unendlich viel größer ist als sein Inhalt (Gedanken, Gefühle, körperliche Empfindungen, Wahrnehmungen etc.). Das Jetzt ist also kein Moment, der innerhalb der Zeit stattfindet, sondern die Erscheinung von Zeit findet im Jetzt statt. Ewigkeit ist nicht endlose Zeit, sondern die Abwesenheit von Zeit.

Zeit und Gedanken bedingen einander, sie gehen Hand in Hand. Damit Gedanken stattfinden können, wird Zeit benötigt. Und Zeit selbst (als psychologisches Konzept) ist das Produkt von Gedanken. Wenn Gedanken abwesend sind, gibt es keine Zeit. Die Zeit könnte man definieren als die Distanz zwischen zwei Ereignissen oder Gedanken. Diese Welt und der Körper sind der Zeit unterworfen, damit die Formen nicht ewig währen und das Bewusstsein früher oder später zwangsläufig wieder seine natürliche Verfassung annimmt. Oder in den Worten von 'Old Shatterhand', gerichtet an seinen Blutsbruder Winnetou, als der Indianerhäuptling seine geistige Heimkehr vorausahnt: „Sterben *müssen* wir alle einmal, *damit* sich unsere Seelen im Jenseits wiederfinden." Gäbe es nicht die Erscheinung der Zeit, dann würden wir nicht altern und wären für immer auf diese grobstofflichen Körper begrenzt. Ein langes körperliches Dasein ist zwar nicht unbedingt erstrebenswert, aber dennoch sei erwähnt: Ich bin davon überzeugt, dass wir schneller altern, wenn wir uns ständig gedanklich daran erinnern, seit wie vielen Jahren wir auf der Welt sind. Wer sich keine Gedanken um sein körperliches Alter macht, lebt mit weniger Sorgen und altert langsamer. Sobald du aufhörst, zu denken, verweilst du als zeitloses Bewusstsein. Aus diesem Grund gibt es im Tiefschlaf und in der Meditation kein Zeitgefühl. Und deshalb hat Ramana Maharshi gesagt, dass wir aus der Zeit und damit aus dem Karma heraustreten, sobald wir als bewusste Präsenz verweilen. Dann spielt die Vergangenheit keine Rolle und kann uns nicht mehr einschränken. Die persönliche Geschichte kann belastend sein (für den Verstand), aber im Jetzt hat sie keine Existenz und somit keine wirkliche Bewandtnis. Nichts, was je geschehen ist, kann uns beeinträchtigen, sobald wir zum Zeitlosen zurückkehren, das wir essenziell sind. Karma betrifft immer nur den Körper und das scheinbare Individuum, nicht das Bewusstsein. Letzteres wird von Ursache und Wirkung nicht berührt, weil es jenseits von Zeit und Raum ist.

Das hat schon der große Weise Shankara thematisiert:

„Der Unwissende meint, alle Dinge unterscheiden sich vom Selbst. Wenn man aber in allen Dingen das Selbst erkennt, unterscheidet sich nicht einmal ein Atom mehr vom Selbst. Sobald wir in der Wirklichkeit leben, können sich unsere ehemaligen Taten, die in der Unwirklichkeit des Körpers wurzeln, nicht mehr auswirken, ebenso wie man nach dem Erwachen nicht mehr träumen kann."

Im Jetzt gibt es kein Ego. Ohne die Zeit kann es nicht überleben.

"Die Zeit ist eine Illusion" und "Es gibt keine Zeit" – das sind Schlussfolgerungen aus der Perspektive des absoluten Bewusstseins. Die Leinwand schaut auf die sich verändernden Bilder und sagt zu Recht: „Damit habe ich nichts zu tun. Zeit geht mich nichts an. Die Bilder mögen sich gegenseitig erzählen, wie real und wertvoll die Zeit doch ist, aber ich habe den besseren Überblick. Ich kenne nur das ewige Jetzt."

„Zeit ist überhaupt nicht kostbar, denn sie ist eine Illusion.
Was dir so kostbar erscheint, ist nicht die Zeit, sondern
der einzige Punkt, der außerhalb der Zeit liegt: das Jetzt.
Das allerdings ist kostbar. Je mehr du dich auf die
Zeit konzentrierst, auf Vergangenheit und Zukunft,
desto mehr verpasst du das Jetzt,
das Kostbarste, was es gibt."
(Eckhart Tolle)

Nur Formen können sich auflösen

"Bewusstlos" ist ein Wort, das nur im erkenntnislosen Zustand ausgesprochen werden kann. Wir sind immer bewusst. Das Bewusstsein kann gar nicht anders, als durchgehend bewusst zu sein. Dies ist seine inhärente Natur. Ohnehin stellt sich die Frage: Wohin sollte das Bewusstsein entschwinden? Wenn sich eine Form aufgelöst hat, dann sagen wir, sie sei nicht mehr da. Tatsächlich ist sie aber nur in ihren formlosen Ursprungszustand zurückgekehrt.

Materie gilt als maximal zerstört, wenn sie pulverisiert wurde. Das heißt doch, sie verliert lediglich ihre Form und wird formlos. Reines Bewusstsein kann sich nicht auflösen. Denn es ist schon formlos und damit unzerstörbar.

Die Freiheit liegt jenseits des Persönlichen

Vor einigen Jahren führte ich ein Gespräch mit einer jungen Frau, die mir von einer vergangenen Erfahrung berichtete. Sie wählte folgende Worte: „Ich hatte einen Kreislaufzusammenbruch und wurde ohnmächtig (neben 'besinnungslos' ein alternativer Begriff). Ich habe währenddessen einfach nicht mehr existiert. Das war eigentlich sehr schön!" Welch eine erstaunliche Aussage! Zunächst einmal scheint es sich um einen Widerspruch zu handeln: Wenn sie währenddessen nicht existiert hat, wie kann sie dann die Schlussfolgerung ziehen, dass der Zustand angenehm war? Um ihn derart zu empfinden, muss man per Definition bewusst sein, denn sämtliche Empfindungen setzen Bewusstsein voraus. Außerdem ist es sicher lohnenswert, insbesondere die Aussage „Ich habe einfach nicht mehr existiert" zu hinterfragen. Welches "Ich" ist es denn, das während der Ohnmacht nicht existent ist? Es ist selbstverständlich das, worauf wir in der Regel verweisen, wenn wir das Wort "Ich" aussprechen: unsere Persönlichkeit. Diese war also offenbar vorübergehend erloschen. Es gab keine Gedanken, die sich mit der persönlichen Vergangenheit und Zukunft beschäftigten („Ich und meine Geschichte"). Mit dem Verschwinden der persönlichen Geschichte wurde auch den Sorgen und Problemen des Alltags, die bekanntlich stets damit einhergehen, die alleinige Grundlage entzogen.

Daher auch die Feststellung: „Das war sehr schön!"

Das Bewusstsein löste sich (wie im Tiefschlaf) von jeglicher Identifikation und verweilte in seinem unmanifestierten Zustand – und dieser ist zutiefst friedvoll. Denn wahre Freiheit liegt jenseits des Persönlichen.

„Jede Nacht im Schlaf nimmt Gott all deine Sorgen weg,
um dir zu zeigen, dass du kein sterbliches Wesen bist.
Wovor hast du Angst?
Du bist ein unsterbliches Wesen.
Du bist weder ein Mann noch eine Frau,
wie du vielleicht denkst, sondern
eine Seele – freudig, ewig."

Paramahansa Yogananda

Kapitel 8

DU BIST NICHT DEINE PERSÖNLICHKEIT

„Es gibt keine persönlichen Probleme.
Die Person ist das Problem."
(Mooji)

„So etwas wie eine selbstverwirklichte Person gibt es nicht.
Wenn es keine Person gibt, ist das Selbst verwirklicht."
(Papaji)

„Ich hatte oft eine Art von wandelnder Trance, schon als Junge, wenn ich ganz allein war. Diese ist oft über mich gekommen, indem ich meinen eigenen Namen im Stillen wiederholte, bis auf einmal, gleichsam aus der Intensität des Bewusstseins der Individualität heraus, die Individualität selbst sich aufzulösen und in grenzenloses Sein überzugehen schien; und dies ist kein verworrener Zustand, sondern der klarste der klarsten, der sicherste der sichersten, völlig jenseits von Worten. Hier ist der Tod eine fast lächerliche Unmöglichkeit und der Verlust der Persönlichkeit keine Auslöschung, sondern das einzig wahre Leben. Ich schäme mich für meine schwache Beschreibung. Habe ich nicht gesagt, dass der Zustand völlig jenseits aller Worte ist?"
(Alfred Tennyson)

Die meisten Menschen identifizieren sich mit ihrer Persönlichkeit. Der häufige Gebrauch der Ausdrucksweise „Ich persönlich..." bestätigt das. Der Begriff "persönlich" hat im Grunde dieselbe Bedeutung wie "personenbezogen", ist also stets auf ein Individuum beschränkt und schließt die sogenannten anderen aus. Die Persönlichkeit leitet sich von der Person ab, die wir zu sein glauben, sobald wir der wahren Natur der Erfahrung Konzepte überstülpen. Die körperliche Erscheinung ist das offensichtlichste Erkennungsmerkmal einer bestimmten Person. So können wir beispielsweise schon auf den ersten Blick Michael Jackson und Luciano Pavarotti mit Leichtigkeit voneinander unterscheiden (mein Humor verlangte, dieses Beispiel zu wählen). Betrachten wir die Persönlichkeit eines Menschen, so definieren wir diese mitunter auch über Merkmale, die nicht physisch erfassbar sind.

Die Persönlichkeit ist nicht essenziell

Es handelt sich um eine auf Erfahrung basierende Erkenntnis: Nicht nur der Körper, sondern auch die Persönlichkeit eines Menschen erweist sich als äußerst unbeständig. Sie wird von bestimmten Ereignissen geprägt, woraufhin ihr zum Zwecke der Anpassung neue Eigenschaften hinzugefügt oder alte, nicht mehr brauchbare entnommen werden. Gehirnverletzungen und Erkrankungen können zu schwerwiegenden Persönlichkeitsveränderungen führen, sodass die entsprechende Person fortan sogar für ihre nächsten Verwandten und engsten Freunde kaum wiederzuerkennen ist. Aus derartigen Beobachtungen wird gelegentlich die Schlussfolgerung abgeleitet, dass der Zustand des Gehirns das Bewusstsein beeinflusst. Einer genaueren Untersuchung hält diese Hypothese jedoch keineswegs stand. Nicht das Bewusstsein selbst ist von neurophysiologischen Umständen abhängig, sondern (teilweise) der Inhalt des Bewusstseins: Gedanken, Gefühle, körperliche Empfindungen, visuelle Wahrnehmungen etc.

Die Demenz kann als veranschaulichendes Beispiel dafür dienen, dass ein erkranktes Gehirn die Gedankenaktivität und folglich das Erinnerungsvermögen erheblich beeinträchtigen kann. Auch unser Gefühlsempfinden und die emotionalen Aspekte des Menschen können auffälligen Veränderungen unterliegen, wenn das Gehirn nicht mehr uneingeschränkt funktioniert. Selbiges gilt für die bereits genannten physischen Empfindungen, denn körperliche Lähmungserscheinungen können ebenfalls mit einem nicht mehr einwandfrei funktionsfähigen Gehirn einhergehen. Ein Beispiel für die oben aufgeführten visuellen Wahrnehmungen: Störungen im Sehzentrum des Gehirns, das im Hinterkopf lokalisiert ist, können zur Erblindung führen, auch wenn die Augen gesund sind. Das Gehirn spielt offenkundig eine Rolle im Hinblick auf die Sinneswahrnehmungen, wenn auch eine vorübergehende.

Gedanken, Gefühle, Wahrnehmungen... All das zählt zum Inhalt. Es sind die vielfältigen Bilder auf der unendlichen Leinwand des reinen Gewahrseins, das wir sind. Vollkommen unabhängig davon, was mit dem Gehirn geschieht: Das Bewusstsein ist unantastbar. Es bleibt ausnahms- und bedingungslos präsent und absolut rein.

Da unser Gehirn gewissermaßen als Vermittler und Empfänger fungiert, kann sich seine Verfassung – solange eine Verbindung zwischen Körper und Geist besteht – durchaus auf den Bewusstseinsinhalt auswirken, obwohl oft auch dieser davon unberührt bleibt... Es gibt (wie schon in einem früheren Kapitel thematisiert) Fälle der operativen Entnahme einer Hirnhälfte (Hemisphärektomie) ohne erkennbaren Einfluss auf die Persönlichkeit. Wir erinnern uns außerdem an den erwähnten Fall eines hochintelligenten Mannes mit nur 5 % Gehirnmasse (Hydrocephalus). Es soll übrigens sogar Fälle von auf den ersten Blick 'normalen' Menschen geben, in denen das Gehirn vollständig fehlt. Die Anwesenheit einer Persönlichkeit in Abwesenheit eines Gehirns zeigt: Die individuellen Merkmale einer Person gehen zumindest teilweise über den Körper hinaus. Dennoch ist unsere Persönlichkeit offensichtlich phänomenaler Natur, gehört also der Welt der sich ständig wandelnden Erscheinungen an.

Weil das eine Bewusstsein durch viele verschiedene Gehirne gefiltert wird, entstehen zahlreiche unterschiedliche Ausdrucksformen derselben zugrunde liegenden Wirklichkeit. Es soll damit nicht zwangsläufig postuliert werden, dass die menschliche Persönlichkeit ausschließlich auf ein Produkt des Gehirns und seiner Umwelt reduziert werden darf. Es deutet vieles darauf hin, dass sie (in gewissem Maße) schon existiert hat, bevor der Körper geboren wurde und auch dessen Tod unbeschadet übersteht – was auf das reine Bewusstsein ohnehin zutrifft, da es ohne Anfang und Ende ist. Die Individualität und Persönlichkeit müssen hingegen irgendwann entstanden sein.

Angesichts der Erkenntnisse, die sich aus spirituellen Phänomenen wie Nahtoderfahrungen, Nachtodkontakten, Mediumismus usw. ableiten lassen, kann man nicht bestreiten, dass die Individualität den Tod des Körpers überlebt. Das Bewusstsein kann sie durch Identifikation aufrechterhalten. Die Bilder auf der Leinwand des Gewahrseins verschwinden somit im Tod nicht vollständig und endgültig, sondern stellen sich nun einfach verhältnismäßig subtil und lichtdurchlässig dar. Ob wir es mit grob- oder feinstofflichen Erscheinungen zu tun haben, ist letztlich nicht von Bedeutung. Bei beiden handelt es sich essenziell um nichts anderes als Manifestationen desselben Bewusstseins.

Analogie:

Zeichne mit einem Bleistift ein Strichmännchen auf ein Blatt Papier. Dann nehme ein Radiergummi zur Hand und benutze es. Selten gelingt es, eine Bleistiftzeichnung durch den Gebrauch eines Radiergummis so vollständig zu entfernen, dass sie absolut nicht mehr zu sehen ist. Die Linien, die zuvor das Männchen definierten, sollten also immer noch sichtbar sein. Sie sind nun lediglich subtiler und treten weniger stark hervor. Das Weiß des Papiers, das sämtlichen potenziellen Zeichnungen zugrunde liegt, steht hier analogisch für das reine Bewusstsein. Das gezeichnete Strichmännchen ist unsere vorübergehende Erscheinungsform, der Körper. Der Einsatz des Radiergummis symbolisiert die Auflösung des Körpers im Sterbeprozess. Nachdem der Tod die scheinbare

Solidität des Körpers ausradiert hat, ist jene Form nicht vollkommen ausgelöscht. Es ist nicht auszuschließen, dass die Striche des Strichmännchens früher oder später wieder deutlicher hervortreten und dass es somit zu einer weiteren Materialisation kommt. Das mag auf die Reinkarnation verweisen. Niemals jedoch sollte die Essenz in Vergessenheit geraten: Wie ein Mensch im Laufe seines Lebens in viele verschiedene Fortbewegungsmittel einsteigt – darunter Autos, Busse, Züge, Flugzeuge –, und doch niemals etwas anderes ist als Bewusstsein (welches selbst unbewegt bleibt), so kann auch das sogenannte Geistwesen theoretisch immer wieder inkarnieren und artübergreifend einen Körper nach dem anderen bewohnen, ohne jemals etwas anderes zu sein als reines Gewahrsein.

Wasser existiert in unterschiedlichen Aggregatzuständen. Als Eis ist es fest, greifbar und damit auch begrenzt. Wie Wasser zu Eis erstarren kann, so kann Bewusstsein zu einem physischen Körper "erstarren". Wasser ist weder fest noch vollkommen formlos – ebenso wie ein 'Geistwesen' bzw. eine individuelle Seele. Wasserdampf, also Wasser in seinem gasförmigen Zustand, ist formlos, immateriell und damit potenziell grenzenlos – wie das Bewusstsein, bevor es eine Form angenommen hat. Es handelt sich immer um dieselbe Grundsubstanz, die nur in unterschiedlichen Zuständen existiert.

Du bist mehr als ein Individuum!

Was die meisten Menschen zu sein glauben, erscheint und vergeht in dem, was sie wirklich sind. Weder der grobstoffliche noch der feinstoffliche Körper ist unser wahres Selbst (eine beständige Identität), sondern die bewusste, formlose Präsenz. Diese ist das alleinige Substrat aller Erfahrungen und deren essenzielle Substanz.

Auf der Oberfläche erscheinen wir als physische Wesen. Wenn wir tiefer blicken, entspricht das nicht mehr der Wahrheit. Dort erscheinen wir als geistige Wesen. Aber solange wir von Wesen sprechen, halten wir uns immer noch auf einer dualistischen Betrachtungsebene auf. Wenn wir noch tiefer in die Natur der Erfahrung eintauchen, ist auch die Annahme, ein Geistwesen zu sein, nicht mehr haltbar. In der tiefsten Tiefe sind wir reines Gewahrsein. Shankara hat es so ausgedrückt:

„Der Narr sagt: Ich bin der Körper. Der verständige Mensch sagt: Ich bin eine individuelle Seele, vereinigt mit dem Körper. Der weise Mensch aber sieht in der Größe seiner spirituellen Erkenntnis das Selbst als die einzige Wirklichkeit und er sagt: Ich bin Brahman."

(Brahman = Alles; das Absolute/Göttliche; Urgrund des Seins)

Von allen großen Wissenschaftlern kam der österreichische Nobelpreisträger Erwin Schrödinger, einer der Väter der Quantenphysik, der Erkenntnis der Non-Dualität wohl am nächsten:

„Das Bewusstsein ist ein Singular. Was eine Mehrzahl zu sein scheint, ist nur eine durch Täuschung (die indische Maya) entstandene Vielfalt von verschiedenen Erscheinungsformen dieses Einen. Die gleiche Illusion entsteht in einer Spiegelgalerie."

Ebenso schrieb er:

„Es klingt gotteslästerlich und wahnsinnig, wenn man sich der christlichen Ausdrucksweise bedient und erklärt: „Also bin ich der Liebe Gott." Setzen wir uns aber für den Augenblick darüber hinweg … An sich ist die Einsicht nicht neu. Die frühesten Aufzeichnungen datieren meines Wissens mindestens zweitausendfünfhundert Jahre zurück. Seit den frühen großen Upanishaden betrachtet die indische Philosophie die Gleichsetzung Atman = Brahman (das persönliche Selbst ist dem allgegenwärtigen, allesumfassenden, ewigen Selbst gleich) keineswegs als Gotteslästerung, sondern ganz im Gegenteil als die tiefste Einsicht. Auch die Mystiker vieler Jahrhunderte haben unabhängig voneinander und doch in vollkommener Harmonie die einzigartige Erfahrung ihres Lebens in Worten beschrieben, die sich zu dem Satz verdichten lassen: ,Ich bin Gott.' Dem westlichen Denken ist diese Vorstellung fremd geblieben, trotz Schopenhauer und anderen, welche sie vertraten, und trotz aller wahrhaft Liebenden, die beim Anblick des geliebten Wesens gewahr werden, dass Denken und Freuen ihnen gemeinsam und nicht nur ähnlich oder gleichartig sind."

Auch der Wissenschaftler David Bohm – einer der bedeutendsten Physiker des 20. Jahrhunderts (und ein enger Freund von J. Krishnamurti, dem wir uns im 10. Kapitel widmen werden) – hielt sich dahingehend nicht zurück:

„Tief im Inneren ist das Bewusstsein der Menschheit eins. Das ist eine Gewissheit; und wenn wir das nicht sehen, dann deshalb, weil wir uns selbst dafür blind machen.

Das Denken erschafft Spaltungen aus sich selbst heraus und sagt dann, dass sie von Natur aus da sind.

Die Vorstellung, dass wir alle getrennt existierende Fragmente sind, ist offensichtlich eine Illusion, und diese Illusion kann nur zu endlosen Konflikten und Verwirrung führen."

Mehr als nur verbunden

Menschen, die über den Aberglauben des Materialismus hinausgelangt sind, wechseln in ihrem Selbstbild häufig von "Ich bin der Körper" zu "Ich bin ein Geistwesen / eine Seele". Man kann allerdings über die Individualität ganz und gar hinausgehen und erkennen, dass wir weder die physische noch die nicht-physische Form sind, sondern das Formlose, das beiden zugrunde liegt. Nur so wird jegliche Trennung transzendiert. Als Körper scheinen wir voneinander getrennt zu sein. Auch zwischen "Seele A" und "Seele B" gibt es offensichtlich noch eine Unterscheidung und damit eine Trennung. Mittlerweile verbreiten sich jene Lehren, welche betonen, dass wir alle miteinander verbunden sind. Aber nur, was voneinander getrennt und noch nicht eins ist, kann miteinander verbunden sein. In der tiefsten Tiefe sind wir mehr als nur verbunden: absolut eins. "Wir" sind ein und dasselbe Bewusstsein!

Das Gewahrsein kann geistige Formen annehmen und so als individuelle "Seelen" erscheinen und es kann physische Formen annehmen und so als eine Vielzahl von Körpern erscheinen.

Der Mechanismus, der dies ermöglicht, ist eine Selbstkontraktion.

Immer, wenn wir uns als Körper oder Seele erfahren, hat das Bewusstsein sich selbst in seine eigene Erfahrung hineinprojiziert. Das ist die Geburt der Individualität. Es hat eine Welt ins Dasein geträumt und nimmt nun die Perspektive eines Individuums in dieser Welt ein, um die Welt vielseitig und detailliert zu erfahren (um sich selbst und sein ureigenes Potential auszuleben). Diese Welt kann eine geistige ("Jenseits") oder eine physische ("Diesseits") sein. Das Bewusstsein komprimiert sozusagen, um seine Kreativität auszukosten und sich in grenzenloser Vielfalt als Teil seiner selbst zu erfahren. Damit geht einher, dass es sich vorübergehend als das Ganze, das es eigentlich ist, vergisst. Es opfert seine universelle Souveränität für die Manifestation.

Die individuelle 'Essenz', von der in den NTE die Rede ist, entsteht in der universellen Essenz (dem reinen Bewusstsein). Die individuelle Seele existiert also durchaus, sie ist nur nicht mit unserem wahren Selbst gleichzusetzen.

Alle Betrachtungsebenen sind völlig legitim, aber solange wir nur die Ebene der Dualität und nicht die wahre Tiefe der Spiritualität kennen, sind wir offensichtlich noch nicht bereit, die völlige Einheit zu verwirklichen. Erst wenn wir erkennen, dass es letztendlich nur Bewusstsein geben kann und dass ausnahmslos alles und jeder dieses Bewusstsein ist, dann ist jegliche Unterscheidung konsequent überwunden. Daher halte ich es für ungemein wichtig, immer wieder darauf hinzuweisen.

Dieses Gewahrsein bringt sich parallel in zahlreichen Formen zum Ausdruck, womit die Zeit als Illusion entlarvt wird. Wie ein nahtoderfahrener Mann sagte: „Ich war mir der Menschen bewusst, die in verschiedenen Ländern ihren ganz unterschiedlichen Aktivitäten nachgingen. Jeder von ihnen, wusste ich, war ich, bloß in einem anderen Körper."

Einzig und allein diese Erkenntnis kann jegliche Trennung kompromisslos aufheben.

„Der Mensch erfährt sich selbst als abgetrennt von allem anderen – eine Art optische Täuschung. Diese Täuschung ist für uns ein Gefängnis, das uns auf die Zuneigung zu wenigen Nahestehenden beschränkt. Unser Ziel muss es sein, uns aus diesem Gefängnis zu befreien, indem wir den Horizont unseres Mitgefühls erweitern, bis er alle lebenden Wesen und die gesamte Natur in all ihrer Schönheit umfasst." (Albert Einstein)

Liebe kann nur dann sämtliche Lebewesen einbeziehen und sich auf das gesamte Universum erstrecken, wenn sie unpersönlich ist. Weil unpersönliche Liebe nicht personenbezogen ist, beschränkt sie sich nicht auf sogenannte 'Nahestehende'. Das Wort "persönlich" klingt intim und damit erstrebenswert, doch unter genauerer Betrachtung offenbart sich, dass es eine Grenze kreiert. Persönliche Liebe ist personenbezogen: „Ich liebe Person A mehr als Person B." oder „Ich liebe Person A und hasse Person B." – Diese Ego-"Liebe" verdient jene fünf Buchstaben nicht. Unpersönliche Liebe hingegen ist universell, sie bedeutet allumfassende Intimität!
Reines Bewusstsein bevorzugt niemanden, so wie die Kinoleinwand allen erdenklichen Spielfilmen und jeglichen darin enthaltenen Charakteren gleichermaßen erlaubt, ihr jeweiliges Szenario zu entfalten.
Gedanken rufen eine Unterscheidung hervor, aber ihre Quelle differenziert nicht. Wenn du zwei Menschen völlig ohne Gedanken betrachtest, dann wirst du nicht mehr zwei Personen sehen, sondern ein Leben.

Bewusstsein schließt nichts und niemanden aus.
Es heißt alles und jeden willkommen.
Aus diesem Grund kennt es kein Leid und keinen Hass.

Selbsterforschung

Wenn wir bei der meditativen Selbsterforschung tief in uns hineinblicken und das 'Ich' suchen, dann finden wir kein Wesen, keine Person, kein persönliches Selbst, sondern "nur" reines Bewusstsein. Tauche tief in dich hinein und suche, ohne dich auf körperliche Empfindungen, Gefühle oder Gedanken zu verlassen (da sie allesamt konditioniert sind), ein individuelles Wesen. Du wirst keines finden – weil es keines gibt.

Wenn alle "Hinzufügungen" entfernt werden, bleibt nur das Bewusstsein übrig. Die Individualität entsteht erst in diesem Bewusstsein – als Ausdruck der unendlichen Kreativität. Das menschliche Leben ist nur eine von unzähligen Möglichkeiten, ein Bild auf die Leinwand des reinen Seins zu zeichnen. Es entsteht jedoch niemals wirklich ein Bild als solches, denn es ist die Leinwand, welche ihre eigene Substanz zur Verfügung stellt, um als Bild in Erscheinung zu treten. Ohne Leinwand gibt es kein Bild, aber der Bildschirm ist selbstverständlich nicht auf einen Film angewiesen. Oder hast du je erlebt, dass die Kinoleinwand oder dein Fernsehbildschirm verschwindet, wenn der Film endet? Verschwindest du, wenn du nichts mehr siehst oder denkst?

Du kannst jetzt spüren: Ich bin.
Du spürst das Sein, die innewohnende Lebendigkeit.
Es ist das reine Bewusstsein, dein wahres Selbst.
Erst danach erscheint das „Ich bin dies oder das" (ein Mensch, eine Frau oder ein Mann usw.). Diese Hinzufügungen (die keine wirklichen Hinzufügungen sind) sind nicht das ursprüngliche Selbst, sie gehören zur einzigartigen Ausdrucksform. Aber was wir essenziell sind, geht dieser Ausdrucksform voraus.
Wir stellen erneut die Frage: Wer bin ich?
Der Verstand wird eifrig analysieren, wer du bist und schließlich die Eigenschaften des Individuums aufzählen. Je mehr Eigenschaften und Fä-

higkeiten angesammelt werden, desto besser fühlt sich das Ego, weil es davon ausgeht, durch diesen Prozess als Individuum immer größer und bedeutender zu werden. Dabei ist natürlich der Vergleich mit anderen Egos unerlässlich. Wenn du aber das Unbegrenzte entdeckt hast, dann nimmt die Motivation, das Begrenzte zu vergrößern, erheblich ab!

Jetzt geht es nicht um konditionierte Geschichten, sondern darum, unmittelbar zu erfahren, wer du wirklich im tiefsten Innern bist. Die wichtigste Frage des Lebens ist nicht mit Gedanken und Worten zu beantworten. Wenn du aufhörst, gedanklich nach einer Antwort zu suchen, leuchtet das Licht des Bewusstseins auf. In den Worten von Ramana Maharshi: „Die Frage „Wer bin ich?" dient nicht wirklich dazu, eine Antwort zu erhalten. Sie dient dazu, den Fragesteller aufzulösen."
(Fragesteller = Verstand)

Das reine Bewusstsein, das zurückbleibt, ist selbst die Antwort auf die Frage. Und es ist eine unmissverständliche Antwort!

Stelle die Frage und verzichte darauf, eine Antwort zu formulieren.

Sei stattdessen einfach selbst die Antwort.

Verweile als Gewahrsein und genieße das pure Leben, das du bist.

Die Vormachtstellung des Bewusstseins

Das Bewusstsein geht über die Persönlichkeit bei weitem hinaus.

Es gibt keine Persönlichkeit ohne ein ihr vorausgehendes und stets zugrundeliegendes Bewusstsein, welches im "Ursprungszustand" vollkommen unpersönlich und damit unbegrenzt ist. Die Annahme, es könnte etwas geben, das über das Bewusstsein hinausgeht (eine Quelle des Bewusstseins), stellt sich auch bloß als eine Idee heraus, die im Bewusstsein erscheint (als Schöpfung des Verstandes) und kann somit unmöglich so ernst genommen werden wie ihr eigenes Fundament. Der spirituelle Lehrer Nisargadatta Maharaj behauptete manchmal, das Absolute liege jenseits des Bewusstseins und sei ihm vorausgehend.

Dies kann unmöglich auf Erfahrung basieren (denn alles, was wir erfahren, liegt nicht jenseits des Gewahrseins) und ist daher nur ein Konzept. Hier begegnen wir einem Beispiel dafür, dass auch die Aussagen angesehener Menschen, deren Weisheit kaum jemand in Frage zu stellen wagt, nicht ohne Weiteres hingenommen werden sollten, wenn sie einer Überprüfung anhand der eigenen unmittelbaren Erfahrung nicht standhalten. Erstaunlicherweise betonte Maharaj mehrmals selbst, dass Erfahrung der einzige gültige Realitäts-Test sei. Es sei ihm jedoch verziehen, dass er sich vielleicht hin und wieder in Konzepten verlor und selbst widersprach, denn viele andere seiner Zitate sind phänomenal. Jedenfalls ist das Bewusstsein in unserer Erfahrung absolut.

„Ich betrachte das Bewusstsein als fundamental.
Ich betrachte die Materie als vom Bewusstsein abgeleitet.
Wir können nicht über das Bewusstsein hinausgelangen.
Alles, worüber wir sprechen,
alles, was wir als existent erachten,
postuliert Bewusstsein.“
(Max Planck)

Schon relativ zu Beginn unserer abenteuerlichen Reise (im 4. Kapitel) haben wir herausgefunden: Wenn sich etwas auflöst und wir dessen Auflösung bezeugen können, weil wir davon unberührt bleiben und immer noch präsent sind, dann kann es offensichtlich niemals unsere Identität gewesen sein. Auch im Falle von Menschen, die eine Persönlichkeitsveränderung durchleben, ist sich nach wie vor dasselbe "Ich" all dessen gewahr. Während die Oberfläche bewegt werden kann, ist und bleibt der Wesenskern unerschütterlich und unangreifbar.
Es ist schlicht und ergreifend falsch, etwas, das wir jederzeit entbehren können, mit unserer Identität gleichzusetzen. Was entbehrlich ist, kann nie das gewesen sein, was wir sind. Es gibt Zustände, in denen wir frei von Individualität und Persönlichkeit sind (im Grunde immer dann,

wenn Gedankenstille herrscht). Hier und jetzt hat die persönliche Geschichte keine Bewandtnis. Sobald du in deinem Ausgangszustand verweilst, kannst du von keinem Geschehnis der Vergangenheit und auch
von keiner Projektion in die Zukunft beeinträchtigt werden.

Sorgen und Probleme gibt es nur im Konzept der Zeit, denn sie beziehen sich immer entweder auf eine unzufriedenstellende Vergangenheit
oder auf eine besorgniserregende Zukunft.

„Wilde Tiere fliehen vor Gefahren, die sie sehen. Sind sie entronnen,
fühlen sie sich sicher. Wir dagegen quälen uns mit Zukünftigem und
Vergangenem.", so der antike Philosoph Seneca vor knapp 2.000 Jahren. Offenbar hat sich der Mensch dahingehend nicht weiterentwickelt.
Man spricht davon, die Vergangenheit zu begraben. Das ist nicht nötig.
Sie ist bereits begraben. Und du musst ihrem Grab keine regelmäßigen
Besuche abstatten. Vergangenheit und Zukunft sind lediglich gedankliche Konstrukte und damit wie auch der Tod menschliche Erfindungen!
Auch die Persönlichkeit entpuppt sich als solche, sobald sie genauestens
unter die Lupe genommen wird. Sie wurzelt in der Vergangenheit. Wenn
wir die Merkmale unserer Individualität aufzählen möchten, müssen wir
uns des Gedächtnisses bedienen und Erinnerungen abrufen: Ich bin ein
Mann, braunhaarig, 31-jährig usw. Ohne ein funktionierendes Gedächtnis
(d. h. ohne Gedanken) sind diese Informationen schlicht abwesend.

Aber um uns zu vergegenwärtigen, wer wir wirklich sind, benötigen wir
keine Erinnerungen. Denn das Bewusstsein ist immer anwesend (siehe
vorangegangenes Kapitel).

Gibt es im reinen Bewusstsein noch irgendwelche Unterschiede
zwischen uns? Ist es nicht offensichtlich, dass sämtliche Unterschiede
einzig und allein der Oberfläche angehören, lediglich Produkte unserer
Gedanken sind und dass der wahre Wesenskern ausnahmslos aller
Menschen/Lebewesen vollkommen identisch ist? Und kann sich aus
dieser großen Erkenntnis eine andere Konsequenz als bedingungslose,
allumfassende Liebe ergeben?

Du bist immer da

Der Körper verschwindet irgendwann, davon wirst du nicht berührt (siehe insbesondere Kapitel 1 und 13). Gedanken und Gefühle kommen und gehen. Du bist das, was durchgängig da ist – *vor*, *während* und *nach* sämtlichen Wahrnehmungen. Und was ist das? Bewusstsein!
Nur das, was ausnahmslos immer 'Bestandteil' deiner Erfahrung ist, verdient es, als dein wahres Selbst bezeichnet zu werden. Du kannst nicht von dir selbst getrennt werden. Wenn du deine Erfahrung genauestens untersuchst, wirst du feststellen, dass nur Bewusstsein in ausnahmslos jeder Erfahrung 'enthalten' ist. Wenn du wirklich einzig und allein deiner eigenen, unmittelbaren Erfahrung vertraust und keinen Konzepten Beachtung schenkst, dann wirst du bemerken, dass auch dein Körper nicht immer da ist, wenn du da bist, beispielsweise während eines nächtlichen Traums. Du bist dir deines derweil im Bett liegenden physischen Körpers nicht bewusst, wenn du träumst. Im Traum erfährst du einen Traumkörper mit anderen Eigenschaften und Fähigkeiten.
Bewusstsein hingegen ist sowohl im Schlaf als auch im sogenannten Wachzustand unleugbar präsent. Es ist das einzige Kontinuum. Alles "andere" unterliegt einer stetigen Wandlung. Der Körper, den du heute siehst, wenn du in den Spiegel blickst, ist nicht derselbe wie jener aus deiner Kindheit. Beinahe jede einzelne Zelle wurde ausgetauscht.
Was du bist, muss immer "bei dir" sein! Der Körper, der jetzt 'bei dir' ist, war in der Kindheit nicht präsent und der Körper des Kindes ist jetzt nicht mehr gegenwärtig. Das gilt auch für die Persönlichkeit und den Verstand. Die Persönlichkeit verändert sich im Laufe des Lebens und jeder einzelne Gedanke ist nur eine flüchtige Erscheinung.
Aber das Bewusstsein im "Hintergrund" aller Wahrnehmungen, das sich der Gedanken und des Körpers sowie ihrer Veränderungen bewusst ist, hat sich selbst niemals wirklich verändert. Es war immer 'bei dir', ist also das einzig wahre Selbst.

Wenn wir sagen, „Meine persönliche Geschichte hat mich zu dem gemacht, was ich heute bin.", dann ist das so, als würde die Kinoleinwand sagen: „Der Film, der auf mir gezeigt wurde, hat mich zu dem gemacht, was ich bin." Absurd, nicht wahr?

Wenn wir darüber nachdenken und die formlose Lebendigkeit in uns mit dem Verstand suchen, dann werden wir sie nicht aufspüren. Jeder Gedanke entfernt uns davon, sie zu erkennen, weil wir schon das sind, wonach wir Ausschau halten. Nur in einem gedankenfreien Zustand kommt das zum Vorschein, was als das Fundament von allem immer präsent ist, aber leicht in Vergessenheit gerät, weil die Bilder auf der Leinwand des Bewusstseins eine absorbierende Wirkung entfachen – ebenso wie wir im Kino so sehr vom Film hypnotisiert werden, dass uns die Leinwand nicht mehr auffällt, obwohl wir sie pausenlos anstarren.

Ist es nicht schön, wenn die Leinwand hin und wieder leer bleibt, ohne Bilder, rein weiß? Dann sind wir das, was noch nicht definiert und damit eingeschränkt worden ist, sondern das Meer aller Möglichkeiten!

Es ist eine gewaltige Befreiung für die Welle, wenn sie daran erinnert wird, dass sie eigentlich der Ozean ist. Wenn diese Einsicht bleibt, sich etabliert und der Zustand somit dauerhaft ist, haben wir es mit einem spirituellen Erwachen zu tun. Der sanftmütige Zen-Meister Thich Nhat Hanh hat es wunderbar ausgedrückt:
„Erleuchtung ist, wenn die Welle erkennt, dass sie der Ozean ist."
Lasse so häufig wie möglich deine persönliche Geschichte beiseite, vergesse zumindest hin und wieder dein vorübergehendes Dasein als Welle – also als Person – und erkenne dich als die unendliche Weite des unpersönlichen Ozeans.
Ich möchte nicht missverstanden werden. Die Manifestation existiert nicht ohne Grund. Sie ist kein Fehler. Auch die meisten non-dualen Lehrer haben sie nicht völlig verleugnet und zeigten großes Verständnis für

spirituelle Praktiken, die noch von der Dualität geprägt waren. So zum Beispiel Ramana Maharshi: „Wenn man den Gipfel des Berges erreicht hat, egal von welcher Seite und auf welchem Weg, kennt und versteht man alle anderen Wege."
Die Individualität ist etwas Wundervolles, sie ist wertvoll!
Wenn sie allerdings das Einzige ist, was man kennt, folglich nicht als Ausdrucksform erkannt und stattdessen als Identität missverstanden wird, dann entwickelt sie sich zur erheblichen Einschränkung.

Der Körper und der Verstand an sich sind kein Problem; im Gegenteil: Sie können als wunderbare Werkzeuge dienen.
Aber die ausschließliche Identifikation mit Körper und Verstand ist die alleinige Grundlage aller menschlichen Probleme!

Der spirituelle Lehrer Yukteswar Giri – ein großer Meister des Kriya Yoga, Lehrer von Paramahansa Yogananda und Schüler des ehrenwerten Lahiri Mahasaya – hat es perfekt auf den Punkt gebracht:

„Egoismus resultiert aus einem Mangel an Unterscheidung
zwischen dem physischen Körper und dem wirklichen Selbst."

Solange du darauf bestehst, ein Individuum zu sein, kannst du die selbstgeschaffenen Grenzen nie ablegen, um dich als die unermessliche Präsenz wiederzuerkennen, die du immer warst, bist und sein wirst.

„Du wirst zu gegebener Zeit erkennen,
dass deine Herrlichkeit dort beginnt,
wo dein persönliches Sein endet."
(Ramana Maharshi)

Kapitel 9

DAS LICHT PUREN WISSENS

„Ich wünschte, ich könnte dir,
wenn du einsam oder von Dunkelheit umgeben bist,
das erstaunliche Licht deines eigenen Seins zeigen.“
(Hafis)

Der fundamentale Irrtum, als Weisheit verkleidet

Als der französische Philosoph René Descartes im 17. Jahrhundert zu ergründen versuchte, ob es dem Menschen möglich ist, zu einer Erkenntnis zu gelangen, welche unzweifelhafte Gewissheit gewährt, und ob es einen unerschütterlichen Beweis für die Wirklichkeit des Seins gibt, schlussfolgerte er: „Ich denke, also bin ich.“

Wenn wir eine kritische Untersuchung durchführen, stellen wir mit Leichtigkeit fest, dass jene "Erkenntnis“ keineswegs der reinen, unmittelbaren Erfahrung jedes Menschen entspricht...

„Ich denke, also bin ich“ ist ein fundamentaler Irrtum.

Mit dieser Schlussfolgerung setzte Descartes das Denken mit dem Sein gleich. Offensichtlich aber geht das Sein dem Denken voraus!

Liebe/r Leser/in, ich möchte dich bitten, hier und jetzt für einen Moment mit dem zwanghaften Denken aufzuhören – eine einzige Sekunde reicht völlig aus – und zu überprüfen, ob du dich ohne Gedanken auflöst und verschwindest. Mit anderen Worten: Endet das Sein, wenn das Denken endet? Erforsche das und erkenne: Selbstverständlich gibt es dich auch dann noch, wenn vorübergehend keine Gedanken auftauchen. Du bist vor, während und nach allen Gedanken präsent.

Du bist nicht der Verstand!

René Descartes kam der Wahrheit nicht näher als Bud Spencer, dessen alternativen Vorschlag ich bevorzuge: „Ich esse, also bin ich." (Buchtitel) Wäre sein Freund Terence Hill nicht so bescheiden, würde er vielleicht sagen: „Meine Augen sind so blau, also bin ich." ... Spaß beiseite ...

„Ich denke, also bin ich" bringt lediglich die Identifikation mit dem Verstand zum Ausdruck. Was wir sind, ist nicht mit dem Verstand gleichzusetzen, sondern stellt dessen Quelle dar. Der Verstand entspringt dem Bewusstsein. Auch ohne Gedanken erfahren wir Bewusstsein (genauer: erfährt das Bewusstsein sich selbst), demnach sind die Erfahrung, bewusst zu sein, und die darauf basierende Kenntnis des Seins vollkommen unabhängig von Gedanken. Letztere sind jedoch abhängig vom bewussten Sein, aus dem sie hervorgehen.
„Ich denke, also bin ich." würde im Grunde bedeuten:
„Ich denke nicht, also bin ich nicht."
Das ist eine schwerwiegende Fehlinterpretation der tatsächlichen Erfahrung. Da allerdings jede fehlerhafte Interpretation gedanklicher Natur ist, sollte sie nicht als verheerendes Problem aufgefasst werden. Es genügt, ein einziges Mal genau hinzusehen, um eine Illusion als solche zu entlarven und die Wirklichkeit aufzudecken, die stets darunter verborgen liegt, auch wenn sie vorübergehend verschleiert sein mag.

Relatives Wissen

Mit den Worten „Ich weiß, dass ich nichts weiß." drückte der legendäre Philosoph Sokrates seine Erkenntnis der Unzulänglichkeit des menschlichen Verstandes aus. Jene Aussage kann auf sämtliche Sinneswahrnehmungen und daraus resultierendes 'Wissen' angewandt werden.
Das ist indirektes und relatives Wissen.

Die Sinne fungieren hier gewissermaßen als Vermittler zwischen dem Subjekt der Erfahrung (Bewusstsein) und dem Objekt der Erfahrung (beispielsweise dem Stuhl, auf dem ich sitze). Jene Subjekt-Objekt-Beziehung und damit einhergehende Unterscheidungen sind letztlich illusionär (siehe Kapitel 5 & 6), doch zum Zwecke der Verdeutlichung ist es an dieser Stelle legitim, eine dualistische Betrachtung zu berücksichtigen. Ich weiß um die Existenz eines Baumes, den ich bei einem Waldspaziergang erblicke, indem ich ihn durch die Sinne wahrnehme, also mit den Augen sehe und/oder mit dem Tastsinn erfühle. Dabei handelt es sich, sehr streng betrachtet, um Wissen aus zweiter Hand. Denn ohne den Gebrauch der Sinne können wir die Gegenwart eines Baumes oder auch die Anwesenheit eines Menschen, mit dem wir interagieren, nicht bezeugen. Es gibt keinen unerschütterlichen Beweis dafür, dass einer Wahrnehmung keine Sinnestäuschung zugrunde liegt. Alle Informationen, die wir aus dem objektiven Inhalt der Erfahrung gewinnen, sind somit zweifelhaft und können theoretisch in Frage gestellt werden. Wenn wir einen Stuhl, eine Pflanze, ein Tier oder die Sterne begutachten, können wir niemals wissen, worum es sich wirklich handelt. Sinneswahrnehmungen bieten keine Garantie. Darauf bezog sich Sokrates. Sämtliche Einsichten der Naturwissenschaften beruhen auf Verstandeswissen, sind von Sinneswahrnehmungen abhängig und gehören damit den relativen Erkenntnissen an, die sich letztendlich allesamt als unzuverlässig entpuppen. Der Einfluss der Wissenschaft ist dafür verantwortlich, dass in der westlichen Welt das relative Wissen in den Vordergrund gestellt und das absolute Wissen verleugnet wird. Der menschliche Verstand wird vom Kindesalter an so konditioniert, dass er ausschließlich auf die objektive Erfahrung und damit nach außen gerichtet ist. So lernt er, seine eigene Quelle zu ignorieren. Zahlreiche einflussreiche Wissenschaftler sind materialistisch orientiert und halten an ihrem Weltbild fest, weshalb sie sich weigern, die relevanten Fakten und Daten zum Thema überhaupt zu betrachten. Aus diesem Grund kann es lange dauern, bis sich die "neuen" Erkenntnisse –

bspw. aus der Nahtodforschung – allgemein etablieren. In der Geschichte der Wissenschaft kommt es bei Leibe nicht zum ersten Mal vor, dass der Durchbruch wertvoller Einsichten viel Geduld und Zeit beansprucht.

„Eine neue wissenschaftliche Wahrheit pflegt sich nicht in der Weise durchzusetzen, dass ihre Gegner überzeugt werden und sich als belehrt erklären, sondern vielmehr dadurch, dass ihre Gegner allmählich aussterben und dass die heranwachsende Generation von vornherein mit der Wahrheit vertraut gemacht ist." (Max Planck)

Absolutes Wissen

Absolutes Wissen benötigt keinen Vermittler. Es ist das Wissen des Bewusstseins um seine eigene Präsenz. Wir schließen die Augen und sind nach wie vor "bei Bewusstsein". Wir halten uns die Ohren zu und schirmen uns somit von allen akustischen Reizen ab, dennoch bleiben wir uneingeschränkt bewusst. Auch ohne körperliche Empfindungen ist und bleibt sich das Gewahrsein seiner selbst gewahr. Ein Mensch mit tiefgehender Meditationserfahrung kann dies zweifelsfrei bestätigen. All das beweist: Das Bewusstsein ist auf keinen der Sinne angewiesen. Es geht ihnen voraus.

Das Bewusstsein selbst ist das einzige direkte Wissen, Wissen aus erster Hand. Mit anderen Worten: 'Ich bin' ist das einzige absolute Wissen. Jede Hinzufügung leitet sich davon ab.

Was wir wahrnehmen, kann man immer bezweifeln.

Aber dass wir wahrnehmen, kann nicht in Zweifel gezogen werden.

Das Bewusstsein selbst kann keine Einbildung sein, denn jede Einbildung findet in einem Bewusstsein statt! Es ist das Bewusstsein, das sich ggf. etwas einbildet, wohingegen es selbst zweifellos kein Phantasiegebilde ist. Jedes Trugbild braucht ein Bewusstsein. Selbst das Leugnen des Bewusstseins bestätigt seine Präsenz, da es diese voraussetzt und darin stattfindet. Insofern ist das Bewusstsein die einzige Nicht-Theorie. Bewusstsein ist pures Wissen. Es ist die absolute Wahrheit.

Manche Menschen behaupten, dass es so etwas wie die absolute Wahrheit gar nicht gibt. Das grenzt an Nihilismus. Natürlich gibt es sie! Die Wahrheit ist ganz einfach das, was ist. Und wer die essenzielle Natur dessen, was ist, kennt, kennt die absolute Wahrheit. Was jene Menschen wohl wirklich damit meinen, ist, dass kein Mensch die tiefste Wahrheit herausfinden könne. Auch das ist ein fataler Irrtum. Dieses Vorurteil hält viele Menschen davon ab, überhaupt erst danach zu suchen. Es ist richtig, dass der menschliche Aspekt in uns – der Verstand – keine Hilfe, sondern eher ein Hindernis ist, wenn es darum geht, die ultimative Wahrheit zu finden. Doch im tiefsten Innern sind wir mehr als Menschen. Was uns dort zur Verfügung steht, ist nicht nur in der Lage, die Wirklichkeit zu ergründen und damit die absolute Wahrheit zu kennen, sondern es ist diese selbst. Du bist die Wahrheit! Als Jesus sagte, er sei „der Weg und die Wahrheit und das Leben", sprach er nicht nur für sich selbst, sondern für jeden, auch für dich!

Grenzen und Sterblichkeit werden nie tatsächlich erfahren

Es entspricht der unmittelbaren Erfahrung, dass das Bewusstsein unbegrenzt ist. Wir erfahren keine Grenzen des Bewusstseins. Jede Erfahrung einer Grenze bezieht sich auf den Inhalt des Bewusstseins: Körperliche Empfindungen, Gedanken, Gefühle – all das ist begrenzt. Wenn wir unsere Augen schließen und uns nicht vom Inhalt absorbieren lassen, finden wir nichts, das uns einschränken kann. Wir mögen körperliche und gedankliche Grenzen entdecken, aber wir finden keine Grenzen des Bewusstseins, und zwar weil sie schlicht und ergreifend nicht existieren. Die Schädeldecke begrenzt nicht das Bewusstsein, sondern das Gehirn. Bei einer außerkörperlichen Erfahrung wird jene Grenze problemlos überschritten.

Der konditionierte Gedanke mag darauf verweisen, dass wir alle dem Tode geweiht sind und eines Tages sterben müssen. Aber das unkonditionierte Bewusstsein im "Hintergrund" aller Gedanken kennt keinen Tod! Es kennt nur seine eigene, ununterbrochene Präsenz.

Kleine Kinder und Tiere befinden sich in diesem natürlichen Zustand, daher machen sie sich keine Sorgen um den Tod und leben ohne eigens auferlegte Belastungen gedanklicher Natur. Es entbehrt nicht jeglicher Logik, dass Jesus uns empfohlen hat: „Ich sage euch: Wenn ihr nicht umkehrt und werdet wie die Kinder, werdet ihr nicht in das Himmelreich hineinkommen." (Himmelreich = Zustand der Glückseligkeit)

Sterblichkeit ist ein Gedanke. Unsterblichkeit ist eine Erfahrung.

Wer nun behauptet, der Tod sei mehr als ein Gedanke und entspreche der tatsächlichen Erfahrung, zumal man doch schon viele tote Tiere gesehen oder zahlreiche Beerdigungen besucht hat, der vergisst, dass auch hier bloß wieder eine gedankliche Interpretation zum Vorschein kommt: „Dort liegt ein Körper ohne Lebenszeichen, demnach muss das Leben erloschen sein." Einer genaueren Erforschung kann dieser Glaube nicht standhalten. Wenn man beispielsweise immer wieder in der Meditation so tief eintaucht, dass jegliche körperliche Empfindungen verschwinden, verbleiben keinerlei Zweifel mehr daran, dass Bewusstsein unabhängig vom Körper und absolut unbegrenzt ist.

Außerdem ist das Lebensgefühl stets subjektiv, weshalb es mehr als töricht ist, einen bewegungslosen Körper, den man von außen objektiv betrachtet, mit dem Ende des Lebens gleichzusetzen.

Der Glaube an den Tod ist auch der Glaube an Trennung, an die offensichtliche Illusion einer fragmentierten Wirklichkeit – daran, dass etwas Bestimmtes unabhängig von allem anderen entstehen und vergehen kann. Wenn du glaubst, dass dein eigenes Sein endet, während alles andere fortbesteht, glaubst du offensichtlich an eine fundamentale Trennung. Diese aber ist unmöglich. Die Wirklichkeit ist einheitlich. In der gesamten Existenz gibt es kein einziges Fragment. Wenn du erkennst, dass es dich gibt (nichts ist leichter als das) und außerdem einsiehst, dass es nur Eines geben kann, wirst du problemlos daraus schließen können, dass du selbst dieses Eine sein musst. Auch so kannst du feststellen: Du wurdest nicht wirklich geboren und wirst niemals sterben.

Da es der Erfahrung entspricht, dass Bewusstsein grenzenlos ist, lässt sich mit ebensolcher Gewissheit konstatieren, dass es nichts als Bewusstsein und somit keine Trennung gibt. Die sogenannten anderen sind ein gedankliches Konzept, keine tatsächliche Erfahrung. Gäbe es zwei oder mehr "Bewusstseins" (aus gutem Grund gibt es das Wort nur im Singular und nicht im Plural!), so müssten sie zwangsläufig begrenzt sein. Doch Grenzen werden niemals tatsächlich erfahren.
Den unzähligen einzigartigen Lebensformen liegt ein einziges formloses Leben zugrunde. Es gibt viele Lebensformen, aber nur das eine Leben!

Vor einigen Jahren hielt ein Physiker an der Universität Vechta einen Vortrag über seinen christlichen Glauben. Ein Student fragte ihn, wieso er an einen einzigen Schöpfergott glaube und ob es denn nicht mehrere Götter geben könne. Der Physiker stand ratlos da und sagte, dass er diese Frage nicht beantworten könne. Ich saß fassungslos im Publikum. Diese Frage ist wahrlich mit Leichtigkeit zu beantworten...
Die letztendliche Wirklichkeit muss ungeteilt sein. Sogar der gesunde Menschenverstand kann das begreifen. Der Ursprung muss einer sein. Es kann nicht zwei oder mehr Quellen geben und wenn es so scheint, dann sind wir offensichtlich noch nicht im absoluten Urgrund angelangt. Alles, was nachfolgend aus diesem Einen hervorgeht, kann aus nichts anderem bestehen als aus diesem Einen. Es kann essenziell niemals etwas anderes sein als die Quelle selbst. Aus diesem Grund sind alle Erscheinungen inklusive Körper und Seele nichts als Bewusstsein. Dieses Bewusstsein scheint zu vielen Welten oder Wesen zu werden. Aber es

ist und bleibt doch immer das Eine, das der scheinbaren Vielfalt zugrunde liegt. Es erschafft das vermeintlich "Andere" aus sich selbst heraus.

Es gibt keine beschränkten Wesen.
Es gibt nur unbeschränktes Bewusstsein.

Real ist das, was sich niemals verändert

„Leben heißt Veränderung.", so der Volksmund. Eine solche Aussage bringt eine fundamentale Ignoranz zutage. Es sind die Lebensumstände, die sich stetig verändern – der Inhalt des Lebens, nicht das Leben selbst. Real ist einzig und allein das, was sich niemals verändert. Aus diesem Grund wird die Welt als Illusion bezeichnet. Das bedeutet allerdings nicht, dass es sie überhaupt nicht gibt. Auch eine Illusion *ist*, sie hat Sein, andernfalls könnten wir gar nicht über sie sprechen. Die Illusion ist eine vorübergehende Wirklichkeit – wobei zwar die Erscheinung vorübergehend ist, nicht jedoch die Essenz, weshalb wir nach eingehender Betrachtung registrieren, dass es eigentlich nichts Vorübergehendes gibt. Die Substanz einer Illusion ist die ihr zugrunde liegende Realität. Die Wirklichkeit, die jede Illusion ausmacht, ist ewig. Das Bild auf der Leinwand ist eine Illusion, weil es kommt, sich verändert und schließlich geht. Aber wenn wir genau hinschauen, entdecken wir, dass ein unabhängiges Bild nichts weiter als eine Idee und keine Realität ist. Ein separates Fragment existiert nur in der Vorstellung.
Da ist nur das ungeteilte Ganze. Da ist nur die Leinwand.
Und diese ist unbestreitbar real.
Bewusstsein unterliegt keinen Veränderungen. Letztere gelten nur für seinen Inhalt. Wenn sich die Bilder auf der Leinwand verwandeln oder durch neue ersetzt werden, bleibt die Leinwand unverändert.
Da ich immer wieder auf die Analogie der Leinwand zurückgreife, ist es wohl hilfreich, darauf hinzuweisen, dass jede Analogie ihre Grenzen hat

und es hier natürlich keine 1:1-Entsprechung gibt. Eine Leinwand ist natürlich begrenzt, da sie physischer Natur ist. Sie ist dreidimensional. Das Bewusstsein hat weder eine Ausdehnung noch eine Einschränkung. Es ist dimensionslos. Es IST einfach. Mehr lässt sich darüber nicht sagen. Denn ich, das Bewusstsein, habe keine objektiven Eigenschaften. Ich kann mich nicht von mir selbst distanzieren, um mich außerhalb meiner selbst objektiv zu betrachten. Der wissenschaftlich arbeitende Verstand möchte möglichst immer eine Objektivierung vornehmen. Das Bewusstsein kann aber niemals auf ein Objekt reduziert werden.

Absolutes Wissen führt zu Widerstandslosigkeit

Wer sich Sorgen wegen eines Problems macht, hat nicht mehr nur ein Problem, sondern zwei. Denn unsere Sorgen fügen einer ohnehin schon schwierigen Situation weiteres Leid hinzu.

Immer dann, wenn wir mit vermeintlichen Problemen konfrontiert werden, ist es ratsam, sich an das reine Bewusstsein zu "wenden". Folglich ziehen wir die Aufmerksamkeit von der Außenwelt ab und richten sie einfach auf den Erfahrenden. Wir lassen uns nicht länger von den Wahrnehmungen hypnotisieren und kehren stattdessen zum Substrat zurück. Auf der Oberfläche mag es Verzweiflung geben, doch das Tieferliegende bleibt in ausnahmslos jedem Fall unberührt und vollkommen entspannt. Sich an das Bewusstsein zu "wenden" bedeutet natürlich nicht, dass du als Person außerhalb des Bewusstseins dieses um Rat fragst. Wir haben oft genug betont, dass du selbst dieses Gewahrsein und keine Person bist. Es bedeutet, eine Situation aus der 'Perspektive' des ursprünglichen und damit reinen Bewusstseins zu begutachten, also: Du selbst betrachtest die Situation einfach ohne Gedanken.

Wenn das, was wir wirklich sind, danach gefragt wird, was es von einer für den Verstand belastenden Situation hält und ob es etwas dazu zu sagen hat, dann äußert es sich nicht dazu und verweilt in der Stille reinen Gewahrseins. Es nimmt einfach nur wahr, ohne gedanklich zu kommentieren und zu interpretieren. In diesem Schweigen und dieser Nicht-Reaktion liegt die Antwort:

Alles ist gut.

Was auch geschehen mag, es spielt für den Raum, in dem alles geschieht, keine Rolle. Du bleibst bedingungslos, was du immer bist: Der Friede selbst.

Das Bewusstsein kennt keinen Tod, keine Grenzen und keine Probleme. Es verspürt keine Motivation, Widerstand zu leisten, weil es weiß, dass es unverletzlich und unsterblich ist. Präziser ausgedrückt: Das Bewusstsein weiß nichts von Sterblichkeit und Unsterblichkeit. Letztere ist nur hilfreich, um Erstere zu negieren. Bevor der kleine menschliche Verstand seine Fantasien auslebt, macht sich das Bewusstsein keine Gedanken um ein ewiges Leben. Es ist einfach selbst das ewige Leben. Du bist das ewige Leben!
Außerdem kennt das reine Gewahrsein keine anderen und unterscheidet nicht zwischen „Ich, Person A" und „Du/Er/Sie, Person B", weshalb es die Liebe selbst ist. Du bist die Liebe!

Wir haben stets die Wahl, ob wir als bewusste Präsenz verweilen oder ob wir uns von den vielfältigen Phänomenen vereinnahmen lassen und folglich als Widerstand leistende und Probleme kreierende Person auftreten. Sobald die persönliche Geschichte und mit ihr das Ego in den Hintergrund treten, kehrt der absolute Friede ein, der wir essenziell sind. Wenn du jedoch ausschließlich als Person zugegen bist, legst du zwangsläufig ein konditioniertes Verhalten an den Tag, das deine wahre Natur unmöglich widerspiegeln kann. Die Persönlichkeit hat Bedürfnisse und ihre festgelegten Vorlieben und Abneigungen bringen dich immer wieder dazu, dich dem zu widersetzen, was ist. Daraus resultiert Leid. Das Bewusstsein hat weder Vorlieben noch Abneigungen.

„Gehe durch das Leben als Präsenz, nicht als Persönlichkeit."
(Eckhart Tolle)

Nur als die unpersönliche Präsenz, die du ohnehin bist, kannst du jeder Situation und jedem Menschen unvoreingenommen gegenübertreten und alles annehmen, was geschieht, weil du in diesem natürlichen und ursprünglichen "Zustand" erkennst, dass jedes Ereignis nur eine relative Gültigkeit und Bedeutung hat und dich nicht zu berühren vermag.
Die vielseitigen Unsicherheiten, die das menschliche Dasein mit sich bringt, können den Verstand leicht aus der Ruhe bringen, aber dem Bewusstsein niemals etwas anhaben.
Im relativen Wissen gibt es keine Sicherheit, während das reine Bewusstsein nicht nur Sicherheit garantiert, sondern die Sicherheit selbst ist, und zwar unter allen Umständen.

Als wir bei einem Seminar in einer Gruppe die Selbsterkenntnis thematisierten, sagte plötzlich jemand (sinngemäß): „Wir brauchen Tausende Jahre und dementsprechend sehr viele Inkarnationen, bis wir vollends realisieren, dass wir reines, unbegrenztes Bewusstsein sind."
Das ist nichts weiter als ein Gedanke, der seine eigene Quelle übersieht. Ein Bild, das die Leinwand ignoriert. Dieser Gedanke ist das einzige Hindernis. Wenn er verschwindet, ist das, was traditionell als Erleuchtung bezeichnet wird, sofort da – hier und jetzt!

Vielleicht kennst du schon die Geschichte vom zufriedenen Fischer:
„In einem sonnigen Fischerdorf legt ein Fischer mit seinem kleinen Boot am Pier an. Er hat einen großen Thunfisch gefangen. Ein Berater, der gerade Urlaub macht, beobachtet den Fischer bereits seit einigen Tagen. Er gratuliert ihn zum heutigen Fang und fragt: „Wie lange warst Du auf See, um diesen Fisch zu fangen?" Der Fischer antwortet: „Nur ein paar Stündchen." Daraufhin fragt der Berater: „Warum bleibst Du nicht länger auf See, um mehr Fische zu fangen?" Der Fischer erwidert: „Dieser

Fang reicht mir, um meine Familie für ein paar Tage zu versorgen." Der Berater ist verwundert: „Was tust Du denn mit dem Rest des Tages?" Der Fischer erklärt: „Ich fahre nach Hause. Nach dem Mittagessen gehe ich mit meiner Frau spazieren und mache eine Siesta. Dann spiele ich mit meinen Kindern. Abends kommen Freunde, wir genießen den Fisch, trinken Wein und philosophieren über Gott und die Welt. Wie Du siehst, habe ich einen gut ausgefüllten Tag." Der Berater antwortet: „Ich habe studiert und kann Dir helfen. Wenn Du den ganzen Tag fischen gehst, fängst Du mehr Fische. Dann kannst Du die übrigen Fische verkaufen. Von dem Erlös kannst Du bald ein größeres Boot kaufen. Für dieses Boot heuerst Du zwei, drei Fischer an. Ihr werdet so viel fischen, dass Du schon bald mehrere Boote kaufen und eine eigene Flotte aufbauen kannst. Statt an einen Händler, verkaufst Du die Fische direkt an eine Fischfabrik. Bald wirst Du soviel verdienen, dass Du eine eigene Fisch-verarbeitungsfabrik eröffnen kannst. So sparst Du Geld und kannst die Produktion und den Vertrieb selbst kontrollieren." Der Berater wird ganz euphorisch bei diesen Gedanken. Der Fischer erwidert unbeein-druckt: „Und wie lange wird das dauern?" „So etwa 15 bis 20 Jahre.", erklärt der Berater. „Und was ist dann?", fragt der Fischer. „Dann kommt das Allerbeste.", antwortet der Berater: „Wenn die Zeit reif ist, verkaufst Du Dein Unternehmen und kannst aufhören, zu arbeiten. Du kannst morgens ausschlafen, zum Spaß noch ein wenig fischen gehen und den restlichen Tag mit Deiner Familie und Deinen Freunden genie-ßen." „Aber genau das tue ich doch jetzt schon.", sagt der Fischer."

„Du erreichst dein Ziel, indem du erkennst, dass du bereits dort bist."
(Eckhart Tolle)

„Fortschritt ist für den Verstand und nicht für das Selbst.
Das Selbst ist immer vollkommen."
(Ramana Maharshi)

Entwicklung betrifft wieder nur den Inhalt. Das Bewusstsein entwickelt sich nicht, nur der Schleier wird beseitigt. Die Beseitigung des Schleiers geschieht nicht in der Zeit. Es gibt keine Erleuchtung in der fernen Zukunft, weil es keine Zukunft gibt. Sie ist nur ein Gedanke. Der Schleier kann nur jetzt entfernt werden. Dies erfordert noch nicht einmal eine Aktivität, im Gegenteil: Erforderlich ist das Einstellen jeglicher Aktivitäten. Aus zielgerichteter Konzentration wird entspannte Aufmerksamkeit ohne ein Zentrum der Wahrnehmung.

Das nicht-lokale, unendliche Sein verweilt bewusst 'in' sich selbst.

Wir "kommen an", wenn wir erkennen, dass wir nirgends ankommen müssen, weil wir schon da sind. Menschen, die nach Glück suchen, suchen das, was sie selbst sind. Der Ort, von dem aus wir suchen, ist das Ziel – reines Bewusstsein. Dieses Ziel ist so naheliegend, dass es meist übersehen wird – wie die Kinoleinwand oder der Fernsehbildschirm während eines Films. Wenn ein Lehrer in einer Schulklasse mit der Kreide einen Punkt an die Tafel zeichnet und die Schüler darum bittet, zu beschreiben, was sie sehen, dann beziehen sich alle ihre Antworten auf den Punkt. Kein Kind antwortet, dass es eine große Tafel sieht, die hauptsächlich leer ist. So funktioniert unser Verstand. Denn wir werden so früh wie möglich dazu ermuntert, das Offensichtlichste zu ignorieren, weil man es als selbstverständlich und damit uninteressant erachtet. Wir richten das Licht unserer Aufmerksamkeit auf Objekte der Wahrnehmung und lassen uns dann so sehr von ihnen hypnotisieren, dass wir das Licht vergessen, durch welches wir überhaupt erst die Existenz jener Objekte bezeugen können.

Selbst die Sonne wird wie alle Sterne irgendwann höchstwahrscheinlich ihre Leuchtkraft einbüßen und verglühen (angeblich in 5-7 Milliarden Jahren). Aber das Licht, von dem hier die Rede ist, wird niemals erlöschen. Wenn wir unsere Augen schließen, sehen wir Dunkelheit. Aber nur durch das Licht des Bewusstseins kann die Dunkelheit gesehen werden. Das ist das Licht des puren Wissens. DAS bist DU.

Kapitel 10

MEIN FREUND KRISHNAMURTI

„Ich behaupte,
ohne den Schatten eines Zweifels,
dass ich das Ganze bin, das Unendliche;
kein Teil der Wahrheit, sondern die ganze Wahrheit.“

Jiddu Krishnamurti

In diesem Kapitel geht es um einen Mann, der ein höchst bemerkenswertes Leben führte. Seine Authentizität beruht insbesondere darauf, dass er die wertvollen Erkenntnisse, welche er an seine Mitmenschen zu vermitteln versuchte und für die er äußerst zielstrebig eintrat, selbstlos in die Tat umsetzte. Einen schwerwiegenden Widerspruch zwischen Theorie und Praxis sucht man in diesem Fall vergeblich – dieser Mensch lebte seine Lehre und fungierte somit als lebendiges Beispiel für die tatsächliche Anwendbarkeit seiner Botschaft.

Jiddu Krishnamurti (gelegentlich mit JK abgekürzt) gilt als einer der größten spirituellen Lehrer des 20. Jahrhunderts. Er erblickte am 11. Mai 1895 in Madanapalle (Indien) als achtes Kind seiner Eltern das Licht der Welt. Als er 10 Jahre alt war, starb seine Mutter. Schon als Kind fiel Krishnamurti durch eine außergewöhnliche Ausstrahlung auf, doch aufgrund seines introvertierten Wesens und mangelhafter Motivation im Schulunterricht schätzten seine Lehrer ihn als geistig zurückgeblieben ein. Die Theosophische Gesellschaft, eine einflussreiche okkulte Organisation, erkannte das immense Potential des Jungen und wählte ihn bereits im Jahre 1910 zum "Weltlehrer", von dem erwartet wurde, die theosophischen Lehren weltweit zu verbreiten. Man bereitete ihn sorgfältig auf diese Aufgabe vor und gründete den "Orden des Sterns im Osten", zu dessen Leiter er ernannt wurde.

Am 3. August 1929 löste Krishnamurti (im Alter von 34 Jahren) durch eine Rede vor 3.000 Mitgliedern den für ihn gegründeten Orden auf. Es folgen Ausschnitte aus seiner äußerst beeindruckenden Ansprache: „Ich behaupte, dass die Wahrheit ein unwegsames Land ist und dass es keine Pfade gibt, die zu ihr hinführen – keine Religion, keine Sekten. Das ist mein Standpunkt, den ich absolut und bedingungslos vertrete. Die Wahrheit ist grenzenlos, sie kann nicht konditioniert, sie kann nicht auf vorgegebenen Wegen erreicht und daher auch nicht organisiert werden. Deshalb sollten keine Organisationen gegründet werden, die die Menschen auf einen bestimmten Pfad führen oder nötigen. (...) Ich möchte keiner spirituellen Organisation, ganz gleich welcher Art, angehören, und ich bitte euch, das zu verstehen. (...) Solche Organisationen verkrüppeln das Individuum, hindern es daran, zu wachsen und seine Einzigartigkeit zu leben, die ja darin liegt, dass es ganz allein diese absolute, uneingeschränkte Wahrheit entdeckt. Das ist ein weiterer Grund dafür, dass ich mich – da ich der Präsident des Ordens bin – entschlossen habe, den Orden aufzulösen. (...) Das ist keine großartige Tat, denn ich will keine Jünger oder Anhänger; ich meine das so, wie ich es sage. In dem Moment, in dem man beginnt, jemandem zu folgen, hört man auf, der Wahrheit zu folgen. Es ist mir gleich, ob ihr auf meine Worte hört oder nicht. Ich will in dieser Welt etwas ganz Bestimmtes tun, und ich werde es unbeirrbar tun. Es geht mir um eine einzige, wesentliche Angelegenheit: Die Befreiung des Menschen. Ich will ihn von allen Begrenzungen, allen Ängsten befreien. (...) Ich will den Menschen befreien, damit er sich wie ein Vogel in den klaren Himmel erheben kann, unbelastet, unabhängig, ekstatisch in dieser Freiheit. (...) Ich habe keine Jünger, keine Apostel; weder auf der Erde noch auf der spirituellen Ebene. (...)

„Wie viele Mitglieder hat Ihre Organisation?" Das ist die erste Frage, die ich von jedem Zeitungsreporter gestellt bekomme.

„Wie viele Anhänger haben Sie? Aufgrund der Anzahl werden wir uns ein Urteil darüber bilden, ob das, was Sie sagen, wahr ist oder nicht."

Ich weiß nicht, wie viele es sind. Es interessiert mich nicht. (...)

Ihr habt außerdem die Vorstellung, dass nur ganz bestimmte Menschen den Schlüssel zum Königreich der Glückseligkeit besitzen. Niemand besitzt ihn. Dieser Schlüssel ist euer inneres Selbst. (...) Ihr seht also, wie absurd dieses ganze Gebäude ist, das ihr errichtet habt – eure Suche nach Hilfe von außen, eure Abhängigkeit von anderen, die für euer Wohlbefinden, euer Glück, eure Stärke sorgen sollen. All das könnt ihr nur in euch selbst finden. (...)

Ich habe mich nun entschlossen, den Orden aufzulösen, dessen Leiter ich zufällig bin. Ihr könnt andere Organisationen gründen und auf jemand anderen warten. Damit habe ich nichts zu tun. Ich habe kein Interesse daran, neue Gefängnisse zu errichten und neue Dekorationen für diese Gefängnisse zu kreieren. Mein einziges Interesse liegt in der absoluten, uneingeschränkten Befreiung des Menschen."

Krishnamurti vs. Konditionierung

Wer die zahlreichen Bücher von Krishnamurti studiert hat (in erster Linie Aufzeichnungen seiner Vorträge), dem wird aufgefallen sein, dass er niemals andere Menschen zitiert, um seine eigenen Ausführungen zu unterstreichen. Obwohl bekannt war, dass er eine große Zuneigung bspw. für den Buddha verspürte, betonte er bei jeder Gelegenheit die Notwendigkeit der eigenständigen und unbeeinflussten Suche nach spiritueller Wahrheit. Wie in der Rede bereits deutlich wurde, weigerte sich Krishnamurti, selbst die Rolle eines übergeordneten "Meisters" einzunehmen, was seine Bewunderer selbstverständlich nicht davon abhielt, ihn als solchen zu betrachten.

Für seine kompromisslose Ablehnung jeglicher Autorität wurde Jiddu Krishnamurti von einigen anderen spirituellen Lehrern kritisiert, die den Einfluss eines "Gurus" für notwendig oder zumindest potentiell hilfreich erachteten. Es ist gerade diese völlige Losgelöstheit und Unabhängigkeit seiner Lehre von allen traditionellen Konzepten, die ihn zu einem höchst unkonventionellen und dafür umso effektiveren Lehrer macht.

Ein immer wiederkehrendes Thema in seinen Vorträgen und Büchern ist die Konditionierung des Menschen und all die Einschränkungen, die damit einhergehen. Die Anpassung an vorgegebene Muster hindert uns häufig daran, das uns innewohnende Potential zur Entfaltung zu bringen. Ebenso erläuterte JK immer wieder die Möglichkeit, sich von dieser gesellschaftlichen Prägung zu befreien. Nur darin liegt wahre Kreativität.

Niemals verlor Krishnamurti in seinen Ausführungen den praktischen Bezug zum alltäglichen Dasein seiner Mitmenschen. Obwohl er selbst im Laufe seines Lebens tiefe spirituelle Erfahrungen machte (u. a. erlebte er Nachtodkontakte und außerkörperliche Erfahrungen), enthält seine Lehre kaum mystische Aspekte, sodass sie u. a. auch vielen Wissenschaftlern leicht zugänglich war. Für JK besteht Selbsterkenntnis darin, sich durch aufmerksame Beobachtung des eigenen Innenlebens (Gedanken, Gefühle etc.) seiner eigenen Motive und der daraus resultierenden Handlungen bewusst zu werden. Er betrachtete zwischenmenschliche Beziehungen (also das Verhalten im Umgang mit anderen Menschen) und die Beziehung zur Natur als besonders gut geeignet, um eine kritische Selbstbetrachtung vorzunehmen, daraus Erkenntnisse zu gewinnen und eine Transformation auf der praktischen Ebene herbeizuführen. Diese Wandlung beginnt stets im eigenen Inneren, woraufhin sich das äußere Spiegelbild des inneren Zustands in der physischen Welt manifestiert. Im Klartext: Harmonie im Menschen – Harmonie in der Welt. Chaos im Menschen – Chaos in der Welt. (JK: „Du bist die Welt!") Nur durch eine Transformation des Individuums ist schließlich eine wahre Revolution im kollektiven menschlichen Bewusstsein möglich.

Um es in Goethes Worten auszudrücken:
„Jeder kehre vor der eigenen Tür und die Welt ist sauber."

„Die Verschmutzung des Planeten ist nur die Spiegelung im Außen von einer psychischen Verschmutzung im Inneren, ein Spiegel für die Millionen von unbewussten Menschen, die keine Verantwortung für ihren inneren Raum übernehmen." (Eckhart Tolle)

Die Folge wahrhaftiger Selbsterkenntnis ist ein Leben, das von einer wundervollen Klarheit geprägt ist. Der typische innere Kampf ist beendet. Innere und äußere Schönheit und Reinheit sind Kennzeichen einer derartigen Lebensführung. Krishnamurti bezeichnete das bevorzugt als Ordnung:
„Man kann nur dann gut hören, wenn man ruhig sitzt und aufmerksam ist. Man kann keine Ordnung haben, wenn man nicht frei ist, zu schauen, wenn man nicht frei ist, zuzuhören, wenn man nicht frei ist, rücksichtsvoll zu sein. Dieses Problem von Freiheit und Ordnung ist eines der schwierigsten und dringendsten Probleme des Lebens. Es ist ein sehr komplexes Problem. Es muss viel mehr durchdacht werden als Mathematik, Geographie oder Geschichte."

Vom Werden zum Sein

Eines der zentralen Probleme des menschlichen Lebens liegt laut JK in der offensichtlichen Tatsache, dass sich die meisten Menschen in einem Bewusstseinszustand des ständigen Strebens befinden. Während unsere heutige Leistungsgesellschaft Eigenschaften wie Ehrgeiz als lobenswert und effektiv erachtet, legte Krishnamurti die Fatalität offen:
„Ehrgeiz ist Angst:
Was hat Ehrgeiz in der Welt angerichtet? Nur wenige Menschen haben je darüber nachgedacht. Wenn sich jemand anstrengt, einen anderen zu

übertrumpfen, wenn jeder versucht, sich durchzusetzen, zu gewinnen – sind Sie je dahintergekommen, wie es im Herzen dieser Menschen aussieht? Wenn Sie in Ihr eigenes Herz schauen und sehen, wann Sie ehrgeizig sind, wann Sie sich bemühen, jemand zu sein, im spirituellen Bereich oder in der Welt, werden Sie feststellen, dass der Wurm der Angst darin haust. Der ehrgeizige Mensch ist der Ängstlichste von allen, denn er fürchtet sich davor, zu sein, was er ist, weil er sagt: ‚Wenn ich einfach nur bin, was ich bin, dann werde ich nichts sein. Deshalb muss ich 'jemand' werden, ich muss Ingenieur werden, Lokomotivführer, Richter, Minister.'"

In den Augen Krishnamurtis wirken sich die ständigen Vergleiche, wie sie in unserer Gesellschaft üblich sind, schädlich auf die Entwicklung eines Menschen aus. Ein Kind hinsichtlich seiner Fähigkeiten und erbrachten Leistungen mit einem anderen Kind zu vergleichen und es auf diese Weise unter Druck zu setzen (wie es täglich überall auf der Welt geschieht), stufte Krishnamurti als geistige Vergewaltigung ein.

„Wirkliches Lernen findet statt, wenn der Wettbewerbsgeist nicht mehr vorhanden ist. Den meisten Eltern geht es nur um die Aneignung von oberflächlichem Wissen, das ihren Kindern eine respektable Position in einer korrupten Gesellschaft sichern soll. Bildung bedeutet nicht nur, Prüfungen zu bestehen, einen Abschluss und einen Job zu machen, zu heiraten und sesshaft zu werden, sondern auch in der Lage zu sein, den Vögeln zuzuhören, den Himmel zu sehen, die außergewöhnliche Schönheit eines Baumes und die Form der Hügel zu erkennen und mit ihnen zu fühlen, wirklich, direkt mit ihnen in Kontakt zu sein. Wenn man älter wird, verschwindet dieser Sinn für das Hören und Sehen leider, denn man hat Sorgen, will mehr Geld, ein besseres Auto, mehr Kinder oder weniger Kinder. Man wird eifersüchtig, ehrgeizig, gierig, neidisch; so verliert man den Sinn für die Schönheit der Erde. Bildung im eigentlichen Sinne hilft dem Menschen, reif und frei zu werden, in Liebe und Güte zu erblühen. Daran sollten wir interessiert sein – und nicht daran, das Kind nach einem idealistischen Muster zu formen.", so JK.

Zudem erkannte JK, dass die meisten Menschen auf neue Lebenssitua-
tionen ausschließlich vor dem Hintergrund ihrer Gewohnheit reagieren.
Sie sehen ihre Mitmenschen durch die Gitterstäbe konditionierter Gedanken, sodass eine echte zwischenmenschliche Beziehung schlichtweg
im Keim erstickt wird. Das Gedächtnis und darin abgespeicherte Geschehnisse aus der Vergangenheit verhindern die von JK empfohlene
Unvoreingenommenheit, mit der wir den Herausforderungen des Lebens
begegnen sollten. Doch wir tragen die Last vergangener Erfahrungen mit
uns herum und können so den Anforderungen der Gegenwart nicht gerecht werden. Ein Beispiel: Wenn ich einen Menschen nur durch den
Schleier der Erinnerungen sehe, die mir vielleicht vor Augen führen,
dass diese Person mich einst beleidigt hat, dann mache ich das einstige
Verhalten dieser Person zu einer beständigen Identität. Diese verheerende Illusion erhält alte Konflikte aufrecht und kann sich vergiftend
sowohl auf die eigene Psyche als auch auf den Körper auswirken (je
nach Intensität kann Groll wie auch Angst in der Tat gesundheitsschäd-
lich sein). Besonders bedeutsam ist diese Erkenntnis natürlich in Bezug
auf jene Menschen, mit denen wir eine langjährige Vergangenheit teilen.
Wenn es mir gelingt, meinen Mitmenschen vollkommen neu zu betrachten, als würde er mir zum ersten Mal begegnen, ohne negative Erinnerungen abzurufen und mich in meinem Verhalten von ihnen beeinflussen
oder gar leiten zu lassen, dann transzendiere ich jegliche Trennung und
ermögliche eine Erneuerung, die auf Liebe und Mitgefühl basiert.

Die Liebe war innerhalb seiner Lehre stets von fundamentaler Bedeutung. JK verstand es, seinen Zuhörern einen Spiegel vorzuhalten, in
dem sie überprüfen konnten, ob das, was sie als Liebe bezeichneten,
diesen Titel wirklich verdient hatte. In den allermeisten Fällen, so JK,
handelt es sich nicht um Liebe, sondern um ein Abhängigkeitsverhältnis,
gegenseitiges Ausnutzen und somit Flucht vor der Einsamkeit.
Zwischenmenschliche Beziehungen basieren oftmals nicht auf Liebe,
sondern wir nutzen einander aus, ohne uns dessen bewusst zu sein,

indem wir uns häufig nur deshalb mit anderen Menschen umgeben, weil wir unserer unterschwelligen Einsamkeit zu entfliehen versuchen. „Ich liebe meine Frau, solange sie an meiner Seite bleibt. Wenn sie mich verlässt, verwandelt sich meine Liebe in Hass. Das ist keine Liebe!", so JK sinngemäß. Wirkliche Liebe besteht ohne Erwartungen und ist bedingungslos. Außerdem betonte Krishnamurti, dass Liebe niemals ein Produkt des Denkens sein kann und nichts mit dem Verstand zu tun hat.

„Die Liebe beginnt da, wo das Denken aufhört."
(Meister Eckhart)

Die Grenzen der Sprache

„Die Mitteilungsmöglichkeit des Menschen ist gewaltig, doch das meiste, was er sagt, ist hohl und falsch. Die Sprache der Tiere ist begrenzt, aber was sie damit zum Ausdruck bringen, ist wichtig und nützlich. Jede kleine Ehrlichkeit ist besser als eine große Lüge." – Leonardo da Vinci

Krishnamurti vermochte die Unzulänglichkeit des menschlichen Verstandes mit erstaunlicher Klarheit aufzuzeigen. Der Zwang, sämtliche Sinneswahrnehmungen zu benennen, kategorisch zuzuordnen und zu bewerten, macht es dem Menschen nahezu unmöglich, die wahre Tiefe des Lebens zu erkennen. So lebt er nur in einer begrifflichen Dimension, einer Welt der gedanklichen Einordnungen und Konzepte. Er verwechselt seine Interpretation der Wirklichkeit – eine völlige Illusion – mit der tatsächlichen Wirklichkeit.
Die Spiritualität verweist auf etwas, das jenseits aller Worte und Gedanken liegt. Im Grunde ist es einfach. Es ist nicht zu kompliziert, um in Worte gefasst zu werden. Die Worte machen es erst kompliziert!
Das Problem besteht darin, dass wir stets versuchen, allen Erscheinungen einen Stempel der Sprache aufzudrücken und sie in Kategorien ein-

zuordnen. Indem wir unsere Wahrnehmungen sofort interpretieren und die Wirklichkeit etikettieren, berauben wir uns der wahren Bereicherung, welche darin besteht, sämtlichen Erscheinungen die Erlaubnis zu erteilen, einfach so zu sein, wie sie sind, und dabei nicht das Bedürfnis zu verspüren, dem begrenzten Verstand durch einschränkende und zutiefst verfälschende Definitionen einen Zugang zu verschaffen.

„Wenn wir das Wunder einer einzigen Blume klar sehen könnten, würde sich unser gesamtes Leben verändern.", so Siddhartha Gautama (der Buddha). Und was hindert uns daran, das Wunder der Blume wirklich zu erkennen? Unsere lächerliche Überzeugung, dass mit dem Wort "Blume" und der intellektuellen Beschreibung und Analyse ihrer Eigenschaften bereits das gesamte Sein dieser Erscheinung erfasst werden kann!

„Es ist wichtiger, dass sich jemand über eine Rosenblüte freut, als dass er ihre Wurzel unter das Mikroskop bringt.", so der große Schriftsteller Oscar Wilde. Der Philosoph Alan Watts, der auch Zeit mit Jiddu Krishnamurti verbrachte und ihn als „außergewöhnlichen Mystiker" und „einen der originellsten und tiefgründigsten Denker der Welt" bezeichnete, schloss sich an: „In unserer Kultur macht sich ständig jeder Aufzeichnungen über alles Mögliche, und es wird als wesentlich wichtiger angesehen, zu notieren, was geschieht, als ein Ereignis zum Zeitpunkt seines Geschehens zu erleben."

Zu oft setzen wir die objektiven Eigenschaften dessen, was wir beobachten, mit dem wahren, tieferliegenden Sein der Natur gleich. Sobald wir eine Erscheinung benennen, sind wir an der Oberfläche verhaftet und verpassen das wahre Wunder. In Krishnamurtis Worten:

„Wenn Sie einem Kind den Namen des Vogels beibringen, wird es nie wieder den Vogel sehen."

Der große Physiker Richard Feynman würde ihm offensichtlich zustimmen: „Sie können den Namen eines Vogels in allen Sprachen der Welt aufsagen, aber wenn Sie fertig sind, wissen Sie absolut nichts über den

Vogel... Schauen wir uns also den Vogel an – das ist es, was zählt. Ich habe sehr früh den Unterschied zwischen dem Wissen um den Namen einer Sache und dem Wissen um eine Sache gelernt."

„Wir würden viel weniger Streit in der Welt haben, nähme man die Worte für das, was sie sind – lediglich die Zeichen unserer Ideen und nicht die Dinge selbst." (John Locke)

Unser Verstand möchte alles benennen und analysieren. Das ist an sich kein Problem, doch wenn wir vergessen, dass Gedanken nicht das einzige Instrument des Forschens sind und dass die Realität unabhängig von unseren Analysen besteht, dann geht die Schönheit der Einfachheit verloren. Das ist der Unterschied zwischen dem Menschen und der Natur: „Die Natur brüstet sich nicht, dass sie Natur ist, noch hält das Wasser über die Technik des Fließens eine Tagung ab. So viel Gerede wäre an die verschwendet, die es nicht brauchen. Wenn wir einem Fisch beizubringen versuchen, dass Wasser physikalisch aus zwei Drittel Wasserstoff und einem Drittel Sauerstoff besteht, würde er sich schieflachen."
(Alan Watts)

Freiheit von Gedanken

„Intelligenz hat nicht das Geringste mit dem Denken zu tun."
(Jiddu Krishnamurti)

„Ich denke 99 Mal nach und finde nichts. Ich höre auf, zu denken, schwimme in der Stille - und die Wahrheit kommt zu mir." (Einstein)

Krishnamurti selbst genoss es regelmäßig, stundenlang ohne einen einzigen Gedanken in völliger Stille zu verweilen. Diese Stille betrachtete er als die Quelle schöpferischer Kreativität.

Er liebte ausgiebige Spaziergänge in der Natur. Offenbar war es ihm möglich, in eine non-verbale Kommunikation mit der Tierwelt zu treten, zu der durchschnittliche Menschen in der Regel nicht in der Lage sind. Es heißt, dass sich die wilden Tiere Indiens in Krishnamurtis Gegenwart ungewöhnlich friedvoll und angstfrei verhielten. Selbiges wird auch über Ramana Maharshi berichtet.

Krishnamurtis Kompromisslosigkeit wird im folgenden Zitat zum Ausdruck gebracht: „Wenn Sie sich als Inder oder Moslem oder als Christ oder Europäer oder irgendetwas anderes bezeichnen, dann sind Sie gewalttätig. Verstehen Sie, warum das gewalttätig ist? Weil Sie sich vom Rest der Menschheit abspalten! Wenn Sie sich durch Glauben, durch Nationalität, durch Tradition abspalten, ruft das Konflikte hervor. So gehört ein Mensch, der Gewalt zu überwinden sucht, nicht zu einem bestimmten Land, zu irgendeiner Religion, einer politischen Partei oder einem besonderen System; sein Anliegen ist es, die Menschheit als Ganzes zu verstehen."
Wir erinnern uns an eine Aussage von Bruce Lee, der Krishnamurtis Lehre studiert hat: „Wissen Sie, wie ich von mir selbst denken möchte? Als Mensch. Unter dem Himmel gibt es nur eine einzige große Familie."
Krishnamurti fährt fort: „Solange es Nationalismus gibt, solange du glaubst, Deutscher, Russe oder Amerikaner zu sein, ausschließlich einer bestimmten Nation anzugehören, solange wird es Kriege geben. Solange du Christ bist und ich bin Hindu oder du bist Moslem und ich bin Buddhist, ist die Voraussetzung für Krieg geschaffen. Solange du ehrgeizig bist, die Spitze deiner Gesellschaft erreichen willst und nach Leistung und Erfolg strebst, wirst du ein Auslöser des Krieges sein."
Perfekt. Dem ist inhaltlich nichts hinzuzufügen. Trotzdem möchte ich an dieser Stelle mit eigenen Worten verdeutlichen, weshalb es so wichtig ist, den Gemeinsamkeiten stets größere Aufmerksamkeit zu widmen als den Unterschieden, wie auch Krishnamurti immer wieder empfohlen hat. Je stärker wir davon überzeugt sind, dass sich ein Lebewesen grundle-

gend von uns unterscheidet, desto eher sind wir fähig, diesem Lebewesen Schaden zuzufügen. Und je eher uns bewusst ist, dass Unterschiede nur der oberflächlichen Ebene angehören und dass darunter alles Leben eins ist, desto weniger sind wir dazu in der Lage, einem Lebewesen zu schaden. Viele Menschen können ohne weiteres eine Fliege erschlagen oder beim Angeln Fische töten. Aber verhältnismäßig wenige Menschen sind imstande, einer Katze oder einem Hund Leid zuzufügen. Denn Hunde und Katzen sind als hochentwickelte Säugetiere dem Menschen, der wir zu sein glauben, viel ähnlicher.

Mein Vater und mein Patenonkel waren Großwildjäger und haben viele verschiedene Tierarten gejagt. Aber mein Vater brachte es in Afrika nicht übers Herz, einen Pavian zu erschießen, als sich ihm die Chance dazu bot. Und mein Patenonkel Ewald ließ im letzten Moment den Finger gerade, als er in Kanada einen Grizzly ins Visier genommen hatte: „Ich war begeistert von dem prächtigen Tier und konnte den Grizzly gut eine halbe Stunde aus nächster Nähe beobachten, ein wundervolles Geschenk der Schöpfung Gottes. Ich bin voller Bewunderung ruhig geblieben und habe mich an diesem einmaligen Anblick erfreut. Später folgte ich noch den Spuren des Bären, aber er war wie ein Schatten verschwunden."

Bei der Betrachtung dieser beiden Fälle fällt mir auf: Paviane und Bären sind uns Menschen viel ähnlicher als die meisten anderen Tiere.

Alle menschlichen Gräueltaten sind letztlich darauf zurückzuführen, dass hier die Einheit des Lebens in Vergessenheit geraten ist oder ignoriert wird. Daher ist es so wichtig, immer wieder daran zu erinnern, dass die Gemeinsamkeiten grundsätzlich zahlreicher und essenzieller sind als die Unterschiede.

Obwohl Jiddu Krishnamurti die typischen Illusionen des menschlichen Lebens eher gnadenlos zu zerschmettern pflegte, fehlte es seinem unmittelbaren Umgang mit Menschen niemals an Empathie und emotionaler Wärme. Einigen seiner Gesprächspartner hielt er liebevoll die Hand, während er zu ihnen sprach. Er trat seinen Mitmenschen ausnahmslos mit großer Höflichkeit und Respekt gegenüber. Enge Vertraute heben in ihren Erzählungen außerdem eine stark ausgeprägte Lebensfreude und herzhaften Humor hervor – ganz zu schweigen von einer Anziehungskraft, Würde und Schönheit in seiner physischen Erscheinung, die auch von männlichen Freunden und Bekannten immer wieder betont wird. Besondere Fähigkeiten wie die angebliche Gabe des Heilens, häufige Einblicke in außersinnliche Wahrnehmungsbereiche und die Tatsache, dass er von sehr vielen Menschen als großer Erleuchteter angesehen und geradezu verehrt wurde – all das konnte nichts daran ändern, dass er kein gedankliches Selbstbild kreierte, sich selbst keine Wichtigkeit beimaß (Jiddu über Jiddu: „K ist überhaupt nicht wichtig.“), nur ungern über persönliche Erfahrungen sprach und stets bescheiden blieb.

Kein Widerstand = Kein Leid

Widerstandslosigkeit gilt als bedeutendes Merkmal einer Lebensführung, die von wahrhaftiger spiritueller Praxis geprägt ist. Die völlige Akzeptanz dessen, was ist, führt zu einem unerschütterlichen inneren Frieden. In den vorangegangenen Kapiteln habe ich bereits zu verdeutlichen versucht, dass das reine Bewusstsein, das wir essentiell sind, völlig unabhängig von sämtlichen physiologischen und psychologischen Umständen ist und von keinem Ereignis jemals berührt werden kann. JK brachte diese Erkenntnis und die daraus resultierende Widerstandslosigkeit mit einfachen, aber sehr kraftvollen Worten auf den Punkt:

„Ich habe nichts gegen das, was geschieht.“

Das ist der Zustand, den 'Sucher' auf dem spirituellen Pfad anstreben: „Gott, gib' mir die Gelassenheit, Dinge hinzunehmen, die ich nicht ändern kann, den Mut, Dinge zu ändern, die ich ändern kann und die Weisheit, das eine vom anderen zu unterscheiden.“ (Reinhold Niebuhr)

Danke für die Inspiration!

Krishnamurti repräsentiert in diesem Kapitel gewissermaßen all jene, die mich inspiriert haben. Es sind so viele, dass ich nicht alle namentlich aufführen kann und allein über sie genug hätte schreiben können, um ein ganzes Buch zu füllen. Nicht alles, was JK sagte, würde ich vorbehaltlos unterschreiben. Doch das spielt keine Rolle. Er selbst forderte seine Zuhörer immer wieder auf, niemanden zur unfehlbaren Autorität zu ernennen und nur zu akzeptieren, was einer kritischen Überprüfung standhält und mit der eigenen, unabhängigen Erfahrung übereinstimmt. Außerdem kann man auch dann, wenn man nicht allen Aspekten seiner Lehre zustimmt, den Lehrer uneingeschränkt respektieren und, anstatt sich in Kritik zu verlieren, den herausragenden Wert hervorheben... Wenn es darum geht, in der jüngeren Geschichte der Menschheit möglichst unkonditionierte Individuen ausfindig zu machen, ist Krishnamurti einer der ersten Menschen, die mir diesbezüglich in den Sinn kommen. Seiner ausgereiften Achtsamkeit entging nichts. Was sein wacher Geist erforschte, durchdrang er vollständig. Die Klarheit seines Verstehens bezüglich der Mechanismen des menschlichen Lebens ist wahrhaft überwältigend. Möge das wertvolle Vermächtnis dieses großartigen Mannes weiterhin viele Menschen inspirieren, so wie es mich inspiriert hat.

JK hielt sich in der Regel mit ergreifenden Beschreibungen seiner eigenen Erfahrungen zurück. Mit einigen der seltenen und daher besonders kostbaren Ausnahmen kommen wir dem Ende dieses Kapitels näher...
„Eines Nachts wachte ich auf und hatte das Gefühl, dass das gesamte Universum mit mir verschmolz. Alles floss in mich hinein, und die Reise ging tiefer und tiefer, in eine Tiefe ohne Ende."
„Wenn man diese Verwirklichung erlangt hat, hört alle Trennung auf, also kann es dort keine Unterscheidung geben. Wer in dieses Leben eingeht, wird zum All, er wird das Leben selber. Von diesem Leben sage ich nun, ich habe es verwirklicht."

„Ich erfuhr etwas, das endgültig und fundamental ist und keine Zielge-
richtetheit aufweist. Bitte versteht, dass es sich nicht weiterentwickelt,
sondern etwas ist, das absolut ist, obwohl es nichts mit einem Ende
gemeinsam hat. Es ist eine unaufhörliche Erneuerung, das Leben selbst.
Es ist zeitlos und kann mit Worten nicht beschrieben werden."

„Der Raum war erfüllt von dieser Segnung. Was dann folgte, ist nahezu
unmöglich mit Worten zu beschreiben; Worte sind solche toten Dinge,
mit festgesetzten Bedeutungen, und was geschah, vollzog sich jenseits
aller Worte und Beschreibungen. Es war das Zentrum der Schöpfung; es
war eine Reinigung von großer Ernsthaftigkeit, die den Geist von allen
Gedanken und Gefühlen befreite; eine Ernsthaftigkeit wie jene eines
Blitzschlages, der zerstört und verbrennt; eine Tiefe, die nicht auszulo-
ten war, unbeweglich und undurchdringlich, eine Gewissheit, die dem
Licht des Himmels glich. Es erfüllte die Augen, und die Augen konnten
sehen. Die Augen, die sahen, die erschauten, waren gänzlich verschieden von den physischen Augen. Die Augen blickten jenseits von Raum
und Zeit. Es war unergründliche Göttlichkeit mit einem Frieden, der das
Wesen aller Bewegung, allen Geschehens ausmachte."

„Jener Abend, an dem Krishnamurti mit tiefer Bewegtheit auf das Unendliche zu sprechen kam, zählt zu meinen glücklichsten Erinnerungen. „Glaube
mir, ich erschaue nur ein Bruchstück des Unendlichen.", sagte er. Dann,
nachdem er sich die Tränen von seinem verzückten Gesicht abgewischt
hatte, fügte er hinzu: „Das Unendliche ist von solch einer ungeheuerlichen
Unfassbarkeit, dass du es niemals in seiner Ganzheit erschauen kannst.""

(Susunaga Weeraperuma)

Jiddu Krishnamurti starb am 17. Februar 1986 in Ojai (Kalifornien) im
Alter von 90 Jahren. Anlässlich seines Todes zollte ihm der spirituelle
Lehrer Osho Respekt: „Der Tod eines erleuchteten Wesens wie J.
Krishnamurti ist nichts, worüber man traurig sein muss, sondern etwas,
das mit Liedern und Tänzen gefeiert werden sollte. Es ist ein Moment
des Jubels. Sein Tod ist kein Tod. Er weiß um seine Unsterblichkeit.

Sein Tod ist nur der Tod des Körpers. Aber J. Krishnamurti wird im universellen Bewusstsein weiterleben, für immer und ewig.
Ich war schockierter über die Nachrichten als über den Tod. Ein Mann wie J. Krishnamurti stirbt, und die Zeitungen haben keinen Platz für diesen Mann, der seit 90 Jahren ununterbrochen der Menschheit geholfen hat, intelligenter und reifer zu werden. Niemand hat so hart und so lange gearbeitet. Nur ein kleiner Nachrichtenartikel, unbemerkt – und wenn ein Politiker niest, macht das Schlagzeilen."

Krishnamurtis enge Freundin Pupul Jayakar schrieb in ihrem Buch „Krishnamurti – Ein Leben in Freiheit" (seine autorisierte Biographie): „Seine Asche wurde mit dem Flugzeug gebracht. Ich nahm sie in Empfang und fuhr direkt zu meiner Wohnung. Als wir das Tor passierten, wurden wir von einem plötzlichen Regenschauer überrascht, der andauerte, bis ich die Urne unter einen der Banyanbäume im Garten gestellt hatte. Dann hörte der Regen so plötzlich auf, wie er begonnen hatte."
Sie hat ihn im Sterbeprozess begleitet und beschrieb den letzten Abschnitt seines irdischen Lebens mit Worten, die Gänsehaut erzeugen:
„Im Juli 1985, als er sich in der Schweiz aufhielt, hatte Krishnaji zum ersten Mal die Vorzeichen seines herannahenden Todes gespürt.
Als ich ihn Ende September besuchte, sagte er:
„Seit meinem letzten Aufenthalt in der Schweiz weiß ich, wann ich sterben werde. Ich kenne die Stunde und den Ort, aber ich werde es niemandem sagen. Die Manifestation hat begonnen, sich aufzulösen."
Krishnaji war achtsam und wach wie je, schaute, lächelte den Menschen zu und lauschte dem Pulsieren der Stadt.
Eines Tages betrat Radhika sein Zimmer und hörte, wie er zu einem Wiedehopf sprach, der draußen vor dem offenen Fenster auf dem Ast eines Baumes saß. Der Vogel lauschte Krishnaji, der auf dem Bett lag und leise zu ihm sprach. Oft, wenn wir in Krishnajis Zimmer saßen, kam der Vogel angeflogen und klopfte mit dem Schnabel an die Fensterscheibe. Dann pflegte Krishnaji zu sagen: „Da kommt mein Freund."

Nachdem er seinen letzten Vortrag beendet hatte, bat Krishnaji seine Zuhörer, still sitzenzubleiben und mit ihm zu meditieren. Ein Kind ging mit einer Champakblüte auf ihn zu. Er drehte sich um und lächelte, als er sie entgegennahm, und das Kind lächelte auch. So endete der Vortrag in Stille und mit einem Lächeln. Gegen Ende der letzten Zusammenkunft sagte er: „Seid absolut achtsam und strengt euch nicht an." Asit fragte, ob das seine letzten Worte an uns wären, aber Krishnaji lächelte nur. Er bat mich, ihn im Rollstuhl zum Pfefferbaum zu schieben. Dort saß er allein und verabschiedete sich von den Bergen und den vielen Bäumen. (...) Ich setzte mich an sein Bett und hielt seine Hand in meinen beiden Händen, und wir schwiegen gemeinsam. Für einen kurzen Augenblick leuchtete sein Gesicht auf und wirkte jung und wunderschön.

Am Tag meiner Abreise, am 16. Februar, ging ich zu Krishnaji und saß eine Weile still an seinem Bett. Er hatte große Schmerzen, aber er war bei klarem Bewusstsein. Ich sagte, ich würde nicht 'Lebewohl' sagen, denn wir würden uns nicht trennen. Mit großer Anstrengung führte er meine Hand an seine Lippen. Sein Griff war fest. Dann lag er da, eingehüllt in eine Stille, die auch mich umfing. Als ich das Zimmer verließ, sagte er: „Pupul, heute Nacht mache ich eine lange Wanderung in den Bergen. Die Nebel steigen." Ich ging aus dem Zimmer, ohne mich umzusehen. In dieser Nacht schlief Krishnaji ein und machte sich auf seinen langen Weg in die Berge. Die Nebel stiegen, aber er ging durch sie hindurch und verschwand."

Eine Frau namens Gabriele Blackburn – die Tochter eines Freundes von Krishnamurti – berichtete von einer Beobachtung (genauer gesagt: einer mystischen Vision), die ihr beim Tod von JK ermöglicht wurde.
Sie hielt sich in Ojai auf, als Krishnamurti endgültig seinen Körper verließ, und wurde in diesem Moment von einem Licht geführt, während sie ihre Aufmerksamkeit auf den sterbenden Freund richtete.
Ihre schöne Beschreibung dessen, was sie wahrnahm, ist in dem Buch "Krishnamurti – Ein Mensch der Zukunft" von Peter Michel enthalten:

„Ich stimmte mich auf Krishnaji ein und sah, dass er im Begriff stand, seinen Körper zu verlassen. Ich fragte das Licht, ob es mir etwas zeigen wolle, und ich bekam zur Antwort, ich solle warten und aus der Ferne beobachten. Schon nach einer kurzen Zeit erblickte ich die große geistige Form Krishnamurtis, nunmehr endgültig von seinem Körper befreit. Er warf einen letzten Blick auf sein geliebtes Tal, um sich zu verabschieden. Ich konnte erkennen, wie sein Bewusstsein all jene umfing, die ihn in ihren Herzen bewahrten. Dann blickte er auf, und das Licht flammte auf, als er sich ihm über den Bergen zu nähern begann. Eine große Leichtigkeit war über ihn gekommen. Als er nach oben stieg, näherte sich ihm das Licht, umhüllte ihn und zog ihn in sich hinein, so als wolle es ihn bei seiner Heimkehr willkommen heißen. Eine große innere Freude erfüllte ihn. Es schien mir, als wenn alles Licht des Tales mit ihm emporgezogen würde und eine Dunkelheit und Leere zurückließ. Dann flammte seine Aura auf, ganz vom Licht durchdrungen, das sich weit über seinen Geistkörper hinaus wie ein Flammenkreis ausdehnte. Ich hatte den Eindruck, als ob die reine Freude, die er in diesem Licht empfand, und die gleichzeitige Wahrnehmung eines unendlichen Verlustes für die Erde, wie der Unterschied zwischen Tag und Nacht war. Plötzlich näherten sich ihm aus der Unendlichkeit zwei immens strahlende Sterne. Als sie herankamen, manifestierten sie sich in zwei Lichtwesen, die aus dem göttlichsten goldenen Licht waren. Es war jenes goldene Licht, aus dem auch Krishnamurti inzwischen beschaffen war. In diesem Moment verbanden sich in einem unbeschreiblichen Willkommensgruß das Bewusstsein des Buddha und das Bewusstsein des Christus mit dem Bewusstsein Krishnamurtis. In einem Augenblick beschleunigte sich die gesamte Szene, als alle drei zurückgezogen wurden in das goldene Licht der Ewigkeit. Es war etwas vollkommen Natürliches – sie kehrten dorthin zurück, wohin sie gehörten. Die Intensität der Energie entsprach für mich der schöpferischen Kraft als solcher. Es war ein unbeschreibliches Gefühl von absoluter Vollkommenheit, als diese erneut vereint waren. Krishnamurti war wieder eins mit dem Licht geworden."

Kapitel 11

JESUS
DAS LICHT DER WELT

„Es sind sehr, sehr wenige, aber diese wenigen
können das gesamte Bewusstsein der Menschheit beeinflussen.
Wenn ein paar Menschen dem Kummer ein Ende setzen,
dann wird das gesamte Bewusstsein davon beeinflusst."
(Jiddu Krishnamurti)

„Ihr Menschen, die meisten jedenfalls, leben nach dem Prinzip "Auge um
Auge, Zahn um Zahn", das im ganzen Universum für seine Idiotie bekannt
ist. Euer Buddha und euer Christus sahen das auch ganz anders, aber nie-
mand hat das groß beachtet, weder die Buddhisten noch die Christen.
Manchmal fällt es schwer, zu begreifen, wie ihr es so weit gebracht habt."
(Kevin Spacey als der Außerirdische "Prot" in "K-PAX – Alles ist möglich")

Die Künstlerin Akiane Kramarik fiel schon als Kind mit ihren außergewöhnlichen Fähigkeiten auf. Durch ihre Ölgemälde sollen sich ihre Eltern
völlig unvorhergesehen von Atheisten zu gläubigen Christen entwickelt
haben. Im Alter von vier Jahren, so Akiane, habe Gott zum ersten Mal zu
ihr gesprochen. Ihre Visionen seien viel zu komplex, um mit Worten
wiedergegeben zu werden und könnten nur durch Kunst vermittelt werden. So begann sie als 6-Jährige damit, sich in Form von bemerkenswerten Zeichnungen auszudrücken. Es muss betont werden, dass sie
tatsächlich keine Ausbildung erhielt, was angesichts ihrer Werke auf
eine enorme Begabung hindeutet. „Gott ist mein Lehrer.", so die junge
Künstlerin. Ihr bekanntestes und eindrucksvollstes Bild trägt den Titel
"Prinz des Friedens" (im Original "Prince of Peace") und stellt Jesus

dar, wie er ihr erschienen sei. Im beachtlichen Alter von gerade einmal 8 Jahren stellte sie dieses Bild fertig, das hinsichtlich seiner Qualität nicht von dem eines professionellen erwachsenen Zeichners zu unterscheiden ist. Ein Junge namens Colton Burpo berichtet davon, in seiner Nahtoderfahrung Jesus begegnet zu sein. Sein Vater wollte von ihm wissen, wie Jesus ausgesehen habe und zeigte ihm viele traditionelle Darstellungen, in der Hoffnung, dass sein Sohn ihn darauf wiedererkennen würde. Doch keine der Abbildungen entsprach Coltons Erinnerung. Eines Tages, bei der erstmaligen Betrachtung des Gemäldes, gab das Kind sofort an, dass der von Kramarik porträtierte Mann der wirkliche Jesus sei. In der Tat wirkt die gezeichnete Person keineswegs wie das Produkt der Fantasie eines Kindes, sondern eher wie ein reales Vorbild. Ich lade dich dazu ein, das Kunstwerk im Internet zu bewundern.

Wir schreiben das Jahr 2022. Niemand bestreitet das oder zweifelt es an. Auch jeder Atheist ist sich darüber im Klaren und weigert sich nicht, sein Leben danach auszurichten. Doch nur selten fragen wir uns bei der Betrachtung des Datums, welche Bedeutung diese Zahl eigentlich hat. Trotzdem ist jeder gebildete Mensch in der Lage, die Frage zu beantworten. Was geschah vor ca. 2.000 Jahren? Welches Geschehnis kann so bedeutend sein, dass wir uns so lange danach noch detailliert daran erinnern und sogar weltweit unsere Zeitrechnung davon bestimmen lassen? Wir wissen, dass ein Mann namens Jesus (eigentlich Jeschua) in Israel (Bethlehem oder Nazareth) geboren wurde, ein außergewöhnliches Leben führte und schließlich in Jerusalem auf grausame Weise durch Menschenhand starb.

Nach heutigem Kenntnisstand wurde er zwischen 33 und 38 Jahre alt. Er hat nachweislich existiert, seine historische Bedeutung ist wissenschaftlich anerkannt, denn die Bibel ist zwar die Hauptquelle, aber bei weitem nicht die einzige. Kein ernstzunehmender Historiker bestreitet, dass dieser Mensch wirklich gelebt hat. Auch viele Atheisten erkennen seine Existenz an, wenn auch nicht seinen besonderen Status.

Jesus von Nazareth gilt als Begründer des Christentums, der größten aller Weltreligionen. Weltweit gibt es über zwei Milliarden Christen. Auch zahlreiche Vertreter anderer Religionen bekennen sich zu ihm. Die Biografie dieses Mannes gilt als die größte Geschichte aller Zeiten. Niemandem sonst werden so viele Wundertaten nachgesagt, auf keiner anderen Person ruht vergleichbar die Hoffnung so zahlreicher Menschen. Doch was an diesem Mann war dermaßen einzigartig, dass er einen solch enormen Eindruck hinterlassen konnte? Jesus soll die Sonderstellung ("Sohn Gottes") nicht bestritten haben, die ihm zugeschrieben wurde und gab der Menschheit ihre größte aller Hoffnungen, indem er ihr das ewige Leben versprach. Ist damit die Frage nach dem Grund seines Einflusses bereits beantwortet? Nein. Niemand kann einfach derart gewagte und schwerwiegende Dinge behaupten wie...

„Ich bin die Auferstehung und das Leben.
Wer an mich glaubt, der wird leben, auch wenn er stirbt.
Und jeder, der lebt und an mich glaubt,
wird auf ewig nicht sterben."

... und allein dadurch zum meistverehrten Mann des Planeten werden, ohne überzeugende Argumente vorzulegen. Dieser Mensch muss also über Fähigkeiten oder Eigenschaften verfügt haben, aus denen eine solch enorme Überzeugungskraft resultierte. Charisma allein genügt sicher nicht. Das steht außer Frage. Ich kann nicht heute auf die Straße gehen, mich dort als Gottes Sohn vorstellen, den Leuten das nachtodliche Leben garantieren und somit dafür sorgen, dass man in 2.000 Jahren noch über mich sprechen wird. Hingegen würde ich lediglich bewirken, in eine psychiatrische Anstalt eingewiesen und innerhalb kurzer Zeit als nicht weiter erwähnenswerter Irrer vergessen zu werden. Jesus soll bekanntlich schwer erkrankte Menschen mit sofortiger Wirkung geheilt, Blinden die Fähigkeit des Sehens geschenkt und sogar Verstorbene wieder zum Leben erweckt haben.

Selbst Albert Einstein und Johann Wolfgang von Goethe, zwei berühmte Genies, sollen sich voller Ehrfurcht geäußert haben:

„Das strahlende Bild des Nazareners hat einen überwältigenden Eindruck auf mich gemacht. Es hat sich keiner so göttlich ausgedrückt wie er. Es gibt wirklich nur eine Stelle in der Welt, wo wir kein Dunkel sehen. Das ist die Person Jesu Christi. In ihm hat sich Gott am deutlichsten vor uns hingestellt." (Einstein) ... „Wenn je das Göttliche auf Erden erschien, so war es in der Person Christi." (Goethe)

Ich muss gestehen, dass ich die Geschichte Jesu lange nicht sonderlich ernst genommen und ihn eher als fiktive Figur betrachtet habe. Spätestens als ich registrierte, dass ziemlich viele Menschen in ihren Nahtoderfahrungen und Nachtodkontakten auf ihn getroffen sein wollen und dies durchaus glaubhaft darstellen, wurde mein Interesse geweckt. Nicht selten kommt es vor, dass ein Nahtoderfahrener, der dem Licht begegnete, dieses als Jesus Christus interpretiert. Dieses Licht erscheint häufig am Ende eines Tunnels (dem Übergang von diesem zum nächsten Zustand) und ist hinsichtlich seiner Wirkung so gewaltig, dass die betroffenen Menschen an den Begrenzungen der menschlichen Sprache scheitern, wenn sie den Versuch wagen, ihr Erlebnis und die damit verbundenen Gefühle in Worte zu fassen.

Die Begegnung mit dem Licht scheint das großartigste Erlebnis zu sein, das einem Menschen überhaupt widerfahren kann.

Die Erlebenden selbst empfinden das Licht offenbar recht häufig als Jesus oder Gott. Das Licht am "Eingang" zur geistigen Welt als Jesus anzusehen, würde durchaus mit einigen seiner Zitate übereinstimmen:

„Ich bin das Licht der Welt."

„Niemand kommt zum Vater denn durch mich."

„Ich bin die Tür; wenn jemand durch mich hineingeht, wird er selig werden."

Jesus als das alleinige "Licht der Welt" zu betrachten, kann jedoch ein Hindernis kreieren... Um es mithilfe einer Analogie zu erläutern: Indem die meisten Menschen glauben, ein Körper zu sein, verwechseln sie das Fenster mit dem Licht, das durch dieses Fenster hindurchscheint. Man stelle sich viele verschiedenartige Fenster vor. Manche sind relativ groß, andere relativ klein – was bekanntlich auch für Menschen gilt. Manche sind eckig, andere rund – was gewissermaßen ebenfalls auf Menschen zutrifft. Manche haben einen dunklen Rahmen, andere einen hellen – ebenso wie es hell- und dunkelhäutige Menschen gibt. Jedes Fenster ist einzigartig, wie auch jeder Mensch einzigartig ist. Sie alle unterscheiden sich erheblich hinsichtlich ihrer Größe, Form und Farbe voneinander. Aber hinter diesen Fenstern befindet sich ein einziges großes Licht, das durch alle Fenster hindurchscheint – ein einziges Bewusstsein, das sich durch all die unterschiedlichen Manifestationen zum Ausdruck bringt. Jeder von uns erfährt sich als eines der Fenster, also als ein individueller Körper, aber jeder von uns ist dieses Licht – das eine, unbegrenzte Bewusstsein. Repräsentativ für das Ego, also das fiktive Selbst, auf das in spirituellen Lehren immer wieder hingewiesen wird, ist der Staub, der sich auf der Fensterscheibe ablagert und verhindert, dass möglichst viel Licht durchdringt, d. h. dass möglichst viel vom Bewusstsein in seinem bedingungslos liebenden Ursprungszustand in diese Welt gelangt. Wir reinigen das Fenster durch spirituelle Praxis. Das Ego, welches durch Identifikation mit Form entsteht, lässt uns glauben, etwas zu sein, das mit unserer essentiellen Identität keineswegs gleichgesetzt werden kann. Wenn wir den Staub entfernen (alle falschen Vorstellungen davon, wer wir sind), dann legen wir unser wahres Selbst wieder frei. So kann das Licht heller scheinen. In der Tat unterscheiden wir uns teilweise erheblich und unübersehbar im Hinblick auf unsere Ausstrahlung. Folgendes Beispiel stammt aus dem Buch "Göttliche Momente" von Nancy Clark. Eine Frau berichtet hier von einer Begegnung mit Jesus während einer unvorhergesehenen Wahrnehmungserweiterung: „Sein Licht war so hell wie ein Scheinwerfer, während mein Glühen eher dem eines Glühwürmchens glich." ... Im Fall von Jesus und all den anderen großen Meistern gibt es keine Wolken, die die Sonne verdecken. Aber dieselbe Sonne ist in ausnahmslos allen Menschen vorhanden und kann niemals verschwinden, selbst wenn sie so sehr von Wolken verdeckt wird, dass ihr Licht nicht mehr durchdringen kann. Sie mag unsichtbar sein, aber sie scheint immer. Weil Jesus das wusste, hat er niemals jemanden verdammt.

Wir können nur dann unsere Umgebung erhellen und anderen Menschen durch unsere natürliche Präsenz bei ihrer eigenen Selbsterkenntnis behilflich sein, wenn wir jenes Licht, das wir sind, möglichst ungehindert scheinen lassen.

Wenn Spiritualität nicht als das Kostbarste überhaupt erkannt wird, dann konzentrieren wir uns auf das Fenster und verpassen das Licht. Aus diesem Grund finden so viele Menschen keinen gesicherten Frieden. Jesus von Nazareth wählte in seiner Selbsterkenntnis die eben erwähnten Worte: „Ich bin das Licht der Welt."

Er ist sicher einer der großartigsten spirituellen Lehrer aller Zeiten. Aber wenn wir diese Aussage so interpretieren, dass damit ein persönlicher (also personenbezogener) Status betont werden soll, dann heben wir Jesus auf ein Podest der Unantastbarkeit und errichten ein schwerwiegendes Hindernis. Leider bevorzugt die heutige christliche Kirche in der Regel diese Interpretation. So aber erkennen wir nicht, dass Jesus uns letztlich an unser wahres Selbst zu erinnern versuchte, denn bei anderer Gelegenheit sagte er: „Ihr seid das Licht der Welt!" Er richtete diesen Weckruf nicht an Personen, also an physische Erscheinungen, die sich einige Jahre später ohnehin wieder auflösen, sondern an den wahren Wesenskern, den göttlichen Geist, der in ausnahmslos jedem Menschen zu finden ist.

„Ich bin das Licht der Welt" stammt vom Ego, wenn es alle anderen Formen ausschließt und sich nur auf die eigene Persönlichkeit bezieht. „Ich bin das Licht der Welt" und „Ihr seid das Licht der Welt" aus dem Mund derselben Person verweisen allerdings darauf, dass hier aus dem

Zustand der Selbsterkenntnis heraus gesprochen wird, welche einen unmittelbaren Einblick in die Einheit allen Lebens ermöglicht und aufgrund dessen keine Unterscheidungen mehr vorzunehmen erlaubt. Das ist der deutlichste Hinweis darauf, dass seine Einsicht wahrhaft authentisch war, weil die Erkenntnis des eigenen Selbst auf alles und jeden übertragen werden kann und auch für die sogenannten anderen gilt.

Viele Menschen sehen in Jesus zwar nicht Gottes Sohn, aber einen Gottgesandten/Propheten, bspw. die meisten Muslime (im Islam ist es teilweise so überliefert, dass Jesus schon als Baby sprechen konnte und so die Menschen von sich überzeugte), oder einen bedeutenden Lehrmeister moralischer Werte. Manche leugnen immer noch seine Existenz, andere betrachten seinen Stellenwert in der Geschichte schlichtweg als unbegründet und überschätzt. Wieder andere wollen in ihm einen täuschenden Illusionisten sehen. Natürlich sind noch unzählige Christen zu nennen, die ihn als Sohn des allmächtigen Schöpfers oder Inkarnation Gottes verehren. Wir sollten ernsthaft in Erwägung ziehen, dass wir Jesus bloß missverstanden haben. Denn sich selbst als Sohn Gottes zu bezeichnen, schließt noch nicht aus, dass man nicht auch alle anderen Menschen als Söhne bzw. Töchter und damit gleichwertige Kinder Gottes betrachtet! Mir ist auch die Theorie zu Ohren gekommen, Jesus sei zwar nicht das einzige Kind Gottes, aber „der Erstgeborene aller Geistwesen". Das bezieht sich wohl auf Angaben in der Bibel:
„Am Anfang war das Wort." / „Das Wort war bei Gott."
„Das Wort ward Fleisch." (Wort hier = Jesus)
In der Tat muss jedes Geistwesen als subtile Form irgendwann entstanden sein, somit könnten manche älter als andere sein.
Ich selbst halte Jesus schlicht und ergreifend für einen spirituellen Lehrer, und zwar den vielleicht größten von allen. Doch nun verspüre ich das Bedürfnis, mich von all diesen Ideen zu distanzieren und Jesus unabhängig davon zu betrachten. Es spielt im Grunde gar keine Rolle, für wen man ihn hält – man kann und sollte erkennen, dass die Lehren

dieses Mannes von fundamentaler Bedeutung für das Leben jedes Menschen auf der Erde sind!

Jesus beschränkte sich niemals auf die Unterschiede zwischen den Menschen. Er behandelte alle gleich. Den Grund dafür hat Mahatma Gandhi wundervoll ausgedrückt:

> „Wenn Gott in allem wohnt, was im Universum existiert,
> wenn der Gelehrte wie der Straßenkehrer von Gott sind,
> dann gibt es keinen, der hoch ist, und keinen, der niedrig ist,
> alle sind ohne Einschränkung gleich, sie sind gleich,
> weil sie die Geschöpfe jenes Schöpfers sind."

Auch den sogenannten Ungläubigen begegnete Jesus mit Liebe und Verständnis – das gilt auch innerhalb einer NTE für Atheisten und Nicht-Christen, in der der/die Erlebende auf ihn trifft. Nahtoderfahrene Menschen, die ihm begegneten, zeigten sich in Interviews auch Jahre danach noch überwältigt von seiner Liebe. Eine Frau sagte mit Tränen in den Augen: „Er hat mich mit einem Blick angesehen, so voller Liebe, dass ich es nicht beschreiben kann."

Jesus thematisierte immer wieder Nächstenliebe, Mitgefühl und Vergebung. Er setzte sich stets für Harmonie und Frieden unter den Menschen und gegen Hass und Gewalt ein.

Er umgab sich bevorzugt mit hilfsbedürftigen Menschen, denn:

> „Die Gesunden bedürfen des Arztes nicht, sondern die Kranken."

Während er von denen, die ihm folgen, als „König der Könige" betitelt wird, betrachtete er sich selbst hingegen nicht als Herrscher, sondern als Diener: „Der Sohn ist nicht gekommen, um sich dienen zu lassen, sondern um zu dienen und sein Leben hinzugeben." / „Der Größte unter euch soll euer Diener sein. Denn wer sich selbst erhöht, wird erniedrigt und wer sich selbst erniedrigt, wird erhöht werden."

Die unzähligen 'Bewusstseinsebenen' der geistigen Welten entsprechen keinesfalls der irdischen Hierarchie unter Menschen. Im Gegenteil: Je höher eine Seele "entwickelt" ist, desto selbstloser, enthaltsamer und aufopferungsvoller wird sie handeln.

In einer Nahtoderfahrung erkennen die Erlebenden den unermesslichen Wert der Liebe, die schwerwiegenden Folgen des Hasses und eine der bedeutsamsten Folgewirkungen des spirituellen Erlebnisses ist ein fortan stärker ausgeprägtes Mitgefühl gegenüber den Mitmenschen. Die wichtigsten Botschaften, die in einer NTE vermittelt werden, stimmen also mit jenen von Jesus überein! Das sollte zur Reflexion anregen.

„Ich aber sage euch: Liebet eure Feinde! Nehmet euch auch derer liebevoll an, die euch nicht wohlgesinnt sind, sprechet vernünftig mit denen, die Verwünschungen gegen euch ausstoßen, tut auch denen Gutes, die sich um euch nicht kümmern und betet für die, welche euch beleidigen und verfolgen!"

Oftmals übersehen wir, dass die einzige praktisch anwendbare Religion die Liebe ist. Von eben dieser sprachen die großen Weisen der Geschichte in größtenteils einheitlicher Art und Weise. Auch der geniale Schriftsteller Leo Tolstoi rief zu dieser notwendigen Erkenntnis auf: „Mögen die Parsen ihre Topis tragen, die Juden ihre Philalektere, die Christen ihr Kreuz, Muselmänner ihren Halbmond, aber mögen sie alle dessen eingedenk sein, dass dies nur Formen und Embleme sind, dass aber das Grundwesen aller Religionen – die Nächstenliebe – in gleicher Weise gefordert wird von Jesus, Paulus, Manu, Zoroaster, Buddha, Moses, Hillel, Sokrates, Mohammed."

Jesus gilt zwar als der Begründer des Christentums, verfolgte ursprünglich aber sicher nicht das Ziel, eine neue Religion zu gründen, weil in den Grundzügen seiner fantastischen Lehre mit Leichtigkeit offenbart wird, dass er die Menschen nicht voneinander separieren, sondern aus ihnen eine Einheit kreieren wollte. Das gilt sicher gleichermaßen für Siddhartha Gautama, den Vater des Buddhismus. Weil sie die Menschheit in verschiedenen Zeitepochen bereicherten und in unterschiedlichen Kulturen lebten, bedienten sie sich der jeweiligen Sprache, um ihre Mitmenschen an ihren tiefen Erkenntnissen teilhaben zu lassen. So kam es zu den scheinbaren Differenzen. Buddha nannte es „Leere", Jesus sprach vom „Himmelreich". Doch der Begriff „Himmel" ist in diesem Zusammenhang eigentlich kein direkter Verweis auf die Erdatmosphäre, sondern sollte bestenfalls als Analogie für das unermessliche Formlose verstanden werden. Buddhas „Leere" und Jesus' „Himmel" sind ein und dieselbe Wirklichkeit!

Diese beiden wohl einflussreichsten Weisheitslehrer der Menschheitsgeschichte wollten uns jeweils auf die Quelle hinweisen, die auf tiefster Ebene der Betrachtung letztlich mit unserem eigenen Gewahrsein identisch ist („Der Vater und ich sind eins." / „Atman ist Brahman." etc.). Aufgrund dessen hat Ramana Maharshi es einfach das Selbst genannt. Der Mönch, Mystiker und spirituelle Lehrer Swami Omkarananda riet: „Wir sollten Gott nicht in den Wolken suchen. In uns selbst befindet sich ein Urgrund, ein fundamentales Bewusstsein als Grundlage, das die Ursache all unserer seelischen Kräfte, aller Lebensvorgänge ist." Auch Jesus wies auf die unendliche Weite reinen Bewusstseins hin, als er sagte: „Das Reich Gottes ist inwendig in euch."

Weil wir uns aber häufig ausschließlich auf die Unterschiede in der Wortwahl fokussieren und vergessen, dass alle Worte nur Wegweiser sind, und weil wir deshalb häufig das Wort mit dem verwechseln, worauf es hinweisen soll, übersehen wir die Gemeinsamkeiten aller Religionen. So sind die verschiedenen Religionen überhaupt erst entstanden. Menschen diskutieren leidenschaftlich darüber, wessen Botschaft wahrhaftiger und die "ultimative" Lehre ist, obwohl uns alle Lehren gemeinsam auf das eigentliche Ultimative, das jenseits der Sprache liegt, hinzuweisen versuchen – als würde man eine Ortschaft übersehen, weil man vor dem Ortsschild stehen bleibt.

Worte sind niemals wahr, aber sie können auf das Wahre hinweisen. „Der Finger, der zum Mond zeigt, ist nicht der Mond!" Das sollten wir niemals vergessen.

Auf vielen Friedhöfen kann man feststellen, dass auf einigen Gräbern christliche Skulpturen positioniert sind. Ich hätte nichts dagegen, wenn auf dem Grab, welches einst meinen Körper beherbergen wird, ein Buddha und ein Christus angebracht sein werden, um den gemeinsamen Ursprung und die Einheit aller Religionen zum Ausdruck zu bringen.

Ein gewisser Missbrauch der Religionen, der den Zugang zu diesen erheblich erschwert und Trennungen kreiert, lässt sich nicht leugnen. Insbesondere die Lehre Jesu unterlag unzähligen Übersetzungsfehlern, Fehlinterpretationen, Hinzufügungen und gezielten Verfälschungen. Was in den heutigen Kirchen in der Regel dargeboten wird, hat mit seiner ursprünglichen Lehre wenig bis gar nichts mehr zu tun. Es sollte daher nicht unerwähnt bleiben, dass es stets Zweifel bezüglich der Verlässlichkeit der angeblichen Aussagen Jesu gibt, weil er selbst keine Schriften hinterließ und es gut möglich oder gar sehr wahrscheinlich ist, dass in den beiden vergangenen Jahrtausenden unzählige Ergänzungen vorgenommen wurden und es darüber hinaus zu falschen Übersetzungen kam. Letzteres wurde mittlerweile bestätigt. Jesusforscher vermuten, dass mindestens die Hälfte der Zitate, die ihm zugeschrieben werden, nicht oder nur eingeschränkt auf ihn zurückgeführt werden können. Wenn ich heute einem Freund eine längere Geschichte erzähle und er sie morgen an jemanden weitererzählt, besteht die Wahrscheinlichkeit, dass es bereits kleine Abweichungen gibt. Wenn sie dann wieder täglich weitergereicht wird, kann man davon ausgehen, dass es nach einer Woche kaum mehr dieselbe Geschichte ist. Man ahnt vielleicht schon, worauf ich hinaus möchte. Im Falle Jesu sprechen wir nicht von derart überschaubaren Zeiträumen, sondern von über 2.000 Jahren. Es wäre wohl naiv, anzunehmen, dass jene Worte, die ihm im Nachhinein in den Mund gelegt wurden, mit seiner tatsächlichen, damaligen Wortwahl identisch sind. Die Übersetzungsfehler und Hinzufügungen haben die

Lehre ohne Frage schwerwiegend verfälscht. Ich bitte darum, dies zu berücksichtigen, wenn man Jesus für seine angeblichen Aussagen, wie sie in der Bibel dargestellt werden, zu kritisieren gedenkt.

Der sich manchmal selbst widersprechende und gelegentlich geradezu intolerante Bibeljesus ist in meinen Augen eine fiktive Gestalt, der wirkliche Jesus hingegen so real und bedeutsam wie das Leben selbst. Albert Einstein hielt die Bibel für „eine Sammlung ehrwürdiger, aber doch reichlich primitiver Legenden; Legenden, die gleichwohl ziemlich kindisch sind. Keine noch so raffinierte Interpretation kann für mich etwas daran ändern." Doch er konnte nicht umhin, Jesus anzuerkennen: „Ich bin Jude, aber ich bin gefesselt von der leuchtenden Figur des Nazareners. Jesus ist zu kolossal für den bloßen Stift von Phrasendreschern. Und dennoch ist er so kunstvoll. Kein Mensch kann das Evangelium lesen, ohne die Gegenwart von Jesus Christus zu spüren. Seine Persönlichkeit pulsiert in jedem Wort. Keine Legende ist von so einem Leben erfüllt. Alle Helden hinken im Vergleich mit Jesus."

Die 'Religionsstifter' tragen keine Schuld dafür, dass ihre Botschaften in der Geschichte der Religionen so sehr missverstanden und bewusst schändlich missbraucht wurden. Jesus ist nicht der Ursprung des schlechten Rufs bzw. gewöhnungsbedürftigen Beigeschmacks der Kirche und des heutigen Christentums, sondern allein die Christen und ihre Entwicklung seit seiner Zeit. Einstein stimmte dahingehend wohl zu, indem er mit folgenden Worten den Wert der ursprünglichen Lehre hervorhob: „Wenn man das Judentum der Propheten oder das Christentum – so wie es Jesus gelehrt hat – von allen Zutaten der Späteren, insbesondere der Priester, loslöst, so bleibt die Lehre übrig, die die Menschheit von allen sozialen Krankheiten zu heilen imstande wäre."

Was Einstein meinte, möchte ich anhand eines Beispiels verdeutlichen: Die soziale Ungleichheit beruht darauf, dass ein Teil der Bevölkerung immer mehr Besitz anhäuft, während der übrige Teil kaum genug zum Überleben hat. Die finanziell reichsten 10 % der Menschheit besitzen weit über die Hälfte des Weltvermögens.

„Reicher Mann und armer Mann
standen da und sah'n sich an,
und der Arme sagte bleich:
Wär' ich nicht arm, wärst du nicht reich."
(Bertolt Brecht)

Die Enthaltsamkeit, die z. B. Mahatma Gandhi an den Tag gelegt hat, wäre eine beispielhafte Lösung für das Problem (natürlich leichter gesagt als getan). Mahatma Gandhi war hinsichtlich seiner Religionszugehörigkeit kein Christ, doch er hätte diese Bezeichnung als jemand, der sein Leben hauptsächlich nach den Prinzipien Jesu ausgerichtet hat, durchaus verdient. Er war einer jener späteren großen Männer, die von Jesus inspiriert wurden und handelte so enthaltsam und selbstlos, dass Einstein zu der folgenden Aussage bewegt wurde: „Ein späteres Geschlecht wird es vielleicht kaum glauben können, dass so einer als ein Geschöpf aus Fleisch und Bein wirklich auf dieser Erde gewandelt ist." Wahrhaftige Selbstlosigkeit praktizieren verhältnismäßig wenige "Christen". Der deutsch-französische Arzt und Philosoph Albert Schweitzer äußerte Kritik am Verhalten vieler sogenannter Christen und bewies dabei Humor: „Wer glaubt, ein Christ zu sein, weil er die Kirche besucht, irrt sich. Man wird ja auch kein Auto, wenn man in eine Garage geht." Ganz gleich, wie intolerant wir manchmal sprechen und handeln, man sollte nicht vergessen: Christus selbst empfand keinen Hass und schloss niemanden aus. Wie kann es sein, dass die fundamentale Bedeutung der Lehre des legendären Mannes von so vielen Menschen nicht erkannt wird? Jesus wird oftmals eher mit dogmatisierter Religion in Verbindung gebracht und bekennende Jesus-Anhänger werden in der Gesellschaft teilweise nur abwertend belächelt. Möchte denn nicht jeder Mensch geliebt werden und Vergebung erfahren? Möchten wir nicht alle friedvoll miteinander auskommen und in Harmonie leben? Möchten wir denn nicht alle ohne Angst in der Lage sein, zu vertrauen und, dass man uns ebenso Vertrauen entgegenbringt?

Zudem schlug Jesus ein anderes Gottesbild vor – keinen strafenden, rachsüchtigen und die "Sünder" verurteilenden Herrscher, sondern einen liebenden Vater.

Damit half er uns, die angsteinflößende Gottesvorstellung des Alten Testaments zu überwinden und uns dem Vertrauen und der Liebe zuzuwenden. Dieser Mann hat doch offensichtlich nichts Geringeres getan, als uns den Weg zu einer besseren Welt zu zeigen. ... „Jesus war der erste Sozialist, der erste, der ein besseres Leben für alle Menschen erwirken wollte.", meinte der Politiker Michail Gorbatschow.

Er selbst hat gezeigt, wie es geht.

„Unsere Welt braucht Menschen, die die Liebe Jesu darin verkörpern.", so Albert Schweitzer. Auch der Dalai Lama (Tenzin Gyatso) fordert: „Der Planet braucht keine erfolgreichen Menschen mehr. Der Planet braucht dringend Friedensstifter, Heiler, Erneuerer, Geschichtenerzähler und Liebende aller Arten."

Wir könnten Jesus als Vermittler zwischen Gott und den Menschen sehen, dessen Aufgabe es war, sozusagen die fehlgeleiteten Kinder wieder zu ihrem Vater zurückzuführen...

> „Ich habe empfangen alle Vollmacht:
> Damit ich ins Licht zurückführe, die in der Finsternis sind;
> damit ich in die Wahrheit zurückführe, die im Irrtum sind;
> damit ich ins Leben zurückführe, die im Tod sind."

Er zeigte uns den Weg, über den wir uns wieder an unsere göttliche Natur erinnern können. Dieser Weg ist die Liebe.

Durch sein Sprechen und Wirken demonstrierte Jesus, wie wir uns von allem erdwärts gerichteten Denken befreien können, welches uns immer wieder auf die niedrige Bewusstseinsebene der Physik zieht. Wie spirituelle Lehrer aller Epochen warnte er eindringlich davor, sich von Dingen abhängig zu machen, die vergänglich und damit unzuverlässig sind:

„Hört auf, euch Schätze zu sammeln auf der Erde,
wo Kleidermotte und Holzwurm zerfressen können
und wo Räuber und Einbrecher rauben können.
Fangt an, euch Schätze zu sammeln in den Himmeln,
wo Kleidermotte und Holzwurm nicht zerfressen können
und wo Räuber und Einbrecher nicht rauben können.
Wo dein Schatz ist, da wird auch dein Herz sein."

Somit ist auch die Interpretation möglich, dass Jesus uns den Weg heraus aus dem Kreislauf der Wiedergeburten wies, so wie es zuvor schon Buddha getan hat. Die Kirche akzeptiert diesen Bestandteil der Lehre zwar nicht, aber in der Tat ist die Reinkarnation im ursprünglichen Christentum inbegriffen. Jedenfalls könnte man folgende Worte Jesu so interpretieren: „Amen, ich sage dir: Wenn jemand nicht von neuem geboren wird, kann er das Reich Gottes nicht sehen."
Die Buddhisten nennen es 'Nirwana' und die Christen den Himmel oder das Reich Gottes. Damit ist aber stets ein nicht-lokaler Bewusstseinszustand gemeint – die unendliche Weite unserer wahren Natur.

Jesus hat die Welt verändert, doch im Gegensatz zu manch anderem Revolutionär bewirkte er die Umschwünge nicht mit Gewalt und nicht, indem er sich politische Macht aneignete, sondern mit Gewaltlosigkeit, basierend auf Liebe. Jesus hat damit gezeigt, dass es ohne Unterdrückung möglich ist, enorm großen Einfluss zu nehmen.
Das bewunderte auch der französische Kaiser Napoleon Bonaparte:
„Alexander der Große, Cäsar und ich, wir haben große Reiche gegründet durch Gewalt, und nach unserem Tod haben wir keinen Freund. Christus hat sein Reich auf Liebe gegründet, und noch heutzutage würden Millionen Menschen freiwillig für ihn in den Tod gehen."

Ein weiteres bedeutendes Element in seiner wie in allen spirituellen Lehren ist Widerstandslosigkeit:

„Ich aber sage euch, dass ihr nicht widerstreben sollt dem Übel;
sondern so dir jemand auf deine rechte Wange schlägt,
dem biete auch die andere dar.
Und so jemand dir deinen Rock nehmen will,
dem überlasse auch den Mantel."

Jesus empfand keinen Hass. Er hasste noch nicht einmal jene, die seinem Körper große Qualen zufügten – mehr noch, er rechtfertigte ihr Verhalten sogar geradezu...

„Vater, vergib ihnen, denn sie wissen nicht, was sie tun."

„Solange der Mensch noch nicht fest im Göttlichen verankert ist, wird sein Verhalten immer unberechenbar sein.", wie Yukteswar Giri sagte. Weil Jesus das wusste, hegte er keine unrealistischen Erwartungen an seine Mitmenschen, die noch nicht wie er mit Gotteserkenntnis ausgestattet waren. Menschen, die nicht über diesen größten aller Schätze verfügen und aufgrund dessen unbewusst handeln, brauchen keine Strafe, sondern Hilfe. Daher empfand Jesus keinen Groll, sondern Mitgefühl. Früher habe ich nicht verstanden, weshalb sich Jesus nicht zur Wehr gesetzt hat. Ich glaubte an die Effektivität des Naturgesetzes „Auge um Auge, Zahn um Zahn". Doch heute verstehe ich ihn. Heute glaube ich, dass unsere Spezies durch ihren Verstand die Chance erhält, sich über dieses uralte Konzept zu erheben und den Wert des „Halte auch die andere Wange hin" zu realisieren, um wie einst Jesus auch in der Lage zu sein, den Kreislauf der Gewalt im Keim zu ersticken. Dabei spielt Vergebung eine erhebliche Rolle. Rache ist aus spiritueller Sicht die vielleicht dümmste Tat, zu der sich ein Mensch entschließen kann. Aus Hass, der zur Entfaltung gebracht wird, resultiert Zerstörung und es erwächst neuer Hass. Dieser Kreislauf endet erst dann, wenn alles und jeder vernichtet wurde. Wie Gandhi sagte: „Auge um Auge – und die ganze Welt wird blind sein."...Vergebung kann diesen Kreislauf stoppen.

„Wenn dein Bruder sündigt, vergib ihm.
Und wenn er dir siebenmal am Tag Unrecht tut,
so sollst du ihm vergeben."

Jesus selbst hat es demonstriert und seinen Peinigern vergeben. Als der Tod nahte, hielt er weder an vorwurfsvollen Gedanken und Gefühlen noch an seinem Körper fest und gab sich hin:

„Vater, in deine Hände übergebe ich meinen Geist."

Das inspirierte offenbar auch Menschen, die kein vergleichbares Leben führten... „Ich habe meine Frau, meine Kinder und meine Enkel immer geliebt, und ich habe mein Land immer geliebt. Ich will gehen. Gott, nimm' mich!" – so lauteten die letzten Worte des ehemaligen US-Präsidenten Dwight D. Eisenhower, als er am 28. März 1969 verstarb. Die letzten Worte des ersten US-Präsidenten, George Washington, klingen erstaunlich ähnlich: „Herr der Barmherzigkeit, nimm mich zu Dir."

Ein weiterer bedeutender Aspekt der Lehre ist das Vertrauen.
Das betrifft sowohl Gott als auch dich selbst und dein eigenes Potential.

„Wahrlich, ich sage euch:
Wenn euer Glaube nur so groß ist wie ein Senfkorn,
so möget ihr sagen zu diesem Berge: Hebe dich von hinnen dorthin!
So wird er sich heben; und euch wird nichts unmöglich sein."

Jesus selbst soll die Macht des Glaubens und des Geistes über Materie demonstriert haben, z. B. indem er über Wasser ging oder ein Unwetter auf der Stelle verstummen ließ.

„Jeder, der vertraut – er kann gerettet werden.
Jemand, der nicht vertraut – er kann nicht gerettet werden."

Letztere Aussage von Jesus bezieht sich auch auf die Heilungen, die im Neuen Testament geschildert werden. Jesus hat wohl nichts anderes getan, als die Heilkraft im Inneren der Kranken zu wecken, denen er half. Wer nicht daran glaubte oder zu starke Zweifel hatte, dem konnte möglicherweise auch Jesus nicht helfen.

In diesem Zusammenhang ist der in der Medizin berüchtigte Placebo-Effekt interessant. Obwohl die verabreichten Tabletten keinerlei medizinische Wirkstoffe enthalten, bewirkt ihre Einnahme eine erhebliche Beschleunigung des Heilprozesses, weil die Ärzte in diesen Fällen ihren Patienten glaubhaft vermitteln, dass es sich um wirkungsvolle Medikamente handelt. Die Patienten genesen allein aus einem Grund: Sie vertrauen darauf! Dieses grundlegende Konzept funktioniert allerdings auch im umgekehrten Sinne: Ein Mensch, der sich nur beharrlich genug einredet, eine bestimmte Krankheit zu haben, könnte bald an den Symptomen dieser Krankheit leiden, obwohl er nicht wirklich daran erkrankt ist. Diese unerfreulichen Auswirkungen werden dem Placebo-Effekt gegenübergestellt und als Nocebo-Effekt bezeichnet.

Versuche brachten erstaunliche Resultate hervor: Wenn man einer Testperson unter Hypnose glaubhaft vermittelt, dass man sie mit einem heißen Gegenstand wie einem entzündeten Streichholz berühren werde und man berührt sie in Wirklichkeit entgegen der Ankündigung nur mit einem gewöhnlichen Bleistift, dann bilden sich nach dem Hautkontakt trotzdem an der entsprechenden Körperstelle Brandblasen auf der Haut. Also sei vorsichtig, woran du glaubst!

Wie wir sehen können, hat sehr vieles von dem, was Jesus uns lehrte, zeitlose Bedeutung und somit nach wie vor uneingeschränkte Gültigkeit. Sein Name ist auch 20 Jahrhunderte nach seinem Leben auf der Erde weiterhin ein gewaltiger Terminus, und zwar auch außerhalb des Christentums, dessen alleiniger Ursprung er ist, und wird es vermutlich noch in ferner Zukunft sein. Auch heute noch vermag die Liebe, die er hinterlassen hat, eine große Stütze für Menschen aus aller Welt zu sein.

Sein Name steht weltweit für Hoffnung, obwohl wir uns in einer Epoche befinden, in der viele den Glauben an Gott als nicht mehr zeitgemäß betrachten. Extrem viele Menschen werden dennoch nach wie vor von ihm inspiriert und schöpfen Kraft aus seinem Vermächtnis.

„Er war der wunderbarste Mensch, der je gelebt hat. Alles, was wir von Gott je begreifen werden, war in ihm lebendig, und wo immer wir untereinander ein Stück Leben pflegen und erfahren, werden wir nach und nach von jener Wahrheit mehr verstehen, die er uns bringen wollte.", so der Psychoanalytiker Eugen Drewermann.

Der kürzlich erwähnte Mahatma Gandhi äußerte sich wie folgt über Jesus: „Meine Zuneigung zu Jesus ist wirklich groß. Seine Lehre, seine Einsicht und sein Opfertod bewegen mich zur Verehrung. Jesus nimmt in meinem Herzen den Platz eines großen Menschheitslehrers ein, der mein Leben beträchtlich beeinflusst hat. Ich sage den Hindus, dass ihr Leben unvollkommen sein wird, wenn sie nicht auch ehrfürchtig die Lehre Jesu studieren."

Selbst große Naturwissenschaftler bekannten sich zu Jesus, unter ihnen Isaac Newton: „Ich habe in meinem Leben zwei wichtige Dinge gelernt: dass ich ein großer Sünder bin und dass Christus ein noch größerer Retter ist."

Als der bedeutende Physiker Michael Faraday gefragt wurde, ob er schon darüber nachgedacht habe, was er in der nächsten Welt zu tun gedenke, antwortete er: „Ich werde bei Christus sein, das genügt mir." Das waren seine letzten Worte.

Menschen wie Jesus sind auf diesem Planeten eine solche Seltenheit, dass einige den Tod geradezu ungeduldig zu erwarten scheinen...

„Noch eine kleine Weile, so ist's gewonnen.
Dann ist der ganze Streit in nichts zerronnen.
In Rosensälen darf ich ohn' Unterbrechen
in aller Ewigkeit mit Jesus sprechen."

So lautet der Grabspruch des dänischen Philosophen Sören Kierkegaard.

„Ich weiß, du bist mein Freund, wenn du mich kennst: Und eines solchen Freunds bedurft' ich lange." Diese Worte richtete Goethe an Jesus. Der bekannte Philosoph Immanuel Kant ordnete die Lehre Jesu allem anderen über: „Im Neuen Testament finde ich unendlich mehr Klarheit und tiefere Wahrheit als in allen Schriften aller Philosophen zusammen."

„Ich bin nicht der King. Jesus Christus ist der King. Ich bin bloß ein Entertainer.", äußerte sich Elvis Presley, der übrigens hingebungsvoll meditierte (laut eines Berichts seines Zahnarztes Dr. Lester Hoffman soll bei einem zahnmedizinischen Eingriff eine Narkose unnötig gewesen sein, weil Presley in der Lage war, sich in einen meditativen Zustand zu versetzen, in dem er keine körperlichen Schmerzen wahrnahm).

„Christus ist die Sprache der Ewigkeit, übersetzt in die Worte der Zeit.", so der bekannte Bürgerrechtler Martin Luther King.

Das in meinen Augen wohl bemerkenswerteste Liebesgeständnis stammt vom großen Yoga-Meister Vivekananda (1863-1902):

„Hätte ich in Palästina gelebt, in der Zeit von Jesus von Nazareth, hätte ich ihm die Füße gewaschen, nicht mit meinen Tränen, sondern mit dem Blut meines Herzens!"

Nach all den Lobpreisungen seitens prominenter Menschen kann auch ich eines mit Sicherheit sagen: Dieser Mann übt eine sehr starke Faszination und Anziehungskraft auf mich aus. Ich fühle mich seit langem in besonderer Weise zu ihm hingezogen.

Jesus von Nazareth war durch sein Vermächtnis einer meiner wichtigsten Lehrer. Ich würde mich nicht als religiös bezeichnen, bin kein Freund der Kirche, aber Christus hat für mich hohe Bedeutung. Ohnehin bin ich wie bereits ausgeführt davon überzeugt, dass die Kirche ihn und seine Lehre schwerwiegend missbraucht und ihrer erwünschten Weltwirklichkeit angepasst hat. Es fällt mir mittlerweile überhaupt nicht mehr schwer, Jesus unabhängig von der Kirche zu betrachten und den unermesslichen Wert seiner Lehre mit völliger Klarheit zu erkennen.

Viele sogenannte religiöse Menschen geben einerseits die Lehren Jesu weiter und verhalten sich andererseits intolerant gegenüber denjenigen, die kein "gottgefälliges" Leben führen.

„Aber wer betet für Satan?
Wer, in 18 Jahrhunderten, hatte die Menschlichkeit,
für den Sünder zu beten, der es am meisten brauchte?"
(Mark Twain)

Jesus hätte niemanden verstoßen oder ausgegrenzt.
Er liebte ohne Bedingungen. Dementsprechend verurteilte er niemanden. Das höchste Ziel eines spirituellen Lebens sollte es sein, keinen Hass mehr empfinden zu können und bedingungslos zu lieben, alles und jeden, ohne Ausnahme und Einschränkung. Wie Jesus.

Wie viele große Geschehnisse begann auch die Lebensgeschichte von Jesus eher unscheinbar und nahm allmählich gewaltige Ausmaße an... Aus einem Lehrer von 12 Jüngern (Simon Petrus, sein Bruder Andreas, Jakobus, Johannes, Philippus, Bartholomäus, Matthäus, Thomas, Jakobus – Sohn des Alphäus, Thaddäus, Simon, Judas Iskariot) wurde ein unvergleichlicher Lehrer für die gesamte Menschheit.
Jesus von Nazareth ist zweifellos einer der größten spirituellen Meister aller Zeiten. Doch allein darauf sollten wir ihn nicht reduzieren...

„War Jesus der Sohn Gottes? Ja. Aber du bist es auch.
Du hast es nur noch nicht erkannt." (Eckhart Tolle)

Jesus war vielleicht der erste Mensch, der seine Göttlichkeit voll und ganz erkannt hat, wodurch er Zugriff erhielt auf das wahre Potential des Bewusstseins, welches absolut grenzenlos ist. Letztlich ist Jesus Bewusstsein, das sich seiner selbst bewusst geworden ist. Insofern dient er als großartiges Vorbild. Er könnte als das aufgedeckte Antlitz des Menschen bezeichnet werden, oder als jemand, der das Licht in sich vollends zur Entfaltung gebracht hat – was auf der Erde nur den Wenigsten gelingt. Er ist wie eine Personifikation und Verkörperung der bedingungslosen Liebe.

Man muss nicht glauben, dass er Wunder vollbracht hat. Ebenso darf man ohne schlechtes Gewissen anzweifeln, was er gesagt und getan hat, denn nach 2.000 Jahren lässt sich dies wohl unmöglich zuverlässig überprüfen und absolut sicher nachweisen. Doch niemand kann bestreiten, dass sein Einfluss auf die Menschheit in der Geschichte ohne Parallele ist. Er prägte die Welt wie kein Zweiter. Das macht ihn schlicht und ergreifend zum einflussreichsten Menschen, der jemals gelebt hat.

Die letzten Worte dieses Kapitels stehen seinem Hauptdarsteller zu:

Selig sind, die da geistlich arm sind; denn ihrer ist das Himmelreich.
Selig sind, die da Leid tragen; denn sie sollen getröstet werden.
Selig sind die Sanftmütigen; denn sie werden das Erdreich besitzen.
Selig sind, die da hungert und dürstet nach der Gerechtigkeit; denn sie sollen satt werden.
Selig sind die Barmherzigen; denn sie werden Barmherzigkeit erfahren.
Selig sind, die reinen Herzens sind; denn sie werden Gott schauen.
Selig sind, die Frieden stiften; denn sie werden Gottes Kinder heißen.

Himmel und Erde werden vergehen,
aber meine Worte werden nicht vergehen.

Und siehe, ich bin bei euch alle Tage, bis an der Welt Ende.

Kapitel 12

GOTT

„Gott ist immer in uns, nur wir sind so selten zu Hause."
(Meister Eckhart)

„Ich kann dir Gott nicht zeigen oder dich befähigen, Gott zu sehen, weil Gott kein Objekt ist, das man sehen kann. Gott ist das Subjekt. Er ist der Sehende. Kümmere dich nicht um die Objekte der Sinne. Finde heraus, wer der Sehende ist. Du kannst Gott nicht sehen, weil du Gott bist. Verehre das Göttliche, bis du begreifst, dass du selbst es bist."
(Ramana Maharshi)

In der Regel versuche ich meine Mitmenschen vorerst dazu zu animieren, ihr eigenes Inneres zu erforschen und herauszufinden, wer sie selbst essenziell sind, bevor ich auf die große Frage nach Gott eingehe. Wir haben auf unserer gemeinsamen Reise nun einen Punkt erreicht, an dem das große "Geheimnis" gelüftet werden darf, bevor wir es dann tiefergehend thematisieren.

Alle Erkenntnisse, die bisher in diesem Buch dargelegt wurden, scheinen die Existenz eines persönlichen Gottes auszuschließen. Gott als übergeordneter Schöpfer, als "höheres Wesen", scheint nicht problemlos mit der Non-Dualität, also der Erkenntnis der absoluten Einheit und Gleichheit allen Seins, in Einklang gebracht werden zu können.

Es mag daher verwirren, wenn viele der großen Lehrer der Menschheit zwar bei jeder Gelegenheit betonen, dass alles seiner Natur nach göttlich ist und somit auch du und ich in gewisser Weise Gott sind, aber dass gleichzeitig nicht wenige dieser Lehrer und 'erleuchteten Meister' immer noch von Gott sprechen, als handle es sich um eine Art von Individuum, welches wir und auch sie anbeten und verehren. Tatsächlich beteten auch große Advaita-Lehrer regelmäßig, unter ihnen Nisargadatta Maharaj. Darin scheint ein grotesker Widerspruch zu liegen.

Ich werde in diesem Kapitel den Versuch wagen, die diesbezüglichen Missverständnisse auszuräumen.

Vorab schon eine Zusammenfassung dessen, was daraufhin ausführlich erläutert wird...

Solange du dich selbst als individuelles, persönliches Wesen betrachtest, wird Gott ebenfalls individuell und persönlich erscheinen, als der allmächtige Schöpfer, der dich bedingungslos liebt. Wenn du über deine Persönlichkeit und Individualität hinausgehst und dich selbst als das reine Sein erkennst, dann wirst du feststellen, dass es keinen essenziellen Unterschied zwischen dir und Gott gibt. Gott ist Bewusstsein. Du bist Bewusstsein. Ausnahmslos alles ist Bewusstsein.

Alles ist dein ureigenes, unendliches Selbst.

Der nachfolgende Austausch stammt aus dem empfehlenswerten Buch "Sei, was du bist!" Der große Weise Ramana Maharshi beantwortet hier Fragen eines wissbegierigen Schülers.

Ramana Maharshi: „Gottes Wille ist unergründlich. Dieser Kraft kann kein Motiv zugeschrieben werden. Man kann nicht behaupten, dass dieses unendliche, allwissende und allmächtige Wesen irgendeinen Wunsch habe, irgendein Ziel verfolge. Gott bleibt von den Aktivitäten, die in seiner Gegenwart stattfinden, unberührt. Vergleichen Sie die Sonne und die Aktivitäten der Welt!"

Frage: „Geschieht alles nach dem Willen Gottes?" ... Ramana Maharshi: „Es ist niemandem möglich, etwas gegen den Willen Gottes zu tun, der die Fähigkeit besitzt, alles zu tun. Deshalb ist es das Beste, schweigend zu Füßen Gottes zu sitzen, nachdem man die Ängste eines verdorbenen, unvollkommenen und getäuschten Geistes aufgegeben hat."

Frage: „Gibt es Ishvara (der Hindu-Name für den persönlichen Gott) als getrenntes Wesen, das Tugend belohnt und Sünden bestraft? Gibt es einen persönlichen Gott?"
Ramana Maharshi: „Ja."
Frage: „Wie ist er beschaffen?"
Ramana Maharshi:
„Ishvara besitzt Individualität in Körper und Geist, und zugleich auch innerlich transzendentes Bewusstsein und Befreiung.
Ishvara, der persönliche Gott, der Schöpfer des Universums, existiert wirklich. Aber das stimmt nur vom relativen Standpunkt derer aus, die die Wahrheit noch nicht erfasst haben und an die Wirklichkeit individueller Seelen glauben. Der Weise kann vom absoluten Standpunkt aus keine andere Existenz als die des einen, formlosen Selbst akzeptieren.
Ishvara besitzt einen Körper, aber er ist nicht so grob wie dieser materielle Körper. Der Gottesverehrer kann ihn in Visionen sehen. Die Formen und Namen Gottes sind vielfältig und je nach Religion verschieden. Sein Wesen aber ist das gleiche wie unseres, da das wahre Selbst nur eines ist und ohne Form. Deshalb sind die Formen, die er annimmt, nur Erscheinungen (wie alle Formen in allen Seinszuständen).
Ishvara ist jeder Person und jedem Objekt des Universums immanent. Die Totalität aller Wesen und Dinge stellt Gott dar. Es gibt eine Kraft, von der ein kleiner Teil zu diesem Universum wurde, während alles Übrige in Reserve bleibt. Die Reserve und die manifestierte Kraft als materielle Welt bilden zusammen Ishvara."

Solange wir es mit Wahrnehmungen aller Art zu tun haben, wäre es närrisch, die Dualität vollkommen zu ignorieren.
Es ist wahr, dass sich ein Blauwal essenziell nicht von einer Maus oder einer Ameise unterscheidet. Alle Lebensformen repräsentieren dasselbe zugrundeliegende, formlose Leben – ewiges Bewusstsein. Jedoch gibt es signifikante Unterschiede zwischen der Erscheinung eines riesigen Blauwals und einem winzigen Insekt. Es wäre absurd, dies zu leugnen.

Du und ich, wir sind eins, und doch können wir miteinander sprechen, als wären wir zwei. Du liest jetzt gerade das Buch eines scheinbaren "anderen" Wesens und würdest wahrscheinlich nicht behaupten, selbst der Autor des vorliegenden Werkes zu sein, selbst wenn du dir darüber im Klaren bist, dass Simon letztendlich nur dein Selbst in einer anderen Form ist. Die falsche Annahme, dass es nur eine Art von Körper und Welt gibt, ist die Ursache für die ebenso fehlerhafte Annahme, dass nach dem Tod jegliche Dualität aufgehoben ist. Die individuelle Seele ist eine Ausdrucksform, nicht mehr und nicht weniger.

Sie ist ebenso real oder illusionär wie der physische Körper – und das sogenannte Jenseits, die "Geistige Welt", ist mindestens ebenso real wie das physische Universum. Natürlich erscheinen alle Welten simultan im selben non-dualen Gewahrsein.

Die Individualität ist zwar nicht unsere essenzielle Identität, aber wie Letztere (reines Bewusstsein) ist sie unabhängig vom grobstofflichen Körper und überlebt den physischen Tod. Daran besteht kein Zweifel. Millionen nahtoderfahrene Menschen weltweit bestätigen dies unmissverständlich, ganz zu schweigen von etlichen weiteren Phänomenen, die mit aller Deutlichkeit auf diese Tatsache hinweisen.

Folglich können wir auch dann weiterhin miteinander interagieren, wenn der Körper gestorben ist. Auf dieselbe Weise kannst du jetzt und nach dem Tod des Körpers mit jenem Wesen interagieren, dem verschiedene Kulturen unterschiedliche Namen gegeben haben: Allah, Ishvara, Manitu, Yahweh usw. (übrigens bedeutet Yahweh/Jehovah übersetzt „Ich bin.") Wenn auch du das Bedürfnis verspürst, Ihm einen Namen zu geben, dann fühle dich bitte frei und wähle bestenfalls den Namen, der dir das angenehmste Gefühl vermittelt. Aber wisse, dass dieses Wesen das ist, was in unserer Sprache meist als Gott bezeichnet wird – und dass du in der Tat in eine zutiefst intime, gewissermaßen persönliche Beziehung mit diesem Wesen eintreten kannst. Wie ich schon schrieb, sind du und ich dasselbe Sein, und doch erscheine ich als Verfasser und du als Leser dieser Zeilen. Es findet eine Interaktion statt.

Du kannst dir dessen bewusst sein, dass Gott und du dasselbe Sein sind – und trotzdem kannst du zu ihm beten und ihn verehren, sofern du das Herzensbedürfnis danach verspürst.

Nach ihrer Nahtoderfahrung schrieb eine Frau namens Anita Moorjani: „Ich wurde von der Erkenntnis überwältigt, dass Gott kein Wesen, sondern ein Seinszustand ist." – obwohl auch ihre Erfahrung zeigte, dass die Individualität den Tod überlebt, wie wir später bei ausführlicher Betrachtung ihres Berichts sehen werden. Ich behaupte, dass Gott beides ist, ein Wesen und ein Seinszustand bzw. das Sein selbst, welches kein Zustand ist, sondern sämtlichen Zuständen gleichermaßen zugrunde liegt. Gott ist sowohl Form als auch Formlosigkeit. Es hängt einfach davon ab, in welchem Kontext man das Wort verwendet (und in welchem Zustand man sich selbst befindet). Viele nahtoderfahrene Menschen, wahrscheinlich sogar die meisten von ihnen, werden bestätigen, dass ihre Erfahrung sie zu der Erkenntnis geführt hat, dass es tatsächlich eine Gottheit gibt, mit der sie eine überwältigende Interaktion erlebten. Als ich vor Jahren in einem Austausch mit dem nahtoderfahrenen Neurochirurg Eben Alexander, dem wir uns im nachfolgenden Kapitel genauer widmen, eine Analogie vorschlug, in welcher der Schöpfergott als das größte Bild betrachtet wird, bestehend aus derselben Essenz wie alle kleineren Bilder, und zwar der unendlichen Leinwand, auf der sie alle erscheinen (reines, absolutes Bewusstsein/Sein), stimmte er zu: „Was Ihre Analogie betrifft, dass der persönliche Gott das größte Bild auf der Leinwand ist, wobei die Leinwand das Absolute ist, so denke ich, dass sie gut genug funktioniert. Man sollte die Macht und Fähigkeit dieser universellen Kraft nicht unterschätzen, und das Wissen, dass sie durch unendliche, grenzenlose Liebe ohne jegliche Bedingungen regiert."

Es folgt eine weitere interessante Bemerkung dazu von Eben Alexander: „Ein persönlicher Gott steht nicht unbedingt im Widerspruch zur Non-Dualität, wenn man erkennt, dass wir alle eins mit dem Universum sind, einschließlich des persönlichen Gottes. Die Trennung ist nur dann nützlich, wenn man versucht, sie zu definieren.

Die Grenzen einer solchen Trennung sind falsch – als Individuen sind wir
Reflexionen/Spiegelungen des Ganzen."

Gott hat nicht dein wahres Selbst erschaffen, deine Essenz – Bewusstsein. Denn dabei handelt es sich um ein anfangsloses Kontinuum, das
ungeboren und unerschaffen ist. Du und Gott, "ihr" teilt euch ein und
dieselbe Essenz. Es kann nicht anders sein. Aber es ist durchaus möglich und in meinen Augen mehr als wahrscheinlich, dass Er allem eine
Form verliehen hat und somit gewissermaßen für deinen Körper und das
gesamte Universum verantwortlich ist, ebenso für alle anderen (bspw.
subtileren) Körper, Seelen, Dimensionen und Bereiche der Existenz.
Selbst Ramana Maharshi, in dessen non-dualer Lehre das ungeschaffene
Gewahrsein als unser aller Selbst stets an erster Stelle stand, räumte
ein: „Die Macht, die dich erschaffen hat, hat auch die Welt erschaffen."

Solange du dich mit deinem Körper oder deiner Seele identifizierst und
glaubst, ein Individuum zu sein bzw. diese Perspektive einnimmst, ist es
also absolut nachvollziehbar und völlig legitim, Gott als deinen Schöpfer
oder als unser aller Vater/Mutter zu betrachten.

Worin besteht die tatsächliche Rolle dieses Gottes?
Welche Aufgabe erfüllt Er?
Man könnte durchaus sagen, dass Gott der Schöpfer, Betreiber und Erhalter des Traumes ist. Wie du in späteren Absätzen dieses Kapitels
sehen wirst, haben zwei spirituelle Lehrer namens Ted Schmidt und
Dennis Waite es ähnlich ausgedrückt.
Ich erinnere mich an eine Frage, die dem spirituellen Lehrer Rupert Spira, dessen Lehre von kompromissloser Non-Dualität geprägt ist, gestellt
wurde: „Wer leitet die Show?" Seine Antwort lautete: „Der Einzige, der
anwesend ist." Was er meinte, ist das Bewusstsein. Und ja, es ist das
Bewusstsein in der Form Gottes (der 'Ursprungsform' sozusagen), das
die "Show leitet". Formloses Bewusstsein ist die Substanz der Show,

kann aber nicht ihr Leiter sein. Ich bin nicht so kompromisslos wie manche und bevorzuge den mittleren Weg, die gesunde Balance.

Wenn viele Lehrer immer und immer wieder betonen, dass wir nicht die Handelnden sind, dass der Körper nichts aus sich selbst heraus tun kann (weil er leblos ist und abhängig von der Lebenskraft, die ihn beseelt), dass sogar das Bewusstsein in seinem Ursprungs-'Zustand' nichts tut, dann stellt sich die Frage, wer oder was dann der 'Handelnde', der Organisator, der große Zirkusdompteur, ist...

Hast du je darüber nachgedacht, wer oder was dein Herz zum Schlagen bringt? Ist es nicht ein großes Wunder, dass dein Herz all die Jahre Blut durch deinen Körper pumpt, ohne auch nur ein einziges Mal für mehr als maximal wenige Sekunden zu pausieren? Dahinter steckt offensichtlich eine lebendige, intelligente Kraft. Es ist sicherlich nicht deine eigene Willenskraft. Andernfalls würde dein Herzschlag stoppen, sobald du ihm keine Aufmerksamkeit mehr schenkst. Auf diese Weise würde kein Körper lange überleben. Wenn du es genauer betrachtest, wirst du bemerken, dass du noch nicht einmal selbst atmest. Verblüffend, aber wahr. Du bist nicht der Atmende. Die Atmung geschieht ganz natürlich, ohne dein Zutun. Wenn die Atmung versagt und wir im Krankenhaus an bestimmte Geräte angeschlossen werden, dann sprechen wir von Beatmung. Streng genommen werden wir aber immer beatmet...

Jeder Atemzug ist ein Kuss von Gott.

Als Menschen sind wir völlig machtlos und haben letztlich keine Kontrolle, noch nicht einmal über unseren eigenen Körper. Regulierst du den Herzschlag und die Atmung vielleicht als Bewusstsein? Reines Bewusstsein in seinem ursprünglichen 'Zustand' verweilt einfach nur, es tut nichts. Es spielt keine Rolle für das Bewusstsein, ob der Körper funktioniert oder nicht. In den Worten Rupert Spiras: „Das Bewusstsein gewinnt oder verliert nichts durch das gesamte menschliche Abenteuer." Bewusstsein ist immer mühelos und wahlfrei. So lade ich dich also ein, in Erwägung zu ziehen, dass der Schöpfer und Erhalter des Kosmos auch den Herzschlag, die Atmung und alle Mechanismen reguliert und

erhält, solange es ihnen im wahrsten Sinne des Wortes bestimmt ist.
Das ist der große Plan, über den Ramana Maharshi sagte:
„Im göttlichen Plan der Dinge geschieht nichts zufällig."
Der kleine Menschenverstand beklagt sich oftmals darüber, wie "unfair"
das Leben sei. Das folgende Zitat mag diesbezüglich Aufklärung bringen:
„Stell dir vor, du schaust durch ein Schlüsselloch, und alles, was du
durch das Schlüsselloch siehst, ist jemand, der von jemand anderem getötet wird. Du siehst durch das Schlüsselloch einen Mann, der eine Frau
tötet, und alle deine Konzepte drehen sich darum. So sehen wir die
Welt, durch ein Schlüsselloch. Wir sehen einen Teil des Bildes. Aber
nehmen wir an, du öffnest die Tür, anstatt durch das Schlüsselloch zu
schauen. Du würdest nach links schauen und sehen, dass vielleicht in
einem früheren Leben die Frau den Mann getötet hat. Es ist genau umgekehrt. Jetzt, in diesem Leben, tötet der Mann die Frau, und du würdest verstehen, was vor sich geht. Dann würdest du weitergehen. Du
würdest nach rechts schauen und sehen, dass die beiden wieder zusammen sind, lachen und sich amüsieren, und du würdest erkennen,
dass niemand getötet wird und niemand tötet. Es ist alles nur ein Spiel.
Du würdest das ganze Bild sehen. Aber solange du nur durch das
Schlüsselloch schaust, wirst du eine begrenzte Sicht der Dinge sehen.
Dann wird man urteilend. Deshalb wird uns gesagt, dass wir nicht urtei-
len sollen, weil wir nur ein begrenztes Bild bekommen. Alles, was du in
deinem Leben siehst, siehst du durch ein Schlüsselloch. Wenn du er-
wachst, öffnet sich die Tür, das ist alles. Man versteht dann, warum
alles geschieht und woher es kommt. Das ist der Grund, warum die Weisen so ruhig bleiben und nie auf etwas reagieren. Nicht, weil es ihnen
egal wäre. Sie sehen das ganze Bild. Die Tür ist für sie geöffnet worden. Und sie sehen die Person, die fünfzig Millionen Dollar im Lotto gewinnt. Sie hat es verdient, irgendwo, irgendwie. So etwas wie Glück gibt
es nicht. So etwas wie Zufall gibt es nicht. Wenn du das Endbild siehst,
wenn du aufwachst, lachst du über das ganze Spiel. Denn niemand hat
etwas verloren und niemand hat etwas gewonnen. Es ist wie ein Film.

Der Film hat einen Anfang, eine Mitte und ein Ende. Und wenn der Film zu Ende ist, ist da noch die Leinwand. Die Leinwand ist die Realität. Der Film ist nur ein Bild auf der Leinwand. Alle Bilder haben einen Anfang, eine Mitte und ein Ende. Die meisten Menschen gehen als Bild durch ihr Leben. Sie reagieren auf alles, was sie hören, sehen, riechen, berühren und schmecken. Sie sind immer wütend, weil sie nicht bekommen, was sie wollen. Das ist der Blick durch das Schlüsselloch." (Robert Adams) Wenn also etwas chaotisch oder ungerecht erscheint, dann erinnere dich daran, dass du mit deinem kleinen Menschenverstand eine äußerst eingeschränkte Perspektive eingenommen hast und nur durch ein Schlüsselloch hindurchblickst. Die Tür wird sich erst dann öffnen, wenn du bereit bist.

Einzig und allein Gott hat die Kontrolle. Alles liegt in Seinen 'Händen'. Sei froh darüber. Ein Mensch würde unter der Last zusammenbrechen. Der LIEBE Gott weiß, was Er tut. Weshalb sollte man sich also Sorgen machen? Dazu vier schöne Zitate von Ramana Maharshi:

„Alles wird von der allmächtigen Kraft eines höchsten Gottes getragen."

„Die gegenwärtige Schwierigkeit besteht darin, dass der Mensch denkt, er sei der Handelnde. Aber das ist ein Irrtum. Es ist die Höhere Macht, die alles tut, und der Mensch ist nur ein Werkzeug. Wenn er diese Position akzeptiert, ist er frei von Problemen; andernfalls zieht er sie an."

„Weise Menschen werden sich nicht darum kümmern, Pläne zu machen, bevor sie handeln. Warum ist das so? Weil Gott, der uns in die Welt gesandt hat, seinen eigenen Plan hat, und der wird sich sicher erfüllen."

„Was nicht geschehen soll, wird niemals geschehen, wie sehr man sich auch darum bemüht. Und was geschehen soll, wird geschehen, wie sehr man sich auch anstrengt, es zu verhindern. Das ist gewiss. Am besten ist es daher, still zu sein."

Uneingeschränktes Gottvertrauen ist das notwendige Resultat dieser Einsichten. Das bedeutet jedoch nicht, dass man völlig untätig wird und keinen eigenen Beitrag mehr leistet. Wer sich nicht selbst wenigstens um das kümmert, was im eigenen Einflussbereich liegt, kann keine göttliche Hilfe erwarten.

„Vertraue auf Gott, aber binde zuerst dein Kamel an."
(Mohammed)

Basierend auf der Erkenntnis, dass alles in Gottes 'Hand' liegt, empfehlen spirituelle Lehrer, stets dankbar zu sein. Obwohl sie wissen, dass es nicht wirklich eine äußere, getrennte Kraft gibt, dass letztendlich alles das eigene Selbst ist, legen sie großen Wert auf Dankbarkeit. Darüber hinaus sprechen sie häufig von Gnade. Die Quelle dieser Gnade ist offenkundig der "Große Geist", das "höchste" Wesen, als welches Gott immer wieder von Botschaftern aller Kulturen und Epochen bezeichnet wird. Dankbarkeit und Gnade sind Begriffe, die mir sofort in den Sinn kommen, wenn ich daran denke, welch bereichernde Erfahrungen mir in der Meditation geschenkt wurden. Sie haben mir gezeigt, dass ich unsterblich bin, dass ich immer geborgen bin, und dass dies für jedes lebende Wesen gilt, ohne die geringste Ausnahme. Diese Erkenntnisse wurden mir gegeben und ich betrachte sie als ein unendlich kostbares Geschenk. Jedoch gab es einen Preis, den ich bezahlen musste, es erforderte ein Opfer: Ich musste zunächst erkennen, dass ich (als Individuum) absolut keine Kontrolle habe. Nichts liegt in meinen Händen. So ist es möglich, sich selbst als alles zu erkennen und dennoch demütig zu bleiben! Der Mensch ist nur ein hilfloses Staubkorn. Ich musste mir meine eigene Machtlosigkeit eingestehen. Ich musste mich hingeben. „Ich lege mein Leben in deine Hand! Mein Wille bedeutet nichts, also dein Wille geschehe!" Dies war nur möglich durch bedingungsloses Vertrauen in jene Kraft, die Eben Alexander „die unendliche Heilkraft der all-liebenden Gottheit an der Quelle" nannte.

„Klopfe an, und Er wird dir die Tür öffnen.
Verschwinde, und Er lässt dich leuchten wie die Sonne.
Falle, und Er wird dich in den Himmel erheben.
Werde nichts, und Er verwandelt dich in alles."

(Rumi)

Wenn du wirklich schon jenseits jeglicher Zweifel in deinem Herzen weißt, dass du kein Mensch und kein Individuum bist, sondern absolut alles, dass du unbegrenzt bist, nichts zu befürchten hast und keinen Schutz brauchst – perfekt! Dies kann das Resultat einer tiefen Selbsterforschung sein. Aber wenn du noch nicht soweit bist, ist Hingabe, die der revolutionäre Sterbeforscher Raymond Moody als „das stärkste Gebet" bezeichnete, unumgänglich:

„Überlasse es Gott. Ergebe dich vorbehaltlos. Einer von zwei Wegen muss beschritten werden. Entweder gibst du auf, weil du deine Unfähigkeit zugibst und eine höhere Macht brauchst, um dir zu helfen, oder [der Weg der Selbsterforschung:] untersuche die Ursache des Elends, indem du zur Quelle gehst und mit dem Selbst verschmilzt. So oder so wirst du vom Elend befreit werden. Gott verlässt nie jemanden, der sich hingegeben hat." (Ramana Maharshi)

Solange du dich mit deiner Individualität identifizierst, kannst du Unterstützung – sozusagen ein Stützrad – gut gebrauchen. Nur die wenigsten Menschen können ohne dieses Stützrad fahren (ich zähle mich selbst eindeutig *nicht* dazu). Gott als Fels in der Brandung ist völlig legitim und sehr hilfreich. Er ist nicht mehr oder weniger real oder illusionär als all die Menschen, die dir nahestehen und mit denen du regelmäßig kommunizierst. Das Individuum ist zwar eine Illusion, aber das bedeutet nur, dass es nicht ist, was es zu sein scheint... Wenn wir eine Form betrachten und ihr eine eigenständige Identität zuschreiben, unterliegen wir einer Täuschung. Es gibt nur eine wahre Identität, ein Sein.

Das ist deine und auch die Identität Gottes. Insofern seid ihr niemals getrennt, seid ihr für immer eins, bis in alle Ewigkeit.

Der Schöpfer kann das Geschöpf nur aus sich selbst heraus erschaffen haben, folglich ist und bleibt die essenzielle Natur beider identisch. Die gesamte Schöpfung ist göttlich.

Die Einheit mit Gott ist nicht der Verdienst einer "gottgefälligen" Lebensführung, sondern dein natürlicher Zustand. Nichts, was du je getan hast, tust oder tun wirst, kann jemals etwas daran ändern.

Was ursprünglich essenziell eins war, das kann nie wirklich voneinander getrennt werden und dessen unausweichliches Schicksal ist es, irgendwann wieder eins zu sein. Dann ist das kleine 'Ich' verschwunden und nichts als Gott bleibt übrig.

In non-dualen Lehren heißt es häufig: „Ich bin Gott." / „Du bist Gott." Das ist zwar nicht falsch, da sich essenziell nichts voneinander unterscheidet. Sofern sich das Wort 'Gott' in diesem Fall auf das allem zugrundeliegende, absolute Gewahrsein bezieht, ist nichts daran auszusetzen. Bezieht es sich allerdings auf Gott als ein Wesen, auf den allmächtigen Schöpfer des Universums, oder wird so interpretiert, kann es reichlich Verwirrung stiften und sollte mit Vorsicht genossen werden. Zu sagen „Du, liebe/r Leser/in, bist Simon!" ist verständlicherweise irritierend. Um die Wahrheit präziser zum Ausdruck zu bringen, eignet sich folgende Formulierung besser: Du bist das, was auch Simon ist. Somit schlage ich vor, es so auszudrücken: Du bist, was Gott ist. Die Welle ist nicht das Meer, aber sie ist, was auch das Meer ist: Wasser. Ich bin nicht Gott, aber ich bin, was auch Gott ist: Bewusstsein.

Du magst fragen: Wie kann Gott ein Wesen sein, wenn er eigentlich Bewusstsein ist? Aus demselben Grund, aus dem du als individuelle Entität erscheinen kannst, obwohl du Bewusstsein bist.

Jenes Gewahrsein manifestiert sich und nimmt eine Form an, um durch diese eine Welt ins Dasein zu rufen. Gleichzeitig nimmt es zahlreiche weitere, kleinere Formen an, durch die es diese Welt von innen erfährt. Um seinen Traum aus einer bestimmten Perspektive zu erfahren, muss das Bewusstsein die Form eines Wesens annehmen und gewissermaßen ein Opfer bringen: Es vergisst vorübergehend seine Allmacht, Allwissenheit und Allgegenwart. Es opfert seine unbegrenzte Freiheit und erlegt sich freiwillig scheinbare Grenzen auf. Die einzige Ausnahme ist das göttliche Wesen: 'Ishvara', der 'Schöpfer'. Einzig und allein in dieser Form hat das Bewusstsein weiterhin Zugang zu seinem Potenzial. Es behält seine grenzenlose Macht bei.

Eine häufig gestellte Frage von Schülern der uralten Lehre des Advaita Vedanta lautet: „Was ist die Beziehung zwischen Brahman (dem Absoluten), Maya (Illusion) und Ishvara (dem persönlichen Gott)?"
Antwort von Ted Schmidt: „Brahman ist einfach der Name, den man dem reinen Gewahrsein gibt. Brahman bedeutet "grenzenlos" und ist daher ein angemessener Name, um das Selbst als reines Bewusstsein zu benennen. Brahman ist jenseits des Bereichs der drei Körper – des physischen, des astralen und des kausalen Körpers. Mit anderen Worten: Brahman ist das reine Gewahrsein, in dem die drei Körper erscheinen und aus dem sie gemacht sind. Das heißt, Brahman ist die wesentliche Substanz des Universums. Die Unwissenheit endet mit der Aufnahme des Wissens, dass ich das ganze und vollständige, grenzenlose, handlungslose, alles durchdringende, nicht-duale Gewahrsein bin. Das ganze Universum ist eine scheinbare Realität, die nicht mehr – und nicht weniger – Substanz hat als ein Traum. Es ist alles eine optische Täuschung – was nicht bedeutet, dass es nicht existiert, sondern nur, dass es nicht real ist, denn seine Existenz hängt vom Bewusstsein ab. Zunächst ist es wichtig, zu verstehen, dass Brahman nicht der Schöpfer ist. Brahman erschafft eigentlich nichts. Brahman ist einfach das handlungslose Gewahrsein. Brahman ist das Licht des Bewusstseins, das Maya erhellt und somit die scheinbare Macht der Unwissenheit "belebt", die das "Traum"-Universum oder die scheinbare Realität projiziert. Obwohl es für uns schwer zu begreifen ist, ist das Gewahrsein einfach nur da. Nichts ist tatsächlich etwas anderes als das Gewahrsein. Es gibt nichts

anderes als Brahman oder reines Gewahrsein. Aufgrund seiner attribut-
losen Natur ist es formlos und kann daher in der Gestalt jeder Form –
grob- oder feinstofflich – erscheinen, die Maya "auf" es projiziert.
Nimmt man Gott oder Ishwara als Träger von Maya an, so erscheint er
im reinen Gewahrsein, dem eigenen wahren Selbst."

Antwort von Dennis Waite: „Die absolute Antwort ist einfach (und dieselbe wie die absolute Antwort auf jede andere Frage): Es gibt nur
Brahman, Ende der Geschichte. Wenn man Fragen über die Natur der
empirischen Realität stellt, ist das so, wie wenn ein Träumer Fragen
über seinen Traum stellt, während er sich mitten im Traum befindet.
Ja, eine häufig gegebene Erklärung für die Welterscheinung ist, dass
Ishvara sie mit der Kraft von Maya manifestiert. Um die Welt als eigenständige Entität zufriedenstellend zu erklären, braucht man tatsächlich
eine intelligente Ursache. Ishvara wird als diese Ursache postuliert, und
Maya ist die "magische Kraft", die er dazu benutzt. Der wahre Sucher
muss darüber hinausgehen und erkennen, dass es in Wirklichkeit nie
eine "Schöpfung" gegeben hat; dass das, was fälschlicherweise als getrennt wahrgenommen wird, immer nur Name und Form von Brahman
ist, dem einzigen wirklichen, nicht-dualen Substrat."

Ich möchte das Wort noch einmal an Eben Alexander übergeben, der eine ähnliche Erklärung lieferte: „Alles, was existiert, geht aus dem Bewusstsein selbst (dem absoluten Gott) hervor. Das physische Universum
(und ähnliche Formen nicht-standardisierter gemeinsamer Realitäten,
die wir teilen) ist eine einfache Projektion aus der Einheit/Quelle
/dem absoluten Gott. Der persönliche (relative Gott) ist die Teilmenge
/Repräsentation des absoluten Gottes, zu der wir eine "Beziehung" aufbauen können. Unsere Sprache erzwingt eine gewisse Trennung zwischen dem absoluten und dem relativen Gott, die in Wirklichkeit nicht
existiert, obwohl sie eine nützliche Trennung ist, um ein gewisses Verständnis der Dualität zu erlangen, die aus dem reinen Einssein hervorgeht. Eine gute Möglichkeit, dies zu erfahren, ist die Meditation, bei
der ich mit der reinen Einheit in Resonanz gegangen bin, in Form einer

Identität mit ihr, jedoch genau am Ereignishorizont zwischen der ultima-
tiven Quell-Einheit und der auftauchenden Parzellierung, die in unserer
dualistischen Existenz sichtbar ist. So werden die Begriffe "Ego" und
"persönlicher Gott" als sehr begrenzte Darstellungen des grundlegenden
absoluten Gottes (grenzenlos, unpersönlich) gesehen, der die wesentliche Quelle ist, obwohl die Realität dieser Quelle unendlich und ewig ist
(was wir nur erkennen können, wenn wir uns vollständig von den Fesseln unseres physischen Gehirns und Körpers befreien, z.B. während
tiefer Meditation oder nach dem Tod des physischen Körpers)."

Dennoch schrieb Eben Alexander in seinem Buch "Blick in die Ewigkeit"
(im folgenden Zitat nennt er Gott „das Om", dazu später mehr):
„Einer der größten Fehler, die Menschen machen, wenn sie über Gott
nachdenken, ist, sich Gott als unpersönlich vorzustellen. Ja, Gott ist hinter den Zahlen, hinter der Perfektion des Universums, welche die Wissenschaft misst und zu verstehen versucht. Aber – und das ist ein Paradox – das Om ist auch "menschlich" – menschlicher sogar als Sie und
ich. Das Om hat Verständnis für und Sympathie mit unserer menschlichen Situation, und zwar tiefgehender und persönlicher, als wir uns das
überhaupt vorstellen können, denn das Om weiß, was wir vergessen haben, und versteht, was für eine schreckliche Bürde es ist, auch nur für
einen Moment ohne jede Erinnerung an das Göttliche zu leben."

Gott ist nicht persönlich insofern, als Er/Sie/Es eine Person ist.
Selbstverständlich ist das 'Om', diese Gottheit, 'Ishvara', keine Person.
Er/Sie/Es wird nur deshalb als persönlich bezeichnet, weil jedes lebende Wesen (solange es als erstrebenswert erachtet wird) eine intime,
liebevolle, höchst bereichernde Beziehung mit Ihm/Ihr erfahren kann.
Er/Sie/Es ist selbstverständlich jenseits von Geschlechtern, Religionen,
Nationen etc. Er/Sie/Es ist sowohl persönlich als auch unpersönlich und
jenseits von beidem. Er/Sie/Es ist sowohl unendlich viel größer und
mächtiger als du und ich, als auch zugleich nicht von uns verschieden

(essenziell). In der Spiritualität gilt nicht "entweder – oder", sondern "sowohl – als auch"! Das Persönliche ist im Unpersönlichen enthalten, das Endliche im Unendlichen, die Form im Formlosen, die Dualität in der Non-Dualität – und umgekehrt.

Also widersprechen sich Gott und die Non-Dualität? Nein, absolut nicht. Gerade deswegen, weil es keine wirkliche Trennung gibt, ist nichts ausgeschlossen. Alles ist möglich und in Wirklichkeit, d. h. jenseits unseres kleinen Verstandes, gibt es niemals irgendwelche Widersprüche.

Es ist offensichtlich, dass der eifersüchtige, rächende, strafende Gott des Alten Testaments, an den erstaunlicherweise immer noch zahlreiche Menschen glauben, nichts als eine Erfindung des menschlichen Verstandes ist, ein projiziertes 'Super-Ego', das unser eigenes Ego widerspiegelt und von eben diesem erschaffen wurde, damit es zu ihm aufschauen und seine eigenen Abscheulichkeiten rechtfertigen kann. Dieses Fantasiegebilde lässt sich für egozentrische Zwecke missbrauchen. Wir stülpen jenem Gott, den unser Verstand erfunden hat, unsere eigenen geistigen Begrenzungen über und bemerken es nicht einmal. In den Worten von Jean-Jacques Rousseau (Schriftsteller, Philosoph, Pädagoge, Naturforscher & Komponist): „Seitdem sich die Menschen herausgenommen haben, Gott eine Sprache zu verleihen, hat ihn jeder auf seine Weise sprechen und sich von ihm sagen lassen, was er gewollt hat." Wir haben also einen Gott nach unserem Bild erschaffen und daraufhin behauptet, dieser Gott habe uns nach seinem Bild erschaffen.

Einzig der Mensch sei als 'Krone der Schöpfung' das Abbild jenes Gottes. Friedrich II., ehemaliger König von Preußen, stellte humorvoll fest:

„Es heißt,
dass wir Könige auf Erden,
die Ebenbilder Gottes seien.
Ich habe mich daraufhin im Spiegel betrachtet.
Sehr schmeichelhaft für den lieben Gott ist das nicht."

Um den Gott zu finden, der uns erschaffen hat, müssen wir den Gott vergessen, den wir erschaffen haben.
Um uns von den negativen Gefühlen, die mit dem lieblosen Fantasie-Gott einhergehen, zu befreien, müssen wir den wahrhaftigen Gott erkennen.

Ich erinnere mich an ein bestimmtes von vielen unvergesslichen Gesprächen, die ich mit einem außergewöhnlichen Mann führte, dem ich sehr nahe stand/stehe. Er war zweifellos einer der wichtigsten Lehrer, die ich in dieser Welt hatte. Es muss circa 20 Jahre her sein, aber ich erinnere mich so deutlich an dieses Gespräch, als habe es gestern stattgefunden. Ich war ungefähr 10-12 Jahre alt. Mein Vater hatte mich gerade gelehrt, dass Gott allliebend und allvergebend ist. Mein begrenzter Verstand wollte das nicht verstehen. So fragte ich eines Tages den erwähnten Mann, wie Gott die schlimmsten Taten der bösesten Menschen vergeben könne. Ich sagte zu ihm: „Ich hasse sie. Ich will, dass sie bestraft werden, dass sie in der Hölle brennen für das, was sie getan haben!"
Seine Antwort werde ich nie vergessen. Wie immer schaute er mir tief in die Augen – sanft, voller Verständnis und Liebe – und erklärte mir mit ruhiger Stimme: „Simon, stell' dir ein Baby oder ein kleines Kind vor, das beim Spielen versehentlich ein Insekt oder eine Maus zerquetscht – oder vielleicht ein anderes Kind verletzt. Dieses Kind weiß nicht, was es tut. Außerdem ist es sich der Konsequenzen seines Handelns nicht bewusst. Meinst du, dieses Kind sollte bestraft werden?"
Ich sagte: „Nein. Es hat es nicht mit Absicht getan! Und Babys sind einfach unschuldig, sie sind so niedlich!"
Er fuhr fort: „Vor allem, wenn es dein eigenes Baby ist! Und nun stelle dir einen kleinen Hundewelpen vor, der zum Beispiel ein Vogelküken findet, das aus seinem Nest gefallen ist. Der Welpe ist neugierig und möchte es erforschen, also nimmt er es in den Mund. Er ist sich seiner eigenen Kraft nicht bewusst und verletzt es mit seinen Zähnen oder tötet es sogar. Meinst du, der Welpe sollte bestraft werden? Bist du böse auf den Welpen?"

Ich antwortete: „Nein! Obwohl mir das Vogelküken leid tun würde! Aber ein Hundewelpe ist so niedlich, dass ich ihm niemals böse sein könnte, egal, was er tut!"

Mein weiser, alter Freund beendete seine Erläuterung mit den folgenden Worten: „Siehst du, Simon? Aus der Perspektive des lieben Gottes sind wir alle wie Babys oder Welpen! Unwissende Kinder, unbeholfene, kleine Geschöpfe, die nicht wissen, was sie tun und deshalb letztlich unschuldig sind. Auch Jesus sagte: "Vater, vergib ihnen, denn sie wissen nicht, was sie tun." Wir sind alle Seine Kinder, und da ich selbst ein Vater bin, kann ich dir sagen: Egal, was dein Kind tut, du kannst nicht anders, als es bedingungslos zu lieben. Du vergibst ihm alles."

„Alles verstehen heißt alles verzeihen!"
(Leo Tolstoi)

Dass Gott den Kindern als "der liebe Gott" vorgestellt wird, finde ich hervorragend, da sie Ihn auf diese Weise mit dem höchsten aller Güter – Liebe – assoziieren und lernen, dass sie Ihn unter keinen Umständen fürchten müssen. Es spricht doch nichts dagegen, sich eine kindliche Betrachtungsweise zu bewahren, sodass man auch als erwachsener Mensch eine Aussage treffen kann wie Paul Hogan als Michael J. "Crocodile" Dundee: „Mein Gott und ich, wir werden Kumpel."

Dieses Wesen ist und bleibt für den menschlichen Verstand unergründlich, ist jedoch sicher damit einverstanden, wenn wir uns eine gewisse Ernsthaftigkeit abgewöhnen. Folglich ist nichts falsch oder gar "sündhaft" daran, Gott für freundschaftlich, humorvoll oder gar verspielt zu halten. In den Worten einer Frau namens Eunice Brock: „Das Universum ist Gottes kosmisches Spiel. Der Planet Erde ist eine der Bühnen für ein Drama, in dem wir Menschen unsere Rollen spielen. Jede Stufe der Entwicklung zeigt die Evolution des Menschen durch die Herausforderungen, die ihm angeboten wurden. So wie ich es sehe, ist dies die Art und Weise, in der sich der göttliche Plan offenbart. Ich glaube, dass

Gott nicht nur das Drama explodierender Sterne und kollidierender Galaxien genießt, sondern auch die dramatische Evolution des Lebens und der menschlichen Gesellschaft."

Wenn etwas gegen die uns bekannten Naturgesetze, wie sie von der Wissenschaft entdeckt und definiert wurden, zu verstoßen scheint, also über sie hinausgeht oder anhand jener nicht erklärbar ist, sprechen wir von "Wundern" oder dem Wirken Gottes. „Etwas, das gegen die Naturgesetze verstößt, scheint mir eher ausgeschlossen, weil es eine depressive Vorstellung von Gott wäre. Es würde Gott kleiner machen, als er angenommen werden muss. Wenn er sagt, dass diese Gesetze gelten, dann gelten sie, und er würde keine Ausnahmen machen. Das ist eine zu menschliche Vorstellung. Menschen tun solche Dinge, aber nicht Gott.", so der große Physiker Max Born.

Wir sollten ernsthaft in Erwägung ziehen, die äußerst zahlreichen Geschehnisse, welche gegen die vom menschlichen Verstand festgelegten Naturgesetze verstoßen, nicht abzulehnen, sondern uns stattdessen fragen, ob wir einige wichtige Naturgesetze übersehen haben könnten, und folglich unser Modell anpassen und erweitern. Gott und sein Wirken lassen sich ohnehin kategorisch nicht einordnen. Seine lebendige Wirklichkeit jedoch könnte nicht offensichtlicher sein...

„Die ganze Natur ruft uns zu, dass er ist." – Voltaire

„Die Natur ist ein Brief Gottes an die Menschheit." – Platon

„Siehst du Gott nicht?
An jeder stillen Quelle,
unter jedem blühenden Baum
begegnet er mir in der Wärme seiner Liebe."
(Johann Wolfgang von Goethe)

„Wenn ich das Wunder eines Sonnenuntergangs
oder die Schönheit des Mondes bewundere,
so weitet sich meine Seele in Ehrfurcht vor dem Schöpfer."
(Mahatma Gandhi)

„Ich könnte mir vorstellen, dass ein Mensch auf die Erde hinabblickt und behauptet, es gebe keinen Gott; aber es will mir nicht in den Sinn, dass einer zum Himmel aufschaut und Gott leugnet." (Abraham Lincoln)

Ich erinnere mich an eine an mich (als Kind) gerichtete Aussage meines Onkels, der als Tierfilmer viel Zeit in Wäldern verbrachte: „Gott gibt es. Da musst du nur in die Natur gehen."

Die Organisation in der Natur und die daraus resultierende Schönheit sind überwältigend. So wurde Albert Einstein zu der Aussage bewegt: „Ich habe keinen besseren Ausdruck als den Ausdruck "religiös" für dieses Vertrauen in die vernünftige und der menschlichen Vernunft wenigstens einigermaßen zugängliche Beschaffenheit der Realität. Wo dieses Gefühl fehlt, da artet Wissenschaft in geistlose Empirie aus."

Leider wird die Wissenschaft vielerorts, so jedenfalls mein Eindruck, geistlos praktiziert. Da wir viel von unserem niedlichen Verstand halten, kommt manchmal leider der Respekt vor der göttlichen Schöpferkraft abhanden. Sadhguru (siehe nächstes Kapitel) schrieb in seinem Buch "Death": „Es gibt eine gewisse Arroganz gegenüber dem Leben, die ich nicht mag. Dies geschah im Jahr 2050: Ein paar Wissenschaftler hatten eine Verabredung mit Gott. Sie trafen ihn und sagten: "Hey, alter Mann, du hast das mit der Schöpfung ziemlich gut gemacht; aber alles, was du gemacht hast, können wir jetzt auch. Deshalb denken wir, dass es an der Zeit ist, dass du dich zur Ruhe setzt." Daraufhin sagte Gott: "Oh, ist das so? Was könnt ihr denn tun?" Sie sagten: "Schau einfach zu." Sie holten ihre Reagenzgläser und Erlenmeyerkolben und all das heraus. Sie nahmen etwas Erde und mischten verschiedene Dinge dazu und brachten ein lebendes Baby hervor, das zu schreien begann. "Schau her, hier ist es. Wir können Leben erschaffen. Wozu braucht man dich? Du kannst dich zurückziehen." Daraufhin sagte Gott: "Das ist großartig, aber besorgt euch erst einmal eure eigene Erde.""

„Jeder dumme Junge kann einen Käfer zertreten.
Aber alle Professoren der Welt können keinen herstellen."
(Arthur Schopenhauer)

Im ersten Buch "Über GOTT und die Welt" bin ich anhand zahlreicher Beispiele sehr viel ausführlicher auf die göttliche Harmonie in der Natur eingegangen, als ich es im Folgenden zu tun gedenke.
Viele Tiere, die offensichtlich sehr durchdacht handeln, verfügen nach unseren Erkenntnissen nicht über ausreichend Intelligenz bzw. eine kognitive Kompetenz, der ein solches Handeln zugrunde liegen könnte. Woher stammt also die überragende Intelligenz, welche das Verhalten der Tiere durch ihren Instinkt steuert? Was leitet die akkuraten Entwicklungen in der Natur und ermöglicht all die bemerkenswerten Fähigkeiten der Lebewesen? Was treibt die Tiere im tiefsten Innern an und macht sie zu den erstklassigen Überlebenskünstlern, die sie ohne Zweifel sind? Das liegt mit Sicherheit nicht in der Macht der Tiere selbst. Es steht außerdem fest, dass wir Menschen für die perfekte Anpassung der Lebewesen an ihre Umwelt und für all die anderen sinnvollen Vorgänge in der Natur nicht verantwortlich sind. Wer oder was hat für die faszinierende Organisation gesorgt? Der große Dichter Johann Wolfgang von Goethe kam als Naturforscher zu der Erkenntnis: „Beseelte Gott den Vogel nicht mit diesem allmächtigen Triebe gegen seine Jungen, und ginge das Gleiche nicht durch alles Lebendige in der Natur, die Welt würde nicht bestehen können. So aber ist die göttliche Kraft überall und die ewige Liebe überall wirksam."
Auf dieselbe Einsicht wollte der Afrikaforscher David Livingstone hinaus, dessen Bericht auch unter den Nahtoderfahrungen hätte aufgeführt werden können: „Ich hörte ein Brüllen. Erschrocken sah ich mich um und

erblickte den Löwen, der genau auf mich zusprang. Ich befand mich auf einer kleinen Anhöhe. Im Sprung packte er mich bei der Schulter, und wir beide fielen unterhalb der Anhöhe zu Boden. Mit einem grauenhaften Gebrüll dicht an meinem Ohr schüttelte er mich wie ein Terrier eine Ratte. Der Schock bewirkte eine Benommenheit, wie sie offensichtlich auch eine Maus empfindet, wenn sie von der Katze gepackt und durchgeschüttelt wird. Er löste eine Art Traumazustand aus, in dem ich überhaupt keinen Schmerz empfand, obwohl ich ziemlich bewusst wahrnahm, was vor sich ging. Die Erfahrung glich der eines Patienten, der unter Chloroform steht und seine Operation sehen kann, ohne das Messer zu spüren. Dieser einzigartige Zustand ging nicht auf einen mentalen Vorgang zurück. Das Schütteln löschte die Angst, sodass ich beim Anblick des Raubtiers keinerlei Schrecken empfand. Dieser besondere Zustand wird bei allen Tieren ausgelöst, die von Fleischfressern getötet werden. Sollte das der Fall sein, zeigt sich darin eine gnadenreiche Vorkehrung unseres gütigen Schöpfers, um den Todesschmerz zu lindern."

Für jene Gnade und Güte ist man blind, wenn man immer nur durch das Schlüsselloch blickt (einige Seiten zuvor von Robert Adams erläutert). Viele Menschen wollen Gott nicht anerkennen, weil sie die Welt für grausam und folglich ihren Schöpfer für verantwortungslos oder lieblos halten. „Wie kann Gott all das Leid zulassen?", lautet die immer wiederkehrende Frage. Es ist die Trotzreaktion eines beleidigten Kindes, das wütend auf seine Eltern ist, weil sich nicht alles seinen begrenzten Vorstellungen gemäß entfaltet. In den täglichen Nachrichten wirst du eher von Gewaltverbrechen und Kriegsgeschehen erfahren und selten von selbstlosen und liebevollen Taten, die vielleicht häufig vorkommen, aber nicht so sensationell sind. Denn der menschliche Verstand liebt das Drama und hat eine bemerkenswerte Begabung dafür, sich auf die Negativität zu fokussieren und folglich allem seinen Sinn abzusprechen. Wir stehen auf einer wunderschönen Wiese und sehen nur den Kuhfladen. Wenn jemand fragt, „Warum gibt es das Böse und den Hass?", so stelle ich die Gegenfrage: Warum gibt es das Gute und die Liebe?

Fragt jemand, „Warum erkrankt ein Kind an Krebs?", dann frage ich: Warum erkranken die meisten Kinder nicht an Krebs? Wieso überwiegt die Ordnung und nicht das Chaos? Die Mathematik lehrt uns, dass Letzteres viel wahrscheinlicher ist (jedenfalls dann, wenn alles dem Zufall überlassen wird) und dennoch dominiert die Ordnung im Universum. Nicht ohne Grund bedeutet das Wort 'Kosmos' Ordnung!

„Von nichts kommt nichts!", sagt der Volksmund, der selten Weisheiten ausspricht. Dennoch übersehen viele Menschen das offensichtliche Dasein einer intelligenten Quelle. Sie glauben allen Ernstes, dass das Universum in all seiner Größe und Herrlichkeit einfach so aus dem Nichts entstanden ist. Sie verwenden die Begriffe "Urknall" und "Zufall", ohne sie je hinterfragt und wirklich verstanden zu haben.

„Zufall ist ein Wort ohne Sinn. Nichts kann ohne Ursache existieren.", wagte der französische Philosoph Voltaire zu sagen.

Die Urknalltheorie lässt sich mühelos mit einem Schöpfer in Verbindung bringen. („Und Gott sprach: „Es werde Licht!" Und es ward Licht.")

„Man schaut auf die unglaubliche Vielfalt und Komplexität des Lebens. Und unvermeidlich stellt man die Frage: Wie konnte das alles entstehen? Nur durch Zufall und Notwendigkeit? Nur durch ungerichtete Naturkräfte? Oder gibt es eine Absicht, einen Plan, ein Design? Ein Design aufgrund einer intelligenten Ursache!", so der Wissenschaftsphilosoph Paul Nelson. Es ist mehr als offensichtlich, dass die allgegenwärtige Schönheit in der Natur über bloße Zweckmäßigkeit und Funktionalität hinausgeht. Wer glaubt, das alles sei ausschließlich durch zufällige Selektion entstanden, offenbart eine erstaunliche Naivität. Schon die Farbenpracht vieler Tiere kann unmöglich einzig und allein dem Überleben dienen. Wer genau genug hinschaut, wird früher oder später erkennen, dass eine spielerische Kreativität am Werke ist. Überall in der Natur finden wir ihre Schönheit und Liebe, sofern wir aufmerksam und offenherzig sind. Goethe sah darin eine Botschaft:

„Blumen sind die schönen Worte und Hieroglyphen der Natur, mit denen sie uns andeutet, wie lieb sie uns hat!"

Gott kann durch die perfekte Harmonie und Schönheit der Natur indirekt erfahren und erkannt werden. Jedoch kann Er wohl nicht direkt erfahren werden, solange unsere Wahrnehmung durch ein Gehirn gefiltert wird. Wird jene Einschränkung allerdings überwunden, bspw. in tiefer Meditation oder innerhalb einer NTE, dann ist eine direkte Gotteserfahrung tatsächlich möglich. Damit beschäftigen wir uns im späteren Verlauf des vorliegenden Buches genauer.

Um die Macht des Schöpfers zu verdeutlichen und unsere Demut zu nähren, befassen wir uns nun mit den unvorstellbaren Dimensionen des Universums...

Menschlicher Auffassung zufolge ist die Erde (die "Welt") äußerst riesig. Selbst mit aus unserer Perspektive hoher Geschwindigkeit, bspw. 200 km/h mit dem Pkw auf der Autobahn, benötigt man in vielen Fällen mehrere Stunden, um von einer Stadt zu einer anderen innerhalb desselben Staates zu gelangen. Unser Heimatplanet hat einen Durchmesser von über 12.700 km und sein Umfang misst rund 40.000 km. Das wahrscheinliche Gewicht der Erde (wissenschaftlich errechnet) beträgt 5,972 Tausend Trillionen Tonnen, das ist eine Zahl mit 24 Nullen.

Du glaubst, das sei groß und massig?

Würde man sich in einem Auto kontinuierlich mit 160 km/h fortbewegen, um die verhältnismäßig geringe Strecke zum Mond (384.400 km) zurückzulegen, würde man dafür nicht weniger als 14 Wochen benötigen. Um den Neptun – den äußersten Planeten unseres Sonnensystems – zu erreichen, bräuchte man mit der gleichen Geschwindigkeit gar mehr als 3.000 Jahre. Möchte man sich auf eine Reise zu Proxima Centauri – dem sonnennächsten Stern – begeben, welcher über 4 Lichtjahre entfernt ist, müsste man rund 30 Millionen Jahre einplanen, also mehr als 300.000 Menschenleben. Dabei sind diese Distanzen, wie du gleich sehen wirst, im Universum, relativ betrachtet, gar nicht erwähnenswert...

Der größte Planet unseres Sonnensystems – Jupiter – lässt die Erde mit seinen 143.000 Kilometern Äquatordurchmesser bereits wie einen

Winzling erscheinen. Das Durchmesser der Sonne (also unseres Sterns und demnach des bei weitem größten Himmelskörpers, den unser Sonnensystem zu bieten hat) entspricht mit seinen fast 1,4 Millionen Kilometern 109 Erddurchmessern und der glühende Kosmos-Ball ist hinsichtlich seiner Masse sogar über eine Million Mal größer als unsere Erde. Das Erdvolumen würde 1,3 Millionen Mal in das Sonnenvolumen hineinpassen. Die Entfernung zur Sonne beträgt etwa 150 Millionen Kilometer. In Relation übertragen, bedeutet das: Hätte die Sonne einen Durchmesser von einem Meter, wäre unsere Erde acht Millimeter groß – und 120 Meter von der Sonne entfernt!

Trotz der Distanz ist die Sonne fähig, uns Wärme zu spenden. In ihrem Inneren (Sonnenkern) herrschen 15 bis 16 Millionen Grad Celsius. Um diese Hitze zu versinnbildlichen: Eine Fläche von der Größe eines Streichholzkopfes mit dieser Temperatur würde genügen, um im Umkreis von 50 Metern augenblicklich alles zu verbrennen.

Die Sonne ist einer von unzähligen Sternen und im Vergleich zu anderen ein kleiner bis mittelgroßer Vertreter. Die größten Sterne sind sogenannte "Rote Überriesen", also sehr ausgedehnte Sterne, die am Ende ihrer Entwicklung angelangt sind und denen eine Supernova bevorsteht. Einer der größten uns bekannten Sterne des Universums – mit einem Durchmesser von ca. zwei Milliarden Kilometern (etwa 1.400 Sonnendurchmesser) – heißt "VY Canis Majoris". Wenn Canis Majoris so groß wie ein Basketball wäre, dann hätte unsere Sonne in übertragener Relation deutlich geringere Abmessungen als ein Stecknadelkopf. Wäre unsere Erde so groß wie eine 1-Euro-Münze, dann hätte Canis Majoris im Vergleich dazu einen Durchmesser von ca. zehn Kilometern. Hinsichtlich des Volumens passen mindestens eine Milliarde Sonnen in diesen Giganten, obwohl er 'nur' 30 bis 40 Sonnenmassen hat (denn als sterbender Stern dehnt er sich aus, wobei seine Dichte abnimmt). Auch ist Canis Majoris bedeutend heller und heißer als unsere Sonne. Die Entfernung von der Erde beträgt ca. 47 Billiarden Kilometer. Der gigantische Stern befindet sich im Sternbild "Großer Hund".

Doch nach Universums-Maßstäben sind selbst Sterne nicht nur Zwerge, sondern verschwindend winzig... Sterne befinden sich in der Regel in den Zentren von Sonnensystemen, sind jedoch – von der Außenperspektive aus gesehen – so klein, dass man sie mit bloßem Auge kaum oder gar nicht erkennen kann. Die Sonnensysteme kommen in Galaxien vor, zu denen auch unsere Milchstraße gehört. Die größte bekannte Galaxie ist 50-60 Mal größer als die Milchstraße. Im Universum gibt es Vermutungen zufolge mindestens 400 Milliarden Galaxien, welche wiederum jeweils viele Milliarden Sonnensysteme und Sterne beherbergen. In der Milchstraße existieren wissenschaftlichen Schätzungen zufolge 100 bis 200 Milliarden Sterne.

Betrachtet man das gesamte Universum, entsprechen selbst ganze Galaxien nur einzelnen Sandkörnern am Meeresstrand, zu denen wiederum im Vergleich ein komplettes Sonnensystem wie ein Staubkorn in einem Haus wirkt. Innerhalb dieser "Staubkörner" sind die Sterne und Planeten nochmals unvorstellbar winzig.

Einige Wissenschaftler halten das Weltall für unendlich. Die meisten Forscher gehen aber davon aus, dass es in seiner Größe begrenzt ist. Sie glauben, herausgefunden zu haben, dass sich das Universum weiterhin ausdehnt (vermutlich sogar mit zunehmender Geschwindigkeit) – womit der Urknall in gewisser Weise weiterhin andauert und der Kosmos seine finale Größe noch nicht einmal erreicht hat. Sollte Letzteres geschehen, könnte es durch den hypothetischen "Endknall" dazu kommen, dass das Weltall praktisch einfach zerplatzt wie eine Seifenblase.

Falls eine von Wissenschaftlern durchgeführte Rechnung zutrifft, hat das Universum einen Gesamtdurchmesser von mindestens 78 Milliarden Lichtjahren. Ein Lichtjahr entspricht der Strecke, die das 300.000 km/s bzw. etwa eine Milliarde km/h schnelle Licht innerhalb eines Jahres zurücklegt. Also wenn wir Menschen in der Lage wären, uns mit Lichtgeschwindigkeit fortzubewegen – was natürlich nicht annähernd möglich ist und aller Voraussicht nach auch niemals sein wird –, würden wir selbst mit diesem Tempo unfassbare 78 Milliarden Jahre benötigen, um das Weltall ein einziges Mal vollständig zu durchqueren. Andere Schätzungen des Weltall-Durchmessers belaufen sich gar auf weit mehr als 100 Milliarden Lichtjahre. Es dürfte spätestens jetzt deutlich geworden sein, dass die Größe des Universums die menschliche Vorstellungskraft schlichtweg überfordert. Wer angesichts all dessen nicht von Ehrfurcht und Demut erfüllt ist, muss innerlich tot sein.

Gott ist sicher nicht das menschenähnliche Super-Ego des Alten Testaments, welches den Menschen als 'Krone der Schöpfung' vorgesehen hat, aber durchaus eine uneingeschränkte Allmacht, wie die unvorstellbare Größe und der unfassbar komplexe Inhalt des Universums aufzeigen, und ebenso ein liebender Schöpfer, wie Berichte von spirituellen Erfahrungen und die leicht zu registrierende Schönheit der uns umgebenden Welt demonstrieren. Der unmittelbarste und offensichtlichste Hinweis auf Gottes Präsenz ist nicht die indirekte Begegnung mit ihm in der Natur und auch nicht die übereinstimmende Berichterstattung über Nahtoderfahrungen und ähnliche Phänomene, sondern die schlichte Tatsache, dass wir Sein Dasein überhaupt thematisieren und uns Ihm gedanklich und mit dem Herzen zuwenden können.

Mein bereits erwähnter Patenonkel – ein großer Abenteurer – hat viel von der Welt gesehen, verbrachte einsame Nächte in der Wildnis Nordamerikas und Afrikas und eignete sich so ein Praxiswissen der Naturwissenschaften an, das in meinem Umfeld wohl vergeblich seinesgleichen sucht. Er zählt sicher zu den intelligentesten Menschen, die ich kenne. Das und seine menschliche Größe, die mir stets eine große Inspiration war, motivieren mich dazu, ihm an dieser Stelle das Wort zu überlassen: „Es sind nicht die faszinierenden Sterne als Gaskonzentration im Weltraum, die mich so glauben lassen, sondern immer wieder die Existenz der Liebe Gottes, die man, wenn man nur genau hinschaut, überall finden kann. Aber je mehr ich mir Gedanken mache über Zusammenhänge bis hinein in den molekularen Bereich der Schöpfung, desto klarer wird mir das dort zugrunde liegende Gesetz Gottes. Die wunderbare Ordnung in allen physiologischen Systemen seiner Schöpfung. Das Gegenteil ist das Chaos, unkontrollierte, oft wechselnde Reaktionen. Aus diesem Chaos ist nach Gottes Willen diese uns bekannte Ordnung entstanden. In der sinnhaften Forschung und Betrachtung innerer wie äußerer Geschehnisse wird mir immer wieder diese Erkenntnis geschenkt. Bei der eigenen, inneren Betrachtung ist mir aufgefallen: Je mehr ich mich von Gott in meiner Haltung zu ihm entferne – selbst der Protest gegen ihn ist eine Form der Bestätigung seiner Existenz, seines Fixpunktes in der Schöpfung, wie ein Pol zum Gegenpol –, desto unruhiger und instabiler werde ich. Noch in der Abwendung von Gott spüre ich Gottes guten Sinn in der Schöpfung."

Viele Menschen können mit dem Wort "Gott" nichts mehr anfangen. Natürlich ist nicht der Begriff als solcher problematisch, sondern die damit einhergehenden Assoziationen. Viele denken dabei sofort an traditionelle Religion, die Kirche und die Bibel. Es ist also durchaus verständlich, dass viele es nicht von seinem kulturellen Ballast trennen können und den Terminus folglich mit einem faden Beigeschmack oder überhaupt nicht mehr verwenden. Wenn man sich allerdings von vier Buchstaben aus der Ruhe bringen lässt, könnte man dies als Anregung für eine tiefere Reflexion nutzen. Der Inhalt der letzten Seiten dieses Kapitels wird demonstrieren, dass selbst die meisten der größten Wissenschaftler der Geschichte kein Problem damit hatten, das bewährte Wort beizubehalten. Außerdem werden wir zu der Erkenntnis geführt, dass die immer noch verbreitete Annahme, Wissenschaft und Religion bzw. Spiritualität seien diametral entgegengesetzt, völlig unbegründet ist. Dahingehend gibt es eine amüsante Geschichte, die sich tatsächlich so ereignet hat: Ein junger Student reiste im selben Zugabteil wie ein älterer Mann, der während der Fahrt betete. Der junge Mann sah das und stellte ihn selbstbewusst zur Rede: „Anstatt zu beten, warum nehmen Sie sich nicht die Zeit, sich zu bilden? Ich kann Ihnen ein lehrreiches

Buch schicken." Der alte Mann antwortete: „Bitte schicken Sie mir das Buch an diese Adresse..." Er reichte dem jungen Mann seine Karte. Auf der Karte stand: Louis Pasteur, Pariser Institut für Wissenschaft. Der Student schämte sich. Er hatte vorgehabt, dem berühmtesten Gelehrten seiner Zeit, dem weltweit geschätzten Erfinder von Impfstoffen, Ratschläge zu erteilen. Der französische Naturwissenschaftler Louis Pasteur, zweifellos einer der wichtigsten Begründer der modernen Bakteriologie und medizinischen Mikrobiologie, sagte: „Ein wenig Wissenschaft entfernt uns von Gott. Viel Wissenschaft bringt uns ihm näher." Wie wir bald sehen werden, ist er mit diesem Bekenntnis unter Wissenschaftlern alles andere als eine Ausnahmeerscheinung.

Sicher hast auch du schon häufig den Ausspruch „Die Wissenschaft sagt..." zu Ohren bekommen. Ist diese Illusion nicht völlig offensichtlich? Die Wissenschaft hat noch nie etwas gesagt, denn sie ist kein lebendiges Wesen. Es sind Wissenschaftler, die ihre Einschätzungen zu verschiedenen Themen äußern – und ihre Ansichten variieren stark. Selten sind sich alle Forscher einig.

Sehr viele Menschen sind sich inzwischen der Grenzen der Wissenschaft bewusst und suchen dort nicht mehr nach Antworten auf die wichtigsten Fragen. Es verwundert kaum, dass dies gerade von jenen eingesehen wird, die in den Naturwissenschaften bewandert sind.

Ein Beispiel ist der Physiker Guglielmo Marconi: „Die Wissenschaft allein kann viele Dinge nicht erklären, vor allem nicht das größte aller Geheimnisse, das Geheimnis unserer Existenz. Wer sind wir? Woher kommen wir? Seitdem der Mensch zu denken beginnt, stürzt er sich auf diese Probleme, und doch sind sie ungelöst geblieben." Arthur Stanley Eddington – der erste Wissenschaftler, dem es gelang, den inneren Aufbau von Sternen zu modellieren – schloss sich an: „Der Beginn des Universums scheint unüberwindliche Schwierigkeiten zu bereiten, es sei denn, wir sind bereit, ihn als offenkundig übernatürlich zu betrachten." Wissenschaftliche Forschung und spirituelle Erkenntnis können einander erheblich bereichern. Nicht wenige kluge Köpfe haben das erkannt, unter ihnen Wolfgang Pauli, ein Pionier der Quantenphysik: „Ich gestehe, dass ich manchmal wissenschaftliche Inspiration in der Mystik finde."

Ich möchte dieses Kapitel wie bereits angekündigt mit einigen Zitaten revolutionärer Wissenschaftler abschließen, die nicht davor zurückschreckten, offen über Gott zu sprechen ...

Die folgende Auswahl wird demonstrieren, dass die Annahme einer Ablehnung seitens der Wissenschaft gegenüber Religion und Spiritualität nichts als ein weitverbreitetes Vorurteil ist. In den Worten des französischen Chemikers und Nobelpreisträgers Paul Sabatier: „Naturwissenschaft und Religion in Gegensatz zu stellen, ist Sache von Leuten, die in der Wissenschaft schlecht unterrichtet sind."

Die folgenden Aussagen mögen zwar zahlreich erscheinen, sind jedoch tatsächlich verhältnismäßig wenige Beispiele. Bei meiner jahrelangen Recherche bin ich auf extrem viele Wissenschaftler gestoßen, die spirituelle Erkenntnisse gewannen, hier präsentiere ich lediglich eine selektierte Auswahl. Ich behaupte, dass mindestens 90 % der größten Wissenschaftler aller Zeiten die Existenz Gottes anerkannten.

Los geht's:

Wir beginnen mit drei Zitaten von Albert Einstein, dem wohl bekanntesten Wissenschaftler der Neuzeit:

„Jeder, der sich ernsthaft mit der Wissenschaft beschäftigt, gelangt zu der Überzeugung, dass sich in den Gesetzen des Universums ein Geist manifestiert – ein Geist, der dem des Menschen weit überlegen ist und angesichts dessen wir uns mit unseren beschränkten Kräften demütig fühlen müssen."

„Meine Religion besteht in demütiger Anbetung eines unendlichen geistigen Wesens höherer Natur, das sich selbst in den kleinen Einzelheiten kundgibt, die wir mit unseren schwachen und unzulänglichen Sinnen wahrzunehmen vermögen. Diese tiefe gefühlsmäßige Überzeugung von der Existenz einer höheren Denkkraft, die sich im unerforschlichen Weltall manifestiert, bildet den Inhalt meiner Gottesvorstellung."

„Jedem tiefen Naturforscher muss eine Art religiösen Gefühls naheliegen, weil er sich nicht vorzustellen vermag, dass die ungemein feinen Zusammenhänge, die er erschaut, von ihm zum ersten Mal gedacht werden. Im unbegreiflichen Weltall offenbart sich eine grenzenlos überlegene Vernunft. Die gängige Vorstellung, ich sei ein Atheist, beruht auf einem großen Irrtum. Wer sie aus meinen wissenschaftlichen Theorien herausliest, hat diese kaum begriffen."

Isaac Newton, einer der größten Physiker aller Zeiten, äußerte sich wie folgt: „Die wunderbare Einrichtung und Harmonie des Weltalls kann nur nach dem Plane eines allwissenden und allmächtigen Wesens und nur nach dessen Weisung zustande gekommen sein. Das ist und bleibt meine letzte und höchste Erkenntnis."

„Ohne allen Zweifel konnte diese Welt, so wie wir sie erfahren, mit all ihrer Vielfalt an Formen und Bewegungen, nur und aus nichts anderem entstehen als aus dem absoluten und freien Willen Gottes, der über alles herrscht und regiert."

„Daraus folgt, dass Gott der wahrhaft lebende, allweise und allmächtige Gott ist, das unendlich vollkommene Wesen, welches hoch über dem Weltall steht."

„Wie ein Blinder keine Ahnung von Farben hat, so haben wir keine Ahnung von der Art und Weise, in der der allwissende Gott alle Dinge wahrnimmt und versteht."

„Atheismus ist so sinnlos. Wenn ich mir das Sonnensystem anschaue, sehe ich, dass die Erde den richtigen Abstand zur Sonne hat, um die richtigen Mengen an Wärme und Licht zu empfangen. Das ist nicht zufällig geschehen."

„Wer nur halb nachdenkt, der glaubt an keinen Gott. Wer aber richtig nachdenkt, der muss an Gott glauben."

„Wer oberflächlich Physik betreibt, der kann an Gott glauben. Wer sie bis zum Ende denkt, der muss an Gott glauben."
„Ohne weitere Beweise würde mich der Daumen allein von der Existenz Gottes überzeugen."

Auch Nobelpreisträger Max Planck, dem Begründer der Quantenphysik, gebührt unsere Aufmerksamkeit:
„Vor Gott sind alle Menschen, auch die vollkommensten und die genialsten, auch ein Goethe und ein Mozart, primitive Geschöpfe, deren geheimste Gedanken und feinste Gefühlsregungen unter seinem Auge sich wie Perlen einer Kette in regelmäßiger Aufeinanderfolge aneinanderreihen. Das tut der Würde dieser großen Männer keinen Eintrag. Nur muss man immer berücksichtigen, dass es eine Vermessenheit und ein Unsinn wäre, wenn man den Versuch machen wollte, es dem göttlichen Auge gleichzutun und die Gedanken des göttlichen Geistes vollständig nachzudenken. Der gewöhnliche menschliche Intellekt würde gar nicht fähig sein, die tiefsten Gedanken auch nur zu verstehen, selbst wenn sie ihm mitgeteilt würden."
Die nachfolgenden Zitate stammen ebenfalls von Planck:
„Meine Herren, als Physiker, der sein ganzes Leben der nüchternen Wissenschaft, der Erforschung der Materie widmete, bin ich sicher von dem Verdacht frei, für einen Schwarmgeist gehalten zu werden. Und so sage ich nach meinen Erforschungen des Atoms dieses: Es gibt keine Materie an sich. Alle Materie entsteht und besteht nur durch eine Kraft, welche die Atomteilchen in Schwingung bringt und sie zum winzigsten Sonnensystem des Alls zusammenhält. So müssen wir hinter dieser Kraft einen bewussten, intelligenten Geist annehmen. Dieser Geist ist der Urgrund aller Materie. Nicht die sichtbare, aber vergängliche Materie ist das Reale, Wahre, Wirkliche – denn die Materie bestünde ohne den Geist überhaupt nicht –, sondern der unsichtbare, unsterbliche Geist ist das Wahre! Da es aber Geist an sich ebenfalls nicht geben kann, sondern jeder Geist einem Wesen zugehört, müssen wir zwingend

Geistwesen annehmen. Da aber auch Geistwesen nicht aus sich selber sein können, sondern geschaffen werden müssen, so scheue ich mich nicht, diesen geheimnisvollen Schöpfer ebenso zu benennen, wie ihn alle Kulturvölker der Erde früherer Jahrtausende genannt haben: Gott! Damit kommt der Physiker, der sich mit der Materie zu befassen hat, vom Reiche des Stoffes in das Reich des Geistes. Und damit ist unsere Aufgabe zu Ende, und wir müssen unser Forschen weitergeben in die Hände der Philosophie."

„Es ist der stetig fortgesetzte, nie erlahmende Kampf gegen Skeptizismus und Dogmatismus, gegen Unglaube und gegen Aberglaube, den Religion und Naturwissenschaft gemeinsam führen, und das richtungsweisende Losungswort in diesem Kampf lautet von jeher und in alle Zukunft: Hin zu Gott!"

Das letzte Zitat von Planck gibt wieder, was wir in dieser Auflistung selbst bemerken: „Religion und Naturwissenschaft – sie schließen sich nicht aus, wie manche heutzutage glauben oder fürchten, sondern sie ergänzen und bedingen einander. Wohl den unmittelbarsten Beweis für die Verträglichkeit von Religion und Naturwissenschaft auch bei gründlich-kritischer Betrachtung bildet die historische Tatsache, dass gerade die größten Naturforscher aller Zeiten, Männer wie Kepler, Newton, Leibniz, von tiefer Religiosität durchdrungen waren."

Ein in meinen Augen besonders geniales Zitat stammt von einem weiteren Nobelpreisträger und Pionier der Quantenphysik (er gab 1925 die erste mathematische Formulierung der Quantenmechanik an) – Werner Heisenberg: „Der erste Schluck aus dem Becher der Wissenschaft führt zum Atheismus. Aber auf dem Grund des Bechers wartet Gott."

Weniger verständnisvoll zeigte sich einer seiner Kollegen, der brillante Quantenphysiker Max Born:
„Diejenigen, die sagen, dass das Studium der Wissenschaft einen Menschen zum Atheisten macht, müssen ziemlich dumme Leute sein."

Weiter geht's mit dem Astrophysiker Arthur Stanley Eddington: „Die moderne Physik führt uns notwendig zu Gott hin, nicht von ihm fort. Keiner der Erfinder des Atheismus war Naturwissenschaftler. Alle waren sie sehr mittelmäßige Philosophen."

Der Quantenphysiker und Politiker Pascual Jordan schloss sich an: „Die moderne Entwicklung hat die früheren Hindernisse einer Harmonie von Naturwissenschaft und religiöser Weltauffassung beseitigt. Die heutige naturwissenschaftliche Erkenntnis liefert keinen Einwand mehr gegen einen Schöpfergott."

Selbst der bekannte Biologe, Zoologe und Botaniker Charles Darwin, dessen Forschung eine Revolution mit sich brachte, die Atheisten gerne für ihre 'Argumentation' verwenden, leugnete die Existenz Gottes nicht. Nach dem Tod seiner zehnjährigen Tochter soll sich der "Vater der Evolutionstheorie" vom Glauben abgewandt haben, nachdem er zuvor schon von starken Zweifeln geplagt worden war. Jedoch würde es seinen Äußerungen nicht gerecht werden, ihn zu den Atheisten zu zählen – und das ist noch sehr vorsichtig ausgedrückt: „Ich habe niemals die Existenz Gottes verneint. Ich glaube, dass die Entwicklungstheorie absolut versöhnlich ist mit dem Glauben an Gott. Die äußerste Schwierigkeit oder vielmehr Unmöglichkeit des Beweisens und Begreifens, dass das großartige, über alle Maßen herrliche Weltall ebenso wie der Mensch das Resultat blinden Zufalls oder der Notwendigkeit sei, scheint mir das Hauptargument für die Existenz Gottes. Denke ich darüber nach, dann fühle ich mich gezwungen, mich nach einer ersten Ursache umzusehen, die im Besitz eines, dem des Menschen in gewissem Grade analogen Intellekts ist, und ich verdiene, Theist genannt zu werden."

Eine Aussage des französischen Physikers und Mathematikers Andre Marie Ampere (Namensgeber für die internationale Einheit der Stromstärke) klingt ähnlich: „Der überzeugendste Beweis für die Existenz

Gottes ist die offensichtliche Harmonie, die die Ordnung des Universums aufrechterhält und durch die die Lebewesen in ihrem Organismus alles finden, was sie für ihren Fortbestand, ihre Fortpflanzung und die Entwicklung ihrer körperlichen und geistigen Fähigkeiten brauchen. Wie groß ist Gott, und unsere Wissenschaft ist nur Kleinkram!"

Es folgt der unvergleichliche Erfinder, Physiker und Elektroingenieur Nikola Tesla:
„Das Geschenk der geistigen Kraft kommt von Gott, dem göttlichen Wesen, und wenn wir unsere Gedanken auf diese Wahrheit konzentrieren, kommen wir in Einklang mit dieser großartigen Kraft."

Die nächsten beiden Aussagen stammen vom Universalgenie schlechthin – Leonardo da Vinci:
„Gott verkauft uns alle Güter zum Preis der Mühe."
„Kein einziger Mensch ist bloß ein verlorenes Teilchen im Weltall. Jeder einzelne Mensch ist von Gott, unserem Vater, geliebt und ihm mit Namen bekannt."

Nikolaus Kopernikus hat unsere Sicht durch das heliozentrische Weltbild (alias "Kopernikanisches Weltbild") revolutioniert... „Wer sollte nicht durch die Beobachtung und den sinnenden Umgang mit der von den göttlichen Weisheiten geleiteten herrlichen Ordnung des Weltgebäudes zur Bewunderung des allwirkenden Baumeisters geführt werden?"

Es folgt der historisch bedeutsame Astronom, Physiker, Mathematiker und Naturphilosoph Johannes Kepler, der die Gesetzmäßigkeiten, nach denen sich Planeten um die Sonne bewegen, entdeckte (nach ihm Keplersche Gesetze genannt). Hier seine Worte:
„Gott ist groß. Groß ist seine Macht, unendlich seine Weisheit. Lobt ihn, Himmel und Erde, Sonne, Mond und Sterne, in eurer eigenen Sprache. Mein Herr und mein Schöpfer! Ich möchte den Menschen die Großartig-

keit deiner Werke, die Erhabenheit deiner Schöpfung verkünden, soweit mein begrenzter Verstand deine Unendlichkeit begreifen kann." „Mein höchster Wunsch ist, den Gott, den ich im Äußeren überall finde, auch innerlich, innerhalb meiner gleichermaßen gewahr zu werden."

Auch der Universalgelehrte Galileo Galilei, dessen Entdeckungen in der Mechanik und Astronomie als bahnbrechend gelten, wählte unmissverständliche Worte: „Mathematik ist das Alphabet, mit dessen Hilfe Gott das Universum beschrieben hat."

Einer der bedeutendsten Physiker des 20. Jahrhunderts, Paul Dirac, leistete wichtige Beiträge zur frühen Entwicklung sowohl der Quantenmechanik als auch der Quantenelektrodynamik, sowie zur Vereinbarkeit der allgemeinen Relativitätstheorie von Einstein mit der Quantenmechanik. Er teilte sich 1933 den Nobelpreis für Physik mit Erwin Schrödinger. Dirac drückte es ähnlich aus wie Galilei: „Gott ist ein sehr guter Mathematiker und hat bei der Erschaffung des Universums sehr fortgeschrittene und wunderschöne Mathematik verwendet."

Vielleicht erinnerst du dich daran, dass wir im vorangegangenen Kapitel die letzten Worte des großen Physikers und Chemikers Michael Faraday betrachtet haben. Seine zahlreichen Experimente trugen wesentlich zum Verständnis des Elektromagnetismus bei. Er ist einer der berühmtesten Wissenschaftler des 19. Jahrhunderts. Auch seine Wortwahl ist mit der von Galileo Galilei vergleichbar: „Das Buch der Natur, das wir lesen müssen, ist mit dem Finger Gottes geschrieben."
Weitere Zitate von Faraday:
„Da der Friede allein in der Gabe Gottes liegt, und da er es ist, der ihn gibt, warum sollten wir uns fürchten?"
„Liebe Brüder, wir sollten das Privileg, Gottes Wahrheit zu kennen, weit über alles hinaus schätzen, was wir in dieser Welt haben können."
„Ich verneige mich vor dem, der Herr über alles ist."

Der schottische Wissenschaftler James Clerk Maxwell scheint teilweise in Vergessenheit geraten zu sein, jedenfalls löst sein Name wohl bei den meisten Menschen im Gegensatz zu manch anderen in dieser Liste nichts aus. Daher ein etwas längerer Bericht über ihn: Seine Entdeckungen trugen dazu bei, die Ära der modernen Physik einzuleiten und legten den Grundstein für die spezielle Relativitätstheorie und die Quantenmechanik. Viele Physiker betrachten Maxwell als den Wissenschaftler des 19. Jahrhunderts, der den größten Einfluss auf die Physik des 20. Jahrhunderts hatte. In einer Umfrage unter den 100 führenden Physikern wurde Maxwell zum drittgrößten Physiker aller Zeiten gewählt, hinter Newton und Einstein. Letzterer bezeichnete Maxwells Arbeit als die „tiefgreifendste und fruchtbarste, die die Physik seit Newton erlebt hat". Als jemand zu ihm sagte, er habe Großes geleistet, weil er auf Newtons Schultern stehe, antwortete Albert Einstein: „Nein, das tue ich nicht. Ich stehe auf den Schultern von Maxwell." Maxwell hat sich ebenfalls zum Thema dieses Kapitels geäußert: „Ich habe die meisten philosophischen Systeme untersucht und festgestellt, dass keines ohne Gott funktioniert."

Johannes Reinke (Biologe & Naturphilosoph) sagte: „Der Naturforscher sieht durch die Naturerscheinungen die Gottheit aus der Ferne, und ich kann bekennen: Mein Herz war unruhig, bis es in Gott Ruhe fand."

Schöne Worte fand der Mathematiker, Astronom und Physiker Carl Friedrich Gauß, dessen Erkenntnisse zu vielen Bereichen der Mathematik und Wissenschaft beigetragen haben: „Wenn unsere letzte Stunde schlägt, werden wir die große und unaussprechliche Freude haben, den zu sehen, den wir in all unserer Arbeit nur erahnen konnten."

Der schwedische Naturforscher Carl von Linné – Begründer der modernen systematischen Botanik und damit des Pflanzensystems – berichtet offenbar sogar von einer spirituellen Erfahrung:

„Ich habe den ewigen, unendlichen, allwissenden und allmächtigen Gott vorüberziehen sehen und bin vor Ehrfurcht in die Knie gesunken."

Nun ist der Autor der ersten Mondkarte an der Reihe – der Astronom Johann Heinrich von Mädler:
„Ein ernster Naturforscher kann kein Gottesleugner sein, denn wer Gelegenheit hat, die ewige Weisheit zu bewundern, der muss vor dem Walten des höchsten Geistes demütig sein Knie beugen!"

Der Physiker Gustav Mie, der bedeutende Beiträge zum Elektromagnetismus und zur allgemeinen Relativitätstheorie lieferte, folgt mit gelungener Wortwahl: „Wir müssen sagen, dass ein denkender Naturforscher notwendigerweise ein frommer Mensch sein muss. Denn er muss sich in Ehrfurcht vor dem göttlichen Geist verneigen, der in der Natur so deutlich zu spüren ist."

Auch Wernher von Braun, ein führender Raketeningenieur bei der NASA sowie Pionier und Visionär der Raumfahrt, widersprach den Vorurteilen vehement:
„Die gelegentlich zu hörende Meinung, dass wir im Zeitalter der Raumfahrt so viel über die Natur wissen, dass wir nicht mehr an Gott zu glauben brauchen, lässt sich durch nichts rechtfertigen. Bis heute hat die Wissenschaft mit jeder neuen Antwort mindestens drei neue Fragen entdeckt! Nur ein erneuerter Glaube an Gott kann die Veränderungen herbeiführen, die unsere Welt vor einer Katastrophe bewahren können. Wissenschaft und Religion sind Geschwister, keine Gegensätze."
„Unser Blick in die geheimnisvolle Unendlichkeit des Weltalls bestätigt unseren Glauben an seinen Schöpfer."
„Über allem steht die Herrlichkeit Gottes, der das große Universum erschaffen hat, das der Mensch und seine Wissenschaft weiterhin Tag für Tag mit tiefer Ehrfurcht und in tiefer Anbetung erkunden."

Der französische Physiker Antoine Becquerel wurde für „die Entdeckung der Radioaktivität" mit dem Nobelpreis für Physik ausgezeichnet (zusammen mit Marie Curie). Eine Einheit der Radioaktivität ist nach ihm benannt. Er sagte: „Es war meine Arbeit, die mich zu Gott führte."

Der Physiker und Nobelpreisträger Ernest Rutherford, der die Grundlagen für die Entstehung der Kernphysik schuf, entwickelte das Alpha-Teilchen-Streuexperiment, das zur Entdeckung des Atomkerns führte. Ein Teil seiner Aussage erinnert an die zuletzt aufgeführte von Becquerel und an jene von Louis Pasteur (siehe einige Seiten zuvor: „Wissenschaft bringt uns Gott näher."): „Es ist eine irrige Auffassung in Laienkreisen, dass der Gelehrte, der mehr vom Sein weiß als andere, darum gottlos sein müsste. Das Gegenteil ist der Fall: Unsere Arbeit bringt uns Gott näher. Sie steigert unsere Ehrfurcht vor seiner gigantischen Macht, vor der unsere armseligen Werkzeuge – so titanenhaft sie uns auf Erden auch erscheinen mögen – jämmerlich versagen."

Jetzt ist der Physiker und Nobelpreisträger Max von Laue an der Reihe: „Die Naturalisten wollten Gott von Angesicht zu Angesicht sehen. Da das nicht möglich war, behauptete ihre exakte Wissenschaft, dass er nicht existiert. Wie viel bescheidener sind wir Naturalisten geworden!"

Der Physiker Charles Hard Townes erhielt 1964 den Nobelpreis für die Entdeckung der Prinzipien des Lasers. Seine Worte:
„Als religiöser Mensch spüre ich die Gegenwart und das Eingreifen eines Schöpfers, der über mich selbst hinausgeht, der aber immer in der Nähe ist. Mit der Erschaffung der Gesetze des Universums hatte Intelligenz etwas zu tun."

Der britische Physiker William Thomson Kelvin, Entdecker von mehreren Naturgesetzen, formulierte den ersten und zweiten Hauptsatz der Thermodynamik ... und diese Aussage:

„Wir sind von überwältigenden Beweisen für Intelligenz und wohlwollende Absichten umgeben, die uns das Wirken des freien Willens in der gesamten Natur zeigen und uns lehren, dass alle Lebewesen von einem ewigen Schöpfer-Herrscher abhängen."

Auch der italienische Physiker, Elektroingenieur und Nobelpreisträger Guglielmo Marconi, bekannt als Erfinder der drahtlosen Telegrafie und damit des Radios, war von der Existenz Gottes vollends überzeugt: „Je mehr ich mich mit den Kräften der Natur beschäftige, desto mehr spüre ich das Wohlwollen Gottes gegenüber dem Menschen; je näher ich der großen Wahrheit bin, dass alles vom ewigen Schöpfer und Erhalter abhängt, desto mehr spüre ich, dass die sogenannte Wissenschaft, mit der ich mich beschäftige, nichts anderes ist als ein Ausdruck des Höchsten Willens, der darauf abzielt, die Menschen einander näherzubringen, um ihnen zu helfen, sich selbst besser zu verstehen."
„Ich erkläre mit Stolz, dass ich gläubig bin. Ich glaube an die Macht des Gebetes – nicht nur als Katholik, sondern auch als Wissenschaftler."

Die folgende Aussage von Alexis Carrel (französischer Chirurg, Naturforscher, Nobelpreisträger) bekräftigt wiederum eine Botschaft, die im letzten Zitat von Marconi enthalten ist: „Das Gebet ist die stärkste Form von Energie, die man erzeugen kann, so real wie die Schwerkraft. Es ist keine größere Schande, zu beten, als zu trinken und zu atmen. Der Mensch braucht Gott, wie er das Wasser und den Sauerstoff braucht."

Der Erfinder Thomas Alva Edison, welcher 1.200 Patente hielt, drückte sich so aus: „Mein größter Respekt und meine größte Bewunderung gilt allen Ingenieuren, insbesondere dem größten unter ihnen: Gott!"

Nun widmen wir uns dem Universalgelehrten Gottfried Wilhelm Leibniz, der als Mathematiker, Philosoph, Wissenschaftler und Diplomat tätig war: „Es gibt nichts ohne Grund. Gott ist der letzte Grund der Dinge, und die Erkenntnis Gottes ist nicht weniger der Anfang der Wissenschaft, als sein Wesen und sein Wille der Anfang der Dinge sind. Indem wir seine Werke betrachten, können wir den Schöpfer entdecken. Gott ist Ordnung. Er ist der Urheber der allgemeinen Harmonie."

„Wenn Gott Wunder tut, so tut er sie nicht, um die Bedürfnisse der Natur zu befriedigen, sondern die der Gnade. Wer anders denkt, muss eine sehr armselige Vorstellung von der Weisheit und Macht Gottes haben. Gott, der die höchste und unendliche Weisheit besitzt, handelt auf die vollkommenste Weise, nicht nur metaphysisch, sondern auch moralisch, und in Bezug auf uns selbst können wir sagen, dass wir, je aufgeklärter und informierter wir über Gottes Werke sind, umso mehr geneigt sein werden, sie für vortrefflich und in völliger Übereinstimmung mit dem zu halten, was wir gewünscht hätten. Seine Güte, Gerechtigkeit und Weisheit sind von der unseren nur deshalb verschieden, weil sie unendlich vollkommener sind."

Werfen wir nun einen Blick darauf, was der französische Mathematiker, Physiker und Philosoph Blaise Pascal zu sagen hatte:

„Im Herzen eines jeden Menschen gibt es ein von Gott geschaffenes Vakuum, das durch nichts Erschaffenes ausgefüllt werden kann, sondern nur durch Gott, den Schöpfer, der sich durch Jesus offenbart hat."

„Gott hat gewollt, dass die göttlichen Wahrheiten nicht durch den Verstand ins Herz, sondern durch das Herz in den Verstand eingehen. Denn die menschlichen Dinge muss man kennen, um sie zu lieben, die göttlichen muss man lieben, um sie zu kennen."

„Herr, du allein weißt, was mir dienlich ist. Du bist der Herr, tue, was du willst! Gib mir, nimm mir! Herr, ich weiß, dass ich nur eines weiß: Es ist gut, dir zu folgen, und es ist schädlich, dich zu verleugnen."

„Ihr sagt: Es gibt keinen Gott. Ich sage: Gott existiert. Wenn ihr Recht habt und es gibt wirklich keinen Gott, was wäre dann mit mir? Eigentlich nichts! Ich würde sterben, und alles wäre vorbei. Ich hätte hier vielleicht nicht alles ausgekostet, was man als unverzichtbar hinstellt. Aber ist das ein so großer Verlust? Selbst wenn es Gott nicht gibt, hat der Glaubende ein schöneres Leben als der Atheist, in Gottvertrauen, Gelassenheit und Vorfreude auf das künftige, ewige Leben."

„Es gibt nur drei Arten von Menschen: diejenigen, die Gott gefunden haben und ihm dienen, diejenigen, die Gott nicht gefunden haben und ihn suchen, und diejenigen, die leben, ohne ihn zu suchen oder zu finden. Die ersten sind klug und glücklich, die zweiten klug und unglücklich und die dritten töricht und unglücklich."

Wie wir gesehen haben, gibt es unter den historisch bedeutsamen Wissenschaftlern im Grunde keinen, der die Präsenz Gottes leugnete. Sie sind inzwischen allesamt verstorben. Schlussendlich lassen wir zwei Wissenschaftler zu Wort kommen, die ihre Körper noch nicht abgelegt haben. Außerhalb der Wissenschaften kennt sie kaum jemand (das gilt wohl für alle noch unter uns lebenden Forscher), aber dennoch halte ich ihre Aussagen für erwähnenswert...

„Ich glaube schon, dass da so etwas wie ein Mastermind hinter dem Ganzen stehen muss. Ich glaube da nicht an Zufälle. Man kann es den lieben Gott nennen, man kann es aber auch anders nennen.", so der Physiker Prof. Joachim Mnich.

Abschließen möchte ich die Zusammenstellung mit einer humorvollen Aussage des hierzulande relativ bekannten Astrophysikers und Fernsehmoderators Harald Lesch: „Ob ich Atheist bin, das weiß Gott allein."

In einem Gespräch mit dem Weisheitslehrer Yukteswar Giri äußerte ein Chemiker Zweifel an der Realität Gottes – basierend auf der Unfähigkeit der Wissenschaft, Sein Dasein mit ihren gängigen Methoden zu beweisen. Yukteswar konnte sich eine Prise Sarkasmus nicht verkneifen: „Es ist euch also unbegreiflicherweise nicht gelungen, die Allmacht in euren Reagenzgläsern zu isolieren. Ich schlage euch ein anderes Experiment vor: Beobachtet einmal 24 Stunden lang ununterbrochen eure Gedanken. Dann werdet ihr euch nicht mehr über Gottes Abwesenheit wundern."

Ihr wisst doch, ich habe eure Welt
So schön für euch erschaffen.
Doch ihr, ihr habt sie vollgeknallt,
Vollgeknallt mit Waffen.

Und ich schickte euch doch immer schon
Meine besten Top-Berater:
Ob's nun Jesus war, Gandhi, Einstein
Und auch noch den scheinheiligen Vater.

Doch es nützt ja nix, was hat's gebracht?
Seid immer noch die alten Idioten.
Klebt an Kirche und Religion,
Mit Millionen und Millionen von Toten.

Ja, wenn der Mensch nicht weiter weiß,
Dann macht er mir den Himmel heiß.
Doch es nützt kein Beichten.
Nee, es nützt kein Beten.
Kümmert euch jetzt mal selber
Um euern Planeten.

("Interview mit Gott" von Udo Lindenberg)

Kapitel 13

SPIRITUELLE PHÄNOMENE UND ERFAHRUNGEN

Wie in Kapitel 1 ("Es gibt keinen Tod") angekündigt, widmen wir uns nun spezifischen Beispielen nicht-physischer Phänomene und Fallberichten spiritueller Erlebnisse. Einige jener Schilderungen beziehen sich auf Nahtoderfahrungen, doch manche der Berichte werden demonstrieren, dass wir uns auch dann von den Begrenzungen des Körpers befreien können, wenn dieser noch vollkommen intakt ist.

Der Titel dieses Kapitels sollte nicht darüber hinwegtäuschen, dass im Grunde ausnahmslos alle Erfahrungen spirituelle Erfahrungen sind. Denn es ist stets das Bewusstsein, also der Geist (= spirit), das/der all diese Erfahrungen macht. Der Terminus "Spirituelle Erfahrungen" soll hier diejenigen Erlebnisse bezeichnen, die über den Körper und Verstand hinausgehen, indem deren Grenzen überwunden und wir damit an unsere vom Körper unabhängige, spirituelle Natur erinnert werden.

Derartige Erlebnisse kommen weitaus häufiger vor als allgemein angenommen und sind geradezu grenzenlos in ihrer Vielfalt. Die Verbreitung spiritueller Phänomene und Erfahrungen ist überaus verblüffend.

Ein Freund von mir liefert ein Beispiel für eine interessante Begebenheit im Zusammenhang mit dem Sterbeprozess:

„Mein Vater starb am 19. Mai 2009 im Alter von 45 Jahren an einem plötzlichen Herzinfarkt. Ich war damals 15 Jahre alt. Ich konnte es mir nicht erklären, aber mir fiel auf, dass sein Gesicht an diesem Tag strahlte wie Schnee in der Sonne. Seine Augen funkelten. Er wirkte zwar müde, aber befreit. Obwohl er nicht gerade steinalt und im Grunde kerngesund war, sprach er in den letzten Tagen immer wieder davon, dass er bald sterben würde. Er träumte immer wieder von einem Tunnel und einem Licht. Auch meine Mutter träumte von seinem Tod.

Als es dann geschah, waren mein Vater, meine Mutter, meine Schwester und ich gerade alle zusammen im Wohnzimmer. Er saß auf dem Sofa, trank seinen Tee und brach dann plötzlich zusammen. Bevor der Notarzt kam, habe ich ihm eine Herzdruckmassage verpasst. Im Moment seines Todes sah ich in seinen Augen ein sehr helles, weißes Licht! Das war definitiv keine Einbildung. Meine Mutter hat es auch gesehen.
Als ich seine Leiche am Tag der Beisetzung sah, war sie total hell, rein und einfach nur faszinierend."

Der Großteil dieses Kapitels besteht aus Zitaten, deren Quelle ich selbstverständlich angeben werde. Ich sehe darin zusätzlich die Möglichkeit, eine ausdrückliche Empfehlung für jene Bücher auszusprechen, aus denen ich im Folgenden ausgiebig zitiere. Ich entschied mich (abgesehen von einigen Kommentaren meinerseits, die ich zum Zwecke des Verständnisses hinzufügte), die Zeugen der folgenden Ereignisse unverfälscht zu Wort kommen zu lassen. Manchmal muss man einfach demütig zurücktreten und gestehen, dass zu viele eigene Erläuterungen geradezu eine Herabwürdigung für die ursprünglichen Berichte wären. Daher sollte das Original unversehrt erhalten bleiben und dementsprechend exakt so wiedergegeben werden, wie ursprünglich von den jeweiligen Autoren vorgesehen.
Nachdem wir in diesem Kapitel den Berichten bemerkenswerter Menschen gelauscht haben, werde ich mich im Anschluss noch der Herausforderung stellen und den Versuch wagen, eigene Erlebnisse adäquat in Worte zu fassen.

Savants

Zunächst wollen wir uns noch keine subjektiven Zeugenaussagen bezüglich spiritueller Erfahrungen, sondern objektive Darstellungen von Phänomenen anschauen, die offensichtlich nicht auf eine rein physikalische Grundlage reduziert werden können, sondern zumindest teilweise geistigen Ursprungs sind.

Das ursprüngliche Potential des Bewusstseins ist grenzenlos. Wie bereits thematisiert, dient das Gehirn als Empfänger, aber auch als Filter des Bewusstseins. Dieses muss sich vorübergehend einschränken, damit es sich als Individuum in dieser Welt erfahren kann.

„Die Funktion des Gehirns besteht darin, alle verfügbaren Informationen zu reduzieren und uns auf eine begrenzte Erfahrung der Welt festzulegen.", so der Psychiater Stanislav Grof.

Was geschehen kann, wenn das Gehirn seine Filterfunktion nicht richtig ausführt, verdeutlichen die Fälle der Savants – Menschen mit sogenannter Inselbegabung. Dem Savant-Syndrom liegt häufig eine ungewöhnliche Beschaffenheit des Gehirns zugrunde. Das Gehirn, der physische Filter, lässt in diesen Fällen offensichtlich mehr Informationen durchsickern als üblich, wie auch ein Sieb mit größeren Löchern durchlässiger ist als beabsichtigt. Viele Menschen würden das Savant-Syndrom wahrscheinlich nicht mit Spiritualität in Verbindung bringen. Tatsache aber ist, dass es mithilfe sämtlicher Erkenntnisse der Naturwissenschaften nicht hinreichend erklärt werden und damit nicht in ein materialistisches Weltbild integriert werden kann. Aufgrund dessen wage ich es, es als spirituelles Phänomen einzuordnen.

Es ist sinnvoll, Savants zu betrachten, da sie uns zeigen können, welch erstaunliches Potential uns allen innewohnt. Bekanntlich berichten auch Nahtoderfahrene, außerhalb des Körpers Zugriff auf universales Wissen erhalten und diesen durch die Filterfunktion des Gehirns wieder verloren zu haben, nachdem sie in den Körper zurückgekehrt waren.

Nun widmen wir uns einigen eindrucksvollen Beispielen aus dem Buch "Wenn die Dunkelheit ein Ende findet" von Michael Nahm:

Kim Peek

Er kannte den Inhalt von 12.000 Büchern, darunter auch Dutzende Telefonbücher, Wort für Wort und Zahl für Zahl auswendig. Er musste ein Buch nur ein einziges Mal lesen, um es zu verinnerlichen. Das Lesen der Seiten ging dabei in Sekundenschnelle. Er "scannte" die linke und rechte Seite jeweils getrennt mit dem linken und rechten Auge ein. Auch im Rechnen war er verblüffend schnell. Er wurde z. B. einmal gefragt, wie viel 4397 mal 8915 ist. Nach einem kurzen Schnaufen und der Bemerkung, dass er nicht gerne rechne, folgte sofort die Antwort: 39.199.255. Dabei kam es dem Fragesteller vor, als ob Kim Peek dieses Ergebnis nicht ausgerechnet, sondern es irgendwo hergeholt und einfach abgelesen hatte. Außerdem konnte er sich an jede Melodie erinnern, die er seit seiner Kindheit je gehört hatte. Jedoch war er nicht fähig, sich allein die Schuhe zuzubinden. Kim Peek starb 2009 im Alter von 58 Jahren.

Daniel Tammet

Das Rechengenie Daniel Tammet, der seine Fähigkeiten erst nach schweren epileptischen Anfällen in früher Kindheit entwickelte, liefert eine interessante Beschreibung: „Wenn ich eine Multiplikation durchführe, bspw. 53 mal 131, dann sehe ich beide Zahlen als unverwechselbare Formen, die einander räumlich gegenüberstehen. In dem Raum zwischen den beiden entsteht eine dritte Form, die ich als neue Zahl wahrnehme: 6943, die Lösung der Rechenaufgabe. Das dauert nur Sekunden und geschieht ganz spontan. Es ist, als würde man rechnen, ohne nachdenken zu müssen." Wenn Tammet Zahlen durch andere Zahlen dividiert, so sieht er vor seinem inneren Auge binnen kürzester Zeit „eine Spirale, die sich in immer größer werdenden Windungen und Schleifen nach unten schraubt. Unterschiedliche Divisionen erzeugen unterschiedlich große Spiralen mit unterschiedlich verlaufenden Kurven.

Durch meine mentale Bilderwelt kann ich eine Rechenaufgabe wie 13 geteilt durch 97 bis auf fast 100 Dezimalstellen genau berechnen: 0,13402061855…"

Orlando Serrell

Im Alter von 10 Jahren wurde er von einem Baseball am Kopf getroffen… Seitdem vergaß er absolut nichts mehr von alledem, was er täglich erlebte (analogisch: als würde man einen Filter aufreißen, sodass er weniger oder gar nichts mehr herausfiltert). Eine Untersuchung seines Gehirns zeigte, dass gewisse Gehirnregionen, die normalerweise beim Abrufen von Erinnerungen aktiv sind, bei ihm nicht aktiviert sind, wenn er sich an etwas erinnert.

Leslie Lemke

Er konnte komplette Klavierkonzerte fehlerfrei nachspielen, nachdem er sie nur ein einziges Mal im Radio gehört hatte. Er war blind und hatte nie Klavierunterricht genommen.

Stephen Wiltshire

Er malt auf meterlangen Papierwänden riesige Großstadtszenarien nach, nachdem man ihn nur einmal mit einem Hubschrauber darüber geflogen hat. Bei seinen Gemälden stimmt alles bis ins kleinste Detail. Jede einzelne Häuserfassade hat die richtige Anzahl von Stockwerken und Fenstern.

Srinivasa Ramanujan (1887-1920)

Er wird von vielen Mathematikern für das begabteste mathematische Genie gehalten, das jemals gelebt hat. Laut eigener Aussage wurden ihm seine Einsichten und Gleichungen von der indischen Gottheit Namagiri in Träumen vermittelt.

Jay Greenberg

Im Alter von 2 Jahren zeichnete er kleine Celli auf sein Malpapier, obwohl sich in seinem Elternhaus keine Musikinstrumente befanden. Mit 3 Jahren verlangte er, Cello spielen zu dürfen. Als seine Eltern mit ihm ein Musikgeschäft besuchten, setzte er sich spontan an ein Cello und spielte. Er hatte niemals zuvor ein echtes Cello gesehen. Mit 5 Jahren hatte er bereits fünf Sinfonien komponiert. Jay sagte, die Musik ströme auf ihn ein, manchmal sogar mehrere Sinfonien zur gleichen Zeit. Er müsse sie nur aufschreiben, korrigiert wird später nichts.

Ähnliches wird über Wolfgang Amadeus Mozart berichtet.

An dieser Stelle ein Zitat von Mozart:

„Komponiert ist schon alles – aber geschrieben noch nicht."

Alle Informationen sind im Geistigen ewig gespeichert. Es geht nur darum, sie zu empfangen und physisch anwendbar zu machen. Offensichtlich ist das Gehirn nicht die Quelle unserer Inspiration und unserer Erkenntnisse. Letztere werden von ihm als Vermittler und Übersetzer nur in diese Welt gebracht.

Ellen Boudreaux

Sie verfügt über faszinierende musikalische Fähigkeiten und summte bereits im Alter von 6 Monaten Lieder nach. Besonders frappierend aber ist das Zeitverständnis dieser blinden Frau: Als sie einmal im Alter von 8 Jahren die Zeitansage durch ein Telefon gehört hatte, schien sie eine eigene innere Uhr gestartet zu haben. Seitdem kann sie jederzeit sagen, wie spät es ist – auf die Sekunde genau. Sie wusste von Anfang an, ohne dass es ihr jemand erklärt hatte, dass auf 1 Uhr, 59 Minuten und 59 Sekunden die Uhrzeit 2 Uhr folgt.

Sugar Ray Robinson

Nun kommen wir zur Begutachtung eines außergewöhnlichen Falls. Die folgende Begebenheit kann als Beispiel dienen, sowohl für das Phänomen der Präkognition – die Fähigkeit, ein zukünftiges Ereignis vorherzusehen – als auch dafür, dass wir im Schlaf dadurch, dass der Verstand dann in den Hintergrund tritt, oft empfänglicher sind als im vermeintlichen Wachzustand.

Der mehrmalige Weltmeister Sugar Ray Robinson ist wahrscheinlich der beste Boxer aller Zeiten. Er bestritt in seiner einzigartigen Profikarriere über 200 Kämpfe, von denen er insgesamt nur 19 verlor und über 100 durch Knockout gewann. Von den ersten 133 Kämpfen verlor er nur einen einzigen. Zwischenzeitlich blieb er mehr als 90 Kämpfe in Folge ungeschlagen – eine der längsten Serien in der Boxgeschichte.

Er verteidigte am 24. Juni 1947 in Cleveland (Ohio) seinen WM-Titel im Weltergewicht gegen den Amerikaner Jimmy Doyle. Dieser wurde in der 9. Runde zum dritten Mal vom Champion niedergeschlagen, wobei er mit dem Hinterkopf hart auf dem Ringboden landete. Wenige Stunden später erlag er den Folgeverletzungen im Krankenhaus.

Besonders kurios und bemerkenswert:

Sugar Ray Robinson träumte in der Nacht vor dem Kampf, dass er seinen Gegner im Kampf töten würde und wollte deswegen absagen. Leider ließ er sich vom Gegenteil überzeugen: Nachdem ausgerechnet ein Pfarrer ihn dazu überredet hatte, den Kampf zu bestreiten, stieg Robinson doch in den Ring und tötete seinen Gegner, sodass sich sein Traum bewahrheitete.

Dass es beim Boxen um gezielte Gewaltausübung geht, ist kein Geheimnis. Doch normalerweise steigt kein Boxer mit der Absicht in den Ring, seinen Gegner zu töten. Wer nun glaubt, Sugar Ray Robinson habe gegen Doyle bewusst oder unbewusst härter zugeschlagen als gegen andere Gegner zuvor, weil er an seinen Traum glaubte, der irrt sich:

Jener Traum hätte ihn wohl eher dazu bewogen, vorsichtiger zu sein.

Höchstwahrscheinlich hat er Doyle nicht mehr oder weniger hart getroffen als andere Kontrahenten. Ich bin davon überzeugt, dass es sich tatsächlich um Präkognition und eine leider missachtete Warnung unbekannten Ursprungs handelt. Die Umstände, die zum Tod führten, waren auch Sugar Ray Robinson nicht bekannt... Die behandelnden Ärzte hatten Jimmy Doyle lange vor dem Kampf nach vergangenen KO-Niederlagen bereits davon abgeraten, seine Boxkarriere fortzusetzen. Doyle verfolgte jedoch fest entschlossen das Ziel, seiner Mutter durch die Verdienste ein Haus zu kaufen, und boxte weiter. Nachdem der Titelkampf ein solch tragisches Ende genommen hatte, wurde Sugar Ray Robinson durch sein Gewissen dazu getrieben, der Familie seines Gegners sein Einkommen aus diesem Fight und nachfolgenden Kämpfen zu vermachen, sodass Doyles Mutter sich das Haus kaufen konnte.

Ernst Senkowski

Weiter geht's mit einem ungewöhnlichen und eher unbekannten Phänomen, der "instrumentellen Transkommunikation".
Einer der leitenden Forscher und führenden Experten auf diesem Gebiet war Prof. Dr. Ernst Senkowski. Er starb am 13. April 2015 im Alter von 92 Jahren. Von 1961 bis 1988 arbeitete der in Hamburg geborene Physiker als Dozent und Professor an der Fachhochschule Rheinland-Pfalz, zudem war er viele Jahre Vorsitzender der Gesellschaft für Biophysik e.V. in Mainz. Seit Mitte der siebziger Jahre beschäftigte sich Ernst Senkowski mit grenzwissenschaftlichen Themen und setzte den Schwerpunkt dabei auf die Paraphysik. Seine größte Faszination galt dem Phänomen der Tonbandstimmen. Hierfür prägte er später den Begriff der instrumentellen Transkommunikation. Es handelt sich um akustische Aufzeichnungen, deren Ursprung der Wissenschaft unbekannt ist.
„Der Begriff "Tonbandstimmen" geht auf den schwedischen Kunstmaler und Opernsänger Friedrich Jürgenson zurück, der im Jahr 1959 mit seinem Tonbandgerät Aufnahmen von Vogelstimmen anfertigte und nach mehrmaligem Anhören der Bänder glaubte, neben den Vögeln auch Stimmen zu hören, welche ihn persönlich ansprachen („Friedrich, du wirst beobachtet") und Dinge sagten, von denen nur er selbst wissen konnte. Er widmete sich seit dieser Erfahrung völlig der Erforschung dieses Phänomens. Im Jahr 1967 veröffentlichte er sein Buch "Sprechfunk mit Verstorbenen" und machte damit auch den Begriff "Stimmen aus dem Jenseits" publik." (Wikipedia)
Weil ich mich mit diesem Phänomen nicht annähernd so intensiv auseinandergesetzt habe wie mit anderen Begebenheiten (vor allem NTE), werde ich von eigenen verbindlichen Aussagen dazu absehen. Allerdings empfinde ich dieses Phänomen als äußerst faszinierend und halte Ernst Senkowski für einen höchstseriösen, geistig gescheiten und absolut vertrauenswürdigen Menschen mit einer sehr angenehmen Ausstrahlung, weshalb ich mich dazu entschied, ihm diesen Kapitelteil zu widmen.

„Meine eigenen Untersuchungen sowie Informationsaustausch und Zu-
sammenarbeit mit den bekanntesten Transkommunikationsforschern bestätigen die Realität dieses Phänomens.", so der sympathische Wissenschaftler. 2012 sagte er in einem Interview:

„Es sind Versuche gemacht worden in sogenannten Faraday-Käfigen.
Das sind abgeschirmte Räume, in die elektromagnetische Wellen nicht
eindringen können. Und die Stimmen sind aufgetreten unter den Augen
und im Beisein der Techniker, die als die Spitzen-Abschirm-Techniker
vom Geheimdienst, vom Militär usw. gegolten haben. Diese Leute haben
klipp und klar erklärt, dass sie es eben nicht erklären können. Das ist
also ein Phänomen, das außerhalb der Physik liegt – und wie wir die
Physik kennen, ist es augenscheinlich auch gar kein energetisches Phänomen, sonst würde man ja elektromagnetische Wellen oder irgendetwas nachweisen können. Mechanische Schwingungen sind es dann auch
nicht. Und man hat unter diesen kontrollierten Bedingungen etwa 20,
30 Stimmen aufgenommen."

Die Äußerungen dieser Stimmen sind nicht willkürlich, mit ihnen ist offenbar ein kommunikativer Austausch möglich. Sie beantworten sogar
Fragen. Im Folgenden präsentiert Ernst Senkowski ein konkretes Beispiel aus seiner Sammlung:

Der Experimentator fragt: „In welcher Zeit lebt ihr?"
Antwort: „In keiner Zeit. Zeit ist nicht vorhanden."
Der Experimentator fragt einen anderen Kommunikator:
„Wo sind Sie? Von wo rufen Sie mich?"
Antwort: „Im Sein. Sein ist Erleben. Erleben ist Erfahren.
Egal, wann, wo oder wie es passiert, denn alles passiert jetzt."

Diese Aussagen könnten ebenso von einem spirituellen Lehrer stammen,
nicht wahr? Doch sie stammen mutmaßlich von Verstorbenen.
Die Quelle ist dieselbe.

Nachtodkontakte

Ein weit verbreitetes Phänomen unter den spirituellen Erfahrungen sind Nachtodkontakte, also vielseitige Begegnungen und verschiedenartige Interaktionen mit Verstorbenen. Wie in Nahtoderfahrungen finden wir hier Beweise für das Überleben der Individualität – und für den ewigen Fortbestand der Liebe.

Es gibt zum Beispiel akustische Nachtodkontakte, in denen die Stimmen verstorbener Menschen vernommen werden, teilweise von mehreren Personen gleichzeitig. Oftmals teilen sich Verstorbene auch durch Geruchsvermittlungen oder extrem vielfältige elektrische Phänomene mit. Wir werden in diesem Kapitelteil eindrucksvollen Beispielen für all jene Vorkommnisse begegnen. Besonders beweiskräftig sind die visuellen Nachtodkontakte. Auch diese werden gelegentlich von mehreren Menschen zugleich bezeugt, was eine Halluzination ausschließt. Die "Toten" werden visuell so wahrgenommen wie zu Lebzeiten, manchmal mit einem durchsichtigen Geistkörper, teilweise auch materialisiert, sodass sie wie aus Fleisch und Blut erscheinen – vielleicht war das bei Jesus der Fall, weshalb man ihm durch den zweifellos populärsten Nachtodkontakt der Geschichte eine körperliche Auferstehung nachsagt.

Ich werfe vorab eine Begebenheit ein, die gewissermaßen auch als Nachtodkontakt eingestuft werden könnte...
1975 wurde ein Foto aus dem Jahre 1919 veröffentlicht. Es war von einem ehemaligen Offizier der "Royal Air Force", Sir Victor Goddard, geschossen worden und zeigt seine mehr als 50 Männer umfassende Fliegerstaffel. In der obersten Reihe sieht man im Hintergrund ein transparentes Gesicht, das später als das des Flugzeugmechanikers Freddy Jackson identifiziert wurde. Dies wäre kaum verwunderlich, wenn Jackson nicht zwei Tage vor der Aufnahme des Fotos bei einem Flugzeugabsturz ums Leben gekommen wäre.

Seine Beerdigung hat an dem Tag stattgefunden, an dem das Foto gemacht wurde. Die Mitglieder der Staffel erkannten ihren Kameraden auf dem kuriosen Bild. Es konnte nie geklärt werden, wie das Gesicht auf das Foto gelangte.

Nahe verwandt mit Nachtodkontakten sind 'Sterbebettvisionen', die gerne auf Halluzinationen eines sterbenden Gehirns reduziert werden und schon im ersten Kapitel in Verbindung mit terminaler Geistesklarheit Erwähnung fanden. Nach einer solchen Erfahrung folgt meist innerhalb kurzer Zeit der Tod des Körpers.

Eben Alexander schildert einen Fall, der in diese Kategorie eingeordnet werden kann. Sein Freund und Kollege John (Name geändert), „der eine der weltweit führenden Forschungsabteilungen für Neurowissenschaften leitet", erlebte Derartiges im Zusammenhang mit dem Sterbeprozess seines Vaters: „Dann plötzlich wurde sein Vater klarer, als er es in den letzten beiden Jahren gewesen war, und teilte John einige tiefe Beobachtungen über sein Leben und ihre Familie mit. Dann änderte er seine Blickrichtung und begann mit der Luft am Fußende seines Bettes zu reden. Während er zuhörte, merkte John, dass sein Vater mit seiner Mutter sprach, die 65 Jahre zuvor gestorben war. Nun führte er ein fröhliches und lebhaftes Gespräch mit ihr. John konnte sie nicht sehen, aber er war fast davon überzeugt, dass ihr Geist anwesend war. Nach ein paar Minuten wandte sich Johns Vater wieder ihm zu, hatte jetzt ein Lächeln auf den Lippen und war deutlich sichtbar voller Frieden, mehr, als John es je zuvor an ihm erlebt hatte. Er schloss die Augen und segnete kurz danach das Zeitliche. John spürte, dass die Begegnung zwischen seinem Vater und seiner Großmutter real war, aber er hatte keine Ahnung, was er damit anfangen sollte, weil er als Arzt wusste, dass solche Dinge "unmöglich" waren."

Zu weiteren Phänomenen am Sterbebett gehören Erlebnisse wie dieses: Die Schriftstellerin und Zellbiologin Joan Borysenko kümmerte sich zusammen mit ihrem Sohn in einem Krankenhauszimmer um ihre sterbende Mutter. Ihr Tod stand unmittelbar bevor. Borysenko und ihr Sohn saßen schweigend zu beiden Seiten des Bettes. Sie betete und meditierte. Etwa um 3 Uhr morgens öffnete sie plötzlich die Augen und sah, dass das ganze Zimmer von einem Licht erfüllt war. Sie schaute zur anderen Bettseite hinüber und sah, dass ihr Sohn weinte. Tränen strömten ihm übers Gesicht und er wirkte wie in Ehrfurcht erstarrt. Er sagte: „Mama, das ganze Zimmer ist voller Licht. Siehst du es?" „Ja, ich sehe das Licht!", antwortete sie. Dann ergänzte er: „Oma hält die Tür zur Ewigkeit für uns offen, damit wir einen Blick hineinwerfen können."

Eine Fallsammlung von Erfahrungen wie dieser findet sich in einem Buch mit dem treffenden Titel "Zusammen im Licht" (von Raymond Moody). Der jüngste Bericht erinnert ein wenig an die Erfahrung meines Freundes, den ich bereits in der Einleitung dieses Kapitels zu Wort kommen ließ. Wie er beschrieb, sahen auch er und seine Mutter ein Licht, als sein Vater in ihrem Beisein starb. Farzan, so sein Name, hat außer mir niemandem davon erzählt.

Nachtodkontakte aller Art sind wahrscheinlich mit einem noch größeren Tabu als Nahtoderfahrungen belastet. Viele jener, die Derartiges erlebt haben, schämen sich, davon zu berichten. Wenn sie sich doch dazu entscheiden, werden sie wie Nahtoderfahrene mit der nicht ganz unerheblichen Problematik konfrontiert, dass die menschliche Sprache einfach ungenügend ist.

Ich möchte mit aller Klarheit aufzeigen und verdeutlichen, dass diese Phänomene keine sensationellen Seltenheiten sind. Daher werde ich auf den nächsten Seiten einige spezifische Beispiele für verschiedenartige Nachtodkontakte liefern, die ich hauptsächlich dem Buch "Trost aus dem Jenseits" von Bill & Judy Guggenheim entnommen habe – abgesehen von einigen Ausnahmen, die meinerseits als solche erwähnt werden. Zwei davon wurden mir persönlich berichtet. Diese habe ich unter den zahlreichen Fällen in meiner Privatsammlung ausgewählt.

Viele Menschen vertrauten mir im Laufe der Jahre ihre diesbezüglichen Erlebnisse an. Allein damit könnte ich ein Buch füllen.

Ich werde zunächst aus dem empfehlenswerten Buch "Beweise für ein Leben nach dem Tod" von Dr. Jeffrey Long (Krebsarzt) zitieren. Der Autor beschäftigt sich mit der Erfahrung einer Frau namens Romona: „Nach ihrer Rettung und Wiederbelebung durch kardiopulmonale Reanimation (Herz-Lungen-Wiederbelebung) entdeckte sie, dass sie mediale Nachwirkungen hatte. Am deutlichsten spürte sie das unter anderem bei einem Telefonat mit ihrer Schwester. Romona erzählt: „Mein Schwager Bob starb im Jahr 2000. Er hat nicht an ein Leben nach dem Tod geglaubt. Ich telefonierte gerade mit meiner Schwester Marsha. Sie wohnt in Walnut Creek in Kalifornien. Plötzlich konnte ich nur noch Gelb sehen, als hielte mir jemand ein gelbes Blatt Papier vor die Augen. Dann war das wieder weg. Und dann war es plötzlich, als wäre mein Wohnzimmer gefüllt mit Seifenblasen, Tausende von Seifenblasen überall. Das wiederholte sich ständig – erst alles gelb, dann weg, dann die Seifenblasen, dann weg. Dann hatte ich plötzlich eine Stimme in meinem Kopf, die sagte: „Sag's ihr, sag's ihr, sag's ihr." Sie wurde so laut, dass ich sogar meine Schwester nicht mehr verstehen konnte. Dann sagte ich: „Marsha, ich muss dir was sagen. Es ergibt keinen Sinn und ich bin nicht verrückt, aber ich muss es dir sagen: gelbe Seifenblasen." Sie konnte es kaum glauben. Sie war unwahrscheinlich glücklich. Dann erzählte sie mir, dass Bob und sie eines Abends einen Film angeschaut hatten: Houdini. Bob sagte irgendetwas in der Richtung, dass es kein Leben nach dem Tod gäbe. Marsha sagte, sie würde sich ein geheimes Wort ausdenken, und derjenige, der zuerst ginge, sollte – wenn es denn ein Leben nach dem Tod gäbe – dem anderen, der hiergeblieben wäre, dieses geheime Wort irgendwie übermitteln. Und zu meiner großen Überraschung lautete das geheime Wort: Gelbe Seifenblasen. Sie hatte sich dafür entschieden, weil es völlig sinnlos war.
Kein Mensch würde diese Worte zufällig fallen lassen.""

Philip aus Kentucky hörte völlig überraschend die Stimme seiner verstorbenen Tochter Tina: „Ich ging gerade durch den Flur, als ich Tina
sagen hörte: „Ich liebe dich, Daddy." Ich fuhr herum, weil die Stimme
von irgendwo draußen kam. Ich bin ein erfahrener Psychiater und höre
im Allgemeinen nicht Dinge, die es nicht gibt. Ich habe meinen Beruf
immer nach streng wissenschaftlichen Maßstäben ausgeübt und darauf
war ich nicht gefasst. Diese Erfahrung hat den Schmerz gemildert,
weil mir deutlich wurde, dass wir sie nicht wirklich verloren haben."

Manchmal beinhalten derartige Stimmwahrnehmungen sogar Warnungen
und Prognosen, wie in den beiden folgenden Beispielen...
Eine Frau namens Bernice erhielt drei Jahre nach dem Tod ihres Sohnes
Gene einen entscheidenden Hinweis von ihm: „Der Kapitän der Golden
Odyssey schickte uns im Frühjahr 1977 eine Einladung zu einer Mittel-
meerkreuzfahrt. Mein Mann bat mich, Plätze zu reservieren. Am nächsten Morgen wollte ich zum Reisebüro fahren. Auf dem Weg zum Auto
hörte ich meinen Sohn sagen: „Mama, du solltest nicht in das Flugzeug
nach Athen steigen." Die Stimme meines Sohnes war ganz ruhig, aber
sie gab mir trotzdem das Gefühl, dass ich wirklich nicht mitfliegen durfte. Also kehrte ich um und ging ins Haus zurück. Am Abend erzählte ich
meinem Mann, was passiert war. Er akzeptierte meine Entscheidung
und wir reservierten keine Plätze. Später saß ich im Wohnzimmer und
war traurig, dass wir nicht doch mitgeflogen waren. Das Flugzeug stieß
mit einem anderen zusammen. Es war das größte Flugzeugunglück der
Geschichte – 581 Menschen starben."
Ein Mann namens Florence berichtet: „16 Jahre nach dem Tod meines
Vaters war ich auf dem Weg zu einem Freund und näherte mich einem
Steinhaus, das gerade abgerissen wurde. Mein Blick richtete sich wie
von selbst auf einen Arbeiter, der auf dem Dach mit einem Vorschlag-
hammer hantierte. Aber ich achtete nicht darauf und ging weiter.
Da spürte ich, dass mein Vater da war und hörte ihn sagen: „Halt! Bleib
stehen!" Und ich blieb stehen. Hinter mir waren Leute, die mein plötzli-

ches Stehenbleiben am Weitergehen hinderte. Da landete auf einmal das schwere Metallteil des Vorschlaghammers genau vor mir und schlug ein Loch in den Betonboden. Zwei Kinder hinter mir schrien auf. Ein älterer Mann hinter mir sagte: „Meine Güte, warum sind Sie stehengeblieben? Sie hatten doch keinen Grund dazu." Ich teilte ihm mit, was ich erlebt hatte. Er sagte: „Nun, dann hat Ihr Vater Ihnen und wohl auch den beiden kleinen Mädchen hinter Ihnen das Leben gerettet!""

Es gibt auch telefonische Nachtodkontakte. Eine Frau namens Hilda aus Florida erlebte Folgendes zwei Wochen nach dem Tod ihres Vaters... „Bei uns war zwei Tage lang der Telefonanschluss unterbrochen, weil sie eine Straße hinter unserem Haus ausbauten. In unserem Garten arbeiteten Leute von der Telefongesellschaft, und alle Kabel waren herausgerissen und lagen auf der Erde herum. Meine 17-jährige Tochter Greta und ich waren zu Hause und sahen fern, als das Telefon läutete. Ich habe drei Anschlüsse im Haus, und Greta nahm den Hörer in der Küche ab, weil nur dort das Telefon läutete. Sie sagte nur immer wieder: „Hallo, hallo?" Aber sie hörte nur ein Geräusch wie das Meer. Deshalb legte sie wieder auf. Ungefähr 10 Minuten später läutete das Telefon wieder. Greta nahm wieder ab und hörte dasselbe Geräusch. 10 Minuten später läutete das Telefon in der Küche zum dritten Mal, und diesmal nahm ich ab. Zuerst hörte ich auch dieses Geräusch, wie Wellen am Meer, aber dann war da noch eine Stimme, die immer näher kam. Es war mein Vater, der sagte: „Hilda, ich liebe dich." Dann brach die Verbindung ab. Ich rannte nach draußen und fragte den leitenden Ingenieur: „Können wir schon wieder telefonieren?" Er sagte: „Nein, Madam. Die Kabel liegen noch hier." Ich fragte: „Ich habe gerade einen Anruf bekommen. Ist es möglich, dass sie von der Zentrale aus etwas manipuliert haben?" Er sagte: „Nein, Madam, das ist völlig unmöglich." Er sah mich ziemlich misstrauisch an und ich beschloss, lieber ins Haus zu gehen, da er mich vermutlich für verrückt hielt. Meine Tochter war bei mir, als das Telefon 3 Mal läutete. Also habe ich eine Zeugin, dass ich einen Anruf bekam, als das Telefon eigentlich gar nicht funktionieren konnte. Ich weiß nicht, was ich davon halten soll, aber ich weiß, dass ich es mir nicht eingebildet habe."

Sehr häufig kommt es zu Nachtodkontakten in Verbindung mit anderen elektrischen Phänomenen... Diesmal haben wir es aber eher mit einer indirekten Begegnung bzw. gewissen "Zeichen" zu tun.
Der folgende Bericht stammt von einer jungen Frau:
„Mein Vater starb um 3:15 Uhr in der Frühe. Ein paar Stunden darauf wollte ich meinem Onkel Archie Bescheid geben, der meinem Vater sehr nahegestanden hatte. Anstatt ihn anzurufen, fuhr ich gegen 8:30 Uhr zu ihm, um ihm die traurige Nachricht persönlich zu überbringen. Onkel Archie öffnete die Tür und war offensichtlich bedrückt. Als ich begann, ihm von Dads Ableben zu berichten, unterbrach er mich und sagte, er wisse es bereits. Niemand habe ihn angerufen, sagte er, aber ich solle mir doch mal die Uhr auf dem Kaminsims ansehen – sie war um 3:15 Uhr stehen geblieben, ebenso wie seine Armbanduhr, seine Nachttisch- uhr und alle anderen Uhren im Haus. Ich war vollkommen verblüfft."

Jetzt ein Beispiel für Nachtodkontakte mit Geruchswahrnehmungen...
Kathryn erzählt: „Eines Nachmittags, nur wenige Wochen nach dem Tod meiner Mutter, lag ich schluchzend auf dem Bett. Plötzlich war das Zimmer vom Duft grüner Äpfel erfüllt. Ich hörte augenblicklich auf zu weinen und setzte mich auf, die Nase in die Luft gereckt wie ein Vor- stehhund. Das ganze Zimmer roch nach diesem wunderbaren Aroma. Meine Mutter hatte ein herrliches Raumspray, das sie zu Hause benutz- te, und das roch nach grünen Äpfeln. Ich habe es nie anderswo gero- chen. Ich mochte es sehr und habe immer großes Getue darum gemacht, wie fantastisch ich es finde. Es war der einzige Geruch, den ich mit meiner Mutter in Verbindung bringe und mit absolut niemandem sonst. Ich war so dankbar, es half mir ungemein."

Nun ein Nachtodkontakt aus der Kategorie der Tastwahrnehmungen (also Berührungen durch Verstorbene)...

Eine Frau namens Barbara wurde im wahrsten Sinne des Wortes von ihrem verstorbenen Freund kontaktiert:

„Eines Abends, ungefähr zwei Wochen nach Brians Tod, war ich sehr traurig und dachte an ihn. Urplötzlich fühlte ich, wie eine Hand mir die Haare verwuschelte, genau wie Brian das früher immer getan hatte. Ich fuhr richtig zusammen, denn es hielt sich sonst niemand in der Wohnung auf – ich war allein. Ich spürte, dass Brian mich trösten und aus meinem Schmerz herauslocken wollte."

Wir kommen zu visuellen Nachtodkontakten...

Silvia aus Österreich ist eine erfahrene Sterbebegleiterin. Sie lebt zusammen mit ihrem Mann und ihrer Tochter in einem Haus auf dem Land. In einem sehr angenehmen Gespräch erzählte sie mir Folgendes:

„Eines Abends waren mein Mann und ich schon im Schlafzimmer, als ich Durst bekam und mir aus der Küche noch etwas zu trinken holen wollte. Als ich den Flur betrat und von dort aus in Richtung Küche blickte, saß dort eine junge Frau mit dem Rücken zu mir auf einem Stuhl. Sie hatte lange, schwarze Haare. Im allerersten Augenblick ging ich davon aus, dass es sich um meine Tochter handelte, doch es kam mir schnell komisch vor, dass sie so regungslos da saß. Als ich dann ihr Gesicht sah, bemerkte ich sofort, dass sie mir unbekannt war. Ich erschrak fürchterlich und rief nach meinem Mann. Im nächsten Moment war die Frau verschwunden, als hätte sie sich von jetzt auf gleich einfach in Luft aufgelöst. Wir durchsuchten das Haus und sahen auch auf dem Hof nach, aber ich habe diese Frau nie wieder gesehen und weiß bis heute nicht, wer sie war und aus welchem Grund sie sich bei uns aufhielt. Eine fremde Person würde doch nicht in unser Haus eindringen, es sich bei uns gemütlich machen und dann einfach wieder verschwinden. Ich glaube nicht, dass es ein Mensch aus Fleisch und Blut war."

Ein weiteres Beispiel aus meinem eigenen Umfeld:
Mein Freund Franz hatte seinen Vater nie kennengelernt und nur auf Fotos gesehen, weil dieser im Krieg fiel, als er wenige Jahre alt war. Eines Nachts in seiner Kindheit sah er ihn plötzlich (Jahre nach dessen Tod) im Kuhstall des Hofes seiner Familie, als er dort die Toilette aufsuchte, und verfiel augenblicklich in eine Schockstarre. In seiner Erzählung berichtete mir Franz, dass sein Vater ihm tief in die Augen geblickt hat, bevor er wieder verschwand.

Es folgen weitere visuelle Nachtodkontakte...

Der Uni-Dozent Randall 'verlor' seinen 4-jährigen Sohn durch einen Autounfall... „Ich wollte den Tod meines Sohnes nicht wahrhaben und hatte Angst davor, den Tatsachen ins Auge zu sehen. Eines Abends saß ich auf dem Sessel am Kamin und schaute zur Haustür. Ich bin mir sicher, dass ich hellwach war. In diesem Augenblick kam mein Sohn Timothy zur Tür herein. Er öffnete sie nicht, er kam durch sie hindurch! Er war zum Anfassen real. Er sah sehr fröhlich und extrem glücklich aus. Er war in eine Wolke aus Licht gehüllt, die alles um ihn herum durchdrang, nicht wie ein Heiligenschein, es war eher so, als strahle er reines Licht und Helligkeit aus. Timothy blieb vor mir stehen und sagte: „Ich werde nicht mehr zurückkommen. Ich bin fortgegangen und möchte, dass du das weißt. Es geht mir gut und alles ist in Ordnung." Er sagte es mit großem Nachdruck. Seine Stimme, sein Tonfall – es war alles so real. Und dann verschwand er, er war einfach nicht mehr da. Von da an gab es kein Leugnen mehr. Das war der Beginn meines Heilungsprozesses."

Es gibt viele Fälle von Nachtodkontakten, in denen Verstorbene den Hinterbliebenen helfen, verlorene Gegenstände o. ä. wiederzufinden.
Eine Frau namens Bess begegnete ihrem verstorbenen Vater:
„Damals hatte ich gerade meinen Job verloren. Die Kinder und ich hatten nichts zu essen. Ich lag auf dem Sofa, da kam mein Vater. Er sagte:

„Bess, wenn du in mein Haus gehst und in den alten Koffer schaust, findest du etwas Geld. Es ist nicht viel, aber du kannst wenigstens Essen für die Kinder kaufen." Dad sah ein bisschen jünger aus und schien gesund zu sein. Ich sprang auf und er verschwand so schnell, wie er gekommen war. Ich ging in sein Haus und suchte den Koffer. Und tatsächlich fand ich einen Umschlag mit 101 Dollar."

Nun ein Bericht von einer Frau namens Melinda: „Mein Jugendfreund Tom und ich sind zusammen aufgewachsen. Ich hatte den Kontakt zu ihm und seiner Familie durch meinen Umzug nach Texas völlig verloren. Eines Nachts, über 10 Jahre später, wachte ich aus tiefem Schlaf auf. Da stand Tom in Marineuniform am Fußende meines Bettes. Er sagte „Leb wohl, Melinda. Ich gehe jetzt fort." und verschwand. Mein Mann, der neben mir geschlafen hatte, wachte auf und ich erzählte ihm, was geschehen war. Aber er meinte, das sei bloß ein Traum gewesen. Drei Tage später schrieb mir meine Mutter, dass Tom bei Kampfhandlungen gefallen sei. Er war Marinekaplan gewesen, was ich nicht wusste!"

An dieser Stelle ein wahrhaft außergewöhnlicher Nachtodkontakt: Wie heilsam Vergebung sein kann, wurde der 39-jährigen Rosalyn durch folgendes Erlebnis auf dramatische Weise bewusst...
„Onkel Mickey kam nach der Scheidung meiner Eltern zu uns, ich war damals 7 Jahre alt. Er war Alkoholiker, und meine Mutter wollte ihm helfen. Aber während der 2 Jahre, in denen er bei uns wohnte, wurde ich von ihm sexuell missbraucht. Das war für mich eine sehr traumatische Zeit. Mit 17 war ich selbst Alkoholikerin. Irgendwann kam ich davon ab. Mir war es wichtig, mit meinem Onkel Frieden zu schließen. Inzwischen hegte ich keinen Groll mehr gegen ihn. Eines Nachts wachte ich plötzlich auf. Ich drehte mich um und sah Jesus und Onkel Mickey direkt neben meinem Bett stehen! Ich sah nur ihre Oberkörper und dahinter war helles Licht. Ein überwältigendes Gefühl der Liebe überkam mich... Jesus stellte eine Frage, die ich in meinem Inneren vernahm...

In seiner Stimme lag Macht, aber auch Freundlichkeit. Er fragte: „Willst du diesem Mann irgendetwas zur Last legen?" Ich antwortete: „Nein." Dann sah Jesus meinen Onkel an und sprach zu ihm: „Auch ich lege ihm nichts zur Last." Da wusste ich, dass Onkel Mickey seinen Frieden gefunden hatte und dass er frei war. Wenige Tage später schrieb mir meine Mutter, dass Onkel Mickey gestorben war."

Lauren, eine Verhaltenstherapeutin aus Florida, hatte einen Bruder namens Donald, der sich mit 53 Jahren "das Leben nahm"...
„Donald hatte eine Verletzung im Lendenwirbelbereich und hinkte stark, er konnte sich nur mühsam bewegen. Während der Trauerfeier nach seinem Tod schaute ich zufällig aus dem Fenster und sah, wie Donald auf die Kirche zukam. Sein Körper war nicht klar umrissen, ich sah durch ihn hindurch die Bäume dahinter. Er sah jünger aus und kam mir ganz gesund vor, er hinkte kein bisschen. Er sah sehr zufrieden und glücklich aus, als sei er gerade auf einem Spaziergang. Dann war er plötzlich wieder verschwunden. Nach der Messe kam meine Schwägerin Joyce auf mich zu und fragte mich: „Hast du Donald gesehen?" Ich war überrascht und antwortete: „Ja!" – „Ich auch!", erklärte sie."
... Hier haben wir es also mit einem Fall des eingangs erwähnten "gemeinsamen Nachtodkontakts" zu tun. Es kommt nicht selten vor, dass mehrere Zeugen unabhängig voneinander übereinstimmend angeben, einen Verstorbenen gesehen und erkannt zu haben.

Der nachfolgende Bericht stammt von einer Frau namens Leslie, deren Vater 4 Monate zuvor an Krebs gestorben war... „Ich war gerade zu Bett gegangen, als ich meinen Vater in der Tür stehen sah! Ich konnte ihn deutlich sehen, weil er von einem schwachen Lichtschein umgeben war. Ich war so aufgeregt, dass ich mich im Bett aufsetzte und „Dad!" rief. Ich wollte hingehen und ihn anfassen und stand auf. Er lächelte und sagte: „Nein, du kannst mich jetzt nicht anfassen." Da fing ich an zu weinen und bat ihn mehrmals: „Lass mich doch zu dir kommen."

Er antwortete: „Nein, das geht nicht. Aber du sollst wissen, dass es mir gut geht. Es ist alles in Ordnung. Ich bin immer bei dir." Und nach einer kurzen Pause sagte er noch: „Jetzt muss ich noch nach Curtis sehen." Curtis ist mein Sohn, der sich in einem anderen Zimmer aufhielt. Dann verschwand mein Vater – er löste sich einfach in Luft auf. Also ging ich zurück in mein Bett und sagte mir: Das kommt nur von deiner Trauer. Dad war gar nicht wirklich hier. Am nächsten Morgen kam Curtis mit seinen knapp 4 Jahren auf mich zu und rief: „Mami, ich habe Großvater letzte Nacht gesehen!" Mir fiel vor Erstaunen der Unterkiefer herunter, dann fragte ich: „Bist du sicher?" Er antwortete: „Ja! Er kam in mein Zimmer. Er stand neben meinem Bett." Ich hakte nach: „Hast du es vielleicht nur geträumt?" Aber er sagte: „Nein, Mami. Ich hatte meine Augen auf. Ich war wach. Ich habe ihn gesehen!" Nun gab es keinen Zweifel mehr. Für mich war diese Erfahrung etwas ganz Wunderbares, denn ich lernte auf diese Weise, dass die Liebe niemals endet."

Die nächsten beiden Beispiele sind Nachtodkontakte im Traum.

Eine Frau berichtet: „Ich schlief ein und hatte einen höchst lebhaften Traum. Ich sah, wie mein 22-jähriger Sohn mit tropfnasser Kleidung auf mich zukam. Er sagte, er sei tot, doch ich solle mir keine Sorgen machen und mich nicht aufregen, denn ihm gehe es gut. Als ich erwachte, war ich sehr verstört und versuchte, meinen Sohn zu kontaktieren. Später am Tag erfuhr ich, dass er in der Nacht zuvor ertrunken war. Aus seinem Besuch habe ich großen Trost bezogen."

Eine Frau namens Denise erzählt: „9 Monate nach dem Tod meines Mannes Louis merkte ich eines Nachts im Schlaf, dass er mit mir sprach. Er lachte ausgelassen und war unglaublich glücklich. Er sagte: „Hey, du errätst nie, wer hier bei mir ist." Also fragte ich: „Wer ist es?" Louis sagte: „Antonio ist hier!" Antonio und Louis waren sehr gute Freunde gewesen. Dann wachte ich auf. Am nächsten Tag rief mich ein Priester an und sagte: „Ich habe sehr traurige Nachrichten für Sie." Ich erwiderte: „Oh, ich weiß schon Bescheid. Antonio ist gestorben."

Er fragte: „Woher wissen Sie das? Er ist erst letzte Nacht gestorben!"
Ich sagte: „Louis hat es mir im Traum erzählt.""

Annie Kagan berichtet ausführlich über einen bemerkenswerten Nach-todkontakt mit ihrem verstorbenen Bruder in ihrem Buch "Das zweite Leben des Billy Fingers – Bericht aus dem Jenseits: Wie mein Bruder mir bewies, dass es nach dem Tod weitergeht". Mit einem Ausschnitt seines beispiellosen Berichts, wie er ihn seiner Schwester übermittelt hat, möchte ich die Zusammenstellung der Fallbeispiele abschließen:

„Obwohl ich keinen Körper mehr habe, fühle ich mich doch immer noch als Individuum.
Hier herrscht eine Freiheit, wie ihr sie da, wo du bist, gar nicht kennt. Die Erde beziehungsweise die Verhältnisse dort schränken einen an allen Ecken und Enden ein. Hier dagegen scheint es überhaupt keine Begrenzungen zu geben, nur Potenzial. Das liegt daran, dass Gott oder der Geist oder welches Wort du auch immer verwenden möchtest, unleugbar hier ist, wo ich mich jetzt aufhalte.
Wenn ich so durchs All schwebe, dann haben die Strahlen, die von den Himmelskörpern ausgehen, die überall um mich herum funkeln ... Also, diese Strahlen haben sozusagen eine Persönlichkeit – bestimmte Eigenschaften, zum Beispiel Weisheit, Freundlichkeit, Mitgefühl und Intelligenz. Manchmal glaube ich, dass diese Lichtstrahlen im Grunde die Super-Gedanken eines Höchsten Wesens sind. Manchmal halte ich sie aber auch für dieses Höchste Wesen selbst.
Na ja, so genau weiß ich es nicht.
Einen irdischen Körper zu haben und mit normalmenschlichen Augen zu sehen schränkt die Wahrnehmung dieses Lichts ein. Denn mit deinen Augen kannst du das Licht nicht direkt sehen, sondern nur die Dinge, auf die es fällt. Das Licht selbst bleibt also unsichtbar, genau wie die Seele auch. Das sorgt auf eurem Planeten für ziemlich viel Leid, weil man nur schwer an etwas glauben kann, was man nicht sieht.

Das Licht hier macht sichtbar, was auf der Erde unsichtbar ist:
Die göttliche Natur aller Dinge."

James Leininger

„Schwierigkeiten entstehen, wenn gemeldete Beobachtungen im Widerspruch zu "Fakten" zu stehen scheinen, die von der Mehrheit der Wissenschaftler als feststehend und unveränderlich akzeptiert werden. Wissenschaftler neigen dazu, widersprüchliche Beobachtungen abzulehnen. Dennoch zeigt die Geschichte der Wissenschaft, dass sich neue Beobachtungen und Theorien letztendlich durchsetzen können."
(Ian Stevenson)

Ian Stevenson war ein kanadischer Psychiater, der durch seine Forschungen zur Reinkarnation (Wiedergeburt) bekannt wurde. Er kam zu der Erkenntnis, dass Gefühle, Erinnerungen und sogar körperliche Merkmale von einem Leben auf ein anderes übertragen werden können. Über einen Zeitraum von 40 Jahren untersuchte er international dreitausend Fälle von Kindern, die behaupteten, sich an frühere Leben erinnern zu können. Stevenson fand heraus, dass bestimmte Phobien, Leidenschaften, ungewöhnliche Fähigkeiten und Krankheiten nicht vollständig durch Vererbung oder die Umwelt erklärt werden können, und war überzeugt, dass die Reinkarnation einen beitragenden Faktor darstellt. Sogar der bekannte Astrophysiker und Fernsehmoderator Carl Sagan nahm die Forschungsresultate von Ian Stevenson und dessen Kollegen und Nachfolgern ernst. Sagan schrieb: „Im Bereich der Parapsychologie gibt es Behauptungen, die meiner Meinung nach eine ernsthafte Untersuchung verdienen: (1) dass Menschen allein durch ihre Gedanken Zufallsgeneratoren in Computern beeinflussen können; (2) dass Menschen unter leichtem sensorischen Entzug Gedanken oder Bilder empfangen können, die auf sie "projiziert" werden; und (3) dass kleine Kinder manchmal Einzelheiten aus einem früheren Leben berichten, die sich bei einer Überprüfung als richtig herausstellen und die sie auf keine andere Weise als durch Reinkarnation erfahren haben können. Ich wähle diese Behauptungen nicht aus, weil ich glaube, dass sie wahrscheinlich zutreffen, sondern als Beispiele für Behauptungen, die wahr sein könnten. Für alle drei Behauptungen gibt es zumindest einige, wenn auch noch zweifelhafte, experimentelle Belege. Natürlich könnte ich mich irren."

Es gibt in der Tat zahlreiche Berichte von Kindern, die sich offenbar an ein vergangenes Leben erinnern und somit Hinweise zur Reinkarnation liefern. Diese Kinder gaben detaillierte Informationen preis, die jeder kritischen Überprüfung standhalten.

Das gleich folgende, repräsentative Beispiel habe ich dem Buch "Jenseits des Todes" von Leslie Kean entnommen. An dieser Stelle sei erwähnt, dass es sich bei diesem Werk um eine eindrucksvolle Fallsammlung verschiedenartiger Phänomene handelt. Insbesondere wegen des darin enthaltenen Kapitels zum Thema Mediumismus, das im vorliegenden Buch nicht genauer behandelt wird, ist das Buch von Kean zu empfehlen. Sie hat spirituelle Medien (also Menschen, die Verstorbene kontaktieren bzw. von diesen kontaktiert werden können und deren Botschaften an Hinterbliebene weiterleiten) unter streng kontrollierten Bedingungen genauestens unter die Lupe genommen und konnte jeglichen Betrug sowie "natürliche" Erklärungen ihrer Fähigkeiten ausschließen. Ein Medium begibt sich meist durch eine kurze Meditation in einen bestimmten Bewusstseinszustand, um Bilder oder Informationen empfangen und an den kontaktsuchenden Angehörigen vermitteln zu können. Manche Medien nehmen die Verstorbenen sogar visuell wahr.

Wegen vieler schwarzer Schafe ist der Mediumismus sehr umstritten, selbst unter Menschen, die die Realität anderer spiritueller Phänomene anerkennen. Aber wenn man erkannt hat, dass es keine physische Distanz zwischen "Diesseits" und "Jenseits" gibt, dann erscheint die Möglichkeit einer derartigen Kommunikation keineswegs mehr abwegig. Die authentischen Medien stellen ihre Fähigkeiten immer wieder unter Beweis, indem sie Informationen über Heimgegangene preisgeben, die so detailreich sind, dass sie diese niemals anders als durch direkte Kommunikation mit den Verstorbenen in Erfahrung gebracht haben könnten. So wurden oft auch zahlreiche hartgesottene Skeptiker überzeugt.

Nun kommen wir aber zum angekündigten Fall eines 2-jährigen Kindes, das konkrete Angaben über eine 53 Jahre vor seiner Geburt verstorbene Person machte, die seiner gesamten Familie unbekannt war.

„Bruce und Andrea Leininger aus Louisiana ahnten nicht, was sie erwartete, als ihr kleiner Sohn James zu sprechen begann. Schon mit unter 2 Jahren zeigte James ein ungewöhnlich stark ausgeprägtes Interesse an Kampfflugzeugen. Als seine Mutter dem Knips ein Flugzeugmodell gab und ihn darauf hinwies, dass an der Unterseite eine Bombe befestigt war, schaute James auf und sagte: „Das ist keine Bombe, Mami. Das ist ein Abwurftank." Keiner konnte sich erklären, woher James, der kaum sprechen konnte, je etwas von derartigen Details gehört hatte.

James spielte ausschließlich mit Spielzeugflugzeugen, und zwar nur mit solchen aus dem 2. Weltkrieg. Nach seinem 2. Geburtstag wurde das Kind regelmäßig von Albträumen geplagt. James schlug im Schlaf heftig um sich und markerschütternde Schreie drangen aus seinem Bettchen. Eines Nachts schrie er: „Abgestürztes Flugzeug in Flammen!"

Dann sprach er auch im Wachzustand davon und behauptete, einst mit einem Flugzeug abgestürzt zu sein. Seine Eltern waren inzwischen verwundert und wollten der Sache auf den Grund gehen. Auf ihre Frage, wieso das Flugzeug abgestürzt sei, antwortete er, es sei von den Japanern abgeschossen worden.

Er machte immer konkretere Angaben. Auch damals habe er James geheißen und das Flugzeug sei von einem Schiff abgehoben. Der Name des Schiffes sei Natoma. Die Eltern fanden im Internet heraus, dass so tatsächlich ein Flugzeugträger hieß, der im 2. Weltkrieg eingesetzt wurde. Der Vater berichtet: „Meine Frau und die Familie machten sich Gedanken über ein mögliches früheres Leben. Ich entgegnete ihnen: „Niemals, nicht in meinem Haus!" Meine spirituelle Seite wurde vom christlichen Glauben bestimmt, der die Wiedergeburt nicht akzeptierte."

James lieferte weitere Details. Im Alter von 2 ½ Jahren sagte er, sein bester Freund unter den Piloten sei ein Mann namens Jack Larsen gewesen. Zudem gab er an, in der Nähe der Insel Iwojima abgestürzt zu sein. Weitere Recherchen ergaben, dass die USS Natoma Bay im 2. Weltkrieg in Iwojima gewesen war. Ein Mitglied der Fliegerstaffel war in der Tat ein Mann namens Jack Larsen, der sogar noch lebte. Als James 4 Jahre alt war, besuchten seine Eltern Jack Larsen in Arkansas und erzählten ihm vom Verhalten ihres Sohnes. Er gab ihnen den Pilotenhelm mit, den er damals getragen hatte, und sie übergaben ihn James. Sein Vater berichtet: „Er vollzog eine Art düstere Zeremonie, als er sich das erste Mal in den Helm zwängte. Er setzte ihn fest auf wie ein Profi, drückte die Luftblasen heraus und korrigierte den Sitz, als würde er sich einsatzbereit machen. Er und sein Helm waren unzertrennlich." Inzwischen hatte James begonnen, Zeichnungen von abstürzenden Flugzeugen anzufertigen und mit „James 3" zu unterzeichnen. Begründung: „Weil ich der dritte James bin."

Nachforschungen brachten schließlich die Tatsache zutage, dass ein Mann namens James Huston jr. am 3. März 1945 während der Schlacht von Iwojima zu Tode kam. Er war der einzige Pilot, der bei dieser Schlacht getötet wurde. Der Namenszusatz "Junior" wies darauf hin, dass James Huston der zweite James war, was erklärt, weshalb sich James Leininger als James 3 betrachtete.

Zu Weihnachten bekam James drei Actionfiguren geschenkt, die er Billy, Leon und Walter nannte. Billy hatte braunes Haar, Leon war blond und Walter rothaarig. Seine Eltern waren über die Namen verwundert, da die Familie keine Leute mit diesen Namen kannte. Sie fragten ihn, warum er seine Figuren Billy, Leon und Walter genannt hatte. Er antwortete ganz nüchtern: „Weil das die sind, die ich traf, als ich in den Himmel kam." Auf der Liste der getöteten Männer aus der Staffel von James Huston standen die Namen Billy Peeler, Leon Conner und Walter Devlin. Sie wurden alle 1944 getötet, also vor James Huston. Erst nachdem man Kontakt zu den Familien dieser drei Männer aufgenommen hatte, konnte man überprüfen, welche Haarfarben sie hatten: Billy hatte braune, Leon blonde und Walter rote Haare.

James Leininger behauptete außerdem, dass er im früheren Leben zwei Schwestern gehabt hatte, die Ruth und Anne hießen. Auch das stellte sich als korrekt heraus. Anne Huston lebte noch, war 84 Jahre alt und wohnte in Kalifornien. Nach der Kontaktaufnahme schickte sie Familie Leininger alte Fotos, auf denen der Junge James Huston unter vielen anderen Personen problemlos erkannte. Auf den Fotos war der Soldat auch mit exakt dem Flugzeugtyp zu sehen, den James Leininger beschrieben hatte. Im weiteren Verlauf der Untersuchung wurde außerdem aufgeklärt, dass das Flugzeug von James Huston vorne am Motor getroffen wurde, was den Absturz verursacht hatte. Das war genau das, woran James sich erinnerte.

Inzwischen waren auch die Medien auf den Fall aufmerksam geworden und berichteten über James.

Als er 6 Jahre alt war, nahmen seine Eltern ihn mit zu einem Natoma-Bay-Veteranentreffen. Er erkannte einige der ehemaligen Soldaten auf Anhieb und wusste deren volle Namen, aber es machte ihn traurig, dass sie inzwischen alle so alt waren. Er verblüffte sie insbesondere mit seinem Wissen. Auch Anne, die Schwester von James Huston, kam zum Treffen. James war zunächst schüchtern, als er sie sah (sie war Mitte 20 gewesen, als ihr Bruder starb). Er nannte sie Annie und näherte sich ihr zunehmend mit einer zärtlichen Vertrautheit. Anne sagte, nur ihr Bruder hätte sie Annie genannt. Im Gespräch mit Anne erzählte James ihr viele Familiengeheimnisse, die sie bestätigte und die er eigentlich nicht hätte kennen können.

2006 im Alter von 8 Jahren wurde James schließlich mit seiner Familie eingeladen, nach Iwojima zu kommen, wo Hustons Flugzeug abgeschossen worden war. Es wurde angeboten, an der Absturzstelle eine zeremonielle Heilung über dem Wasser abzuhalten, um das Trauma abzuschließen. Sie fuhren auf einem Fischerboot hinaus zu der Stelle, an der Hustons Flieger niedergegangen war. James genoss die Fahrt und die Aussicht. Doch als sie die Stelle erreichten, veränderte sich etwas. Der Kapitän stellte den Motor aus und sie saßen schweigend da.

Zunächst schien es, als sei James bemüht, seine Fassung zu bewahren. Aber seine Mutter, die selbst gerührt war, zog ihn nahe an sich heran und sagte ihm, James Huston werde immer ein Teil von ihm sein, doch nun sei es Zeit, Lebewohl zu sagen.

James' Vater erinnert sich, was geschah: „James legte den Kopf in den Schoß seiner Mutter und brach in Tränen aus. Es war ein tiefes, herzzerreißendes Schluchzen. James weinte 15 Minuten lang. Alle auf dem Boot waren still und von Ehrfurcht ergriffen durch den Anblick des in tiefe Trauer versunkenen kleinen Jungen. Dann ergriff James einen Blumenstrauß, warf ihn ins Wasser und mit tränenüberströmtem Gesicht sagte er: „Ich werde dich nie vergessen.", wobei er strammstand und salutierte. Noch immer weinend, schmiegte er sich wieder in den Schoß seiner Mutter. Das Erlebnis war für James heilsam. Der Kreis wurde geschlossen. Das Resultat war deutlich spürbar und bewegend. Und somit konnte James endlich mit der Vergangenheit abschließen." "

Alternative spirituelle Erklärungen für Fälle wie diesen könnten eine extreme Form der Telepathie oder außersinnliches Wissen als Quelle all der Informationen sein. Aber der starke emotionale Aspekt, der besonders im Abschlussteil der Fallschilderung deutlich wird, macht echte Erinnerungen wohl zur bei weitem wahrscheinlichsten Erklärung. Alle erwähnten Erklärungsmöglichkeiten beziehen mit ein, dass das Bewusstsein nicht auf den physischen Körper beschränkt ist.

Die als Xenoglossie bekannte Fähigkeit, eine Sprache zu beherrschen, ohne sie erlernt zu haben, ist ebenfalls eine Erwähnung wert. Es sind Fälle von Kleinkindern bekannt, die Fremdsprachen sprechen, ohne je mit ihnen in Berührung gekommen zu sein. Wir sind unter den Savants bereits außergewöhnlichen Menschen begegnet, die über Fähigkeiten verfügen, ohne sie in herkömmlicher Weise erworben zu haben – jedenfalls nicht in derselben Inkarnation.

Eine interessante Erkenntnis der Reinkarnationsforscher, die Tausende Fälle zusammengetragen haben, ist, dass ein Großteil der früheren Leben, an die sich die Kinder erinnern konnten, unfallbedingt oder gewaltsam (also unerwartet) endete. Dies könnte die Schlussfolgerung nahelegen, dass ein unabgeschlossenes Leben eine Wiedergeburt begünstigen kann. Es heißt jedoch, dass ein physisches Leben niemandem aufgezwungen wird, sondern nur auf eigenen Wunsch hin erfolgt.

Ein weiteres Phänomen, das oftmals mit Reinkarnation in Verbindung gebracht wird, ist die Regression in der Hypnosetherapie. Teilweise kommt es dabei zu einer Rückführung in frühere Leben oder auch zu früheren Toden, die übrigens sehr ähnlich beschrieben werden wie Nahtoderfahrungen! Der Psychologe und Hypnotherapeut Michael Newton hat in seinem Buch "Die Reisen der Seele" von seinen diesbezüglichen Erfahrungen berichtet und viele derartige Fälle zusammengetragen.

Ich möchte an dieser Stelle noch kurz das Phänomen der vorgeburtlichen Erinnerungen bzw. "Zwischenwelterinnerungen" begutachten. Im Vergleich mit Nahtoderfahrungen fallen sofort interessante Übereinstimmungen auf, die die Vermutung nahelegen, dass die Zustände vor der Geburt und nach dem Tod des Körpers identisch oder zumindest sehr ähnlich sind. Typische Bestandteile der Erinnerungen sind eine außerweltliche Umgebung, die Begegnung mit Geistwesen, ein allumfassendes Licht, vorherrschende Gefühle des tiefen Friedens und überschwänglicher Freude usw.

Fallbeispiele wie das gleich folgende verdeutlichen in meinen Augen, dass sich selbst große spirituelle Lehrer jederzeit irren können und ihre Worte manchmal etwas vorsichtiger wählen sollten. Als der non-duale Lehrer Rupert Spira von einem Jungen namens Alexander gefragt wurde, wie das Bewusstsein die Form einer Person annehmen und sich dann als Mensch erfahren kann, enthielt seine liebevolle Erläuterung die gewagte Aussage: „Es ist nicht so, dass sich ein Wesen dazu entschieden hat, Alexander zu werden."

Das ist ein Irrtum, der nicht zuletzt darauf beruht, dass Vorkommnisse wie jene, die wir hier betrachten, nicht berücksichtigt werden – weil sie Spira vielleicht einfach nicht bekannt sind.

Manche Kinder treffen wahrheitsgetreue Aussagen über Beobachtungen vor ihrer Geburt. Viele geben an, sich ihre Eltern selbst ausgesucht zu haben. (In nicht wenigen Fällen lassen sich auch konkrete Einzelheiten über ihre eigene Beerdigung verifizieren, die sie nach dem Tod des früheren Körpers beobachteten. Das lässt uns natürlich wieder zwangsläufig die Reinkarnation in Erwägung ziehen.)

James Leininger, dessen Fall wir soeben ausführlich betrachtet haben, sagte zu seinem Vater im Alter von 3 Jahren: „Als ich dich und Mami fand, wusste ich, ihr würdet gut zu mir sein." Leslie Kean berichtet: „Als sein Vater nach weiteren Einzelheiten fragte, sagte James, er habe sie auf Hawaii in einem großen, pinkfarbenen Hotel gefunden. „Ich fand euch am Strand, ihr wart beim Abendessen." 5 Wochen bevor seine Mutter erfuhr, dass sie schwanger war, hatten sie und ihr Mann im Royal Hawaiian, einem pinken Hotel, gewohnt. An ihrem letzten Abend dort speisten sie bei Mondlicht am Strand. James hatte es perfekt beschrieben (wie auch sein Vater höchst verwundert bestätigte). Weder Mutter noch Vater hatten diese Einzelheiten je in James' Gegenwart erwähnt."

Es gibt viele weitere derartige Fälle. Wer sucht, der findet.

Anita Moorjani

„Als ich auf diese Welt kam, war alles, was ich tat, zu lieben, zu lachen und mein Licht hell leuchten zu lassen. Aber als ich heranwuchs, sagte man mir, ich solle nicht lachen. „Du musst die Dinge ernst nehmen", sagten sie, „wenn du im Leben vorankommen willst." Also hörte ich auf zu lachen. Sie sagten: „Pass gut auf, wen du liebst, sonst bricht dir jemand das Herz." Also hörte ich auf zu lieben. Sie sagten: „Lass dein Licht nicht so hell strahlen, du ziehst viel zu viel Aufmerksamkeit auf dich." Also hörte ich auf zu strahlen. Und wurde klein. Und verkümmerte. Und starb. Nur um im Tod zu lernen, dass alles, was im Leben zählt, das Lieben, das Lachen und das Strahlen sind."   – Anita Moorjani

Im ersten spezifischen Fallbeispiel einer Nahtoderfahrung widmen wir uns einer Frau namens Anita Moorjani.

Im Endstadium einer Krebserkrankung hatten ihre Organe vollständig versagt. Sie wog unter 40 Kilo, konnte sich nicht mehr bewegen und fiel schließlich in ein Koma. Sie hatte in ihrem gesamten Lymphsystem, von der Schädelbasis bis unter den Bauch, Tumore von der Größe einer Zitrone. Ihr Gehirn war mit Flüssigkeit gefüllt, ebenso ihre Lunge. Auf ihrer Haut bildeten sich Läsionen, aus denen Giftstoffe traten. Dementsprechend waren die Ärzte sicher, dass sie nicht überleben würde. In ihrem empfehlenswerten Buch "Heilung im Licht" beschreibt sie das Geschehen aus ihrer eigenen Perspektive:

„Ich war mir in diesem, dem Tod so nahen Zustand aller Vorgänge um mich herum schärfer bewusst, als ich es jemals im normalen Bewusstseinszustand erlebt hatte. Ich bediente mich nicht meiner fünf Sinne, nahm aber alles intensiv in mich auf, intensiver, als wenn ich meine physischen Organe genutzt hätte. Es war, als hätte eine völlig andere Art der Wahrnehmung eingesetzt, und es war auch mehr als lediglich ein Wahrnehmen. Ich schien alles Geschehene gleichsam zu umfassen, so als würde ich langsam mit allem verschmelzen.

Ich merkte, wenn Leute hereinkamen, um nach mir zu sehen, ich wusste, wer sie waren und was sie taten, obwohl meine Augen geschlossen waren. Ich war mir jedes Details extrem bewusst, konnte aber körperlich gar nichts fühlen, außer einem Ausmaß an Freiheit, wie ich es noch nie zuvor erfahren hatte. Das war unglaublich! Keine Schläuche mehr, kein Rollstuhl mehr. Ich empfand keine gefühlsmäßige Bindung an meinen leblosen Körper, der da auf dem Krankenhausbett lag. Ich fühlte mich befreit und großartig. Jeglicher Schmerz, jegliche Qual und jeglicher Kummer waren verschwunden. Ich fühlte mich vollständig unbelastet. Es war, als wäre ich eine Gefangene meines Körpers gewesen, und als würde ich nun endlich entlassen. Zum ersten Mal schmeckte ich Freiheit! Ich begann mich schwerelos zu fühlen und bemerkte, dass ich zu jeder Zeit überall sein konnte, was gar nichts Ungewöhnliches zu sein schien. Es fühlte sich normal an. Ich fand es nicht einmal merkwürdig, dass ich mitbekam, wie mein Mann und der Arzt auf einem Flur, weit von der Intensivstation entfernt, miteinander sprachen...

„Mr. Moorjani, wir können für Ihre Frau nichts mehr tun. Ihre Organe haben schon dichtgemacht. Sie hat zitronengroße Tumore im Lymphsystem. Gehirn und Lungen sind voller Flüssigkeit. Auf der Haut haben sich Wunden gebildet, aus denen Toxine austreten. Sie wird die Nacht nicht überleben.“, wandte sich der Arzt an Danny.

Ich wollte ihm übermitteln: „Danny, bitte mach dir keine Sorgen. Mir geht es gut. Ich wollte, ich könnte mit dir teilen, was ich jetzt weiß. Der Körper, dessen Hand du gehalten hast, ist nicht mein wahres Ich. Wir werden immer zusammen sein, überall und immerfort miteinander verbunden. Nichts kann uns trennen. Selbst wenn ich auf körperlicher Ebene sterbe, werden wir nie getrennt sein. Alles ist vollkommen, so wie es ist. Das weiß ich jetzt, und ich möchte, dass du es auch weißt.“ Obwohl ich nicht im Geringsten an meinem Körper hing, zerrte das sich rund um meine reglose Gestalt entfaltende Drama dennoch stark an meinen Gefühlen. Mehr als alles andere wollte ich Danny von seiner tiefen Verzweiflung befreien. Sobald ich begann, an dem, was sich um mich herum abspielte, emotional teilzunehmen, fühlte ich mich gleichzeitig davon weggezogen, so als gäbe es ein Gesamtbild, einen Masterplan, der sich entfaltete. Ich spürte, wie ich wieder losließ, als ich zu verstehen begann, dass alles perfekt war und nach Plan lief. Während meine Emotionen von meinem Umfeld wieder abgezogen wurden, bemerkte ich, dass ich mich weiterhin kontinuierlich ausdehnte und allen Raum ausfüllte, bis es zwischen mir und allem anderen keine Trennung mehr gab. Ich umfasste – nein, ich wurde – alles und jedes.

Ich konnte die Angst meines Mannes fühlen. Es war, als würde ich in diesem Moment mit ihm eins. Gleichzeitig bemerkte ich, obwohl ich zuvor nichts davon gewusst hatte, dass mein Bruder Anoop in banger Ungeduld Tausende Kilometer weit entfernt im Flugzeug saß, um zu mir zu kommen und mich zu sehen. Als ich seine besorgte Miene sah, fühlte ich mich wieder in das auf der physischen Ebene stattfindende Drama hineingezogen. Ich wollte die Arme nach ihm ausstrecken, ihn umarmen und ihm versichern, dass es mir gut ging, und konnte nicht verstehen, warum mir das nicht gelang. Und wieder geschah es, dass ich, als meine Zuneigung zu meinem Bruder mich zu vereinnahmen begann, im gleichen Moment davon weggezogen wurde. Ich begann mich wieder auszudehnen und spürte, wie ich von aller Anhaftung befreit wurde. Abermals war ich von dem beruhigenden Gefühl umgeben, dass alles genau so war, wie es sein sollte.

Je weiter ich mich ausdehnte, desto weniger ungewöhnlich erschien es mir, dass ich mich in diesem wundersamen Zustand befand. Alles kam mir vollkommen natürlich vor.

Ich war mir weiterhin jedes Details jeder Maßnahme bewusst, die man an meinem Körper vornahm, während ich für mein Umfeld im Koma zu liegen schien.

Ich spürte eine Befreiung und eine Freiheit, wie ich sie in meinem irdischen Dasein noch nie erfahren hatte. Ich kann es nur als ein mit Jubel und Glück durchmischtes Gefühl der Freude beschreiben. Es entsprang der Befreiung von meinem kranken und sterbenden Körper.

Ich war von etwas umgeben, das ich nur als eine großartige, bedingungslose Liebe beschreiben kann, die mich fest umschloss, während ich fortfuhr, loszulassen.

Ich hatte nicht das Gefühl, mich an einen anderen Ort begeben zu haben – eher war es so, als sei ich erwacht. Vielleicht war ich aus einem schlimmen Traum geweckt worden. Mein Bewusstsein erkannte endlich seine wahre Größe! Und mit diesem Erkennen dehnte es sich über meinen Körper und die stoffliche Welt hinaus aus. Es dehnte sich weiter und weiter aus, bis es nicht nur diese Existenz umfasste, sondern sich in einen anderen Bereich jenseits von Zeit und Raum erstreckte, sie aber gleichzeitig einbegriff.

Liebe, Freude, Ekstase und Ehrfurcht strömten in mich ein, durchströmten mich, umschlossen mich. Ich wurde von mehr Liebe umfangen und eingehüllt, als es sie meinem Wissen nach gab.

Ich fühlte mich freier und *lebendiger als jemals zuvor.*"

Wir unterbrechen sie kurzzeitig für ein Zitat von Nisargadatta Maharaj:
„Mit dem Tod stirbt nur der Körper.
Das Leben nicht, das Bewusstsein nicht, die Wirklichkeit nicht.
Und das Leben ist *nie so lebendig wie nach dem Tod.*
In manchen Fällen ist der Tod das beste Heilmittel.
Das Leben kann schlimmer sein als der Tod,
der nur selten eine unangenehme Erfahrung ist,
unabhängig von den Erscheinungen.
Deshalb bemitleide die Lebenden, niemals die Toten."

Weiter geht's mit Anitas Berichterstattung...

„Und wie schon beschrieben, hatte ich plötzlich Kenntnis von Dingen, von denen ich physisch gesehen gar keine Kenntnis haben konnte.

Die überwältigenden Empfindungen waren eine ganz eigene Sache, und es gibt keine Worte, sie zu beschreiben. Dem Gefühl von vollständiger, reiner, bedingungsloser Liebe kam nichts gleich, was ich je zuvor erfahren hatte. Sie bewertete und beurteilte nicht, sie machte absolut keine Unterschiede, ich musste nichts tun, um sie zu verdienen.

Zu meinem Erstaunen wurde ich mir der Präsenz meines sieben Jahre zuvor verstorbenen Vaters bewusst, und es war mir ein unglaublicher Trost, ihn bei mir zu spüren. Und dann erkannte ich die Essenz meiner besten Freundin Soni, die drei Jahre zuvor an Krebs gestorben war. Ich empfand etwas, das ich nur als freudige Erregung beschreiben kann, als mich ihre Gegenwart wie eine wärmende Umarmung einhüllte.

Ich wusste, dass beide schon die ganze Zeit um mich gewesen waren. Ich war mir auch anderer Wesen um mich herum bewusst. Ich erkannte sie nicht, wusste aber, dass sie mich sehr liebten und beschützten. Mir wurde klar, dass sie immer da waren und mich mit Liebe umgaben, auch wenn ich mir dessen nicht bewusst war. Mich wieder mit Sonis Essenz zu verbinden war für mich ungeheuer tröstlich, denn sie hatte mir in den Jahren seit ihrem Weggang so sehr gefehlt. Ich fühlte nichts als bedingungslose Liebe, sowohl von ihr als auch für sie. Und als ich das erlebte, war es, als ob mein Wesen mit Sonis Wesen verschmölze, und ich wurde sie. Ich begriff, dass sie hier war und dort und überall. Sie war fähig, für alle, die ihr nahestanden, jederzeit allerorten zu sein. Ich hatte ein unbegrenztes Wahrnehmungsvermögen, so als verfügte ich über einen neuen Sinn, der empfindungsfähiger war. Ich hatte ein Gesichtsfeld von 360 Grad und totales Gewahrsein von meiner Umgebung. In einem Körper zu stecken, empfand ich nun als sehr einschränkend. Ohne die durch meinen Körper auferlegten Beschränkungen nahm ich alles gleichzeitig wahr.

Das Universum ergibt Sinn!, erkannte ich. Warum verstehe ich das alles plötzlich?, wollte ich wissen. Wer gibt mir all diese Informationen? Ist es Gott? Und dann wurde ich von der Erkenntnis überwältigt, dass Gott kein Wesen, sondern ein Seinszustand ist ... und dass ich mich jetzt in diesem Seinszustand befand!

(Zwischenbemerkung meinerseits: Wenn ich mich recht entsinne, beschrieb sie Gott in ihrem zweiten Buch teilweise doch wie ein Wesen.)

In diesem Zustand der Klarheit erkannte ich auch, dass ich nicht die war, die zu sein ich immer geglaubt hatte: Dort war ich ohne meinen Körper, meine Rassenzugehörigkeit, Kultur, Religion oder Glaubensvorstellungen ... doch ich existierte weiterhin. Wer bin ich dann? Ganz gewiss fühlte ich mich nicht reduziert oder kleiner. Ganz im Gegenteil, noch nie war ich so riesengroß, so machtvoll und so allumfassend. Ich hatte das Gefühl, ewig zu sein, so als hätte ich schon immer existiert und würde immerfort existieren, ohne Anfang und ohne Ende. Nach wie vor fühlte ich mich ganz und gar in ein Meer von bedingungsloser Liebe und Akzeptanz getaucht.

Ich erfuhr eine Transformation, in mir breitete sich unvorstellbare Klarheit aus, als ich erkannte, dass diese großartige Essenz wirklich ich war. Es war die Wahrheit meines Wesens, meines Seins. Mein Verstehen war klar und rein: Ich blickte in ein neues Paradigma des Selbst, wurde zum kristallenen Licht meines eigenen Gewahrseins.

Nichts störte den Fluss, die Herrlichkeit und die erstaunliche Schönheit dessen, was da stattfand.

Mir wurde bewusst, dass wir alle miteinander verbunden sind. Das betraf nicht nur alle Menschen und jedes lebendige Geschöpf. Ich erkannte, dass das ganze Universum lebendig und von Bewusstsein durchdrungen ist und dass es alles Leben und die gesamte Natur einschließt. Wir sind alle Eins.

Die Unermesslichkeit, Komplexität, Tiefe und Weite all dessen überwältigte mich schier.

Ich genoss und erforschte dieses allumfassende Bewusstsein.

„Du bist immer zu Hause", gab mir mein Vater zu verstehen. „Du warst es immer und wirst es immer sein." In der Zeit unseres gemeinsamen Daseins auf der physischen Ebene war ich oft frustriert, wenn mein Vater mich dazu zu bringen versuchte, mich den Normen unserer indischen Kultur anzupassen; wenn er etwa den Versuch unternahm, mich jung zu verheiraten, und mich dazu brachte, dass ich mich wie eine Ausgestoßene fühlte, weil ich seinen Wünschen nicht immer nachkam. Aber in der

anderen Welt wurde mir bewusst, dass er mir ohne die physisch beding-
ten Einschränkungen oder Fesseln seiner kulturellen Konditionierungen
und Erwartungen nur reine Liebe entgegenbrachte. Der ganze kulturelle
Druck, den mein Vater in seinem irdischen Dasein auf mich ausgeübt
hatte, war von mir abgefallen, weil das alles nur Bestandteil der physischen Existenz gewesen war. Nichts davon war nach dem Tod noch von
Belang; diese Werte setzen sich nicht ins Jenseits fort. Das Einzige,
was blieb, war unsere Verbundenheit. Und so fühlte ich mich zum ersten
Mal in der Präsenz meines Vaters wirklich geschätzt und auch sicher.
Wir kommunizierten nicht verbal miteinander, vielmehr war es ein vollständiges Vermischen und Vereinen von gegenseitigem Verstehen.
Es war nicht so, dass ich meinen Vater einfach nur verstand – es war,
als würde ich er werden.
Ich konnte den Gedanken an eine Rückkehr nicht ertragen, ganz zu
schweigen davon, dass der Zustand bedingungsloser Liebe so glückselig
machte. Ich wollte auf immer und ewig da bleiben. Ich wurde mir einer
vor mir befindlichen unsichtbaren Grenze bewusst. Ich wusste, dass es,
wenn ich sie überschritt, keine Umkehr mehr gab. All meine Verbindungen zur physischen Welt würden gekappt sein.
Die Liebe und Akzeptanz waren unglaublich, und ich wollte die Schwelle
überschreiten, um diese Erfahrung in alle Ewigkeit fortzusetzen.
Es war, als wäre ich in das Einssein eingehüllt, in die reine Essenz eines
jeden Lebewesens und Geschöpfes, ohne deren Qualen, Schmerzen und
Dramen und ohne deren Egos.
Ich begriff, dass unsere Essenz im Kern aus reiner Liebe besteht.
Wir sind reine Liebe – jede und jeder einzelne von uns."

Als Anita erfuhr, dass ihr Körper im Falle einer Rückkehr innerhalb kurzer Zeit wieder vollkommen genesen würde, entschied sie sich, doch
zurückzukehren, um ihrer Familie die Trauer zu ersparen und ihre Botschaft mit der Welt zu teilen. Ihre NTE wurde damit abgeschlossen,
dass ihr Vater und ihre beste Freundin ihr übermittelten:

„Jetzt, da du die Wahrheit kennst und weißt, wer du wirklich bist,
geh zurück und lebe furchtlos dein Leben!"

Das Fazit, das sie aus ihrer NTE zieht, lautet:
„Ich begriff, dass das, was ich bisher für die Realität hielt, in Wirklichkeit nicht viel mehr als ein Fünkchen jenes unermesslichen Wunders ist.
Nichts kann mir jemals mehr dieses Verständnis und diese Klarheit
nehmen, dieses Wunder, diese Schönheit, die fabelhafte Lebendigkeit.
Und auch nicht die Intensität dieser Erfahrung. Das Leben hat eine
andere Bedeutung angenommen."

Anita Moorjani erholte sich vollständig von der Krebserkrankung.
Nach der NTE bildeten sich sämtliche Tumore innerhalb von wenigen
Wochen ohne erkennbaren Grund restlos zurück.
Es gibt in der Tat erstaunlich viele Fälle von Spontanheilungen nach
Nahtoderfahrungen. Eine Studie offenbarte den Fall eines Patienten,
dessen rechte Hand zeitlebens gelähmt war. Als er nach der Nahtoderfahrung wieder "zu sich kam", konnte er seine Hand erstmals seit
60 Jahren bewegen. Seither kann er sie uneingeschränkt einsetzen.
Der behandelnde Physiotherapeut zeigte sich überrascht und gab an,
dass eine solche Heilung ohne operativen Eingriff eigentlich nicht
möglich sein sollte. Darüber hinaus hatten die Nieren des Mannes zuvor
nicht richtig gearbeitet und auch diese funktionierten jetzt perfekt.

„Wir sind nicht diese Körper.
Wir sind weder unsere Leistungen noch unsere Besitztümer.
Wir sind alle eins mit Gott."
(Anita Moorjani)

Pamela Reynolds

Laut eines Studienergebnisses von US-amerikanischen Wissenschaftlern kann es vorkommen, dass die Gehirnaktivität eines Menschen im Sterbeprozess unmittelbar vor dem Tod stark ansteigt. Alle Hirnzentren werden sozusagen gleichzeitig ein letztes Mal eingeschaltet, bevor sie endgültig abgeschaltet werden. Einige wenige Forscher glaubten, in diesen Beobachtungen die physische Grundlage für Nahtoderfahrungen und die darin enthaltene Intensität der Wahrnehmungen gefunden zu haben und sie so auf Produkte eines sterbenden Gehirns reduzieren zu können (ohne zu wissen, ob die untersuchten Patienten währenddessen überhaupt NTE-typische Erfahrungen gemacht haben).

Daher mache ich darauf aufmerksam, dass der Anstieg der Hirnaktivität in besagter Studie deutlich zu beobachten war, weil er auf dem Elektroenzephalogramm (EEG) angezeigt wurde. Dieses medizinische Messgerät kann hilfreich sein, wenn man die elektrische Aktivität im Gehirn möglichst präzise zu erfassen plant. Auf diesen Messungen basiert das gesamte Forschungsresultat. Es gibt jedoch Fälle, die bestätigen, dass Nahtoderfahrungen auch dann auftreten können, wenn überhaupt keine messbare Hirnaktivität vorliegt. Einen solchen Fall werden wir uns jetzt vorknöpfen. Er allein reicht bereits aus, um die oben aufgeführte Hypothese mit Leichtigkeit außer Kraft zu setzen.

Die Musikerin Pam Reynolds unterzog sich 1991 aufgrund eines lebensbedrohlichen Aneurysmas einer hochriskanten Gehirn-OP. Es wurde eine Hypothermie herbeigeführt, d. h. man kühlte ihren Körper auf unter 16 Grad Celsius herunter und entzog ihrem Gehirn sämtliches Blut, damit die Ärzte übersichtlich arbeiten konnten. Dabei tolerierte man einen vollständigen Kreislaufstillstand, also die Nulllinie auf dem EKG und dem EEG (d. h. es gab weder eine Herzfunktion noch eine Hirnaktivität). Das Gehirn stellte seine Arbeit für fast eine Stunde vollständig ein. Es handelt sich um die perfekte Simulation des biologischen

Todes, was den Arzt und Nahtodforscher Dr. Sam Parnia dazu veran-
lasste, zu sagen, dass der Begriff NTE den Umständen in vielen Fällen
(wie auch diesem) nicht gerecht wird und es sich eigentlich um einen
Zustand des „Faktisch-tot-Seins" handelt. Aus medizinischer Sicht
ist es in der Hypothermie schlichtweg unmöglich, bewusst zu sein
(im Grunde schon in der Vollnarkose; dabei ist dies sozusagen eine
gesteigerte Form). Unter diesen Bedingungen gibt es keine Möglichkeit
des geringsten Austausches zwischen den Neuronen im Gehirn. Jegliche
Funktion ist ausgeschaltet. Pams Augenlider waren während der Operation mit Pflastern zugeklebt und um ihre Gehirnreaktion zu überwachen,
waren in jedes Ohr Klickmodule gesteckt worden, kleine Lautsprecher,
die kontinuierliche Klickgeräusche von sich gaben, mit 90-100 Dezibel
so laut wie ein Rasenmäher oder vorbeifahrender Zug.

Der zuständige Neurochirurg Dr. Robert Spetzler, der die Operation am
"Barrow Neurological Institute" in Phoenix, Arizona leitete, äußerte sich
wie folgt zu diesem Fall:
„Sie war so tief betäubt, wie es nur irgend möglich ist. Wir konnten absolut keine Hirnaktivität mehr feststellen. Bei einem hypothermischen
Herzstillstand ist es für mich unvorstellbar, dass irgendeine Gehirnfunk-
tion vor sich geht. Es steht absolut außer Frage, dass Pam Reynolds klinisch tot war. Pam erinnerte sich an Dinge, die bemerkenswert genau
waren. Aus physiologischer Sicht verstehe ich nicht, wie dies möglich
sein konnte. Niemand kann in diesem Zustand sehen oder hören. Es gibt
in der Tat keine plausible wissenschaftliche Erklärung."

Pam Reynolds beschrieb das Aussehen des Hauptinstruments, das bei
der OP zum Einsatz kam, als einer elektrischen Zahnbürste ähnlich.
Dr. Spetzlers Kommentar dazu:
„Wenn mich jemand fragen würde, wie der Midas-Rex-Bohrer aussieht,
würde ich durchaus die Formulierung verwenden: wie eine elektrische
Zahnbürste. Er hat die gleiche Grundform. Ich halte es also für eine

sehr gute Umschreibung des Werkzeugs. Auch ihre Beschreibungen der austauschbaren Einsätze für den Bohrer waren sehr akkurat."

Es kann ausgeschlossen werden, dass sie zu diesen Beobachtungen vor oder nach der OP in der Lage war. Als sie anästhesiert wurde, befanden sich die chirurgischen Instrumente noch nicht im OP-Bereich... „Man fängt erst an, sie herauszuholen, wenn der Patient vollkommen schläft, um die Sterilität zu wahren.", so Dr. Spetzler. Außerdem wurde die Patientin schon anästhesiert, bevor sie in den OP-Saal gebracht wurde. Sie konnte die Instrumente auch nicht nach der Narkose gesehen haben, da sie zum Erwachen in einem anderen, weit entfernten Raum untergebracht wurde, wo sie erst lange nach der OP wieder zu sich kam. Demnach bezeugte sie das Geschehen, während ihr Gehirn nachweislich funktionsunfähig war. Allein dieser Fall beweist, dass 'unser' Bewusstsein – das, was wir sind – von einem Gehirn gänzlich unabhängig ist.

Prof. Dr. Peter Vajkoczy – einer der renommiertesten Neurochirurgen weltweit und seit 2007 Direktor der Klinik für Neurochirurgie an der Charité Berlin, Europas größter Universitätsklinik – bezeichnete Robert Spetzler in einem TV-Interview als „ein großes Vorbild für mich". Er zeigte sich beeindruckt vom Fall Pam Reynolds und sagte dazu: „Das ist ein Beweis dafür, dass es viele Dinge gibt, die wir nicht verstehen."

Bruce Greyson – Professor für Psychiatrie und Neurowissenschaften an der Universität von Virginia – fand klare Worte:
„Diese Patientin unterzog sich einem Verfahren, das als hypothermischer Herzstillstand bezeichnet wird, um ein extrem großes Aneurysma tief in ihrem Gehirn zu entfernen. Ihr Herzschlag wurde absichtlich angehalten. Sie hatte einen "totalen Hirnstillstand" erreicht. Das Blut wurde aus ihrem Gehirn abgelassen, damit das Aneurysma sicher entfernt werden konnte. Sie musste zweimal elektrogeschockt werden, um den normalen Rhythmus wiederherzustellen. Obwohl die Abschaltung ihrer

normalen physiologischen Funktionen vom medizinischen Team sorgfältig kontrolliert wurde, war diese Patientin nach allen herkömmlichen Kriterien klinisch tot: Ihr EEG war völlig flach. In ihrem Gehirn war kein Blut mehr vorhanden. Ihre Beschreibung wurde vom Neurochirurgen bestätigt. Die extremen Umstände und der stark anästhesierte Zustand der Patientin während des gesamten Eingriffs lassen ernsthafte Zweifel an der Auffassung aufkommen, dass Geist oder Bewusstsein vollständig von intakten physiologischen Funktionen abhängen."

Nun lassen wir Pam Reynolds selbst zu Wort kommen... Erinnere dich insbesondere beim Start ihrer Erzählung an den Beginn des Berichts von Anita Moorjani und beachte die offensichtlichen Übereinstimmungen. Die Erfahrung aus Pamelas Sicht:

„Ich war so bewusst wie noch nie in meinem ganzen Leben... Nie im Leben hatte ich etwas so klar wahrgenommen. Es war keine normale Wahrnehmung, sie war klarer, heller, gezielter und schärfer als übliches Sehen. Es gab ein Gefühl, aber es war kein körperliches, physisches Gefühl. Es war ein Gefühl, als würde man gezogen, aber nicht gegen den eigenen Willen. Ich ging aus eigenem Antrieb, weil ich gehen wollte. Nachdem ich am oberen Ende meines Kopfes sozusagen aus meinem Körper herausgeschossen war, war mein Blickwinkel so, als säße ich auf der Schulter des Chirurgen.
Das Gefühl, den Körper zu verlassen, war unglaublich. Ich habe zwar nie 500 Pfund gewogen, aber es fühlte sich an, als hätte ich dieses Gewicht gerade verloren.
Ich konnte mich nach Belieben umherbewegen. Ich verspürte keinen Schmerz, kein Leid, keine Angst mehr. Auch keine Sorge mehr um das Wohl meiner Kinder. All das entfiel, als ich diesen Körper verließ. Ich war frei. Mir war klar, dass ich zwar wusste, was sie taten, aber sie nicht wussten, was ich tat. Sie glaubten, ich sei das Ding, das da auf dem Tisch lag (ihr Körper). Es war unbeschreiblich und wunderschön.

Ich begann, eine Präsenz zu fühlen. Also drehte ich mich um und anstelle einer Person sah ich ein winziges kleines Lichtpünktchen. Es begann, mich anzuziehen. Je näher ich dem Licht kam, umso besser konnte ich Gestalten ausmachen.

Ich hörte die Stimme meiner Großmutter, die nach mir rief. Aber es war keine Stimme wie die, die von Stimmbändern hervorgerufen wird.

Es waren so viele Menschen da, viele kannte ich, viele auch nicht. Sie waren wie aus Licht gemacht. Nach und nach nahmen sie eine Form an, die ich erkennen und begreifen konnte. Ich war beeindruckt, dass diese Leute wundervoll aussahen. Im Nachhinein weiß ich, dass jeder perfekt in das Bild passte, das ich von ihm auf dem Höhepunkt seines Lebens hatte. Meine Großmutter hatte nicht den Anschein einer alten Frau, sie strahlte. Alle sahen jung, gesund und stark aus.

Auch meine Urgroßtante Maggie war da.

Da war diese Liebe, diese Wärme, diese Geborgenheit.

Es fühlte sich großartig an.

Dann sah ich meinen Onkel, der im Alter von 93 Jahren gestorben war. Er benutzte nicht seinen Mund, um mit mir zu sprechen. Er sah mich an und ich verstand. Und es dauerte nicht lange, bis ich verstand, dass hier jeder auf diese Weise kommunizierte. Die Qualität der Kommunikation war viel besser, es gab kein Missverständnis. Was gesagt wird, ist die Wahrheit. Ich fragte meine Großmutter nach dem Wesen des Lichts...

Ich fragte: „Ist das Licht Gott?"
Es gab großes Gelächter, und die Antwort lautete:
„Nein, meine Liebe, das Licht ist nicht Gott.
Das Licht ist das, was geschieht, wenn Gott atmet."

So lautete die Botschaft. Und ich erinnere mich ganz genau daran, dass ich dachte: Ich stehe im Atem Gottes.

Ich hörte wundervolle Musik, Geräusche eines Wasserfalls und Vogelgesang. Sie [ihre Verwandten] wollten nicht, dass ich in das Licht eintrete. Sie sagten, wenn ich zu weit gehen würde, könnten sie mich nicht mehr mit meinem Körper verbinden.

Deshalb ließen sie mich nicht weitergehen.

Dann haben sie mich gefüttert. Sie taten dies nicht durch meinen Mund, wie mit Nahrung, sondern sie führten mir etwas zu. Ich kann es nur so ausdrücken, dass es etwas Funkelndes war. Das Bild, das ich bekomme, ist ein Glitzern. Ich erinnere mich auf jeden Fall an das Gefühl, genährt und gefüttert und stark gemacht zu werden. Ich weiß, es klingt komisch, weil es offensichtlich nichts Körperliches war, aber ich fühlte mich körperlich stark, bereit für alles."

An dieser Stelle pausieren wir kurzzeitig, um eine verblüffende Parallele zu einer Aussage von Paramahansa Yogananda zu betrachten:

„Die Seelen, die Strahlen, auf denen sie wandeln, und die Strahlen,
die sie trinken und essen, bestehen alle aus lebendigem Licht."

Angesichts all der übereinstimmenden Aussagen, die völlig verschiedene Menschen aus allerlei Kulturen und unterschiedlichen Zeiten unabhängig voneinander treffen, könnte der unbestreitbare Wahrheitsgehalt ihrer gemeinsamen Botschaft kaum offensichtlicher sein.

Pam fährt mit ihrem Bericht fort und kommt zu dessen Ende:

„Schließlich spürte ich, dass ich zu meinem Körper zurückkehren musste. Mein Onkel begleitete mich. Er hat mich durch einen Tunnel nach unten gebracht. Es war in Ordnung für mich, bis ich das Ding sah [ihren Körper] und alles andere als erfreut war. Er versuchte mich zu überreden und sagte: „Denk an dein Lieblingsessen. Würdest du deine Lieblingsspeisen nicht vermissen? Schatz, spring einfach." Ich wollte definitiv nicht in das Ding da rein und weigerte mich, also schubste er mich. Ich habe lange gebraucht, meinem Onkel das zu verzeihen. In den Körper zurückzukommen war, wie in einen Pool mit Eiswasser zu springen, ich werde das niemals vergessen. Es war buchstäblich schockierend. Ich konnte den Elektroschock spüren und es war äußerst unangenehm."

Sie schreckt nicht vor einer klaren Schlussfolgerung zurück:
„Ich weiß, dass das Bewusstsein den Tod des Körpers überlebt, weil ich diese Erfahrung gemacht habe. Darüber hinaus kann ich in Wahrheit nichts wissen. Wenn der Tod das Schlimmste ist, was uns passieren kann, dann ist das unglaublich! Ich sehe das Problem nicht, ich verstehe es wirklich nicht. Der Tod ist eine Illusion. Der Tod ist wirklich eine ganz gemeine Lüge. Ich habe keine Angst mehr vor dem Tod. Tatsächlich kenne ich Menschen, die gerade im Sterben liegen und ich beneide sie um ihre Reise. Wenn meine Zeit kommt, werde ich den Tod begrüßen.“

Pamela Reynolds starb 19 Jahre später im Alter von 53 Jahren.

Es ist kaum verwunderlich, dass ein Mensch nach einer außerkörperlichen Erfahrung nicht mehr am Fortbestand des Bewusstseins zweifelt und sich damit der eigenen Unsterblichkeit unwiderruflich bewusst ist. Die NTE-Langzeitstudie des Kardiologen Dr. Pim van Lommel hat aber gezeigt, dass auch diejenigen, die sich nach einem Herzstillstand an nichts erinnern bzw. von keiner Erfahrung berichten, durchschnittlich eher an ein Leben nach dem Tod glauben, als vor ihrem Herzstillstand. In der Personengruppe ohne NTE stieg die Anzahl jener, die vom Leben nach dem Tod überzeugt sind, zwar bei weitem nicht so signifikant an wie im Falle der Nahtoderfahrenen, aber immerhin um 16 Prozent. Dies legt den Verdacht nahe, dass sie ein Wissen in sich aufnahmen, während sie klinisch tot waren, oder durchaus etwas erlebten, es jedoch nicht als Erinnerung abrufen können. Doch ein göttlicher Impuls mag ihnen das Gefühl vermitteln, dass der Tod sie nicht töten kann.

Bo Katzman

Im nächsten Fall geht es um den Musiker Bo Katzman aus der Schweiz, der als junger Mann bei einem Verkehrsunfall lebensgefährlich verletzt wurde und, während sein Körper narkotisiert auf dem Operationstisch lag, Folgendes wahrnahm (aus seinem Buch "Zwei Stunden Ewigkeit"):

„Mit einem Schlag war ich wieder bei hellstem Bewusstsein, einer geistigen Klarheit, wie ich sie noch nie erlebt hatte. Bloß – irgendetwas war anders an dieser Situation und es dauerte einen Sekundenbruchteil, bis ich erkannte, was es war: Ich war nicht mehr in meinem Körper.
Ich sah meine leibliche Hülle von oben auf einem Operationstisch liegen, in grüne Tücher gehüllt und vom Brustbein bis unter den Bauchnabel aufgeschnitten. Der leblose Körper, den ich da auf dem Tisch liegen sah, war mir komplett fremd und auch völlig gleichgültig. Ich fühlte nicht die geringste Beziehung zu diesem leblosen Stück Fleisch, das ich zwanzig Jahre lang bewohnt hatte. Das war nicht ich.
Offensichtlich befand ich mich an der Decke des Raumes und konnte so die Szene überblicken, in der plötzlich Hektik aufkam... Ich hörte, wie der operierende Professor rief: „Jetzt hat es ihm die Pumpe abgestellt! Bringen Sie sofort den Elektroschock-Apparat!" Das war der Moment, in dem mir klar wurde, warum ich mich an der Decke, statt in meinem Körper, befand: Mein Herz hatte aufgehört, zu schlagen. Ich war tot."

Später sprach Bo Katzman den Arzt darauf an und dieser bestätigte seine Beschreibungen voller Verwunderung. Im Nachhinein schämte er sich für seine plumpe Wortwahl während der OP.

„Noch etwas war besonders an dieser Situation:
Ich konnte wahrnehmen, was die anwesenden Personen, der Chirurg, der Anästhesist, die Assistenzärzte und Krankenschwestern, dachten. Ihre Gedanken waren für mich wie ein lautes Gespräch und trotz des

Durcheinanders konnte ich jedes dieser stummen Selbstgespräche klar und deutlich vernehmen.

Ich wunderte mich, dass hier so viel Aufhebens gemacht wurde, bloß weil ich gestorben war. Diese Tatsache war für mich total in Ordnung. Nun befand ich mich also in einem geistigen Zustand, in dem ich zwar keinen Körper mehr besaß, aber eine Wahrnehmungsfähigkeit. Diese übertraf in ihrer Klarheit und Grenzenlosigkeit alles, was man sich vorstellen kann.

Ich gewahrte eine Art Morgenröte, die wie an einem fernen Horizont zu schimmern begann. Dieses zarte Licht hatte eine Wirkung auf meinen Gefühlszustand, der nicht zu beschreiben ist. Die Strahlung, in deren Wirkungskreis ich geraten war und die mich förmlich überschwemmte, war pure, ungetrübte, konzentrierte Liebesenergie. Ich fühlte mich vollkommen geliebt und bis in die tiefsten Abgründe meiner Persönlichkeit akzeptiert. Es war ein Gefühl, wie ich es von einem Zustand völliger Verliebtheit her kannte. So ein Gefühl erfüllte mich nun, allerdings bis ins Millionenfache, schier Unerträgliche gesteigert."

Bo Katzman sagte in einem TV-Interview:
„Mit Sicherheit ist das ein Zustand, der nichts mit Drogen oder irgendwelchen letzten Zuckungen der Gehirnwindungen zu tun hat, sondern das ist ein neuer Zustand, das ist der Zustand des reinen Geistes. Und der ist so umfassend, dass man das niemals mit Drogen irgendwie herstellen könnte. Also das ist für mich eine lächerliche These."

Magdalen Bless

Die Historikerin Magdalen Bless befand sich zum Zeitpunkt ihrer NTE in einer Lebensphase, in der sie sich stark mit der Frage nach dem Sinn des Lebens beschäftigte. Im Sommer 1972 sah sie als 20-jährige Studentin bei einem schweren Autounfall während einer klaren Mondnacht dem Tod in die Augen. Ich habe die packende Beschreibung ihrer intensiven Nahtoderfahrung aus einem Fernsehinterview transkribiert...

„Das Gipfelerlebnis meines Lebens hatte ich, als ich klinisch tot war. Vom Aufprall habe ich nichts mitbekommen. Ich war sofort weg. Ich bin aber auf einmal wieder zu mir gekommen, und zwar wie erwacht aus einer Art Bewusstlosigkeit – auf einem eigenartig hohen Niveau des Fühlens, des Denkens.

Ich hatte das durchdringende Gefühl, ich sterbe. Ich war ungeheuer überrascht und erstaunt, weil ich damit nicht gerechnet hatte. Ich überlegte mir krampfhaft, wie ich überhaupt in diese Situation komme. Ich wusste, ich war doch gerade noch im Auto meines Vaters gesessen. Ich war so erstaunt, weil ich dachte, sterben tun doch immer nur die anderen, doch nicht ich und doch nicht so jung.

Aber mit der Zeit arrangierte ich mich mit dieser Idee und bald ging ein so faszinierendes Geschehen los, dass mir der äußere Grund auch ziemlich unwichtig wurde. Ich hatte das Gefühl, ich werde fortgerissen... Aber es dauerte nicht lange und da war ich auf der anderen Seite. Und da fühlte ich mich ganz frei und wohl. Ich betrachtete es als Privileg in dem Moment, jung sterben zu können...

Zu meiner riesigen Freude sah ich auf einmal meine Großmutter, die ich in ihren letzten Monaten und Wochen so elend gesehen hatte. Es war wie ein Gespräch, das wir führten, ohne Worte. Sie hieß mich sozusagen willkommen in dieser anderen Welt. Und jetzt kam sie gesund und heiter und überaus glücklich auf mich zu. Dann sah ich auf einmal Gestalten, von denen eine unaussprechliche Gelöstheit ausging.

Erst im Nachhinein, im Spital, als ich mir überlegte, wen ich da überhaupt alles gesehen habe, fiel mir auf, dass das alles Menschen waren, die gar nicht mehr lebten. Nachbarn, Leute aus meinem Dorf...
Und ich floss ins Universum hinaus, ich schwebte sozusagen. Und es war ein ganz faszinierender, spannender Prozess der Bewusstseinserweiterung. Ich hatte viele glasklare Gedanken gleichzeitig und nebeneinander. 1000 Fragen – und alle wurden sofort gelöst.
Es interessierten mich vor allem Fragen... Wie ist das Universum aufgebaut? Der Mikrokosmos... Stimmt das mit diesen Elementarteilchen, die man einfach glauben muss, wenn es der Physiklehrer erklärt und die man doch nicht sieht...? Wie ist das innerste Prinzip des Aufbaus der Welt? Und wie sind diese Galaxien? Wie sieht es im Weltall aus, wie sieht der Andromedanebel aus? Und alles sah ich einfach. Ich erkannte damals unglaubliche Dinge mit einer völlig selbstverständlichen Klarheit. Ich konnte auch auf einer Zeitschiene hin und her rutschen oder auf einer örtlichen... Ich wollte Australien sehen und sah es. Oder wie die alten Römer lebten und sah das auch. Leider konnte ich all diese Erkenntnisse nicht mit zurücknehmen. Dazu ist unser Gehirn, solange wir noch in der Welt sind, zu beschränkt.
Ich befand mich in einem ekstatischen Zustand. Ich glühte innerlich, ich brannte. Und ich hatte nur noch einen Wunsch: In dieses wunderbare leuchtende Licht, in diese herrliche Sphäre des Jenseits einzutauchen, eins zu werden, zu verschmelzen damit. Ich stand in Flammen, innerlich in Flammen und wusste, nur noch ein kleiner Moment. Es war wie eine Grenze zwischen diesem Licht und mir, aber ich war schon ganz nahe...
Plötzlich wurde der Fluss des Geschehens gestoppt durch ein störendes Geräusch, das ich durch alles hindurch hörte. Das war die Stimme meines Vaters, der laut meinen Namen rief, immer wieder, immer wieder, voller Panik, voller Angst. Ich spürte sein Entsetzen. Und ich dachte: Wenn er bloß aufhören würde! Ich hoffte, er würde aufhören. Ich dachte, wenn er mich liebt, dann muss er mich jetzt gehen lassen. Aber er rief unbeirrt immer weiter und weiter, drängend. Und da wurde mir

klar, dass das der allerletzte Moment war, um überhaupt noch einmal zurückzukommen...

Ich stemmte mich mit aller Kraft gegen diesen Strom. Und einen Moment lang war das unentschieden. Ich war so auf einem Scheitelpunkt. Aber dann merkte ich, ich falle auf die andere Seite, nicht ins Licht. Ich hab' die Umkehr geschafft. Ich hatte das Gefühl, es hört nicht mehr auf zu fallen. Und dieses Licht, das verlöschte auf einmal... All diese vielen luziden Gedankenstränge, die ich nebeneinander so glasklar gehabt hatte, all diese Erkenntnisse, das Verstehen – das verschwand allmählich, löste sich in einem Nebel auf. Ich spürte mit Entsetzen die Beschränktheit, die mich wieder ergriff, die Beschränktheit des normalen Lebens. Und plötzlich spürte ich einen Ruck, ein Gewicht an mir. Und dann merkte ich, ich bin wieder im Körper. Im ersten Moment war das ganz eng und viel zu klein. Ich dachte, das halte ich ja nicht aus...

Während der ganzen Wochen und Monate, die ich im Spital war, war ich immer sehr glücklich und zerplatzte fast vor Freude und Fröhlichkeit. Die Leute glaubten, ich stände unter Morphium oder so was. Das war nicht der Fall. Das war einfach noch das Nachwirken dieses Erlebnisses. Ich freute mich doppelt über das neue Leben. Es hatte eine ganz neue Dimension und Qualität.

Ich hatte keine Angst mehr seither vor dem Tod. Und mit dieser Angst sind auch viele andere Lebensängste weggeschmolzen."

Maria

Die medizinische Sozialarbeiterin Kimberly Clark Sharp berichtet von einer Patientin namens Maria, die nach einem Herzstillstand im April 1977 im Harborview Medical Center in Seattle wiederbelebt werden konnte...
(Quelle: "Jenseits des Todes" von Leslie Kean)

„Maria zeigte auf eine Ecke an der Zimmerdecke und sagte mir, sie habe ihren Körper verlassen und von dort oben ihre Wiederbelebung beobachtet. Sie erzählte mir zutreffend, wer alles im Raum gewesen war, wo sie gestanden, was sie gesagt und was sie getan hatten. Sie beschrieb mir auch, wo das EKG-Gerät gestanden hatte, das zum Einsatz gekommen war und kontinuierlich große Mengen von weißem Papier ausgespuckt hatte. Als es den Boden berührte, sei es von einem Mitarbeiter unters Bett getreten worden, um das Papier aus dem Weg zu bekommen. Mein skeptischer Verstand kam nicht um ihre genaue Beschreibung dieses besonderen Details herum. Es gab keine Möglichkeit, wie sie davon hätte wissen können. Aber Maria hatte mir noch etwas viel Wichtigeres mitzuteilen. Sie beschrieb, wie sie sich auf einmal drei oder vier Geschosse oberhalb des Bodens befand, wo sie ein Objekt aus der Nähe erblickte, das dort auf einem Fenstersims lag: ein einzelner Turnschuh. Sie beschrieb ihn anhand seiner Größe als Männerschuh, dunkelblau, mit einer abgewetzten Stelle im Bereich des kleinen Zehs und einem weißen Schnürsenkel, der unter der Ferse lag. Sie wollte unbedingt, dass jemand dorthin geht und den Schuh holt. Ich hielt es für aussichtslos, erklärte mich aber bereit, mich auf die Suche zu begeben." Nach einer langen, bis dato erfolglosen Suche sowohl von den Gehwegen aus, die das Krankenhaus umgaben, als auch in mehreren Abteilungen im Inneren des Gebäudes, untersuchte sie schließlich die Westseite. Sie berichtet weiter:
„Ich überprüfte mehrere Fenster dort und betrat das nächste Zimmer, ohne etwas zu erwarten. Doch als ich mein Gesicht gegen noch eine wei-

tere Fensterschreibe drückte und auf einen weiteren Sims hinabspähte, spürte ich, wie mein Herz einen Satz machte: Da war er. Draußen auf dem schmalen Sims lag ein dunkelblauer Männerturnschuh. Das Ende des einen Schnürsenkels befand sich unter dem Fersenbereich, genau wie Maria es beschrieben hatte. Ich war schockiert. Das war unmöglich. Der Bereich des kleinen Zehs, von dem Maria gesagt hatte, er sei abgewetzt, lag außerhalb meines Sichtfeldes, da der Schuh vom Fenster wegzeigte. Ich sammelte mich wieder, öffnete das Fenster und griff nach dem Schuh. Als ich ihn herumdrehte, bemerkte ich das entscheidende Detail: Er hatte an der Stelle des kleinen Zehs eine abgewetzte Stelle. Der Blickwinkel, den sie beschrieb, war nur aus der Luft möglich gewesen, drei Stockwerke über dem Boden. Es schockierte mich wirklich, zu erkennen, dass man das Detail von nirgendwo sehen konnte – weder aus dem Inneren des Krankenhauses noch vom Boden oder irgendeinem anderen Gebäude aus. Und doch beschrieb sie, diese abgestoßene Stelle von einem Punkt in luftiger Höhe aus gesehen zu haben. Es erweckte auch eine Neugier in mir, all meine Patienten, die dem Tod nahe gewesen waren, zu fragen, ob sie sich an etwas erinnerten. Bei vielen Menschen war das der Fall."

Kimberly fasst ihre wichtigste Erkenntnis zusammen:
„Vor allem habe ich gelernt, dass das, was wir Tod nennen, weder das Ende des Bewusstseins noch unserer Beziehungen ist."

Dannion Brinkley

Jetzt widmen wir uns einem Mann namens Dannion Brinkley, der mich vor allem damit amüsiert, dass seine übliche Reaktion auf den Tod eines Bekannten oder Freundes (auch wenn völlig unerwartet), wie folgt ausfällt: „Na dann geht's ihm ja gut!"
Darauf möchte ich eingehen, bevor wir Brinkley zu Wort kommen lassen. Zwar ist es keinesfalls abwegig, anzunehmen, dass der Zustand nach dem Tod des Körpers in der überwältigenden Mehrheit der Fälle angenehmer ist als das menschliche Dasein (insbesondere dessen letzte Tage, die bekanntlich oft mit starken körperlichen Schmerzen einhergehen). Doch die Annahme, welche davon ausgeht, dass durch den Tod mit sofortiger Wirkung ausnahmslos alle Einschränkungen entfallen, muss wohl als Irrglaube betrachtet werden. Obwohl das Ego keine Substanz hat und nur aus Gedanken besteht, ist es offenbar nicht so leicht auszumerzen wie der physische Körper. Manche unserer Anhaftungen und Neigungen nehmen wir mit. In den teilweise noch sehr erdähnlichen Astralebenen soll es sogar möglich sein, mit dem irdischen Dasein verbundene, ungestillte Sehnsüchte zu erfüllen – sicher mit dem Zweck, letztendlich zu erfahren und zweifelsfrei zu erkennen, dass Vergnügungen aller Art uns nicht dauerhaft glücklich machen können.
„Ein Mensch sehnt sich nicht nach Gott, bis alle seine weltlichen Wünsche befriedigt sind. Er erinnert sich nicht an die Mutter des Universums, bis sein Genuss von 'Frau und Gold' vollendet ist. Ein Kind, das in sein Spiel vertieft ist, sucht nicht nach seiner Mutter. Aber wenn sein Spiel zu Ende ist, sagt es: "Mama! Ich muss zu meiner Mama gehen."", so der große 'Mystiker' Ramakrishna.
Jedenfalls verwandelt sich nicht jeder unbewusste Mensch durch das Verlassen seines Körpers in ein erleuchtetes Wesen.
Paramahansa Yogananda hat sich auch dazu geäußert:
„Verlasse dich nicht darauf, dass der Tod dich von deinen Unvollkommenheiten befreit. Du bist nach dem Tod genau derselbe wie vorher.

Nichts ändert sich; du gibst nur deinen Körper auf. Wenn du vor dem Tod ein Dieb oder ein Lügner oder ein Betrüger bist, wirst du nicht allein durch den Tod zu einem Engel. Wenn das möglich wäre, dann sollten wir jetzt alle in den Ozean springen und sofort zu Engeln werden! Diese Welt ist der richtige Ort, um sich zu ändern."

Insbesondere für den letzten Satz des Zitats von Yogananda liefert der Mann, um den es im vorliegenden Fall geht, ein veranschaulichendes Beispiel, wie das Ende seines gleich folgenden Berichts offenbaren wird.

Als Dannion Brinkley vom Blitz getroffen wurde, wurde er aus seinem Körper herauskatapultiert und begann eine extrakorporale Reise. Ich erinnere mich daran, dass Brinkley in seinem Buch "Geborgen im Licht" geschrieben hat, in seiner Nahtoderfahrung gelernt zu haben, dass die Erde keine Schule für uns sei, wie es manchmal postuliert wird, sondern schlicht ein Platz für abenteuerlustige Seelen. Er erfuhr, dass die meisten nicht den Mut aufbringen, in dieser Dimension zu inkarnieren. Angesichts der zahlreichen und vielfältigen Herausforderungen, die das Leben auf der Erde bereithält, erscheint mir das nicht allzu abwegig.

Insbesondere ein Aspekt der Nahtoderfahrungen verweist auf die Einheit allen Lebens: Die Lebensrückschau, auch Lebensfilm oder Lebenspanorama genannt. Es kommt vor, dass die betroffene Person die Perspektive eines anderen Menschen kennenlernt, indem sie sich vorübergehend in jenem anderen Körper wiederfindet und so am eigenen Leibe erfährt, was sie diesem Menschen ggf. angetan hat. Wer zuvor noch nicht über Empathie verfügte, dürfte sie spätestens dann empfinden.

Ein eindrucksvolles Beispiel für eine Lebensrückschau innerhalb einer Nahtoderfahrung finden wir im eben erwähnten Buch von Dannion Brinkley. Als Soldat tötete er Menschen im Krieg und wurde damit in seinem Lebensfilm konfrontiert.

Im Folgenden berichtet er, wie er einen "feindlichen" Offizier erschoss:

„Ich lud durch und spürte, wie es am Gewehr einen kleinen Ruck gab. Einen Augenblick später sah ich, wie sein Kopf zerplatzte und sein Körper vor den entsetzten Soldaten zusammensackte. So sah ich es damals, als es geschah. Während meiner Lebensrückschau erlebte ich dies aus der Perspektive des nordvietnamesischen Obersten.

Ich spürte seine Trauer, als er seinen Körper verließ und erkennen musste, dass er nicht mehr nach Hause zurückkehren würde. Dann spürte ich die restlichen Kettenreaktionen – die Trauer seiner Familie. Ich erlebte alle meine Exekutionen in genau dieser Weise. Ich sah, wie ich tötete, und spürte dann die furchtbaren Folgen."

Dannion Brinkley beschreibt noch eine andere Situation:
„Wir sprengten ein Gebäude bei Sonnenaufgang, wobei etwa 50 Menschen ums Leben kamen, die sich dort aufhielten. Damals lachte ich darüber und sagte, dass alle diese Menschen den Tod verdient gehabt hätten. Auch dieses Ereignis erlebte ich bei meiner NTE wieder, doch stürmte diesmal eine Flut von Gefühlen und Informationen auf mich ein. Ich erlebte den Schmerz, den ihre Angehörigen empfanden, als sie die Nachricht bekamen. Insgesamt war ich für den Tod von Dutzenden von Menschen in Südostasien mitverantwortlich, und es war schwer erträglich, dies alles nochmals erleben zu müssen."

Nach dem Erlebnis veränderte er wie viele nahtoderfahrene Menschen sein Leben grundlegend, später hatte er eine zweite NTE, die ebenfalls einen Lebensfilm enthielt. Diesmal fielen die Eindrücke anders aus: „Ich erlebte auch ein Ereignis in New York nach, als ich einige Bettlerinnen in ein Restaurant zum Essen einlud. Ich sah, wie sie auf der Straße in Mülltonnen wühlten, und ich empfand Mitleid mit ihnen. Ich begleitete sie in ein kleines Restaurant und spendierte ihnen ein warmes Essen. Nun erfuhr ich das aus der Perspektive der Frauen und erlebte ihren Genuss. Die Mahlzeit kostete mich über 100 Dollar, doch war dieses Geld nichts im Vergleich zu der Freude, diese Tat wiederzuerleben."

Frage: „Wie sollen wir andere behandeln?"
Ramana Maharshi: „Es gibt keine anderen."

„Da jeder das eigene Selbst ist, ist,
was auch immer
wer auch immer
wem auch immer tut,
allein sich selbst angetan."
(Ramana Maharshi)

„Du und ich, wir sind eins.
Ich kann dir nicht wehtun,
ohne mich zu verletzen."
(Mahatma Gandhi)

„Was du nicht willst, das man dir tu', das füg auch keinem andern zu."
„Behandle andere so, wie du von ihnen behandelt werden möchtest."
("Goldene Regel", abgeleitet von einem Jesus-Zitat:)
„Wie ihr wollt, dass euch die Leute tun sollen, so tut ihnen auch!"

Barbara Harris Whitfield

Im Buch "Göttliche Momente" von Nancy Clark begegnen wir einem Bericht, in dem die Lebensrückschau ebenfalls eine bedeutende Rolle spielt. Manchmal findet sie in der Gegenwart eines Lichtwesens statt. Von besonderer Bedeutung ist die Tatsache, dass dieses Licht als Begleiter des Lebenspanoramas niemals eine richtende oder urteilende Rolle einnimmt. Dem Nahtoderfahrenen werden nichts als Liebe, Akzeptanz und Verständnis entgegengebracht. Die einzige "Strafe" ist die Reue, die er empfindet, wenn er erkennt, dass er gegebenenfalls nicht liebevoll gehandelt hat (siehe Dannion Brinkley).
Barbara Harris Whitfield unterzog sich 1975 aufgrund einer angeborenen Verkrümmung der Wirbelsäule einer schwerwiegenden Operation. Es kam zu Komplikationen. Im Folgenden Ausschnitte aus ihrer damit einhergehenden Erfahrung...

„Erst rief ich nach der Schwester – und dann begann ich zu schreien. Menschen in Weiß eilten herbei und verbanden mich mit allen möglichen Apparaten, Schläuchen, Monitoren usw. Ich verlor das Bewusstsein. Später in der Nacht wachte ich auf und befand mich außerhalb meines Krankenzimmers. Ich schwebte wieder zurück ins Zimmer und sah dort meinen Körper liegen. Ich fühlte mich jedoch friedlich, ruhiger als ich es je im Leben gewesen war.
Ich ging in einen Tunnel und wurde dort von meiner Großmutter, die bereits vor 16 Jahren verstorben war, begrüßt und in den Arm genommen. Vor diesem Ereignis hatte ich nie auch nur einen Gedanken daran verschwendet, dass sie vielleicht ihren Tod überlebt haben könnte. Ich glaubte nicht an so etwas. Doch nun wusste ich, dass ich tatsächlich mit ihr zusammen war. Ihre Liebe umgab mich ganz und gar, und zusammen ließen wir all unsere Erinnerung an gemeinsame Zeiten aufleben. Ich konnte diese Szenen durch ihre Augen sehen und ihre Gefühle spüren und ich weiß, dass sie auch erfahren konnte, wie gut mir ihre tatkräfti-

ge Zuwendung und ihre Liebe in meiner Kindheit getan hatte. Doch plötzlich war ich zurück in meinem Körper, im Krankenbett. Ich versuchte, erst den Schwestern und dann verschiedenen Ärzten zu berichten, dass ich das Bett verlassen hätte. Sie antworteten darauf, dass dies völlig unmöglich sei und ich das alles halluziniert hätte."

Ungefähr eine Woche später verließ sie erneut ihren Körper:
„Während ich mich von meinem Körper dort im Krankenbett entfernte, wurde ich mir einer Energie oder einer Präsenz bewusst, die sich regelrecht um mich herumwickelte und mich gleichzeitig durchdrang – jedes Molekül meines Seins. Und obwohl ich seit Jahren Atheistin war, spürte ich Gottes Liebe. Diese Liebe hielt mich. Es fühlte sich ganz unglaublich an. Es gibt keine Worte, in keiner Sprache und vielleicht in dieser Realität überhaupt nicht, um diese Liebe zu erklären, die Gott aussendet. Gott akzeptierte voll und ganz alles, was wir zusammen in meinem Lebensrückblick sahen. In jeder Szene konnte ich noch einmal meine Gefühle wahrnehmen, die ich jeweils gehabt hatte. Und auch alles, was andere als Konsequenz meiner Präsenz und meiner Handlungen im Leben gefühlt hatten. Einige waren gut – und andere fühlten sich schrecklich an. Und all das übertrug sich in Wissen – und ich lernte! Oh, wie ich dazulernte! Die Informationen flossen mit ungeheurer Geschwindigkeit zu mir rüber und ich hätte mich wahrscheinlich übel daran verbrannt, wenn diese ungeheure Energie mich nicht gehalten und bewahrt hätte. Die Informationen strömten also nur so auf mich ein und wenn ich mich dabei für etwas verurteilte, dann neutralisierte die Liebe es sofort. In anderen Worten: Ich sah die Informationen geradezu durch mich hindurchfließen, meine Wahrnehmungen und Gefühle und die jeder anderen Person, die in diesen Situationen meines Lebens anwesend, beteiligt oder betroffen war. Ganz gleich, wie ich mich selbst jeweils beurteilte – dabei von Gott gehalten zu werden, war die größere Interaktion. Gott ließ alles im Licht der Liebe erscheinen, jedes Gefühl, jedes bisschen Information über alles und jedes, das geschehen war, sodass alles zum Guten

gewendet wurde und so in Ordnung war. Es gab kein Gut und Böse. Es gab nur mich und die Menschen, die ich in diesem Leben geliebt habe. Alle versuchten immer nur, zu überleben ... versuchten, zu sein.

Mir wurde in der Zwischenzeit sehr klar, dass ich nicht die Kraft und die Stärke gehabt hätte, diese Erfahrung durchzustehen, wenn Gott mich nicht dabei gehalten hätte. Schon als es begann, verschmolzen Gott und ich. Wir wurden Eins, sodass ich alles durch Gottes Augen sehen und durch sein Herz fühlen konnte. Zusammen wurden wir Zeugen, wie streng ich mich selbst behandelt hatte, denn das waren die Einstellung und das Verhalten, das man mir schon als Kind beigebracht hatte. Mir wurde deutlich, dass der einzig wirklich große Fehler, den ich in den 32 Jahren meines Lebens begangen hatte, darin bestand, nie gelernt zu haben, mich selbst zu lieben.

Ich konnte Gottes alles überragende Intelligenz spüren – und ich konnte nur staunen. Gott liebt uns und möchte, dass wir aufwachen und uns zu unserem wahren Selbst bekennen in Bezug auf das, was wirklich wichtig ist. Wenn Gott uns während unseres Lebensrückblicks liebevoll hält und wir Eins werden, dann erfahren wir dieses Gefühl als grenzenlos. Gott ist grenzenlos. Gottes Liebeskapazität ist unendlich. Gottes Liebe zu uns verändert sich nie, ganz gleich, wie wir sind. Gott verurteilt uns auch nicht. Bei unserem Lebensrückblick bewerten und beurteilen wir uns selbst, indem wir spüren, wie viel Liebe wir im Leben anderer Menschen zum Leben erweckt und zum Blühen gebracht haben. Doch wir fühlen auch den Schmerz, den wir im Leben anderer verursacht haben. Vielleicht ist dies der "kosmische Ausgleich".

Ich sah keinen alten Mann mit weißem Bart, der über uns zu Gericht sitzt. Ich spürte nur eine unendliche, göttliche Liebe. Diese Präsenz, die wir Gott nennen, ist immer bei uns, um uns zu führen und zu begleiten."

„Göttliche Liebe ist bedingungslos, grenzenlos und unvergänglich. Die verwandelnde Kraft reiner Liebe hebt alle Unruhe des menschlichen Herzens für immer auf." – Yukteswar Giri

Christopher Matt

Wir werden nun zum dritten Mal in Folge einem Fall begegnen, in dem die Lebensrückschau enthalten ist.

Das Buch "Göttliche Momente" beinhaltet viele lesenswerte Fallbeispiele von Menschen, die ohne körperliche Todesnähe tiefgreifende spirituelle Erfahrungen machen durften.

Einer davon ist Christopher Matt, der zunächst allerdings sein Erlebnis eines Autounfalls als Folge eines Sekundenschlafs am Steuer nach einer Nachtschicht beschreibt:

„Das Fahrzeug begann sich zu überschlagen, wieder und wieder – und ich sah auf das Geschehen und auf diesen Menschen dort aus einer Höhe von vielleicht einem bis anderthalb Metern herunter.

Ich merkte: Dieser Mensch – das bin ja ich! Wie seltsam!

Ich fühlte mich absolut ruhig und in einem tiefen Frieden angesichts der Szene, die sich dort darstellte. Zeit schien dabei nicht mehr zu existieren. Zwei Dinge sind mir für immer klar geworden und in meiner Erinnerung gespeichert: Unser Bewusstsein ist nicht von unserem Körper und dem Gehirn abhängig. Das weiß ich genau, denn als mein Auto sich immer weiter überschlug, befand ich mich außerhalb meines Körpers. Und weiter: Dort, außerhalb des Körpers, lebt das bewusste Sein in solch einem absoluten Frieden, in solch absoluter Ruhe und solcher Liebe, wie wir es uns nicht mal vorstellen können."

Etwa ein halbes Jahr später geschah Folgendes:

„Während einer besonders stressreichen Periode wurde mir die Meditation immer wichtiger und ich machte sie zu einer täglichen Übung. So auch an jenem Tag. Ich war allein zu Hause, in meinem Zimmer. Ich erinnere mich, wie verzweifelt ich Gott, oder welche Höhere Macht auch immer es sein mag, um irgendeine Antwort bat. Ich brauchte dringend einen Grund, eine Rechtfertigung, um dieses Leben fortzusetzen, das ich zunehmend als einfach zu schwierig erlebte. Vielleicht litt ich an einer Art von Depression. Ich saß also in meinem Zimmer auf einem Stuhl und hatte eine Meditationshaltung eingenommen. Nach einer kurzen Zeit tauchte ich immer tiefer ein – und auf einmal befand ich mich über mir, an der Zimmerdecke – und schaute auf dieses Individuum dort auf dem Stuhl herunter, direkt auf meinen Kopf. Noch nie zuvor hatte ich meinen Kopf aus dieser Perspektive gesehen. Etwas setzte sich in Bewegung. Ich fühlte mich, als ob ich nach vorne bewegt und dabei immer mehr beschleunigt wurde, mit großer Geschwindigkeit. Ich kann mich nicht an irgendetwas "Visuelles" während dieser Vorwärtsbewegung erinnern, nur an Geschwindigkeit und das Gefühl, die Lufthülle, den Äther zu durchbrechen, so wie man manchmal im Fernsehen die Raumschiffe die Erdatmosphäre durchdringen sieht. An einem Punkt trat auf einmal ein höchst unglaubliches Licht in Erscheinung. Kein normales Licht, es ist eine alles-umfassende, "lebendige" Licht-Präsenz-Persönlichkeit, die alles durchstrahlt und alles mit Liebe erfüllt. Es gibt keine Worte, die seine Merkmale adäquat beschreiben könnten, denn es ist mit nichts zu vergleichen, das auf unserer normalen Existenzebene vorkommt. Das Licht sprach in gewisser Weise, kommunizierte mit mir, und das Wichtigste, an das ich mich erinnere, sind seine Worte, die direkt an mich persönlich gerichtet waren:

„Sieh mal, es gibt keinen Grund, sich zu fürchten oder Angst zu haben. Alles wird ganz/gut/wunderbar!"

Dies waren nicht die genauen Worte, aber der Sinn des Mitgeteilten.

Mir wurde klar, dass dieses Göttliche Licht Gott selbst war. Das ist in unglaublicher Weise evident, offenbar; du weißt es in dem Moment, in dem du in Seiner Gegenwart bist. Es gibt da keinen Zweifel mehr. Du willst nur noch in dieser Präsenz verweilen und nie wieder fortgehen. Es ist wichtig, festzuhalten, dass diese Dinge sich nicht wirklich in sequentieller Reihenfolge abspielten, denn da gab es kein Gefühl für Zeitablauf mit einem früher-später mehr, mehr ein Gefühl der Zeitlosigkeit, so als ob der Begriff von Zeit, wie wir ihn pflegen, dort gar nicht existieren würde. Wie es auch sei, da bin ich also in der Gegenwart dieser geistigen Präsenz und er zeigt mir etwas, das wie ein Buch aussieht. Auf einmal wird mir mein ganzes bisheriges Leben, bis zum jetzigen Zeitpunkt, gezeigt, in unglaublichem Detailreichtum, wie eine Holographie. Jeder Moment, von Sekunde zu Sekunde, wird mir gezeigt – und ich sehe und spüre die Emotionen aller Menschen, die an der jeweiligen Interaktion beteiligt sind. Es ist unglaublich, denn ca. 95 % all dieser Situationen und Interaktionen hatte ich längst vergessen. Sie gehen zurück bis zu den Anfängen, als ich vielleicht zwei oder drei Jahre alt war, und reichen bis zur Gegenwart. Der Detailreichtum ist unglaublich, und doch findet alles in einem Zeitfenster statt, das mir wie scheinbare fünf Sekunden vorkommt. Wie kann es dabei so detailreich sein? Nochmals: Zeit existiert hier nicht.

Ich erinnere mich, all diese Begegnungen und Interaktionen, die ich mit anderen Menschen hatte, gesehen zu haben, und fast alle waren sehr, sehr gut und liebevoll. Ich war deswegen ein bisschen stolz auf mich.

Ein anderer Aspekt: Wieder bin ich mit der geistigen Präsenz zusammen und jetzt möchte er mir zeigen, dass hier alles Wissen vorhanden ist und zur Verfügung steht. Er öffnet etwas – und ich sehe auf einmal alles Wissen und alle Informationen, die in all den Jahrhunderten gesammelt wurden, in einem unglaublichen Detailreichtum, vom Anfang der Zeit bis jetzt. Jede Wissenskategorie ist da, Geschichte, Wissenschaft, Kunst, Architektur, Religion, Medizin, Mathematik... Ich absorbiere das alles ganz leicht und einfach, so grenzenlos, wie es ist, und die Präsenz sagt dazu: „Schau, all dieses Wissen steht dir zur Verfügung, wenn du hierhin kommst.""

Daraufhin wurden Christopher sogar zukünftige Ereignisse gezeigt. Das ist keine Seltenheit. Jedoch kündigte „die Präsenz" an, dass er sich später nicht mehr an diesen Teil der Informationen erinnern können wird. Dies bewahrheitete sich. Er fährt fort:

„Ich kann gar nicht genug erwähnen und immer wieder betonen, was für ein alles überragendes Gefühl der Liebe und des völligen Friedens während dieser ganzen Erfahrung konstant geherrscht hatte. Es ist so wunderbar und es kann gar nicht adäquat beschrieben werden – jedenfalls kann ich es nicht. Du weißt einfach, dass diese Gefühle alles bedeuten. Und du weißt nach dieser Erfahrung auch, dass es in unserer Existenz um zwei Dinge geht: um Liebe, für den Nächsten und dich selbst – und um den Erwerb von Wissen. Daran wenigstens erinnere ich mich.

Ich erinnere mich nicht, wie ich in das Zimmer, von dem aus ich meine Reise begonnen hatte, zurückgekehrt bin. Doch mir wurde noch gesagt: „Fürchte dich nicht!"

In den darauffolgenden Wochen war ich in einer äußerst angeregten Stimmung. Meine Mutter musste glauben, ich sei verrückt geworden. Schließlich lud ich sie ein, mit mir ein Stück spazieren zu gehen, weil ich ihr etwas mitzuteilen hätte. Ich habe versucht, ihr meine Erfahrung zu beschreiben und dass es im Leben nur um Liebe und Wissen gehe, das allein sei von Bedeutung. Doch sie bog das Gespräch immer wieder ab in Richtung der ihr vertrauten, katholischen Religion, in der auch ich erzogen worden bin. Ich muss hinzufügen, wie schwer das ist, wenn du nach so einer Erfahrung, wie ich sie gerade erlebt hatte, immer wieder auf die Ebene einer Religion reduziert wirst.

Wir spazierten in der Nachbarschaft unserer Wohnung herum und die Farben waren einfach unglaublich. Ich schaute mir die Blumen an und sie pulsierten geradezu mit Leben. Ich wies darauf hin, wie unglaublich lebendig sie waren, fast so, als würden sie atmen. Ein Gefühl von Liebe durchdrang einfach alles – und die Welt war nicht mehr dieselbe. Sie war lebendig und wunderschön, sie breitete sich immer weiter aus und wuchs, dem Licht entgegen.

Mehrere Wochen lang blieb ich in diesem Gemütszustand, voller Mitgefühl für alle Menschen und der festen Überzeugung, dass die Liebe das Einzige ist, auf das es wirklich ankommt.

Ich denke ganz oft an diese Erfahrung und ich habe keinerlei Zweifel daran, dass sie echt und real und wahrhaftig passiert ist. Jedenfalls fühlte sie sich sehr viel realer an als irgendetwas sonst, was wir hier auf Erden erleben. Ich hoffe, ich konnte etwas davon an Sie weitergeben. Es ist jetzt dreißig Jahre her, doch die Wirkungen sind stark wie am ersten Tag!"

Der ehrenamtliche Hospizmitarbeiter möchte uns noch wissen lassen: „Die Realität ist erheblich größer als das, was wir zurzeit mit unseren Augen sehen. Unsere Wahrnehmungsmöglichkeiten sind äußerst begrenzt. Wenn wir erst einmal in das nächste Leben hinübergewechselt sind, wird dort unsere Wahrnehmungsfähigkeit tausend Mal mehr sein als jetzt, ohne Grenzen und Einschränkungen."

Harvey Rhodes

Der Zahnarzt Harvey Rhodes aus Texas erzählt:

„Wegen meines Interesses für Naturwissenschaften und meiner wissenschaftlichen Ausbildung halte ich mich für skeptischer als die meisten anderen Menschen. Und wenn es mir nicht selbst passiert wäre, und das nicht nur einmal, sondern gleich zweimal, hätte ich das Ganze wahrscheinlich einfach nicht geglaubt.

Im Sommer 1962 fühlte ich mich perfekt gesund. Sogar in athletischer Form in Bezug auf Fettanteil, Muskelmasse und des Zustands des kardiovaskulären Systems. Jedes Jahr ging ich zur Vorsorgeuntersuchung. Ich führe das hier so ausführlich an, um Ihnen deutlich zu machen, dass ich absolut nicht in Todesnähe war. Das einzig Negative war, dass mich etwas in meinen persönlichen Beziehungsmustern störte, doch ich kann mich nicht erinnern, was genau das war.

An einem Sommerabend kam ich um ca. 17:30 von der Arbeit nach Hause, begrüßte Frau und Sohn und hatte dann aus einem mir bis heute unerfindlichen Grund das Bedürfnis, mich kurz aufs Bett zu legen. Das Fenster des Schlafzimmers ging nach Westen und obwohl die Jalousien geschlossen und auch die Vorhänge teilweise zugezogen waren, war das Zimmer von der Sonne hell erleuchtet. Ich lag auf dem Rücken und dachte wahrscheinlich über mein Beziehungsproblem nach.

Plötzlich bemerkte ich eine totale Dunkelheit, eine Schwärze. Und dann erschien in einiger Distanz dieses weiße Licht, das begann, näher zu kommen. Ich hatte Angst um meine Augen, denn es wurde schnell sehr hell, doch selbst als es ganz nah war, verletzte es meine Augen nicht. Während dieses Näherkommens fiel alle Anspannung von mir ab und dieses unbeschreibliche Gefühl (Glückseligkeit, Heimkehr, Frieden, Sicherheit – all das sind immer noch völlig unzureichende Beschreibungen) hüllte mich völlig ein. Das Licht hatte keine Form und keine Gestalt und es stoppte eine Armlänge von mir entfernt. Es begann eine Kommunika-

tion, in der mir "gesagt" wurde, dass alles in Ordnung kommen würde –
und dass ohnehin nichts auf dieser Welt irgendeine Bedeutung hätte.
Ich fragte zurück: „Nichts war wirklich von Bedeutung?"
Antwort: „Nein."
Der Wunsch, in dem Licht zu bleiben, wurde stärker. Doch es gab eine
deutliche Mitteilung, dass dies nicht sein solle. Ich streckte meinen Arm
aus, um das Licht zu berühren, doch es lag außerhalb meines Griffbe-
reichs. Ich wagte, langsam meinen Arm auf das Licht zuzubewegen und
dann, als das Licht sich nicht rührte, plötzlich zuzugreifen. Und dabei
"wachte ich auf" und fand mich auf meinem Bett, den Arm zur Zimmerdecke gestreckt. Doch war die Erinnerung an diese Glückseligkeit sehr
stark. Wenn ich mir hätte sicher sein können, dass der Tod mich mit
diesem Licht vereinen könnte, dann hätte ich diese Welt sofort verlassen. Am nächsten Tag dasselbe. Ich kam nach Hause, begrüßte Frau und
Kind, und ging sofort in mein Schlafzimmer, legte mich hin und wartete.
Und dann kam dieselbe Dunkelheit wieder über mich und das Licht erschien in einiger Entfernung. Ich konnte mich nicht kontrollieren, denn
ich wollte dahin, so schnell ich konnte. Sofort wachte ich wieder auf.
Ich lernte aus dieser letzten Episode, obwohl dabei gar keine Kommunikation im eigentlichen Sinne des Wortes stattgefunden hatte, dass ich
noch nicht bereit und reif genug war, um mit dem Licht EINS zu werden.
Wie ich eingangs schon beschrieb, kann ich mich gar nicht erinnern,
welche Probleme mich damals eigentlich so umgetrieben haben, doch die
Dinge lösten sich und vielleicht war meine Begegnung mit dem Licht der
Grund dafür. Einer der Folgeeffekte war, dass ich sehr deutlich spürte,
eine sehr privilegierte Erfahrung gemacht zu haben.
Ich habe bis zum heutigen Tag ein sehr ausgeprägtes Gefühl, dass wir
an einen sehr viel besseren Ort gehen, wenn wir die Qualifizierung
schaffen, mit dem Licht verschmelzen zu dürfen.
Diese Erfahrung hat mich nicht religiöser werden lassen, aber spiritueller. Ganz gleich, was Ihre religiösen Glaubensinhalte sind – wir gehen
alle demselben Ziel entgegen.

Ich habe etwas Mitleid mit all den Menschen, die so eine Erfahrung nicht gemacht haben, denn es fühlt sich so gut an, wenn alle Zweifel ausgeräumt sind. Und ganz nebenbei, ich habe absolut keine Probleme damit, wenn man über mich sagt, dass ich etwas sonderbar sei."

W. H. McDonald

„Wenn ihr auch nur einen winzigen Funken
göttlicher Liebe fühlen könntet, eure Freude wäre so groß,
so überwältigend – ihr könntet sie nicht fassen."
(Paramahansa Yogananda)

Der nun folgende Bericht stammt von Dr. W. H. McDonald (vollständiger Name unbekannt, vermutlich möchte er anonym bleiben) und ist ebenfalls "Göttliche Momente" von Nancy Clark entnommen.

„Der Abend hatte ganz normal begonnen. Nach einer langen Meditation fühlte ich mich friedvoll und entspannt, als ich ins obere Stockwerk ging, wo mein Schlafzimmer liegt. Im Bett richtete ich meinen Blick auf ein Bild meines Gurus, Paramahansa Yogananda, der mir vom Nachttisch aus zulächelte. Ich konzentrierte mich besonders auf seine Augen, als plötzlich all meine Aufmerksamkeit in ihn hineingesogen wurde. Während mein physischer Körper also im Bett lag, schnellte mein inneres Sein auf einmal empor, schneller als das Licht, schneller als ein Gedanke, durch ein immenses himmlisches Universum, in einen fließenden Regenbogen der wunderbarsten Farben, von dem ich Teil wurde. Ich konnte mich selbst dabei nicht sehen, aber ich wusste, dass ich auch eine Farbe war – und ich war nicht allein. Wir waren ein wandernder Regenbogen von Seelen und es gab überhaupt keine Trennung von dem, was um uns war – wir waren eins mit den Farben und mit der Musik, die wir dabei hörten. Wir waren eins mit allem, was wir sahen, hörten, fühlten und dachten. Zur gleichen Zeit wurden wir begleitet von einer einzigartig harmonischen Musik, die alles durchdrang, also nicht nur um uns war, sondern auch in uns. Dies war die Musik des Universums, die uns liebevoll auf dieser Reise vorantrieb. Es gab überhaupt keine negativen Gefühle, keine Angst, keine Wut, keine Sorge. Ich war mit allem und allen in Frieden und glücklicher als alles, was ich mir je an

Glücksgefühl vorstellen konnte. Die Glückseligkeit umgab mich, als ob ich in einem regenbogenfarbigen Kokon reiner Freude wäre. Und so wie diese Farben, die Musik und dieses freudvolle Glück Teil von uns waren, so auch eine unglaubliche Liebe, in der wir gebadet wurden und die uns völlig umgab und durchdrang. Ich fühlte mich geliebt auf eine Art und Weise wie kein Mensch zuvor. Mir war, als ob ich reine Liebe sei – und Liebe war das ganze Universum und überhaupt alles, das uns reisende Seelen umgab. Alles war aus Liebe gemacht und reflektierte Liebe. Es gab keine Grenzen, keine Trennungen, keine Bewertungen und keine Verurteilungen. Ich war mit meiner Regenbogenfamilie vereint – eine Zeitdauer lang, die mir wie eine Ewigkeit vorkam –, doch dabei wissend, dass in diesem Universum aus Farbe und Klang gar keine Zeit existierte. Ich sah und fühlte Dinge, die man nicht mit Worten oder auf irgendeine Art und Weise in unserer materiellen Welt wiedergeben kann, obwohl ich während der "Zeit", die diese Erfahrung dauerte, alles verstand. Einige Details sind mir geblieben, aufbewahrt in meinem Selbst. Ich kam zurück mit der Überzeugung: Niemand ist je wirklich und völlig alleine! Liebe ist alles. Nichts anderes ist wirklich wichtig.

Auf keinen Fall wollte ich in meinen Fleisch- und Knochenkörper zurück, der dort, in unserer materiellen Welt, auf dem Bett lag. In meiner Sehnsucht, dass dieser Flug ewig andauern möge, schien es mir so, als ob man mich auffordern würde, in ein Gefängnis zurückzukehren. Doch ich spürte eine Freisetzung von Energie und begann, langsam wieder nach unten zu sinken, bis ich wieder in meinen Leib schlüpfte.

Meine Erfahrung fühlte sich absolut real an, doch warum sie aufgetreten war und wie, das konnte ich einfach nicht erklären. Darüber hinaus gab es keine Möglichkeit, dass irgendein anderer Mensch die Tausenden von Emotionen nachempfinden könnte, die auf den verschiedenen Ebenen meines Seins aufgetreten waren. Ich vermisste bereits meine andere, spirituelle Familie sehr stark, mit der ich doch gerade noch vereint gewesen war und die ich so plötzlich wieder verlassen musste. Doch gleichzeitig fühlte ich mich freudig und glückselig.

Meine Reise war kein Traum und ich hatte ja auch nicht geschlafen. Tatsächlich war es so, dass ich zwar im Bett lag, aber äußerst wach war und bewusster, als ich es je zuvor gewesen bin."

Mark Pitstick

Auch der Chiropraktiker Dr. Mark Pitstick lässt uns in "Göttliche Momente" an seinen Erlebnissen teilhaben:

„Es begann, als ich fünf Jahre alt war und meine Eltern mir einen besonders schönen Sonnenuntergang zeigten. Da sagte ich ihnen: „Der erinnert mich an Gott!" Meine Eltern haben mir das erst später erzählt. Sie konnten sich an keine Quelle erinnern, aus der ich das haben konnte, denn ich hätte das nicht aus häuslichen Gesprächen übernommen haben können. Vielleicht hatte ich von der Zeit vor der Inkarnation einige Erinnerungen an unsere Quelle des Seins behalten.
Als ich im Alter von elf Jahren in der Kirche einen Gottesdienst besuchte, sprach der Prediger dort von der Hölle und bezeichnete sie als Ort schrecklicher Folter für die ganze Ewigkeit. Plötzlich sagte eine ruhige, klare Stimme in meinem Kopf ganz sachte: „Mark, da haben sie etwas durcheinandergebracht. Gott braucht keinen solchen Ort in Seinem Plan, alle Menschen zu befreien!" Ich schaute mich vorsichtig um, um zu sehen, ob wohl auch andere diese Stimme gehört hatten – doch alle guckten starr geradeaus. Diese Erfahrung fühlte sich wie ein heiliger Moment an, eine Vibration mitten in meiner Brust, die ich ehrfürchtig wahrnahm.
1974 wachte ich mitten in der Nacht auf und sah an der Decke eine Vision. Ein gewaltiger, goldener Himmelskörper war von vielen kleinen Punkten umgeben, die alle mit ihm durch goldene Fäden verbunden waren. Noch wunderte ich mich, was das wohl zu bedeuten hätte, da sagte eine Stimme oder ein Gedanke:
„So ist das Leben! Das Zentrum repräsentiert Gott!" "

Diese Beschreibung von Mark erinnert mich an eine Passage aus dem Buch "Beweise für ein Leben nach dem Tod", in welcher der Arzt Jeffrey Long einen Nahtoderfahrenen zitiert:

„Es gab ein großes, majestätisches Zentrallicht und mehrere einzelne, mit ihm verbundene Lichthüllen. Die sahen genauso aus wie das Zentrallicht, nur kleiner. Heute glaube ich, dass die Lichthüllen, genau wie meine eigene, andere Seelen waren, die mit dem Zentrallicht, Gott, verbunden waren."

Mark berichtet weiter:
„Dann fuhr die Stimme fort: „Die unendliche Anzahl goldener Punkte stehen für die vielen Seelen im Universum. Einige von ihnen verstehen schon, was dieses Eins-Sein bedeutet und sind im oder auf dem Zentrum. Andere sind dem Zentrum schon sehr nahe, aber sie realisieren noch nicht ganz, dass sie mit dem Geist untrennbar verbunden sind. Dann gibt es noch die, die sich von Gott ziemlich entfernt fühlen."
Die Lektion kam zum Ende mit der Botschaft:
„Die gute Nachricht ist die, dass von einer genügend erleuchteten Lebensperspektive aus diese gesamte Erscheinung wie eine Einheit aussieht. Doch auch die am weitesten entfernten Punkte kann man in einen Kreis einbeziehen, der andeutet, dass alle zur Einheit allen Lebens im Licht und in der Liebe dazugehören."
Diese wunderbare Erscheinung erinnerte mich an mein Selbst und ich begann, Meditation, Yoga und andere spirituelle Wege zu beschreiten. 1997 hatte ich bei einer langen Yoga- und Meditationsübung eine multisensorische Erfahrung der Quelle. Während ich still die Silbe OM wiederholte, erklang auf einmal ein tieferer und lauterer Chor mit derselben Silbe, der in mir und um mich herum aufbrandete. Ich hatte auf einmal auch einen wunderbaren Geruch in der Nase, obwohl es mitten im Winter war und alle Fenster und Türen geschlossen waren. Trotz geschlossener Augen sah ich auf einmal vor meinem geistigen Auge ein strahlend weiß-goldenes Licht. Ich spürte ganz intensiv etwas, das Göttliche Liebe, Angenommensein und Verständnis zu sein schien. Dieser kurze Eindruck Gottes war so überwältigend schön, dass mir die Tränen in die Augen stiegen. Als Nächstes spürte ich eine Vibration in meinem Körper, die gleichzeitig kitzelnd und euphorisierend war. Mir schien es,

als ob mir Informationen und Energie übertragen wurden. Die Macht und die Herrlichkeit waren so stark, dass ich nach einigen Minuten dachte, diesen Strom nicht mehr aushalten zu können. Ich murmelte laut „Oh mein Gott!" und begann, zu lachen – und dann war diese Erfahrung auch schon vorbei. Diese süße Erinnerung hilft mir dabei, mich durch alle Herausforderungen des Lebens zu tragen und hält wach, dass ich immer "zu Hause" bin, ganz gleich, wie die äußeren Umstände sind.

Eine Lehre aus diesem Ereignis ist: Ich war nicht darauf vorbereitet, diese Erfahrung göttlicher Frequenzen sehr lange auszuhalten. Dieses Energieniveau hat ganz einfach die Sicherungen meines Geistes durchgebrannt; mein Nervenkostüm war nicht stabil genug, um diese Energie auszuhalten. Diese Erfahrung ist mir jetzt eine Quelle der Motivation, ein so gesundes und ausgewogenes Leben wie nur möglich zu führen, sodass ich zunehmend mehr dieser Energien ertragen kann.

Wenn wir erst einmal dieses Licht gesehen haben – und wenn es nur ein bisschen ist – dann realisieren wir zunehmend, dass es im Leben nur um Energie, Liebe, Intelligenz und Glückseligkeit geht."

Tim Hill

Wie eine Meditation kann uns auch ein tiefgreifendes Gebet in einen bestimmten Geisteszustand versetzen. So geschah es offenbar im folgenden Fall. Ebenfalls im Buch "Göttliche Momente" berichtet ein Mann namens Tim Hill, wie es nach einem Gebet zu einer plötzlichen Wahrnehmungserweiterung kam:

„An jenem Abend lag ich also im Bett und betete, hörte nach innen und versuchte, meinen Kopf von all dem üblichen Gedankenmüll frei zu machen, bis ich endlich so still wurde, dass ich Seine Stimme wahrzunehmen vermochte. So viele Nächte hatte ich gespürt, was ich die Präsenz Gottes nennen möchte, ein kitzelndes, elektrisches Gefühl – so kann ich es beschreiben. Lachend kann ich gestehen, dass ich so oft denke, „Gott, ich habe eigentlich alles, was ich brauche. Auch wenn ich keine andere Gabe, keinen Segen mehr bekäme, sogar wenn Du mir den Atem nähmest, ich hätte immer noch alles, nämlich DICH."
Ich kann mich nicht erinnern, wann ich eingeschlafen bin und erinnere mich auch an keinen besonderen Moment, an dem die Dinge sich zu verändern begannen. Plötzlich fühlte ich mich in Seiner Präsenz, befand mich in einer anderen Welt, an einem anderen Ort, wo es keine Zeit mehr gab und nichts Physisches existierte oder wahrgenommen werden konnte. Die einzige Möglichkeit, diese Situation visuell zu beschreiben, legt folgendes Bild nahe: Raum ohne Sterne, dunkel – und doch voller Licht, denn um mich herum war alles voller Lichtwesen. Wir können sie Engel nennen, doch das wäre eine sehr einfache Bezeichnung für das, was ich dort wahrnahm. Einige würden vielleicht an dieser Stelle sagen, ich hatte eine Außerkörperlichkeitserfahrung. Alles, was ich dazu sagen kann, ist, dass es sich für mich um die realste Erfahrung handelte, die ich bis dato je hatte. Ich hatte keinen Körper und konnte mich selbst nicht sehen. Es war mir so, als ob ich von zwei dieser Engel gehalten oder gestützt würde, aber ich konnte sie nicht sehen.

In der Mitte meines Sichtfeldes war ein gewaltiges und wunderschönes weißes Licht. Es war rein. Ich weiß nicht, woher ich es wusste, aber ich war mir ganz sicher, dass es von Gott kam.

Ich sah Ihn nicht als alten Mann in langer Robe oder mit langem Haar oder weißem Bart, sondern nur reines, weißes, wunderbares Licht.

Um Ihn herum waren Milliarden und wahrscheinlich noch mehr Engel. Ich fühlte mich gleichzeitig ganz weit vom Zentrum dieses Lichts entfernt – und doch ganz nah. Zeit und Distanz existierten nicht. Es ist ganz schwer, auch nur zu versuchen, dies mit dem mir zur Verfügung stehenden Vokabular auszudrücken. Ich könnte darüber ein Buch schreiben und über alles, was ich dabei gelernt habe – und könnte es doch nicht wiedergeben.

Auch die Engel bestanden aus Licht. Sie hatten keine persönlichen Merkmale, an denen ich sie auseinanderhalten könnte. Es gab keine Unterschiede mehr zwischen männlich und weiblich, schwarz oder weiß, Amerikanern, Europäern oder anderen Herkünften. Alle waren von einer bläulichen, indigo-ähnlichen Farbe. Auch andere Farben kamen vor, verwaschen, aber leuchtend.

Ich war von dem, was ich dort sah, absolut überwältigt und fasziniert. Ich erinnere mich an Schriftstellen, die Gott als die reine Liebe bezeichnen und ich kann nur bestätigen, Gott ist die Liebe.

Seine Liebe ist so rein, dass man meint, sie anfassen zu können, so als ob man sie ergreifen und tatsächlich sehen könne.

Es gibt keine größere Liebe als die Liebe Gottes. Und selbst die Liebe, die eine Mutter für ihr Kind hegt, ist nur blass im Vergleich dazu.

Ein weiterer Faktor, den ich sehr außergewöhnlich fand, war die Kommunikation mit den Engeln, ohne ein Wort zu sprechen. Wir hatten ja keine Stimmbänder. Alles verlief telepathisch. Es war ja nichts Fleischliches, Materielles mehr an uns, denn das könnte Seiner Glorie nicht standhalten. Ich erinnerte mich an eine Stelle aus der Bibel, in der es heißt: „Wenn Du Gott sehen könntest, würdest Du sterben, denn Dein Leib wäre nicht in der Lage, Sein Licht auszuhalten."

Im "Himmel" (wenn das der Ort ist, an dem ich war) ist alles so offensichtlich. Hier auf Erden kommunizieren wir durch gesprochene Worte, schriftlich, durch Körpersprache oder vielleicht gar durch Musik. Im Himmel ist alles ganz offen: Es ist nicht nötig, irgendetwas zu fragen, Dinge zu erklären oder Unterschiede deutlich zu machen. Es gibt keine Sprachbarrieren. Man nimmt gewaltige Mengen an Wissen und Offenbarungen lediglich durch Gedankenübertragung auf.

Das Beste habe ich mir bis jetzt zum Schluss aufbewahrt: Denn ein ganz anderer Aspekt meiner Erfahrung war noch viel wirkmächtiger als das, was ich sehen oder fühlen konnte. Und zwar geht es um das, was ich hören konnte, und das war eine wunderbare Musik. Die Schönste, die ich je gehört habe und wahrscheinlich auch je zu hören kriegen werde. Die Millionen von Engel sangen einen Lobpreis, in völliger und liebevoller Anbetung. Doch das Außergewöhnliche daran war, dass diese Musik nicht durch Stimmbänder und Münder erzeugt wurde, sondern sie ging von dem innersten Kern all dieser Lichtwesen aus. In unserer Erdenform würden wir sagen, sie kam direkt aus ihren Herzen. Ich fühlte mich davon sehr demütig und tief bewegt.

Die einzige Art und Weise, in der ich das beschreiben könnte, sodass Sie eine Chance hätten, es auch nur annähernd zu verstehen, wäre durch Eingehen auf meine Bitte, sich die ganze Welt, die gesamte Schöpfung, jedes lebende Wesen, vom größten Säugetier bis zu den Einzellern, sogar die Ozeane und den Wind vorzustellen, wie sie in absolut perfekter Harmonie gemeinsam singen. Bis zu diesem Tag frage ich mich, was wohl passieren könnte, wenn jeder Mensch auf dieser Erde zu gleicher Zeit das gleiche Lied singen oder summen würde.

Die Auswirkungen davon kann ich mir gar nicht vorstellen.

Ich habe dort so viel aufgenommen und so viel Weiteres an Offenbarungen erfahren, dass ich es hier noch nicht einmal im Ansatz berichten könnte. Doch Eines, was ich noch mitteilen möchte, war meine Entdeckung, dass es zweifellos diese Musik war, die durch ihre Schwingungen die Engel trug. Denn es waren die Vibrationen dieser Klänge, die sie in ihrer Bewegung hielt. Die Engel waren so in ihrem Lobpreis versunken, dass es mir so vorkam, als ob sie gar keine Kontrolle über diese Musik hätten, die doch aus ihnen selbst hervorkam.

Ich erinnere mich an die Geschichte der blutflüssigen Frau im Neuen Testament (Markus) und ihre Anstrengung, wenigstens den Saum von Jesu Gewand zu berühren. Es wird berichtet, dass Jesus dabei gesagt habe, dass er eine Kraft, eine Energie abgäbe. Wenn man, so wie ich, in Gottes Gegenwart ist, dann verliert man die Kontrolle und diese Musik, dieser Lobpreis strömt ganz von selbst aus einem heraus.

Ich wünschte, ich könnte dies besser erklären."

Musik ist Religion für mich.
Auch im Jenseits wird es Musik geben.

Jimi Hendrix

Mark Ziegler

Der Fall von Mark Ziegler, auch aus dem Buch "Göttliche Momente"
stammend, erinnert mich an einen jungen Mann, der mir während einer
Zugreise ungefragt (und ohne von meinem Interesse an diesen Erfahrungen zu wissen) seine Nahtoderfahrung anvertraute. Er sagte, dass
er Angst vor dem Licht empfunden habe: „Ich hab' das Licht gesehen!
Und es war nicht schön!" Dies kommt verhältnismäßig selten vor und
hat nichts mit dem Licht selbst zu tun, sondern mit der ablehnenden
Erwartungshaltung des Erlebenden, wie auch Ziegler bestätigt...

„Was ich hier beschreibe, begab sich eines Nachts im Oktober 1980, als
ich 35 Jahre alt war. Ich ging schlafen in meinem Appartement in San
Diego nach einem typischen Abend, der einem ganz gewöhnlichen Tag
gefolgt war. Doch was nun passieren würde, während mein Körper
schlief, war dann die wohl ungewöhnlichste Erfahrung meines Lebens.
Als Allererstes erinnere ich mich, dass ich plötzlich in einer nicht
erdenähnlichen Umgebung war und dort in einer intensiven Konversation
mit ungefähr drei Personen. Dies war keine Erdendimension und sie
waren auch keine menschlichen Gestalten, wie wir sie kennen. Aber ich
auch nicht. Ich weiß, dass es zu real war, um ein Traum zu sein.
Darauf folgte, dass mentale Klarheit und ein absolutes Wachgefühl sehr
schnell eintraten, als ein sehr intensives, unangenehm helles Licht mir in
die Augen schien. Es war sofort in meiner vollen Aufmerksamkeit. Dieses Licht erschien mir von so einer intensiven Helligkeit, dass es mich
sehr störte. Was noch schlimmer war, es schien langsam näher zu
kommen und an Helligkeit zuzunehmen. In einem Moment des Horrors
versuchte ich mich von dieser Lichtquelle nach rückwärts zu entfernen.
Doch musste ich zulassen, dass ich irgendwie auf dieses Licht zutrieb
und es nicht abstellen konnte. Da ich dieses fließende, in der Strömung
treibende Gefühl nicht aufhalten konnte, resignierte ich schließlich, als
ich die Schlussfolgerung zog, dass ich wahrscheinlich sterben müsse,

weil ich von diesem intensiven Energieball, der Ähnlichkeit mit unserer Sonne hatte, verbrannt werden würde. Meine Hauptsorge war, solange wie möglich auf irgendeine Art und Weise meine Retina vor der befürchteten schrecklichen Schmerzerfahrung zu schützen, die doch kommen müsste, wenn ich verbrannt und blind würde. Wenn ich zu Anfang dieser Erfahrung bewusst erlebt hätte, dass ich meinen Körper verließ oder wenn ich dieses Licht zuerst aus einer größeren Distanz hätte betrachten können, dann hätte ich mehr Zeit gehabt, wahrzunehmen, dass es in Wirklichkeit ein freudvolles Erlebnis war, so, wie viele andere es erlebt haben. So kam es, dass ich als nächste große Überraschung (von vielen anderen) einen Moment später in diese "Sonne" hineingesogen wurde und in eine Art goldene Aura eintrat – und immer noch körperlich intakt war. Es war auch überhaupt nicht heiß, wie ich ja befürchtet hatte, sondern ich hatte stattdessen ein sehr angenehmes, warmes Gefühl.

Das war eine große Erleichterung. In dieser Aura ging ich weiter in ein ... Nichts. Eine große Leere ist alles, woran ich mich erinnern kann. Doch dann bemerkte ich, dass ich dort nicht alleine war, und es fühlte sich an, als ob sich mir ein sehr machtvolles, anderes Wesen näherte, eine nicht physische Persönlichkeit, die ich jedoch mental und völlig unzweifelhaft wahrnehmen konnte. Wer auch immer er/sie/es war, es strömte eine Atmosphäre des Willkommens aus und war SEHR glücklich, mich zu sehen. Sofort war mir bewusst, dass dieses Geistwesen mich durch und durch kannte und mich mit einer überwältigenden, mir völlig unverständlichen, jedoch bedingungslosen Liebe umgab. Einer solchen Liebe, von der ich nicht gedacht hätte, dass sie überhaupt möglich wäre, ausgehend von einem Superwesen, von dem ich auch nicht geglaubt hätte, dass es so etwas überhaupt gibt. Dieses Supergeistwesen stellte sich mir nicht vor, sondern schien mehr eine souveräne „Ich bin, der ich bin"-Einstellung auszustrahlen. Und das fand ich ganz okay. Denn das überwältigende Gefühl, mit diesem wunderbaren Geistwesen zusammen zu sein und eine liebevolle Fürsorge zu spüren, wie ich sie noch nie erlebt hatte, führte dazu, dass ich vorübergehend an menschlichen, theo-

logischen Fragen völlig desinteressiert war. Denn mittlerweile fühlte ich mich lebendiger, wacher und aufmerksamer, als ich mich je als Mensch auf der Erde gefühlt hatte und ich realisierte erst jetzt, dass ich gar nicht mehr ein Wesen in Menschenform war – und der Ort nicht die Erde war. Mich umgab nichts Physisches mehr und doch war alles (noch) da und wurde von mir als intensivste Gedankenwelt wahrgenommen, realer als jede physische Wahrnehmung einer materiellen Wirklichkeit. Ich wusste instinktiv, dass dieser Ort innerhalb des Lichtes außerhalb der Zeit war, ein Ort, an dem nur ein ewiges Jetzt existiert. Ich stellte auf einmal fest, dass ich etwas erlebte, was doch nur "tote" menschliche Wesen erleben und ich merkte durchaus humorvoll, dass dies das wahre Leben ist und dass im Vergleich dazu das Leben auf der Erde wie tot schien. Was Menschen für den Tod halten, ist in Wirklichkeit das wahre Leben, und umgekehrt. Und all diese Feststellungen traf ich mit einer solch puren Freude, die alles menschliche Verständnis übersteigt. Ich weiß nicht, wieviel Zeit vergangen war, als in mir doch erste, konkrete Fragen aufstiegen. Und so schnell ich mir dieser Fragen bewusst wurde, bekam ich auch schon die kompletten Antworten dazu, so als hätte ich sie auf telepathischem Wege augenblicklich heruntergeladen. Und jedes Mal war meine Reaktion darauf: „Natürlich, das ist so einfach und ganz offensichtlich wahr!" Eine Frage führte zu der nächsten und so immer weiter und immer mit denselben spontanen Antworten. Und so, wie die Antworten kamen und mein Verstehen und Begreifen anwuchs, so konnte ich auch spüren, wie meine Bewusstheit sich immer weiter ausdehnte und zunahm und dabei immer weniger menschlich wurde. Als mir dies klar wurde, fragte ich dieses Geistwesen, was es denn mit dieser ganzen menschlichen Existenz, die ich doch noch vor kurzer Zeit durchlebte, eigentlich auf sich hatte? Statt die Antwort unmittelbar verabreicht zu bekommen, wurde meine Aufmerksamkeit von diesem Wesen der Liebe abgelenkt auf meine rechte Seite...
Ich kann mich an keine körperliche Form erinnern, die ich angenommen oder beibehalten haben könnte, weder astral noch sonstwie. Das wäre

nur folgerichtig mit der allgemeinen Formlosigkeit, die dort herrschte. Auf einmal verschwand die Formlosigkeit und ich befand mich in einem möblierten und gut ausgeleuchteten Zimmer. Mir kam es so vor, als schwebte ich am Fußende eines Bettes ein gutes Stück über dem Boden. Auf dem Bett lag ein schlafender Mann, unbeweglich und bedeckt mit einer Decke, die er bis zum Nacken hochgezogen hatte. Das Gesicht lag auf einem Kissen und war seitwärts auf die rechte Seite gedreht. Ich schwebte anscheinend, jedenfalls bewegte ich mich nicht laufend, um die rechte Ecke des Bettes, wo ich anhielt und das Gesicht des Mannes anstarrte, mich wundernd, wer das wohl war und warum ich dort war. Es dauerte einige Zeit, bis ich auf einmal dies als die physische Form des Menschen erkannte, der ich gewesen bin. Und dann begann ich wahrzunehmen, während ich noch das Gesicht betrachtete, wie das Leben und die Seele dieses schlafenden Menschen beschaffen waren, so, wie ein erleuchteter Geist dies wahrnehmen würde. Im Schlaf wie im Wachzustand war das konditionierte Bewusstsein dieses Menschen völlig in Anspruch genommen durch Ängste, Stress und Sorgen. Das Gehirn dieses Körpers war aktiv, hatte Traumgedanken, die aber anders als meine waren, und war sich meiner mentalen Präsenz nicht bewusst. Ich erlebte bei mir eine zunehmend gemischte und widersprüchliche Reaktion, die zwischen Mitleid und Abscheu pendelte – ausgelöst durch die sorgenvolle Grundeinstellung dieses Menschen, die mir auf einmal so völlig unnötig, kontraproduktiv und spirituell völlig unerleuchtet erschien."

Mark konnte den Anblick seiner menschlichen Gestalt nicht länger ertragen und wandte sich von ihr ab.

„Nach dieser Begebenheit kommen wir nun zu meiner letzten Erinnerung dieser einzigartigen und profunden Außerkörperlichkeitserfahrung." ... Mark hatte das Gefühl, zu fallen ...

„Verbunden damit war die simultane Wahrnehmung einer mentalen Einschränkung und Rückkehr von einer Ebene des Bewusstseins, auf der ich die tiefste Bedeutung aller Dinge verstanden hatte, zu einem plötzli-

chen Zustand des Seins als primitive Kreatur von nur sehr einge-
schränkter Wahrnehmung. Mir kam es so vor, dass ich, wenn ich jetzt
noch ein oder zwei weitere Prozent des Wissens verlieren würde, das
ich mir gerade erworben hatte, als ich außerhalb meines Gehirns existierte, auf der Ebene eines Eichhörnchens oder eines Reptils ankommen
würde. Obwohl ich mich deutlich an diesen wunderbar liebevollen Gott
und an die Fragen und Antworten erinnern konnte, war doch alles
– auf frustrierendste Weise – verschwunden (aus seinem Gedächtnis).
Vielleicht ist es wirklich so, dass wir eine vorübergehende, menschliche
Primatenerfahrung durchlaufen, um spirituell zu wachsen und eine Evolution zu durchlaufen, und einander dabei auf eine Art und Weise dienlich sind, wie Engel das nicht können. Vielleicht sind auch unsere Gehirne unvollkommen verdrahtet und damit nicht geeignet, um mit größeren
Wahrheiten umzugehen, und sind gerade mal genug, um das Überleben
zu gewährleisten in unserer materiellen und sozialen Welt. Ich weiß es
nicht. Doch ich glaube nicht, dass Gott uns menschliche Wesen alles zu
wissen wünscht oder dieses erwartet und Er möchte auch nicht, dass
wir uns darüber Sorgen machen. Wenn wir lernen, Gott ein wenig ähnlicher zu werden, indem wir uns umeinander liebevoll kümmern, scheint
mir dies nach meiner Erfahrung zweckdienlicher als mentale Brillanz.
Jetzt, zurück in meinem festen Körper, fühlte ich mich eingesperrt und
belastet. Kurz, ich fühlte mich verzweifelt. Ich wollte wieder dorthin zurück, zu dem Gott der Liebe und dem Licht, wo es keine Sorgen gab und
nichts, worüber man sich Sorgen machen müsste. Ich war Junggeselle
und hatte niemanden, der von mir abhängig war oder der mich hier
bräuchte. Warum war ich wohl in diese krude und grausame Welt zu-
rückgeschickt worden? Doch der Kontakt mit dem höheren Bewusstsein
war nicht ganz vorbei. Als ich dort wieder auf dem Bett lag und mich
maßlos darüber wunderte, dass NICHTS von dem, was ich gerade erlebt
hatte, in Übereinstimmung mit dem stand, was noch gestern mein mentales Modell des Realen und Möglichen gewesen war, unterbrach mich
plötzlich eine andere, anscheinend telepathische "Stimme" innerhalb von

mir und bemerkte: „Du hast es schon immer gewusst!" Das war frustrierend und ich protestierte innerlich, indem ich dachte: „Ich hab dies nicht gewusst und in den vergangenen Jahren machte das Leben für mich einen Sinn nur aus einer bio-evolutionären Perspektive! Wie denn sonst hätte ich die Schwierigkeiten des Lebens mit all seinen Unstimmigkeiten erklären können?" Doch wieder kam die Stimme, mit großer Autorität: „Du hast es schon immer gewusst!"

Je mehr Zeit seit diesem Erlebnis vergangen ist, desto stärker wurde meine Erkenntnis oder meine Annahme, dass ein größerer Aspekt unseres Alltagsbewusstseins, obwohl mit uns verbunden, doch ein mentales Leben in einer anderen Dimension lebt. Dies ist nicht der Gott, den ich im Licht angetroffen habe, sondern könnte mehr dieses "Ich" sein, das ich während meiner außerkörperlichen Erfahrung erlebt hatte.

Nach dieser Erfahrung erlebte ich verschiedene Male einige bizarre zufällige Begebenheiten in meinem Leben. Diese traten ungefähr einen Monat nach der Erfahrung auf. Dies waren hauptsächlich Vorahnungen von Begebenheiten, die in den darauffolgenden Minuten oder vierundzwanzig Stunden eintraten. Sie hatten anscheinend keinen anderen Zweck, als mir immer wieder ins Bewusstsein zu rufen, dass die Ursache-Wirkungs-Prozesse in der natürlichen Welt mehr Ursachen beinhalten als unser konventionelles Wissen anerkennt.

Diese Erfahrungen verändern das Leben von all denen, die daran glauben, dass ihr Bewusst(es-)Sein nicht stirbt, dass es einen liebenden Gott gibt und auch geistige Ebenen, und dass unsere Entwicklung, unsere Taten und unser spiritueller Status eine weit größere Bedeutung haben, als mit dem biologischen Ende unterzugehen.

Das Leben hier auf dieser Erde ist wahrlich nicht leicht.

Aber es ist nur ein kleiner Punkt auf einer endlosen Linie.

Und die Liebe wird am Ende gewinnen.

Ein göttlich-spiritueller Kontakt kann sich einstellen, wenn man eine AKE hat, dem Tode nahe ist, oder auch in ganz normalen Zuständen des Wachseins oder Schlafens.

In buchstäblich dem Bruchteil einer Sekunde veränderte sich meine Perspektive komplett. Ich fand mich selbst auf einmal überwältigt von einem Gefühl der Freude und einem völlig veränderten Blick auf alles.

Im Alter von 37 Jahren hatte ich meine erste klassische Transzendenzerfahrung im völligen Wachzustand ... auf einem Flohmarkt.

Ich stellte fest, dass die typisch menschlichen Standpunkte und Überzeugungen in Bezug auf das Leben eine krasse Verzerrung der richtigen Wahrnehmung der Wirklichkeit sind – und dass dieses Missverständnis die wahre Ursache von viel menschlichem Leid und Grausamkeit ist.

Es gibt wichtige und etwas weniger wichtige Aspekte der Wirklichkeit. Wenn wir von einer Bewusstseinsebene einer größeren, weiteren Perspektive aus denken, dann zeigt es sich, dass sich Probleme auf einer niedrigeren Realitätsebene oft auf wunderbare Weise von selbst lösen. Jesus sprach darüber in seiner Bergpredigt. Mystiker der meisten Religionen haben zu allen Zeiten dasselbe behauptet. Doch darüber hatte ich damals noch zu wenig gelesen.

Die größere Realität ist, dass es sehr wohl einen liebevollen Gott gibt, dass wir Geist sind und nur vorübergehend eine menschliche Erfahrung machen, und nie zulassen sollten, dies zu vergessen und uns stattdessen in destruktiven Sorgen und Ängsten zu verlieren.

Diese physikalische Welt ist nur eine vorübergehende Realität. In einer Rangordnung von Relevanz und Wichtigkeit ist sie zweitrangig. Die natürlichen Ursache-Wirkung-Verhältnisse, die unsere Wissenschaft zu ergründen versucht, werden unter gewissen Umständen und Bedingungen durch solche metaphysischer Art, die zu einer größeren Wirklichkeit gehören, übertrumpft. Wenn unser Geist, der hinter unserem menschlichen Denken und Gehirn steht, den göttlichen Geist berührt, dann können Wunder geschehen. Und so geschieht dann auch das, was wir Synchronizität nennen. Diese Phänomene beweisen, dass eine mystische Erfahrung viel mehr ist als eine momentane Ekstase, die von stressbedingt ausgeschütteten Endorphinen im Gehirn verursacht wird. Ich erlebte noch wochenlang nach meiner kurzen Erfahrung solch wundersame Synchronizitätsphänomene, wie auch schon vorher, nach meiner Licht-AKE. Ereignisse mystischer Transzendenzerfahrungen sind meist sehr kurz, doch die Eindrücke tieferer Wahrheiten und Gesetze der eigenen Existenz, die man kurz erschauen durfte, halten für immer an."

Siegfried Trebuch

„So wie die Naturwissenschaft die Wissenschaft der Außenwelt ist,
so ist die Spiritualität die Wissenschaft der Innenwelt.
Ihr Geist ist das Einzige, was wirklich von Dauer ist.
Alles andere vergeht.
Deswegen sollte Spiritualität das Wichtigste in Ihrem Leben sein!"
(Siegfried Trebuch)

Nun folgt ein weiteres Beispiel für eine "Bewusstseinserweiterung"
ohne körperliche Todesnähe. Siegfried Trebuch ließ mich in einer Mail
an seinem Erlebnis teilhaben:

„Ich war damals 19 und studierte Physik an der Harvard-Universität in
den USA. Zwei Studienkollegen und ich beschlossen, einen Ausflug nach
New York zu machen. Es war mein erster Besuch in New York und ich
war zutiefst beeindruckt. Wir wollten unbedingt die Stadt von oben sehen, wollten uns jedoch die Kosten für den Besuch einer Aussichtsplattform ersparen. So kamen wir auf die Idee, das Dach eines Wolkenkratzers ohne kostenpflichtiger Aussichtsplattform zu erklimmen. Unsere
Wahl fiel auf das Pan Am Building auf der Park Avenue. Heute heißt es
MetLife Building. Wir hatten uns bewusst elegant gekleidet, um unter
all den Geschäftsleuten nicht aufzufallen und problemlos durch die
Security zu kommen. Das funktionierte damals auch. Dann ging es zu
den Aufzügen. Wir arbeiteten uns nach oben und mussten mehrere Male
umsteigen, weil es keinen Expressaufzug gab, der bis oben durch fuhr.
Trafen wir auf Krawattenträger, grüßten wir sie höflich und so fielen
wir nicht weiter auf. Der letzte Aufzug ging nicht bis zum obersten
Stockwerk. Wir mussten die Feuertreppe nehmen, um weiter nach oben
zu kommen. Ob wir überhaupt einen Weg auf das Dach finden würden,
wussten wir nicht. Doch als wir auf der obersten Etage ankamen, sahen
wir eine Glasluke mit einer ausziehbaren Feuerleiter über uns. Ich war

der Größte von uns dreien und konnte die Feuerleiter herunterziehen. Wir kletterten hinauf, öffneten die Luke und standen plötzlich auf dem Dach in 246 Metern Höhe. Wir hatten es geschafft! Ein Gefühl von Aufregung und Faszination erfüllte uns. Die Aussicht war atemberaubend. Der Anblick der New Yorker Skyline von oben verschlug uns die Sprache. So etwas hatten wir alle noch nie zuvor in unserem jungen Leben gesehen. John und Adam begannen, unsere persönliche Aussichtsplattform zu erkunden. Meine Aufmerksamkeit wurde von einem anderen Wolkenkratzer angezogen, der wie zum Greifen nahe schien. Erst später erfuhr ich, dass es das Chrysler Building war. Seine Spitze ist mit Chrom verkleidet, sodass sie wie ein gigantischer Spiegel wirkte, in dem sich die tief stehende Nachmittagssonne reflektierte. Dieses in allen Variationen von gold, gelb und orange strahlende Licht zog mich magisch in seinen Bann. Ich war wie hypnotisiert und konnte nicht anders, als in dieses Licht zu starren. Ich blickte wie gebannt hinein.

Plötzlich veränderte sich meine Wahrnehmung. Ich verlor das Gefühl für Zeit und spürte meinen Körper nicht mehr. Mein ganzes Sein war von diesem Licht durchdrungen. Es war ein wohlig warmes und dennoch unheimliches Gefühl. Denn schlagartig dehnte sich mein Bewusstsein über die Grenzen meines Körpers hinaus aus und ich fühlte mich eins mit dem Wolkenkratzer, auf dem ich stand. Mein Bewusstsein dehnte sich noch weiter aus und ich fühlte mich eins mit der ganzen Stadt. Es ging weiter und nach kurzer Zeit fühlte ich mich eins mit der ganzen Erde, bis ich schließlich eins mit dem gesamten Universum war.

Das alles ging innerhalb von Sekunden vor sich. Ich konnte es jedoch ganz bewusst und hellwach miterleben. Worte reichen nicht aus, um diese Erfahrung adäquat zu beschreiben.

Ich war zutiefst ergriffen und mit einer unbeschreiblichen Freude erfüllt. In diesem Zustand hatte ich Zugang zu einer Erkenntnisebene, die keine Fragen mehr offen ließ. Ich bekam sofort Antworten auf alle grundlegenden Fragen, die ich mir stellte. „Wer bin ich? Woher komme ich? Was ist der Sinn des Lebens? Wohin gehe ich?" Ich fühlte mich

eins mit allem, was ist. Raum und Zeit spielten keine Rolle mehr. Sie waren in mir, wie alles andere, was existierte. Gleichzeitig war ich von einer himmlischen Seligkeit erfüllt, die mir die Tränen über die Wangen laufen ließ. Ich wünschte mir, dass dieser Zustand ewig andauern würde. In ihm wurden meine tiefsten Sehnsüchte erfüllt. Es blieben keine Wünsche mehr offen. Alle Zweifel waren wie weggeblasen.
Doch bald darauf spürte ich, wie sich etwas veränderte.
Mein Bewusstsein begann sich wieder zusammenzuziehen. Es schrumpfte auf die Größe der Erde, dann der Stadt, dann des Wolkenkratzers, bis ich mich schließlich in meinem kleinen begrenzten Menschenkörper wiederfand. Ein tiefes Gefühl der Trauer erfüllte mich. Ich weinte, weil ich gerade aus dem Paradies vertrieben worden war. In diesem Moment kamen John und Adam wieder zu mir, schauten mich an und fragten, was geschehen sei. Ich sagte: „Nichts.“
Nach diesem überwältigenden Erlebnis war mein Leben nicht mehr wie vorher. Mit niemandem konnte ich darüber sprechen. Wer konnte mich verstehen? Vor dieser Erfahrung war mein Lebensweg klar vorgezeichnet. Ich hatte eben meinen Abschluss in einer technischen Schule gemacht und begonnen, in den USA Physik zu studieren. Mein Plan war, eines Tages in der Luft- und Raumfahrtindustrie zu arbeiten. Dieses Ziel verfolgte ich ehrgeizig und konsequent, aber nach meinem Erlebnis in New York war das alles schlagartig für mich bedeutungslos geworden. Es ließ mir keine Ruhe, ich musste ergründen, was es damit auf sich hatte. Mein Studium in den USA brach ich ab und kehrte nach Europa zurück. Die Suche nach Erklärungen für mein Erlebnis begann. In der Hoffnung, dass ich dort Antworten finden würde, studierte ich spirituelle Schriften. Damit betrat ich vollkommen neues Terrain, denn ich hatte bis dahin keinen Zugang zur Spiritualität, hatte keine religiöse Erziehung genossen und war in einem materiell-naturwissenschaftlichen Weltbild aufgewachsen. Jetzt war dieses Weltbild zutiefst erschüttert. Aber diese Erfahrung konnte ich nicht verdrängen und so suchte ich nach Wegen, sie zu integrieren. Sie passte nicht in mein altes Weltbild.

Das löste in mir eine große innere Spannung aus. Ich musste wissen, was mit mir geschehen war. In der Universitätsbibliothek stieß ich auf ein Buch, in dem die Leben von Heiligen und Mystikern beschrieben waren. Ich las über Ignatius von Loyola, der 1521 in Pamplona durch eine Kanonenkugel schwer am Bein verletzt worden war. Er war monatelang ans Krankenbett gefesselt und konnte sich kaum rühren. Neben seinem Krankenbett im Kloster Montserrat stand eine Messingvase, in der sich die Sonne spiegelte und ein goldenes Licht zurückwarf. Als er in dieses Licht blickte, hatte er sein erstes Erleuchtungserlebnis. Ich atmete auf. Ich war nicht verrückt, und auch nicht der erste Mensch, der so etwas erlebt hatte. Meine jahrelange spirituelle Suche begann."

Sadhguru

„Der einzige Grund, warum die Menschen
eine solche Angst vor dem Tod haben, ist,
dass sie nichts jenseits des Körpers kennen."
„Die meisten Menschen leben wie Vögel
in einem Käfig, dessen Tür geöffnet ist.
Weil sie zu sehr damit beschäftigt sind,
den Käfig zu vergolden, steigen sie nicht
zu den höchsten Möglichkeiten auf."
(Sadhguru)

Zum zweiten Zitat eine Anmerkung meinerseits: Wir fürchten uns vor
dem Unbegrenzten, weil wir vergessen haben, dass wir selbst es sind.
Derweil halten wir aus reiner Gewohnheit an all den vertrauten Grenzen
fest, weil sie uns ein trügerisches Sicherheitsgefühl geben.
Dem spirituellen Lehrer Jaggi Vasudev, besser bekannt als Sadhguru,
wurde eine Transzendenz-Erfahrung zuteil, als sein Körper gesund war.
Sein Bericht ist dem Buch "Die Weisheit eines Yogi" entnommen.
„Als ich den Verstand verlor:
Eines Nachmittags hatte ich nichts zu tun und war außerdem seit kur-
zem nicht mehr verliebt, weshalb ich auf den Chamundi Hill ging ... oder
besser fuhr. Ich stellte mein Motorrad ab und setzte mich auf einen
Felsvorsprung. Der war seit einiger Zeit mein "Kontemplationsfelsen".
Ein Bäumchen mit violetten Beeren und ein verkümmerter Banyanbaum
hatten beharrlich ihre Wurzeln in einen tiefen Spalt im Stein geschoben.
Vor meinen Augen breitete sich die Stadt aus.
Bis zu diesem Augenblick waren mein Körper und Geist in meiner Erfahrung "ich" gewesen, die Welt hingegen etwas "da draußen". Nun jedoch
wusste ich plötzlich nicht mehr, was ich und was nicht ich war. Meine
Augen waren immer noch offen. Doch die Luft, die ich atmete, der Felsen, auf dem ich saß, die mich umgebende Atmosphäre, alles war zu mir

geworden. Ich war alles, was vorhanden war. Obwohl ich völlig bei Bewusstsein war, hatte ich den Verstand verloren.

Die unterscheidende Natur des Verstandes existierte einfach nicht mehr. Je mehr ich darüber sage, desto verrückter dürfte es sich anhören, denn was da geschah, ist nicht mit Worten auszudrücken. Was ich war, das war buchstäblich überall. Alles breitete sich explosiv über die festgelegten Grenzen hinweg aus; alles dehnte sich in alles hinein aus. Es war eine dimensionslose Einheit von absoluter Vollkommenheit.

Mein Leben ist nur jener eine Augenblick, dessen Gunst noch immer andauert. Als ich in meinen Normalzustand zurückkehrte, hatte ich den Eindruck, es wären nicht mehr als zehn Minuten vergangen. Bei einem Blick auf meine Uhr sah ich jedoch, dass es schon halb acht Uhr abends war. Viereinhalb Stunden waren vergangen. Meine Augen waren offen, die Sonne war untergegangen, und es war dunkel.

Mein Bewusstsein war vollständig vorhanden, doch was ich bis zu diesem Moment für mein Selbst gehalten hatte, war ebenso vollständig verschwunden.

Ich war nie nah am Wasser gebaut, aber da saß ich nun mit meinen fünfundzwanzig Jahren auf einem Felsen in einer so ekstatischen Verrücktheit, dass mir die Tränen aus den Augen strömten. Mein ganzes Hemd war bereits nass. Nun war ich explosionsartig in eine völlig andere Dimension der Existenz geraten, von der ich absolut nichts wusste. Ich war von einem ganz neuen Gefühl durchdrungen, von einem Überschwang und einer Seligkeit, die ich noch nie erfahren oder auch nur für möglich gehalten hatte. Als ich meinen skeptischen Verstand darauf anwendete, teilte der mir lediglich mit, ich sei womöglich völlig durchgeknallt. Dennoch war dieser Zustand so schön, dass ich ihn auf keinen Fall verlieren wollte.

Ich war nie richtig in der Lage zu beschreiben, was an jenem Nachmittag geschehen ist. Am besten ausdrücken kann ich es vielleicht damit, dass ich in die Höhe gestiegen und nicht mehr heruntergekommen bin. Nie wieder."

Jeff Foster

„Wer nicht an Wunder glaubt, ist kein Realist."
(David Ben-Gurion)

In seinem überragenden Buch "Das Wunder des Seins" beschreibt der junge spirituelle Lehrer Jeff Foster ebenfalls eine plötzliche Einsicht ohne erkennbare Ursache...

„Ich ging an einem kalten Herbstabend in Oxford durch den Regen, warm eingepackt in meinen Mantel. Es wurde dunkel, aber es waren noch ein paar Leute unterwegs.

Dann plötzlich, ohne Vorwarnung, fiel die Suche nach etwas weiterem ganz offenbar weg und zusammen damit alle Trennung und Einsamkeit. Mit dem Tod der Trennung war ich alles, was auftauchte:

Ich war der sich verdunkelnde Himmel, ich war der Mann, der seinen Hund ausführte, ich war die kleine alte Dame, die in ihrem Regenzeug umherhumpelte. Ich war die Enten, die Schwäne, die Gänse, der lustig aussehende Vogel mit dem roten Streifen auf der Stirn. Ich war die Bäume in all ihrer herbstlichen Pracht, ich war der Matsch, der an meinen Füßen klebte, ich war der Körper – Arme und Beine und Gesicht und Hände und Füße und Hals und Haar, das ganze verdammte Zeug. Ich war die Regentropfen, die mir auf den Kopf fielen – obwohl es nicht mein Kopf war, aber er war unleugbar da und deshalb ist es genauso gut, ihn „meinen Kopf" zu nennen. Ich war das Wasser, das sich zu Pfützen ansammelte, das den Teich anschwellen ließ, ich war mein von Wasser durchtränkter Mantel, ich war das Wasser, das alles durchtränkte, ich war alles, was durchtränkt wurde, ich war das Wasser, das sich selbst durchtränkt.

Ich wunderte mich, ob es nicht schon immer so gewesen war: so vollkommen lebendig, so klar, so vibrierend. Vielleicht hatte ich während meiner lebenslangen Suche nach dem Spektakulären das Gewöhnliche

verpasst und damit und dadurch und in ihm das vollkommen Außergewöhnliche. Vielleicht habe ich auf meiner verzweifelten spirituellen Suche nach Erleuchtung, nach einer Transformation, das Wunder verpasst,
das das Leben selbst ist. Ich hatte das Gewöhnliche verpasst und darin
das vollkommen Außergewöhnliche. Und das zutiefst Außergewöhnliche
an diesem Tag war mit Regen überflutet und ich war von alledem nicht
getrennt – das bedeutet, ich war als Person gar nicht da. Wie der alte
Zenmeister auf das Hören der läutenden Glocke gesagt hatte: „Da war
kein Ich und keine Glocke, nur das Läuten." Und so war es an diesem
Tag: Da war kein persönliches Ich, das diese Klarheit erlebte, da war
nur Klarheit, nur das vollkommen Offensichtliche, das sich selbst in jedem Augenblick zeigt. Zu dieser Zeit war kein Gedanke da. Da war ein
alles erfüllendes Gefühl, dass alles in Ordnung ist. Da war ein Empfinden
von Frieden, der allem in der Existenz zugrunde liegt. Alles ist lediglich
eine Manifestation dieses Friedens, nichts ist von diesem Frieden in
seinen unendlichen Verkleidungen ausgenommen. Ich war der Friede,
und die Ente da drüben war es auch, und die alte Frau, die da immer
noch langhumpelte, der Friede war überall. Alles vibrierte einfach damit,
diese Anmut, diese Gegenwart, die vollkommen vorbehaltlos und frei
war, diese überwältigende Liebe, die die Essenz der Welt ist, das Alpha
und Omega von allem. Das war das, auf das alle Religionen letzten Endes
hinweisen. Das schien die Essenz des Vertrauens zu sein: Der Tod des
kleinen Ichs mit seinen belanglosen Wünschen und Beschwerden und
vergeblichen Plänen, der Tod von allem, was den Einzelnen vom Ganzen
zu trennen schien und ein Eintauchen ins Nichts hinein. Das Nichts, das
alle Dinge ihrer Essenz nach sind, das Nichts, das alle Form hervorruft,
das Nichts, das in Wirklichkeit vollkommene Fülle ist.
Trotzdem ist die sogenannte Erfahrung überhaupt keine Erfahrung.
Nein, das ist etwas, das aller Erfahrung vorausgeht.
Es ist das Fundament aller Erfahrungen, der Boden der Existenz selbst.
Da war großes Mitgefühl. Kein sentimentales Mitgefühl, sondern ein
Mitgefühl, das die eigentliche Essenz des Lebens ist, ein Mitgefühl, das

durch alles Lebendige pulsiert, ein Mitgefühl, das sagt, dass niemand von uns getrennt ist und dass nichts von etwas anderem getrennt ist. Es sagt, dass mein Schmerz identisch mit deinem Schmerz ist, dass deine Freude meine Freude ist. Dieses Mitgefühl jenseits des Konzepts von Mitgefühl erwächst aus der Tatsache, dass es überhaupt keine Trennung gibt, dass Getrenntsein eine Illusion ist, dass wir tatsächlich einander sind, dass ich du bin, dass du ich bist."

Eckhart Tolle

„Viele Dinge im Leben spielen eine Rolle für dich, aber nur eines ist absolut entscheidend... Es spielt eine Rolle für dich, ob du in den Augen der Welt erfolgreich bist oder versagst. Es spielt eine Rolle, ob du gesund bist oder nicht, ob du gebildet oder ungebildet bist. Es spielt eine Rolle, ob du arm oder reich bist – das alles hat sicherlich Einfluss auf dein Leben. Ja, alle diese Dinge spielen eine relativ wichtige Rolle für dich, aber sie sind nicht absolut entscheidend. Es gibt etwas, das vor allem anderen entscheidend ist: die Essenz dessen zu finden, was du jenseits deiner kurzlebigen Erscheinung, jenseits dieses kurzlebigen personifizierten Selbstgefühls bist. Frieden findest du nicht, wenn du deine Lebensumstände neu ordnest, sondern indem du dir bewusst wirst, wer du im tiefsten Innern bist." – Eckhart Tolle

Das Ego sollte nicht als Feind betrachtet werden, der unbedingt ausgemerzt werden muss. Es ist einfach nur eine Bezeichnung für einen bestimmten Bewusstseinszustand, der auf dem Glauben an nicht vorhandene Einschränkungen basiert. Letztendlich gibt das Ego überhaupt gar nicht. Es ist kein Wesen, das in dir haust und aus sich selbst heraus existiert. Es besteht wirklich nur aus Gedanken. Wenn du nach dem Ego suchst, wirst du unabhängig von Gedanken keines finden. Wir finden immer nur reines Bewusstsein. Der "Ego-Tod" tritt jedes Mal dann ein, wenn keine Gedanken da sind. Dann gibt es keine Beschäftigung mit der persönlichen Geschichte und im Grunde sind das Ego und das persönliche Selbst gleichbedeutend – und gleichermaßen illusorisch. Damit sich diese Erkenntnis unumkehrbar etabliert, ist in den meisten Fällen ein Prozess erforderlich, manchmal vollzieht es sich jedoch sehr plötzlich ohne jede erkennbare Vorbereitung (im Sinne einer spirituellen Praxis). So geschah es auch im Falle des spirituellen Lehrers und Bestsellerautors Eckhart Tolle. Er liefert ein Beispiel dafür, dass nahtodähnliche Erfahrungen auch durch bestimmte mentale Zustände wie tiefe Hoffnungs-

losigkeit und Depression ausgelöst werden können. Dies erscheint naheliegend, da in derartigen Situationen nichts hilfreicher sein könnte
als die Erkenntnis, dass wir ewiglich geborgen und unsterblich sind.

Tolle war erst 29 Jahre alt, als er das göttliche Geschenk einer trans-
formierenden Erfahrung erhielt. Er beschrieb sein Erwachen in seinem
beliebten Buch "Jetzt – Die Kraft der Gegenwart":

„Eines Nachts erwachte ich in den frühen Morgenstunden mit einem Gefühl absoluten Grauens. Ich war schon oft mit einem solchen Gefühl auf-
gewacht, aber diesmal war es intensiver als je zuvor. Die ganze Welt
erschien mir sinnlos. Alles fühlte sich so fremd an, so feindselig und so
absolut bedeutungslos, dass in mir ein tiefer Abscheu vor der Welt entstand. Und das Abscheulichste von allem war meine eigene Existenz.

„Ich kann mit mir selbst nicht weiterleben." Dieser Gedanke kreiste
ständig in meinem Verstand. Plötzlich wurde mir bewusst, was für ein
sonderbarer Gedanke das war. „Bin ich einer oder zwei? Wenn ich nicht
mit mir selbst leben kann, dann muss es zwei von mir geben: Das 'Ich'
und das 'Selbst', mit dem 'Ich' nicht mehr leben kann."

„Vielleicht", dachte ich, „ist nur eins von beiden wirklich."

Ich war so fassungslos über diese seltsame Erkenntnis, dass mein Verstand anhielt. Ich war bei vollem Bewusstsein, aber es waren keine Gedanken mehr da. Dann fühlte ich mich in eine Art Energiewirbel hineingezogen. Zuerst war die Bewegung langsam, dann beschleunigte sie
sich. Ich wurde von heftiger Angst ergriffen und mein Körper begann zu
zittern. Wie aus dem Inneren meiner Brust hörte ich die Worte:
„Wehre dich nicht!" Ich fühlte, wie ich in eine Leere hineingesaugt wurde. Es fühlte sich an, als sei die Leere in meinem Inneren, nicht außen.
Plötzlich war keine Angst mehr da und ich ließ mich in diese Leere hin-
einfallen. Ich habe keine Erinnerung daran, was danach geschah.
Am nächsten Morgen erwachte ich in einem mir bisher völlig unbekannten Zustand von Glück. Ich wurde von dem Zwitschern eines Vogels
draußen vor dem Fenster geweckt. Nie zuvor hatte ich einen solchen
Klang gehört. Meine Augen waren immer noch geschlossen, und ich sah

das Bild eines kostbaren Diamanten. Ja, wenn ein Diamant ein Geräusch machen könnte, dann würde sich das so anhören. Ich öffnete meine Augen. Das erste Licht der Morgendämmerung sickerte durch die Vorhänge. Ohne jeden Gedanken wusste ich, fühlte ich, dass es über das Licht unendlich viel mehr zu erfahren gibt, als wir ahnen. (Eckhart Tolle studierte damals Physik.) Diese weiche Helligkeit, die durch die Vorhänge sickerte, war Liebe selbst. Tränen stiegen mir in die Augen. Ich stand auf und ging im Zimmer umher. Ich erkannte das Zimmer und doch wusste ich, dass ich es nie zuvor wirklich gesehen hatte.

Alles war frisch und unberührt, als ob es gerade erst entstanden wäre. Ich nahm einige Dinge in die Hand, einen Bleistift, eine leere Flasche, voller Verwunderung über die Schönheit und Lebendigkeit von allem. An diesem Tag lief ich in der Stadt umher, voller Staunen über das Wunder des Lebens auf der Erde, so als wäre ich gerade erst in diese Welt hineingeboren worden.

Ich verstand, dass der intensive Leidensdruck mein Bewusstsein in jener Nacht wohl dazu gezwungen hatte, sich aus der Identifikation mit dem unglücklichen und ängstlichen Selbst zu lösen, welches letztendlich eine Einbildung des Verstandes ist. Der Rückzug muss so vollständig gewesen sein, dass das unechte leidende Selbst sofort in sich zusammenbrach, so als wenn man den Stöpsel aus einem aufblasbaren Spielzeug herausgezogen hätte. Was zurückblieb, war meine wahre Natur – das stets gegenwärtige 'Ich bin': reines Bewusstsein, bevor es sich mit Form identifiziert."

Alles hatte damit begonnen, dass Tolle etwas wagte, das zu wenige Menschen überhaupt je in Erwägung ziehen: die eigenen Gedanken hinterfragen. Er fasst zusammen, was passierte: „Der Gedanke wurde distanziert gesehen. Da ist diese unglückliche Person und zugleich etwas, das diese Person sieht. Mit dieser unglücklichen Person wollte ich nicht mehr leben. Es geschah eine Art Loslösung. Das Bewusstsein trennte sich von der Person, dem Körper und der persönlichen Geschichte. Das persönliche Ich verschwand und es blieb eine unpersönliche Präsenz."

„Viele umgangssprachliche Formulierungen, manchmal sogar die Sprach-
struktur selbst, machen deutlich, dass die Menschen nicht wissen, wer sie
sind. Man sagt: „Mein Leben" oder: „Er hat sein Leben verloren", als wäre
das Leben etwas, das man besitzen und verlieren könnte.
Die Wahrheit lautet: Du hast kein Leben, sondern du bist Leben. Du bist das
eine Leben, das eine Bewusstsein, von dem das gesamte Universum erfüllt
ist und das zeitweilig eine Form annimmt, um sich selbst als Stein oder
Grashalm, Person, Stern oder Galaxie zu erfahren.
Kannst du tief in deinem Innern spüren, dass du das bereits weißt?
Kannst du spüren, dass du das bereits bist?"   (Eckhart Tolle)

„Die Menschheit krankt kollektiv daran, dass die Menschen sich so sehr von
dem fesseln lassen, was geschieht, dass sie so hypnotisiert sind von der
Welt der ständig wechselnden Formen und so sehr aufgehen im Inhalt ihres
Lebens, dass sie die Essenz vergessen haben, das, was jenseits des Inhalts
ist, jenseits der Form, jenseits des Denkens.
Sie werden so von der Zeit in Anspruch genommen, dass sie die Ewigkeit
vergessen haben, ihren Ursprung, ihre Heimat, ihre Bestimmung. Die Ewigkeit ist die lebendige Wirklichkeit dessen, wer wir sind."   (Eckhart Tolle)

„Was durch das Denken nicht denkbar ist, wodurch, sagt man, das Denken
gedacht wird, erkenne das als Brahman – doch nicht das, was man hier verehrt! Was für das Auge unsichtbar ist, wodurch das Auge sieht, erkenne das
als Brahman – doch nicht das, was man hier verehrt! Was für das Ohr un-
hörbar ist, wodurch selbst das Hören gehört wird, erkenne das als Brahman
– doch nicht das, was man hier verehrt!"   (Kena Upanishad)

„Siehe, was gibt es in dieser Welt? Absolut nichts, das von Dauer ist.
Deshalb richte deine Sehnsucht auf das Ewige.
Es gibt nichts in dieser Welt; doch jeder jagt wie verrückt diesem Nichts
nach – der eine mehr, der andere weniger.
Was für eine Komödie Gottes Lila ist! Was für ein Irrenhaus!"

(Anandamayi Ma)

Robert Adams

„Die Wiederholung Seines Namens macht alles möglich."
(Anandamayi Ma)

Dieser Bericht stammt vom Advaita-Lehrer Robert Adams (1928–1997), der eigenen Angaben zufolge ein Schüler von Ramana Maharshi war...
„Als ich vierzehn Jahre alt war, geschah ein seltsames Phänomen. Ich war in der Klasse meiner Junior High School. Sie bestand aus etwa fünfunddreißig Kindern. Der Name der Lehrerin war Mrs. Riley. Sie wog ungefähr 300 Pfund, und wenn sie wütend wurde, sprang sie auf und ab. Also haben wir sie natürlich immer wütend gemacht. Ich habe mir von einem Mädchen eine Haarnadel geliehen, und hinten am Sitz gab es ein Scharnier, in das ich die Haarnadel steckte und daran rüttelte, und sie drehte durch. Sie wusste nicht, woher das Geräusch kam, und sie sprang auf und ab; ein sehr interessantes Phänomen. (Gelächter) Wie auch immer, es war das Ende des Schuljahres, und wir machten unseren Abschlusstest. Es war ein Mathe-Test. Ich hatte nie dafür gelernt, also wusste ich nichts. Also sagte ich: "Gott, Gott, Gott." Anstatt dass die Antworten kamen, wurde der Raum von Licht erfüllt, einem strahlend hellen Licht, tausendmal heller als die Sonne. Es war wie eine Atombombe, das Licht der Bombe, aber es war kein brennendes Licht. Es war ein wunderschönes, helles, leuchtendes, warmes Glühen. Wenn ich jetzt nur daran denke, muss ich innehalten und staunen. Der ganze Raum war in Licht getaucht, jeder, alles. Alle Kinder schienen Myriaden von Lichtteilchen zu sein, und dann kam es zu einer Art Verschmelzung mit dem strahlenden Sein, mit dem Bewusstsein. Ich verschmolz mit dem Bewusstsein. Es war keine außerkörperliche Erfahrung. Eine außerkörperliche Erfahrung ist, wenn deine Seele deinen Körper verlässt. Dies war etwas völlig anderes.
Ich erkannte, dass ich nicht mein Körper bin.
Was als mein Körper erschien, war nicht real.

Und ich ging über das Licht hinaus in reines, strahlendes Bewusstsein. Ich wurde allgegenwärtig. Meine Individualität war in reiner, absoluter Glückseligkeit aufgegangen. Ich dehnte mich aus, ich wurde das Universum. Das Gefühl ist unbeschreiblich. Es war totale Glückseligkeit, totale Freude. Das Nächste, woran ich mich erinnere, ist, dass der Lehrer mich schüttelte. Alle Schüler waren gegangen. Ich war der Einzige, der noch in der Klasse war. Der Lehrer schüttelte mich und ich kehrte in das menschliche Bewusstsein zurück. Dieses Gefühl hat mich nie verlassen."

Es sei gesagt, dass es so etwas wie ein "menschliches Bewusstsein" nicht wirklich gibt. Es mag einen menschlichen Verstand und menschliche Wahrnehmungen geben. Dies ist artspezifisch. Das menschliche Gehirn ist keine Voraussetzung für Erfahrungen, aber durchaus eine Voraussetzung für *bestimmte* Erfahrungen. Wird das Gewahrsein durch das Gehirn einer Eidechse gefiltert, resultieren daraus andere Wahrnehmungen, das Gehirn eines Schimpansen ermöglicht andere Gedanken usw. Das reine Bewusstsein geht allen Formen und den verschiedenen Arten voraus. Es ist in jedem Fall identisch, nur der Inhalt unterscheidet sich, je nach Ausdrucksform.
Robert Adams wusste das. Als er berichtete, er sei ins „menschliche Bewusstsein" zurückgekehrt, hat er das bloß aus sprachlichen Gründen so ausgedrückt. Was er meinte, ist natürlich der menschliche Zustand, den Adams während seiner Erfahrung vorübergehend verlassen hatte.

„Lass die Welt in Ruhe. Lass die Menschen in Ruhe. Versuche nicht, die Menschen zu ändern oder sie von deinem Standpunkt zu überzeugen. Es gibt keinen Standpunkt, keine Sichtweise. Jede Meinung ist falsch. Wir wollen die Meinungen loswerden. Du bist das unvergängliche Selbst, das immer war und immer sein wird, jenseits von Geburt, jenseits von Tod, jenseits von Erfahrungen, jenseits von Zweifeln, jenseits von Meinungen, jenseits von allem, was dein Körper gerade durchmacht. Was auch immer dein Verstand denkt, du bist jenseits davon. Du bist die Stille, die Stille des Herzens."

(Robert Adams)

Ramana Maharshi

„Der Maharshi öffnete plötzlich seine Augen und schaute direkt in meine. Es war nur ein Blick, mehr nicht, aber in dem Moment fühlte ich, wie er tief in mich hineinschaute – und ich war mir sicher, dass er meine Oberflächlichkeit, Verwirrung, Fehler und Ängste erkannte. Ich kann nicht erklären, was in dem Moment passierte, was mir vom Heiligen aus Tiruvannamalai an jenem heißen Sommertag gegeben wurde – nur durch einen Blick. Aber ich fühlte mich geöffnet, gereinigt, geheilt und geleert. Mein Atheismus fiel von mir ab, dafür kam die Skepsis mit voller Wucht und überflutete das Wunder, das gerade passiert war. Aber der Junge, der den Saal verließ, war nicht der gleiche, der 10 Minuten zuvor hereingekommen war." (Swami Chinmayananda)

Einen 16-jährigen Jungen in Südindien packte an einem ganz normalen Nachmittag im Jahre 1896 aus heiterem Himmel eine unerklärliche Todesangst. Er kämpfte nicht dagegen an, sondern gab sich hin und beobachtete, wie der Körper in eine Starre verfiel. So stellte sich die Erkenntnis ein: Der Körper stirbt, aber das Bewusstsein wird vom Tod nicht berührt. Was dem jungen Ramana Maharshi, der zum größten spirituellen Lehrer des 20. Jahrhunderts werden sollte, an diesem Tag widerfuhr, blieb als Einsicht bestehen. Er selbst schilderte die Empfindungen, die jene Erfahrung damals begleiteten:

„Jetzt ist der Tod gekommen, was bedeutet das?
Was stirbt? Der physische Körper stirbt.
Ich hielt den Atem an. Nun gut, sagte ich mir, wenn dieser Körper stirbt, werden sie kommen, ihn zur Verbrennungsstätte bringen und er wird zu Asche. Aber wenn der Körper tot ist, bin ich dann auch tot? Ist der Körper das Ich? Er ist leblos und ich fühle mich unabhängig von ihm. So bin ich also todloser Geist, jenseits des Körpers, der Leben und Tod unterworfen ist. Dieses alles spielte sich intensiv in meinem Innern ab.

Die Einsicht durchfuhr mich, ich erkannte es ohne jeden Denkvorgang: Ich war die Wirklichkeit, das einzig Wirkliche dieses augenblicklichen Zustandes. Ich empfand es als mächtige lebendige Wahrheit unmittelbar und ganz unumstritten: Ich bin unsterbliches Bewusstsein. Die Todesfurcht verschwand ganz und endgültig. Sie war ein für alle Mal ausgelöscht. Diese bewusste und unmittelbare Gegenwart des Selbst, die vom physischen Körper vollkommen unabhängig ist, hat mich seitdem nicht wieder verlassen. Von diesem Augenblick an forderte das Selbst in machtvollem Zauber alle Aufmerksamkeit. Ich blieb von dieser Zeit an völlig im Selbst versunken."

Der Fall Ramana Maharshi verdeutlicht, weshalb Sadhguru darauf hinwies, dass die meisten Menschen ihr Erwachen nicht überleben und unbekannt bleiben, weil wir nie von ihnen erfahren. Eine radikale ‚Erleuchtung' sorgt in der Regel sofort dafür, dass der Körper endgültig verlassen wird. Nur in verhältnismäßig wenigen Fällen bleibt er erhalten. Nach seiner Erfahrung und der daraus folgenden Einsicht vernachlässigte Ramana Maharshi (wie bereits relativ zu Beginn des Buches erwähnt) seinen Körper, wovon sich dieser nie vollständig erholte. Er befand sich danach offenbar in einem ständigen Geisteszustand regelrechter Ekstase, sodass er seinen jungen Körper vergaß und einfach nur an Ort und Stelle sitzend verweilte. Insektenlarven fraßen sich in das Fleisch seiner Beine und er verlor gefährlich an Gewicht. Ohne den Eingriff anderer Menschen hätte er diese Welt wohl schon verlassen. Jenen, die sich um ihn kümmerten, ist es zu verdanken, dass Maharshi diese Welt noch einige Jahrzehnte lang bereicherte und zahlreiche Menschen aufweckte. Er ist bis heute eine Quelle großer Inspiration und wird das sicherlich auch noch in ferner Zukunft sein. Da er hauptsächlich schweigend lebte (zwischenzeitlich soll er 5 Jahre lang kein Wort gesprochen haben), ging Ramana Maharshi als „Der stille Weise vom Arunachala" in die Geschichte ein. Der Arunachala ist ein ca.

800 m hoher Berg, in dessen Nähe der große Advaita-Lehrer sein Leben verbrachte. Am Fuße des Berges, der als heilig gilt und zu den ältesten indischen Gesteinsformationen gehört, liegt die Stadt Tiruvannamalai. Seither pilgern Menschen aus aller Welt zu diesem Ort.

In seiner Biographie über Ramana Maharshi hat der Schriftsteller Arthur Osborne, der auch ein Schüler des Weisen war, auf bewegende Weise die letzten Tage seines Lehrers beschrieben:
„Ramana Maharshi lag im Sterben. Ein Arzt brachte ihm ein Palliativum, um die Stauung in den Lungen zu lindern, aber er lehnte es ab. "Das ist nicht nötig, in zwei Tagen wird alles wieder gut.", sagte er. Und nach zwei Tagen starb er.
Gegen Sonnenuntergang wies Maharshi die Pfleger an, ihn aufzurichten. Sie wussten bereits, dass jede Bewegung, jede Berührung schmerzhaft war, aber er sagte ihnen, sie sollten sich darüber keine Sorgen machen. Er litt an Krebs. Es war ihm unmöglich, Wasser zu trinken, etwas zu essen oder seinen Kopf zu bewegen. Selbst ein paar Worte zu sagen, war sehr schwierig. Er saß da und einer der Pfleger stützte seinen Kopf. Ein Arzt wollte ihm Sauerstoff geben, er winkte ihn aber mit der rechten Hand weg. Unerwartet begann eine Gruppe von Anhängern, die auf der Veranda vor der Halle saßen, zu singen. Als Maharshi dies hörte, öffneten sich seine Augen und leuchteten. Er lächelte kurz und mit unbeschreiblicher Zärtlichkeit. Von den äußeren Rändern seiner Augen kullerten Tränen der Glückseligkeit herab.
Jemand fragte ihn: "Maharshi, verlässt du uns wirklich?"
Es fiel ihm schwer, zu antworten, aber er sprach dennoch diese wenigen Worte von immenser Bedeutung aus:
„Sie sagen, dass ich sterbe – aber ich gehe nicht weg.
Wo könnte ich hingehen? Ich bin immer hier."
Noch ein Atemzug, dann nichts mehr.
Es gab keinen Kampf, keinen Krampf, kein anderes Zeichen des Todes: nur, dass der nächste Atemzug ausblieb."

Suzanne Segal

Bevor wir ehrfurchtsvoll jener bemerkenswerten Frau lauschen, um die es in diesem Fall geht, möchte ich einige Fakten erläutern, die durch ihre Ausführungen teilweise verdeutlicht werden.

Zweifellos ist intensives Leid in vielen Fällen hilfreich und fungiert als Beschleuniger insofern, als Selbsterkenntnis dadurch geradezu provoziert wird. Leid zwingt den Menschen, nach innen zu blicken. Aus diesem Grund wurden viele bewusste Menschen vor ihrer Realisation mit schwierigen Lebensumständen konfrontiert. Wenn alles reibungslos läuft und die Formen stabil zu sein scheinen, verspüren die meisten Menschen keine Motivation, den Blick von den Formen abzuwenden und auf das Formlose zu richten. Wenn die Formen aber immer wieder zerfallen, erkennen wir früher oder später, dass im Außen kein beständiges Glück zu finden ist. Ich behaupte, dass der Mensch das einzige Lebewesen ist, das wirklich leidet, weil nur er sich die beliebte Geschichte "Ich bin der Leidende" erzählt. Diese Täuschung übertragen wir dann auf die Tierwelt und bedauern die Eintagsfliege, weil sie nach einem Tag sterben muss. Glaubst du, dass Tiere im Angesicht des Todes leiden – im Sinne von "Oh nein, ich werde sterben, ich armes, bedauernswertes Wesen!" ? Wohl kaum.

Leid hat einzig und allein den Zweck, uns aufzuzeigen, dass wir die Realität mit unserer Fehlinterpretation der Realität verwechseln. Wenn wir genauer hinschauen, löst sich das Leid ohne Verzögerung auf – und zwar, weil wir den Leidenden nicht finden können. Wir finden nur unberührtes Bewusstsein, das vom Leid überhaupt nichts weiß. Es ist nur eine Erfindung des menschlichen Verstandes. Wenn spirituelle Lehrer davon sprechen, dass wir durch das Leid hindurchgehen müssen, ist das ein vorübergehendes Zugeständnis mit relativer Gültigkeit. Solche Aufforderungen berücksichtigen die gegenwärtige Verständnisebene des Fragestellers, der offenbar noch nicht vollends erkannt hat, dass es kein persönliches Selbst gibt.

Es gibt kein separates Wesen, das durch irgendetwas hindurchgehen könnte. Das Leid endet nur dann endgültig, wenn das Bewusstsein sich nicht mehr vom objektiven Inhalt der Erfahrung absorbieren lässt und sich seiner selbst als reine, unerschütterliche Präsenz bewusst wird. Wenn wir hingegen vergangene Traumata analysieren, gestehen wir dem separaten Selbst noch einen Platz zu. All diese therapeutischen Maßnahmen mögen Abhilfe verschaffen und die Symptome vermindern oder beseitigen, aber in der Regel nur vorübergehend. Solange wir nicht erkannt haben, wer wir essenziell sind, werden das Leid sowie die Illusion eines leidenden Wesens immer wieder zurückkehren.

Ich spreche hier nicht von körperlichen Schmerzen! Sie sind sicher nicht wünschenswert. Hier geht es um psychologisches Leid.

Ich versichere dir, dass es möglich ist, dieses Leid vollends, restlos und endgültig zu transzendieren. Körperliche Schmerzen werden unter Umständen weiterhin auftreten, weil der Körper unvollkommen ist. Hin und wieder können nach wie vor irrsinnige Gedanken auftauchen, weil auch der Verstand alles andere als makellos ist. Aber du bist sehr wohl makellos und absolut unerschütterlich. Dementsprechend musst du dich von all diesen Erscheinungen nicht beeindrucken lassen. Mein bester Freund – ein großer Komiker, der auch auf dem Sterbebett noch Witze erzählte – hat immer gesagt: „Was juckt es die Eiche, wenn sich die Wildsau dran rubbelt?"

Das Leid bzw. das, was wir dementsprechend interpretieren und als Leid etikettieren, existiert durchaus und erscheint real, aber es gibt keinen Leidenden. Es ist von größter Wichtigkeit, dies unmissverständlich zu erkennen. Da ist niemand, der leidet. Da sind womöglich belastende Gedanken/Gefühle, physische Schmerzen usw., aber sie beziehen sich auf niemanden, sondern erscheinen im Bewusstsein, werden von diesem wahrgenommen und bestehen letztlich wie ausnahmslos alles aus jener Substanz der unpersönlichen Präsenz.

Leid ist niemals etwas Persönliches. Es gibt körperliche oder geistige Zustände, die man ohne Frage als schrecklich empfindet und dennoch ist es unter allen Umständen möglich, zu registrieren, dass es "etwas" "in" ausnahmslos jedem von uns gibt, das vom Leid niemals berührt wird. Das Bewusstsein leidet nicht. Du leidest nicht und du hast noch nie gelitten. Da mögen Traumata sein, also Spuren in der Psyche (mehr oder minder trifft das auf jeden Menschen zu), aber das hat nichts mit dem zu tun, was du essenziell bist. Intellektuell, also auf der Verstandesebene, magst du das längst begriffen haben. Aber es ist von gewaltiger Bedeutung, über diese Ebene hinauszugehen und es wirklich mit aller Klarheit zu sehen. Die daraus resultierende Befreiung lässt sich nicht mit Worten beschreiben.

Der promovierten Psychotherapeutin Suzanne Segal ist das dennoch hervorragend gelungen. Sie stand an einer Bushaltestelle, als es geschah: Von einem Moment zum anderen verlor sie ihr persönliches Ich-Gefühl. Verstand, Körper und Gefühle funktionierten noch, aber hatten irgendwie nichts mehr mit ihr zu tun. Sie glaubte, sie sei verrückt geworden und suchte mehrere Psychotherapeuten auf, die alle hilflos vor dem Phänomen standen. Man diagnostizierte ihr eine Depersonalisation oder Dissoziationsstörung und sie unterzog sich zahlreichen Behandlungsversuchen, ohne Erfolg: Das persönliche Ich-Gefühl kehrte nicht zurück. Erst als sie sich mit buddhistischen Lehren befasste und einigen Lehrern der Non-Dualität begegnete, wurde ihr klar, dass dieser Zustand keine Geisteskrankheit, sondern Ausdruck des spirituellen Erwachens ist. Voller Humor formuliert sie in der Danksagung ihres Buches: „Vielen Dank an all die Psychotherapeuten, die erfolglos versucht haben, die unendliche Weite zu heilen."

Jetzt lauschen wir dem Bericht in ihren Worten über ein Ereignis, das in den östlichen Traditionen als Erleuchtung und erklärtes Lebensziel, im Westen jedoch als schwere psychische Krankheit angesehen wird …

(Aus „Kollision mit der Unendlichkeit – Ein Leben jenseits des persönlichen Selbst“:)

„Kurz bevor es geschah, begann sich eine Veränderung in meiner Wahrnehmung zu manifestieren. Die Welt schien zweidimensional zu sein, wie eine Filmkulisse aus Pappe mit nichts dahinter. Die Szenerie erschien

völlig flach, leer, wie eine Skizze, ohne Festigkeit. Des Weiteren ver-
flüssigten sich jene klaren Umrisse, die bislang die Trennung zwischen
den Dingen markiert hatten und gingen in einer Wellenbewegung ineinander über. Objekte, die bislang stabil zu sein schienen, pulsierten
sanft in einem Lebensrhythmus einer Sphäre, die für den erstaunten
Verstand unerreichbar war.

Es war Frühling, als es geschah. Die Sonne strahlte warm in mein Gesicht, als ich an der Bushaltestelle stand. Als der Bus näher kam, stellten wir uns am Straßenrand auf. Als ich mich in die Reihe stellte, fühlte
ich mich plötzlich völlig vom Geschehen um mich herum isoliert wie in
einer Blase. Ich hob mein rechtes Bein, um in den Bus zu steigen und
prallte mit voller Wucht auf eine unsichtbare Kraft, die wie eine Stange
Dynamit lautlos in meinem Gewahrsein explodierte, die Türen meiner
normalen Wahrnehmung aus den Angeln sprengend und mich in zwei
Teile zerspaltend. Was ich bislang als "Ich" bezeichnet hatte, wurde aus
seinem üblichen Platz gerissen und an einen neuen verlagert, ungefähr
dreißig Zentimeter hinter meinem Kopf. Ich befand mich nun hinter meinem Körper und betrachtete die Welt, ohne die Augen im Körper zu benutzen. Mein Verstand war völlig zum Stillstand gekommen durch den
Schock. Auch wenn meine Stimme weiterhin zusammenhängend sprechen konnte, fühlte ich mich von ihr völlig getrennt. Schließlich hielt der
Bus an meiner Haltestelle und der Körper stieg aus. Losgelöst von jeglichen Sinneseindrücken, abgetrennt vom Körper und ihn lediglich aus der
Ferne beobachtend, bewegte ich mich auf der Straße wie eine Wolke
von Gewahrsein, die einem Körper folgte, welcher mir vertraut und zugleich fremd vorkam. Der Beobachter war ganz deutlich vom Verstand
getrennt. Ich kehrte zur Wohnung zurück und legte mich ins Bett. Der
Körper schlief zwar ein, doch der Beobachter blieb und beobachtete den
Schlaf aus seiner Position hinter dem Körper. Es war eine äußerst seltsame Erfahrung. Ohne Zweifel schlief der Verstand, doch etwas war
gleichzeitig wach. Der Beobachter schien sich dort zu befinden, wo "Ich"
mich befand, und das hinterließ den Körper, den Verstand und die Emo-

tionen ohne eine Person. Im Wachzustand war der Verstand überwältigt von seiner Unfähigkeit, den momentanen Seinszustand zu begreifen. Nach Monaten dieses mysteriösen Beobachter-Gewahrseins veränderte sich wieder etwas: Der Beobachter verschwand. Dieser Zustand war noch wesentlich verblüffender. Die Auflösung des Beobachters bedeutete zugleich auch die Auflösung der letzten Spuren einer persönlichen Identität. Der Beobachter hatte zumindest einen Standort für das Ich geboten. Die Erfahrung einer persönlichen Identität wurde abgeschaltet und kehrte niemals mehr zurück.

Das persönliche Selbst bzw. die Illusion eines persönlichen Selbst war verschwunden. Die Erfahrung, niemand Bestimmtes zu sein, ist äußerst schwierig zu beschreiben, aber sie ist absolut unmissverständlich. Wenn sich das Gefühl eines persönlichen Selbst auflöst, dann gibt es im Inneren niemanden mehr, den man für sich selbst halten könnte. Der zuvor scheinbar existierende Jemand bestand ohnehin nur aus Gedanken. Verstand, Körper und Emotionen bezogen sich nicht mehr auf jemanden – es gab niemanden, der dachte, niemanden, der fühlte, niemanden, der wahrnahm. Trotzdem funktionierte all das weiterhin unvermindert. Es benötigte offenbar kein persönliches Ich. Es ergaben sich besonders seltsame Momente, wenn mein Name ins Spiel kam, wenn ich zum Beispiel einen Brief unterschrieb. Der Name bezog sich auf niemanden. Es gab keine Suzanne Segal mehr, tatsächlich hatte es nie eine gegeben. Die Bewegung des Verstandes nach innen führte dazu, dass er dort immer wieder nur auf Leere stieß, wo er früher ein Selbstkonzept vorgefunden hatte. Der Körper, der Verstand, die Sprache, die Gedanken und Emotionen waren alle leer, es gab keine Person dahinter. All meine bisherigen Vorstellungen von der Realität waren vollständig zerstört worden. Die Person, die ich zuvor zu sein geglaubt hatte, war abwesend. Es ging aber alles so weiter wie bisher – meistens sogar leichter.

Währenddessen versuchte der Verstand ununterbrochen, jemanden zu lokalisieren, dem das alles widerfuhr. Es misslang ihm immer wieder. Und doch verlief alles ohne Probleme.

Die Beziehung zwischen meiner Tochter Arielle und ihrer Mutter, die niemand ist, entwickelte sich so wunderbar, dass die Versuche des Verstandes, den Zustand zu pathologisieren oder als Wahnsinn abzustempeln, unvermeidlicherweise fehlschlugen. Es ist gar nicht nötig, jemand zu sein, damit die Funktionen einer Mutter ausgeführt werden. Der Verstand hatte große Schwierigkeiten, sich daran zu gewöhnen. Meine Tochter jedoch konnte nichts verunsichern. Sie war ein glückliches Kind, das jeden mit ihrer Frühreife beeindruckte. Mindestens einmal hat sie zu mir gesagt: „Weißt du, wie das ist, Mama, wenn Menschen dich anschauen und glauben, du bist jemand, doch du weißt, dass du nicht diese Person bist?" „Ja, mein Liebling." antwortete ich. „Dieses Gefühl kenne ich sehr genau."

Ich muss wiederholen, dass alle Gefühle in angemessener Weise weiterbestanden. Was sich aufgelöst hatte, war der Bezugspunkt eines persönlichen Selbst. Gedanken, Gefühle oder Handlungen entstanden nicht mehr für irgendeinen persönlichen Zweck. Hinter den Handlungen und dem Sprechen stand nicht mehr irgendeine persönliche Absicht, sie geschahen nun entsprechend den Bedürfnissen und Anforderungen der augenblicklichen Situation, nicht mehr abgetrennt vom Ganzen.

Als ich vom Tod meines Vaters erfuhr, weinte ich. Es gab zwar niemanden, der sich traurig fühlte, und dennoch erfolgte die emotionale Reaktion genau wie zuvor. Das Weinen fand statt – nicht mehr und nicht weniger. Für andere schien es jemanden zu geben, der traurig war, doch da war niemand. Der Verstand hingegen kommentierte, wie es ein Verstand nun einmal tut, jeden Moment entweder als positiv oder negativ. Nicht für einen einzigen Augenblick ist das Gefühl, eine individuelle Person mit einer persönlichen Identität zu sein, zurückgekehrt.

Die Funktionsfähigkeit der Welt war unbeeinträchtigt, sogar verbessert. Nachdem ich innerhalb eines Jahrzehnts 12 verschiedene Psychotherapeuten aufgesucht hatte, wurde deutlich, dass der Bereich der Psychologie nicht die geringste Ahnung davon hatte, was hier vor sich ging. Zu wissen, dass man niemand ist, passt nicht in unser kulturelles Bild.

Leere ist in dieser Welt kein akzeptierbares Ziel.

Ich hatte diejenigen aufgesucht, die als die Weisen in unserer Kultur galten, diese gebildeten Seelen, deren Intellekt durch strenge akademische Ausbildung geschult worden war. Alle Therapeuten, mit denen ich gesprochen hatte, waren, auch wenn sie die besten Absichten hatten, von den Mauern ihrer Vorstellungen über die Interpretationen des Lebens umgeben und unfähig, bis zur Realität durchzudringen.

Schließlich entdeckte ich den Buddhismus und las alles, was ich finden konnte. Ganz besonders war ich von der folgenden Passage vom Dalai Lama beeindruckt: „Selbstlosigkeit hat nichts damit zu tun, dass etwas, was in der Vergangenheit existierte, aufhört zu existieren. Vielmehr wird erkannt, dass ein solches Selbst niemals existiert hat."

Schließlich traf ich auf Jean Klein. Jean lehrte wie Ramana Maharshi und andere große Meister, dass das individuelle Selbst lediglich eine Konstruktion des Verstandes, das wahre Selbst jedoch ein unpersönliches, alles-einschließendes Gewahrsein ist. Ich erzählte ihm, was ich seit 10 Jahren erlebte. Er antwortete:

„Das ist phantastisch. Ausgezeichnet."

Ich fragte ihn, warum so viel Angst damit einhergeht. Er sagte, sobald der konditionierte Verstand, der darauf trainiert ist, die Illusion aufrechtzuerhalten, zum Stillstand kommt, endet auch die Angst. Seine Worte waren treffend.

Ich kontaktierte weitere Lehrer. Einer von ihnen erläuterte mir, wie wichtig es sei, die Substanzlosigkeit des Ich zu erkennen. Er sagte: „Die Abwesenheit der Erfahrung, wie du sie erlebst, überlässt der "Ich,Ich,Ich"-Kultur die absolute Autorität. Der Wahnsinn dieser Überzeugung – und es ist nicht mehr als eine Überzeugung – hat globale Konsequenzen."

Die spirituelle Lehrerin Gangaji schrieb mir: „Ich bin absolut begeistert und sehr, sehr glücklich darüber, dass du unmittelbar erfahren hast, dass du kein individuelles Ich bist. Die Verwirklichung der innewohnenden Leere – das reine Bewusstsein – ist die wirkliche Erfüllung."

Die klarste Bestätigung erhielt ich von einem Lehrer, der nicht mehr am Leben ist. Als ich Ramana Maharshi in Buchform begegnete, wusste ich, dass ich meinen spirituellen Lehrer gefunden hatte. Er beschrieb es auf so direkte und einfache Weise, dass absolut kein Raum mehr für irgendwelche Zweifel blieb. In seinen Worten: „Gleichheit ist das wahre Merkmal eines Erwachten. Der Begriff Gleichheit impliziert das Vorhandensein von Unterschieden. In all den Unterschieden nimmt der Erwachte eine Einheit wahr. Gleichheit bedeutet nicht, die Unterschiede nicht zu erkennen. Sie erkennen die Unterschiede als etwas sehr Oberflächliches, sie haben keine Substanz, sie sind nicht von Dauer. Doch das Essenzielle, das all diesen Erscheinungen innewohnt, ist die eine Wahrheit, das Reale. Das bezeichne ich als die Einheit, das eine Selbst."

Das Gewahrsein sollte sich in den nächsten Monaten noch vertiefen. Mein Bewusstseinszustand sollte ganz plötzlich in die Erfahrung überwechseln, dass es nicht nur kein persönliches Selbst gibt, sondern auch keine anderen. Mit anderen Worten: Ich war im Begriff, in das Gewahrsein der Einheit überzuwechseln, wo die Leere meines Bewusstseins als die eigentliche Substanz aller Schöpfung erkannt wurde. Nachdem es sich auf diese Weise offenbart hatte, begann ich die Leere als die unendliche Weite zu beschreiben.

Inmitten einer ereignisreichen Woche befand ich mich auf einer Fahrt nach Norden, um Freunde zu besuchen, als mir plötzlich bewusst wurde, dass ich durch mich selbst fuhr. Viele Jahre lang hatte es überhaupt keine Erfahrung des Selbst gegeben, doch plötzlich, hier auf dieser Straße, war alles ich selbst, und ich fuhr durch mich, um dorthin zu gelangen, wo ich bereits war. Genaugenommen fuhr ich nirgendwohin, denn ich war bereits überall. Die unendliche Leere, als die ich mich erkannt hatte, offenbarte sich nun als die unendliche Substanz und Fülle all dessen, was ich sah. Auf meiner Fahrt dorthin erschien mir alles viel fließender. Die Berge, Bäume, Felsen, Vögel und der Himmel hatten ihre Unterschiede verloren. Wenn ich mich umschaute, dann sah ich zuerst, wie sie alle eins waren und dann, wie in einer zweiten Welle der Wahrnehmung, sah ich die Unterschiede. Doch die Wahrnehmung der Substanz, aus der sie alle geschaffen waren, erfolgte nicht durch den physischen Körper. Die unendliche Weite nahm sich selbst wahr. Alles war von einer wunderschönen Stille durchdrungen. Die Form ist wie ein Gemälde auf der Leinwand der Einheit, in welcher alle – das Gemälde, die Leinwand und die Hand, die es malt – eins sind.

Hatte man dies einmal erkannt, schien alles so lächerlich einfach.

Nachdem der Verstand damit aufgehört hatte, sich hartnäckig an die alten falschen Vorstellungen zu klammern, endete die Angst und es kam Freude auf.

Ich erkannte, was schon immer direkt vor meinen Augen existiert hatte, jedoch durch die Angst des Verstandes verschleiert worden war: Es gibt kein individuelles Selbst und keine anderen, alles ist die unendliche Weite. Wie konnte ich das nur so lange übersehen? Dass alles in Wirklichkeit eins war, schien auf einmal das Normalste auf der Welt zu sein, doch ich hatte sehr lange gebraucht, um darauf zu stoßen. Es war auf sich selbst gestoßen. Die Tatsache, dass „ich persönlich" nicht mehr existierte, dass es keine Person mehr gab, ebnete schließlich vollständig den Weg für die Erkenntnis, dass es nichts gibt, was ich nicht selbst bin. Was übrig bleibt, wenn es kein persönliches Selbst mehr gibt, ist alles, was es gibt.

Aus der Perspektive des Unendlichen ist es völlig offensichtlich, dass das individuelle Selbst überhaupt nicht existiert. Das individuelle Selbst ist nichts weiter als eine gedankliche Vorstellung davon, wer wir sind. Vorstellungen sind Vorstellungen – und sonst nichts.

Dieses Leben wird nun in dem permanenten, immer präsenten Gewahrsein der unendlichen Weite, die ich bin, gelebt. In diesem Zustand gibt es absolut keinen Bezugspunkt und kein Zentrum. Der Ozean, in dem alles erscheint und vergeht, ist sich immer seiner selbst gewahr, egal ob der Körper schläft, träumt oder wach ist. Niemals kommt ein lokalisierbares Ich ins Spiel. Die unendliche Weite ist sich ununterbrochen ihrer selbst gewahr. Was für eine außerordentliche Art zu leben!

Gefühle wie Verlegenheit, Schande, Neid, Selbstmitleid oder Selbstbezogenheit tauchen einfach nicht mehr auf. Sie haben keine Basis mehr, auf der sie entstehen könnten.

Die unendliche Weite nimmt mit absoluter Klarheit wahr, dass Gedanken nichts weiter als Gedanken sind. Es gibt kein Urteil von gut oder schlecht, von richtig oder falsch – alles ist lediglich, was es ist. In diesem Zustand wird auch niemals etwas als ein Problem erachtet. Nehmen wir zum Beispiel die Beziehung zu einem starken Gefühl wie Ärger. Die Beziehung der unendlichen Weite zum Ärger ist ähnlich wie die Beziehung des Ozeans zum Seegras, das in ihm umherschwimmt. Der Ozean würde sich niemals über das Seegras beschweren und darauf bestehen, dass es entfernt wird, damit der Ozean der Ozean sein kann. Genauso würde sich die unendliche Weite niemals über die Anwesenheit von irgendetwas beschweren, das in ihr auftaucht. Die unendliche Weite verändert sich niemals, egal wie zahlreich oder intensiv die Dinge erscheinen. Nichts, was erscheint, ist ein Problem.

Die unendliche Weite begegnet sich selbst in jeder einzelnen Person, mit der sie in Kontakt kommt. Der Verstand hat seine Grenzen anerkannt und aufgehört, Dinge außerhalb seines Fassungsvermögens abzulehnen, und so hat sich der unbeschreiblich freudvolle Geschmack der unendlichen Weite, die sich selbst erlebt, machtvoll und für immer in den Vordergrund geschoben.

Die Vorstellung von persönlichem Wachstum oder Entwicklung steht in jeder Hinsicht im Widerspruch zum Wesen der unendlichen Weite. Wenn mir Leute erzählen, dass sie das Persönliche nicht aufgeben wollen, weil sie glauben, damit auch die Liebe, die Freude oder die tieferen Gefühle aufzugeben, dann verstehen sie nicht, dass Liebe und Freude niemals etwas Persönliches waren und dass es das persönliche Selbst niemals gegeben hat. Nichts wird aufgegeben, nur die Illusion. Liebe, die einen persönlichen Zug aufweist, basiert auf dem vom Verstand konstruierten Gefühl des Getrenntseins. Aus der Perspektive der unendlichen Weite aber existiert die Trennung gar nicht.

Das ist allerhöchste Vertrautheit. Das ist Liebe, die keine Grenzen kennt und alles weit in den Schatten stellt, was sich der Verstand unter der idealen Liebe, die er sucht, vorstellen könnte.

Die meisten spirituellen Praktiken gehen davon aus, dass das Erwachen erreicht oder erlangt werden muss. Dabei sind wir doch immer die unendliche Weite – ständig, ohne jede Unterbrechung!

Es ist der natürliche Zustand.

Wenn der konditionierte Verstand durchschaut, dass Erfahrungen keinen Jemand enthalten, mit dem er sie erfüllt glaubte, dann rastet er aus und führt überzeugende Argumente an, warum die Leere absolut nicht erstrebenswert ist. Meine Arbeit als Psychologin hat mir einen Sitz in der ersten Reihe im Theater des menschlichen Leidens verschafft. Es ist offensichtlich, dass die konventionelle Psychotherapie ihren Erfolg daran misst, wie gut wir den festgefügten Vorstellungen entsprechen. Betrachtet man es aus der absoluten Perspektive, dann sind all das nur Vorstellungen, die nicht mit der Wahrheit verwechselt werden sollten. Meine psychotherapeutische Arbeit mit Klienten hat sich radikal verändert. Mein Ziel für alle ist die Freiheit – die absolute Freiheit. Ich möchte nicht, dass Klienten ihre Gefühle verändern, sich durch Kindheitstraumata arbeiten oder Symptome loswerden. Ich möchte, dass sie frei werden, indem sie erkennen, wer sie wirklich sind.

Zuerst frage ich jeden Einzelnen, wer er zu sein glaubt. Das zieht normalerweise eine umfassende Untersuchung all der Vorstellungen nach sich, die er von anderen Menschen übernommen hat und für die wahrhaftige Definition dessen hält, wer er ist. Schon in jungen Jahren vermittelt uns unsere Kultur ein klares Bild von der Person, die wir werden sollen und die meisten von uns versuchen ihr ganzes Leben lang mit aller Kraft, diese Person zu werden. Alle Menschen, mit denen ich gearbeitet habe, sind sich bewusst geworden, dass sie ihre Identität aus Informationen konstruiert haben, die andere Leute ihnen erzählt haben und daraus haben sie gefolgert, wer sie sind.

Die moderne Welt untermauert diese Täuschung.

Es gibt nur eine Realität, eine Wahrheit, ein Bewusstsein, das in diesem Moment durch deine wie durch meine Augen schaut. Es ist die Basis des Seins, in der alle Manifestationen erscheinen und vergehen.

Auf die Frage, wer ich bin, gibt es nur eine Antwort:
Ich bin das Unendliche, die unendliche Weite,
welche die Substanz aller Dinge ist.
Ich bin niemand und zugleich jeder,
nichts und alles – genau wie du."

Richard Maurice Bucke

Mehr als ein Viertel aller Menschen leidet im Laufe des Lebens unter psychischen Erkrankungen wie Depressionen. Laut eines 2018 veröffentlichten Artikels der "Ärztezeitung" haben 26 Prozent der jungen Erwachsenen im Alter zwischen 18 und 25 Jahren mindestens eine diagnostizierte psychische Störung. Das sind jedoch nur die gesicherten Diagnosen, es könnten also noch weitaus mehr sein. Viele Menschen machen in ihrem Leben mindestens eine Psychotherapie. Oft werden jedoch nur die Symptome und nicht die Wurzel behandelt, sodass dauerhafter Erfolg eher eine Seltenheit ist. Ein Trauma benötigt eine persönliche Geschichte. Ohne diese kann es nicht existieren. Doch selbst unter Psychiatern und Psychotherapeuten gibt es nur wenige, die tiefer geblickt haben, als ihre eigene Person reicht. In den wunderbaren Worten des spirituellen Lehrers Ravi Shankar: „Ich sage dir, tief in dir ist eine Quelle der Glückseligkeit, eine Quelle der Freude. Tief in deinem Zentrum ist Wahrheit, Licht, Liebe, da ist keine Schuld, da ist keine Angst. Psychologen haben nie tief genug geschaut."

Die Patienten sind natürlich am besten bei einem Therapeuten aufgehoben, der weiß, wer er selbst und die Patienten essenziell sind. Dazu fällt mir ein Zitat von Nisargadatta Maharaj ein:

„Du siehst, wie Menschen leiden und suchst nach der besten Möglichkeit, ihnen zu helfen. Die Lösung liegt auf der Hand – zuerst musst du selbst jenseits von Hilfsbedürftigkeit sein."

Diese Voraussetzung dürfte von jenem außergewöhnlichen Mann erfüllt worden sein, auf dessen bemerkenswerten Fall wir nun einen Blick werfen. Der kanadische Psychiater Richard Maurice Bucke (1837-1902) berichtete mit unnachahmlichen Worten von seiner Erfahrung des "kosmischen Bewusstseins". Es geschah im Jahre 1872. Nach einem Abend voller anregender Gespräche, u. a. mit seinem Freund Walt Whitman (bekannter Dichter & einer der einflussreichsten Lyriker des 19. Jahrhunderts), reiste Richard Bucke nach London zurück...

Er erzählte, was dann geschah:

„Ich hatte den Abend mit zwei Freunden verbracht, wir lasen und disku-
tierten über Poesie und Philosophie. Wir trennten uns um Mitternacht.
Ich hatte eine lange Fahrt in einer Droschke zu meiner Unterkunft vor
mir. Mein Geist, der tief unter dem Einfluss der Ideen, Bilder und Gefühle stand, die durch die Lektüre und das Gespräch hervorgerufen
wurden, war ruhig und friedlich. Ich befand mich in einem Zustand des
ruhigen, fast passiven Genießens, dachte nicht wirklich nach, sondern
ließ die Ideen, Bilder und Gefühle sozusagen von selbst durch meinen
Geist fließen. Plötzlich, ohne jede Vorwarnung, fand ich mich in eine
flammenfarbene Wolke gehüllt. Einen Augenblick lang dachte ich an
Feuer, an eine riesige Feuersbrunst irgendwo in der Nähe der großen
Stadt. Im nächsten Moment wusste ich, dass das Feuer in mir selbst
war. Unmittelbar danach überkam mich ein Hochgefühl, eine ungeheure
Freude, begleitet oder unmittelbar gefolgt von einer unbeschreiblichen
geistigen Erleuchtung. In mein Gehirn strömte ein kurzer Blitz –
ein Blitz der göttlichen Pracht, der seitdem mein Leben erleuchtet.
Auf mein Herz fiel ein Tropfen göttlicher Glückseligkeit und hinterließ
dort für immer einen Nachgeschmack des Himmels.
Unter anderem kam ich nicht nur zu der Überzeugung, sondern sah,
dass das Universum nicht aus toter Materie besteht, sondern im Gegenteil eine lebendige Gegenwart ist; ich wurde mir des ewigen Lebens in
mir bewusst. Es war nicht die Überzeugung, dass ich das ewige Leben
haben würde, sondern das Bewusstsein, dass ich das ewige Leben bin.
Ich sah, dass alle Menschen unsterblich sind; dass die kosmische Ordnung so beschaffen ist, dass alle Dinge ohne jeden Zufall zum Wohle
aller und jedes Einzelnen zusammenwirken; dass das Grundprinzip der
Welt, aller Welten, das ist, was wir Liebe nennen, und dass das Glück
aller und jedes Einzelnen auf lange Sicht absolut sicher ist.
Die Vision dauerte nur wenige Sekunden und war dann verschwunden,
aber die Erinnerung an sie und das Gefühl für die Realität dessen,

was sie lehrte, ist in dem Vierteljahrhundert, das seitdem vergangen ist, geblieben. Ich wusste, dass das, was die Vision zeigte, wahr ist. Diese Überzeugung, ich könnte sagen, dieses Bewusstsein, ist selbst in Zeiten der tiefsten Depression nie verloren gegangen."

Einen Aspekt seiner Beschreibung möchte ich nochmals hervorheben. Richard Bucke erkannte, „dass das Glück aller auf lange Sicht absolut" gesichert ist. Schon Ramakrishna (1836-1886) hat im selben Jahrhundert darauf hingewiesen: „Alle werden sicherlich Gott erkennen. Alle werden befreit sein. Es mag sein, dass einige ihre Mahlzeit am Morgen bekommen, andere am Mittag und wieder andere am Abend; aber niemand wird ohne Nahrung bleiben. Alle, ohne jede Ausnahme, werden mit Sicherheit ihr wahres Selbst erkennen."

Carl Gustav Jung

„Ich möchte niemand anderem einen Weg vorzeichnen,
denn ich weiß, dass der Weg von einer Hand vorgeschrieben
wurde, die weit über mich hinausreicht."
(C. G. Jung)

Der bekannte österreichische Psychologe und Neurologe Sigmund Freud
soll im hohen Alter folgende Worte gewählt haben:
„Wenn ich mein Leben noch einmal leben müsste, würde ich mich eher
der Parapsychologie als der Psychoanalyse widmen."
Möglicherweise würde er schweren Herzens zugeben, dass er dahinge-
hend von dem jüngeren Arbeitskollegen beeinflusst wurde, um dessen
Erfahrung es nun geht... 1944 erlitt der geniale Schweizer Psychiater
Carl Gustav Jung – der Begründer der analytischen Psychologie – einen
Herzinfarkt. Er beschrieb seine Nahtoderfahrung mit folgenden Worten:

„Die Bilder waren so gewaltig, dass ich selber schloss, ich sei dem Tode
nahe. Meine Krankenschwester sagte mir hinterher: „Es war, als ob Sie
von einem hellen Leuchten umgeben wären." Das war ein Phänomen,
das sie manchmal bei Sterbenden beobachtet hatte.
Es begannen sich höchst eindrucksvolle Dinge für mich abzuspielen...
Es schien mir, als befände ich mich hoch oben im Weltraum. Weit unter
mir sah ich die Erdkugel in herrlich blaues Licht getaucht. Ich sah das
tiefblaue Meer und die Kontinente. Weit unter meinen Füßen lag Sri
Lanka, und in der Ferne vor mir der Subkontinent Indien. In der Ferne
zur Linken lag eine weite Fläche – die rötlich-gelbe Wüste von Arabien.
Ich konnte auch den schneebedeckten Himalaya sehen, aber in dieser
Richtung war es neblig und bewölkt. Ich wusste, dass ich im Begriff war,
die Erde zu verlassen. Später entdeckte ich, wie hoch im Raume man
sein musste, um einen Blick von solcher Weite zu haben. Es sind etwa

1500 km! Der Anblick der Erde aus dieser Höhe war das Herrlichste und Zauberhafteste, was ich je erlebt hatte.

Ich hatte das Gefühl, dass alles weggeschleudert wurde; alles, was ich anstrebte, wünschte oder dachte, die ganze Phantasmagorie des irdischen Daseins fiel weg oder wurde mir entzogen – ein äußerst schmerzhafter Prozess. Dennoch blieb etwas übrig; es war, als trüge ich nun alles mit mir, was ich je erlebt oder getan hatte. Ich könnte auch sagen: Es war bei mir, und ich war es. Ich spürte mit großer Gewissheit: Das bin ich.

Ich würde endlich verstehen – auch das war eine Gewissheit –, in welchen geschichtlichen Zusammenhang ich oder mein Leben passten. Ich würde wissen, was vor mir gewesen ist, warum ich entstanden bin und wohin mein Leben fließt. Mein Leben schien aus einer langen Kette von Ereignissen herausgerissen worden zu sein und viele Fragen waren unbeantwortet geblieben. Warum hatte es diesen Verlauf genommen? Was wird daraus folgen? Ich war mir sicher, dass ich auf diese Fragen eine Antwort erhalten würde.

Während ich über diese Dinge nachdachte, geschah etwas, das meine Aufmerksamkeit erregte. Von unten, aus Richtung Europa, schwebte ein Bild herauf. Es war mein Arzt, Dr. H. – oder besser gesagt, sein Abbild – umrahmt von einer goldenen Kette oder einem goldenen Lorbeerkranz. Ich wusste sofort: „Aha, das ist natürlich mein Arzt, der mich behandelt hat. Aber jetzt kommt er in seiner Urgestalt. Im Leben war er die zeitliche Verkörperung der Urform, die von Anfang an existiert hat. Jetzt erscheint er in dieser Urform." Vermutlich war auch ich in meiner Urform, obwohl ich das nicht beobachtet, sondern einfach als gegeben hingenommen habe. Als er vor mir stand, fand zwischen uns ein stummer Gedankenaustausch statt. Dr. H. war von der Erde beauftragt worden, mir eine Botschaft zu überbringen, um mir mitzuteilen, dass es einen Protest gegen mein Weggehen gab. Ich hätte kein Recht, die Erde zu verlassen und müsse zurückkehren. In dem Moment, als ich das hörte, hörte die Vision auf. Ich war zutiefst enttäuscht, vorerst...

Der schmerzhafte Prozess der Entlaubung war umsonst gewesen. Enttäuscht dachte ich: „Jetzt muss ich wieder in das 'Kastensystem' zurückkehren." Denn es kam mir vor, als sei hinter dem Horizont des Kosmos eine dreidimensionale Welt künstlich aufgebaut worden, in der jeder Mensch für sich in einer kleinen Kiste saß. Und nun sollte ich mich erneut davon überzeugen, dass dies wichtig war! Das Leben und die ganze Welt kamen mir wie ein Gefängnis vor und es ärgerte mich maßlos, dass ich das wieder so in Ordnung finden sollte. Ich hatte mich so gefreut, alles loszuwerden und nun war es so weit, dass ich – wie alle anderen auch – wieder am seidenen Faden in einer Kiste hing. Erst nach der Krankheit verstand ich, wie wichtig es ist, sein eigenes Schicksal zu bejahen. So schmieden wir ein Ich, das nicht zusammenbricht, wenn Unbegreifliches geschieht; ein Ich, das alles aushält, das die Wahrheit erträgt und das der Welt und dem Schicksal gewachsen ist. Dann hat man mit einer Niederlage auch einen Sieg erlebt. Es wird nichts gestört – weder außen noch innen; denn die eigene Kontinuität hat dem Strom des Lebens und der Zeit standgehalten. Aber das kann nur geschehen, wenn man sich nicht vorwitzig in die Absichten des Schicksals einmischt."

Ich glaube nicht,
dass es Gott gibt.
Ich weiß es.

Carl Gustav Jung

Rupert Sheldrake
Phänomene mit Tieren

Spirituelle Erfahrungen, in denen Tiere vorkommen, sind relativ häufig, werden in der reichhaltigen Literatur zum Thema meines Erachtens aber zu selten behandelt. Um dem entgegenzuwirken, möchte ich zumindest einige beispielhafte Fälle aufführen, welche Wissenschaftler wie Michael Nahm und Rupert Sheldrake unabhängig voneinander gesammelt haben.

Das erste spezifische Fallbeispiel stammt aus dem Buch "Wenn die Dunkelheit ein Ende findet" von Nahm: „Als der Imker Sam Rogers 1961 starb, gingen seine Kinder um seine Bienenstöcke herum und erzählten den Bienen von seinem Tod (es ist ein alter Brauch, es den Bienen mitzuteilen, wenn der Imker gestorben ist). Im April 1961 meldete die Agentur Associated Press, kaum hatten sich die Verwandten an seinem Grab versammelt, waren Tausende Bienen aus seinen Stöcken, die fast 2 km weit weg standen, gekommen und hatten sich auf dem Sarg und darum herum niedergelassen. Die Blumen ließen sie dabei völlig außer Acht. Nach etwa einer halben Stunde flogen sie zurück in ihre Stöcke."

Es folgt ein allgemeines Beispiel aus der Tierwelt für nicht-lokalen Informationsaustausch: Wenn man eine Ameisenkönigin von ihrem Volk isoliert, leisten alle Ameisen weiterhin ihren Beitrag. Wird die Königin jedoch in dieser distanzierten Position getötet, brechen sofort Chaos und Panik im Ameisenvolk aus. Die Ameisen zeigen also eine klare Reaktion auf den Tod ihrer Königin, obwohl sie diesen nicht mit ihren physischen Sinnen wahrnehmen konnten.
Rupert Sheldrake nannte auch das Beispiel des Vogelschwarms. Viele glauben, dass die synchronen Bewegungen von Hunderten Vögeln (oder Fischen) dadurch erklärt werden können, dass sich einzelne Tiere an ihrem benachbarten Artgenossen orientieren und seinen Bewegungen folgen. Versuche mit Vögeln im Labor haben allerdings gezeigt, dass ihre

Reaktionsgeschwindigkeit – obwohl beachtlich – dafür bei weitem nicht ausreicht. Eine geistige Verbindung bzw. die Existenz eines zugrunde-liegenden Kollektivbewusstseins ist naheliegend.

In der Quantenphysik gibt es das Phänomen der Quanten-Nichtlokalität oder Quantenverschränkung. Es verdeutlicht, weshalb die Quantenphysik mit der klassischen Physik unvereinbar scheint, weil sie ihre Gesetze außer Kraft setzt. Mit der nicht-lokalen Verschränkung geht die zu-tiefst verblüffende Beobachtung einher, dass sich zwei miteinander ge-koppelte Teilchen (bspw. Photonen), die sich an völlig unterschiedlichen Orten im Universum befinden und somit etliche Lichtjahre voneinander entfernt sein können, absolut identisch verhalten. Der Zustandswechsel des einen Teilchens verursacht automatisch den des anderen – und zwar instantan, also unmittelbar, ohne die geringste Zeitverzögerung. Die Entfernung spielt dabei überhaupt keine Rolle. Einstein nannte das Phänomen „spukhafte Fernwirkung". Es illustriert auch, weshalb nicht wenige Quantenphysiker wie z. B. Erwin Schrödinger und David Bohm Trennung als Illusion bezeichneten.

Da Menschen ebenfalls Tiere sind, schrecke ich an dieser Stelle nicht vor einem zwischenzeitlichen Ausflug ins Menschenreich zurück, der einen weiteren Fall nicht-lokaler Verkopplung offenbart...

Zitiert aus "One Mind" von Larry Dossey:

„Die 4-jährigen eineiigen Zwillinge Silvia und Marta Landa aus Nordspa-nien wurden 1976 bekannt. Marta hatte sich die Hand an einem heißen Bügeleisen verbrannt. Es bildete sich eine große rote Blase – und das-selbe geschah an der Hand ihrer Schwester Silvia, die zu der Zeit bei ihren Großeltern zu Besuch war. Als die beiden kleinen Schwestern wieder zusammenkamen, sahen die Eltern, dass die Blasen gleich groß waren und an derselben Stelle der Hand saßen. Ein anderes Mal erhielt eines der beiden Mädchen für ein Fehlverhalten eine Ohrfeige und das andere, das dies überhaupt nicht mitbekommen hatte, brach in Tränen aus. Schließlich wurde ein Team aus Psychologen, Psychiatern und Ärz-ten auf die Zwillinge aufmerksam und es kam zu folgender Untersuchung im Wohnhaus von Familie Landa. Die Testreihe wurde für die Zwillinge als lustiges Spiel gestaltet. Marta blieb mit ihrer Mutter und einigen aus dem Forscherteam im Erdgeschoss, während sich Silvia mit ihrem Vater und den übrigen Forschern ins Obergeschoss begab. Alles, was sich abspielte, wurde gefilmt und auf Tonband aufgezeichnet. Ein Psychologe spielte mit Marta und verwendete dabei eine Handpuppe. Silvia erhielt eine identische Handpuppe, mit ihr wurde jedoch nicht gespielt. Unten packte Marta die Puppe und warf sie nach dem Psychologen. Unten tat Silvia zur selben Zeit das Gleiche. Zunächst leuchtete einer der Ärzte Marta mit einer Lampe ins linke Auge. Oben blinzelte Silvia heftig. Daraufhin führte der Arzt einen Kniereflex-Test durch, indem er dreimal an Martas Kniesehne klopfte. Zur selben Zeit schlug Silvias Unterschenkel so heftig aus, dass ihr Vater, der nicht wusste, dass ein Stockwerk tiefer der Test an Marta durchgeführt wurde, das Bein festhalten musste. Danach sollte Marta an einem starken Parfüm riechen. Sie tat es – und im selben Moment schüttelte Silvia den Kopf und hielt sich die Hand vor die Nase. Schließlich erhielten die Zwillinge jeweils sieben Scheiben in unterschiedlichen Farben. Diese sollten sie in eine beliebige Reihenfolge bringen. Sie ordneten sie exakt gleich ein."

Wie auch immer dies zu erklären ist – diese Beobachtungen weisen klar darauf hin, dass hier eine Verbindung besteht, die bei weitem über die physischen Gesetzmäßigkeiten hinausreicht.
Aus wissenschaftlicher Sicht sind all das rätselhafte Phänomene.
Das werden sie solange bleiben, bis man immaterielle Wirkkräfte in Erwägung zieht. Nikola Tesla, der uns im nächsten Kapitelteil begegnen wird, erkannte die Einschränkungen, die sich Wissenschaftler durch ihren ausschließlichen Fokus auf das Sichtbare auferlegen:
„Wenn die Wissenschaft beginnt,
nicht-physische Phänomene zu erforschen,
wird sie in einem Jahrzehnt mehr Fortschritte machen
als in allen bisherigen Jahrhunderten ihrer Existenz."

Das folgende Beispiel aus dem Buch "Der siebte Sinn der Tiere" belegt die Realität der Telepathie im Tierreich. Der Autor, Biologe Rupert Sheldrake, hat in seinem Werk viele eindrucksvolle Fälle verschiedenartiger Phänomene zusammengetragen.

Ein sprachbegabter Graupapagei namens N'kisi hält mit einem Wortschatz von 1.500 Wörtern einen Weltrekord. Er fiel zunehmend dadurch auf, dass er Dinge sagte, die sich auf die Gedanken und unausgesprochenen Absichten seiner Besitzerin Aimee bezogen. Aimee hat über 10 Jahre lang Tagebuch über die telepathischen Vorfälle geführt. Beispiele: „Ich dachte gerade daran, meinen Freund Rob anzurufen und griff zum Telefon, und N'kisi sagte: „Hi, Rob!", noch bevor ich das Telefon in der Hand und die Nummer gewählt hatte."

„Wir sahen uns gerade einen Jackie-Chan-Film an. Da erschien ein Bild von Chan, der hoch oben auf einem riesigen Wolkenkratzer lag. Es war beängstigend wegen der Höhe und N'kisi rief: „Fall nicht runter." Dann gab es einen Schnitt zu einem Werbespot und als das Bild eines Autos erschien, sagte N'kisi: „Da ist ein Auto." Sein Käfig stand am anderen Ende des Raumes hinter dem Fernseher. Er konnte weder den Bildschirm noch irgendwelche Spiegelungen sehen."

„Ich war in einem Zimmer auf einer anderen Etage, aber ich konnte ihn hören. Ich sah mir gerade ein Kartenspiel an und hielt bei dem Bild eines violetten Autos inne. Mir kam der Gedanke, was für ein erstaunlicher Lilaton das doch war. In diesem Augenblick rief er von oben: „Oh wow, schau dir das tolle Lila an.""

Rupert Sheldrake besuchte Aimee zu Hause, um vor Ort Tests mit dem Papagei durchzuführen. Er berichtet: „Aimee und ich gingen in ein anderes Zimmer, wo N'kisi nicht sehen konnte, was wir gerade taten und ich sorgte dafür, dass Aimee mehrere verschiedene Bilder betrachtete. Als sie sich auf ein Bild mit einem Mädchen konzentrierte, hörten wir N'kisi mit unmissverständlicher Deutlichkeit sagen: „Das ist ein Mädchen." Sie schaute sich ein Bild mit Blumen an und er sagte: „Das ist ein Bild mit Blumen." Dann sah sie sich ein Bild von jemandem an, der mit einem Handy telefonierte und N'kisi sagte: „Was machst'n am Telefon?" und gab Geräusche von sich wie beim Wählen. Betrachtete sie ein Bild von Menschen an einem Strand, die nur spärliche Badeanzüge trugen, sagte er: „Schau dir meinen hübschen nackten Körper an." Insgesamt äußerte er sich treffend zu 23 verschiedenen Bildern."

Sheldrake fand auch Beispiele für Psychokinese (Wirkung von Geist auf Materie), darunter dieses: „Der französische Forscher René Peoch führte ein Experiment mit Küken durch. Die Küken wurden auf einen Roboter geprägt. Dieser Roboter bewegte sich auf Rädern in zufällig ausgewählte Richtungen. Die unregelmäßigen Bewegungen wurden durch einen Zufallsgenerator im Innern des Roboters erzeugt. In Kontrollexperimenten waren seine Bewegungen absolut zufällig und unvorhersehbar. Der Forscher steckte die auf den Roboter geprägten Küken in einen Käfig, von dem aus sie den Roboter sehen konnten. Weil die Küken sich nicht auf den Roboter zubewegen konnten, brachten sie ihn dazu, sich auf sie zuzubewegen. Ihr Wunsch, der Robotermutter nahe zu sein, beeinflusste offenbar irgendwie den Zufallsgenerator, sodass sich der Roboter in der Nähe des Käfigs aufhielt. Küken, die nicht auf den Roboter geprägt worden waren, konnten nicht auf seine Bewegungen einwirken. Er führte auch Experimente durch, bei denen Kaninchen in einen Käfig gesteckt wurden, von wo aus sie den Roboter sehen konnten. Zuerst hatten sie Angst vor ihm und der Roboter bewegte sich von ihnen fort – sie stießen ihn ab. Aber nachdem sie sich an ihn gewöhnt hatten und nicht mehr ängstlich waren, neigten sie dazu, ihn zu sich hinzuziehen." ... Das Fazit von Rupert Sheldrake zu diesem Experiment lautet: „Somit beeinflusste das Verlangen oder die Angst dieser Tiere zufällige Vorgänge über eine Entfernung hinweg so, dass der Roboter angezogen oder abgestoßen wurde. Dies wäre offensichtlich nicht möglich, wenn die Wünsche und Ängste der Tiere auf das Innere ihres Gehirns beschränkt wären. Stattdessen erstreckten sich ihre Absichten darüber hinaus, um das Verhalten der Maschine zu beeinflussen."

Nikola Tesla

„Der gesunde Menschenverstand ist nur eine Anhäufung von Vorurteilen,
die man bis zum 18. Lebensjahr erworben hat."
(Albert Einstein)

Jetzt geht es um den herausragenden Erfinder und Wissenschaftler
Nikola Tesla (1856-1943), das höchstwahrscheinlich größte intellektu-
elle Genie des 19. und 20. Jahrhunderts (vielleicht aller Zeiten, neben
Leonardo da Vinci). Als Einstein von einem Journalisten gefragt wurde,
wie es sich anfühle, der klügste Mann der Welt zu sein, entgegnete er:
„Ich weiß es nicht. Das müssen Sie Nikola Tesla fragen."

Teslas Geist durchdrang vieles, was den meisten Wissenschaftlern ver-
schlossen blieb/bleibt. Die wissenschaftliche Definition des Lebens ist
zu begrenzt. Tesla erkannte das:
„In einem Kristall finden wir einen klaren Beweis für die Existenz eines
formenden Lebensprinzips, und obwohl wir das Leben eines Kristalls
nicht verstehen können, ist er dennoch ein lebendiges Wesen."
„Im Inneren der Erde gibt es Energien der Freude, des Friedens und
der Liebe, die zum Beispiel durch eine Blume, die aus der Erde wächst,
zum Ausdruck kommen. Das Universum ist in all seinen Erscheinungsformen lebendig. Der Stein ist ein empfindsames Wesen, wie Pflanzen,
Tiere und Menschen. Ein Stern, der leuchtet, will gesehen werden, und
wenn wir nicht so von uns selbst absorbiert wären, würden wir seine
Sprache und seine Botschaft verstehen."
Im letzten Zitat wird u. a. darauf hingewiesen, dass Freude und Liebe,
die oftmals auf menschliche Empfindungen reduziert werden, der Natur
selbst innewohnen. Wir fragen uns, ob es Leben außerhalb der Erde
gibt. Das liegt daran, dass wir nur Tiere und Pflanzen, also die irdischen
Organismen, als Leben definieren. Tesla ging, wie in den Zitaten deutlich wurde, darüber hinaus und schloss sich somit etlichen alten Kultu-

ren an, u. a. Ureinwohnern wie den Indianern und Aborigines, die erkannten und schon immer betonten, dass ausnahmslos alles 'beseelt'
und letztlich lebendig ist. Außerdem wussten sie wie auch Nikola Tesla
(„Rassen und Nationen kommen und vergehen, aber das Leben bleibt."),
dass Nationalität und Besitztum Illusionen sind. Die Absurdität der Tatsache, dass in der Geschichte der Menschheit immer wieder Kriege um
"Landbesitz" geführt wurden, hat 'Crocodile Dundee' herrlich in Worte
gefasst: „Die Aborigines besitzen das Land nicht. Es ist wie ihre Mutter. Die Felsen werden immer noch da sein, wenn wir schon längst weg
sind. Sich darüber streiten, wem sie gehören, das ist, als ob sich zwei
Flöhe darüber streiten, wem der Hund gehört, auf dem sie leben."
Selbstverständlich wissen die Aborigines auch, dass es keinen Tod gibt.
Eine sprichwörtliche Weisheit der australischen Ureinwohner lautet:
„Wir sind alle Besucher dieser Zeit, dieses Ortes. Wir sind nur auf der
Durchreise. Unsere Aufgabe hier ist es, zu beobachten, zu lernen, zu
wachsen, zu lieben ... und dann kehren wir nach Hause zurück."
Das harmoniert mit einer Äußerung von Tesla: „Der Tod existiert nicht.
Mit diesem Wissen verschwindet auch die Angst vor ihm."

Das Vorkommnis, um welches es hier eigentlich geht, ist auch ein Phä-
nomen im Zusammenhang mit einem Tier... John J. O'Neill, ein enger
Freund von Nikola Tesla, schrieb in seinem Buch "Das verlorene Genie:
Das außergewöhnliche Leben des Nikola Tesla":

„Tesla erzählte mir die Geschichte; aber hätte ich nicht einen Zeugen
gehabt, der mir versicherte, genau das Gleiche gehört zu haben, hätte
ich mich selbst davon überzeugt, dass ich nur ein Traumerlebnis hatte.
Das Gespräch fand im Hotel New Yorker statt. Ich wurde von William
Lauren begleitet, Wissenschaftsautor der New York Times.
Es war die Liebesgeschichte von Teslas Leben.
Er erzählte seine Geschichte einfach, knapp und ohne Ausschmückun-
gen, aber in seiner Stimme wallten trotzdem die Gefühle auf." ...

(Tesla:)

„Ich habe Tauben gefüttert, tausende Tauben, jahrelang. Aber da war eine Taube, ein wunderschöner Vogel. Es war ein Weibchen. Ich würde diese Taube überall erkennen. Egal wo ich war, diese Taube fand mich. Wenn ich sie brauchte, musste ich es mir nur wünschen und sie rufen und sie kam zu mir geflogen. Sie verstand mich und ich verstand sie. Ich liebte diese Taube. Ja, ich liebte sie und sie liebte mich.

War sie krank, dann wusste und verstand ich es; sie kam zu meinem Zimmer und ich blieb tagelang an ihrer Seite. Ich pflegte sie wieder gesund. Diese Taube war die Freude meines Lebens.

Wenn sie mich brauchte, war alles andere egal.

Dann, eines Nachts, lag ich in der Dunkelheit auf meinem Bett und löste wie gewöhnlich Probleme, sie flog durch das offene Fenster und setzte sich auf meinen Tisch. Ich wusste, dass sie mich brauchte; sie wollte mir etwas Wichtiges erzählen und so stand ich auf und ging zu ihr. Als ich sie anschaute, wusste ich, was sie mir sagen wollte – sie lag im Sterben. Und dann, als ich ihre Nachricht verstanden hatte, trat ein Licht aus ihren Augen – mächtige Lichtstrahlen. Ja, es war ein richtiges Licht, ein mächtiges, schillerndes, blendendes Licht, ein Licht, das stärker war, als ich es je mit den leistungsstärksten Lampen meines Labors produziert habe.

Als diese Taube starb, trat etwas aus meinem Leben.

Als dieses Etwas aus meinem Leben trat, wusste ich, dass meine Lebensarbeit beendet war.“

Abschließend noch eine Geschichte, die im selben Buch zu finden ist... Sie hat mich zum Lachen gebracht und diesen außergewöhnlichen Mann noch viel sympathischer gemacht: Als Nikola Tesla die Edison-Medaille verliehen werden sollte, warteten viele Menschen vergeblich im Saal auf sein Erscheinen. Er war stattdessen im Park – um Tauben zu füttern.

Eben Alexander

Wir kehren nun – dem Ende dieses Kapitels und des gesamten Buches näherkommend – noch einmal zum Phänomen der Nahtoderfahrungen zurück. Wenn der physische Körper außer Gefecht gesetzt ist, scheint die beste Voraussetzung dafür geschaffen zu sein, dass wir die Grenzen sprengen und uns an unsere ewige Natur erinnern können.

Der kommende Erfahrungsbericht entsprang einem wahrhaft außergewöhnlichen Nahtoderlebnis und sorgte rasch für weltweites Aufsehen. Der ehemalige Harvard-Dozent und Neurochirurg Eben Alexander verließ seinen Körper, als sein Gehirn von einer schweren Meningitis lahmgelegt wurde. Raymond Moody, Arzt und Pionier der Nahtodforschung, äußerte sich verblüfft: „Sein Fall ist der erstaunlichste, von dem ich in mehr als 4 Jahrzehnten gehört habe, in denen ich dieses Phänomen untersuche. Er ist der lebende Beweis für das Leben nach dem Tod."

In der Tat ist auch mir unter den zahlreichen Fallgeschichten, die ich mir enthusiastisch zu Gemüte geführt habe, kein vergleichbarer begegnet. Daher möchte ich Eben Alexander besonders ausführlich zitieren. Alexander selbst stellt jedoch klar, dass Menschen zu allen Zeiten und überall auf der Welt ähnliche Erfahrungen gemacht und dieselben Erkenntnisse gewonnen haben: „Ich bin nicht der erste Mensch, der Beweise dafür entdeckt hat, dass das Bewusstsein jenseits des Körpers existiert. Kurze, wunderbare Einblicke in dieses Reich sind so alt wie die Geschichte der Menschheit."

In der Medizin unterscheidet man zwischen viralen und bakteriellen Gehirnhautentzündungen. Im Vergleich zu der Form, die durch Viren verursacht wird, ist die von Bakterien ausgelöste Variante deutlich seltener und wesentlich gefährlicher. Eben Alexanders Hirnhautentzündung wurde durch das widerstandsfähige Bakterium Escherichia coli ausgelöst. Unter diesen Umständen verläuft sie normalerweise tödlich. Wenn ausnahmsweise ein Patient überlebt, bleiben fast immer schwerwiegende Schäden zurück. Eben Alexander ist der einzige bekannte Fall der Medizingeschichte, in dem sich ein Patient nach mehreren Tagen im Koma von dieser seltenen Form der Meningitis vollständig erholte.

Er wurde materialistisch ausgebildet, dementsprechend hielt er nichts von NTE... „Ich bin in einer wissenschaftlichen Welt aufgewachsen. Als Neurochirurg glaubte ich nicht an das Phänomen der Nahtoderfahrungen. Ebenso wie viele andere wissenschaftliche Skeptiker weigerte ich mich sogar, mir die Daten genauer anzuschauen, die für Fragen zu diesen Phänomenen relevant waren. Ich fällte vorschnelle Urteile über diese Daten und diejenigen, die sie zur Verfügung stellten, weil meine eingeschränkte Sichtweise es mir nicht erlaubte, mir auch nur eine vage Vorstellung davon zu machen, wie solche Dinge tatsächlich geschehen können. Diejenigen, die behaupten, es gäbe keine Beweise für Phänomene, die auf ein erweitertes Bewusstsein hinweisen, obwohl es überwältigende Belege dafür gibt, sind willentlich unwissend. Sie glauben, dass sie die Wahrheit kennen, ohne sich die Fakten anschauen zu müssen.", so Eben Alexander. Damit dient er als ein perfektes Beispiel für die weitverbreitete Ignoranz, die oftmals nur durch eine eigene Erfahrung überwunden werden kann: „Je mehr ich über meinen damaligen Zustand erfuhr und je mehr ich unter Hinzuziehung der wissenschaftlichen Literatur zu erklären versuchte, was passiert war, desto schlechter stand ich da. Alles, die unheimliche Deutlichkeit meines Sehens ebenso wie die Klarheit meiner Gedanken als rein konzeptioneller Ablauf, wies eher auf eine höhere und bessere als auf eine geringere Arbeitsweise meines Gehirnes hin. Aber meine höher entwickelten Gehirnareale waren funktionsunfähig und konnten diese Arbeit nicht tun. Je mehr "wissenschaftliche" Erklärungen von Nahtoderlebnissen ich las, desto schockierter war ich über ihre Fadenscheinigkeit. Und doch musste ich zähneknirschend zugeben, dass es genau die Erklärungen waren, auf die mein altes "Ich" vage verwiesen hätte, wenn mich jemand gebeten hätte, zu "erklären", was ein Nahtoderlebnis ist."

Die eigene Konfrontation sorgte also für einen unumkehrbaren Wandel. Sie machte ihn darauf aufmerksam, dass sein wissenschaftlicher Hintergrund nicht hilfreich ist, um zu ergründen, was mit ihm geschehen war... „Es gibt keine wissenschaftliche Erklärung für die Tatsache, dass, während mein Körper im Koma lag, mein bewusstes, inneres Selbst lebendig und gesund war."

Seine Erfahrung ermunterte ihn dazu, alles zu hinterfragen, was ihm beigebracht worden war. Er erkannte, dass es keinen grundsätzlichen Widerspruch zwischen Wissenschaft und Spiritualität gibt und dass solcherlei Annahmen bloße Vorurteile sind...

„Die Wissenschaft, der ich so viel von meinem Leben gewidmet habe, bestreitet das, was ich gelernt habe, nicht. Doch viel zu viele Menschen tun das, weil gewisse Mitglieder der wissenschaftlichen Gemeinde, die sich einer materialistischen Weltsicht verschrieben haben, immer und immer wieder darauf bestanden haben, dass Wissenschaft und Spiritualität nicht koexistieren können. Sie irren sich."

Viele Menschen haben ein geradezu romantisches Bild von der Wissenschaft und wissenschaftlichen Forschern, das sich bei genauerer Betrachtung als unrealistisch entlarvt.

Der Arzt Michael Crichton, dessen Bücher sich weltweit über 200 Millionen Mal verkauft haben, stellt schonungslos klar:

„Die Wissenschaft ist nichts Besonderes – zumindest nicht mehr. Vielleicht noch zu Zeiten von Einstein und Niels Bohr, als es nur ein paar Dutzend wichtige Forscher auf jedem Gebiet gab. Aber heute gibt es in Amerika drei Millionen Forscher. Es ist keine Berufung mehr, es ist ein Beruf. Wissenschaft ist genauso korrumpierbar wie jede andere menschliche Tätigkeit. Ihre Vertreter sind keine Heiligen, sie sind Menschen, und sie tun, was Menschen tun – sie lügen, betrügen, bestehlen sich gegenseitig, verklagen, verheimlichen Daten, fälschen Daten, überschätzen ihre eigene Bedeutung und verunglimpfen gegnerische Ansichten auf unfaire Weise."

Auch die großartigen Physiker Max Born und Arthur Stanley Eddington sowie der niederländische Wissenschaftler Bernardo Kastrup bestritten die Unvollkommenheit ihrer Kollegen nicht:

„Es stimmt, dass viele Wissenschaftler nicht philosophisch gesinnt sind und bisher viel Geschick und Einfallsreichtum, aber wenig Weisheit gezeigt haben." (Born)

„Wissenschaft ist eine Sache, Weisheit ist eine andere. Die Wissenschaft ist ein scharfkantiges Werkzeug, mit dem die Menschen wie Kinder spielen und sich in die eigenen Finger schneiden." (Eddington)

„Wir befinden uns jetzt in der Situation, dass wir Weisheit und Anleitung von intellektuellen Spezialisten erwarten, die zwar abstrakte mathematische Rätsel lösen können, aber oft weitgehend vom Leben abgekoppelt sind. Kein Jugendlicher würde diesen Fehler in seinem eigenen Freundeskreis begehen, wie ein Besuch auf jedem Schulhof zeigt. Wir müssen den Mut aufbringen, uns einzugestehen, dass einige der berühmtesten Intellektuellen und Wissenschaftler unter uns nicht mehr waren als arrogante Kinder, wenn es um ihr Verständnis der Natur der Realität und ihres eigenen Menschseins geht. Die weit verbreitete kulturelle Vorstellung, dass die Wissenschaft den größten Teil der Welt erklärt hat, ist in skandalöser Weise ungerechtfertigt. Nach allem, was wir wissen, haben wir nur sehr, sehr wenig erklärt; praktisch nichts." (Kastrup) ... Die letzte Aussage erinnert stark an ein Eingeständnis von Newton: „Was wir wissen, ist ein Tropfen, was wir nicht wissen, ein Ozean." Viele Forscher waren sich ihrer Grenzen bewusst und blieben bescheiden, darunter zwei der besten Physiker des 20. Jahrhunderts:

„Das Beste, was die meisten von uns in der Physik zu erreichen hoffen, ist einfach, auf einer tieferen Ebene zu missverstehen."
Wolfgang Pauli
(Österreichischer Wissenschaftler; Nobelpreisträger)

„Wissenschaft ist der Glaube an die Unwissenheit von Experten. Ich bin klug genug, um zu wissen, dass ich dumm bin."
Richard Feynman
(Mitbegründer der Quantenelektrodynamik; Nobelpreisträger)

Das Resultat von Eben Alexanders außerkörperlicher Reise ist eine Bescheidenheit, die unter Wissenschaftlern und Menschen im Allgemeinen zu selten vorkommt... „Meine Reise tief ins Koma – heraus aus dieser kleinen physischen Welt und hinein in die erhabenste Wohnstätte des allmächtigen Schöpfers – offenbarte mir die unbeschreiblich große Kluft zwischen unserem menschlichen Wissen und dem Ehrfurcht einflößenden Reich Gottes. Wir können nur sehen, was der Filter unseres Gehirns durchlässt. Zu denken, diese physische Welt sei alles, worauf es ankommt, ist etwa so, als sperrte man sich selbst in einen kleinen Schrank und stellte sich vor, es gäbe außerhalb davon nichts anderes. Die gesamte Größe des physischen Universums ist nichts im Vergleich zu dem geistigen Bereich, aus dem es entstanden ist – dem Bereich des Bewusstseins. Die physische Seite des Universums ist ein Staubkörnchen im Vergleich zu seinem unsichtbaren, spirituellen Teil. Früher hätte es mir meine Auffassung verboten, ein Wort wie spirituell in einem wissenschaftlichen Gespräch zu verwenden. Mittlerweile halte ich es für ein Wort, das wegzulassen wir uns gar nicht leisten können."
Er betont, dass seine Verständniskapazität trotz erheblicher Wahrnehmungserweiterung Begrenzungen beibehielt: „Das heißt nicht, dass ich das gesamte Universum gesehen habe. In der Tat bestand eine der Wahrheiten, die mir jedes Mal, wenn ich zum Zentrum zurückkehrte, verdeutlicht wurde, in der Unmöglichkeit, alles, was existiert, zu verstehen – weder seine körperliche/sichtbare Seite noch seine (viel, viel größere) spirituelle/unsichtbare Seite, ganz zu schweigen von den zahllosen anderen Universen, die existieren oder je existiert haben."
Eines der typischen Merkmale einer Nahtoderfahrung, von dem Alexander berichtet, ist das Gefühl der Zeitlosigkeit – und die Erkenntnis, dass unser wahres Selbst ungeboren und unsterblich ist...
„Wie lange habe ich mich in dieser Welt aufgehalten? Ich habe keine Ahnung. Wenn man sich an einen Ort begibt, an dem es kein Zeitgefühl gibt, wie wir es in der normalen Welt erleben, ist es fast unmöglich, das Gefühl genau zu beschreiben. Als es geschah, als ich dort war, fühlte ich

mich, als wäre ich schon immer dort gewesen und würde auch immer bleiben."

Betrachten wir nun, wie genau der Gehirnspezialist zu dem Schluss kam, dass „das Gehirn nicht das Bewusstsein erzeugt" und dass „unser Geist nicht vom Gehirn oder Körper abhängig ist. Er ist ewig."

Sehen wir uns an, was ihm die Erkenntnis einbrachte, dass „unser ewiges geistiges Selbst realer ist als alles, was wir in dieser physischen Welt wahrnehmen" und dass „wir alle unendliche Wesen in einer begrenzten Dimension sind. Es gibt keine Grenzen außer denen, die man sich selbst setzt."

Bevor Eben Alexander seinen Körper verließ, stellte er unter Beweis, dass selbst hartgesottene Skeptiker in großen Notsituationen ungeahnte spirituelle Neigungen entwickeln können. Nachdem er im Krankenhaus stundenlang vor Schmerzen gestöhnt hatte, wurde er plötzlich still...

„Dann, aus dem Nichts, schrie ich drei Worte. Sie waren kristallklar, und alle anwesenden Ärzte und Schwestern hörten sie. „Gott, hilf mir!" Alle eilten zu meiner Bahre. Aber als sie dort ankamen, war ich schon wieder vollkommen teilnahmslos. Ich habe keine Erinnerung an meine Zeit in der Notaufnahme, auch nicht an die drei Worte, die ich geschrien habe. Aber es waren die letzten Worte, die ich in den nächsten sieben Tagen sagen würde."

Seine fulminante Reise begann mit einem neutralen Zustand, den er als „ein Bewusstsein ohne Erinnerung oder Identität" beschrieb.

Er berichtet, was dann geschah:

„Etwas war in der Dunkelheit aufgetaucht. Es drehte sich langsam und strahlte dabei dünne Fäden aus weiß-goldenem Licht aus. Als das geschah, begann die Dunkelheit um mich herum zu zersplittern und auseinanderzufallen. Dann hörte ich ein neues Geräusch: einen lebendigen Klang. Es folgte das prächtigste, vielschichtigste, schönste Musikstück, das ich je gehört hatte.

Das Licht kam näher und immer näher, drehte und drehte sich und brachte diese Fäden aus reinem, hellen Licht hervor, die, wie ich jetzt sah, hier und da mit Gold gesprenkelt waren. Dann tauchte mitten im Zentrum dieses Lichts noch etwas anderes auf. Ich konzentrierte meine Wahrnehmung angestrengt darauf, um herauszufinden, was es war. Eine Öffnung. Ich schaute überhaupt nicht mehr *auf* das sich langsam drehende Licht, sondern *durch es hindurch*. In dem Moment, in dem ich das begriffen hatte, begann ich mich nach oben zu bewegen. Schnell. Es gab ein zischendes Geräusch, und in Windeseile sauste ich durch die Öffnung und fand mich in einer völlig neuen Welt wieder.

Es war die eigenartigste, schönste Welt, die ich je gesehen hatte. Großartig, lebendig, ekstatisch, atemberaubend ...

Ich könnte ein Adjektiv an das andere reihen, um zu beschreiben, wie diese Welt aussah und sich anfühlte, aber sie greifen alle zu kurz. Unter mir lag eine Landschaft. Sie war grün, üppig und erdähnlich. Es war etwa so, als würden Sie mit Ihren Eltern an einen Ort zurückkehren, wo Sie als ganz kleines Kind ein paar Jahre verbracht haben. Sie glauben, den Ort nicht zu kennen. Aber während Sie sich umschauen, zieht Sie etwas an, und Sie erkennen, dass ein Teil von Ihnen – ein Teil ganz tief in Ihrem Inneren – sich sehr wohl an diesen Ort erinnert und sich freut, wieder dort zu sein. Ich flog über Bäume und Felder, Flüsse und Wasserfälle, hier und da auch über Menschen. Kinder waren auch darunter. Sie lachten und spielten. Die Menschen sangen und tanzten in Kreisen, und manchmal sah ich einen Hund, der um sie herum rannte und an ihnen hochsprang, so voller Freude wie die Menschen. Sie trugen einfache und dennoch schöne Kleider, und ich hatte den Eindruck, dass die Farben dieser Kleider dieselbe Art von Wärme ausstrahlten wie die Bäume und die Blumen, die in der Landschaft um sie herum grünten und blühten. Eine unglaublich schöne Traumwelt... Nur dass es sich nicht um einen Traum handelte. Obwohl ich nicht wusste, wo ich mich befand, und noch nicht einmal, was ich war [Eben erinnerte sich während seiner gesamten Nahtoderfahrung nicht an seine irdische Identität, was sehr ungewöhnlich ist.], bestand für mich an einer Sache kein Zweifel: Der Ort, an dem ich mich plötzlich wiederfand, war vollkommen real. Das Wort 'real' steht für etwas Abstraktes, und es ist frustrierend, wie wirkungslos meine Versuche sind, das zu vermitteln, was ich beschreiben möchte. Stellen Sie sich vor, Sie sind ein Kind und gehen an einem schönen Sommertag ins Kino. Vielleicht war der Film gut, und Sie haben sich gut amüsiert, während Sie im Kino saßen. Doch dann ist die Vorstellung zu Ende, und Sie verlassen das Kino und kehren in die tiefe, lebendige, einladende Wärme des Sommernachmittags zurück. Und in dem Moment, in dem Ihnen die Luft und das Sonnenlicht entgegenschlagen, fragen Sie sich, warum um alles in der Welt Sie diesen prachtvollen Tag damit verschwendet haben, in einem dunklen Kino zu sitzen. Multiplizieren Sie dieses Gefühl mit dem Faktor tausend, und Sie haben immer noch nicht annähernd das Gefühl, das ich dort hatte, wo ich war. Ich weiß nicht genau, wie lange ich so flog. (Die Zeit an diesem Ort war anders als die einfache lineare Zeit, die wir auf der Erde erleben, und sie ist genauso hoffnungslos schwer zu beschreiben wie jeder andere Aspekt davon.) Aber an einem bestimmten Punkt wurde mir klar, dass ich dort oben nicht allein war. Jemand war ganz nah bei mir: eine schöne, junge Frau mit hohen Wangenknochen und tiefblauen Augen. Goldbraune Locken umrahmten ihr liebliches Gesicht. Wir schwebten gemeinsam auf einer kompliziert gemusterten Oberfläche in unbeschreiblichen, strahlenden Farben: dem Flügel eines Schmetterlings. Genau genommen waren Millionen von Schmetterlingen überall um uns herum. Gewaltige, flatternde Wellen aus Schmetterlingen tauchten in die Vegetation und kamen wieder zu uns zurück. Es waren keine einzelnen, von den anderen getrennten Schmetterlinge, die auftauchten, sondern alle zusammen – als bewege sich ein Fluss aus Leben und Farbe durch die Luft. Wir flogen in träge verschlungenen Formationen, vorbei an blühenden Blumen und Knospen an den Bäumen, die sich öffneten, als wir näherkamen. Das Kleid der jungen Frau war einfach, aber die Farben hatten die gleiche überwältigende, plastische Lebendigkeit wie alles andere, wovon wir umgeben waren. Sie schaute mich an. Und hätten Sie diesen Blick nur wenige Momente sehen können, hätte er Ihnen das Ge-

fühl gegeben, dass sich Ihr ganzes Leben bis zu diesem Zeitpunkt ge-
lohnt hat, wie immer es bisher auch verlaufen sein mag. Es war kein
romantischer Blick. Es war kein freundschaftlicher Blick. Es war ein
Blick, der irgendwie über all das hinausging ... über all die verschiedenen Arten von Liebe, die wir hier auf der Erde kennen. Es war etwas
Höheres, das all die anderen Arten von Liebe in sich trug und gleichzeitig echter und reiner war als sie alle zusammen.

Ohne auch nur ein Wort zu sagen, sprach sie zu mir. Die Botschaft ging
durch mich hindurch wie ein Wind, und ich verstand sofort, dass sie
wahr war. Ich wusste es auf dieselbe Weise, wie ich wusste, dass die
Welt um uns herum real war – keine Fantasie, nichts Flüchtiges und
Substanzloses. Die Botschaft bestand aus drei Teilen, und wenn ich sie
in eine irdische Sprache übersetzen müsste, würde ich sagen, dass sie
in etwa so lauteten:

„Du wirst für immer zutiefst geliebt und geschätzt."

„Du hast nichts zu befürchten."

„Du kannst nichts falsch machen."

Die Botschaft durchflutete mich mit einem gewaltigen, verrückten Gefühl der Erleichterung. Es war, als würden mir die Regeln für ein Spiel
ausgehändigt, das ich mein ganzes Leben lang gespielt hatte, ohne es
jemals ganz zu verstehen.

„Wir werden dir hier viele Dinge zeigen", sagte die junge Frau – wieder
ohne tatsächlich diese Worte zu gebrauchen, sondern indem sie mir ihre
Kernbotschaft direkt einflößte. „Doch am Ende wirst du zurückkehren."

Erinnern Sie sich, wer hier zu Ihnen spricht. Ich bin kein Gefühls-
mensch. Ich weiß, wie der Tod aussieht. Ich weiß, wie es sich anfühlt,
wenn sich eine lebende Person, mit der Sie in besseren Tagen gesprochen und gescherzt haben, in ein lebloses Objekt auf einem Operationstisch verwandelt, nachdem Sie stundenlang darum gekämpft haben, die
Maschinerie ihres Körpers am Laufen zu halten. Ich weiß, wie Leid aussieht, und ich kenne die untröstliche Trauer in den Gesichtern von Angehörigen, die jemanden verloren haben, von dem sie nicht im Traum

gedacht hätten, dass er irgendwann nicht mehr da sein könnte. Ich kenne meine Biologie und obwohl ich kein Physiker bin, war ich auch in Physik kein Versager. Ich kenne den Unterschied zwischen Fantasie und Realität, und ich weiß, dass die Erfahrung, von der ich Ihnen hier einen vagen, weitgehend unbefriedigenden Eindruck zu vermitteln versuche, die wirklichste Erfahrung in meinem Leben war.

In der Tat hatte sie in der Realitätsabteilung nur eine Konkurrenz, die ich nun beschreiben werde."

Bevor wir Eben Alexander fortfahren lassen, verraten wir, wer das Mädchen war, das ihm die Botschaft überbrachte: seine verstorbene Schwester. Da er adoptiert wurde, hatte er sie nie kennengelernt.

„Vier Monate nach meiner Entlassung aus dem Krankenhaus kam meine leibliche Schwester Kathy endlich dazu, mir ein Foto unserer gemeinsamen Schwester Betsy zu schicken. Ich öffnete den übergroßen Briefumschlag und zog ein gerahmtes Hochglanzfarbfoto der Schwester heraus, die ich nie gekannt hatte. Betsy hatte lange braune Haare und tiefblaue Augen, und ihr Lächeln, das Liebe und Freundlichkeit ausstrahlte, ging mir durch und durch, während mein Herz schmerzte und gleichzeitig weiter wurde. Meine Augen wurden feucht, als ich das Bild behutsam auf die Kommode stellte und es anstarrte. Sie sah so seltsam, so bewegend bekannt aus. Für einen Moment begab ich mich in einen eigenartig benommenen Raum, nicht denkend, sondern nur etwas absorbierend. Ein Gedanke, der direkt am Rande meines Bewusstseins war, aber sich noch nicht ganz Bahn gebrochen hatte. Dann wanderten meine Augen hinüber zur Kommode und zu dem Foto, das Kathy mir geschickt hatte. Das Foto der Schwester, die ich nie kennengelernt hatte; die ich nur aus den Geschichten kannte, die meine leibliche Familie mir über sie erzählt hatte – Geschichten darüber, was für ein außerordentlich freundlicher und wunderbar fürsorglicher Mensch sie gewesen war. Ein Mensch, hatten sie oft gesagt, so herzensgut, dass sie geradezu ein Engel war. Ohne das Kleid, ohne das himmlische Licht, das sie im Übergang umgab, während sie auf den wunderschönen Schmetterlingsflügeln saß, war sie zunächst nicht so leicht zu erkennen. Doch das war nur normal. Ich hatte ihr himmlisches Selbst gesehen – das Selbst, das über und jenseits dieses irdischen Bereichs mit all seinen Tragödien und Sorgen lebte. Aber nun war keine Verwechslung mehr möglich, kein Irrtum, was ihr liebevolles Lächeln betraf, den zuversichtlichen und unendlich tröstenden Blick, die strahlenden, blauen Augen. Sie war es."

Zurück zum Erfahrungsbericht...

„Mittlerweile war ich an einem Ort voller Wolken. Große, bauschige, rosa-weiße Wolken, die sich scharf gegen den tief schwarzblauen Himmel abhoben. Über den Wolken – unermesslich viel höher – zogen Scharen von durchsichtigen Kugeln über den Himmel und ließen lange, wie Luftschlangen aussehende Streifen hinter sich. Vögel? Engel? Diese Worte meldeten sich, während ich meine Erinnerungen niederschrieb. Aber keines davon wird diesen Wesen gerecht, die sich deutlich von dem unterschieden, was ich bisher kannte. Sie waren weiter entwickelt. Höher. Ein Klang, gewaltig und volltönend wie ein herrlicher Gesang, erschallte von oben, und ich fragte mich, ob es wohl die geflügelten Wesen waren, die ihn hervorbrachten. Als ich – wiederum viel später – darüber nachdachte, kam mir in den Sinn, dass die Freude dieser Kreaturen, während sie sich in die Höhe schwangen, so groß war, dass sie diese Geräusche machen *mussten*. Sie wären einfach nicht in der Lage, all diese Freude für sich zu behalten. Also sprudelte sie in dieser Weise aus ihnen heraus. Der Klang war greifbar und fast materiell wie ein Regen, den man zwar auf seiner Haut spüren kann, der einen aber nicht nass macht. Sehen und Hören waren nicht voneinander getrennt an diesem Ort, an dem ich mich nun aufhielt. Ich konnte die sichtbare Schönheit der silbrigen Körper jener funkelnden Wesen über mir *hören* und die wogende, freudvolle Vollkommenheit dessen, was sie sangen, *sehen*. Es schien, als könne man sich in dieser Welt nichts anschauen oder anhören, ohne ein Teil davon zu werden – ohne sich auf irgendeine mysteriöse Weise damit zu verbinden. Wiederum aus meiner jetzigen Perspektive möchte ich behaupten, dass man in dieser Welt überhaupt nicht *auf* etwas schauen beziehungsweise sich etwas *anschauen* konnte, weil allein die Wörter *auf* und *an* eine Trennung implizieren, und die gab es dort nicht. Alles war deutlich und ausgeprägt, aber auch Teil von allem anderen wie die reichen und eng miteinander verflochtenen Muster eines Perserteppichs ... oder eines Schmetterlingsflügels."

Er fährt fort mit der Schilderung des wahrscheinlich eindrucksvollsten Teils seiner Reise...

„Ein warmer Wind wehte, die Art von Wind, wie er an absolut perfekten Sommertagen aufkommt, um ein paar Blätter von den Bäumen zu wehen und wie ein himmlisches Wasser vorbeizuziehen. Eine göttliche Brise. Sie veränderte alles, brachte die Welt um mich herum auf eine noch höhere Oktave, versetzte sie in eine höhere Schwingung. Obwohl meine Sprachfunktion immer noch kaum vorhanden war, zumindest nach unseren irdischen Vorstellungen nicht, fing ich an, diesem Wind – und dem göttlichen Wesen, das ich dahinter oder darin am Werk spürte – wortlose Fragen zu stellen. *Wo ist dieser Ort? Wer bin ich? Warum bin ich hier?* Jedes Mal, wenn ich in der Stille eine solche Frage aufwarf, kam die Antwort sofort, und zwar in Form einer Explosion aus Licht, Farbe, Liebe und Schönheit, die wie eine hohe Welle durch mich hindurchfegte. Was so wichtig an diesen Ausbrüchen war: Sie löschten meine Fragen nicht einfach aus, überwältigten sie nicht. Sie beantworteten sie, aber auf eine Art und Weise, die keine Sprache brauchte. Die Gedanken drangen direkt in mich ein. Aber es waren keine Gedanken, wie wir sie auf der Erde haben. Sie waren nicht vage, immateriell oder abstrakt. Diese Gedanken waren massiv und unmittelbar – heißer als Feuer und nasser als Wasser – und während ich sie empfing, war ich auf der Stelle und ohne jede Anstrengung in der Lage, Konzepte zu begreifen, für deren Verständnis ich in meinem irdischen Leben Jahre gebraucht hätte. Ich bewegte mich noch weiter und ging alsbald in eine gewaltige Leere ein – vollkommen dunkel, unermesslich groß, aber auch unendlich tröstlich. Sie war rabenschwarz, floss aber gleichzeitig über vor Licht – einem Licht, das aus einer strahlenden Kugel zu kommen schien, die ich

jetzt direkt neben mir spürte. Diese Kugel lebte und war fast materiell,
wie die Lieder der Engelwesen es gewesen waren. Meine Situation äh-
nelte seltsamerweise der eines Fötus im Mutterleib. Der Fötus schwebt
im Mutterleib mit seiner stillen Partnerin, der Plazenta, die ihn ernährt
und als Vermittlerin zu der überall präsenten und doch unsichtbaren
Mutter fungiert. In diesem Fall war die "Mutter" Gott, der Schöpfer,
die Quelle, die für die Entstehung des gesamten Universums verantwortlich ist. Dieses Wesen war so nah, dass es überhaupt keine Distanz
mehr zwischen Gott und mir selbst gab. Aber gleichzeitig konnte ich die
unendliche Weite des Schöpfers spüren, konnte sehen, wie winzig klein
ich im Vergleich zu ihm war. Ich werde Gott gelegentlich *Om* nennen,
weil ich diese Bezeichnung für ihn ursprünglich in meinen Aufzeichnungen nach dem Koma benutzt habe. "Om" war der Klang, den ich im Zusammenhang mit dem allwissenden, allmächtigen und bedingungslos liebenden Gott gehört hatte, aber jede Beschreibung von ihm greift zu
kurz. Die reine Weite, die das Om und mich trennte, war, wie ich erkannte, der Grund, warum die Lichtkugel mein Begleiter war. Ich konnte
es zwar nicht ganz begreifen, aber ich war mir dennoch sicher, dass
diese Kugel eine Art "Übersetzer" zwischen mir und dieser außeror-
dentlichen Präsenz bildete, die mich umgab. Es war, als würde ich in eine größere Welt geboren. Das Universum glich einem gigantischen kosmischen Mutterleib und die Lichtkugel (die auf irgendeine Weise mit
der jungen Frau auf dem Schmetterlingsflügel verbunden blieb, die in
Wirklichkeit *sie* war) führte mich durch diesen Prozess. Später, als ich
mich wieder in dieser Welt befand, stieß ich auf einen Satz des christlichen Dichters Henry Vaughan aus dem 17. Jahrhundert, der diesen Ort
ziemlich gut beschreibt – dieses gewaltige, tintenschwarze Zentrum,
welches das Göttliche beheimatet: „In Gott ist, sagen manche, eine tiefe
und doch blendende Dunkelheit..." Genau das war es: eine tiefschwarze
Dunkelheit, die zugleich übervoll von Licht war. Das Wechselspiel aus
Fragen und Antworten wurde fortgesetzt. Obwohl wir nach wie vor nicht
in Form einer Sprache, wie wir sie kennen, kommunizierten, war die

"Stimme" dieses Wesens warm und – ich weiß, das mag seltsam klingen – persönlich. Es verstand die Menschen und verfügte über Eigenschaften, die wir auch haben, nur in einem unendlich größeren Ausmaß. Es kannte mich in- und auswendig und sprudelte über vor Eigenschaften, die ich mein ganzes Leben lang mit menschlichen Wesen – und nur mit menschlichen Wesen – in Verbindung gebracht hatte: Wärme, Mitgefühl, Pathos... ja, sogar Humor und Ironie."

An dieser Stelle pausieren wir, um diese wertvolle Erkenntnis auf uns wirken zu lassen. Ein Nahtoderfahrener, den Dr. Jeffrey Long im Buch "Beweise für ein Leben nach dem Tod" zitierte, sprach ebenfalls davon, dass Gott „einen fantastischen Sinn für Humor" habe und er in seiner Nahtoderfahrung mehr denn je zum Lachen gebracht worden sei!

Gott ist humorvoll. Das überrascht mich nicht. Ich habe schon immer geahnt, dass Humor keine menschliche Erfindung ist, sondern eine tiefere Dimension hat, von Eben Alexander in wundervollen Worten bestätigt: „Lachen und Ironie erinnern uns im Grunde daran, dass wir keine Gefangenen dieser Welt sind, sondern vielmehr Reisende, deren Weg durch sie hindurchführt."

> „Gott ist ein Komödiant,
> der vor einem Publikum spielt,
> das zu ängstlich zum Lachen ist."
> (Voltaire)

„Gott macht immer Witze! Schau dir dein eigenes Leben an – es ist ein Witz. Schau dir das Leben anderer Menschen an und du findest Witze und Witze und Witze. Ernsthaftigkeit ist eine Krankheit. Ernsthaftigkeit hat nichts Spirituelles an sich. Spiritualität ist Lachen. Spiritualität ist Freude. Spiritualität ist Spaß." (Osho)

Eben Alexander fährt fort mit den Lektionen, die er gelernt hat:
„Über die Lichtkugel teilte das Om mir mit, dass es nicht nur ein Universum gibt, sondern viele – in der Tat mehr, als ich begreifen konnte.

Doch die Liebe war das Herzstück von ihnen allen. Auch das Böse war in jedem anderen Universum präsent, aber nur in winzigen Mengen. So schrecklich und allmächtig das Böse in einer Welt wie der unseren manchmal auch zu sein schien, insgesamt betrachtet war die Liebe von überwältigender Dominanz und würde letztlich triumphieren.

Ich sah den Überfluss des Lebens in den zahllosen Universen, auch in manchen, in denen die Intelligenz sehr viel weiter entwickelt war als die der Menschheit auf der Erde. Ich sah, dass es unzählige höhere Dimensionen gibt und dass die einzige Möglichkeit, diese Dimensionen kennenzulernen, darin besteht, sich dort hineinzubegeben und sie direkt zu erfahren. Sie können von einer niedrigeren Dimension aus nicht erkannt oder verstanden werden. Ursache und Wirkung existieren auch in diesen höheren Bereichen, doch jenseits unserer irdischen Auffassung von ihnen. Die Welt aus Zeit und Raum, in der wir uns in diesem irdischen Bereich bewegen, ist eng und vielfältig mit diesen höheren Welten vernetzt. Mit anderen Worten: Diese Welten sind nicht völlig von uns abgesondert, weil alle Welten ein Teil derselben allumfassenden göttlichen Realität sind. Von diesen höheren Welten aus hat man Zugang zu jeder Zeit und jedem Ort in unserer Welt.

Ich werde den Rest meines Lebens und noch viel mehr brauchen, um verarbeiten zu können, was ich dort oben gelernt habe. Das Wissen, das ich erhielt, wurde mir nicht so vermittelt, wie es etwa im Geschichtsunterricht oder bei einem mathematischen Lehrsatz üblich ist. Die Einsichten stellten sich unmittelbar ein und mussten nicht beschworen und eingeordnet werden. Das Wissen wurde ohne Auswendiglernen gespeichert, sofort und für immer. Dieses Wissen verblasste auch nicht, wie das bei gewöhnlichen Informationen der Fall ist. Es steht mir bis zum heutigen Tag zur Verfügung und ist sehr viel klarer und deutlicher als alles Wissen, das ich während meiner Schulzeit erworben habe. Damit will ich nicht sagen, dass ich jederzeit an dieses Wissen herankomme. Denn jetzt, wo ich wieder hier im irdischen Bereich bin, muss ich es mit meinem begrenzten physischen Körper und Gehirn verarbeiten. Aber es ist da, eingeprägt in mein Sein. Das spüre ich. Für einen Menschen wie mich, der sein ganzes Leben lang hart gearbeitet hat, um auf die altmodische Weise Wissen und Verständnis anzusammeln, war allein die Entdeckung dieser höheren Ebene des Lernens genug, um mir ewig lange Stoff zum Nachdenken zu geben."

Eben Alexander teilt uns mehr über seine Gotteserfahrung mit:

„Das Wort *Allwissenheit* zu benutzen scheint mir unpassend, denn die Ehrfurcht und die kreative Kraft, die ich erlebte, lagen jenseits von allem, was benannt werden kann. Ich erkannte, dass die Verbote mancher Religionen, Gott zu benennen oder die göttlichen Propheten bildlich darzustellen, tatsächlich intuitiv richtig waren, weil die Realität Gottes in Wahrheit so völlig jenseits all unserer menschlichen Versuche liegt, Gott in Worte oder Bilder zu fassen, während wir hier auf der Erde sind. Genau wie mein Bewusstsein sowohl individuell als auch gleichzeitig völlig eins mit dem Universum war, zogen sich die Grenzen dessen, was ich als mein "Ich" erlebte, bisweilen zusammen und erweiterten sich dann wieder, um alles einzuschließen, was bis in alle Ewigkeit besteht. Das Verschwimmen der Grenze zwischen meinem Bewusstsein und dem Bereich um mich herum ging bisweilen so weit, dass ich zum gesamten Universum wurde. Ich könnte es auch so ausdrücken, dass ich in dem Moment ein Gleichsein mit dem Universum bemerkte, welches die ganze Zeit existiert hatte, für das ich aber bisher blind gewesen war. Eine Analogie, die ich oft gebrauche, um mein Bewusstsein auf dieser tiefsten Ebene zu verdeutlichen, ist die eines Hühnereis. Während ich mich im Zentrum aufhielt, hatte ich, selbst als ich in alle Ewigkeit eins wurde mit der Lichtkugel und dem gesamten höherdimensionalen Universum und eins mit Gott, das starke Gefühl, dass der kreative, uranfängliche Aspekt Gottes (der erste Beweger) die Schale um den Inhalt des Eis war, durchweg eng mit ihm verbunden (denn unser Bewusstsein ist eine direkte Erweiterung des Göttlichen), aber für immer jenseits der Möglichkeit, absolut identisch mit dem Bewusstsein des Erschaffenen zu sein. Selbst als mein Bewusstsein mit allem und der Ewigkeit gleich wurde, merkte ich, dass ich nicht ganz eins werden konnte mit dem kreativen, ursprünglichen Lenker von allem, was ist. Im Innersten der grenzenlosesten Einheit war immer noch diese Dualität. Möglicherweise ist eine so offenkundige Dualität einfach das Ergebnis des Versuchs, eine derartige Bewusstheit mit zurück in diese Welt zu bringen."

Diese Beschreibungen erinnern mich an etwas, das Larry Dossey in seinem Buch "One Mind" geschrieben hat. Eben Alexander äußerte sich sehr positiv über dieses Meisterwerk: „Larry Dosseys exzellentes Buch "One Mind" legt das Fundament für das kommende globale Erwachen des Bewusstseins und zeigt den Weg zu seiner Verwirklichung auf."

Im darin enthaltenen Kapitel „Ist der Eine Geist Gott?" schrieb Dossey: „Mit dem nichtlokalen Einen Geist ist unausweichlich die Prämisse verbunden, dass auch wir Eigenschaften haben, die gemeinhin Gott vorbehalten sind. Hat Jesus deshalb gesagt: „Steht nicht geschrieben in eurem Gesetz: ‚Ich habe gesagt, ihr seid Götter'"? Und: „Das Reich Gottes ist inwendig in Euch." Und verkünden nicht deshalb Indiens uralte Upanishaden *tat tvam asi* – „Du bist das"?

Ein Wassertropfen im Meer ist in seiner chemischen Zusammensetzung eins mit dem gesamten Meer, nicht jedoch seinem Volumen und seiner Kraft nach. Im selben Sinne ist der Mensch in mancher Hinsicht mit dem Absoluten identisch, in anderer jedoch nicht. Wie weit geht unser Einssein mit dem Göttlichen? (...) Ein Wassertropfen kann vereint und eins mit dem ganzen Meer sein, unterscheidet sich davon jedoch, wie bereits erwähnt, im Hinblick auf Kraft, Örtlichkeit und Wichtigkeit. Ebenso kann ein individueller Geist nichtlokal mit dem Einen Geist vereint sein, unterscheidet sich von ihm jedoch insbesondere hinsichtlich seiner Kraft. Dem Hindu-Weisen Shankara, der im 8. Jahrhundert gelebt hat, werden dazu folgende Worte zugeschrieben:

> „Ist auch kein Unterschied, ich bin aus Dir,
> Nicht Du, oh Herr, aus mir;
> Denn aus dem Meere ist führwahr die Welle,
> doch aus der Welle nicht das Meer."

Werden die Abstufungen des Seins ignoriert, so kann dies zu einer sogenannten "Kategorienverwechslung" führen. Ein Beispiel ist die bereits
erwähnte Behauptung, ein einzelner Tropfen Meerwasser sei – ohne
weitere Einschränkungen – dasselbe wie das Meer. Ein ähnlicher Fehler
unterläuft uns, wenn wir sagen, der Geist des Einzelnen sei dasselbe
wie der Göttliche Geist, ohne die Seinsabstufungen zu beachten.
Die Frage, ob der Eine Geist Gott ist, können wir also mit „Nein,
aber..." beantworten. Es bestehen tiefgreifende Unterschiede zwischen
diesen beiden Dimensionen – dem Einen Geist der Menschen und dem
Absoluten. Daher das uralte Prinzip: „Das Höhere enthält das Niedrigere, aber das Niedrigere enthält nicht das Höhere." Die Missachtung dieser Unterschiede kann zu einem aufgeblasenen Ego und zu Hybris führen. Dennoch gilt, die Ähnlichkeiten bestehen und sollen nicht herunter-
gespielt werden. Wir haben Eigenschaften mit dem Göttlichen gemein,
genau wie der einzelne Tropfen Meerwasser eine herunterskalierte
Version des ganzen Meeres ist. Die Missachtung dieser Ähnlichkeiten
kann die düstere Ansicht verstärken, wir seien unwürdige Sünder, von
Geburt an durchtriebene, bösartige, fehlgeleitete Kreaturen. Wie in den
meisten Dingen, ist auch hier Ausgewogenheit das Entscheidende.", so
Larry Dossey. Das ist weder kompromisslose Non-Dualität noch Dualität.
Ähnlich geschickt hat es Anthony de Mello ausgedrückt:
„Wie kann man die Vereinigung mit Gott suchen?"...„Je intensiver
du suchst, desto mehr Abstand schaffst du zwischen Ihm und dir."...
„Was macht man mit dem Abstand?"...„Verstehe, dass er nicht da ist."
...„Heißt das, dass Gott und ich eins sind?"...„Nicht eins. Nicht zwei."
...„Wie ist das möglich?"...„Die Sonne und ihr Licht, der Ozean und
die Welle, der Sänger und sein Lied – nicht eins, nicht zwei."
Die oben von Larry Dossey erwähnten „Seinsabstufungen" erweisen sich
als vollkommene Illusion, wenn man tiefer blickt, was ihm sein von der
westlichen Kultur konditionierter Verstand offenbar untersagt hat.
Wir gehen in diesem Buch über jede noch so subtile Art von Dualität
hinaus (siehe insbesondere später in *Die unendliche Weite*)...

Nun aber zurück zu Eben Alexander und seinem Reisebericht:
„Weder hörte ich die Stimme des Om jemals direkt, noch sah ich jemals sein Gesicht. Es war, als spreche das Om durch Gedanken zu mir, die wie Wellenberge durch mich hindurchrollten, die alles um mich herum erschütterten und mir zeigten, dass es ein tieferes Gewebe der Existenz gibt – ein Gewebe, von dem wir alle immer ein Teil sind, dessen wir uns im Allgemeinen aber nicht bewusst sind.

Habe ich also direkt mit Gott kommuniziert? Absolut. So ausgedrückt klingt es prachtvoll. Aber als es passierte, fühlte ich mich nicht so. Vielmehr hatte ich das Gefühl, dass ich etwas tat, was jede Seele tun kann, wenn sie ihren Körper verlässt, und was wir alle schon jetzt mithilfe verschiedener Arten von Gebeten oder tiefer Meditation tun können. Mit Gott zu kommunizieren ist die außergewöhnlichste Erfahrung, die man sich vorstellen kann. Aber es ist gleichzeitig die natürlichste Erfahrung von allen, weil Gott jederzeit in uns allen ist. Allwissend, allmächtig, persönlich – und er liebt uns bedingungslos. Wir sind eins mit Gott – an ihn angeschlossen durch unsere göttliche Verbindung."

Die zentrale Botschaft seiner NTE lautet wie folgt:
(Sie ist so kostbar, dass sie eine Wiederholung verdient.)
„Das Wissen kam in drei Teilen, die sich, wie bereits gesagt, in Worte übersetzt etwa so anhören würden:

1. Du wirst geliebt und geschätzt.
2. Du hast nichts zu befürchten.
3. Du kannst nichts falsch machen.

Wenn ich die gesamte Botschaft in einem Satz zusammenfassen müsste, würde er lauten: Du wirst geliebt. Und wenn ich ihn auf ein einziges Wort reduzieren müsste, hieße es einfach: Liebe.

Liebe ist ohne Zweifel die Basis von allem. Keine abstrakte, schwer zu ergründende Art von Liebe, sondern die ganz alltägliche, die jeder kennt: die Liebe, die wir spüren, wenn wir unseren Partner / unsere Partnerin und unsere Kinder oder auch unsere Haustiere anschauen. In ihrer reinsten und mächtigsten Form ist diese Liebe nicht eifersüchtig oder egoistisch, sondern bedingungslos. Sie ist die Realität der Realitäten, die unbegreiflich herrliche Wahrheit der Wahrheiten, die im Kern von allem, was existiert oder je existieren wird, lebt und atmet. Und niemand, der sie nicht kennt, kann ein auch nur annähernd exaktes Verständnis davon erlangen, wer oder was wir sind, und dies in allen Handlungen verkörpern. Keine sonderlich wissenschaftliche Einsicht? Nun, hier bitte ich zu unterscheiden. Ich war an diesem Ort, ich bin von dort zurückgekehrt, und nichts könnte mich davon überzeugen, dass dies nicht nur die wichtigste emotionale Wahrheit im Universum ist, sondern auch die wichtigste wissenschaftliche Wahrheit. Die bedingungslose Liebe und Akzeptanz, die ich auf meiner Reise erlebte, ist die wichtigste Entdeckung, die ich je gemacht habe oder machen werde."

Der komprimierten Schlussfolgerung der professionellen Analyse seiner eigenen Erfahrung (wofür er wieder in die Rolle des Neurochirurgen schlüpfte) fehlt es nicht an Konkretheit und Schärfe:

„Während ich im Koma lag, arbeitete mein Gehirn nicht etwa unzureichend, es arbeitete *überhaupt nicht.* Mittlerweile glaube ich, dies könnte ein Grund für die Tiefe und Intensität des Nahtoderlebnisses gewesen sein, das ich hatte, während ich sieben Tage lang im Koma lag. Viele der Nahtoderlebnisse, von denen berichtet wird, passieren, während das Herz des Betreffenden für eine Weile stillsteht. In diesen Fällen ist der Neokortex zeitweise inaktiviert, nimmt aber in der Regel nicht zu viel Schaden, wenn der Durchfluss von sauerstoffreichem Blut durch Herz-Lungen-Reanimation oder Reaktivierung der Herzfunktion innerhalb von etwa vier Minuten wiederhergestellt wird. Aber in meinem Fall war der Neokortex – die Hirnrinde, also jener Teil des Gehirns, der uns zu Menschen macht – stillgelegt, vollständig ausgeschaltet. Außer Betrieb. Im Prinzip nicht mehr vorhanden. Ich machte Bekanntschaft mit der Realität einer Bewusstseinswelt, die völlig frei von den Beschränkungen meines physischen Gehirns existierte.

Ich erlebte regelrecht einen ganzen Ansturm von Nahtoderlebnissen. Als praktizierender Neurochirurg, der jahrzehntelang geforscht und

praktisch im Operationssaal gearbeitet hat, bin ich in einer überdurchschnittlich guten Position, um die Tragweite dessen, was mir passiert
ist, zu beurteilen. Diese Tragweite ist so gewaltig, dass es sich nicht
beschreiben lässt. Meine Erfahrung hat mir gezeigt, dass der Tod des
Körpers und des Gehirns nicht das Ende des Bewusstseins ist – dass
die menschliche Erfahrung über das Grab hinausgeht.

Und was noch wichtiger ist: Sie dauert unter dem Blick eines Gottes
fort, der jeden von uns liebt, der sich um uns alle kümmert und darum,
wohin das Universum selbst und alle Wesen in ihm letztendlich gehen.

Der Ort, an den ich ging, war real. Real in einer Weise, die das Leben,
das wir hier und jetzt führen, im Vergleich dazu wie einen Traum erscheinen lässt. Das bedeutet allerdings keineswegs, dass ich das Leben,
das ich jetzt führe, nicht zu schätzen weiß. In der Tat schätze ich es
mehr als je zuvor. Ich schätze es, weil ich jetzt alles in seinem wahren
Zusammenhang sehe."

Eine Aussage von Eben Alexander, deren Botschaft wir bestenfalls nicht
mehr vergessen sollten, empfinde ich als idealen Abschluss unserer Be-
trachtung seines Falls: „Letztlich ist niemand von uns ein Waisenkind.
Wir sind alle in der Position, in der ich war, da wir alle noch eine andere
Familie haben: Wesen, die uns beobachten und über uns wachen;
Wesen, die wir zeitweise vergessen haben, die aber, wenn wir für ihre
Anwesenheit offen sind, nur darauf warten, uns während unserer Zeit
hier auf der Erde zur Seite zu stehen. Keiner von uns ist je ungeliebt.
Der Schöpfer, der uns mehr liebt, als wir überhaupt begreifen können,
kennt jeden einzelnen von uns ganz genau und kümmert sich um uns.
Dieses Wissen darf nicht länger ein Geheimnis bleiben."

Erfahrungen des Autors

Ich habe in diesem menschlichen Leben schätzungsweise 100 Mal vor Freude geweint und kann mich nur an 2 oder 3 Situationen erinnern, in denen ich Freudentränen vergoss, die nicht mit meditativen Erfahrungen in Zusammenhang standen. Die Ursache jener Ausnahmefälle war der Zustand intensiver Verliebtheit. Alle anderen hatten mit Meditation zu tun. Ich habe mich entschieden, dir die drei prägnantesten dieser Erfahrungen anzuvertrauen. Doch bevor ich damit beginne, möchte ich einige grundlegende Tatsachen betonen, die damit einhergehen. Solche Erfahrungen sind nichts Besonderes, sie passieren jeden Tag Tausenden von Menschen auf der ganzen Welt, unter völlig verschiedenen Umständen (wie erwähnt). Die meisten haben Angst, darüber zu sprechen, weil sie sich davor fürchten, für verrückt gehalten zu werden. Das macht mir nichts aus. „Von denjenigen, die noch Opfer der kulturellen Konditionierung sind, für verrückt gehalten zu werden, ist ein Kompliment.", hat Jason Hairston treffend formuliert. „Die Tanzenden wurden für verrückt gehalten von denjenigen, die die Musik nicht hören konnten.", so Friedrich Nietzsche, der auch schrieb: „Je höher wir steigen, desto kleiner erscheinen wir denen, die nicht fliegen können." Pim van Lommel erzählte bei einem Vortrag: „Warum wird uns Ärzten kaum von einer NTE erzählt? Patienten sind aufgrund negativer Reaktionen, die sie erlebt haben, sehr zurückhaltend, ihre Erfahrungen anderen mitzuteilen. Sie brauchen dann das Gefühl, dass man ihnen ohne Vorurteile und Kommentare zuhört. Eines Tages hatten wir eine Konferenz zu NTE mit mehr als 300 Menschen in einem Universitätskrankenhaus. Am Ende eines Vortrags stand ein Mann auf und sagte: „Ich bin seit 25 Jahren Kardiologe und ich habe noch nie so absurde Geschichten gehört! Das ist totaler Unsinn. Ich glaube kein Wort davon." Daraufhin stand ein anderer Mann im Publikum auf und erwiderte: „Ich bin einer Ihrer Patienten. Ich hatte während eines Herzstillstandes eine NTE. Und Sie wären der Letzte, dem ich davon erzählen würde.""

Ich veröffentliche meine Texte, weil ich bei der Auswahl jener, denen ich meine Erfahrungen anvertraue, nicht wählerisch sein möchte. Ihr seid alle herzlich dazu eingeladen, mich für merkwürdig zu halten. Diejenigen, die bereit sind, die Botschaft zu empfangen, werden sie zu schätzen wissen. Wenn meine Berichte bloß einem einzigen Leser in irgendeiner Weise behilflich sein können, betrachte ich meine Mühe im Nachhinein als lohnenswert. Dies gilt sowohl für die Beschreibungen meiner Erlebnisse als auch für das gesamte Buch.

Des Weiteren möchte ich klarstellen:

Ich mache keine Scherze und meine das alles sehr ernst. Es geht hier um kristallklare Erkenntnisse, die auf direkter Erfahrung beruhen. Das hat absolut nichts mit Glaubenssätzen und Meinungen zu tun, und es ist unglaublich wichtig, dies zu verstehen. Es gibt viele Meinungen, aber nur eine Wahrheit. Unter den Weisen kann es keine Uneinigkeit geben.

„Es gibt ein altes tibetisches Sprichwort:

"Wenn zwei Philosophen einer Meinung sind, ist einer kein Philosoph.
Wenn zwei Weise sich nicht einig sind, ist einer kein Weiser."

Alle verwirklichten Wesen haben dieselbe Erfahrung, aber das Problem ist, wie man sie anderen gegenüber beschreiben kann. Bei fast allen Debatten geht es im Grunde um die Art und Weise, wie die Sprache verwendet wird. Die legendäre, zehnjährige Debatte zwischen Chandra Kirti und Chandra Gomin ist ein gutes Beispiel dafür. Diese beiden Meister werden von allen Seiten als verwirklichte Wesen angesehen. Worüber haben sie damals debattiert? Sie debattierten darüber, wie sie die Lehren so formulieren sollten, dass die Gefahr einer Fehlinterpretation am geringsten war." (Ringu Tulku Rinpoche)

Die meisten Menschen ahnen nicht, was sie verpassen, wenn sie an ihrer Ignoranz festhalten. Sie halten am Bild fest, weil sie die Leinwand nicht sehen. Andernfalls würden sie das Bild sofort bereitwillig aufgeben. Denn alle menschlichen Bestrebungen gründen darin, die Grenzen ablegen und sich ausdehnen zu wollen (meistens unbewusst). Dieser Impuls kommt aus der inneren Tiefe und dem intuitiven Wissen darum, dass wir tatsächlich unbegrenzt sind. Leider wird dieses tiefliegende Wissen – die Kenntnis des wirklich Relevanten – meist durch oberflächliche Meinungen über alles Irrelevante verdeckt.

Es gibt zwei "Dinge", die jeder Mensch auf dem Planeten mit absoluter Gewissheit erkennen kann – erstens, *dass* wir sind; zweitens, *was* wir sind. Du kannst dir also der unbestreitbaren Präsenz des Gewahrseins bewusst sein und du kannst die Natur dieses Gewahrseins erkennen. Weil du selbst das bist! Die häufig geäußerte Annahme, wir Menschen könnten niemals die Realität ergründen, lässt außer Acht, dass wir nicht davon getrennt sind. Wenn wir die Natur dessen kennen, was wir wirklich sind – nämlich allumfassend –, dann ist unser Leben ein Ausdruck grenzenloser Liebe. Nichts könnte je so kostbar und bedeutsam wie das sein. Dies ist das Wesentliche im Leben. Alles andere ist zweitrangig. Auf die Frage, was sie für das Wichtigste im Leben hielt, antwortete die wundervolle spirituelle Lehrerin Anandamayi Ma: „Die Suche nach Gott." Yukteswar Giri formulierte es gnadenlos, er unterschied zwischen „den Unwissenden, die Gott nicht suchen, und den Weisen, die Gott suchen." Als eine Frau namens Mary Baker bezüglich ihrer spirituellen Erfahrung gefragt wurde, „Was ist die wichtigste Weisheit, die Sie anderen mitteilen möchten, die selbst keine transzendente Erfahrung hatten?", antwortete sie: „Gott existiert als reales, lebendiges und liebendes Sein. Ihn zu erkennen ist das Wichtigste im Leben."

Es geht nicht darum, sich in einen "besseren" Menschen zu verwandeln. Es geht nicht um persönlichen Fortschritt. Es geht darum, sich selbst als das zu erkennen, was jenseits des Menschlichen, jenseits aller Persönlichkeiten liegt, das, was immer perfekt und vollständig war, ist und sein wird. Keine Person auf der Welt – wie klug, attraktiv, körperlich stark oder finanziell reich sie auch sein mag – könnte sich jemals mit der unendlichen Weite messen, die das einzig wahre Selbst eines jeden Menschen und Lebewesens ist, ohne die geringste Ausnahme.

„Manche Menschen glauben, dass diese Lehre ihre Krankheiten heilen und ihre Beziehungen verbessern wird. Vielleicht, aber das ist nicht der Punkt. Wir versuchen nicht, unser Menschsein zu verbessern. Wenn du dein Menschsein verbessern willst, gibt es viele Kurse über positives Denken. Was wir hier versuchen, ist, unser Menschsein zu vernichten. Es vollständig zu zerstören. Es ist unser Menschsein, das die Missverständnisse und das Leiden verursacht." (Robert Adams)

Dies ist so radikal ausgedrückt, dass ich eine ergänzende Bemerkung anhängen möchte... Selbstverständlich ist unsere menschliche Natur nicht das Problem, sondern der Glaube, darauf beschränkt zu sein. Wenn du glaubst, nichts als ein Mensch zu sein, identifizierst du dich ausschließlich mit deinem Körper (und dem kleinen Menschenverstand). Das ist der Ausgangspunkt des Leids. Anstelle von 'Menschsein' (im Original-Zitat 'Humanhood'; alternative Übersetzung: Menschlichkeit) hätte Adams auch einfach das Wort 'Ego' verwenden können, was er bei anderen Gelegenheiten auch getan hat. Es sind die Differenzen in der Wortwahl, welche die Täuschung hervorrufen können, dass sich spirituelle Lehrer gegenseitig widersprechen (wenige Seiten zuvor im Zitat von R. T. Rinpoche angesprochen). Daher will ich erneut dazu aufrufen, sich auf keinen Fall von einer stillosen oder gar hässlichen Verpackung davon abhalten zu lassen, die darin enthaltenen Pralinen zu kosten. Die vorübergehende Inkarnation als Mensch bietet eine wunderbare Erfahrungsplattform. Unseren menschlichen Aspekt vollständig zu verleugnen, das erscheint mir nicht notwendig und auch nicht erstrebenswert. Es spricht nichts dagegen, diesen Körper und diesen Verstand sowie alle weiteren, damit einhergehenden Möglichkeiten, die uns hier und jetzt zur Verfügung stehen, vollends auszuschöpfen. Problematisch wird es erst dann, wenn wir währenddessen unsere göttliche Natur vergessen.

Der Grund, warum die Menschen nie genug bekommen und immer mehr von allem wollen, liegt darin, dass selbst dann, wenn du die ganze Welt eroberst und besitzt, sie immer noch weniger ist als dein eigenes Selbst, das ewig und unendlich ist. Alles, was weniger ist als Ewigkeit und Unendlichkeit, kann und wird dich nie lange befriedigen, weil es deiner wahren Natur widerspricht. Du bist unbegrenztes Bewusstsein, also schränke dich nicht ein, indem du dein Herz an Schatten verschenkst, an all die Dinge, die kommen und gehen – während du allgegenwärtig bist. Selbsterkenntnis oder Gotteserkenntnis ist die einzige Quelle dauerhaften Glücks. Wenn dich etwas oder jemand glücklich zu machen scheint, dann liegt es daran, dass du dich durch bestimmte Aktivitäten oder Gesellschaft lebendiger fühlst, nicht wahr? Das ist der indirekte Weg. Alles, was du brauchst, um glücklich zu sein, ist das intensive Gefühl reiner Lebendigkeit. Und das ist allen Erscheinungen vorausgehend sowie unabhängig von allem, einschließlich des Körpers und der Welt. Dies zu erkennen und zu fühlen ist der direkte Weg. In Abwesenheit des konditionierten Verstandes gibt es ohnehin keine Welt "da draußen", denn es gibt keine Trennung, kein "ich" und "nicht ich".

Viele Schüler der non-dualen Lehre glauben, dass ihre Individualität mit dem physischen Körper stirbt. Sie glauben, dass der Tod wie der Tiefschlaf ist, das Ende aller Erfahrungen. Das ist ein gewaltiges Missverständnis. Ich weiß aus erster Hand – und scheue mich nicht, das mit aller Klarheit zu sagen und bald auszuführen –, dass das Sehen, Hören und sogar das Denken fortbestehen, wenn das Gehirn nicht mehr mitspielt. Während meiner Erfahrungen befand sich das Gehirn offensichtlich noch im Kopf, den ich während der ersten der drei Erfahrungen, die ich bald schildern werde, aus der Distanz beobachtete.
Ich kann dir schwören, dass sogar deine Individualität nicht auf den Körper beschränkt ist. Außerdem kann ich dir fest versprechen, dass deine geliebten "Verstorbenen" genauso lebendig sind wie du selbst, für immer. Du wirst sie wiedersehen und mit Leichtigkeit wiedererkennen.

Wenn man den größten aller Schätze findet, möchte man ihn natürlich teilen. Aus diesem Grund schreiben spirituelle Lehrer Bücher, halten Vorträge und leiten Seminare. Es gibt im Grunde nur Einen von uns, also ist das Elend eines anderen auch meines, ebenso sein Glück. Daraus erwächst Mitgefühl. Die Advaita-Lehrerin Anandamayi Ma (der Name bedeutet "Glückselige Mutter") saß einmal stundenlang zusammen mit einer Frau, deren Sohn gestorben war und die sie deshalb aufgesucht hatte. Sie weinten gemeinsam. Danach ging die Frau getröstet weg. Dass im Advaita Vedanta immer wieder auf die unpersönliche Natur der Wirklichkeit und des Selbst hingewiesen wird, bringt gelegentlich manche dazu, die Lehre der Non-Dualität als lieblos anzusehen und ihren Vertretern Kaltherzigkeit vorzuwerfen. Zu dieser Schlussfolgerung kann man aber nur gelangen, wenn man die wahre Bedeutung nicht verstanden hat. Anandamayi Ma demonstrierte im soeben erwähnten Beispiel enorme Empathie als natürliche Konsequenz der non-dualen Erkenntnis. War sie selbst betroffen, verhielt sie sich ganz anders: Nach dem Tod ihres Ehemannes Ramani Mohan Chakrabarti zeigte sie keine Anzeichen von Trauer, was die meisten ihrer Schüler in Erstaunen versetzte. Sie blieb so heiter wie immer (sang mit ihrer wunderschönen Stimme, tanzte & lachte) und sagte sanft: „Jammert und weint ihr, wenn ein Mensch in ein anderes Zimmer im Haus geht? Dieser Tod ist unweigerlich mit diesem Leben verbunden. Wo gibt es in der Sphäre der Unsterblichkeit die Frage nach Tod und Verlust? Für mich ist niemand verloren." Die ehrwürdige Frau liefert ein Beispiel für das seltene Phänomen der angeborenen bzw. von Geburt an beibehaltenen 'Erleuchtung': „Mein Bewusstsein hat sich nie mit diesem vorübergehenden Körper assoziiert. Bevor ich auf die Erde kam, war ich dieselbe. Als kleines Mädchen war ich dieselbe. Ich wuchs zur Frau heran, aber ich war immer noch dieselbe. Als die Familie, in die ich hineingeboren wurde, Vorkehrungen traf, diesen Körper zu verheiraten, war ich dieselbe. Und jetzt bin ich dieselbe. Auch wenn sich der Tanz der Schöpfung um mich herum in der Halle der Ewigkeit verändert, werde ich immer dieselbe sein."

Die Bedeutung des Wortes "Buddha" ist "Der Erleuchtete/Erwachte", so wird im Buddhismus also ein erleuchtetes/erwachtes Wesen bezeichnet. Weil ein Buddha jede Anhaftung an die Welt überwunden hat, besteht für ihn eigentlich kein Grund, zu ihr zurückzukehren. Er ist laut buddhistischem Verständnis dem Kreislauf der Wiedergeburten endgültig entkommen. Ein erleuchtetes Wesen, das seinen Eintritt ins "Nirvana" freiwillig hinauszögert und aus Mitgefühl hierbleibt oder erneut inkarniert, um seine Erleuchtung zum Heil aller einzusetzen und anderen Wesen zum Erwachen zu verhelfen, nennt man Bodhisattva. Buddhisten würden Anandamayi Ma also vielleicht als Bodhisattva betrachten.

Jean Herbert gelang eine zutreffende Beschreibung des Zustands, in dem Indiens größte "Heilige" des letzten Jahrhunderts etabliert war: „Die Freude, die Anandamayi Ma lebt, ist nicht jene, die wir aus dem weltlichen Leben kennen, wo Vergnügen und Schmerz, Hoffnung, Trauer und Enttäuschung ständig einander abwechseln, noch ist sie die egozentrische Ruhe stoischer Starrheit, die eine Mauer von Gleichgültigkeit um sich errichtet. Von Ma geht vielmehr eine überfliegende, unbändige Freude aus, die in ihrer Fröhlichkeit einen Ausdruck findet und die keine Hindernisse kennt, weil sie tief im Absoluten, jenseits der Dualität von Gut und Böse, Ich und Nicht-Ich, angenehm und unangenehm, wurzelt und weil Liebe und Weisheit ihr unerschütterliches Fundament bilden."

Ich erinnere mich sehr gut an das Leben, das auf dem Glauben basierte, ein separates Selbst zu sein, und ich kann heute ehrlich sagen, dass das, was ich damals für Glück gehalten habe, tatsächlich nur ein schwacher Abglanz oder Schatten davon war. Selbst wenn man im "Normalzustand" glücklich ist, wird dies immer überschattet von dem "Wissen" um die Vergänglichkeit, dem zumindest im Hintergrund präsenten Gedanken, dass auch das Schöne vergeht und irgendwann alles vorbei ist. Wenn dieser Irrglaube nicht mehr da ist, gibt es keine Wolken mehr, die die Sonne der Glückseligkeit verdecken könnten. Wie dich schon ein kleiner Finger, mit dem du dein Auge zuhältst, davon abhalten kann, die unvorstellbar riesige Sonne zu sehen, so kann dich ein einziger kleiner Gedanke davon abhalten, dein unendliches Selbst und damit das göttliche Glück zu sehen. Ebenso wie sich der Finger leicht aus dem Weg räumen lässt, erfordert es wahrlich kein Hexenwerk, wenigstens vorübergehend vom obsessiven Denken abzulassen und das einfache Sein wiederzuentdecken.

Natürlich kann es auch heute noch jederzeit zu körperlichen Schmerzen und "negativen" Gedanken/Emotionen kommen, aber sie werden immer von einem ortlosen Ort aus beobachtet, an dem nichts geschieht und allein der ewige Friede regiert. Es gibt wirklich kein Leid. Mögen alle Wesen diese Glückseligkeit kennenlernen und in ihr verankert sein.

„Es ist wirklich möglich, dein ganzes Leben lang ein Gewahrsein für das Unmanifeste zu haben. Du spürst es als ein tiefes Gefühl von Frieden, irgendwo im Hintergrund, eine Stille, die dich nie verlässt, ganz gleich, was da draußen passiert. Du wirst zu einer Brücke zwischen dem Unmanifesten und den Manifestationen, zwischen Gott und der Welt."

(Eckhart Tolle)

Zu erkennen, was ich wirklich bin, ist das Beste, was mir in diesem Leben "passiert" ist. Wenn ich die Freude, den Frieden und die Lebendigkeit spüre, die daraus resultieren und zugleich das selbstgeschaffene Leid meiner Mitmenschen sehe, dann ist die natürliche und fast schon zwangsläufige Konsequenz das Herzensbedürfnis, sie ebenfalls vom Nektar der Unendlichkeit kosten zu lassen.

Ein Sprichwort besagt: „Die Bienen verschwenden ihre Zeit nicht damit, den Fliegen zu erklären, dass Honig besser schmeckt als Kot."

Ich bin mir aber sicher, dass die in dieses Buch investierte Zeit nicht verschwendet ist. Ich kann dir natürlich nur den Löffel anbieten und ggf. noch zum Mund führen, den Honig herunterschlucken musst du selbst, ebenso letztendlich die unerschöpfliche Quelle in dir finden, sowie diese Erkenntnis etablieren.

Ich möchte wiederholen:

Mitgefühl ist die notwendige Konsequenz der Non-Dualität. Kein Mitgefühl im Sinne von „Oh, du hast so gelitten, ich fühle mit dir, das Leben hat dir übel mitgespielt.", sondern Mitgefühl im Sinne von „Du und ich, wir sind absolut eins. Was ich 'geschafft' habe, kann jeder 'schaffen', weil wir alle ein und dasselbe Bewusstsein sind. Deshalb nehme ich dich jetzt an die Hand und weise dich sanft darauf hin, dass all das Leid der Vergangenheit dir nichts anhaben kann."

Ich habe klar gesehen, wie fantastisch die Auswirkungen der Selbsterkenntnis sind und möchte aus diesem Grund meinen Mitmenschen die Möglichkeit aufzeigen, vom Boden der sogenannten 'Tatsachen' abzuheben und nie wieder herunterzukommen. Hilft man den anderen, hilft man letztendlich sich selbst. Ich möchte meine ursprüngliche Natur unverfälscht genießen, und zwar nicht nur in dieser Form namens SB, sondern auch in allen weiteren. Denn sie alle haben nicht mehr oder weniger mit dem zu tun, was ich bin, als SB. Daher versuche ich, zu helfen, wem, wo und wann immer ich kann.

Aufgrund der Erkenntnisse, die ich gewonnen habe – oder genauer gesagt: die mir geschenkt wurden –, fühle ich mich verpflichtet, dieses Geschenk weiterzugeben und der Welt mitzuteilen:

Ganz gleich, für wen du dich hältst, ob deine derzeitige Lebenssituation befriedigend ist oder nicht und in welchem Zustand sich dein Körper und Verstand gerade befinden...Ich versichere dir aus tiefstem Herzen, dass alles in Ordnung ist, dass du absolut vollkommen bist, dass du unsterblich bist, dass du die Unendlichkeit selbst bist, hier und jetzt. Daran besteht kein Zweifel.

„Entdecke dein unsterbliches Selbst und sei glücklich."
(Ramana Maharshi)

Eine außerkörperliche Erfahrung

Am 28. Dezember 2016 habe ich eine Erfahrung machen dürfen, die ich zuerst mit dir teilen möchte. Dieser subjektive Bericht wird nochmals aufzeigen, dass spirituelle Erfahrungen unter verschiedenen Umständen auftreten können – auch dann, wenn der Körper nicht in Todesnähe gerät und man nicht im Entferntesten damit rechnet. In meinem Fall geschah es in der Meditation, aber wie wir bereits festgestellt haben, gibt es sogar etliche Berichte von "mystischen" Erlebnissen, die völlig unvorbereitet und ohne jeden erkennbaren Grund im Alltag stattfinden. Die nachfolgenden Beschreibungen der Erfahrungen werden dir auch ermöglichen, zu verstehen, warum die Motivation, spirituelle Weisheit zu verbreiten, meinerseits so stark ausgeprägt ist. Wenn es nur einen einzigen Mitmenschen gibt, der offenherzig ist, dessen Herz berührt wird und in dem dies die Erinnerung an die Ewigkeit aktiviert, dann ist das genug.

Vor etwa einem Jahrzehnt begann ich, mich intensiv dem akribischen Studium der vielfältigen spirituellen Literatur zu widmen. Ich las Hunderte Bücher, vor allem über Nahtoderfahrungen, und stellte eigene Nachforschungen an, indem ich Menschen mit Nahtoderfahrungen interviewte. In Anbetracht aller Fakten war ich von der Wahrheit, die solchen Berichten zugrunde liegt, überzeugt. Es gibt mehr als genug objektive Beweise für die Tatsache, dass das Bewusstsein unabhängig vom Körper ist, aber ohne eine subjektive Erfahrung könnten einige Zweifel überleben. Nachdem ich erfahren hatte, dass ähnliche Erlebnisse während der Meditation auftreten können, begann ich regelmäßig zu meditieren. Und natürlich, wenn man zwanghaft versucht, etwas geschehen zu lassen, geschieht es nicht. Ich wollte unbedingt diesen Körper verlassen, um eine Bestätigung zu bekommen, und es war mit einer gewissen Ironie gewürzt, dass die spirituelle Praxis, die ursprünglich durch einen bestimmten Wunsch angetrieben wurde, allmählich sämtliche Wünsche ausrottete, einschließlich des Wunsches, den Körper zu verlassen.

"Ich" tauchte so tief ab, dass kein persönlicher Wille mehr übrig blieb, nicht einmal ein Gedanke an eine außerkörperliche Erfahrung.

Und dann geschah es...

Am Tag zuvor hatte "ich" wie so oft stundenlang meditiert, als die reine Glückseligkeit selbst verweilend, in völliger Stille – alle Gedanken, Empfindungen und visuellen Wahrnehmungen waren völlig abwesend.

Dann, am nächsten Tag, dem 28.12.2016, befand "ich" mich am späten Nachmittag oder frühen Abend wieder in tiefer Meditation, als plötzlich eine Wahrnehmung auftrat. Ich schaute geradlinig auf 'meinen eigenen' Kopf hinunter, als sei ich ein kleiner Vogel, der etwa einen Meter über ihm fliegt. Ich habe keine Bewegung von innen nach außen wahrgenommen, es geschah augenblicklich, so als würde man blinzeln und befindet sich plötzlich auf einer Position außerhalb des Körpers. Ich konnte alles so deutlich sehen, dass ich die Haare auf "meinem" Kopf hätte zählen können. Sofort tauchte der Gedanke auf: „Wer ist das?" Und schnell wurde mir klar, dass "ich" es war, genauer gesagt: Simon. Ich erkannte auch die vertraute Couch, auf der der Körper saß. Dann entstand der Impuls, in das Gesicht des beobachteten Mannes zu schauen, um ganz sicherzugehen. Wieder, ohne mich zu bewegen, befand ich mich sofort an einem neuen Platz und sah den Körper aus einer anderen Perspektive, diesmal blickte ich dem Mann von einer gegenüberliegenden Position aus direkt in das Gesicht. Ich sah Simon mit geschlossenen Augen dort sitzen. Es war ziemlich seltsam, denn ich hatte "mich" noch nie mit geschlossenen Augen gesehen und auch noch nie dreidimensional. Ich sah den Körper namens SB genauso, wie ich zuvor immer nur die "anderen" hatte sehen können. Ich spreche hier von einer tatsächlichen visuellen Wahrnehmung, die in keiner Weise mit einem Traum oder einer bloßen Vorstellung vergleichbar ist. In Relation zu dieser Intensität wirkt eine alltägliche Erfahrung, die durch den Körper gefiltert wird, wie ein verwirrender Traum. Ich erkannte ohne den geringsten Zweifel, dass das, was mit dem Körper geschieht, nicht mit mir geschieht. Ehrlich gesagt, wenn der Körper direkt vor meinen nicht-physischen Augen zerstört worden wäre, hätte mir das nichts ausgemacht. Ich betrachtete 'meinen' Körper genauso wie die Couch, also ohne jegliche persönliche Betroffenheit und Anhaftung.

Ich bin kurzsichtig, sodass ich ohne Brille nicht in der Lage bin, genaue Details aus der Ferne zu erkennen. Ab einer Distanz von schätzungsweise 1,5 m nimmt meine Sehschärfe ab. Aber selbst in der zweiten Position, als ich aus 2 bis 3 Metern Entfernung in Simons Gesicht blickte, sah ich alles mit perfekter Klarheit. Ich würde sogar sagen, dass ich besser sehen konnte als im Körper mit Brille. Außerdem bemerkte ich, dass der "Schatten" der Nase im Blickfeld fehlte – etwas, das wir normalerweise nicht bemerken, weil wir so sehr daran gewöhnt sind. Vielleicht wirst du dir dessen jetzt bewusst, während du dies liest.

Obwohl ich immer noch irgendwie lokalisiert zu sein schien, wurde mir klar, dass es nichts gab, was mich hätte einschränken können, außer dem Glauben an einen konditionierten Gedanken. Ich wäre in der Lage gewesen, augenblicklich die gesamte Existenz zu umarmen.

Das vorherrschende Gefühl während dieser außerkörperlichen Erfahrung war Erstaunen, weil es einfach unerwartet war. Allerdings muss ich sagen, dass diese Erfahrung nicht so spektakulär ist, wie ich sie mir zuvor vorgestellt hatte. Sie ist nicht besonders aufregend oder sensationell. Es fühlt sich eigentlich ganz normal an, denn ohne den grobstofflichen Körper zu sein, ist wirklich unser natürlicher Zustand.

Wer das erfährt, versteht den französischen Naturwissenschaftler Pierre Teilhard de Chardin (Geologe, Anthropologe und Paläontologe), der zudem Theologe war und bekannt für sein Bestreben, Religion und Wissenschaft zu vereinen:

„Wir sind nicht menschliche Wesen, die eine spirituelle Erfahrung machen, sondern spirituelle Wesen, die eine menschliche Erfahrung machen."

Plötzlich verschwanden alle visuellen Wahrnehmungen und ich befand mich wieder im zeitlosen Zustand. Als ich später in den sogenannten Wachzustand im/als Körper zurückkehrte, erinnerte ich mich sehr deutlich an alles und weinte leidenschaftlich, schlichtweg überwältigt von den tiefgreifenden Auswirkungen dieser Erfahrung.

An diesem Tag vollzog sich ein Wechsel von der theoretischen zur praktischen Ebene. Hohe Wahrscheinlichkeit verwandelte sich in vollkommene Sicherheit. Eine feste Überzeugung wurde mit sofortiger Wirkung durch völlige Gewissheit ersetzt. Sämtliche Zweifel, die trotz der vorangegangenen Kontemplation vielleicht noch geringfügig vorhanden gewesen waren, wurden ein für alle Mal ausgelöscht. Es besteht absolut keine Chance auf ein Comeback. Sie sind für immer spurlos verschwunden.

Mir wurden noch etliche weitere Erfahrungen zuteil, von denen einige sehr viel tiefgreifender waren. Auch sie fanden jenseits des Körpers statt und waren insofern außerkörperlich. Die auf den letzten Seiten behandelte Erfahrung war lediglich die einzige, in welcher ich meinen gesamten Körper von außen sehen konnte.

Ursprünglich wollte ich die beiden nachfolgenden Erlebnisse nicht durch die menschliche Sprache herabwerten und es daher eigentlich nicht wagen, sie in Worte zu fassen. Ich schloss mich Hape Kerkeling an, der in seinem Buch "Ich bin dann mal weg" schrieb: „Das, was ich erleben durfte, kann ich weder erzählen noch aufschreiben. Es bleibt unsagbar. In der Tat, was dort passiert ist, betrifft nur mich und ihn (Gott)." Doch schließlich entschied ich mich nach reichlichen Überlegungen, es mit denen zu teilen, die interessiert und offenherzig sind. Vielleicht erhält so mancher Leser dadurch eine wertvolle Bestätigung. Doch eines sollte niemals in Vergessenheit geraten: Worte reichen nicht. Wie auch immer du es dir anhand meiner Beschreibungen vorstellen magst – so ist es nicht. Es ist und bleibt unvorstellbar und muss erfahren werden.

Am 6. Dezember 2021 strahlte der TV-Sender VOX unter dem Titel "Ein Abend mit Hape Kerkeling" eine unterhaltsame Show mit dem sympathischen Entertainer aus, in der er u. a. auch wieder auf Gott zu sprechen kam. Da ahnte ich noch nicht, was am nächsten Tag geschehen sollte...

OM
Der donnernde Schauer Gottes

„Als ich den Kern erreichte,
weit jenseits von Raum und Zeit,
spürte ich den donnernden Schauer des Om,
des Klangs, den ich mit jenem unendlich mächtigen,
wissenden und liebenden Wesen assoziierte, mit jener
Gottheit über allen Namen oder Beschreibungen – mit Gott."
(Eben Alexander)

„Die spirituelle Erfahrung sagt, dass die ganze Welt durch Schwingung entstanden ist. Was ist diese Schwingung? Es ist OM, die mystische Silbe, der mystische Ton, das göttliche Wort, das allschöpferische, allerhaltende göttliche Wort. Was existierte vor der Schöpfung? OM! Was hat diese Universen ins Dasein gerufen? Die Schwingung des OM. Was erhält die Universen? Die Schwingung des OM. Was wird die Welt einmal wieder auflösen? Die Schwingung des OM. Die zentrale Schwingung aller Schwingungen ist die göttliche Schwingung OM. Du kannst die Silbe OM verwenden, damit arbeiten, denn sie ist Gottes eigenes Wesen. OM gehört keiner Sprache an, es ist überall im Universum. Es ist der Ton Gottes, der Name Gottes, das Licht Gottes, die Gegenwart Gottes, das Herz Gottes." (Swami Omkarananda)

Ein bestimmter Aspekt der Nahtoderfahrung von Dr. Eben Alexander ist besonders interessant und verdient nachträglich nähere Betrachtung. ...
Das Wissenschaftsgenie Nikola Tesla sagte einst:
„Wenn du die Geheimnisse des Universums entschlüsseln möchtest, denke in Begriffen wie Energie, Frequenz und Vibration/Schwingung."
Swami Omkarananda gehört vielleicht zu jenen seltenen Menschen, die das Geheimnis entschlüsselt haben:

„Sei es ein Gegenstand oder ein Mensch, alles besteht aus Schwingungen, und im Herzen dieser Schwingungen, aus denen alle Dinge und Menschen hervorgehen, ist das göttliche OM, die Energie der Energien, die Wirklichkeit der Wirklichkeiten, die Substanz der Substanzen, das Zeitlose in der Zeit, das Unendliche im Endlichen."

Das OM hat in fernöstlichen Weisheitslehren allerhöchste Bedeutung, beispielsweise im Buddhismus und Hinduismus.
In der altindischen Philosophie wird es als die heiligste Silbe verehrt.
Im Yoga ist es das bekannteste und wichtigste Mantra.
Die menschliche Aussprache entspricht OM. Die Sanskrit-Schreibweise, Aum, beginnt und endet mit dem Anfangs- und Endbuchstaben des Sanskrit-Alphabets. 'Übersetzt' bedeutet OM so viel wie:
Alles, was gewesen ist, was ist und noch sein wird.
Es gilt als der transzendente Urklang, aus dem das gesamte Universum hervorgegangen ist. Paramahansa Yogananda, der das OM hörte, beschrieb es als „den Laut des vibrierenden Kosmischen Motors" und nannte es das „Schöpferwort". Das ist im Einklang mit dem Evangelium nach Johannes, wo es heißt: „Im Anfang war das Wort, und das Wort war bei Gott, und Gott war das Wort. Alles ist durch das Wort geworden, und ohne das Wort wurde nichts. In ihm war das Leben, und das Leben war das Licht der Menschen."
Die vielleicht größte spirituelle Lehrerin des 20. Jahrhunderts, die bewundernswerte Anandamayi Ma (mit der wir uns wenige Seiten zuvor bereits beschäftigten), drückte es so aus: „Aum ist die Wurzel aller Klänge. Jeder andere Klang ist darin enthalten, und es wird benutzt, um einen über alle Klänge hinauszuführen." (aus dem Buch "Death must Die")
Auch Swami Omkarananda erwähnte, dass alle Töne im OM wurzeln:
„Musik ist das machtvollste Instrument der Gotterfahrung, die größte Wunderwirkerin. Musik entspringt dem Wort, von dem es heißt, es war bei Gott und ist bei Gott und ist selbst Gott. Dieses Wort ist OM, der Ursprung aller Erkenntnis, die Quelle aller Musik, aller Schöpfung, aller

Genialität, aller Schönheit, aller Macht, allen Lebens, aller Intelligenz. Das eigentliche Wesen des göttlichen Lichts, des höchsten Bewusstseins in unserem Inneren, ist unendliche Melodie."

In den alten Schriften steht:

„Das Göttliche manifestiert sich in dem Laut Om."

Der legendäre Shankara, welcher vor 1.200 Jahren lebte, sagte einmal: „Om ist der Name des höchsten Gottes."

Dr. Eben Alexander lebt in einer völlig anderen Zeit und hatte nie etwas mit dem Hinduismus zu tun. Somit kann seine Erfahrung schwerlich das Produkt von kultureller Konditionierung sein. Ist das nicht erstaunlich?

Omkarananda, der mit bürgerlichem Namen übrigens Hari Krishnain Secunderabad hieß, wies auf die positiven Effekte hin, die schon die menschliche Nachbildung des göttlichen OM erzeugen kann, und hat die möglichen Wirkungen der OM-Wiederholung zusammengetragen:

„Therapeutisch angewendet, haben verschiedene und wiederholt durchgeführte Experimente mit den Schwingungen des OM heilende und beruhigende Wirkungen erzielt.

Psychologisch betrachtet, ergibt die unaufhörliche geistige Wiederholung dieses schöpferischen Wortes einen heilsamen Effekt, der – physiologisch gesehen – eine tiefe Spur im Gehirn hinterlässt.

Bei der OM-Wiederholung werden Schwingungen erzeugt, die alle dunklen Kräfte aus der Atmosphäre vertreiben. Nichts Dunkles wagt sich in eine Atmosphäre, die von OM-Schwingungen durchdrungen ist.

Selbst eine Mauer, die am Einstürzen ist, wird für längere Zeit vor dem Zusammenbruch bewahrt, wenn sie mit OM-Schwingungen aufgeladen ist. Das ist das Geheimnis dieses mystischen Wortes OM. Es schafft Harmonie und Frieden. Es fördert Heiligkeit und Glück.

Wenn wir OM wiederholen, wird die Atmosphäre um uns herum gereinigt. Unser Gemüt wird ruhiger und das Herz wird wohltuend belebt.

In Gott einzutauchen wird möglich, indem man sich selbst völlig vergisst. Wie aber ist dies zu erreichen? Durch intensive OM-Wiederholung!"

Seine Empfehlung lautet daher:

„Singe das OM vor der Arbeit, singe das OM während der Arbeit, laut oder leise (stimmlich oder gedanklich), singe das OM nach der Arbeit." Durch beständige gedankliche oder sprachliche OM-Nachahmung kann das Bewusstsein des Körpers und der Welt verloren gehen, d. h. man spürt seinen Körper nicht mehr, vergisst die Illusion eines persönlichen Selbst und erhält ggf. einen Einblick in außersinnliche Wahrnehmungsbereiche. Der größtmögliche Ertrag ist die Gotteswahrnehmung:

„Man gewinnt das starke Empfinden der unmittelbaren Gottgegenwart ringsumher, der allwissenden, allsegnenden göttlichen Gegenwart, die Wunder zu wirken vermag, die heimlich und leise, doch umso sicherer auf das Wohl der Gotthingegebenen hinwirkt."

Nicht nur dir selbst wird diese kraftvolle spirituelle Praxis von Nutzen sein, durch dich wird der wohltuende Duft ihrer Früchte auch deine Mitgeschöpfe erreichen und ihr Leben erhellen: „Durch ständige Wiederholung des OM wird das Wesen geläutert, auch wenn dieser Reinigungsprozess zunächst nicht sichtbar ist; er geht immer weiter, bis schließlich das ganze Wesen geläutert, emporgehoben, umgewandelt und zu einem Instrument geworden ist, das Licht verbreitet."

Gott wird in den Nahtoderfahrungen meist als ein gewaltiges, energetisches Licht bedingungsloser Liebe, totalen Wissens und unbegrenzter Schönheit und Macht wahrgenommen.

Dieses Licht ist wohl die visuelle Ausdrucksform Gottes, während das OM den akustischen Aspekt ausmacht.

Seine Ausdrucksmöglichkeiten und Wege, sich uns zu zeigen, sind offensichtlich äußerst vielfältig. Paramahansa Yogananda wies darauf hin: „Die ersten Zeichen der Antwort, die Gott dir gibt, wenn du Ihn suchst, sind Frieden, Licht oder der Klang von "Aum", oder du fühlst einfach große Freude in deinem Herzen."

Auch mir hat Er sich am deutlichsten in einer dieser Formen offenbart...

Die in meinem ersten Buch "Über Gott und die Welt" zusammengetragenen Erkenntnisse waren noch von einer unübersehbaren Dualität geprägt. Im zweiten und dritten Buch zum Thema – "Du bist Bewusstsein" & "Die Essenz der Spiritualität" – legte ich dann den Schwerpunkt auf Non-Dualität. Für Letztere war ich lange blind. Doch als ich daran erinnert wurde, dass wir alle wahrhaft eins sind, begann ich, die Individualität zu verleugnen. Ich sah einen Widerspruch, der nicht existierte. Ich habe mich geirrt. Ich erinnere mich an einen Austausch mit einem Gottliebenden, wir unterhielten uns über Non-Dualität und Gott. Als ich zu ihm sagte, Gott sei als das unpersönliche Bewusstsein zu verstehen, entgegnete er: „Aber das (Gott) ist auch ein Wesen!"

Mein Blick war jedoch so sehr auf die Leinwand fixiert, dass ich das wunderschöne Bild übersah (zuvor war ich so von den Bildern fasziniert, dass ich die Leinwand übersah). Er hatte Recht: Gott ist sowohl das Sein als auch ein 'Wesen' (in Ermangelung eines besseren Wortes).

Im Grunde habe ich das bereits gewusst. Schon im ersten Buch, als all das noch nicht auf Erfahrung beruhte, gab ich an, basierend auf meinen eigenen Nachforschungen und Überlegungen zwischen dem Glauben an einen persönlichen Gott und dem Verständnis Gottes als allumfassendes Sein zu schwanken. Hier meine damalige Formulierung: „Wahrscheinlich ist die Realität eine Mixtur aus beiden, sodass uns nur übrig bleibt, zu Gottes wahrem Wesen – nicht zuletzt aufgrund unseres beschränkten Verstandes – keine mutmaßenden Spekulationen zu wagen. Denn alle Einzelheiten überfordern unser derzeitiges Vorstellungsvermögen."

Die Auffassung, welche Gott und die Natur miteinander gleichsetzt, also der Glaube daran, dass Gott alles ist und überall gleichermaßen gefunden werden kann, dass im Grunde Gott und das Universum miteinander identisch sind, wird als Pantheismus bezeichnet.

Gott als Wesen, mit dem eine 'persönliche' Beziehung möglich ist, scheint im Pantheismus keinen Platz zu haben.

Wohl deshalb sagte der Philosoph und Hochschullehrer Arthur Schopenhauer über den Pantheismus, er sei „nur ein höflicher Atheismus".

Es ist übrigens nicht wahr, dass der Buddhismus zwangsläufig pantheistisch oder atheistisch ausgerichtet ist, wie es manchmal behauptet wird. Buddha hat die Existenz Gottes niemals verneint, er hat sich lediglich nicht dazu geäußert.

Theismus / Atheismus / Pantheismus – diese philosophischen Modelle sind nicht hilfreich. Wer mit derartigen Begriffen um sich wirft und alles einordnen möchte, demonstriert lediglich, dass er noch nicht über den Verstand hinausgelangen konnte. Die Realität möchte nicht benannt und kategorisiert, sondern unmittelbar erfahren und erkannt werden.

Am 7. Dezember 2021 – ich erinnere mich an das genaue Datum, denn es war der Todestag des Lebensgefährten meiner Mutter – führte ich ein Gespräch mit einem Arbeitskollegen... Ali, so sein Name, brachte seine tiefe Liebe zu Gott zum Ausdruck. Dies wiederum löste den Impuls in mir aus, erneut zu reflektieren und es fortan in tiefer Meditation mit offenem Herzen zu erforschen. Es gab mehrere Ereignisse, die ich – rückblickend betrachtet – für Vorbereitungen auf die Erfahrung halte. Ich war zum Ende des Jahres hin wochenlang körperlich krank, stellte die Zitate von Wissenschaftlern über Gott zusammen (ohne zu ahnen, dass ich sie später für dieses Buch benötigen würde) und beschäftigte mich in den Wochen und Tagen vor der Erfahrung innerlich intensiv mit Lahiri Mahasaya und Jesus. All das geschah aus Gründen, die sich meinem kleinen Menschenverstand nicht erschließen. Diese Impulse steigen aus der Tiefe empor, wo Gedanken nichts zu suchen haben.

Nochmals möchte ich erwähnen, dass ich keines von allen Erlebnissen, die mir in der Meditation zuteil wurden, erwartet habe. Die Abwesenheit einer Erwartungshaltung ist eine unbedingte Voraussetzung.

Wie erwähnt begann ich zu meditieren, um bestimmte Geschehnisse zu provozieren. Dies verhinderte jeden wirklichen Tiefgang. Vorerst passierte nichts. Es hat insgesamt Hunderte Stunden gedauert, bis ich überhaupt erste Erfahrungen jenseits des Körpers machen durfte.

Ich rechnete längst nicht mehr damit und war ganz und gar zufrieden, einfach friedvoll zu verweilen. Der Ausgangspunkt ist von einer völligen Neutralität geprägt. Wir könnten ihn den Ursprungszustand nennen. Man ist einfach nur da, nimmt nichts wahr und spürt auch den Körper nicht mehr. Die Leinwand ist leer. Durch die Abwesenheit eines persönlichen Willens gibt es eine absolut uneingeschränkte Offenheit gegenüber allem, was kommen mag.

Die ersten Meditationserfahrungen (vor knapp 10 Jahren) waren eher subtiler Natur, ich vernahm undeutliche Klänge und sah schwache Lichterscheinungen. Sie waren nicht besonders hell, jedoch farbenfroh und wunderschön. Irgendwann traten dann intensivere Erscheinungen auf. Der Gipfel der Intensität, um den es in diesem Kapitelteil geht, ist auch der tatsächliche Ursprung der Motivation, dieses Buch zu schreiben. Spätestens durch den Inhalt der folgenden Seiten sollte ersichtlich werden, weshalb ich mich für das OM-Symbol auf dem Buchcover entschied.

Im Dezember 2021 erlebte ich die intensivste und eindrucksvollste Erfahrung meines Lebens. Jedenfalls ist sie mit nichts von ausnahmslos allem zu vergleichen, was sich außer ihr in meinem Gedächtnis befindet.

Ich befand mich wieder in einer neutralen, friedvollen Leere, als plötzlich ein Klang ertönte und ich sofort die Präsenz eines Wesens spürte. Meine Fähigkeit, dies wahrzunehmen, entwickelte sich allmählich, hatte also gewissermaßen einen Ausgangspunkt, doch der Klang selbst hatte keinen Beginn und kein Ende, begann also nicht wirklich mit "O" und endete nicht mit "M", doch das OM, wie es seit Jahrtausenden von Menschen reproduziert wird, kommt der Wirklichkeit, auf die ich mich hier beziehe, definitiv am nächsten. Das OM ertönte nicht aus dem Nichts, sondern war auch schon da, als ich es noch nicht hören konnte. Ich bin zuvor wohl einfach nicht bereit gewesen, es zu vernehmen. Dieser Klang war nicht bloß ein Ton, sondern absolut lebendig! Er nahm an Lautstärke zu, bis er einen Geräuschpegel erreichte, der alles, was ich je akustisch vernommen habe, bei weitem in den Schatten stellte. Ich werde niemals in der Lage sein, zu erklären, wie laut das war und wie es sich anfühlte. Es ist in der Tat das mit gewaltigem Abstand lauteste und außerdem tiefste Geräusch, das ich jemals gehört habe. Stelle dir den lautesten Donner des größtmöglichen Gewitters vor. Im Vergleich zum göttlichen OM ist das ein Fliegenfurz.

Nichtsdestotrotz habe ich es keineswegs als unangenehm empfunden. Es besteht kein Zweifel daran, dass mein physischer Körper diesem Klang nicht hätte standhalten können. In den Nahtoderfahrungen wird die Begegnung mit dem Licht als nicht blendend erlebt (obwohl es das hellste je erblickte Licht ist), weil es nicht mit den körperlichen Augen gesehen wird. Ebenso empfand ich das OM nicht als störend, weil ich nicht mit meinen körperlichen Ohren gehört habe. Wie zahlreiche Nahtoderfahrene angeben, dass ihre Netzhaut beim Anblick des göttlichen Lichtes verbrannt wäre, so kann ich mit absoluter Sicherheit sagen, dass – wenn ich physisch anwesend gewesen wäre – mein Trommelfell auf der Stelle geplatzt und mein Körper kollabiert wäre.

Um unsere Körper vor Seiner Kraft zu schützen, hat der Schöpfer dafür gesorgt, dass Sein Licht und Sein OM für uns nicht wahrnehmbar sind, solange wir ein zerbrechliches menschliches Gefäß bewohnen.

Swami Omkarananda erwähnte das:

„All die höchsten Geheimnisse des unendlichen Bewusstseins, all die Möglichkeiten und Kräfte des absoluten Bewusstseins liegen im OM. Es ist etwas, das vom inneren Ohr jener vernommen wird, die bewusst im unmittelbaren Kontakt mit Gott sind. Darum ist OM der Schlüssel für die ganze Wirklichkeit des Unendlichen. Die mystische Intelligenz hat in ihren Verzückungen und ihrem ekstatischen Gotterleben entdeckt, dass Gott sich sowohl im Ton als auch in der Stille offenbart – allerdings nicht in einem Ton, wie er unserem Ohr vertraut ist. Dieser mystische Ton ist mit dem leiblichen Ohr nicht vernehmbar. Die Wissenschaft belehrt uns darüber, dass sehr tiefe und sehr hohe Geräusche nicht mehr vom menschlichen Ohr wahrgenommen werden."

Im Zitat wird die Stille als weiteres Zugangsportal erwähnt – bestätigt von Søren Kierkegaard:

„Ich merkte, dass ich immer weniger zu sagen wusste,
bis ich schließlich still wurde und zuzuhören begann.
In der Stille hörte ich die Stimme Gottes."

Nicht nur die Lautstärke, sondern auch die unbändige Kraft, die vom OM ausging, war ehrfurchtgebietend. Wahrscheinlich konnte ich nur einen Bruchteil dieser Kraft unmittelbar spüren, aber die Intensität übertraf ausnahmslos alles, was ich je zuvor oder danach gefühlt habe. Die Vibration des Urklangs durchdrang meinen gesamten nicht-physischen Leib und versetzte ihn auf eine Weise in Schwingung, die ich nicht beschreiben kann. Es war die schönste Massage, die ich je bekommen habe. Jede Faser meines Seins wurde auf höchst angenehme Weise vom OM erschüttert. Die gesamte Umgebung erzitterte wie ein Gebäude durch ein Erdbeben, auch wenn dieser Vergleich vollkommen lächerlich ist. Die Präsenz des geheimnisvollen Wesens, die damit einherging, war absolut unzweifelhaft und völlig unmissverständlich. Ohne eine bestimmte Form visuell wahrzunehmen, wusste ich einfach, dass ich in der Gegenwart von "jemandem" war (obgleich "jemand" hier unangemessen ist). Gott als persönlich zu bezeichnen, das erscheint mir unpassend (jedenfalls dann, wenn es zu wörtlich genommen wird). Selbstverständlich ist Gott keine Person, aber durchaus ein Wesen.

Ich hatte nicht das Gefühl, dass das OM sich mir "persönlich" zugewandt oder sich auf mich konzentriert hat. Jedoch war Es sich zweifellos meiner Anwesenheit bewusst und sandte mir bedingungslose Liebe. Ich kann wieder nicht sagen, wie ich zu dieser Erkenntnis gekommen bin. Es ist keine logische Schlussfolgerung. Du fühlst und weißt es einfach jenseits aller Zweifel. Wenn du Seine Präsenz und Liebe fühlst, ist das viel direkter und unzweifelhafter als jede visuelle Wahrnehmung.

Trotz der unvorstellbaren Macht Gottes wirkte Seine Präsenz auf mich in keiner Weise angsteinflößend, weil ich wusste, dass dieses Wesen vollkommen liebevoll und friedfertig ist.
Es erübrigt sich eigentlich, zu erwähnen, dass Es kein Ego und keine menschlichen Schwächen hat. Wer diese Gottheit trifft, erkennt sofort, dass Sie in jeder Hinsicht wahrhaft makellos ist.

Während der Zusammenkunft war ich frei von Gedanken. Mein Geist war vollkommen erfüllt von nichts als Staunen und Ehrfurcht angesichts dieser unglaublichen Kraft. Du kennst vielleicht die Erfahrung, wunderschöner Musik zu lauschen und davon voll und ganz vereinnahmt zu sein. Dein persönliches Ich und dessen Probleme rücken in den Hintergrund, mehr noch – sind abwesend. Ebenso war ich als Person abwesend.
Der Name Simon bedeutet ursprünglich "Der Gott erhört hat".
Zwar wurde mir gewissermaßen die unaussprechliche Ehre zuteil, Gott zu erhören, doch Simon hatte damit nichts am Hut.
Diese Erfahrung hätte Simon pulverisiert.

Während der Erfahrung stellte sich bezüglich des Wesens, dessen Präsenz ich unmissverständlich wahrnahm, ohne gedanklichen Prozess eine zweifelsfreie Erkenntnis ein, die mit großer Klarheit über mich hereinbrach und, in Worte gefasst, so lautet:
Wow! Das ist Er!
Dieses Wesen ist der Ursprung des menschlichen 'Glaubens' an Gott.
Das ist es, was Menschen seit Jahrtausenden Gott nennen.
Das ist der Schöpfer des Universums, in dem mein Körper lebt.

War ich also in der Präsenz Gottes? Ja! Wie Eben Alexander behaupte ich, dass die Göttliche Gesellschaft völlig natürlich und jedem Wesen möglich ist. Höchstwahrscheinlich haben es ausnahmslos alle Menschen längst erlebt, die meisten können sich vermutlich nur nicht daran erinnern, weil es in einem Zustand vor ihrer jetzigen Inkarnation geschah.

„Ich zögere nicht zu sagen, dass ich der Existenz Gottes mehr gewiss bin als unserer Anwesenheit in diesem Raum.", so Gandhi. Wir erinnern uns an eine Aussage von C. G. Jung: „Ich glaube nicht, dass es Gott gibt. Ich weiß es." ... Auch ich glaube nicht an Gott. Denn Glaube beinhaltet Zweifel. Ein Kapitel im ersten Buch nannte ich damals „Meine individuelle Meinung und Vorstellung". Zwar schäme ich mich nicht, muss aber heute darüber schmunzeln. Es hat mit Meinungen und Vorstellungen nicht das Geringste zu tun, weil es keine Zweifel mehr gibt. Auch ich zögere nicht, zu sagen, dass ich der Präsenz Gottes mehr gewiss bin als der Existenz von allem, was ich je mit meinen eigenen Augen gesehen habe. Ich habe es erfahren und erfahre es regelmäßig. Auch im Alltag. Mehr verrate ich nicht. Ich werde es nicht wagen, das mit weiteren Worten herabzuwürdigen. Stelle dir vor, du hast keine Möglichkeit, das schönste Musikstück, das du je gehört hast, einem guten Freund, der nicht in diesen Genuss gekommen ist, vorzuspielen. Du kannst nur versuchen, es ihm vorzusingen und sofern deine Gesangskünste so schwach ausgeprägt sind wie meine, wirst du deinem Freund nicht nur keinen gelungenen Eindruck des Liedes verschaffen können, sondern ihn zudem in die Flucht schlagen. Oder du verspürst den Wunsch, einem Blinden den schönsten Anblick, der dir jemals gewährt wurde, zu beschreiben. Keine Chance. Es ist hoffnungslos zum Scheitern verurteilt, nicht wahr? Nun verstehst du vielleicht, weshalb ich es ab einem gewissen Punkt vorziehe, zu schweigen. Das OM jemandem zu beschreiben, der es nicht selbst erfahren hat, ist völlig unmöglich. Es gleicht dem Versuch, jemandem, der noch nie einen Sibirischen Tiger gesehen hat, einen Eindruck dieses Tieres in all seiner Pracht und seines Anblicks aus nächster Nähe zu vermitteln, wenn man nur das Schwarzweißbild einer neugeborenen Perserkatze zur Verfügung hat. Menschlich produzierte OM-Klänge können uns zwar auch tief berühren, aber ein Vergleich ist und bleibt mehr als absurd. Vor allem lässt sich das OM niemals mit der menschlichen Stimme wiedergeben. Eher würde es mir gelingen, zu singen wie Céline Dion und gleichzeitig zu tanzen wie Michael Jackson.

Die folgende Metapher (von mir aus dem Englischen übersetzt) wird einem Mann namens Útmutató a Léleknek aus Ungarn zugeschrieben: Es waren einmal zwei Babys im Mutterleib...

Der eine Zwilling fragte den anderen: „Glaubst du an ein Leben nach diesem?", worauf das zweite Baby antwortete: „Aber natürlich. Es muss etwas danach geben. Vielleicht sind wir hier, um uns auf etwas vorzubereiten, das wir später sein werden." „Blödsinn!", entgegnete das erste Baby. ... „Es gibt kein Leben nach diesem. Was für ein Leben sollte das sein!?" Das zweite Baby sagte: „Ich weiß es nicht. Aber dort wird es mehr Licht geben als hier. Vielleicht werden wir mit unseren Beinen gehen und mit unseren Mündern essen. Vielleicht werden wir dann andere Wahrnehmungen haben, die wir jetzt noch nicht verstehen können." „Aber das ist doch absurd! Gehen ist unmöglich. Und essen mit unseren Mündern? Lächerlich! Die Nabelschnur bietet uns Vorräte an Nahrung und allem, was wir brauchen. Aber die Nabelschnur ist so kurz. Ein Leben hiernach kann doch logisch ausgeschlossen werden." „Nun ja, ich denke, es gibt etwas. Und vielleicht ist es dort anders als hier. Vielleicht werden wir dort die Nabelschnur nicht weiter benötigen." „Unsinn! Und überhaupt, angenommen, es gäbe etwas danach, warum ist dann noch niemand von dort zurückgekehrt? Nach diesem Leben ist es zu Ende. Und dann gibt es nichts als Dunkelheit, Stille und Vergessenheit. Wir werden nirgendwo hingeführt und nichts Neues kennenlernen." „Ich weiß es nicht.", sagte das zweite Baby und fuhr fort: „Aber ganz sicher werden wir Mama treffen und sie wird sich um uns kümmern!" „Mama? Du glaubst tatsächlich an Mama? Das ist einfach lächerlich. Wenn Mama existiert, wo ist sie dann jetzt!?" „Sie ist allgegenwärtig. Wir sind von ihr umgeben. Wir sind ein Teil von ihr. Nur durch sie leben wir. Ohne sie würde und könnte diese Welt nicht existieren." „Also ich sehe sie nicht. Und deshalb ist es nur logisch, dass sie nicht existiert!" Anschließend sagte das intuitive Baby zum intellektuellen Baby:

„Manchmal, wenn du dich ganz ruhig verhältst und aufmerksam hinhörst, kannst du ihre Gegenwart spüren und ihre liebevolle Stimme hören, die von oben zu uns herabschallt."

Auch ich fühlte mich gewissermaßen wie ein Säugling im Mutterleib – eine weitere Parallele (neben dem Klang des OM) zur NTE von Eben Alexander, denn auch dieser gab an, sich an einem bestimmten Punkt seiner Reise wie ein Fötus gefühlt zu haben (siehe seine Schilderung in diesem Kapitel). Übrigens hatte ich das erste Buch von Eben Alexander ("Blick in die Ewigkeit") Jahre zuvor gelesen, konnte mich jedoch nicht genau an den Inhalt erinnern. Wahrscheinlich hatte ich es – inkl. seiner Erwähnung des OM – damals nicht für bedeutsam genug gehalten, um ihm einen Platz im Gedächtnis zuzugestehen. Erst kurz nach dem Erlebnis fiel es mir erneut in die Hände – und wie Schuppen von den Augen.

Das vorherrschende Gefühl während der mit Abstand großartigsten Begegnung meines Lebens war (auch wenn kein Wort jemals ausreicht):

Absolute Geborgenheit

Ich hätte mir nie vorstellen können, dass es möglich ist, sich so sicher zu fühlen. Ich war allein mit Gott. In diesem Zustand verstand ich, was Mutter Teresa meinte, als sie sagte:

> „Du wirst sehen – schlussendlich ist
> alles eine Sache zwischen dir und Gott.
> Nicht zwischen dir und Menschen."

Menschliche Gefühle und Gedanken sind unbeständig. Deshalb sind zwischenmenschliche Beziehungen letztendlich allesamt unzuverlässig. Ohne Aufmerksamkeit und Pflege haben sie keinen Bestand. Nur Gottes Liebe ist hieb- und stichfest. Sie ist gesichert, selbst wenn wir Ihn vergessen.

„Ab Windstärke 10 gibt es keine Atheisten mehr." (Helmut Gollwitzer)

Dieses herrliche Zitat bringt zum Ausdruck, dass sich in Zeiten der Not selbst "ungläubige" Menschen den Beistand einer höheren Macht erhoffen. Doch es ist empfehlenswert, Gott schon dann zu suchen, wenn man nicht in arger Bedrängnis ist. Das Motiv sollte bestenfalls nicht Verzweiflung, sondern leidenschaftliche Neugier, Wissbegierde und motivlose Sehnsucht nach der Wahrheit sein. Ich lege mir nicht aus Eigennutz einen einflussreichen Freund zu, damit er mir helfen kann, wenn ich seine Hilfe benötige. Stattdessen möchte ich einfach unschuldig die Wahrheit herausfinden und jemanden finden, dem ich meine Liebe freigiebig schenken kann. ... Niemand "verdient" sie so sehr wie Er.
Bei niemandem ist dein Herz so gut aufgehoben wie bei Ihm.

Kein Wesen kann unbegrenzt sein. Nur das unpersönliche, allumfassende Sein ist unbegrenzt. Doch aus menschlicher Perspektive wirkt dieses göttliche Wesen gewiss unbegrenzt. Somit kann ich sehr gut verstehen, dass Gott grenzenlose Allmacht zugeschrieben wird.
Albert Einstein drückte die menschlichen Grenzen, die sich in Relation zu Gott offenbaren, so aus:
„Vor Gott sind wir alle gleichermaßen klug – und gleichermaßen dumm."
Max Planck sagte es ähnlich:
„Vor Gott sind alle Menschen, auch die vollkommensten und die genialsten, primitive Geschöpfe." (Vollständiges Zitat in Kapitel 12)

Ich kann nur sagen, dass Gott unvorstellbar liebevoll und mächtig ist, davon abgesehen liegt dieses Wesen jenseits meines gegenwärtigen Verständnisvermögens.
Es fällt mir allerdings sehr leicht, das zu akzeptieren...
...Wie dem Mystiker Eckhart von Hochheim, besser bekannt als Meister Eckhart: „Hätte ich einen Gott, den ich verstehen könnte, ich wollte ihn nimmer für Gott halten."

Ich verspüre keineswegs das Bedürfnis, Ihn vollends zu ergründen. Es reicht mir völlig aus, zu wissen, dass es Ihn wirklich gibt und dass wir ewig eins sind.

Wichtiger als Ihn und Seine unergründlichen Wege zu verstehen, ist die bleibende Kenntnis Seines Seins. Wenn du Gott niemals vergisst, dann weißt du immer, dass dir nichts passieren kann. Wer Gott im Herzen trägt und sich stets an Ihn erinnert, ist frei von Ängsten und Sorgen, frei von Leid, dafür voll von Liebe und für ausnahmslos alles gewappnet.

Ich hätte nichts dagegen gehabt, wenn sich die Begegnung bis in alle Ewigkeit fortgesetzt hätte, sodass ich für immer in Seiner Präsenz verweilen könnte. Doch auch ohne Seine Ausdrucksformen visuell oder akustisch wahrzunehmen, weiß ich stetig ohne den geringsten Zweifel: Er ist da. Gott ist immer bei mir.
Wir sind in unendlicher Liebe untrennbar vereint. Das gilt auch für dich, ob du es weißt oder nicht. Ich wünsche dir von ganzem Herzen, dass auch du zu dieser klaren Gewissheit gelangst.

Es heißt: „Gott suchen ist das Leben. Gott finden ist das Sterben."
Doch wir müssen nicht erst unseren Körper ablegen, um Gott zu finden. Er ist immer präsent und in jedem Zustand verfügbar.
Er wartet auf dich. Jetzt!

„Der höchste Vater, die höchste Mutter und
der höchste Freund – wahrlich, Gott ist all das."
(Anandamayi Ma)

„Alles Leid kommt von dem Gefühl des 'Ich' und 'mein'. Alles
Leid ist darauf zurückzuführen, dass man sich von Gott entfernt
hat. Wenn du bei Ihm bist, verschwindet aller Schmerz. Durch
Kummer vertreibt Gott den Kummer und durch Unglück vertreibt
Er das Unglück. Wenn dies geschehen ist, schickt Er kein Leid
und kein Unglück mehr. Daran muss man sich immer erinnern."
(Anandamayi Ma)

„Es gibt keinen Gedanken, der uns schneller befreit
als ‚Gott ist' – oder sogar nur ‚Gott'.
Doch der Mensch ist nicht so leicht gewillt,
zur Einfachheit zurückzukehren.
Erinnere dich daran, dass Gott zu finden
die Beerdigung aller Sorgen bedeutet."
(Yukteswar Giri)

„Ohne Gotteserkenntnis hast du wenig Freiheit.
Dein Leben wird dann von Impulsen,
Launen, Stimmungen, Gewohnheiten
und der Umgebung bestimmt."
(Paramahansa Yogananda)

„Wer Gott aufgibt, der löscht die Sonne aus,
um mit einer Laterne weiterzuwandern."
(Christian Morgenstern)

Wiederhole das OM,
anstatt Gefühlen zu frönen,
die menschliche Verwicklungen schaffen
und dich bald glücklich und bald unglücklich machen.

Das OM zu wiederholen bedeutet,
nicht mehr dem Körper verhaftet zu sein,
der allen möglichen Zufällen und Bedingungen unterworfen ist.

Das OM zu wiederholen bedeutet,
nicht mehr in den Dingen der Welt,
sondern in Gott zu verweilen,
sodass die Welt ihre Macht über dich verloren hat.

Das OM zu wiederholen bedeutet,
eins zu werden mit dem Einen, der spricht:
„Ich bin das Alpha und Omega, Anfang und Ende."

(Swami Omkarananda)

Om wird auch Brahman genannt.
Was ist Brahman? – Das, was unendlich ist, ist Brahman.
Was ist das Unendliche? – Das, was unendlich vollkommen ist.
Was ist unendlich vollkommen?
Das, was vollkommen genügsam, friedvoll, freudig ist,
das schon da war, bevor der Kosmos entstand;
das, was im Kosmos ist, aber mehr ist als der Kosmos
und noch existieren wird,
wenn es den Kosmos einmal nicht mehr gibt.

(Swami Omkarananda)

LAHIRI MAHASAYA
Meine Begegnung mit einem wahren Meister

„Er ist der größte Meister der Neuzeit."
(Paramahansa Yogananda)

Leider habe ich damals nicht das Datum notiert, an dem mir die folgende Meditationserfahrung geschenkt wurde. Es dürfte irgendwann im Jahre 2017 oder 2018 geschehen sein.

Wieder einmal bildete der zuvor erörterte Ausgangszustand, geprägt von vollkommener Neutralität und Offenheit, die Grundlage und schuf ein geeignetes Substrat für die Erfahrung, die ich nun zu beschreiben versuche.

Ich erinnere mich daran, dass es an jenem Tag ungewöhnlich lange dauerte, über den Körper hinauszugehen. Wenn ich mich hinsetze und die Gedanken "ausschalte", dauert es in der Regel schätzungsweise 20-30 Minuten, bis ich den Körper nicht mehr spüre. Damals dauerte es vielleicht eine Stunde, bis ich abtauchen konnte. Eine Weile geschah nichts. Da war nur ich, reines Gewahrsein – die unendliche, leere Leinwand...

An dieser Stelle eine Zwischenbemerkung: Einige Seiten zuvor erwähnte ich die subtilen Klänge und Lichterscheinungen, die manchmal vorkamen. Darunter waren auch Wesen, die ich unzweifelhaft als solche registrierte. Meist handelte es sich um ovalförmige Lichtfelder ohne menschliche Konturen. Sie waren jedoch absolut lebendig. Ich wusste ohne intellektuelle Analyse und chronologische Schlussfolgerung, dass diese Wesen nie als Menschen auf der Erde inkarniert waren und somit keine mir nahestehenden Verstorbenen sein konnten.

Bis zu diesem Tag waren mir in meinen meditativen Reisen ausschließlich nicht-menschliche Wesen begegnet – oder besser gesagt (da kein Wesen essenziell menschlich ist): Ich hatte immer nur Erscheinungen ohne typisch menschliche Eigenschaften wahrgenommen...

Im Ursprungszustand des reinen Seins bemerkte ich, wie ich selbst langsam eine feinstoffliche Form annahm. Diese Form fühlt sich anders an als der physische Körper. Es ist unverwechselbar. Das habe ich davor und danach noch mehrmals erlebt, eigentlich immer dann, wenn es bestimmte Wahrnehmungen gab. Auch während der Gotteserfahrung war ich mir meiner Individualität gewahr, wenn auch jenseits der Person SB. Offenbar muss man als Individuum präsent sein, um objektive Erfahrungen machen zu können.

... Was nun folgte, war hinsichtlich der Eigenschaften dieser Wahrnehmungen mit nichts von dem vergleichbar, was ich bis dato erlebt hatte. In der Dunkelheit erschien ein Licht, das nach und nach größer wurde. Es war wesentlich heller als jene Lichter, die ich üblicherweise sah. In diesem Licht bildete sich allmählich eine Form. Auch diese war viel deutlicher sichtbar als bisherige und manifestierte sich zunehmend, bis sie sehr klar als dreidimensionaler, menschlicher Körper erkennbar war. Zum ersten und bisher einzigen Mal sah ich in tiefer Meditation mit aller Deutlichkeit einen Menschen.

Das Wesen zeigte sich mir als Mann. Er blickte mich direkt an. Der Mann trug einen Schnäuzer und seine Haare standen ihm leicht zu Berge. Ich weiß noch, wie ich später dachte, er habe ausgesehen wie ein Hybrid aus Albert Einstein und meinem besten Freund, Franz. Dennoch zog ich nie in Erwägung, dass er lediglich ein Produkt meiner Fantasie gewesen sein könnte. Das ließ die Intensität unserer Begegnung nicht zu. Während des Treffens wusste ich, dass ich diesen Menschen nicht kannte. Zugleich war mir völlig klar, dass es ein Mensch sein muss, der einst auf der Erde lebte und nun verstorben war. Ich wusste es einfach, ohne Grund, aber auch ohne jeden Zweifel. Weder kannte ich seinen Namen, noch wusste ich, wann er auf der Erde lebte und wann er starb. Der Blick dieses Mannes war unbeschreiblich.

Er grinste mich an wie ein Kind, das einen listigen Plan ausheckt.

Die Lebensfreude, die er ausstrahlte, übertraf alles.

Nie zuvor war ich einem so glückseligen Menschen begegnet.

Ich bemerkte, dass das Licht, das ihn umgab und durchdrang, von ihm selbst ausging. Es war hell wie die Sonne. Im Nachhinein schlussfolgerte ich daraus, dass ich wohl einer sehr reinen Seele begegnet bin.
Es fand keine wirkliche Kommunikation statt.
Er blickte und lächelte mich einfach an – und das war mehr als genug.
Offenbar wollte er mir nichts Bestimmtes mitteilen, sondern nur zeigen, dass er da ist. Es wurde mir einfach nur gestattet, in seiner Gegenwart zu sein (wie Jahre später in der OM-Präsenz Gottes).
Ich fühlte mich im Beisein dieses Mannes unaussprechlich wohl.
Irgendwann nahm ich ihn nur noch verschwommen war und er zog sich allmählich zurück. Das Licht wurde kleiner, bis es nicht mehr sichtbar war. Da ich daraufhin wieder im zeitlosen Zustand ohne visuelle Wahrnehmungen verweilte, kann ich keine zuverlässige Aussage darüber treffen, wie lange dieser Aspekt der Erfahrung, also die Begegnung, oder die Meditation insgesamt gedauert hat. Ein späterer Blick auf die Uhr ließ vermuten, dass seit Beginn des meditativen Abenteuers etwa 6 Stunden vergangen waren.
In den darauffolgenden Tagen und Wochen dachte ich sehr viel darüber nach, rief mir sämtliche Einzelheiten der Erfahrung immer wieder ins Gedächtnis und versuchte verzweifelt herauszufinden, wer dieser bemerkenswerte Mann war. Da ich aber nur sein Bild im Geiste hatte und keinerlei weitere Informationen, gab es leider keine Möglichkeit, seinen Namen in Erfahrung zu bringen. Ich rechnete damit, mich für die Auflösung dieses Rätsels bis zum Tod meines Körpers gedulden zu müssen.

Das ist er!

Schätzungsweise ein bis zwei Jahre später kaufte ich ein Buch, das mir bereits von mehreren Menschen empfohlen worden war – den spirituellen Klassiker "Autobiographie eines Yogi" von Paramahansa Yogananda. Dieses einzigartige Konglomerat spannender Erzählungen war übrigens eines der Lieblingsbücher von Elvis Presley, George Harrison (Gitarrist der Beatles) und Steve Jobs, auf dessen Trauerfeier ein Exemplar des besagten Buches an jeden der 800 Gäste verteilt wurde.

Als ich das Buch zur Hand nahm, öffnete und darin herumblätterte, stieß ich plötzlich auf das Bild eines Mannes, dessen Anblick sofort die Erinnerung in mir weckte. Das war er!

Eine Verwechslung war absolut ausgeschlossen.

Ich konnte es nicht glauben. Er saß da mit jenem Blick, den ich damals genossen hatte. Das Foto lässt zwar erahnen, dass er ein sympathischer und lebensfroher Mensch war, doch besteht auf diese Weise keine Chance, die Intensität seiner Ausstrahlung und die Wirkung einer wirklichen Begegnung nachzuempfinden, wie ich sie während des geistigen Ausflugs erleben durfte. Kurz nachdem ich ihn auf dem Bild eindeutig erkannt hatte, schossen mir die Tränen in die Augen.

Gespannt las ich seinen Namen: Lahiri Mahasaya ...

Plötzlich spürte ich eine gewaltige Energiewelle, die durch meinen physischen Körper fuhr. Es war ein vibrierendes Gefühl, das unmöglich zu beschreiben ist. Ich war unfähig, mich zu bewegen. Dies hielt höchstens eine Minute an und ließ dann nach. Damals war mein Körper wochenlang krank (Grippe) und jene Lebendigkeit, die mich durchfuhr, sorgte dafür, dass ich mich zumindest für einige Stunden wesentlich besser und ein paar Tage später endlich wieder gesund fühlte.

Um das Foto ranken sich viele Geschichten. P. Yogananda schrieb, beim Anblick des Bildes sei er als Kind im Beisein seiner Mutter durch ein Licht, das aus dem Foto hervortrat und den gesamten Raum erfüllte, mit sofortiger Wirkung von einer schweren Krankheit geheilt worden. In einem anderen Bericht heißt es, während eines Gewitters saßen einige Frauen zusammen in einem Haus, als ein Blitz einschlug und einen Brand verursachte. Die Frauen saßen in einer Ecke unter dem Foto von Lahiri Mahasaya, das eingerahmt an der Wand hing. Sie blieben sitzen und sagten nur immer wieder: „Oh Guru, beschütze uns!" Einzig diese Stelle des Hauses sei von den Flammen verschont worden, sodass die

Frauen unversehrt überlebten. Der Meister selbst sagte: „Wenn du das Foto für ein Foto hältst, dann ist es nur ein Stück Papier. Wenn du das Foto nicht für ein Foto, sondern für die Anwesenheit des Meisters hältst, dann wird es dich beschützen."

Mahasaya mochte aber offenbar nicht fotografiert werden. Als von ihm und seinen Jüngern eine Gruppenaufnahme gemacht wurde, waren alle Schüler wie erwartet abgebildet. Er jedoch fehlte. Jegliche Versuche, ihn fotografisch festzuhalten, scheiterten. Seine Gestalt war auf den Fotos nicht zu sehen, an ihrer Stelle nur eine Leere. Auf die Verzweiflung eines erfahrenen Fotografen reagierte Lahiri nach stundenlangem Schweigen mit den Worten: „Ich bin Geist. Kann deine Kamera das allgegenwärtige Unsichtbare wiedergeben?" ... Eines Tages erklärte er sich dann doch ausnahmsweise einverstanden, für ein Foto zu posieren. So entstand das einzige bekannte Bild von ihm. Wie oben angedeutet, erwies es sich als bereichernd für viele Menschen und hatte für mich im wahrsten Sinne des Wortes einen hohen Wiedererkennungswert.

Natürlich war ich begierig darauf, mehr über diesen mysteriösen Mann zu erfahren, also las ich die Berichte von Paramahansa Yogananda, dessen Eltern wie auch sein Lehrer Yukteswar Giri Schüler des sagenumwobenen Yogis gewesen waren.

Immer wieder ist in der "Autobiographie eines Yogi" die Rede von Lahiris außergewöhnlichen Fähigkeiten. Yogananda berichtet beispielsweise, dass der Lehrer seines Lehrers fähig war, sich an jedem beliebigen Ort zu manifestieren, an zwei Orten gleichzeitig präsent zu sein (Bilokation) und die Erdanziehungskraft zu überwinden, um zu schweben (Levitation).

Yogananda wurde am 5. Januar 1893 geboren – knapp drei Jahre bevor Lahiri Mahasaya diese Welt verließ. Als Baby saß er einmal auf dem Schoß des alten Meisters, der seiner Mutter prophezeite: „Dein Sohn wird ein Yogi und geistiger Führer werden und vielen Seelen den Weg zum Reich Gottes weisen."

Lahiri Mahasaya wurde am 30. September 1828 geboren und starb am 26. September 1895. Er ist vor allem dafür bekannt, die Kunst des Kriya Yoga, welche in Vergessenheit geraten war, "wiederbelebt" zu haben. Er habe den Auftrag dazu vom großen Meister Babaji erhalten. Lahiri Mahasaya machte keine Unterschiede bei seinen Schülern hinsichtlich ihrer Religionszugehörigkeit oder bezüglich ihres gesellschaftlichen Status und brachte diese spirituelle Praxis ausnahmslos jedem bei, der sie erlernen wollte.

Wie alle authentischen Meister bewahrte er eine große Bescheidenheit und maß sich selbst keine Bedeutung bei (denn die Botschaft ist wichtiger als der Botschafter). Wenn ein Schüler sich vor ihm verbeugte, um seine Verehrung auszudrücken, verneigte Mahasaya sich stets respektvoll zurück. Sobald das Gefühl persönlichen Handelns als Illusion erkannt wird und fortan abwesend ist, gibt es keinen Nährboden mehr für Stolz, ebenso wenig wie für Minderwertigkeitsgefühle. Das bedeutet, man wird sich seinen Mitmenschen nicht unter- und vor allem nicht überordnen, man wird weder in Selbstmitleid zerfließen noch triumphierend verkünden, wozu man fähig sei oder welche Leistungen man vollbracht habe. All die Komplimente oder Bewunderungsbekundungen, die an seine Person gerichtet waren, reichte Lahiri Mahasaya stets demütig weiter an Gott. Als ein blinder Mann namens Ramu zu ihm geschickt wurde und sich von ihm Heilung für seine Augen erhoffte, lautete Lahiris ernüchternde Reaktion: „Ich besitze keine Heilkräfte." Nachdem der Hilfesuchende entgegnet hatte, dass Gott durch ihn heilen könne, sagte Lahiri: „Das ist allerdings etwas anderes. Gottes Heilkraft kennt keine Grenzen. Er, der die Sterne und jede Zelle unseres Körpers in geheimnisvollem Glanz erstrahlen lässt, kann auch deinen Augen das Sehvermögen schenken." ... Eine Woche später, so berichtete Swami Kebalananda (ein Schüler von Mahasaya), „erblickte Ramu zum ersten Male das liebliche Antlitz der Natur." ... Er fügte eine sehr schöne Erklärung hinzu: „Bei allen Wundern, die Lahiri Mahasaya vollbrachte, wies er unmissverständlich darauf hin, dass er niemals das eigene Ich für die Ursache

hielt. Dadurch aber, dass er sich der heilenden Urkraft vorbehaltlos öffnete, ermöglichte er es ihr, ungehindert durch ihn hindurchzufließen."

Lahiri Mahasaya ist ein Paradebeispiel für gelebte Selbsterkenntnis. Auf
den ersten Blick war er völlig unscheinbar. Das ist nicht ungewöhnlich,
denn: „Je größer der äußere Schein, desto größer die innere Armut.
Der Welt des Reichtums, des Komforts und der Position zu entsagen,
ist eine vergleichsweise einfache Angelegenheit; aber das Verlangen,
jemand zu sein, zu werden, abzulegen, erfordert große Intelligenz und
Verständnis." (J. Krishnamurti) Wer hingegen den inneren Reichtum
gefunden hat, ist nicht mehr darum bemüht, durch aufsehenerregendes
Verhalten um äußeren 'Reichtum' zu werben.
„Wer am lautesten schreit, hat am meisten Unrecht.", sagte einst ein
Vater im Supermarkt zu seinem schreienden Sohn, woraufhin er meine
begeisterte Zustimmung bemerkte und mir zuzwinkerte. Schon damals
war mir die Vereinbarkeit seiner spontanen Aussage mit den uralten
spirituellen Weisheitslehren auf Anhieb bewusst. Weisheit finden wir
nicht nur bei denen, die der Welt entsagen.
Im Gegensatz zu den meisten anderen großen spirituellen Lehrern der
Geschichte war Lahiri verheiratet, hatte Kinder (2 Söhne & 3 Töchter)
und war berufstätig. Eine Frau wählte bei einem Vortrag für die 'Self-
Realization Fellowship', die von Yogananda im Auftrag seines Lehrers
gegründet wurde und zu deren Mitgliedern später Elvis Presley gehörte,
anlässlich des Todestages von Lahiri Mahasaya folgende Worte:
„Er lebte ein sehr einfaches, natürliches, glückliches, weltliches Leben.
Er hatte kein weltliches Bewusstsein, war aber auf natürliche und
glückliche Weise in seine Inkarnation im physischen Reich der Dualität
involviert. Wir sind hier auf der Erde, es ist keine Ära der Erleuchtung,
wir handeln nicht immer auf erleuchtete Weise, aber wir sind hier.
Es ist ein göttliches Geschenk, eine göttliche Gelegenheit. Warum nicht
natürlich und glücklich leben, einfach hier mitten in all dem Chaos sein,
sich amüsieren und dabei an Gott denken, warum nicht? So sei es."

Dann kam sie auf die ungewöhnlichen Aspekte seiner Lebensführung und seine eindrucksvollen Fähigkeiten zu sprechen:

„Wenn er von der Arbeit nach Hause kam, hat er das Haus nicht mehr verlassen. Selten verließ er überhaupt den Raum, in dem er sich bevorzugt aufhielt. Er saß einfach nur da – versunken in göttlicher Glückseligkeit. Yogananda sagte über Lahiri, dass er physiologisch gesehen Atemlosigkeit und Schlaflosigkeit gezeigt hat. In der Meditation bewegten sich seine Augen nicht, seine Lider blinzelten nicht, er war vollkommen still. So ging es weiter, Tag für Tag, in dem Leben, das Gott ihm gegeben hatte. Diese Glückseligkeit schwappte einfach über und sie veränderte Leben und zog jene Seelen an, die davon profitieren konnten."

Ich weiß nicht, ob Lahiri Mahasaya auch zu "Lebzeiten" so unendlich lebensfroh war. Das einzige Foto von ihm und die Erzählungen lassen dahingehend eigentlich keine Zweifel zu. Aber ich neige zu der Annahme, dass diese unermessliche Freude, die er im wahrsten Sinne des Wortes ausstrahlte, kaum menschenmöglich ist. Jedenfalls ist mir in dieser Welt nie ein vergleichbarer Mensch begegnet.

Seine Ausstrahlung werde ich niemals vergessen.

Für unsere Begegnung werde ich immer dankbar sein.

Empfehlungen zur spirituellen Praxis

„Die größte Liebe könnt ihr erfahren,
wenn ihr euch in der Meditation mit Gott vereinigt."
(Paramahansa Yogananda)

„Führt euch vor Augen, dass ihr eines Tages ganz plötzlich alles in dieser Welt zurücklassen müsst – also macht jetzt Bekanntschaft mit Gott.
Bereitet euch durch tägliche Gotteswahrnehmung auf die kommende ast-
rale Reise des Todes vor. Durch Täuschung nehmt ihr euch als ein Bün-
del von Fleisch und Knochen wahr, das nur ein Verursacher von Leid ist.
Meditiert unaufhörlich, damit ihr euch schnell als die unbegrenzte Es-
senz, frei von jeder Form von Leid, erkennt. Seid keine Gefangenen des
Körpers mehr. Lernt, in die Geisteswelt zu entfliehen.
Beseitigt alle eure Probleme durch Meditation. Ersetzt unnütze religiöse
Spekulationen durch den tatsächlichen Kontakt zu Gott. Reinigt euren
Geist von dogmatischem theologischem Schutt. Lasst die frischen, hei-
lenden Wasser der direkten Wahrnehmung herein. Hört auf die innere
Stimme, die aus jedem Dilemma einen Ausweg weiß. Die Menschen ha-
ben eine unglaubliche Geschicklichkeit, sich in Schwierigkeiten zu brin-
gen, aber der Göttliche Helfer ist nicht weniger einfallsreich."
(Lahiri Mahasaya)

„Durch Transzendentale Meditation fühle ich täglich die Glückseligkeit
des Göttlichen. Ich verbinde mich mit einem grenzenlosen Bewusstsein,
welches keine spürbare Beziehung zu meinen Gedanken, Ängsten oder
Begierden hat." (Russell Brand)

„Kabir hat Meditation empfohlen, Buddha hat Meditation empfohlen,
ich empfehle Meditation. Es geht darum, eine Stille in dir zu schaffen,
eine tiefe, vollkommene Stille. In dieser völligen Stille wirst du anfangen, die Gegenwart Gottes zu spüren." (Osho)

„Wenn man nicht weiß, was Meditation ist, wahre Meditation, dann verpasst man alles im Leben." (Jiddu Krishnamurti)

In der spirituellen Praxis, z. B. Meditation, kehrt das Bewusstsein zu sich selbst zurück, es zieht seine Aufmerksamkeit von der Außenwelt ab, die uns immer wieder hypnotisiert, und 'richtet' sie auf sich selbst. Das Bewusstsein wird sich seiner selbst bewusst.
Es geht einzig und allein um diese innere Revolution.

Eine höchst effektive spirituelle Übung, die ich jedem Leser ans Herz legen möchte, habe ich bereits erwähnt, ohne sie eingehend zu erläutern, was ich nun nachholen werde. Ich nenne diese spirituelle Praxis den unbeteiligten Zeugen im Hintergrund.
Dafür benötigst du keinerlei Hilfsmittel, keine speziellen Atemtechniken, du musst dich noch nicht einmal hinsetzen und die Augen schließen. Du kannst dies "tun", wo auch immer du bist und unabhängig von den Pflichten, denen du nachgehst.
Es ist tatsächlich möglich, in ausnahmslos jeder Situation deines Lebens als unbeteiligter Zeuge sämtlicher Geschehnisse im "Hintergrund" zu verweilen und somit gänzlich unberührt von allem zu bleiben, was auf der Oberfläche geschieht. Du beobachtest als unpersönliches Bewusstsein deinen Körper und nimmst auch dessen Leid wahr, aber du weißt, dass das, was dem Körper zustößt, nichts mit dir zu tun hat. Du verweilst als wahrnehmende Präsenz, als nicht wertende Bewusstheit und beobachtest alles, was im Vordergrund geschieht, ohne davon in deinem Wesenskern erschüttert zu werden. Unabhängig von der Intensität körperlicher Schmerzen und der Absurdität der verrücktesten Gedanken gehören beide Erscheinungen dem Bereich objektiver Erfahrungen an. Sie werden von dir wahrgenommen. Du bist der Wahrnehmende. Du bist als Subjekt – relativ ausgedrückt – davon getrennt. Mache dir bei jeder Gelegenheit klar: Da ist der Schmerz / der belastende Gedanke und hier bin ich – reines Bewusstsein.

All das Leid, das dem Körper und der Psyche widerfährt, vermag das eine, formlose Selbst nicht zu berühren.
Es bleibt immer vollkommen. Es *ist* einfach.

Wenn du dich nicht mehr mit deiner Individualität / Persönlichkeit identifizierst – also mit der vorübergehenden Ausdrucksform des ewigen Bewusstseins, das du bist –, dann wirst du dich nicht mehr angegriffen fühlen, wenn dich beispielsweise jemand verbal beleidigt.
Das Ego kann jederzeit mit Leichtigkeit erniedrigt und gedemütigt werden, nicht jedoch das wirkliche Selbst. Die Person nimmt Angriffe von außen persönlich, das unpersönliche Bewusstsein begeht diesen Fehler nicht, denn es ist kein Geheimnis für den unbeteiligten Zeugen im Hintergrund, dass die menschliche Persönlichkeit nur eine Verkleidung ist. Konfliktsituationen aller Art bieten also ein geeignetes Spielfeld für diese spirituelle Praxis. Wenn sich etwas ereignet oder ein Mensch ein Verhalten zeigt, das dich innerlich unruhig werden lässt (und es muss keine Handlung dir gegenüber sein), dann ziehe deine Aufmerksamkeit von diesem Menschen ab und richte sie auf deine innere Reaktion. Ergründe ihre Ursache und reiße die Wurzel heraus, anstatt nur immer wieder Zweige abzuschneiden, die ohnehin früher oder später nachwachsen werden und einen Nährboden für neue Konflikte schaffen. Die Wurzel ist ein fiktives Selbst.
Versuche, denjenigen in dir zu finden, der sich angegriffen oder provoziert fühlt. Er kann nicht gefunden werden, da er nicht existiert. Es sind bloß Gedanken. Sobald dies klar gesehen wird, wirst du deine konditionierten Verhaltensmuster fortan gelassen belächeln.

Bitte suche nicht nach einer Bestätigung für spirituelle Weisheiten durch bestimmte Erfahrungen. Erforsche stattdessen das, was allen Erfahrungen zugrunde liegt. Darin ist alles enthalten. Wie finden wir das? Stelle dir nun folgende Frage: Wer ist der Erfahrende? Wer macht die Erfahrung? Wer nimmt den Inhalt deines Lebens wahr? Die Person?

Nein, die Person ist Bestandteil der Erfahrung! Sie ist nicht das Subjekt, sondern ein Objekt. Du kannst deinen Körper objektiv im Spiegel
betrachten. Du nimmst ihn ebenso wahr wie deine physische Umwelt,
all das ist der Inhalt deiner Erfahrung. Was aber ist das Substrat jeder
Erfahrung, was ermöglicht all die Wahrnehmungen? Du, Bewusstsein!
Alle Wahrnehmungen und Erfahrungen sind Bilder auf einer Leinwand.
Dein Körper ist eines der Bilder, und zwar jenes, dem du in der Regel
die größte Aufmerksamkeit schenkst.
Eine Möglichkeit, über dieses physische Vehikel hinauszugehen, ist die
"klassische" Meditation. Es ist möglich, allmählich so tief abzutauchen,
dass man seinen Körper nicht mehr spürt und alles loslässt, bis nichts
als die reine Essenz übrig bleibt.
Nur wenn wir bereitwillig alles entfernen, was entfernt werden kann,
finden wir das, was nicht entfernt werden kann.

*Spezifische Empfehlungen meinerseits in Form einer beispielhaften An-
leitung: Setze dich gemütlich hin. Der Körper sollte möglichst regungslos
und der Verstand vollkommen still sein. Dies funktioniert in der Regel
vorerst nicht ohne Umschweife. Die Konzentration auf den Atem kann
anfangs nützlich sein, um einen Zustand des Verweilens frei von Gedanken herzustellen. Der Atem dient hier als vorübergehendes Instrument.
Die Gedanken müssen pausieren.
Es ist unmöglich, dir deines Atems bewusst und gleichzeitig in Gedanken
verloren zu sein. Also geht es darum, die Aufmerksamkeit vom Denken
abzuziehen, damit der Verstand zum Stillstand kommt. Das ist notwendig, denn es ist dein konditionierter Verstand, der dir weismacht,
du seist nichts als eine physische Person. Deshalb kann dein natürlicher
Zustand jenseits des Persönlichen mit all seinen Belanglosigkeiten nur
dann scheinen, wenn all der gedankliche Müll zumindest vorübergehend
entsorgt wird.
Die Sonne scheint immer. Aber wir können sie nur dann sehen und ihre
Wärme genießen, wenn es keine Wolken gibt, die sie verdecken.*

Die landläufige Definition von Intelligenz bezieht sich auf die Komplexität des Denkens. Du wirst durch Meditation aber erkennen, dass die wahre Intelligenz in der Tiefe liegt und auch ohne den Verstand und seine Logik auskommt. Ohnehin ist die Realität nicht immer logisch.

Gedanken haben im gegenwärtigen Zustand ihre Daseinsberechtigung und sind für die menschliche Lebensführung unerlässlich. Aber sie werden zum Problem, wenn sie uns vereinnahmen und wir folglich unsere Identität aus ihnen beziehen. Dann ist der Verstand alles, was wir kennen. Dabei ist er nur ein winziger Bestandteil der Totalität des Bewusstseins, das wir sind. Wenn du an deinem Verstand festhältst, ist es unmöglich, deine Göttlichkeit zu erkennen. Auch im gedankenlosen Zustand gibt es keine Garantie dafür, dass es dir gelingen wird, über das Körperliche hinauszugehen. Erwarte nichts und sei offen für alles!

Solltest du so tief 'gehen', dass du den Körper nicht mehr spüren kannst, wird dir wahrscheinlich zuerst auffallen, dass das Verlangen nach Sauerstoff endet und der natürliche Drang zu atmen abwesend ist. Paramahansa Yogananda erwähnte das in Bezug auf den Sterbeprozess: „Das Bewusstsein des Sterbenden fühlt sich plötzlich von der Last des Körpers, der Notwendigkeit zu atmen und von allen körperlichen Schmerzen befreit.“

Woran erkennst du, dass der Körper aus deiner Erfahrung verschwindet? Wenn ich dabei war, mich aus dem Körper zurückzuziehen, nahm ich häufig eine unbeschreibliche Intensität wahr, begleitet von einem Kribbeln und einem Rauschen. Diese Intensität – ein Gefühl reiner Lebendigkeit – fühlte ich im ganzen Körper (am stärksten in der Brust und im Kopf), bevor dieser aus meiner Erfahrung verschwand. Es fühlt sich an, als würde ein Gefäß überzulaufen drohen, weil es mit mehr gefüllt ist, als es enthalten kann. In der Tat wird die Schwingungsfrequenz der innewohnenden Lebendigkeit so sehr gesteigert, dass der Körper auf Dauer mit dieser Energie überfordert wäre. Also entlässt er sie in die Freiheit. Wenn ein Gefängnisinsasse in seiner Zelle ein Feuer entzündet, werden die Gitterstäbe schmelzen.

In der Meditation hat man tatsächlich das Gefühl, als würde die Körper-
barriere allmählich wegschmelzen. Dies ist der Selbsterkenntnis zuträglich, da die illusorische Natur jeder Art von Trennung überdeutlich enthüllt wird. Der Raum / die Luft innerhalb eines Gebäudes scheint getrennt und unabhängig von der Welt außerhalb zu sein. Doch wenn das
Gebäude eingerissen wird, wird ersichtlich, dass es sich immer schon
um ein und denselben Raum gehandelt hat. So als würde eine Vase zerbrechen und ihr Inhalt eins mit der Umgebung werden, verschmelzen
dein eigenes Inneres und Äußeres miteinander und nur eins bleibt übrig:
die unendliche Weite, die du bist. In tiefer Meditation erkennst du dein
wahres Selbst. Plötzlich bist du keine Person mehr, sondern ausnahmslos alles. Das Verschwinden der physischen Barriere hat Rupert Spira in
seinem kleinen Meditationsbuch "I AM" wundervoll in Worte gekleidet:

„Ich breche den Körper auf
und verteile ihn in der ganzen Welt.
Ich bin schwanger mit dem Universum."

Es könnte damit beginnen, dass du deine Hände und/oder Füße nicht
mehr spüren kannst, dann deine Arme und/oder Beine. Das Bewusstsein zieht sich meist allmählich aus dem Körper zurück. Dein Verstand
wird versuchen, dir Panik einzuflößen: „Oh nein, du verlierst die Kontrolle!" Das hat auch mich anfangs immer wieder davon abgehalten, mich
weiter zu entspannen und loszulassen. Irgendwann wirst du fähig sein,
gelassen zu entgegnen „Ich hatte ohnehin niemals die Kontrolle!" und
dich hinzugeben. Erinnere dich daran, dass dein Körper in Sicherheit ist,
schließlich sitzt er einfach nur gemütlich da. Außerdem braucht er deine Aufmerksamkeit nicht, um weiterhin uneingeschränkt zu funktionieren. Der Herzschlag wird nicht stoppen. Jede Nacht überlässt du den
Körper bereitwillig sich ‘selbst‘. Auch während der Meditation besteht
für ihn keine Gefahr – es sei denn, du meditierst auf einem Baum
sitzend in 10 Metern Höhe, wovon dringend abzuraten ist.

In der Regel ist das Erwachen ein Prozess, in einigen seltenen Fällen (siehe Ramana Maharshi, Eckhart Tolle, Sadhguru etc. in Kapitel 13) kommt es zu einem plötzlichen Erwachen, in dem der Betreffende fortan endgültig etabliert ist. Das wichtigste Erfolgsrezept für den Prozess ist Beharrlichkeit!

Jesus:

„Würdet ihr beharrlich bitten, Abba würde euch geben.
Würdet ihr beharrlich suchen, Abba würde euch finden lassen.
Würdet ihr beharrlich anklopfen, Abba würde euch öffnen."

(Abba = Vater)

„Nähre deinen Glauben – und deine Zweifel werden verhungern."
(Rabindranath Tagore)

In aller Bescheidenheit und unendlichem Respekt vor Tagore möchte ich das Wort *Glauben* durch *Erkenntnis* ersetzen. Diese sollte beharrlich gefördert werden.

Es ist wichtig, sich niemals entmutigen zu lassen und am Ball zu bleiben! Wenn du meditierst und dich dabei immer wieder aufs Neue in Gedanken verlierst, sollte der Erfolg nicht daran gemessen werden, ob du von Beginn an dauerhaft ohne Gedanken sein kannst, sondern ob du beharrlich genug bist, um immer wieder bewusst über Gedanken hinauszugehen. Wenn du dich selbst dabei ertappst, wie du dich durch Gedanken vom Zustand der Reinheit zu entfernen scheinst, sei nicht verärgert und mache dir vor allem keine Vorwürfe. Das Ego liebt Vorwürfe: „Na toll, ich hab' ja gesagt, du schaffst es nicht. Du wirst es niemals schaffen. Das ist sowieso alles Quatsch und lohnt sich nicht. Bewusstsein ist langweilig. Blabla."

Achte darauf, dass du einem eventuell auftauchenden Gedanken keinen Glauben schenkst, der dir weismachen will, dass du sowieso unfähig bist oder etwas falsch gemacht und deshalb das Verständnis noch nicht verinnerlicht hast. Tatsächlich ist dieser Gedanke selbst das einzige scheinbare Hindernis. Da er keinerlei Substanz und Dauer hat, ist er kein echtes Problem. Erkenne – und das ist jetzt wirklich wichtig –, dass diese Gedanken nicht wirklich deine eigenen Gedanken sind, sondern die Gedanken der dich umgebenden Gesellschaft. So etwas wie ganz eigene, persönliche (*meine* und *deine*) Gedanken gibt es gar nicht. Die Illusionen *mein* und *dein* sind selbst aus Gedanken hervorgegangen. Von klein auf wurde dein Geist von all den blinden Blindenführern sorgfältig aufgefüllt. Diese Gehirnwäsche wird im Westen wohl sehr viel gründlicher durchgeführt als im Osten, weshalb es für westliche Menschen durchschnittlich mühevoller sein dürfte, sich von der Konditionierung zu befreien. Wenn diese Gedanken also in dir auftauchen, belächle sie. Sobald du dir ihrer bewusst geworden bist, hast du dich schon desidentifiziert und bist nicht mehr vollkommen absorbiert. Wie erwähnt ist es anfangs nicht entscheidend, wie lange du darin gegründet sein kannst. Wahrscheinlich wird es dir vorerst maximal ein paar Sekunden gelingen. Entscheidend ist, wie häufig du dahin zurückkehren kannst. Also bleib' am Ball! Am besten jeden Tag...

„Täglich mit Gott in tiefer Meditation zu kommunizieren und seine Liebe und Führung in alle deine pflichtbewussten Aktivitäten mitzunehmen, ist der Weg, der zu dauerhaftem Frieden und Glück führt."

(Paramahansa Yogananda)

Erkenntnis setzt keine Gedanken voraus. Im Gegenteil! Nur im Zustand vollkommener Gedankenfreiheit kann das Licht des Bewusstseins aufleuchten und sich seiner selbst gewahr werden. Erkenntnis stellt sich immer nur in der vorübergehenden Abwesenheit von Gedanken ein.

Ein Beispiel (und eine sehr einfache spirituelle Übung):

Du betrachtest einen Baum. Im Grunde ist jeder Gedanke zutiefst von der kulturellen Konditionierung geprägt. Er wird dir also nicht sagen, was der Baum ist, den du betrachtest, sondern wofür die Kultur ihn hält, in der du aufgewachsen bist. Man könnte sagen, dass Gedanken eigentlich immer nur den Glauben anderer Menschen bzw. der Allgemeinheit wiedergeben. Wie schon auf der Vorseite erwähnt, sind es nicht deine Gedanken und Erkenntnisse, sondern die vermeintliche 'Wahrheit', auf die man sich gemeingültig geeinigt hat.

Leibniz: „Wer Wahrheit sucht, zähle nicht die Stimmen!"

Dementsprechend ist nichts, was dir dein Verstand über den Baum erzählen kann, absolut wahr. Die Wahrheit kommt jenseits der Gedanken zum Vorschein. Wenn du den Baum anschaust und nicht denkst, ist es im Grunde kein Baum mehr. Dann bist du auch keine Person mehr (das bist du nie gewesen, aber vorübergehend vergisst du dich als Person). Die Subjekt-Objekt-Beziehung kollabiert und da ist nur noch völlige Einheit des reinen Seins. Du und der Baum seid eins, weil es keinen Gedanken mehr gibt, der eine Barriere errichtet: „Hier ist *mein Selbst*, die Person, und da ist das *Nicht-Selbst*, der Baum." Ohne diesen Gedanken ist alles *das Selbst*. Probiere es bei Gelegenheit aus, nicht notwendigerweise mit einem Baum, das funktioniert natürlich mit jeder Erscheinung.

Nach einfachen Übungen kommen wir nun zwischenzeitlich zu einer relativ anspruchsvollen Methode... Wenngleich sich meine Erfahrung mit dieser Praxis in Grenzen hält, halte ich das Kriya Yoga – im Grunde eine spezielle Art der Meditation – für erfolgsversprechend und somit empfehlenswert. Auch hier ist der OM-Laut unentbehrlich und wird als heilig angesehen. Er kommt durch ständige Wiederholungen zum Einsatz, um den Prozess zu beschleunigen. Das angestrebte Endstadium des Kriya Yoga ist die vollständige Kontrolle über alle physischen und psychischen Vorgänge. Die größten Kriya-Meister sind in der Lage, ihren Körper willentlich zu verlassen und damit den Zeitpunkt ihres Todes selbst zu wählen (wie offenbar auch Jesus: „Vater, in deine Hände befehle ich meinen Geist!"). Dieses bewusste endgültige Ablegen des Körperkleides wird als Mahasamadhi bezeichnet. Ein bekanntes Beispiel ist Paramahansa Yogananda, der den Tod seines völlig gesunden Körpers voraussagte und wie angekündigt am 7. März 1952 im Alter von 59 Jahren starb. Die offizielle Todesursache war plötzliches Herzversagen.

Daraufhin zeigte sein Körper etwa einen Monat lang kein Zeichen eines einsetzenden Verwesungsprozesses. Dieses Phänomen ist selten, jedoch gibt es mehrere dokumentierte Fälle. Alle betreffen Menschen, deren Lebensführung von spiritueller Praxis geprägt war. Zwei weitere Beispiele: Auch der Körper des katholischen Priesters Padre Pio, der 1968 starb, ist nicht verwest. Gleiches gilt für den buddhistischen Mönch Dudjom Rinpoche, dessen Körper sich sogar immer noch in der Haltung der Meditation, während der er seinen Körper verließ, befindet. Meister wie Yogananda können kontrollieren, was jenseits des Einflussbereichs eines durchschnittlichen Menschen liegt, so beispielsweise den Herzschlag. Der Nahtodforscher Dr. Pim van Lommel erwähnt in seinem Buch "Endloses Bewusstsein" ein interessantes Beispiel:

„Der indische Philosoph Swami Rama (zitiert im 1. Kapitel) wurde als der erste Yogi bekannt, der sich von westlichen Wissenschaftlern untersuchen ließ. Er konnte automatische, unbewusste Körperprozesse mithilfe bewusster Willenskraft kontrollieren und verändern. So gelang es ihm zum Beispiel, seinen Puls innerhalb von siebzehn Sekunden auf einen anormalen Rhythmus von mehr als dreihundert Schlägen pro Minute zu verstärken. Er konnte seinen Blutdruck und seine Körpertemperatur regulieren, seine Gehirnwellen so verändern, dass ihr Muster auf dem EEG dem eines Menschen im Tiefschlaf entsprach, und er demonstrierte seine Fähigkeit zur Telekinese, indem er Gegenstände mittels "Gedankenkraft" fortbewegte."

Doch eine Garantie für den Erwerb solcher Fähigkeiten gibt es nie. Selbst in den bemerkenswertesten Fällen sind spirituelle Kräfte (sogenannte 'Siddhis') wohl das Produkt göttlicher Gnade.

„Wie sehr du dich auch bemühen magst, ohne Gottes Gnade kann nichts erreicht werden. Aber die göttliche Gnade kommt nicht so leicht herab. Du musst dein Ego vollständig aus dem Herzen verbannen. Wenn du das egoistische Gefühl hast, "Ich bin der Handelnde", kannst du Gott niemals erkennen. Wenn jemand in der Lagerhalle ist und der Hausherr gebeten wird, eine bestimmte Sache aus der Lagerhalle zu holen, sagt er sofort:

"Nun, da ist schon jemand im Lager; bitte ihn, es zu holen. Es ist nicht nötig, dass ich dorthin gehe." Gott erscheint niemals im Herzen desjenigen, der sich selbst für den Handelnden hält.", so Ramakrishna.

Eine der Erkenntnisse, die du durch Meditation gewinnen kannst, ist die, dass es keinen individuellen Handelnden gibt. Jemanden als Täter zu bezeichnen, entlarvt eigentlich schon den Glauben an eine Illusion. Solange wir unbewusst sind, tragen wir keine Verantwortung, weil wir nicht wissen, was wir tun. Da das Tun im Sein gründet, kannst du nicht wissen, was du tust, wenn du nicht weißt, wer du bist.

Wir haben bereits thematisiert, dass du offensichtlich nicht derjenige bist, der deine tieferen körperlichen Funktionen kontrolliert und aufrechterhält. Nur wenn du wie die erwähnten Meister eine gewisse Reife erlangt hast, hält Gott dich für bereit, das Steuer zu übernehmen. Du darfst erst dann die Verantwortung tragen und das Fahrzeug selbst steuern, wenn du dich als würdig erwiesen hast. Es ist wie eine spirituelle Führerscheinprüfung. Ohne diese Prüfung zu bestehen, kannst und darfst du nicht alleine fahren. Andernfalls ist ein Unfall vorprogrammiert. Nur jene, die ihr eigenes kleines 'Ich' überwunden haben, werden beschenkt, da sie die Fähigkeiten nicht als Ego-Steroide missbrauchen. Manche Meister der Meditation gewinnen ungeahnte Kräfte wie z. B. die Kunstfertigkeit, die Mechanismen des Körpers zu steuern und ihn willentlich zu verlassen. Da auch sie wissen, dass es eine Gabe Gottes ist, bleiben sie in der Regel überaus bescheiden. Das gilt für viele Menschen mit besonderen Begabungen und solche, die große Leistungen vollbringen. Der Suizidpräventionsexperte Matthew Dovel sagte:

„Nichts von dem, was ich zurzeit tue oder früher getan habe, führe ich auf eigene Fähigkeiten oder eigenes Talent zurück. Bei mir kommt alles aus der einen und wirklich einzigen wahren Quelle der Kraft, Gott."

Auch jeder große Heiler identifiziert sich nicht mit "seiner" Heilkraft und wird bestätigen, dass er nicht der Heilende ist, sondern dass Gott durch ihn heilt. Dies trifft z. B. auf Lahiri Mahasaya zu – und auf Jesus:

„Wahrlich, ich sage euch: Der Sohn kann nichts von sich aus tun."

Außergewöhnliche Fähigkeiten sind oft angeboren und nicht erworben, somit sind sie kein persönlicher Verdienst, auf den das Ego stolz sein kann, sondern ein Geschenk Gottes. Außerdem sind selbst die eindrucksvollsten Fähigkeiten nutzlos, weil sie im Gegensatz zur Selbsterkenntnis kein Glück garantieren – und Glück ist das Wichtigste!

Ebenso wie es keinen Handelnden gibt, gibt es auch keinen Denkenden, keinen Denker der Gedanken. Es gibt keinen Verstand! Wir glauben, dass der Verstand Gedanken produziert, doch tatsächlich ist es genau umgekehrt! Der Verstand ist eine Erfindung der Gedanken. Wir halten den Verstand für das Denkinstrument, den Behälter der Gedanken, und glauben, dass wir wählen können, woran wir denken. Das ist nur sehr bedingt wahr. In Wirklichkeit erscheinen die Gedanken in uns hauptsächlich gemäß der Konditionierung. Wenn wir eine Wahl haben, dann nur die, den Gedanken zu glauben oder sie nicht immer allzu ernst zu nehmen. Letzteres ist empfehlenswert. Selbiges gilt für Emotionen. Tatsächlich sind also auch Gedanken und Gefühle letztlich nichts Persönliches. Das kannst du auch ohne Meditation erkennen.

Es ist grundsätzlich nicht unbedingt notwendig, tief zu meditieren oder sich bestimmte Fähigkeiten anzueignen. Auch eine außerkörperliche Erfahrung ist keine Voraussetzung. Man muss nicht seinen Körper verlassen, um zur wichtigsten Erkenntnis des Lebens zu gelangen. Es genügt, die Selbsterforschung konsequent so zu praktizieren, wie es große Weise (unter ihnen Ramana Maharshi) gelehrt haben – indem man am reinen "Ich bin" 'festhält' und sich einfach dessen bewusst ist, dass man bewusst ist. Wenn man das "Ich" immer wieder zu seiner Quelle zurückverfolgt, löst es sich ganz natürlich von all den Illusionen, mit denen es sich identifiziert hat. Der Glaube, eine separate Person zu sein, ist nichts anderes als eine Gewohnheit, die auf Konditionierung beruht. Wenn diese Gewohnheit nicht mehr gepflegt wird, verschwindet sie auf natürliche Weise und enthüllt das wahre Selbst des reinen Bewusstseins, unsere unzerstörbare Essenz jenseits von Geburt, Tod, Ängsten, Sorgen, Problemen und Leid.

Leid ist keine unvermeidliche Begleiterscheinung des menschlichen Lebens, wie die meisten Menschen glauben, ohne diese verheerende kollektive Annahme jemals zu hinterfragen. Vielmehr ist das Leid die natürliche Folge der Ignoranz gegenüber unserer wahren Natur. Und weil wir unser wahres Selbst und Gott ignorieren, sprach der Schriftsteller und Philosoph Henry David Thoreau eine traurige Tatsache aus, als er sagte: „Die meisten Menschen führen ein Leben in stiller Verzweiflung."

Nicht wenige Menschen erhoffen sich durch den Konsum gewisser Substanzen wie bspw. Ayahuasca bereichernde spirituelle Erfahrungen. Interessant ist ein in diesem Buch bereits von Dr. Bruce Greyson (im 1. Kapitel) erwähntes Forschungsresultat, welchem zufolge die Gehirnaktivität bei Drogenkonsum wie z. B. der Einnahme von LSD nicht erhöht, sondern verringert wird. Während sich also die Wahrnehmungsintensität erhöht, arbeitet das Gehirn nicht mehr, sondern weniger als üblicherweise. Offensichtlich wird die Filterfunktion des Gehirns geschwächt, sodass mehr Informationen als im Normalzustand empfangen werden können. Gewisse Drogen können Erfahrungen hervorrufen, die aber nicht deshalb auf rein körperliche Prozesse reduziert werden sollten. Körpereigene Drogen wie das Alkaloid Dimethyltryptamin (DMT), das in der Zirbeldrüse unseres Gehirns produziert und in Extremsituationen ausgeschüttet wird, können spirituelle Erlebnisse durchaus begünstigen, weil sie wie Toröffner wirken. Sie aber deshalb als alleinige Ursache einer Erfahrung zu betrachten und eine rein physische Grundlage zu schlussfolgern, wäre vollkommen absurd und auch in höchstem Maße ignorant gegenüber zahlreichen relevanten Informationen.
Spätestens eine außerkörperliche Erfahrung, die unabhängig von sämtlichen körperlichen Umständen auftreten kann, beseitigt alle Zweifel. Außerdem liegen genug Fälle von Nahtoderfahrungen vor, in denen der Einfluss jeglicher Substanzen ausgeschlossen werden kann, z. B. weil das Gehirn nachweislich völlig inaktiv war (siehe bspw. Fall Pam Reynolds oder Eben Alexander im 13. Kapitel).

Spirituelle Praktiken, die mit Drogenkonsum jeglicher Art einhergehen, sind mit äußerster Vorsicht zu genießen. Falls man nicht widerstehen kann, sollte man sich wenigstens nicht ohne die Leitung eines erfahrenen "Reiseführers" an Substanzen wie Ayahuasca heranwagen.

Der spirituelle Lehrer und ehemalige Harvard-Professor Richard Alpert alias Ram Dass gab zu, dass seine Experimente mit Drogen wie psychedelischen Pilzen hilfreiche Erkenntnisse ermöglicht haben. Ich selbst habe nie Drogen konsumiert und würde das auch nicht empfehlen.

Eine sehr effektive "Droge", die nahezu jeder Mensch liebt und sich regelmäßig zuführt, ist die Musik.

Wenn ich schöner Musik lausche, muss ich gelegentlich an etwas denken, das der begnadete Schauspieler Robin Williams gesagt hat: „Weißt du, was Musik ist? Gottes kleine Erinnerung daran, dass es außer uns noch etwas anderes in diesem Universum gibt; eine harmonische Verbindung zwischen allen Lebewesen, überall, sogar zwischen den Sternen."

„Musik ist die Stimme Gottes.", meinte der Musiker Brian Wilson.

Es spricht sicher nichts dagegen, die Meditationspraxis mit Musik zu verbinden. Besonders gut geeignet ist klassische Musik oder jede Art, die tiefe Gefühle in uns weckt. Musikalische Klänge können ausdrücken, wozu bloße Worte nicht imstande sind, und gehen wesentlich tiefer.

Im Grunde genommen benötigen wir für spirituelle Praxis aber keinerlei Hilfsmittel. Wie schon gesagt, gibt es Pfade, die einfach und direkt zur Selbsterkenntnis führen können, u. a. die erwähnte Selbstforschung im Sinne von Ramana Maharshi, über die er gesagt hat: „Wie erbärmlich ist der Anblick von Menschen, die ziellos auf den Wegen der Welt umherirren und die Disziplin ignorieren, die zu dauerhafter Freiheit führt."

Ich gestatte nun einer Frau namens Boyce Batey, dir die Anleitung für eine weitere simple Übung zu präsentieren. Inspiriert durch ein Gedicht von William Wordsworth, führte sie im Alter von 21 Jahren in Miami

spontan ein Experiment mit sich selbst durch. Sie versuchte, mit all ihren „Sinnen ganz präsent, ganz im Hier und Jetzt zu sein."
Dies führte zu einer tiefen Erfahrung...
„Ich saß in einem Sessel, die Füße auf einem Hocker, Augen geschlossen, und begann meine Wahrnehmungsübung mit meinem Tastsinn – die Berührung meiner Pobacken mit dem Sessel, meiner Arme auf der Lehne, meiner Füße mit den Schuhen, der Luft an meiner Haut, der Haut mit der Kleidung, der Wahrnehmung meines Herzens, meiner Lungen, meiner inneren Organe – der ganzheitlichen Wahrnehmung, was Berührung durch und mit der Haut eigentlich ist und aus welchen Komponenten diese Erfahrung besteht. Und dann, an dem Punkt, an dem ich das Gefühl hatte, mir aller Sinne des Tastsinns völlig bewusst zu sein, versuchte ich, diesen Zustand beizubehalten, während ich nun den Geruchssinn dazu nahm – der Geruch verschiedener Blüten aus dem Garten, das frisch gemähte Gras auf dem Rasen, den heißen Asphalt von der Straße, der Geruch meiner Kosmetika – alles, was durch den Geruchssinn zu mir kam – das Ganze und die einzelnen Komponenten. Und dann, wieder an dem Punkt, an dem ich die Bewusstheit dieser beiden Sinneseindrücke beibehalten konnte, nahm ich das Hören dazu: das Geräusch eines weit entfernten Flugzeugs, Autos, die auf der Straße vorbeifuhren, Türenschlagen, den Wind, der durch die Palmzweige im Garten fuhr, mein eigenes Ein- und Ausatmen ... all das, was durch den Hörsinn zu mir kam, hielt ich in meinem Bewusstsein aktiv fest und gleichzeitig immer noch und genauso intensiv die Sinneseindrücke des Tast- und Geruchssinns. Dann öffnete ich meine Augen und nahm bewusst wahr, was durch diesen Sinn alles zu mir kam. Und damit meine ich die Gesamtheit des Sehens, also nicht nur das offensichtlich Sichtbare, sondern auch das, was normalerweise nicht gesehen wird, also optische Reize aus der Peripherie des Gesichtsfelds, ferne und nahe Dinge, Farben, Textur, meine Bügelfalten in der Hose und das Verhältnis zwischen Farben und Oberflächen. Während ich ganz mit meinem Bewusstseinsexperiment als Ausführung einer geistigen Willensanstren-

gung beschäftigt war, da funktionierte ich auf einmal, ohne dies angestrebt oder versucht zu haben und ohne eigentlich zu wissen, was hier vor sich ging, auf einer anderen Bewusstseinsebene. Ich war plötzlich in einer anderen Dimension der Realität. Und dort umgab mich auf einmal ein großes weißes Licht, das ganz und gar bei mir war, in Einklang mit mir pulsierend. Ich war dieses Licht und das Licht war ich. Alles, was außen war, war auch innen. Ich war ein Teil des Ganzen und das Ganze war ein Teil von mir, und ich war Gott, und Gott war hier und dort und überall. In meinem ganzen Sein war eine Freude, ein Friede und ein begeisterter Überschwang in einer Dimension und Qualität, wie ich sie noch nie zuvor erlebt hatte – und seitdem auch nicht wieder. Ich war mir aller Gesetze, dem Sinn und der Bedeutung meiner Existenz bewusst und von einem starken Gefühl durchdrungen, dass der Kosmos sich letztlich auf ein gutes Ziel hin bewegt und dass es im ganzen Universum nur Gutes und nichts Böses gibt. Da war kein Tod mehr, nur Leben. Alles war Leben in Gott – und das war ich. Diese Erfahrung dauerte nur ca. 6 – 8 Sekunden, und doch war es das profundeste Erlebnis und die wichtigste Begegnung meines Lebens."

Du kannst dir jederzeit dessen bewusst werden, dass zwischen Gott und deinem wahren Selbst keine Trennung oder physische Distanz existiert. Du musst dafür nicht besonders tief abtauchen, nicht über deinen Körper hinausgehen und noch nicht einmal deine physischen Augen schließen. Wenn du deine Aufmerksamkeit auf deine Gedanken, Gefühle oder den Körper richtest, wirst du immer Grenzen ausmachen, denn all das sind Objekte der Wahrnehmung. Richtest du sie aber auf dich selbst als Bewusstsein, d. h. wenn du dir erlaubst, einfach nur gewahr zu sein, ohne nach etwas Bestimmtem zu suchen, dann wirst du keine Grenzen dieses Gewahrseins finden. Du kannst es nicht sehen, doch es ist zweifellos da. Du kannst es nicht fühlen wie den Körper, doch es ist unleugbar anwesend. Untersuchst du nun, wie das Gewahrsein beschaffen ist, wirst du feststellen, dass es völlig formlos ist.

Seine Tiefe kennt kein Ende und führt direkt zu Gott. Du bist eins mit Gott, wie ein Lichtstrahl eins mit der Sonne ist. Du kannst das fühlen – vorausgesetzt, du erforschst es intensiv und beharrlich genug.

Jemand fragte mich einmal: „Was bringt Meditation mir persönlich?" Diese Frage ist ausgesprochen amüsant.
Die in der Meditation verborgenen Kostbarkeiten können nur gefunden werden, wenn derjenige, der diese Frage gestellt hat, verschwindet.
Meditation ist der Tod des kleinen 'Ich', das aus allem einen persönlichen Nutzen ziehen und – gemäß seiner äußerst beschränkten Vorstellungen – seine egozentrischen Bedürfnisse befriedigt haben möchte. "Dir persönlich" bringt Meditation nichts ein.
Sie kann dir allerdings eine Seligkeit und einen Frieden eröffnen, die/der jenseits deiner Persönlichkeit liegt und weitaus kostbarer als alles ist, was dein kleines 'Ich' sich je hätte vorstellen können.
Der 'Verlust' deiner Persönlichkeit / Individualität ist der 'Gewinn' des unbegrenzten Bewusstseins. Du gibst etwas Bestimmtes auf und was du dafür bekommst, ist alles, was es gibt!
Rumi hat das wie üblich auf bezaubernde Weise ausgedrückt: „Verliere deine Seele in Gottes Liebe. Ich schwöre, es gibt keinen anderen Weg. Verliere dich in dieser Liebe. Wenn du dich in dieser Liebe verlierst, wirst du alles finden."

Man sollte es vermeiden, Diskussionen über dieses Thema zu führen. Es gibt viele halbherzig interessierte Menschen, die glauben, durch clevere 'Argumente' zur Schau stellen zu können, wie intellektuell sie sind, dabei jedoch nur ihre auf Ignoranz basierenden Vorurteile offenbaren. Es ist bloße Energieverschwendung, "Perlen vor die Säue zu werfen". Wer frei ist von Zweifeln, ist auch frei von jedem Bedürfnis nach einem Meinungsaustausch. Ohnehin sind Meinungen bezüglich der grundlegenden spirituellen Wahrheit und der Realität völlig absurd...
Entweder man erkennt es oder man erkennt es nicht.

Man kann über Politik diskutieren, aber Spiritualität ist zu gewaltig für den debattierfreudigen Verstand, sie kann nur mit dem Herzen erfasst werden. Man kann nicht über das Eine nachdenken, man muss es erfahren und leben. Wenn man es erfahren hat, ist eine Diskussion hinfällig. Wenn man es nicht erfahren oder sich noch nicht einmal in objektiver Weise intensiv damit beschäftigt hat, befindet man sich nicht in der erforderlichen Position, um überhaupt eine ernstzunehmende Einschätzung zu äußern, somit erübrigt sich auch in diesem Fall jede Diskussion. Besser als über Spiritualität zu sprechen, ist es, sie zu verkörpern... Der wahre Wert jeder spirituellen Praxis liegt darin, ihre potenziellen Effekte in den Alltag zu übertragen und zu integrieren. Es ist sicher sinnvoll, 20 Minuten täglich friedvoll in der Meditation zu verweilen, das wahre Potenzial bleibt jedoch trotzdem ungenutzt, wenn wir uns den Rest des Tages von all unseren Bagatellangelegenheiten vereinnahmen lassen. Bestenfalls sollte die gesamte Lebensführung Ausdruck der Erkenntnis sein. Das ganze Leben kann einer spirituellen Praxis gleichkommen, wie viele großartige Menschen demonstriert haben. Die Veranlagung dazu findet sich in ausnahmslos jedem. Auch in dir! C. G. Jung: „In jedem Erwachsenen steckt ein Kind, ein ewiges Kind."

Wie könnte ich zum Schluss die zentrale Empfehlung meinerseits auf den Punkt bringen? Am besten so: Denke an Gott oder denke gar nicht. Jede spirituelle Praxis verfolgt letztendlich das Ziel, die Schönheit des Lebens voll und ganz auszukosten, also einfach gedankenfrei als das reine Sein zu verweilen oder sich auf das Höchste zu konzentrieren. Solltest du noch nicht fähig sein, an nichts zu denken und das Bedürfnis verspüren, deine Aufmerksamkeit auf etwas Bestimmtes zu richten, dann widme dich so oft wie möglich gedanklich und mit dem ganzen Herzen Gott. Mein geliebter Freund und göttlicher Bruder Paramahansa Yogananda artikulierte es so: „Denke die ganze Zeit an Gott. Wahre Hingabe ist innerlich. Tag und Nacht denkt der Gottgeweihte an nichts anderes als an Gott und sagt Ihm insgeheim, wie sehr er Ihn liebt."

Lichtmeditation

„In dir ist das Licht von tausend Sonnen.
In dir ist unvorstellbare Schönheit."
(Robert Adams)

„Mitten im tiefsten Winter wurde mir endlich bewusst,
dass in mir selbst ein unbesiegbarer Sommer wohnt."
(Albert Camus)

Ich möchte den Praxisempfehlungen noch die Anleitung für eine besondere Art der Meditation anhängen, die ich entworfen habe. Als ich dies bei einem Seminar präsentierte, das von einem Hospizverein organisiert wurde, zeigte sich die Hospizleiterin davon begeistert und beabsichtigte sogar, es für die Sterbebegleitung zu verwenden. Eine empfehlenswerte Möglichkeit besteht darin, diese 'Übung' zu zweit durchzuführen. Dabei könnte einer vorlesen, während der andere die Rolle des Praktizierenden übernimmt. Langsames Lesen ist effizienter, nach jedem Satz darf mehrere Sekunden Stille herrschen.

Bitte schließe deine Augen und schenke folgenden Worten deine volle Aufmerksamkeit:
Die Sonne ist in dieser Welt der Stellvertreter des göttlichen Lichts. Stelle dir vor, du befindest dich an einem angenehm warmen Sommertag in der Natur. Die Sonne scheint dir ins Gesicht und erfüllt dich mit einem wohligen Gefühl. Das ist nur ein schwacher Abglanz dessen, was sich dann ereignet, wenn wir den Körper verlassen. Stelle dir das jetzt vor. Der Körper beginnt sich aufzulösen. Du bist frei. Und da ist das Licht. Es wartet auf dich. Jetzt ist es ganz nahe. Du spürst eine Wärme, eine Geborgenheit, die alles übertrifft, was du bis jetzt für schön gehalten hast. Das Licht nimmt dich auf. Du verschmilzt mit ihm – was für eine überwältigende Ekstase!

Fühle die pulsierende Energie, die von ihm ausgeht.

Sie ist wie die konzentrierte Lebensenergie sämtlicher Wesen.

Keine körperliche oder psychische Verletzung, die wir als Menschen erfahren, kann so schwerwiegend sein, dass sie vom Licht nicht mit sofortiger Wirkung restlos geheilt wird. Vollkommen unabhängig davon, welche Steine uns in den Weg gelegt werden – am Ende von alledem wartet wieder das Licht. Kein Schmerz, kein Kummer, keine Angst, nichts kann so groß und zeitlich andauernd sein, dass es nicht innerhalb eines Augenblicks in diesem Licht seine gesamte Bedeutung verliert. Denn die Liebe des Lichts ist unendlich viel größer und intensiver als alles Leid der Welt.

Du spürst das Licht. Du spürst, wie es jede Faser deines Seins durchdringt und mit liebevoller, unerschöpflicher Energie versorgt.

Freue dich, es kommt der Tag, da wirst du wieder eins mit ihm sein... dem Licht des Lebens und des Todes ... dem Licht Gottes.

Wir finden es aber nicht nur im sogenannten Jenseits, sondern sehr wohl auch in uns selbst – nicht ohne Grund bezeichnet das legendäre Tibetische Totenbuch das NTE-Licht als unser „eigenstes, wahres Selbst". Wir finden es in jedem Menschen, jedem Tier, jeder Pflanze, einfach in allem, was ist. Es ist immer da.

Das Licht der Sonne macht alles in dieser Welt sichtbar.

Und der göttliche Funke in dir macht das Licht der Sonne sichtbar.

Wir brauchen ein inneres Licht, um das äußere Licht sehen zu können.

Dieses innere Licht – das göttliche Feuer, die unauslöschliche Flamme des unendlichen Gewahrseins – ist dein tatsächliches Selbst.

Das kostbarste Geschenk, das du Gott und deinen Mitmenschen machen kannst, ist, dieses Licht möglichst ungehindert scheinen zu lassen.

> „Deine eigene Selbsterkenntnis ist der größte Dienst,
> den du der Welt erweisen kannst." (Ramana Maharshi)

Das Magazin "Immortality" (übersetzt: Unsterblichkeit) führte im Jahre 1899 ein Interview mit Nikola Tesla und veröffentlichte es unter dem Titel „Everything is the Light" („Alles ist das Licht").
So wurde der folgende Austausch hervorgebracht:

Journalist: „Sie sagten, dass ich, wie jedes Wesen, das Licht sei. Das schmeichelt mir, doch ich gebe zu, dass ich es nicht ganz verstehe."

Tesla: „Warum müssen Sie es verstehen? Es genügt, wenn Sie es glauben. Alles ist Licht. Und bedenken Sie: Niemand, der je existiert hat, ist gestorben. Sie haben sich in das Licht verwandelt und existieren als solches noch immer. Das Geheimnis liegt in dem Fakt, dass die Lichtpartikel ihren Originalzustand wiederherstellen."

Journalist: „Das ist die Wiederauferstehung!"

Tesla: „Ich bevorzuge die Bezeichnung: Rückkehr zu einer früheren Energie. Christus und einige andere kannten das Geheimnis. Ich suche nach einer Möglichkeit, die menschliche Energie zu erhalten. Ich habe nicht um meiner selbst willen danach gesucht, sondern zum Wohle aller. Ich glaube, dass meine Entdeckungen das Leben der Menschen leichter und erträglicher machen und sie zu Spiritualität und Moral führen."

KONTEMPLATION DER NATUR

„Ein Tier sieht in uns ein Mitgeschöpf, das in diese ganze Welt gehört. Bloß wir glauben, weil wir uns natürlich aus dieser Welt komplett heraus entwickelt haben, dass wir nicht mehr mitspielen dürfen. Die Natur lädt uns ständig ein: „Kommt und spielt wieder mit!" Wir wollen das nicht wahrhaben."
(Andreas Kieling)

„Wäre nur ein einziger Stern am Firmament,
stünde nur ein einziger Baum im Tal,
selbst dann hätten wir die Gewissheit
des Großmuts der Unendlichkeit."
(Khalil Gibran)

„Es war lange vor der Dämmerung, als der scharfe Schrei eines Vogels die Nacht für einen Augenblick weckte, und das Licht dieses Schreis verblich. Die Bäume blieben dunkel, regungslos, verflüchtigten sich in der Luft. Es war eine milde, ruhige Nacht, unendlich lebendig. Sie war wach, da war Bewegung, da war eine verborgene Erregung im tiefsten Schweigen. Selbst das Dorf nebenan, mit seinen vielen Hunden, die immer bellten, war ruhig. Es war eine seltsame Stille, ungeheuer stark, zerstörerisch lebendig. Sie war so lebendig und still, dass du fürchtetest, dich zu bewegen. So erstarrte dein Körper in Unbeweglichkeit, und der Geist war hochsensibel. Es war eine strahlende Nacht mit den Sternen in einem wolkenlosen Himmel. Sie schienen so nah, und das Kreuz des Südens stand gerade über den Bäumen, funkelnd in der warmen Luft.
Alles war ganz ruhig. Man brauchte einen sehr fein empfindenden, wachen Geist, der gänzlich, bereitwillig und mühelos sein Geschwätz beendete. Er war sehr still geworden, er sah und hörte, ohne zu interpretieren, ohne zu klassifizieren. Er war ganz still geworden, und niemand war da, und nichts war notwendig, um ihn zum Schweigen zu bringen. Der Geist war ganz still und lebendig. Das Grenzenlose erfüllte die Nacht, und da war Glückseligkeit."
(Jiddu Krishnamurti)

Es ist wahr, dass dein wahres Selbst und das Göttliche für das menschliche Auge unsichtbar sind. Dennoch kann die nähere Betrachtung dessen, was wir auch als Menschen wahrnehmen können, eine Tür aufstoßen, durch die wir Einblicke in die ewige Vollkommenheit des Schöpfers und seiner Schöpfung erhalten. Die Dichterin, Komponistin sowie bedeutende natur- und heilkundige Universalgelehrte Hildegard von Bingen (1098-1179) meinte: „Gott kann nicht geschaut werden, sondern wird durch die Schöpfung erkannt."

Obwohl du als reines Bewusstsein jenseits von Schöpfer und Schöpfung liegst und das Universum nur ein Hologramm oder eine Projektion sein könnte (siehe Kapitel 3), lohnt sich eine genaue Begutachtung dessen, was uns hier und jetzt im gegenwärtigen Zustand zur Verfügung steht. Es ist nicht notwendig, zwischen Geist und Materie zu differenzieren und das Göttliche vom Weltlichen zu trennen. Jeder Regentropfen, jede Schneeflocke, jeder Grashalm, jede Feder eines jeden Vogels kann dich zu Gott führen. Krishnamurti hat es so ausgedrückt: „Das Unendliche liegt nicht jenseits des Endlichen, sondern im Endlichen. Das Ewige liegt nicht jenseits des Zeitlichen, sondern im Zeitlichen. Das Unsterbliche liegt nicht jenseits des Sterblichen, sondern im Sterblichen. Das Unendliche, Ewige, Unsterbliche bist du selbst."

„Schau tief in die Natur hinein und du wirst alles besser verstehen.", ließ Einstein eine Empfehlung verlauten. Da sie nicht vom menschlichen Verstand bearbeitet worden ist, eignet sich die Natur am besten für eine Kontemplation, welche im Grunde auch eine spirituelle Praxis ist und außerdem dabei behilflich sein kann, die verlorene Sensibilität, deren Fehlen sich u. a. dadurch enthüllt, dass wir während eines Waldspaziergangs aus purer Langeweile Blätter abreißen, zurückzugewinnen.

Ich könnte mir vorstellen, dass in dem/der einen oder anderen Leser/in angesichts all der fantastischen Erlebnisse, die in diesem Buch geschildert wurden, ein gewisser Frust aufgekommen sein mag, sofern er/sie selbst nicht in den unvergleichlichen Genuss einer Gotteserfahrung kam.

Daher möchte ich denen, die empfänglich dafür sind, im Rahmen der sich mir bietenden Möglichkeiten einen Ersatz bereitstellen, der im Grunde zwar kläglich ist, da es sich nur um bloße Worte handelt, der jedoch bestenfalls zu einer Reflexion anregen kann, an deren Ende sich dieselbe Erkenntnis einstellt. Eine subjektive Erfahrung kann man objektiv nicht beweisen. Ohne Vertrauen können selbst die besten Erfahrungsberichte ihren wahren Wert nicht entfalten. Doch ich behaupte, dass jeder Mensch, der nur genau genug hinsieht, nicht auf die Hinweise anderer angewiesen ist. Auch wenn du selbst nicht bewusst deinen Körper verlassen hast und die übereinstimmenden Berichte deiner Mitmenschen dir nicht genügen, kannst du durch die Besichtigung all der Wunder, die dich umgeben, Gott erkennen.

All die Überlegungen der folgenden Seiten sind ganz und gar überflüssig für jemanden, der Gott aus erster Hand kennt.

Doch sie können durchaus hilfreich sein, wenn dies nicht gegeben ist. Unabhängig davon handelt es sich zumindest um faszinierende Fakten, die es wert sind, einfach bestaunt zu werden. Wer sich für die Tierwelt und das Weltall interessiert, wird zweifellos auf seine Kosten kommen.

Rupert Spira stellte fest: „Die Tragik und Komik des menschlichen Daseins besteht darin, dass wir die meiste Zeit unseres Lebens damit verbringen, im Namen eines nicht existierenden Selbst zu denken, zu fühlen, zu handeln, wahrzunehmen und in Beziehung zu treten."

Er meint hier natürlich das persönliche Selbst oder Ego.

Eckhart Tolle hat eine Lösungsmöglichkeit parat, die er in seinem Buch "Stille spricht" (Kapitel 7: 'Die Natur') präsentierte:

„Von der Natur hängt nicht nur unser physisches Überleben ab. Wir brauchen die Natur auch, weil sie uns den Weg nach Hause zeigen kann, den Weg aus dem Gefängnis unseres Denkens heraus. Wir haben uns im Handeln, Denken, Erinnern und Vorausplanen verloren – haben uns verirrt in einem Labyrinth verwirrender Komplexität und in einer Welt voller Probleme. Wir haben vergessen, was Steine, Pflanzen und

Tiere noch immer wissen. Wir haben vergessen, dass wir einfach sein können – still sein, da sein, wo das Leben ist: hier und jetzt. Sobald du deine Aufmerksamkeit auf etwas Natürliches richtest, auf irgendetwas, dessen Existenz sich ohne menschliches Zutun entfaltet, trittst du aus dem Gefängnis des begrifflichen Denkens heraus und hast bis zu einem gewissen Grad Anteil am Zustand der Verbundenheit mit dem Sein, in dem sich alles Natürliche noch befindet. Einem Stein, Baum oder Tier Aufmerksamkeit zuzuwenden heißt nicht, an sie zu denken, sondern sie einfach wahrzunehmen und im Bewusstsein zu halten. Dann teilt sich dir etwas von ihrem Wesen mit. Du spürst, wie still sie sind, und dabei entsteht dieselbe Stille auch in dir. Du spürst, wie tief sie im Sein ruhen – wie sie vollkommen eins sind mit dem, was sie sind und wo sie sind. Indem du das wahrnimmst, findest auch du tief in dir selbst einen Ruheplatz.“

Um Tolles tollen Rat zu beherzigen, so oft wie möglich Gedankenstille herzustellen und damit eine reine Wahrnehmung zu arrangieren, werfe ich eine humorvoll ausgedrückte Aufforderung von Robert Adams ein: „Sobald deine Gedanken über deine Nase hinauswandern, pack‘ sie dir. Nicht deine Nase, sondern deine Gedanken. Du kannst dir auch an die Nase packen, wenn du willst.“

Lassen wir Eckhart Tolle fortfahren:

„Wenn du in der Natur wanderst oder ruhst, solltest du sie würdigen, indem du voll und ganz da bist. Sei still. Schaue. Lausche. Sieh, wie Tiere und Pflanzen vollkommen sie selbst sind. Im Gegensatz zu Menschen spalten sie sich nicht in zwei auf. Da sie ihr Leben nicht aus einer mentalen Vorstellung von sich selbst schöpfen, brauchen sie sich auch nicht darum zu bemühen, diese Vorstellung zu schützen und zu bestärken. Alles in der Natur ist nicht nur eins mit sich selbst, sondern auch mit der Totalität. Es hat sich nicht aus dem Gefüge des Ganzen getrennt und behauptet nicht, für sich allein zu existieren: "Ich“ und der Rest des Universums. Die Betrachtung der Natur kann dich vom Ich befreien, diesem großen Störenfried.“

Der von Tolle erörterte Irrglaube, von der Gesamtheit abgeschnitten zu sein, führt zum Verlust des Urvertrauens und ist der Nährboden für unzählige menschliche Sorgen. Insbesondere der erste Teil des Zitats erinnert an eine diesbezügliche Aussage von Jesus:

„Sorget euch nicht um euer Leben. Sehet die Vögel unter dem Himmel an: Sie säen nicht, sie ernten nicht und sammeln auch keine Vorräte; und euer himmlischer Vater ernährt sie doch. Und wenn ihr euch noch so viel sorgt, könnt ihr doch euer Leben um keinen Augenblick verlängern. Weshalb macht ihr euch so viele Sorgen um eure Kleidung? Seht euch an, wie die Lilien auf den Wiesen blühen! Sie mühen sich nicht ab und können weder spinnen noch weben. Ich sage euch, selbst König Salomo war in seiner ganzen Herrlichkeit nicht so prächtig gekleidet wie eine von ihnen. Wenn Gott sogar die Blumen so schön wachsen lässt, die heute auf der Wiese stehen, morgen aber schon verbrannt werden, wird er sich nicht erst recht um euch kümmern?“

Im zwölften Kapitel begegneten wir zahlreichen Wissenschaftlern, die von der göttlichen Organisation und Harmonie in der Natur, die sie so eifrig erforschten, zu ihrem Urheber geführt wurden, sodass sie diesen mit deutlichen Worten anerkannten – wie die Liste ihrer Zitate zeigte. Einige davon werden an geeigneter Stelle wiederholt.
Wir schauen uns nun an, welche Observationen es nicht nur Wissenschaftlern, sondern uns allen ermöglichen, die Spuren des Allmächtigen zu lesen und Ihn in der Natur ausfindig zu machen.

„Du bist nicht dazu erzogen, allein zu sein. Gehst du jemals allein spazieren? Es ist sehr wichtig, allein hinauszugehen, sich unter einen Baum zu setzen und das Fallen eines Blattes zu beobachten, das Plätschern des Wassers zu hören, den Flug eines Vogels zu beobachten und deine eigenen Gedanken, wie sie sich gegenseitig durch den Raum deines Geistes jagen. Wenn du in der Lage bist, allein zu sein und diese Dinge zu beobachten, dann wirst du außergewöhnliche Reichtümer entdecken, die keine Regierung besteuern kann, die kein menschliches Handeln korrumpieren kann und die niemals zerstört werden können.“

(Jiddu Krishnamurti)

Gottes Fingerabdrücke in der Tierwelt

Der Lebenszyklus auf diesem schönen Planeten erscheint uns Menschen manchmal grausam, doch wenn wir bereitwillig eine erweiterte Perspektive einnehmen, offenbart sich ein perfekter Sinnzusammenhang.

Die Raubtiere sorgen durch die Bejagung anderer Tiere dafür, dass es nicht zur Überbevölkerung kommt. Kleine und eher wehrlose Tiere wie Mäuse, die unzählige natürliche Feinde fürchten müssen, haben eine sehr kurze Tragzeit und bringen mehrmals im Jahr etliche Junge zur Welt, die außerdem sehr schnell geschlechtsreif werden. Das gleicht die Verluste aus. Als zusätzlicher Faktor sorgt eine geringe Lebensdauer neben den vielen Fressfeinden dafür, dass sie sich nicht zu stark vermehren. Große und wehrhafte Tiere wie beispielsweise Elefanten und Nashörner, die normalerweise keine natürlichen Feinde haben, bekommen dagegen nach sehr langer Tragzeit in der Regel nur ein Junges, das eher langsam wächst, und haben eine relativ hohe Lebenserwartung. Die perfekte Balance in der Natur und ihrer Bewohner bleibt – sofern der Mensch nicht eingreift – immer erhalten.

Zahlreiche Lebewesen leben in einer Symbiose, also einer Partnerschaft zwischen teilweise völlig verschiedenen Arten (oftmals Tiere und Pflanzen miteinander), von der beide Organismen profitieren. Dabei sind den Arten jeweilige Aufgaben zugeteilt, durch deren Erfüllung sie ihre Beiträge leisten. Das gilt nicht nur für Symbionten, sondern alle Lebewesen und die Stabilität der gesamten Flora und Fauna. Hier finden wir einen allgegenwärtigen Ausdruck von Liebe in der Natur.

„Überall gibt es Harmonie, Geometrie, Metaphysik und sozusagen auch Moral." (Gottfried Wilhelm Leibniz)

Wenn ein Tier von einem anderen gefressen wird, werden die verdaulichen Teile des Körpers vom Fleischfresser verwertet und die unverdaulichen Reste durch den Kot wieder ausgeschieden – diese Exkremente düngen schließlich den Boden und legen damit den Grundstein für neue Lebensformen. Ist all das nicht ein großes Wunder?

Die Welt, in der unsere Körper leben, ist bewundernswert – und das gilt schon ungeachtet der atemberaubenden Schönheit der Natur und ihrer Bewohner. Dabei kommt mir die wundervolle Fellzeichnung mancher Geschöpfe Gottes – wie des Tigers und Leoparden – in den Sinn, die nicht nur eine intelligente Anpassung, sondern ein visueller Hochgenuss ist. Das farbenfrohe Federkleid vieler Vögel empfinde ich geradezu als Reizüberflutung. Auch die Erde selbst darf, aus kosmischer Ferne betrachtet, als überaus ästhetisch bezeichnet werden – ebenso wie andere Himmelskörper. Sie alle sind wahre Kunstwerke ... und ausnahmslos jedes von ihnen ist einzigartig – wie gesagt, die Individualität ist kostbar.

„Die Natur ist damit beschäftigt, absolut einzigartige Individuen zu erschaffen, während die Kultur eine einzige Form erfunden hat, der alle entsprechen müssen. Das ist grotesk." (U. G. Krishnamurti)

Es folgen spezifische Beispiele für die genialen Einrichtungen in der Tierwelt, wie sie sich sowohl durch die körperlichen Eigenschaften der kunstvollen Kreaturen als auch durch ihr Verhalten enthüllen. Man möge bedenken, dass es unzählige weitere Musterfälle gibt, die hier keine Erwähnung finden – weil das Buch andernfalls so viele Seiten hätte, dass es mehr auf die Waage brächte als sein/e Leser/in.

Damit junge Zierschildkröten während der Winterstarre nicht erfrieren, befindet sich in ihren Blutgefäßen ein natürliches Frostschutzmittel, welches das Blut ständig in Bewegung und die Tiere somit warm hält. Flusspferde haben eine dünne, kaum behaarte, sehr sonnenempfindliche Haut und sie leben ausgerechnet auf dem afrikanischen Kontinent, der für sein sonnenintensives Klima bekannt ist. Die faszinierende Lösung: Die Haut der gigantischen Tiere sondert eine flüssige Substanz ab, die wie ein Sonnenschutzmittel wirkt.

Der Eisbär ist ein geeignetes Beispiel für die Anpassung einer Tierart an besondere Umweltbedingungen. Eisbären unterscheiden sich von ihren braunen Verwandten hinsichtlich einiger Eigenschaften...

Sie verfügen über spitzere und schärfere Klauen und Backenzähne, denn in ihrem Lebensraum wurden sie durch den Mangel an pflanzlicher Kost zu reinen Fleischfressern und spezialisierten Raubtieren (während sich Braunbären zu 75 % vegetarisch ernähren). Durch die reichhaltige Nahrung (vorzugsweise Robben) wurden Eisbären größer als ihre direkten Vorfahren und Verwandten, entwickelten sich sogar zu den größten und mächtigsten Landraubtieren der Erde – auf den Hinterbeinen aufrecht stehend bis zu 3,5 Meter hoch und maximal 1.000 Kilogramm schwer. Dies diente zugleich als weiterer Aspekt der Anpassung an ihre kalte Umwelt, zumal größere Körper langsamer auskühlen. Die Ohren wurden kleiner, weil dies praktischer für das kühle Klima ist – denn zu große Ohren würden in einer solchen Umgebung schnell erkalten, während die großflächigen Ohren z. B. bei Wüstenfüchsen alias Fenneks oder Afrikanischen Elefanten in ihrer heißen Heimat vorteilhaft sind, da sie das Blut abkühlen und so zur Regulierung der Körpertemperatur beitragen. Auch der Geruchssinn der Bären musste sich optimieren, da der Gebrauch dieses Sinnes in der eisigen, mit Schnee bedeckten Landschaft erschwert wurde. Eisbären besitzen die empfindlichste Nase aller Säugetiere. Sie können Tierkadaver aus mindestens 30 Kilometern Entfernung wittern, orten und aufspüren (oder auch unter 1 m dicken Eis-/Schneeschichten). Darüber hinaus besitzen sie fettiges/öliges Fell, an dem das Meerwasser abgleitet, sodass die Haut nicht nass wird – andernfalls bestünde in der eiskalten Heimat der Bären trotz der ausgeprägten Fettschicht (weitere Anpassung) schnell die Gefahr der Unterkühlung. Auch andere Säugetiere, die viel Zeit im Wasser verbringen, verfügen über Eigentümlichkeiten... Der Körper des Bibers ist mit 23.000 Haaren pro Quadratzentimeter versehen – damit ist eine Körperfläche des Nagetiers, die etwa der Fingerkuppe eines Menschen entspricht, mit einer vergleichbaren Menge an Haaren bespickt wie ein vollständiger menschlicher Kopf. Die Haare liegen so dicht beieinander, dass seine Haut niemals nass wird – unabhängig davon, wie oft sich der Biber ins Wasser begibt und wie lange er sich dort aufhält. Manche Arten der Otter besitzen sogar eine noch größere Haardichte: 50.000 bis 100.000 Haare pro Quadratzentimeter – Weltrekord im Tierreich. ...

Zurück zum Eisbären... Seine Fußsohlen sind stark behaart, sodass auch dort bezüglich der Kälte eine präventive Wirkung gegeben ist und darüber hinaus verleiht diese hilfreiche Eigenschaft eine sehr viel bessere Trittfestigkeit auf dem rutschigen Untergrund. Zusätzlich besitzen die Raubtiere als einzige Bären Schwimmhäute zwischen den Zehen. Außerdem verfügen sie über schwarze Haut und farblose, hohle Haare, um die Sonnenwärme besser absorbieren (aufnehmen) und speichern zu können. Auch die Haut des Eisfuchses, mit dem sich der Eisbär seinen Lebensraum teilt, ist schwarz. Helle Haut erwärmt sich nicht so schnell, da sie das Sonnenlicht reflektiert.

All die außergewöhnlichen Eigenschaften des Eisbären haben wie die jedes Tieres ihren Ursprung im Erbgut. Die Natur prägte den Inhalt der Gene und sorgte dafür, dass die Anlagen für die hilfreichen Befähigungen dort gespeichert wurden. Wissenschaftler wissen, dass ein Opportunismus gegeben ist und auf welche Weise er erfolgt. Aber die meisten von ihnen wagen es nicht, die Frage nach dem wirklichen Ursprung zu stellen. Dennoch scheuen sich viele nicht, über die Natur zu sprechen, als sei sie eine bewusste, intelligente Instanz, die alles organisiert. Der einzige Unterschied zwischen der Natur, wie sie von Physikern und Biologen beschrieben wird, und dem Gott der Religionen besteht oftmals allein in der Wortwahl.

Der hübsche Monarchfalter ist ein weiterer Vertreter der Tierwelt, der eine Erwähnung und Begutachtung verdient... Mein Freund Franz machte mich einst auf dieses bemerkenswerte Beispiel aufmerksam...

Unzählige Exemplare dieser Schmetterlingsart, die in Nordamerika und Australien beheimatet ist, legen in riesigen Schwärmen Tausende Kilo-

meter zurück, um in wärmeren Gebieten zu überwintern. Die östliche nordamerikanische Population – bestehend aus mehreren 100 Millionen Individuen – überwintert auf wenigen Hektar in der mexikanischen Gebirgskette Sierra Nevada. Die deutlich kleinere westliche Population verbringt den Winter entlang der Pazifikküste in Kalifornien. Die Reise wird von drei Generationen zurückgelegt: Die erste Generation pflanzt sich unterwegs während einiger Reisepausen fort und stirbt dann. Dies geschieht ebenfalls bei der so entstandenen zweiten Generation. Nur die tapfersten Tiere der dritten Generation erreichen schließlich das Ziel. Nach dem Winter treten die Monarchfalter der vierten Generation die Rückreise in ihre Heimat an. Dabei beweisen sie ein unglaubliches Navigationsvermögen. Wie Biologen herausgefunden haben, kehren die jungen Falter an die Ursprungsorte ihrer Eltern zurück, obwohl sie logischerweise nie dort waren. Wie sie sich orientieren, war lange ein Rätsel, bis sich herausstellte, dass sie dabei wohl durch einen inneren Kompass geleitet werden. Doch beinahe noch erstaunlicher: Die Saison ist kürzer und die Umweltbedingungen weitaus erschwerender als auf der Hinreise, sodass eine Fortpflanzung während der Heimkehr unmöglich ist. Die göttliche Lösung: Die Schmetterlinge dieser Generation haben grundsätzlich eine etwa zehnmal höhere natürliche Lebensdauer als ihre direkten Vorfahren und legen den Rückweg daher problemlos eigenständig zurück, ohne sich vermehren zu müssen.
Mir ist bewusst, dass ich mich wiederhole... Ein Wunder, nicht wahr?

Da sie alle gleichermaßen Gottes Geschöpfe sind, ist nichts gegen einen Übergang von Schmetterlingen zu Schlangen einzuwenden...
Die Insel-Lanzenotter besitzt das am schnellsten wirkende Schlangengift des Planeten. Ihr Biss tötet eine Maus in 2 Sekunden. Die bevorzugte Beute dieses Reptils sind kleine, gewandte Vögel wie Kolibris. Die fliegenden Edelsteine schaffen knapp 100 Flügelschläge pro Sekunde und können in derselben Zeitspanne unglaubliche 385 eigene Körperlängen zurücklegen. Würde das Gift der Insel-Lanzenotter nicht derart schnell

seine tödliche Wirkung entfachen, könnten ihre Beutetiere davonfliegen und sie müsste hungern. Die Opfer der meisten anderen Giftschlangen sind nicht so schnell wie Kolibris, weshalb sie kein hochspezialisiertes Toxin benötigen.

Der Biss der Königskobra kann einen Elefanten töten.

Doch es gibt eine Schlange, deren Gift etwa 50 Mal wirksamer ist:

Der australische Inlandtaipan hat sich auf Nagetiere, vor allem Ratten, als Beute spezialisiert. Da Ratten flink, wehrhaft und sehr widerstandsfähig sind und zudem einen enormen Überlebenswillen haben, musste auch diese Giftschlange ein starkes Toxin entwickeln.

Der Inlandtaipan ist die giftigste Landschlange der Welt. Das bei einem einzigen Biss abgegebene Gift reicht aus, um 100 bis 250 Menschen, 150.000 Ratten oder 250.000 Mäuse zu töten. Somit kann sich die Giftnatter nach einem Biss und der Injektion der erstaunlichen Substanz darauf verlassen, dass eine Ratte nicht mehr in der Lage sein wird, sich effektiv zur Wehr zu setzen oder unerreichbar zu fliehen.

Doch auch ein wesentlich schwächeres Gift würde ausreichen, um dem Opfer den Garaus zu machen. Das Gift zahlreicher Arten ist um ein Vielfaches wirkungsvoller als notwendig – vielleicht mit der göttlichen Absicht, dass die Beutetiere nicht leiden müssen.

Eine andere Giftschlange, die afrikanische Gabunviper, ist im Rahmen der Thematik weniger wegen ihres Giftes, sondern eher aufgrund einer anderen Eigenschaft interessant... Nennenswert sind zunächst ihre bis zu 5 cm langen Giftzähne – damit hält sie unter allen Schlangen einen Rekord. Durch sie wird das Toxin besonders tief ins Gewebe injiziert. Ein Biss wird mit großer Wucht ausgeführt, die abgegebene Giftmenge ist enorm, das Gift in seiner Wirkung überaus stark. Ohne die sofortige und richtige Behandlung ist der Biss der Gabunviper für einen Menschen ausnahmslos tödlich. Besonders erstaunlich ist das außergewöhnlich komplexe Aussehen der großen Giftschlange. Ihre schöne Hautzeichnung verschmilzt optisch perfekt mit ihrem Lebensraum, insbesondere wenn sie am Waldboden von verschiedenfarbigen Laubblättern umgeben ist.

Die Hautzeichnung vieler Schlangen und unzähliger weiterer Tiere ist auffallend gleichmäßig. Bei einer zufälligen, geistlosen Entwicklung würde man eher ein wirres Durcheinander vermuten.

Eine der Tarnung dienende Färbung kann dazu führen, dass eine Giftschlange nicht nur von ihrer Beute übersehen wird... Wegen ihrer Zeichnung und geringen Größe ist die in Asien und Afrika beheimatete Sandrasselotter – eine Verwandte der Gabunviper – besonders gut getarnt. Da sie zudem äußerst aggressiv auf Störenfriede reagiert, kommt es sehr häufig zu Bissunfällen mit dieser Art. Die Sandrasselotter ist die gefährlichste Schlange des Planeten. Berichten zufolge tötet sie jährlich ungefähr 20.000 Menschen – mehr als jedes andere Wirbeltier der Welt. Dennoch sollte sie nicht als bösartiges Geschöpf angesehen werden. Selbiges gilt für alle Tiere, die dem Menschen unter Umständen gefährlich werden können. Weil der Mensch die Verhaltensweise oder das Wesen eines Tieres nicht versteht und fehlerhaft interpretiert, verhält er sich oft selbst ungeschickt, provoziert dadurch eine Verteidigungsreaktion seitens des Tieres und macht dafür schließlich das Tier verantwortlich, weil seine Ignoranz darin gipfelt, dass er die als Resultat auftretende Situation und ihre Hintergründe nicht überblicken kann.

> „Gefährlich ist's, den Leu zu wecken,
> Verderblich ist des Tigers Zahn,
> Jedoch der schrecklichste der Schrecken,
> Das ist der Mensch in seinem Wahn."
> (Friedrich Schiller)

Die Küken des nur auf Madagaskar vorkommenden Seidenkuckucks fallen durch eine unübersehbare Zeichnung im Innenraum ihrer Mäuler auf. Das klingt noch nicht sonderlich sensationell... Fakt jedoch ist, dass diese ungewöhnliche Zeichnung den Eindruck erweckt, man würde einem Tier mit bedrohlichen Augen ins Gesicht blicken (beispielsweise einer Schlange). Somit entfacht diese Eigenschaft eine verwirrende oder gar abschreckende Wirkung bei Fressfeinden, wenn die kleinen Vögel ihr

Maul aufsperren und die auffällige Kehlmarkierung so zum Vorschein kommt. Außerdem wird den Eltern dadurch die Fütterung erleichtert. In einem dunklen Nest sehen sie durch die fluoreszierenden (!) Merkmale, wo das Futter platziert werden muss.

Ich wiederhole an dieser Stelle die Jesus-Worte: „Sehet die Vögel unter dem Himmel an: Sie säen nicht, sie ernten nicht und sammeln auch keine Vorräte; und euer himmlischer Vater ernährt sie doch."

Ich erinnere mich daran, dass mir mein Freund Franz – ein leidenschaftlicher Vogelzüchter – eine Abbildung des Seidenkuckuck-Kükens zeigte, mit den Worten: „Wenn ich so etwas sehe, dann glaube ich an Gott!"

(Fotos: Weltvogelpark Walsrode)

Franz ging es wie dem Physiker Prof. Joachim Mnich: „Ich glaube schon, dass da so etwas wie ein Mastermind hinter dem Ganzen stehen muss. Ich glaube da nicht an Zufälle. Man kann es den lieben Gott nennen, man kann es aber auch anders nennen."

Ohne diese einzigartige Eigenschaft würde die Gattung angesichts der vielen Fressfeinde wahrscheinlich aussterben, zumal das Gelege im Durchschnitt weniger Eier enthält als das anderer Vögel, für die dieses Kennzeichen daher nicht notwendig ist.

Einige Schmetterlingsarten sind mit einer Flügelzeichnung gesegnet, die an große Augenpaare erinnert und den Anschein erweckt, man habe es mit einem viel größeren, gefährlicheren Tier zu tun.

Wenn die Flügel ruckartig aufgeklappt werden und die Zeichnung so plötzlich zum Vorschein kommt, vermag dies Fressfeinde durchaus abzuschrecken. Ein geeignetes, artspezifisches Beispiel ist das prächtige Tagpfauenauge. Ich behaupte, dass hier wie in unzählbaren anderen Fällen nicht nur ein zweckmäßiger Schutzmechanismus dahintersteckt – eine weitere Intention mag der unendlichen Unschuld und Liebe des Schöpfers entspringen, der möglicherweise einfach das "Ziel" verfolgt, diese Sphäre des Seins zu bereichern und uns zu erquicken, indem Er durch viele Naturerscheinungen Schönheit in diese Welt bringt.

Die südamerikanische Harpyie ist einer der größten Adler, der bei weitem stärkste Greifvogel und das kraftvollste flugfähige Tier der Welt. Der schöne Vogel kann ein Beutetier im Flug transportieren, das schwerer ist als er selbst. Wenn sie mit ihren bis zu 13 cm langen Klauen ein Opfer ergreift, entwickelt die Harpyie unglaubliche Kräfte. Schon ihr kleinerer Verwandter, der Weißkopfseeadler, erreicht beim Beutefang die doppelte Durchschlagskraft einer Gewehrkugel. Die Flügelspannweite der Harpyie ist mit rund 2 m zwar beachtlich, jedoch im Vergleich zu ähnlich großen Vögeln eher unterdurchschnittlich. Denn ihre Flügel sind kurz und breit. Diese Eigenschaft ist eine sehr nützliche Anpassung an die Umwelt des Adlers, dem im Regenwald zwischen den Baumwipfeln eine stark eingeschränkte Bewegungsfreiheit zur Verfügung steht. Wie im Falle vieler Vögel sind der Bauch und die unteren Flügelseiten der Harpyie hell gefärbt. Vom Boden aus betrachtet, ist sie also farblich im Einklang mit dem Himmel. Ihr Rücken und die oberen Flügelseiten sind hingegen dunkel gefärbt, sodass sie aus einer erhöhten Perspektive farblich eher mit dem Boden harmoniert. Dieser Tarnmechanismus lässt sich auch bei nicht verwandten Tieren beobachten, z. B. beim Schwertwal alias Orca, dessen wunderschöne Hautzeichnung mich schon als Kind begeistert hat. Sein schwarzer Rücken macht ihn von der Wasseroberfläche aus gesehen schwer sichtbar, weil er mit der dunklen Meerestiefe verschmilzt. Schwimmt man unter ihm, ist er durch seine hauptsächlich weiße Unterseite im Einklang mit der sonnenbeschienenen und damit helleren Wasseroberfläche. Auch der Weiße Hai – ein potentielles Beutetier des Orcas – hat einen weißen Bauch und einen dunkleren Rücken, was ihm ebenfalls eine geringe Kontrastbildung ermöglicht. Von Walen und Haien zu Insekten und anderen gottgegebenen Anlagen... Wenige Menschen wissen, dass es Ameisenfriedhöfe gibt. 2 Tage nach dem Ableben einer Ameise sondert der verstorbene Körper eine speziell riechende Substanz ab, die ihre Artgenossen darauf hinweist, dass ihr Tod eingetroffen ist. Die Insekten wissen den wahrgenommenen Geruch instinktiv korrekt zu deuten. Daraufhin tragen sie den Körper an einen dafür vorgesehenen Ort. Die Insekten-Leichen werden von Bakterien belagert, die sich die Ameisen vom Leib halten, indem sie die Kadaver mitsamt den Bakterien fortschaffen. Glaubst du, dass diese Winzlinge kognitiv in der Lage sind, die Sinnhaftigkeit ihres eigenen Verhaltens zu verstehen? Ohne ihren Instinkt wären viele Tiere nicht überlebensfähig.

„Beseelte Gott den Vogel nicht mit diesem allmächtigen Triebe gegen seine Jungen, und ginge das Gleiche nicht durch alles Lebendige in der Natur, die Welt würde nicht bestehen können. So aber ist die göttliche Kraft überall und die ewige Liebe überall wirksam." (Johann Wolfgang von Goethe)

Auch wir Menschen sind mit hilfreichen Instinkten ausgestattet, die vor allem dann von Nutzen sind, wenn der Intellekt keine Lösung parat hat. Nikola Tesla hat sich dazu geäußert: „Instinkt ist etwas, das Wissen transzendiert. Wir haben zweifellos gewisse feinere Fasern, die es uns ermöglichen, Wahrheiten wahrzunehmen, wenn logische Folgerung oder jede andere vorsätzliche Anstrengung des Gehirns zwecklos ist."

Die Geburt eines Kängurus demonstriert in besonderem Maße den großen Erfindergeist, der, so behaupte ich, allen Instinkten innewohnt... Der Embryo erblickt nach einer Tragzeit von nur 20 bis 40 Tagen das Licht der Welt. Allerdings handelt es sich zu diesem Zeitpunkt noch um

ein völlig unterentwickeltes Lebewesen, das nicht als Känguru erkennt-
lich ist und eher einem Wurm als einem ausgewachsenen Artgenossen
ähnelt. Bei der größten Känguru-Art und dem größten Beuteltier überhaupt, dem Roten Riesenkänguru, dessen Männchen später bis zu 1,8 m
groß und 90 kg schwer werden können, bringt das Jungtier bei der Geburt bloß 0,75 Gramm auf die Waage, misst 2,5 Zentimeter in der Ge-
samtkörperlänge und ist völlig nackt. Unmittelbar nach der Geburt geschieht das Unglaubliche: Der groteske Winzling verlässt den Geburts-
kanal und erklimmt aus eigener Kraft den höherliegenden Beutel der
Mutter (legt also für seine Größe bereits eine erhebliche Strecke zurück), krabbelt dort hinein und hängt sich mit dem Mund an eine Zitze.
Diese Zitze schwillt etwas an und hält auf diese Weise das Baby fest.
Es verweilt so während der nächsten 2 bis 3 Monate.
Sehr beeindruckend ist, dass der winzige Embryo, nachdem er den Ge-
burtskanal verlassen hat, den Beutel keinesfalls suchen muss, sondern
den Weg sehr zielstrebig angeht, obwohl er völlig taub und blind ist.
Vermutlich wird der Embryo von seinem Geruchssinn geleitet. Doch woher weiß das Tier, an welcher Art von Geruch es sich orientieren muss
bzw. wie der Beutel riecht? Offensichtlich kennt es einfach den weg-
weisenden Duft von Geburt an.
Nach circa 6 Monaten verlässt das inzwischen als Känguru erkennbare
Jungtier den Beutel erstmals. 2 Monate später ist es bereits zu groß
für sein ehemaliges 'Kinderzimmer', wird aber weiterhin gesäugt, bis es
ein Alter von einem Jahr erreicht hat. Dabei führt es seinen Kopf in den
mütterlichen Beutel ein. Dort wird dann oft schon ein neues Baby genährt. Damit das ältere Kind seinem jüngeren Geschwisterchen nicht die
Nahrung nimmt, besitzt das Muttertier verschiedene Zitzen. Diese produzieren darüber hinaus Milch in unterschiedlicher Zusammensetzung.
Auch das ist höchst erstaunlich und einfach nur bewundernswert.

„Mein größter Respekt und meine größte Bewunderung gilt allen Ingenieuren, insbesondere dem größten unter ihnen: Gott!" (Thomas Edison)

Wir haben Beispiele betrachtet, die eindrucksvoll belegen, dass Tiere extrem raffinierte Mechanismen entwickeln können, um ihr Überleben sicherzustellen. Nun darf man sich angesichts dieser Fälle die berechtigte Frage stellen, ob diese Tiere selbst die genialen Ideen hatten und in die Tat umsetzten – etwa durch Willenskraft oder Magie?

Die Intelligenz der meisten Tiere würde wahrscheinlich bei weitem nicht ausreichen, um überhaupt erst den Wunsch nach derartigen Ausstattungen und Fähigkeiten zu entwickeln und auszudrücken. Sie haben sich ihre Eigenschaften sicherlich nicht gewünscht – und selbst wenn, dann hat offenbar "etwas" ihren Wunsch erhört und erfüllt.

Tiere bringen uns bei, dass das Konzept einer persönlichen Leistung eine Illusion ist. Ist ein Elefant stolz auf seine Größe? Wahrscheinlich nicht. Weil er nichts dafür kann. Es liegt einfach in seiner Natur, zum größten Landtier der Welt heranzuwachsen. Ist ein Gepard stolz auf seine Schnelligkeit? Ist ein Delfin stolz auf seine Intelligenz? Ist ein Schwan stolz auf seine Schönheit? Ist ein Taipan stolz auf sein Gift? Wahrscheinlich nicht. Weshalb? Ganz einfach – weil es nicht sein Verdienst ist. Nur der Mensch glaubt, der "Täter" oder "Macher" zu sein. Er entwirft die Idee eines Handelnden und ist stolz auf seine Intelligenz – also auf ein komplexes Gehirn, das er nicht selbst erschaffen hat – oder bspw. auf körperliche Leistungsfähigkeit, während diese erst ermöglicht wird durch physische Mechanismen, über die er selbst keine Kontrolle hat (siehe früher erwähnte Beispiele Herzschlag und Atmung).

> „Dummheit und Stolz
> wachsen auf demselben Holz."

„Demut kommt von der Erkenntnis, dass Gott der Handelnde ist, nicht du. Wenn du das erkennst, wie kannst du dann stolz auf irgendeine Leistung sein? Denke ständig daran, dass jede Arbeit, die du verrichtest, von Gott durch dich getan wird." (Paramahansa Yogananda)

„Wir sind von überwältigenden Beweisen für Intelligenz und wohlwollende Absichten umgeben, die uns das Wirken des freien Willens in der gesamten Natur zeigen und uns lehren, dass alle Lebewesen von einem ewigen Schöpfer-Herrscher abhängen." (William Thomson Kelvin)

„Der überzeugendste Beweis für die Existenz Gottes ist die offensichtliche Harmonie, die die Ordnung des Universums aufrechterhält und durch die die Lebewesen in ihrem Organismus alles finden, was sie für ihren Fortbestand, ihre Fortpflanzung und die Entwicklung ihrer körperlichen und geistigen Fähigkeiten brauchen." (André-Marie Ampère)

„Ich habe niemals die Existenz Gottes verneint. Ich glaube, dass die Entwicklungstheorie absolut versöhnlich ist mit dem Glauben an Gott. Die äußerste Schwierigkeit oder vielmehr Unmöglichkeit des Beweisens und Begreifens, dass das großartige, über alle Maßen herrliche Weltall ebenso wie der Mensch das Resultat blinden Zufalls oder der Notwendigkeit sei, scheint mir das Hauptargument für die Existenz Gottes. Denke ich darüber nach, dann fühle ich mich gezwungen, mich nach einer ersten Ursache umzusehen, die im Besitz eines, dem des Menschen in gewissem Grade analogen Intellekts ist, und ich verdiene, Theist genannt zu werden." (Charles Darwin)

Die Evolutionstheorie besagt, dass die Anpassungen der Lebewesen an die Gegebenheiten ihrer Umwelt und die Entstehung neuer Arten durch Genmutationen vorangetrieben werden, also durch zufällige, unvorhersehbare Veränderungen im Erbgut, die vorerst bei einzelnen Individuen als Besonderheit unter ihren Eigenschaften auftreten und dann an ihre Nachkommen vererbt werden, um sich schließlich – wenn sie sich als profitabel erweisen – zu etablieren und von nun an den typischen Merkmalen einer Art anzugehören. Wenn eine Spezies von der Bildfläche verschwunden zu sein scheint, ist sie oftmals nur durch die ununterbrochene Abfolge der Generationen in eine neue Art übergegangen. Die Veränderungen im Erbgut, die den Ursprung der revolutionären Entwicklung bilden, verschaffen den betroffenen Individuen einen Vorteil im "Kampfe ums Dasein", wie Charles Darwin es nannte, indem sie ihnen eine bessere Möglichkeit bieten, sich effektiv an die Lebensbedingungen anzupassen. Die meisten Mutationen sind eher als Behinderungen zu betrachten, doch die wenigen, welche die Evolution vorantreiben, sind es nicht. Mehr noch, sie stellen das Gegenteil dar, sie sind Bereicherungen. Durch die neugewonnenen Eigenschaften setzen sich die Individuen gegen ihre "normalen" Artgenossen durch, indem sie sich als widerstandsfähiger erweisen und ihre vorteilhaften Charakteristika durch Vererbung an die nächste Generation weitergeben. Individuen, die nicht aufgrund von Genmutationen spezielle Fähigkeiten erlangen, leben nicht lange genug, um so viele Nachkommen hervorzubringen wie ihre "mutierten" Artgenossen, weil sie sich nicht so gut in ihrer Umwelt zurechtfinden. Letztere werden allmählich zahlreicher und verdrängen ihre weniger gut angepassten Verwandten. Auf diese Weise setzen sich Individuen nach dem Naturgesetz der natürlichen Auslese / Selektion durch.

Das Ziel scheint darin zu bestehen, immer vollkommenere Lebensformen hervorzubringen. Auf den ersten Blick scheint dieser Prozess keine leitende und steuernde Kraft zu benötigen, sondern auch zu funktionieren, wenn er sich selbst überlassen ist. Die Tiere scheinen sich ihre außergewöhnlichen Fähigkeiten einfach selbst anzueignen.

Es gibt Insekten wie zum Beispiel das Wandelnde Blatt (eine Gespenstschrecke) oder das Indische Blatt (ein Schmetterling) und auch einige Echsen (die Blattschwanzgeckos), deren Körper zum Zwecke der Tarnung einem Blatt / Blättern zum Verwechseln ähnlich sehen, weil sie nicht nur gleichartig gefärbt, sondern anatomisch identisch aufgebaut sind – beim Wandelnden Blatt der gesamte Körper, beim Indischen Blatt die Flügel und bei den Blattschwanzgeckos vor allem der Schwanz. (Umgekehrt gibt es Pflanzen, die wie Tiere aussehen. Manche Blumen erinnern in ihrem Erscheinungsbild an einen Vogel.)

Im Beispiel des Blattschwanzgeckos würde ein von der Evolutionstheorie vollends überzeugter Atheist keinen göttlichen Bauplan schlussfolgern, sondern vermutlich argumentieren, dass es früher einige Geckos gab, deren Schwänze zufällig Blättern ähnelten. Diese wären somit besser getarnt gewesen, hätten länger überlebt und mehr Nachkommen hervorgebracht als Artgenossen ohne diesen Vorteil. In den nächsten Generationen hätten sich dann immer diejenigen Individuen durchgesetzt, deren Schwänze Blättern am stärksten ähnelten – bis die Anatomie irgendwann absolut identisch war. Auch ohne glasklare Gewissheit bzgl. Gottes Existenz, basierend auf zweifelsfreier Erfahrung, hätte mich diese These nie überzeugen können. Meiner Einschätzung nach bedarf es einer stark ausgeprägten Naivität und Ignoranz, um allen Ernstes zu glauben, dass es sich wirklich so zugetragen hat. Außerdem würde selbst diese Entwicklung viele wichtige Fragen unbeantwortet lassen, z. B. wie das Leben an sich überhaupt erst entsteht oder wie sich das Wunder der Vererbung im Detail ereignet usw. Es ist mir unbegreiflich, wie man die zwingende Notwendigkeit einer treibenden Kraft übersehen kann.

„Wer sollte nicht durch die Beobachtung und den sinnenden Umgang mit der von den göttlichen Weisheiten geleiteten herrlichen Ordnung des Weltgebäudes zur Bewunderung des allwirkenden Baumeisters geführt werden?"
(Nikolaus Kopernikus)

Was ich einfach als Bauplan bezeichne, bezeichnet der Biologe Rupert Sheldrake (siehe Kapitel 13) als morphische Resonanz. Weil sich viele Phänomene in der Natur den Erklärungen der konventionellen Biologie und Physik entziehen, entwarf er die spannende Theorie der morphischen / morphogenetischen Felder. Diese Hypothese schlussfolgert ein der Natur selbst innewohnendes Gedächtnis, das die arttypischen Formbildungen verursacht. Das Modell gilt nicht nur für die Ausprägung körperlicher Merkmale, sondern auch für die Verhaltensweisen von Lebewesen. Man hat festgestellt, dass Tiere, die sich aufgrund zu großer physischer Distanz nie begegnet sind, gleichzeitig oder unmittelbar aufeinanderfolgend dieselben neuen Fähigkeiten oder Anpassungsmechanismen entwickeln. Wenn beispielsweise Laborratten gelernt haben, sich im Labyrinth zurechtzufinden, dann scheinen ihre Artgenossen das fortan unabhängig von ihnen ebenfalls leichter zu erlernen. Dieser Effekt ist ein Beispiel für morphische Resonanz und kann teilweise sogar bei Arten beobachtet werden, die auf unterschiedlichen Kontinenten leben. Rupert Sheldrake gehört zu den wertvollen Wissenschaftlern, die eine Brücke zur Spiritualität errichten möchten. Er sagt:

„Ich bin seit mehr als 40 Jahren Wissenschaftler und habe in Cambridge und Harvard studiert. Ich habe an der Universität Cambridge geforscht und gelehrt. Ich bin ein starker Befürworter der Wissenschaft. Der Wissenschaftswahn ist der Glaube, dass die Wissenschaft die Natur der Realität im Prinzip bereits verstanden hat und nur noch die Details auszufüllen sind. Wissenschaft ist im besten Fall eine aufgeschlossene Untersuchungsmethode, kein Glaubenssystem. Schlechte Religion ist arrogant, selbstgerecht, dogmatisch und intolerant. Das Gleiche gilt für schlechte Wissenschaft. Doch im Gegensatz zu religiösen Fundamentalisten erkennen wissenschaftliche Fundamentalisten nicht, dass ihre Ansichten auf Glauben beruhen. Sie glauben, sie kennen die Wahrheit.“

Gottes Signatur im Menschen

„Ohne weitere Beweise würde mich der Daumen allein
von der Existenz Gottes überzeugen.“ (Isaac Newton)

Es gibt ein sehr naheliegendes Wunder, das dir eine hervorragende Kontemplationsmöglichkeit bietet – der menschliche Körper...

Dein Körper passt sich an Belastungen an. Ein Beispiel ist das Muskelaufbautraining. Weil sie bis dato überfordert sind, wachsen die Muskeln, um den Anforderungen gerecht zu werden. Bei Knochenbrüchen verhärtet sich die Knochenstruktur, weshalb man sagt, ein Knochen könne niemals zweimal an derselben Stelle brechen.

Um die erwarteten Leistungen beschwerdefrei und möglichst uneingeschränkt bringen zu können, entsteht bei ständiger Belastung an Händen und Füßen eine schützende Hornhaut (Schwielen), die sich wieder zurückbilden kann, sobald sie nicht mehr benötigt wird. Wenn das Muskeltraining eingestellt wird, bildet sich auch die Muskulatur wieder zurück. Andernfalls würde der Körper Energie verschwenden, weil er sie zwar nicht mehr benötigt, aber trotzdem noch mit Wärme versorgen muss. Unsere Vorfahren verfügten über deutlich mehr Körperbehaarung als wir. Wie bei so vielen Tieren bestand die Aufgabe der Haare darin, die Haut vor Kälte und zu viel Sonnenlicht zu schützen. Unser Körper bemerkte (?), dass sie durch unsere Kleidung ziemlich überflüssig wurden und bildete daher über die Generationen einen Großteil davon zurück. Der Körper agiert also wie eine eigenständig denkende Wesenheit. Dabei steht doch eigentlich ohne Zweifel fest, dass unsere Muskulatur, Knochen, Haut und Haare allein sicher nicht zu logischem Denken fähig sind.

Man betrachte das Wunder der Wundheilung…
Verletzungen, sofern sie nicht zu schwerwiegend sind, scheint der Körper selbst zu heilen, ohne dass unser Gewahrsein oder unser Verstand bewusst Einfluss darauf nehmen müssten. Offene Wunden oder Frakturen in Knochen schließen sich von ganz allein – das ist meist nur eine Frage der Zeit. Wir empfinden diese Dinge als Selbstverständlichkeit, aber unter genauerer Betrachtung grenzen sie doch an Zauberei. Die Blutgerinnung (Verdickung des Blutes) bewirkt, dass die Blutung im Falle einer Verletzung schnellstmöglich stoppt und man nicht bereits aus einer kleinen Wunde zu viel Blut verliert. Krankheiten verschiedenster Art werden von unserem Immunsystem bereits bekämpft, bevor wir überhaupt bemerkt haben, erkrankt zu sein. Unser Speichel enthält ein natürliches Schmerzmittel. Tigerspeichel enthält sogar ein Antibiotikum. Es hat eine heilende Wirkung, wenn ein Tiger seine Wunden leckt. Unsere DNA erneuert sich automatisch alle 2 Monate selbst.

Ebenso geschieht ein stetiger Wiederaufbau z. B. von Gehirn-, Haut-, Knochen- und Blutzellen. Der gesamte Körper kann all seine Zellen in weniger als zwei Jahren vollständig erneuern. Zu selten fragen wir uns, was die automatische Regeneration des Körpers antreibt. Unser Körper ist ein wahres Wunderwerk! Betrachtet man beispielsweise den Verdauungsprozess und die damit verbundene Verwertung der Energie aus der Nahrung, die besonderen Funktionserfüllungen, die jedem Organ zugeteilt sind, oder die endlosen Nervenvernetzungen im menschlichen Gehirn und von diesem aus über die Wirbelsäule zum gesamten Körper, so wird schnell klar, dass keine von Menschen geschaffene Maschine vergleichbar komplex und leistungsfähig ist. „Der Mensch ist immer noch der beste Computer.", bemerkte John F. Kennedy. Wir wissen, dass ein Computer nicht zufällig entsteht. Der Ursprung künstlicher Intelligenz ist die natürliche, lebendige Intelligenz. Doch beim Anblick all der natürlichen "Computer" nehmen wir sie einfach hin, ohne über ihren Hersteller nachzudenken. Wir genießen die Schönheit des gut gepflegten Gartens und bedanken uns zu selten beim göttlichen Gärtner, dessen grenzenlose Großartigkeit gerade darin besteht, dass Er keine Dankbarkeit verlangt und uns auch dann liebt, wenn wir extrem undankbar sind.

In Stresssituationen wird im Körper Adrenalin freigesetzt. Wenn dieses Hormon ausgeschüttet wird, erweitern sich die Blutgefäße, was die Durchblutung optimiert. Das steigert wiederum die Leistungsfähigkeit des gesamten Körpers. Die Reaktionsgeschwindigkeit erhöht sich. Eine weitere Folge ist der "Tunnelblick". Nicht nur Profisportlern hilft er, sich auf nichts als das Wesentliche (bei Kampfsportlern z. B. ihre Gegner) zu fokussieren. Der Blick richtet sich nur auf das Zentrum. Adrenalin kann einen Menschen darüber hinaus relativ schmerzunempfindlich machen. Es kann sein, dass man nach einer gefährlichen Situation und daraus folgenden Verletzung erst später die Schmerzen zu spüren bekommt, weil man sich wieder beruhigt und der Adrenalinschub nachgelassen hat. Das Adrenalin kann helfen, Situationen zu überstehen, die ohne dies wohl unerträglich wären. Wir erinnern uns an den Bericht von David Livingstone (S. 236/237), der beim Angriff eines Löwen weder Angst noch Schmerzen empfand und darin die „gnadenreiche Vorkehrung unseres gütigen Schöpfers" sah.

Fakt ist, dass "die Natur" uns wunderbar vorbereitet hat.

Noch einflussreicher als Adrenalin ist der Wille, weil er dem Geist entspringt, der den Körper bewohnt und weit über dessen Möglichkeiten hinausreicht. Leonardo da Vinci, der im Hinblick auf anatomische Kenntnisse, die er in überragenden Zeichnungen darstellte, seiner Zeit um Jahrhunderte voraus war, forderte zu einer wichtigen Unterscheidung auf: „Wenn dir der Bau des Körpers vollkommen erscheint, bedenke: Er ist nichts im Vergleich zur Seele, die diesen Bau bewohnt und die ein göttliches Ding ist."

Wenn sich zur Kombination aus Adrenalin und Willenskraft auch noch die Liebe dazugesellt, werden endgültig alle Grenzen gesprengt...

Als der 5-jährige Dexter im Mai 2017 unter einem umgestürzten Baumstamm eingeklemmt wurde, brachte seine Mutter Helen Mason-Bedford das 250 kg schwere Holzstück in Bewegung, um ihr Kind zu retten. Eine Frau namens Angela Cavallo soll am 11. April 1982 in Lawrenceville, Georgia sogar ein 1,5 Tonnen schweres Auto angehoben haben, unter das ihr Sohn Tony geraten war. Keine der beiden Mütter ist eine Weltklasse-Gewichtheberin. Tatsächlich befindet sich in ausnahmslos jedem Menschen das Potential zu "übermenschlichen" Leistungen. Die Frage ist nur, ob dieses Potential erkannt und ausgeschöpft wird.

Die Sinnesorgane des Menschen sind im Tierreich hinsichtlich ihrer Leistungsfähigkeit eher unterdurchschnittlich, doch selbst unsere verhältnismäßig schwache Nase könnte theoretisch ein einzelnes Molekül riechen und unsere Ohren verfügen über das Potential, Wärme rauschen zu hören. Der Körper ist perfekt darauf eingestellt, Umweltreize aufzunehmen und zu Informationen zu verarbeiten.

In gewisser Weise fungieren unsere Nase und auch bestimmte Substanzen vorbeugend für die Gesundheit des Körpers: Verdorbene Nahrung ist gesundheitsgefährdend und sollte natürlich gemieden werden. Wer das nicht weiß, kann schwer erkranken. Auch dafür gibt es eine Lösung: Verdorbene Lebensmittel stinken meist absonderlich. Wir sind hinsichtlich unserer physischen Instrumente und ihrer Funktionsweisen so ausgerüstet, dass wir den Geruch als abstoßend empfinden und werden auf diese Weise von der Nahrungsaufnahme abgehalten. Verfaultes Fleisch oder auch Kot schrecken uns durch ihren üblen Geruch ab und sorgen dafür, dass wir nicht in Versuchung geraten, sie zu essen.

Offenbar wurde die im "Vaterunser" enthaltene Bitte „Führe uns nicht in Versuchung" längst erhört, bevor sie erstmals ausgesprochen wurde.

Viele derer, die Zeugen des Wunders der Geburt wurden, zählen dieses Ereignis sicher zu den eindrucksvollsten Erfahrungen ihres Lebens. „Jedes neugeborene Kind bringt uns Nachricht von Gott, dass er noch nicht von den Menschen enttäuscht ist.", sagte Rabindranath Tagore. Vielleicht ist das darauf zurückzuführen, dass es völlig unmöglich ist, Ihn zu enttäuschen.

Auch was nach dem Tod mit dem Körper geschieht, legt ein geistreiches Arrangement offen: Die Enzyme, die zu Lebzeiten des Körpers noch für die Verdauung von zugeführter Nahrung zuständig waren, leiten wenige Tage nach dem Tod die Zersetzung des Körpers selbst ein, indem sie das sie umgebende Gewebe verdauen. Wenn der Herzschlag im Körper eines Lebewesens stoppt und damit der Tod des Organismus eintritt, setzt nach einiger Zeit automatisch der Verwesungsprozess des nun unbrauchbaren Körpers ein – als sei alles perfekt programmiert. In der Tat verwenden Wissenschaftler gelegentlich diesen Begriff, die meisten wagen es jedoch nicht, den Programmierer zu erwähnen.

All diese Beispiele – und es ist noch eine überschaubare Anzahl, die bei weitem nicht alle brauchbaren Fakten ausschöpft – belegen die offensichtlich von Sinn und Zweck erfüllte Funktionalität des scheinbar denkfähigen menschlichen Organismus.

Gott im Mikrokosmos

„Meine Religion besteht in demütiger Anbetung eines unendlichen geistigen Wesens höherer Natur, das sich selbst in den kleinen Einzelheiten kundgibt, die wir mit unseren schwachen und unzulänglichen Sinnen wahrzunehmen vermögen. Diese tiefe gefühlsmäßige Überzeugung von der Existenz einer höheren Denkkraft, die sich im unerforschlichen Weltall manifestiert, bildet den Inhalt meiner Gottesvorstellung." (Albert Einstein)

Wie manche Wissenschaftler vermuten, scheint der Hang zur Spiritualität teilweise genetisch bedingt und damit angeboren zu sein. Durch ein "Gottes-Gen", so die Hypothese, fühlen wir uns von Natur aus zu unserer Quelle hingezogen.

Wir werden gleich mithilfe einer problemlos nachvollziehbaren Erläuterung durch ein Team von Wissenschaftlern zu der Erkenntnis geführt, dass der Aufbau der Natur in ihren winzigen Bestandteilen (man könnte auch sagen: Bauteilen) unglaubliche Präzision und unvorstellbares Geschick offenbart. Unser Verstand ahnt nicht, wie wunderbar alles tatsächlich beschaffen ist...

„Willst du dich am Ganzen erquicken, so musst du das Ganze im Kleinsten erblicken." Dieser Empfehlung von Goethe werden wir nachgehen...

Wenn in den folgenden Ausführungen teilweise die Rede von Bakterien ist, so lässt sich dadurch auch wieder ein Bezug zum menschlichen Körper herstellen, wenn man sich vor Augen führt, dass Bakterien – obwohl man sie meist eher mit Krankheiten assoziiert – eine sehr wichtige Rolle in seiner Funktionalität spielen und damit für unsere Gesundheit unerlässlich sind.

Die Evolutionstheorie liefert sinnvolle Erklärungen, vor allem für die mit den Augen beobachtbaren Vorgänge in der Natur. Charles Darwin war ein aufmerksamer Beobachter. Doch von nicht unerheblicher Bedeutung ist die Tatsache, dass ihm nur die technischen Möglichkeiten seiner Zeit zur Verfügung standen. In ihrem schönen Buch "Alles Leben ist eins –

Die Begegnung von Quantenphysik und Mystik" veröffentlichte Renée Weber, Professorin der angesehenen Princeton-Universität, ein inspirierendes Interview mit Jiddu Krishnamurti. Ich musste herzlich lachen, als ich las, dass er beim Anblick eines Tonbandgeräts mit den Worten reagierte: „Was für ein schreckliches Ding, alles ein solcher Unsinn!" Ich verstehe meinen würdevollen Freund. Doch die Technik kann eingesetzt werden, um die Natur genauer zu begutachten und so wichtige Einsichten über die Schöpfung zu gewinnen. Durch die heutigen technischen Hilfsmittel bietet sich uns die Möglichkeit, mikroskopisch kleine Vorgänge mit eigenen Augen zu beobachten. Dabei kommt eine Komplexität und Genialität zum Vorschein, die man sich zu Darwins Zeiten noch nicht einmal vorzustellen vermochte...

Der Biochemiker Dr. Michael J. Behe macht bei unserem Ausflug ins Labor den Anfang: „Ich bin der Ansicht, dass die darwinsche Theorie keine vollständige Erklärung für das Leben liefert. Im neunzehnten Jahrhundert, zu Darwins Lebzeiten, dachten die Wissenschaftler, die Zelle sei ein einfacher Klumpen aus Protoplasma – ähnlich wie ein kleines Stück Wackelpudding, nicht schwer zu erklären."

„Diese Auffassung änderte sich kaum bis in die frühen 1950er-Jahre. Aber seitdem ist unser Wissen über die Zelle geradezu explodiert.", fügt Paul Nelson (Wissenschaftsphilosoph) hinzu.

„Auf der untersten Ebene des Lebens, wo Moleküle und Zellen das Leben bestimmen, haben wir richtige molekulare Maschinen entdeckt. Da gibt es molekulare Lastzüge, die Nährstoffe von einem Ende der Zelle zum anderen transportieren. Und Maschinen, die die Energie des Sonnenlichts in nutzbare Energie umwandeln.", fährt Michael J. Behe fort.

Molekularbiologe Jed Macosko erläutert: „Im menschlichen Körper gibt es so viele molekulare Maschinen, wie es Funktionen gibt. Hören, Sehen, Riechen, Schmecken, Fühlen oder die Blutgerinnung, der Atemvorgang, die Immunantwort. Dafür wird ein ganzes Heer von Maschinen benötigt."

„Beim Anblick dieser Maschinen fragt man sich, woher kommen sie? Die Standardantwort – Darwinsche Evolution – ist meiner Ansicht nach absolut unzureichend. Ich erinnere mich, als ich zum ersten Mal in einem Buch der Biochemie eine Zeichnung einer Bakteriengeißel sah, mit allen Bestandteilen in ihrer ganzen Perfektion, dachte ich: Das ist ein Außenbordmotor. Er ist konstruiert, keine zufällige Anordnung von Einzelteilen. Er besaß einen Propeller, die Aufhängung, die Antriebswelle und den Motor.", so Behe.

„Howard Bird von Harvard hat die Geißel als die effizienteste Maschine im Universum bezeichnet. Sie macht bis zu 100.000 Umdrehungen pro Minute und ist mit Sendern und Empfängern ausgestattet, sodass sie Feedback von ihrer Umgebung bekommt.", so der Molekularbiologe Scott Minnich. „Und genau wie bei einem Außenbordmotor besteht die Geißel aus vielen Einzelteilen, die für das Funktionieren notwendig sind.", ergänzt Behe.

Minnich veranschaulicht:

„Sie hat einen Vorwärts- und Rückwärtsgang, ist wassergekühlt, hat Protonenantrieb, sie hat einen Stator, einen Rotor, ein Gelenk, eine Antriebswelle und einen Propeller – und sie funktionieren wie die entsprechenden Maschinenteile. Wir geben ihnen diese Namen nicht willkürlich, sondern nach ihrer wirklichen Funktion."

Dabei gilt es, das Phänomen der sogenannten "nicht reduzierbaren Komplexität" zu berücksichtigen: Nur durch das Zusammenspiel der etlichen Bestandteile ist eine einwandfreie Funktion gewährleistet. Die Wegnahme von nur einer einzigen Komponente würde den Zusammenbruch des gesamten Systems bewirken. Tatsächlich entspricht der Entwurf einer menschlichen Maschine – mit dem bedeutsamen Unterschied, dass er noch um ein Vielfaches komplexer ist und zudem von solch winzigen Ausmaßen, dass die Menschheit ohne Frage bei einem Imitationsversuch an ihre Grenzen stoßen würde.

Auch die Anordnung der "Bauteile" im molekularen Bereich ist ausschlaggebend, wie der Wissenschaftsphilosoph Stephen C. Meyer betont:

„Die Funktion des Ganzen hängt von der korrekten Anordnung der einzelnen Teile ab. Die Buchstaben des Alphabets können unzählige Kombinationen ergeben. Doch ob sich sinnvolle Wörter und Sätze bilden, wird von der Reihenfolge der Buchstaben bestimmt. Richtig angeordnete Buchstaben ergeben also einen sinnvollen Text. Andernfalls ergibt sich ein absolutes Durcheinander. Das gleiche Prinzip gilt für Aminosäuren und Proteine."

„In den Zelleinheiten und den proteinbildenden Aminosäuren begegnen wir einem sehr hohen Grad architektonischer Komplexität!", stellt der Biologieprofessor Dean Kenyon fest und spricht das Offensichtliche aus: „Es ist überwältigend, auf dieser Größenskala einen so fein abgestimmten Apparat zu beobachten, der die Zeichen von Intelligenz in Design und Herstellung trägt. Vor uns liegen die Details eines unglaublich komplexen Reiches genetischer Informationsverarbeitung. Und genau in diesem neuen Reich molekularer Genetik entdecken wir die überzeugendsten Beweise für Design auf der Erde."

Stephen Meyer fügt hinzu:

„Bill Gates sagte einmal, dass DNA im Prinzip das Gleiche wie ein Computerprogramm sei, nur viel komplexer als alles, was wir uns bis jetzt ausdenken konnten. Ein zutreffender Vergleich! Denn bekanntlich verwendet Bill Gates nicht Wind und Erosion oder Zufallszahlengeneratoren, um seine Software herzustellen, sondern er beschäftigt intelligente Softwareprogrammierer. Alles, was wir aus unserer Erfahrung wissen, legt nahe, dass informationsreiche Systeme durch intelligentes Design entstehen. Aber was machen wir nun aus der Tatsache, dass wir auf dem Grund allen Lebens, in jeder lebenden Zelle, auf Information stoßen? Das ist das Geheimnis. Woher kommt diese Information? Es wächst die Vermutung, dass das, was wir im Zusammenhang mit dem DNA-Molekül beobachten, eigentlich das Meisterwerk eines Verstandes ist. Etwas, das nur mit "Intelligent Design" erklärt werden kann."

Michael Behe schlussfolgert:

„Wie bei einem Außenbordmotor, so schließen wir von der Bakteriengeißel auf intelligentes Design. Wenn wir die Teile eines Außenbordmotors betrachten, wissen wir: Jemand muss sie hergestellt haben.

Die Argumentation von biologischen Maschinen ist also genau dieselbe." „Folglich erweist es sich als ein sehr leistungsfähiges Konzept, dass das Universum rational durchdacht ist. Unterschrieben von einer höchsten Intelligenz, die wollte, dass wir diese Welt verstehen können.", so Paul Nelson. An dieser Stelle fällt mir ein interessantes Zitat von Werner Heisenberg ein, der lange vor den hier zitierten Forschern bemerkte: „Die Natur ist so gemacht, dass sie verstanden werden kann. Oder vielleicht sollte ich richtiger umgekehrt sagen, unser Denken ist so gemacht, dass es die Natur verstehen kann." „Das Universum ähnelt einem großen Gedanken", fiel auch dem bedeutenden englischen Physiker, Astronom und Mathematiker James Hopwood Jeans (1877-1946) auf.

Wenn die Rede davon ist, dass natürliche Phänomene ebenso wie menschliche Kreationen konstruiert oder hergestellt worden sind, so sei darauf hingewiesen, dass damit selbstverständlich kein menschengleicher Gott mit überdimensionalen Händen aus Fleisch und Blut postuliert werden soll. Wir stellen hier lediglich fest, dass eine bewusste, intelligente Kraft am Werke ist und irgendwie ihre "Finger" im Spiel hat. Ob man jene Wirkkraft als Gott bezeichnet oder lieber einen anderen Begriff verwendet, ist ohne Bedeutung und jedem selbst überlassen.

Menschen, die für "Intelligent Design" blind sein wollen, behaupten, die Natur sei unvollkommen und könne somit nicht das Fabrikat eines vollkommenen Schöpfers sein. Sie argumentieren bspw. unter Zuhilfenahme von Fehlgeburten oder Anpassungsmängeln einiger Arten.
Genetische Fehlbildungen sind Abnormitäten, die von der Regel des "Intelligent Design" abweichen und im Verhältnis zur eigentlichen Ordnung seltene Ausnahmen darstellen. Und „Ausnahmen bestätigen die Regel." Abweichungen rechtfertigen nicht, die gesamte Grundlage zu verwerfen. Wenn man anhand eines Beispiels überprüfen möchte, ob der Natur ein intelligenter Plan zugrunde liegt, sollte man die Gesamtheit betrachten. Ein verhältnismäßig seltenes Vorkommnis zum Repräsentanten des

Großen Ganzen zu ernennen – das gleicht dem abwertenden Urteil gegenüber einem Künstler wegen eines einzigen vermeintlich misslungenen Kunstwerks, während er unzählige gelungene Gemälde gezeichnet hat, die man einfach außer Acht lässt. Dass wir Unvollkommenheit zu sehen glauben, könnte auch einfach darauf zurückzuführen sein, dass unsere Wahrnehmungsfähigkeit und die eingenommene Perspektive schlichtweg zu beschränkt sind, um die vorhandene Vollkommenheit zu erkennen. Somit sind die Mängel, die wir außerhalb von uns zu sehen glauben, einzig und allein in uns selbst. Der Verstand, der die Begrenzungen wahrnimmt, ist selbst die einzige Begrenzung.

Leonardo da Vinci war sowohl ein vielseitiger Künstler (Maler & Bildhauer) als auch Naturforscher. Außerdem ist er selbst schöpferisch tätig gewesen und entwarf u. a. den ersten Flugzeugflügel, Hubschrauber, Fallschirm und Roboter. Der einmalige Genius äußerte sich wie folgt zum Vorwurf der Unvollkommenheit gegenüber der Natur / Gott:

„In der Natur ist kein Irrtum, sondern wisse, der Irrtum ist in dir."

Manche Erscheinungen mögen auf den ersten Blick überflüssig wirken, doch die genauere Begutachtung entlarvt den Irrtum dieser Annahme. Ein diesbezügliches Beispiel im menschlichen Körper ist der Blinddarm. Die frühere und auch heute noch verbreitete Annahme, dass er keine Funktion erfülle, konnte durch Studien widerlegt werden. Der Blinddarm ist ein Reservoir für bestimmte Bakterien, die von dort aus den gesamten Dickdarm besiedeln können. Diese Bakterien stellen dem Menschen Enzyme zur Verfügung, welche ihm ansonsten fehlen. Sie sind z. B. bei der Zersetzung der faserigen Bestandteile aus pflanzlicher Nahrung hilfreich. Zwar ist der Blinddarm, wie ich selbst seit seiner operativen Entnahme in meiner Jugend bestätigen kann, nicht überlebensnotwendig, aber auch nicht gänzlich nutzlos.

Wir müssen davon ausgehen, dass in der Natur wohl auch all die Dinge einen Zweck erfüllen, bei denen wir keinen erkennen können. Nur weil der kleine Menschenverstand unfähig ist, in vielen Geschehnissen oder den allgemeinen Gesetzmäßigkeiten der Natur einen Sinn zu registrieren, bedeutet dies also noch bei weitem nicht, dass es auch keinen gibt. Aristoteles, einer der Väter der Wissenschaft, erinnerte daran: „Die Natur macht nichts vergeblich. Sie kreiert nicht ohne Bedeutung." Gottfried Wilhelm Leibniz schloss sich an: „Was besteht und wirkt, muss einen Grund seines Bestehens und Wirkens haben."

Letztendlich sollten wir uns darum bemühen, demütig anzuerkennen, dass die Natur nichts Geringeres ist als ein Lehrmeister, der ein unendlich reichhaltiges und nützliches Wissen für uns bereithält, wenn wir nur empfänglich für dieses sind.

Viele Vorgänge in der Natur hinterlassen einen derartigen Eindruck bei uns, dass wir versuchen, sie nachzuahmen und so zu unserem Vorteil zu nutzen (Bionik). Ein Beispiel sind Spinnennetze. Spinnenseide ist in Bezug auf das Verhältnis von Gewicht und Leistung um ein Vielfaches belastbarer als Stahl und kann um das Dreifache ihrer Länge gedehnt werden, ohne zu reißen. Wissenschaftler und Architekten orientierten sich an der Beschaffenheit der einzigartigen Substanz, die nur in Spinnenkörpern produziert wird, und wagten den Versuch, mittels dieses natürlichen Vorbildes eine 'bionische Hochleistungsfaser' zu konstruieren. Wenn ich bedenke, dass der Mensch bestrebt ist, die Schöpfung zu studieren und schließlich das Werk des Schöpfers nachzubilden, dann kommt mir dies vor wie ein Kind, das durch aufmerksame Beobachtung von seinen Eltern lernt. Es nutzt seine eigene Kreativität und Schaffenskraft, die ihm durch seine Abstammung auf natürliche Weise inhärent ist, um es seinem Vater oder seiner Mutter gleichzutun.

Wenn wir frei sind vom persönlichen Ich und seinen Bagatellangelegenheiten, dann schaffen wir Raum für göttliche Inspiration. Je leerer ein Gefäß ist, mit desto mehr kann es gefüllt werden. „Je ruhiger Du wirst, desto mehr kannst Du hören.", formulierte Ram Dass. Goethe sagte es so:

> „Gott gab uns zwei Ohren, aber nur einen Mund,
> damit wir doppelt so viel zuhören wie sprechen."

Natürlich können wir nicht nur von der Natur, sondern auch jederzeit von ihren Kindern lernen. Sehr viele Tiere sind wahre Weisheitslehrer. Wer einen Hund zum Freund hat, weiß, was bedingungslose Liebe ist. Ein Tierarzt erzählt: „Ich sollte einen zehn Jahre alten Irischen Wolfshund namens Belker untersuchen. Die Besitzer des Hundes, Ron, seine Frau Lisa und ihr kleiner Junge Shane hingen alle sehr an Belker und hofften auf ein Wunder. Ich untersuchte Belker und fand heraus, dass er schwer krebskrank war. Ich sagte der Familie, dass wir nichts mehr für Belker tun konnten und bot ihnen an, den Hund in ihrem Zuhause einschläfern zu lassen. Während der Vorbereitungen sagten mir Ron und Lisa, sie glaubten, dass es gut für den sechs Jahre alten Shane war, währenddessen anwesend zu sein. Sie hatten das Gefühl, Shane könne etwas dabei lernen. Am nächsten Tag fühlte ich wie gewohnt einen Kloß im Hals, während sich die Familie um Belker versammelte. Shane schien so ruhig dabei, als er den alten Hund das letzte Mal streichelte, dass ich mich fragte, ob er überhaupt verstand, was da gerade vor sich ging. Innerhalb weniger Minuten schlief Belker friedlich ein. Der kleine Junge nahm das ziemlich gelassen hin. Er schien Belkers Dahinscheiden ohne Probleme oder Bestürztheit akzeptiert zu haben. Wir saßen anschließend noch eine Weile zusammen und dachten laut über die traurige Tatsache nach, dass Tiere viel kürzer leben als Menschen. Shane, der ruhig zugehört hatte, meldete sich zu Wort und sagte: ‚Ich weiß, wieso.' Überrascht wandten wir uns ihm zu. Was er dann sagte, beeindruckte mich zutiefst. Noch nie habe ich eine so schöne und tröstliche Erklärung gehört. Er sagte: ‚Die Menschen werden geboren, damit sie lernen, ein gutes Leben zu führen – alle liebzuhaben und immer nett zu sein, stimmt's?' Das Kind fuhr fort: ‚Na ja... Hunde wissen schon, wie man das macht. Deswegen müssen sie nicht so lange auf der Welt bleiben.'"

Viele Handlungen des Menschen werden zum Zwecke der Identitätserweiterung ausgeführt, dienen also der Ego-Illusion. Was Tiere tun, dient entweder dem Überleben oder ist Ausdruck unschuldiger Lebensfreude.

Die Natur kann uns auch Demut lehren, indem sie uns durch bestimmte Tiere demonstriert und immer wieder daran erinnert, wie winzig wir als Menschen sind. Das beste Beispiel ist der Blauwal...

Das schon bei der Geburt 7 Meter lange und 2,5 Tonnen schwere Walbaby trinkt jeden Tag 600 Liter Milch, wächst täglich 5 Zentimeter und nimmt innerhalb von 24 Stunden 90 Kilogramm an Gewicht zu. Nach stetigem Wachstum erreichen die weiblichen Exemplare schließlich voll ausgewachsen eine Länge von bis zu 34 Metern und ein Höchstgewicht von 200 Tonnen. Das entspricht der ungefähren Masse eines Passagierflugzeugs, von 40 durchschnittlichen Elefantenbullen, 400 Rindern oder mehr als 2.000 Männern. Der Blauwal ist damit aller Wahrscheinlichkeit nach - hinsichtlich des Körpervolumens und der Masse - das größte Tier aller Zeiten. Die Organe des Fleischbergs sind an seine faszinierende Größe angepasst: Das Herz des Blauwals kann eine Tonne auf die Waage bringen, ist so groß wie ein Auto und pumpt 10.000 Liter Blut durch den Körper des kolossalen Säugetiers. Die Aorta (Hauptschlagader) des Wals ist so groß, dass ein Kind durch sie hindurchschwimmen könnte. Auf der durchschnittlich 4 t schweren Zunge des Giganten würde ein ausgewachsener Elefant problemlos Platz finden.

Blauwale erzeugen auch die lautesten Geräusche aller Lebewesen. Diese unglaublichen Tiere können wahrscheinlich über mehrere 100 Kilometer miteinander kommunizieren. Ein verhältnismäßig leiser Pfiff kann mit 120 bis 190 Dezibel mindestens ebenso laut sein wie ein Düsenjet.

Doch auch das ist relativ... Ich habe zwar noch nie einen Wal zu Gesicht bekommen oder seinen Gesang vernommen, kann aber auf Grundlage meiner bereits geschilderten Erfahrungen versichern: Im Vergleich zum göttlichen Wesen, von dem das OM ausging, wirkt selbst der größte Blauwal kleiner als das kleinste Elementarteilchen – und diese Angabe ist noch stark untertrieben, sie soll nur der Verdeutlichung dienen.

Gott im Makrokosmos

„Jedem tiefen Naturforscher muss eine Art religiösen Gefühls naheliegen, weil er sich nicht vorzustellen vermag, dass die ungemein feinen Zusammenhänge, die er erschaut, von ihm zum ersten Mal gedacht werden. Im unbegreiflichen Weltall offenbart sich eine grenzenlos überlegene Vernunft. Die gängige Vorstellung, ich sei ein Atheist, beruht auf einem großen Irrtum. Wer sie aus meinen wissenschaftlichen Theorien herausliest, hat diese kaum begriffen." (Albert Einstein)

Ich schlage vor, wir verlassen die Erde und wagen uns hinaus in die Weiten des Weltalls. Es herrschen auch im Universum sehr erstaunliche Sinnzusammenhänge...

Die Platzierung von Sonne, Mond und Erde ist ideal für uns. Wäre die Erde nur geringfügig weiter von der Sonne entfernt oder näher an ihr positioniert, könnte es kein Leben auf diesem Planeten geben.

Sehr bedeutend ist die Existenz der Stratosphäre (zweite Schicht der Erdatmosphäre). Diese reicht bis in ungefähr 50 km Höhe. Sie speichert einen Teil der durch die Sonnenbestrahlung empfangenen Wärme, wovon natürlich das Leben profitiert. Andererseits filtert sie die Sonnenstrahlen und verhindert so, dass wir diesbezüglich einer zu hohen Intensität ausgesetzt werden. Ohne die Atmosphäre wäre unsere Erde wohl ähnlich wie der Merkur (sonnennächster und heißester Planet) ein Himmelskörper, dessen Oberfläche dauerhaft kocht und backt, was Leben unmöglich machen würde. Hingegen bewahrt die Atmosphäre unsere Erde und ihre Lebewesen durch die eben erwähnte Speicherung vor einer zu starken Absenkung der Temperatur, wenn sie nicht von der Sonne bestrahlt wird. Nachts kühlt selbst der Merkur auf minus 170 C° herunter, weil ihm eine wärmespeichernde Atmosphäre fehlt.

Durch die Rotation des Erdkerns entstand das unsichtbare Magnetfeld der Erde, welches uns durch die Magnetosphäre zusätzlich vor tödlicher kosmischer Strahlung aus dem Weltall schützt, indem es diese abhält.

Außerdem bremst die Magnetosphäre Kometen ab und fungiert somit wie ein Schutzschild (dazu später mehr).

Vor 4,5 Milliarden Jahren – so schätzen Wissenschaftler – kollidierte unser Planet wahrscheinlich mit einem riesigen Asteroiden oder Kleinplaneten namens Theia, der dabei vermutlich vollständig zerstört wurde. Es handelt sich um den heftigsten Zusammenstoß, den die Erde je erlebte. Glücklicherweise ereignete sich dies, bevor sich hier organisches Leben entwickelte, andernfalls wäre es sofort im Keim erstickt worden. Einer weitgehend akzeptierten Theorie zufolge wurden bei diesem Zusammenstoß viele kleine Stücke aus der noch jungen Erde herausgerissen, die sich im Laufe der darauffolgenden Zeit zu einem größeren Körper zusammenschlossen – das war die Geburt des Mondes, der unserem Heimatplaneten seither nicht mehr von der Seite weicht.

Obwohl der Mond knapp 400.000 Kilometer weit von uns entfernt ist, nimmt er bekanntlich erheblichen Einfluss (siehe Ebbe und Flut). Tatsächlich distanziert sich der sagenumwobene Himmelskörper pro Jahr um etwa vier Zentimeter von der Erde.

Kurz nach seiner Entstehung war der Mond wahrscheinlich wesentlich näher an der Erde platziert und seine dementsprechend stärker wirkende Anziehungskraft hatte gravierende Folgen: Die Ozeane waren dauerhaft wild tosende Gewässer, in denen unter diesen Umständen vorerst kein Leben entstehen konnte. Erst als sich der Mond weiter entfernte, wirkte sich seine Anziehungskraft weniger schwerwiegend aus und die Meere beruhigten sich, sodass eine unabdingbare Voraussetzung dafür gegeben war, dass sich vor schätzungsweise 3,5 bis 4 Milliarden Jahren bereits im Wasser die ersten primitiven Lebewesen (also die ursprünglichsten Vorfahren aller heutigen Arten) entwickeln konnten.

Der Umlauf des Mondes hält die Erde stabil. Durch seine Anziehungskraft kommt es zur Neigung der Erdachse, die ebenfalls unentbehrlich für die Entstehung und Erhaltung des Lebens war und ist, da sie über den Winkel der Sonneneinstrahlung bestimmt. Weil die Erde durch den Einfluss des Mondes ihre Neigung beibehält, während sie die Sonne umkreist, sind die Jahreszeiten gleichmäßig. Das ist ausgesprochen bedeutsam für die meisten Lebewesen, die diesen Planeten bevölkern. Nicht zuletzt, weil der Mond Ozeane in Bewegung bringt, trauen ihm viele auch einen Einfluss auf unseren Körper und Geist zu.

Die Kraft des Mondes kann man sich erst dann wirklich vor Augen führen, wenn man sich der tatsächlichen Distanz zwischen Erde und Mond bewusst ist. Diese wird oft in unrealistischen Maßstäben dargestellt. Der Abstand zum Mond beträgt 30 Erddurchmesser. Umso erstaunlicher ist, dass sich die Gravitation des verhältnismäßig kleinen Himmelskörpers hier so intensiv bemerkbar macht.

Durch eine Anhäufung glücklicher Umstände ist die Erde zu dem Planeten geworden, der sie heute ist – mit der exakt richtigen Menge an Wasser, schützenden Ausstattungen wie dem Erdmagnetfeld, der stabilisierenden Funktion des Mondes, der genau richtigen Entfernung zur Sonne und damit geeigneten Temperaturen (usw.).

Die Wahrscheinlichkeit, dass ein Planet alle vom Leben gestellten Bedingungen und Anforderungen perfekt erfüllt, ist verschwindend gering. Deswegen ist der Wissenschaft gegenwärtig nur ein einziger Ort im Universum bekannt, der Leben (nach ihrer Definition) beherbergt: Im Fall der Erde haben sich die Dinge entgegen ihrer sehr geringen Wahrscheinlichkeit glücklicherweise so entwickelt, wie es notwendig war, um den Grundbaustein für physische Lebensformen zu legen.

Nicht zuletzt wegen der Größe des Kosmos und der Tatsache, dass wir einen verschwindend geringen Teil davon erforscht haben, wird die Existenz außerirdischer Lebensformen auch seitens vieler Wissenschaftler für sehr wahrscheinlich gehalten.

Um nur drei Beispiele aufzuführen...

„In Anbetracht der vielen Milliarden erdähnlicher Planeten gibt es zweifellos Leben anderswo im Universum. In den Weiten des Universums sind wir nicht allein." – Albert Einstein

„Sicherlich sind einige Planeten nicht bewohnt, aber andere sind es, und unter diesen muss Leben in allen Zuständen und Phasen der Entwicklung existieren." – Nikola Tesla
„Es ist anzunehmen, dass es eine ganze Reihe anderer Zivilisationen im Kosmos gibt." – Stephen Hawking

Die bereits erwähnte Gravitation (= Schwerkraft / Anziehungskraft) ermöglicht uns festen Boden unter den Füßen. Jeder physische Körper besitzt eine eigene Gravitation, die sich auf alle anderen Körper, mehr oder weniger intensiv, wie ein Magnet auswirkt. Je größer die Masse, also das Gewicht des Körpers, desto stärker macht sich in der Regel auch seine Gravitation bemerkbar. Betrachtet man beispielsweise den Vergleich zwischen Erde und Mond, wird diesbezüglich eine signifikante Differenz offensichtlich... Die Erdanziehungskraft ist sechsmal stärker. Das bedeutet: Eine 60 kg schwere Frau wiegt auf dem Mond nur 10 kg. Planeten haben eine unterschiedlich starke Anziehungskraft. Diese kann bspw. durch die Fallgeschwindigkeit aufgezeigt werden. Auf der Erde beträgt die Fallbeschleunigung $9,81$ m/s². Dies bedeutet, dass ein Körper im freien Fall pro Sekunde um $9,81$ Meter schneller wird. Auf anderen Himmelskörpern ist dieser Wert teilweise so viel höher oder niedriger, dass die Entstehung und Wahrung des Lebens allein aus diesem Grund nicht möglich ist. Auf dem Jupiter beträgt die Fallbeschleunigung $24,79$ m/s². Während wir auf dem Mond alle zu Athleten des Hochsprungs werden, hätten wir auf dem Jupiter wohl schon Schwierigkeiten, nur einen kleinen Zeh vom Boden zu erheben.

Ein der Gravitation entgegenwirkender Effekt ist die Zentrifugalkraft (Fliehkraft), die dafür sorgt, dass die Himmelskörper trotz der Anziehung in der Regel nicht miteinander kollidieren. Der Gravitation haben wir es also zu verdanken, dass der Mond nicht einfach davonschwebt, der Fliehkraft hingegen, dass er uns nicht buchstäblich auf den Kopf fällt und die Erde nicht von der Sonne angezogen und verschluckt wird.

Hinzukommend müssen sich Gravitation und Zentrifugalkraft mit vergleichbarer Intensität auswirken, damit keine von beiden zu sehr überwiegt. Wie auch für die übrigen Gesetzmäßigkeiten der Natur gilt hier: Ein ideales Zusammenspiel und als Folge dessen ein harmonisches Gleichgewicht ist mathematisch betrachtet mehr als unwahrscheinlich, hat sich aber offensichtlich entwickelt – und am Beispiel der Gravitation und Zentrifugalkraft erkennen wir, dass Ordnung und Harmonie nicht auf die irdische Natur beschränkt sind, sondern überall herrschen. Nicht nur die überwältigende Größe des Weltalls, mit der wir uns im 12. Kapitel schon beschäftigt haben, und seine offenkundige Ordnung sind zutiefst faszinierend – die rein optische Beschaffenheit ist unsagbar schön. Obendrein ist beim Anblick der Himmelskörper eine gewisse Symmetrie unverkennbar: Sie sind fast makellose Kugeln – wegen der Gravitation, die in jede Richtung gleichmäßig wirkt, und zwar nicht nur in unserem Sonnensystem, sondern im gesamten Universum.

„Ich werde dir einen kleinen Rat geben. Es gibt eine Kraft im Universum, die Dinge geschehen lässt. Und alles, was du tun musst, ist, mit ihr in Kontakt zu treten, nicht mehr zu denken, die Dinge geschehen zu lassen und der Ball zu sein." (Chevy Chase)

Weil ihre Masse und Gravitation zu gering ist, nehmen Asteroiden keine Kugelform an. Wenn er oder einer seiner kleineren Verwandten (Meteoroiden) in die Atmosphäre eindringt, wird ein Asteroid mit dem zuvor im Weltraum nicht gegebenen Luftwiderstand konfrontiert, sodass er teilweise oder vollständig verglüht. Dabei produziert er einen Feuerschweif. Dieses gelegentlich auch vom Erdboden aus sichtbare Ereignis ist uns als Meteor bekannt (im Volksmund Sternschnuppe). Gelingt es einem der zahlreichen Meteoroiden, nach dem Eintritt in die Erdatmosphäre nicht vollständig zu verglühen und auf die Erdoberfläche zu gelangen, wird er fortan (und erst dann) als Meteorit bezeichnet. Der Meteoroid stellt also den Ursprungskörper dar, während es sich bei den Überresten, den Meteoriten, um das älteste auf der Erde vorkommende Material handelt. Sie sind Überbleibsel von der Entstehung unseres Sonnensystems vor 4,5 bis 5 Milliarden Jahren.

Asteroiden sind normalerweise die größten Gefahren für unsere Erde. Mit einer Durchschnittsgeschwindigkeit von 50.000 bis 100.000 km/h sind die bis zu Abertausende Tonnen schweren Gesteinsobjekte um ein Vielfaches schneller als aus einer Schusswaffe abgefeuerte Projektile. Während die kleinsten Meteoroiden (Mikrometeoroiden) kaum größer sind als Staubkörner und einer Atmosphäre nicht standhalten können, stellen Asteroiden mit etlichen Kilometern Durchmesser eine ernsthafte Bedrohung dar...

...Um hier nochmals vertiefend auf die bereits angesprochene Magnetosphäre der Erde zurückzukommen: Unser Planet ist von diesem unsichtbaren "Schutzschild" umgeben, welches nicht nur, wie erwähnt, die Sonneneinstrahlung filtert und uns somit vor einer Überdosis bewahrt, sondern ebenso die Geschosse des Alls bereits in Tausenden von Kilometern Entfernung abbremst und so die Gefahr mindert, dass die Erde schweren Schaden nehmen könnte. Da unserem Mond eine schützende Atmosphäre fehlt, ist er von Kratern übersät.

Man könnte bei einem Blick in den nächtlichen Sternenhimmel glauben, im Weltall ginge es immer still und friedvoll zu. Doch der Schein trügt: Explosionen von unvorstellbaren Ausmaßen stehen an der Tagesordnung. Eigentlich stehen auch wir dauerhaft unter Beschuss. Nicht zuletzt der geheimnisvollen "Schutzhülle", die der Wissenschaft als Magnetosphäre bekannt ist, haben wir es zu verdanken, dass die Erde nunmehr seit ca. 4,6 Milliarden Jahren existiert und meist unversehrt geblieben ist. ... Vor circa 66 Millionen Jahren bahnte sich dennoch ein etwa 10 bis 15 Kilometer großer Asteroid mit einer Geschwindigkeit von mindestens 72.000 Stundenkilometern seinen Weg durch die Erdatmosphäre und schlug im heutigen Golf von Mexiko auf der Erdoberfläche ein. Sein Einschlag dürfte weltweit zu hören gewesen sein. Die Zerstörungskraft war größer als die aller Atombomben der Welt – sie entsprach mindestens 100 Millionen, anderen Schätzungen zufolge gar 5 bis 10 Milliarden Hiroshima-Bomben – und löschte mit ihren Folgen die Dinosaurier und den Großteil aller Lebensformen auf der Erde aus. Der Einschlag verursachte einen über 180 Kilometer großen Krater (dieser befindet sich auf der mexikanischen Halbinsel Yucatán). Er erhitzte die betroffene Erdoberfläche und ihre unmittelbare Umgebung schlagartig auf mehrere 10.000 Grad und pulverisierte ausnahmslos alles, was sich in diesem Gebiet befand. Die Druckwelle umlief die gesamte Erde, sie bahnte sich mit Überschallgeschwindigkeit ihren Weg durch die irdische Natur und machte dabei alles dem Erdboden gleich. Schwerwiegendste Folge für die Lebewesen war ein plötzlicher Klimawandel, an den sich vor allem die übriggebliebenen Saurier nicht anpassen konnten. Ohne dieses Ereignis hätten sich aller Wahrscheinlichkeit nach nie Menschen auf diesem Planeten entwickelt und ausgebreitet. Die Saurier zählen zu den am besten angepassten Lebewesen, die es je auf der Erde gegeben hat. Sie beherrschten die Erde ca. 160 Millionen Jahre lang und es war keine Veränderung in Sicht. Keine andere Tiergruppe wäre fähig gewesen, die Giganten der Urzeit zu verdrängen. Ohne das Ende ihrer Ära hätten unsere frühesten Vorfahren (die ersten Säugetiere) höchstwahrscheinlich niemals die Chance erhalten, sich über ihr Schattendasein zu erheben. Dieser Asteroideneinschlag war also aus einer egoistischen Perspektive, d. h. für unsere Spezies, mit durchaus erfreulichen Folgen versehen. Selbiges gilt für gleichartige Ereignisse der Erdgeschichte, die unter Menschen weniger populär sind als der Einschlag, welcher das Ende der Dinosaurier einläutete. Wissenschaftler vermuten, dass vor langer Zeit Asteroiden Wasser in riesigen Mengen zur Erde transportierten und so die Ozeane schufen. Kurz nach ihrer Entstehung war die Erde eine glühende Kugel. Einschläge von Asteroiden waren im Gegensatz zu heute keine Seltenheit. Der Theorie zufolge brachten die Gesteinsbrocken Wasser aus dem All mit. Aufgrund der Hitze auf der Erde konnte dieses vorerst nur gasförmig (also in Form von Wolken) existieren. Doch nachdem sich dieser Planet abgekühlt hatte, verflüssigte es sich und regnete

während der wohl am längsten andauernden und heftigsten Regenschauer aller Zeiten auf die Erde nieder. So wurde die Erde zum "blauen Planeten", den wir heute freudig als unser aller Heimat bezeichnen. Ohne diese Ereignisse wäre wahrscheinlich kein Wasser – die Grundlage physischen Lebens – auf die Erde gelangt. Laut einer weiteren Theorie enthielten und transportierten Asteroiden auch die 'Bausteine des Lebens' (Aminosäuren) und übergaben sie der Erde durch ihre Einschläge. Auf vergangenen Seiten war die Rede vom schützenden Erdmagnetfeld und von jenen historischen Umständen, die unseren Planeten glücklicherweise zu dem relativ lebensfreundlichen Himmelskörper werden ließen, der er heute ist. Die Erde hat sogar einen leibhaftigen "Bodyguard": Planet Jupiter wirkt durch seine Größe, Masse und die daraus resultierende hohe Gravitation wie ein weiteres "Schutzschild", indem er viele Asteroiden durch seine Anziehungskraft von der Erdumlaufbahn fernhält oder sie durch "gravitative Stöße" aus dem Sonnensystem befördert. Die Gravitation von Jupiter ist deshalb so einflussreich, weil seine Masse 2,5 Mal so hoch wie das summierte Gewicht aller übrigen Planeten unseres Sonnensystems ist. Wissenschaftlichen Schätzungen zufolge würde ohne Jupiter wesentlich häufiger ein großer Asteroid auf der Erde einschlagen und ein Massensterben bewirken. Vor langer Zeit sah das allerdings noch anders aus: Das damals noch junge Sonnensystem hatte sich noch nicht geordnet. Dies geschah erst durch die Bahnänderungen der Planeten ("Planetare Migration"). Zuvor war Jupiter anders lokalisiert als heutzutage und leistete so einen maßgeblichen Beitrag dahingehend, dass die Erde umso häufiger von Asteroiden attackiert wurde. Eine Besonderheit dieser Umstände ist jedoch, dass die Einschläge entgegen des ersten Eindrucks lebensfördernde Auswirkungen hatten (wie verdeutlicht). Jupiter "schickte" damals also jene Geschosse zu unserem Planeten, die er heute für uns "abwehrt". Doch sowohl als vermeintlicher Feind als auch als Freund – er spielte stets eine hilfreiche Rolle.
Ist das nicht erstaunlich?

Kosmische Raubtiere – Gottes Staubsauger

„Alles ist vorherbestimmt, Anfang wie Ende, durch Kräfte, über die wir keine Gewalt haben. Es ist vorherbestimmt für Insekt nicht anders wie für Stern. Die menschlichen Wesen, Pflanzen oder der Staub, wir alle tanzen nach einer geheimnisvollen Melodie, die ein unsichtbarer Spieler in den Fernen des Weltalls anstimmt." (Albert Einstein)

Ich habe bereits zu verdeutlichen versucht, dass kein Widerspruch darin besteht, die Ewigkeit und Unendlichkeit des eigenen Selbst zu erkennen und gleichzeitig demütig vor Gott niederzuknien. Obacht! Es ist das Ego, das sagt: „Ich verneige mich vor niemandem!" Und es wird jedes Argument verwenden, um sich zu rechtfertigen, z. B. dass die Ehrfurcht vor dem Schöpfer sinnlos sei, wenn doch alles eins ist. Das gefährlichste und bestgetarnte Ego ist jenes in einer spirituellen Verkleidung. Es ist wie ein Verbrecher, der sich als Polizist ausgibt und dann im Dienste der Gerechtigkeit zu stehen scheint, während er aber heimlich weiter Verbrechen begeht. Durch geschickte spirituelle Argumente kann das Ego den Eindruck vermitteln, dass es verschwunden sei, und derweil unbemerkt weiterwachsen. Was wie Erkenntnis erscheint („Wir sind alle dasselbe Bewusstsein und gleich groß, warum sollte ich mich verneigen?"), kann lediglich die versteckte Weigerung der Person sein, ihre eigene Machtlosigkeit anzuerkennen. Dann kann es hilfreich sein, wieder eine menschliche Perspektive einzunehmen, damit das kleine 'Ich' durch Demut ersetzt wird. Die bedingungslose Hingabe an Gott schadet nicht dir, sondern deinem Ego. Daher ist sie empfehlenswert.

Viele Erscheinungen im Universum entziehen sich bisher erfolgreich unserem Verständnis und überfordern selbst den Intellekt der genialsten Menschen. Das gilt in besonderem Maße für die mysteriösen Schwarzen Löcher... Wenn ein Stern stirbt, fällt er nach einer unvorstellbar gigantischen Explosion, Supernova bzw. (im Falle besonders mächtiger Ereignisse) Hypernova genannt, in sich zusammen. Die höchste Temperatur, die jemals im Universum gemessen werden konnte, wurde durch solch einen 'Sternentod' hervorgerufen und betrug 500 Milliarden Grad Celsius. Das ist über 30.000 Mal heißer als das Innere der Sonne. Kleine bis mittelgroße Sterne schrumpfen nach ihrem Tod zu sogenannten "Weißen Zwergen" nieder. Einzig der Sonnenkern bleibt dann übrig. Auch unsere Sonne wird sich aller Voraussicht nach eines fernen Tages zu einem solchen Objekt entwickeln. Größere (mittelgroße bis große) Sterne werden zu Neutronensternen, deren elektrische Ladung so hoch ist (bedingt durch den vom inneren Kern ausgeübten Druck), dass der Aufprall eines Marshmallows auf der Oberfläche eines solchen Himmelskörpers der Detonation einer Atombombe gleichkäme. Die Anziehungskraft eines Neutronensterns ist so gewaltig, dass sie selbst einzelne Atome verformen kann. Neutronensterne bestehen aus einer Materie, die schätzungsweise 10 Milliarden Mal kompakter ist als Stahl. Somit würde ein Neutronenstern von der Größe eines Stecknadelkopfes das Gewicht eines Flugzeugträgers vorweisen. Neutronensterne mit besonders hoher Dichte und einem ca. 1.000 Mal stärkeren Magnetfeld als üblich, bezeichnet man in der Astronomie als Magnetare. Etwa 10 % aller Neutronensterne gehören dieser außergewöhnlichen Sternenklasse an. Selbst ein Magnetar mit 20 km Durchmesser wiegt mehr als unsere Sonne und ein Esslöffel dieser Materie würde ca. 10 Millionen Tonnen auf die Waage bringen. Bei einer Explosion auf einem Magnetar wird innerhalb eines Augenblicks so viel Energie freigesetzt wie von der Sonne in 100.000 bis 150.000 Jahren. Doch die Grenze für mögliche Krafterzeugungen im Universum ist hiermit noch nicht erreicht... Große bis sehr große Sterne entwickeln sich im Sterbeprozess zu Schwarzen Löchern. Diese können auch entstehen, wenn besonders massereiche Neutronensterne miteinander kollidieren. Bei der Geburt eines Schwarzes Lochs (also durch die Supernova eines großen Sterns oder die Kollision zweier Magnetare) kommt es zur Absonderung von Gammastrahlen. Das sind die hellsten und heißesten Lichtstrahlen,

die der Physik bekannt sind. Gammastrahl-Explosionen sind die energie-
reichsten Lichtausbrüche und wohl gewaltigsten Energiefreisetzungen,
die im Universum zustande kommen. Ein solcher Gammablitz dauert
zwar nur wenige Sekunden oder gar Sekundenbruchteile, setzt jedoch
so viel Energie wie unsere Sonne innerhalb von mehreren Millionen Jahren frei. In Extremfällen übertrifft die Energiemenge möglicherweise
sogar jene, die unsere Sonne in ihrer gesamten Lebenszeit absondert.
An dieser Stelle stellen wir uns eine Frage, die auf den ersten Blick eigenartig erscheinen mag: Ist ein Schwarzes Loch stolz auf seine Kraft?
Wer aufmerksam gelesen hat, wird wissen, an welche vergangene Text-
stelle ich anknüpfe. Die Energiemenge im Falle eines Schwarzen Lochs
ist zwar unendlich viel größer ist als die eines menschlichen Körpers,
aber es handelt sich um dieselbe Art von Energie (weil es nur eine gibt).
Die Energie, die sich ein Boxer zunutze macht, um einen Knockout beim
Gegner zu verursachen, kommt nicht von seinem Körper, sondern fließt
durch ihn hindurch. Wir erzeugen die Energie nicht, wir nehmen sie auf
und geben sie wieder ab. Auch die besten Kämpfer der Welt sind – wie
die gewaltigen Phänomene im Kosmos – nur Instrumente dieser Energie,
die niemandes Eigentum und völlig unpersönlich ist. Wenn jeder Kampf-
sportler das wüsste, dann würde niemand mehr nach einem "Sieg" die
Arme triumphierend in die Höhe strecken.
...Schwarze Löcher sind die gefährlichsten und mächtigsten Objekte des
Universums. Jeder Planet und Stern, der einer solchen 'Sternenleiche'
zu nahe kommt, ist dem Tode geweiht. Denn die Anziehungskraft dieser
allesverschlingenden Monster ist so groß, dass sie selbst Lichtstrahlen
verkrümmt und Raum und Zeit völlig verzerrt. Der Bereich in unmittel-
barer Nähe eines Schwarzen Lochs wird Ereignishorizont genannt.
Dieser stellt die Grenze dar, ab der nichts und niemand mehr dem kosmischen Raubtier entkommen kann. Alles wird spiralförmig angezogen
(in der sogenannten "Todesspirale") und eingesaugt. Wir wollen hier
jedoch nicht jene Spekulationen unerwähnt lassen, die in Erwägung ziehen, dass ein Schwarzes Loch der Übergang in ein anderes Universum /

eine andere Dimension sein mag. Die meisten Astronomen halten es aber für wahrscheinlicher, dass jede aufgenommene Materie im Innern des Schwarzen Lochs zu einer Masse von unendlicher Dichte komprimiert (also unvorstellbar zusammengepresst) wird. Hier haben wir es mit der größten (unserer Wissenschaft bekannten) Kraft der Natur zu tun – Singularität genannt. Dieser Zustand herrschte auch im Augenblick des Urknalls (sofern er stattgefunden hat), hier allerdings im umgekehrten Sinne: Die Materie wurde hier nicht gepresst, sondern mit unvorstellbarer Wucht und Geschwindigkeit auseinandergetrieben. In einem Schwarzen Loch herrschen demnach die gleichen Naturgesetze und Umstände wie einst beim Urknall. Die gängigen Gesetze der Physik sind in diesem Zustand nicht mehr gültig. Das hilft uns, zu verstehen, warum Schwarze Löcher vor nichts haltmachen und Materie zermalmen, bis ihre Existenz nicht mehr nachweisbar ist.

Bereits ein Schwarzes Loch von der Größe eines Golfballs kann die Masse der Erde erreichen und die größten Schwarzen Löcher des Universums sind mehrere Milliarden Mal so schwer wie unsere Sonne. Letztere werden als supermassereiche oder ultramassive Schwarze Löcher bezeichnet und können sogar ganzen Galaxien gefährlich werden. Der Quasar (Galaxienkern) OJ 287 ist 3,5 Milliarden Lichtjahre von uns entfernt. Er enthält ein Schwarzes Loch mit der 18-milliardenfachen Masse der Sonne. Das macht es zu einem der größten bisher bekannten Schwarzen Löcher. Es ist größer als unser gesamtes Sonnensystem.

Nach Beleuchtung all der Fakten bezüglich Schwarzer Löcher sollte man sich die Frage stellen: Können solch unvorstellbar gewaltige, derart unbegreifliche Naturereignisse ohne eine mächtige Quelle entstehen? Wissenschaftler sind sich außerdem bis heute nicht im Klaren darüber, welcher mögliche Zweck aus den grotesken Erscheinungen hervorgeht. Füllen sie die gleiche Rolle aus wie die Raubtiere auf unserem Planeten, die durch Beutejagd die übermäßige Verbreitung anderer Tiere unterbinden? Erfüllen Schwarze Löcher vielleicht als kosmische Staubsauger die Aufgabe, überschüssige Materie aus dem All zu entfernen?

Albert Einsteins Einschätzung dazu lautete:
„Schwarze Löcher sind dort, wo Gott durch null geteilt hat."

Manche glauben, eines Tages könne die Wissenschaft alles erklären. Besonders gern wird dies als beruhigendes Argument in Anbetracht all jener Phänomene ausgepackt, für die es keine wissenschaftlichen Erklärungen gibt (Beispiel NTE – für eine diesbezügliche Analyse der Erklärungsversuche siehe "Über GOTT und die Welt" & "Du bist Bewusstsein"). Aber angesichts der schieren Unermesslichkeit, Komplexität und Kraft des Kosmos sowie seines Inhalts äußerten nicht wenige Wissenschaftler ihre bleibende Bescheidenheit. Drei Beispiele:
„In der Wissenschaft gleichen wir alle nur den Kindern, die am Rande des Wassers hier und da einen Kiesel aufheben, während sich der weite Ozean des Unbekannten vor unseren Augen erstreckt." (Isaac Newton)
„Der unermesslich reichen, stets sich erneuernden Natur gegenüber wird der Mensch, soweit er auch in der wissenschaftlichen Erkenntnis fortgeschritten sein mag, immer das sich wundernde Kind bleiben und muss sich stets auf neue Überraschungen gefasst machen." (Max Planck)
„Es schafft keine geringe Erleichterung, wenn ich bedenke, dass wir uns nicht so über die ungeheure, geradezu unendliche Weite des äußersten Himmels wundern müssen, als vielmehr über die Kleinheit von uns Menschen, die Kleinheit unseres so winzigen Erdkügelchens." (Johannes Kepler)

Wenn uns die Erdgeschichte eines gelehrt hat, dann das: Keine Art lebt ewig. Das gilt gleichermaßen für sämtliche Erscheinungen im Universum, auch die größten und eindrucksvollsten. Aber das, worauf alle Naturphänomene und Lebensformen hinweisen, ist ein endloses Kontinuum.

Der Zauber der Tierwelt, das Meisterwerk des menschlichen Körpers, welches wir zu schätzen wissen sollten, und auch die überwältigende Faszination, die das unfassbare Universum auf uns auszuüben vermag – für all das gilt: Gottes Gegenwart könnte nicht offensichtlicher und Seine Liebe nicht größer sein.

EIN BRIEF AN EIN KIND MIT KREBS

Da er viele Naturbeschreibungen und damit diesbezügliche Kontemplationsanregungen enthält, möchte ich diesem Teil des Buches noch einen bemerkenswerten Brief von Elisabeth Kübler-Ross anhängen, den sie für einen krebskranken Jungen namens Dougy verfasst hat.

Das neunjährige Kind hatte der Psychiaterin und Sterbeforscherin in einem Brief drei Fragen gestellt: „Was ist Leben? Was ist Tod? Und warum müssen Kinder sterben?"

Die Einbeziehung des Briefes steigert den Wert dieses Buches enorm, wenn es vielleicht Eltern von schwerkranken oder sterbenden Kindern in die Hände fällt.

Es sei erwähnt, dass Elisabeth Kübler-Ross den Brief unglaublich liebevoll und farbenfroh gestaltet hat. Sie zeichnete Schmetterlinge, Blätter, Bäume, Blumen, Sterne, die Sonne und einen Regenbogen für das Kind. Bezüglich des Originals sei auf ihr Buch "Kinder und Tod" verwiesen.

„Wenn du es einem Kind nicht erklären kannst, dann hast du es selbst nicht gut genug verstanden." – So wird Albert Einstein zitiert.

Elisabeth hat's definitiv verstanden...

„Von Elisabeth – Geschrieben für Dich am letzten Tag im Mai 1978,

Dies ist eine Geschichte über das Leben – über Windstürme und über Samen, die wir im Frühling in die Erde legen, über Blumen im Sommer und Früchte im Herbst.

Dies ist aber auch eine Geschichte über den Tod. Er kann ganz früh im Leben kommen, aber auch sehr spät zu manchen Menschen...

Um was geht es im Grunde?

Stell Dir vor, wie das Leben angefangen hat, ganz am Anfang, wie Gott alles schuf – die Sonne, die über der Welt scheint, uns wärmt, die Blumen wachsen lässt, deren Strahlen die Erde berühren, auch wenn Wolken sie verdecken.

Gott sieht uns immer.

Seine Liebe leuchtet stets über uns, gleichgültig wie klein oder wie groß wir sind. Nichts kann die Strahlen von Gottes Liebe aufhalten.

Wenn Menschen geboren werden, beginnen sie wie winzige Samen. Die Samen des Löwenzahns bläst der Wind auf die Wiese – ein paar landen am Straßenrand, einige auf einem grünen Rasen, wo sie unerwünscht sind, andere in einem Blumenbeet... und so ist es auch mit uns: Wir beginnen unser Dasein in einer reichen oder armen Familie, in einem Waisenhaus, vielleicht auch hungrig, vielleicht auch sterbend als kleine Kinder. Es kann aber geschehen, dass uns Eltern lieben, die uns sehr sehnlich wünschen, die uns vielleicht adoptieren und uns selber aussuchen. Manche Leute nennen dies vielleicht das Glücksspiel des Lebens. Doch denke daran: Gott trägt auch die Verantwortung für den Wind. Um die Samen des Löwenzahns kümmert er sich ebenso wie um alles Leben überhaupt – vor allem um die Kinder!

Es gibt keinen Zufall im Leben.

Gott macht keinen Unterschied zwischen den Menschen.

Wir sind alle seine Kinder. Seine Liebe kennt keine Bedingungen!

Er versteht alles, er verurteilt nie – Er ist bedingungslose Liebe.

Du und Gott, Ihr habt zusammen Deine Eltern ausgesucht, aus einer Billion Menschen. Du wähltest sie, um ihnen zu helfen beim Wachsen und Lernen – und sie sind auch Deine Lehrer. Unser Leben ist eine Schule, in der wir manches lernen können: Mit anderen Menschen auszukommen, ihre Gefühle zu verstehen, aufrichtig zu sein mit uns und anderen, Liebe zu geben und zu empfangen. Wenn wir unsere Prüfungen bestanden haben, dann dürfen wir die Schule abschließen – das bedeutet: Wir dürfen heimkehren in unser wirkliches Zuhause – zu Gott, von dem wir kamen. Dort treffen wir alle Menschen wieder, die wir je geliebt haben. Es ist wie eine Familienzusammenkunft nach einem Examen. Das ist der Augenblick des Sterbens, wenn wir den Körper ablegen, genauso wie wir etwas anderes tun dürfen, wenn wir unsere Hausarbeiten gemacht haben.

Im Winter kannst Du kein Leben in einem Baum sehen. Aber im Frühling kommen kleine, grüne Blätter heraus – eines nach dem anderen. Im Spätsommer ist der Baum voller Früchte. Er hat sein Versprechen gehalten. Im Herbst fallen die Blätter ab, eines nach dem anderen. Für den Baum ist das die Vorbereitung für die Winterruhe. Einige Blumen blühen nur wenige Tage – jedermann bewundert sie als Zeichen des Frühlings und der Hoffnung. Und dann sterben sie – aber sie haben getan, was sie tun mussten. Andere Blumen blühen lange – viele betrachten ihr Dasein als selbstverständlich und beachten sie kaum mehr. So verhalten sich viele mit alten Menschen. Sie sehen sie im Park sitzen, bis sie eines Tages für immer gegangen sind. Alles im Leben ist ein Kreislauf: Der Tag folgt auf die Nacht, der Frühling auf den Winter... Verschwindet das Boot hinter dem Horizont, so ist es nicht einfach "weg" – aber wir sehen es nicht mehr, wie wir die Sonne nicht sehen während der Nacht. Gott wacht über alles, was er geschaffen hat: Erde, Sonne, Bäume, Blumen und Menschen, die durch die Schule des Lebens gehen müssen, bevor ihre Lehre abgeschlossen werden kann. Erst wenn alle Arbeit getan ist, wofür wir auf die Erde kamen, dürfen wir unseren Körper ablegen. Er umschließt die Seele, wie die Puppe den künftigen, schönen Schmetterling. Dann werden wir frei sein von Schmerzen, Angst und allem Kummer – frei sein, wie ein freier, schöner Schmetterling – und dürfen heimkehren zu Gott.
Bei ihm werden wir nie mehr allein sein. Dort werden wir weiterleben, werden wachsen, tanzen, spielen und fröhlich sein. Wir werden auch zusammen sein mit allen Menschen, die wir liebten. Dort sind wir von mehr Liebe umgeben, als wir uns je vorstellen können!"

Ich ging oft in den Zustand göttlicher Ekstase ein und
begriff täglich aufs Neue, warum die Upanischaden
Gott als *Rasa* (das Köstlichste) bezeichnen.

Paramahansa Yogananda

Gott hat alle Menschen aus der grenzenlosen Freude Seines eigenen
Seins erschaffen.
Gott ist ewig neue Freude. Er kann sich niemals erschöpfen. Er wird
dich durch Seinen unendlichen Einfallsreichtum bezaubern. Wer Gott ge-
funden hat, wird Ihn nie für irgendein anderes Glück eintauschen. Er ist
so verführerisch, dass niemand Ihm den Rang streitig machen kann.
Wie schnell werden wir aller irdischen Freuden überdrüssig! Die von un-
ersättlichen Begierden getriebenen Menschen finden nirgendwo wahre
Befriedigung, sondern verfolgen ein Ziel nach dem anderen.
Dieses 'Andere', das sie suchen, ist Gott, der Einzige, der ihnen
immerwährende Freude schenken kann.
Es sind die irdischen Wünsche, die uns aus dem inneren Eden vertreiben. Sie gaukeln uns trügerische Freuden vor, die wir irrtümlicherweise
für wahres Glück halten. Das verlorene Paradies kann jedoch bald wie-
dergewonnen werden, wenn wir lernen, über Gott zu meditieren.
Da Gott unerschöpflich und ewig neu ist, können wir Seiner nie überdrüssig werden. Oder könnten wir jemals einer sich in alle Ewigkeit erneuernden Glückseligkeit müde werden?
Solange die Menschen noch nicht gelernt haben, sich auf den Göttlichen
Willen einzustellen, werden sie immer wieder leiden müssen. Denn was
Gott lenkt, entspricht nicht immer dem, was der ichbetonte Mensch
denkt. Gott allein kann unfehlbaren Rat erteilen, denn Er und kein anderer trägt die Last des Kosmos.

Yukteswar

DIE UNENDLICHE WEITE

„Du bist kein Tropfen im Ozean.
Du bist der gesamte Ozean in einem Tropfen."
(Rumi)

„Wir sind dazu erzogen worden, uns nur mit dem Ego zu identifizieren und so ignorieren wir die weite, weite Ausdehnung unseres Seins und sind uns dessen nicht bewusst. Menschen, die sich durch verschiedene Methoden ihres Bewusstseins voll bewusst werden, haben das, was man eine mystische Erfahrung nennt. Sie entdecken, dass das wahre, tiefe Selbst – das, was du wirklich bist, grundlegend und für immer – das gesamte Sein ist. Alles, was es gibt, das bist du." (Alan Watts)

„Was du wirklich bist, ist das Sein. Du kannst es nicht sehen, du kannst es nicht greifen, denn du bist es. Das Gefühl, dass du *bist*, das ungeschminkte, nackte Gewahrsein, das immer da ist und selten beachtet wird, ist das, was du immer warst, immer sein wirst. Du kannst nicht danach suchen, denn es ist das, was sucht. Es ist wie der Raum, du kannst ihn nicht sehen, aber alles ist in ihm. Alles ist Das."
(Jiddu Krishnamurti)

„Wenn ich sage ‚Ich bin', dann meine ich nicht ein separates Wesen mit einem Körper als Kern. Ich meine die Gesamtheit des Seins, den Ozean des Bewusstseins, das gesamte Universum. Ich habe nichts zu begehren, denn ich bin für immer vollständig." (Nisargadatta Maharaj)

„Wenn du dein Ego loslässt, bekommst du im Gegenzug das gesamte Universum. Ein Zen-Meister sagte: „Das ganze Universum ist meine wahre Persönlichkeit." Das ist ein wundervoller Spruch... Wenn du sehen willst, was du wirklich bist, öffne das Fenster, und alles, was du siehst, ist in Wirklichkeit der Ausdruck deiner inneren Realität. Kannst du das alles annehmen?" (Adyashanti)

Die Nacht vom 5. auf den 6. Juli 2022 brachte mich dazu, diesem Buch noch etwas hinzuzufügen. Die ersten Auflagen waren längst veröffentlicht worden und ich hatte gerade erst eine nachträgliche Ergänzung vorgenommen ("Kontemplation der Natur").

In jener Nacht saß ich vor dem offenen Fenster und schaute hinaus in den Sternenhimmel. Die Betrachtung des unermesslichen Raumes, der außen zu sein scheint, erinnerte mich an die unendliche Weite reinen Bewusstseins, die innen zu sein scheint. Ich schloss meine Augen und öffnete mein Herz. Plötzlich verschwanden das Äußere und das Innere. Ich versank in tiefe Meditation. Die unendliche Weite war immer noch da, jedoch war sie weder außerhalb noch innerhalb von mir selbst. Sie war ich selbst. Nichts anderes war da. Ich schreibe hier in der Vergangenheitsform, weil ich mich auf eine Erfahrung beziehe, die vergangen zu sein scheint, doch die Wahrheit, die sich hier offenbarte, ist zeitlos. Die unendliche Weite war nicht mein Selbst, sie ist mein Selbst. Nichts anderes ist da. Dasselbe gilt für dich.

Was in dieser Nacht so intensiv und andauernd wie nie zuvor 'geschah', war die Auflösung der Barriere zwischen Außenwelt und Innenwelt. Diese Barriere ist das "Ich". Es ist, wie Nisargadatta Maharaj sagte: „Wenn das 'Ich' abklingt, dann ist alles Bewusstsein."

Ja, alles 'war' Bewusstsein. Ich öffnete meine Augen, die Erscheinung der Sterne war unverändert, doch was sich verändert hatte, war meine Art zu sehen. Ich sah sie nicht mehr als ferne Objekte und erkannte sie als Ausdruck meines eigenen Selbst. Eine größere Intimität ist nicht möglich. Wenn jegliche Trennung verschwunden ist bzw. klar gesehen wird, dass sie niemals existiert hat, gibt es nichts Fremdartiges mehr. Dann wird auch klar, dass ich du bin und du ich bist.

In den darauffolgenden Tagen ging ich stundenlang im Wald spazieren. Ich sah die Bäume – und doch war da kein Ich, das etwas sah, und keine Bäume. Das Ich und die Bäume waren gleichermaßen das, was nicht benannt werden kann. Die Bäume waren nicht mehr oder weniger das, was 'ich' bin, als der Körper, der dort im Wald allein den schmalen Pfad entlangging. Da war niemand, der ging. Die Beine bewegten sich und da war niemand, der sie bewegte. Es gibt Berichte von außerkörperlichen Erfahrungen, in denen Menschen plötzlich beim Joggen ihren Körper verlassen und aus der Vogelperspektive den eigenen laufenden Körper beobachten. Es gibt keinen Läufer und doch bewegt sich der Körper fort. Dort im Wald war es genauso. Die Arme und Hände berührten beim Vorbeigehen zärtlich die Pflanzen am Wegesrand, darunter auch Brennnesseln, von denen sie nicht gestochen wurden. Simon war in dieser Erfahrung nicht enthalten. Tatsächlich hat er nie existiert. Es gibt keine Person, kein Fragment namens Simon. Es sind einfach fünf Buchstaben, mehr nicht. Diese Buchstaben haben keine Identität. Ebenso hat der komplexe Zellhaufen namens Körper, der Simon genannt wird, keine eigenständige Identität. Er wird belebt von derselben Lebenskraft, die alle Körper durchströmt, und das ist ganz sicher nicht Simon. Es gibt nur Eines und das ist kein Individuum. Es ist die unendliche Weite reinen Gewahrseins, die ewige Vollkommenheit des Seins. Das bin ich. Auch du bist Das. Jeder ist Das. Alles ist Das. Es gibt nichts anderes.

> „Ein Stern, der leuchtet, will gesehen werden,
> und wenn wir nicht mit uns selbst beschäftigt wären,
> würden wir seine Sprache und seine Botschaft verstehen."

In diesem Zitat von Nikola Tesla ist das persönliche Selbst gemeint – das 'Ich', das sich ausschließlich auf den Körper bezieht.
Jahrtausende vor Tesla schien sich Laozi in einen Widerspruch zu verwickeln, als er sagte: „Das Selbst wird durch Selbstlosigkeit erkannt." Im Buddhismus wird darauf hingewiesen, dass es kein Selbst gibt. Im Hinduismus bzw. im Advaita Vedanta, dem Ursprung des Hinduismus, wird darauf hingewiesen, dass alles das Selbst ist. Das ist ganz und gar kein Widerspruch. Der Buddhismus verweist auf das persönliche Selbst, das nicht existiert. Der Hinduismus – die älteste der großen Weltreligionen – bezieht sich auf das unpersönliche Selbst, reines Bewusstsein.

Wenn du erkennst, dass es kein individuelles Selbst gibt und dass du nichts Bestimmtes bist, wirst du im gleichen Atemzug erkennen, dass du alles bist, was es gibt.

Der Glaube an ein individuelles Selbst stammt von der Ignoranz gegenüber der Non-Dualität, welche die offensichtliche Natur der Realität und damit des Selbst ist. Zur Illusion der Dualität eine brillante Erläuterung von Rupert Spira:

„In der Realität, das heißt in unserer tatsächlichen Erfahrung, ist alles eine einzige nahtlose Substanz. Die Dualität zwischen dem inneren Selbst und dem äußeren Objekt, der Welt oder dem Anderen wird nie wirklich erfahren. Sie wird immer imaginiert. Reine Intimität, geteilt durch Gedanken, wird zu einem Selbst und einer Welt. "Ich" und "die Welt" werden in der Vorstellung gemeinsam erschaffen. Sie erscheinen immer zusammen und verschwinden zusammen in dem, was niemals erscheint oder verschwindet. Sie sind zwei Seiten ein und derselben Münze, und die Münze ist das Vergessen der nahtlosen Intimität der Erfahrung. Ihre beiden Seiten sind "ich" und das Objekt oder der Andere. Wie auch immer die Münze aussehen mag, sie besteht nur aus der bewussten Präsenz, unserem Selbst, das dasjenige ist, in dem die aktuelle Erfahrung erscheint, und auch dasjenige, aus dem sie gemacht ist. Diese Aufteilung der Erfahrung in den Wahrnehmenden und das Wahrgenommene, den Wissenden und das Gewusste, den Liebenden und das Geliebte, ist wie eine Fata Morgana. Sie findet nie wirklich statt. Sowohl der Erfahrende als auch das Erfahrene sind aus dem Erfahren gemacht, und das Erfahren ist aus unserem Selbst, der bewussten Präsenz, gemacht. Tatsächlich ist das Erfahren nicht aus der bewussten Präsenz gemacht. Es ist das. Es gibt nur das."

Das ist Advaita. Das ist der Ursprung aller Religionen, bevor jeder Hans und Franz seinen Senf hinzugefügt und das Eine in Vieles aufgeteilt hat. Unterscheidungen sind eine rein menschliche Angewohnheit. Könnte ein Raubtier sprechen, würde es sagen: „Hindus, Buddhisten, Muslime, Christen und Juden – sie schmecken alle gleich." ... Spaß beiseite ...

Advaita Vedanta ist einfach und direkt. Hier hat das Ego keine Chance. Während die meisten heutigen spirituellen Lehren die Dualität teilweise aufrechterhalten und dem Ego zumindest einen Platz in der hintersten Reihe zugestehen, erhält das Ego im AV gar keinen Zutritt zur Veranstaltung. Nichts könnte einfacher sein als die Essenz, die Haupt-Botschaft von Advaita Vedanta: ES GIBT NUR EINES UND DU BIST DAS! Für die wenigen, deren Verstand keine weiteren Erklärungen verlangt und reif genug ist, um in seiner Quelle aufzugehen, ist das ausreichend.

Advaita bedeutet "Nicht-Zwei" und Vedanta "Ende des Wissens" (Veda = Wissen, Anta = Ende). Im Englischen würde man sagen: „I know nothing (no-thing).", was im Grunde heißt: „Ich kenne kein Ding/Objekt, ich kenne keine Trennung, nichts von mir Getrenntes, nichts außerhalb von mir selbst."

Das Ende des Wissens ist also der Beginn der Weisheit. Weisheit ist das Ende aller Unterscheidungen zwischen Selbst und Nicht-Selbst, „Dies bin ich und das bin ich nicht." ...

„Der Unterschied zwischen Wissen und Erleuchtung besteht darin, dass bei Ersterem ein Gegensatz zwischen dem Wissenden und dem Gewussten besteht, während es bei Letzterem keinen solchen Gegensatz gibt.", erkannte auch Bruce Lee. Wu Hsin, ein antiker Lehrer der Non-Dualität, drückte sich so aus: „Es wird oft gesagt, dass das Selbst nicht lokalisiert ist, aber Wu Hsin wird dir jetzt genau zeigen, wo du suchen musst. Suche dort, wo es keinen Unterschied zwischen dem Wissenden und dem Gewussten gibt, wo es keinen Unterschied zwischen dem Selbst und dem Anderen gibt, wo alle Unterschiede aufgehört haben, zu existieren. Hier wirst du es finden."

Herkömmliches Wissen bezieht sich stets auf etwas, das außerhalb von dir selbst zu liegen scheint, ein Objekt der Wahrnehmung. Wir glauben, dass wir etwas über die Existenz wissen, wenn wir sie objektiv beschreiben. Das Ende des Wissens ist das Ende dieser Einbildung. Eine Beschreibung erübrigt sich, sobald wir erkennen, dass nichts von alledem, was wir zu ergründen versuchten, von uns selbst verschieden ist.

Alles ist Ausdruck unserer eigenen Lebendigkeit. Es gibt keine Ausnahmen. Ein anderer Mensch ist kein anderer Mensch. Er ist ebenso dein Selbst wie das, was du im Spiegel siehst. Nicht mehr und nicht weniger. Ein Baum ist kein Baum. Du kannst ihn einer Art zuordnen, sein Alter bestimmen, seine Rinde und Blätter analysieren – und am Ende ist er doch einfach nur dein eigenes Selbst in einer (aus der Perspektive deines Körpers) 'anderen' Form.

Die Menschheit verfügt heute mutmaßlich über mehr relatives Wissen als damals – und genau deswegen ist sie weniger weise. Wir haben das Wesentliche unter so vielen unnützen Informationen begraben, dass wir es nicht mehr sehen. Wir glauben, heute besser darüber Bescheid zu wissen, wie die Welt funktioniert. Die Aufdeckung jener Funktionsweise offenbart das Wirken einer bewussten Intelligenz überall in der Natur. Die höchste Erkenntnis, zu der wir kommen können, ist heute noch dieselbe wie vor Jahrtausenden – dass alles Bewusstsein ist.

> „Eines Tages wurde mir plötzlich klar, dass alles reiner Geist ist."
>
> (Ramakrishna)

Am Ende aller wissenschaftlichen Entdeckungen wartet wieder diese uralte, zeitlose Weisheit, die schon Lehrer in der Antike verkündet haben. Somit sind wir heute nicht klüger als unsere Vorgänger, unsere Arroganz macht uns eher dümmer. Arroganz besteht nicht darin, sich selbst als alles zu erkennen. Im Gegenteil: Arroganz besteht darin, anzunehmen, dass wir als Individuen eine eigenständige, aus der Gesamtheit herausgelöste und unabhängige Identität haben können. Blasphemie ist nicht die Äußerung, essenziell mit Gott identisch zu sein. Wenn es überhaupt etwas gibt, das zu Recht als Blasphemie bezeichnet werden kann, dann ist es die Annahme, es könne etwas geben, das nicht identisch mit Gott ist und außerhalb der allumfassenden Liebe existiert. Wir werden zu einem späteren Zeitpunkt darauf zurückkommen.

Ich erlaube mir noch eine Bemerkung zur Blasphemie alias "Gotteslästerung": Wer glaubt, dass Gott beleidigt werden kann und sich angegriffen fühlt, der glaubt auch, dass Gott unter einem Ego leidet.

Wenn ich nichts außer mein Selbst kenne, dann endet das traditionelle Wissen. Wo das objektive Wissen endet, gibt es keine Fragen mehr: „Die Freiheit besteht nicht darin, Antworten zu finden, sondern in der Auflösung aller Fragen." (U. G. Krishnamurti)

Im Relativen haben Fragen natürlich weiterhin ihre Berechtigung. Aber die meisten Menschen begehen den Fehler, die Antworten dort zu suchen, wo sie nicht zu finden sind. Der Physiker David Darling hat es auf den Punkt gebracht: „Als Gesellschaft haben wir den Fehler gemacht, zu glauben, weil die Wissenschaft einige Fragen sehr gut beantworten kann, könne sie am Ende womöglich alle Fragen beantworten. Wissenschaftler waren für gewöhnlich sehr bescheiden in ihren Behauptungen. Doch in jüngerer Zeit haben einige von ihnen größeren Ehrgeiz entwickelt, als habe die illusionäre Macht, die wir ihnen verliehen haben, ihr Urteilsvermögen getrübt."

Eine erfrischende Ausnahme ist der Physiologe und Nobelpreisträger Charles Robert Richet:

„Höchst seltsame, wunderbare und unwahrscheinliche Phänomene werden noch zutage treten, über die wir uns, wenn sie einmal bekannt geworden sind, nicht viel mehr wundern werden als über all das, was uns die Wissenschaft in den letzten Jahrhunderten gelehrt hat.

Es wird allgemein angenommen, dass die Phänomene, die wir jetzt ohne Weiteres hinnehmen, uns deshalb nicht in Erstaunen versetzen, weil wir sie verstehen. Doch das ist nicht der Fall. Wenn wir uns nicht mehr über sie wundern, so nicht etwa deshalb, weil wir sie verstehen, sondern weil wir uns an sie gewöhnt haben. Denn wenn uns das, was wir nicht verstehen, verwundern sollte, so müsste uns alles verwundern: das Herabfallen eines in die Luft geworfenen Steins, die zu einer Eiche werdende Eichel, das sich bei Erhitzung ausdehnende Quecksilber, die von einem Magneten angezogenen Eisenspäne. Die Wissenschaft von heute ist eine einfache Angelegenheit... und doch sind wir bereits von den erstaunlichen Wahrheiten, die unsere Nachkommen entdecken werden, umgeben; sie starren uns sozusagen ins Gesicht, und dennoch sehen wir sie nicht.

Doch nicht genug damit, dass wir sie nicht sehen: wir wollen sie nicht sehen, denn sobald eine unerwartete und ungewöhnliche Tatsache auftaucht, versuchen wir sie in den Rahmen unseres bisherigen, bereits akzeptierten Wissens einzuordnen und sind entrüstet, wenn irgendjemand es wagt, tiefer zu forschen."

Ein Beispiel für die von Richet erwähnten ungewöhnlichen Tatsachen haben wir an früherer Stelle bereits erwähnt. Dass der Körper des Yoga-Meisters Paramahansa Yogananda nach seinem Tod so lange nicht verweste, entzieht sich wissenschaftlichen Erklärungen. Sein Körper wurde nachweislich nicht präpariert und mit keinen erhaltenden Substanzen eingerieben o.ä. In der Biologie ist die Erklärung nicht zu finden. Ein Zusammenhang mit seiner spirituellen Reife ist mehr als offensichtlich. Hier möchte ich nun die Details zu seinem Fall nachliefern...

„Noch mehrere Wochen nach seinem Hinscheiden leuchtete sein unverändertes Antlitz in einem göttlichen Glanz – unberührt von jeder Verwesung.", heißt es. Harry Rowe, der Direktor des Friedhofs, auf dem Yoganandas Körper vorläufig ruhte, schrieb:

„Als Yoganandas Körper eingeliefert wurde, erwarteten die Friedhofsbeamten, dass sich allmählich, wie bei jedem Leichnam, die üblichen Verfallserscheinungen einstellen würden. Mit wachsendem Erstaunen sahen wir jedoch einen Tag nach dem anderen verstreichen, ohne dass der in einem gläsernen Sarg liegende Körper irgendeine sichtbare Veränderung aufwies. Kein Verwesungsgeruch konnte während der ganzen Zeit an seinem Körper wahrgenommen werden. Die körperliche Erscheinung Yoganandas war am 27. März, bevor der Bronzedeckel auf den Sarg gelegt wurde, dieselbe wie am 7. März. Er sah am 27. März genauso frisch und vom Tode unberührt aus wie am Abend seines Todes. Das Ausbleiben jeder Verfallserscheinungen am Leichnam Paramahansa Yoganandas stellt den außergewöhnlichsten Fall in unserer ganzen Erfahrung dar. Selbst zwanzig Tage nach seinem Tode war kein Zeichen einer körperlichen Auflösung festzustellen. Die Haut zeigte keine Spuren von Verwesung und im Körpergewebe ließ sich keine Austrocknung erkennen. Ein solcher Zustand von Unverweslichkeit ist, soweit wir das aus Friedhofsannalen wissen, einzigartig."

Es gibt Phänomene, die für unseren Verstand so unglaublich sind, dass selbst viele sogenannte spirituelle Menschen sie nicht einfach hinnehmen können. Sie wären wohl denen zuzuordnen, die Richet als „höchst seltsam" bezeichnete. Leslie Kean hat in ihrem Buch „Jenseits des Todes" solcherlei Beispiele aufgeführt...

Kann es eine schönere Aufgabe geben, als den Menschen zu zeigen, dass sie selbst und ihre Lieben unsterblich sind?

Manche Medien (Menschen mit der Fähigkeit, Verstorbene wahrzunehmen und mit diesen zu kommunizieren) spezialisieren sich darauf, ihren Mitmenschen durch physische Phänomene im Zusammenhang mit der postmortalen Kommunikation hör-, sicht- und greifbare Beweise für das Überleben der menschlichen Persönlichkeit zu liefern. Laut eigener Aussage begeben sie sich in Trance und gestatten ggf. einem 'körperlosen' Wesen, sich ihres Körpers vorübergehend zu bemächtigen und durch diesen zu wirken. Es kommt vor, dass die Medien in diesem Trancezustand fließend Sprachen sprechen, die sie nie erlernt haben. Demnach hat ein Kommunikator, der zu Lebzeiten eine andere Sprache als das Medium sprach, den Körper des Mediums übernommen.

Auf diese Weise stellen sich die Kommunikatoren teilweise als Personen aus längst vergangenen Zeitepochen vor, nennen ihre Namen und liefern zahlreiche Einzelheiten über das Leben, das sie führten.

Bei gut untersuchten und ausführlich dokumentierten Demonstrationen des isländischen Mediums Indridi Indridason traten unabhängig von den Stimmbändern des Mediums, derer sich die Kommunikatoren normalerweise bedienen, Stimmen im Raum auf, die u. a. Französisch, Norwegisch, Niederländisch und Dänisch sprachen. Indridason beherrschte keine dieser Sprachen. Eine dieser Stimmen wies darauf hin, dass sie zu einer französischen Sängerin gehörte. Alle Personen im Raum vernahmen einen außerordentlich klangvollen Gesang, ohne ihn genau lokalisieren zu können. Bei späteren Recherchen stellte sich die Frau als

Maria Felicia Malibran heraus, die 1808 in Paris geboren wurde und als eine der größten Opernsängerinnen des 19. Jahrhunderts gilt. Einmal sagte Indridason, er könne sie sehen. Einer der Anwesenden sprach Französisch, also sprach er die Frau an und bat sie, etwas Bestimmtes zu tun. Indridason konnte nicht verstehen, was er von sich gab. Indridason sagte: „Jetzt beugt sie sich nach unten."
Und genau darum war sie gebeten worden.
Außerdem kommt es während dieser Demonstrationen gelegentlich zu mysteriösen Objektbewegungen...
Der folgende Bericht stammt von dem bekannten Schriftsteller und Literatur-Nobelpreisträger Thomas Mann, der einer Demonstration des österreichischen Mediums Willi Schneider beiwohnte. Während sich Willi im Trancezustand befand, wurde er zusätzlich von jeweils einer Person rechts und links an beiden Händen und Beinen festgehalten. Auch einige Wissenschaftler waren anwesend, die das Geschehen kontrollierten. Das mutmaßliche Geistwesen bat durch den Körper des Mediums um ein Taschentuch, woraufhin inmitten des Raums eines auf den Boden gelegt wurde. Thomas Mann war Augenzeuge und berichtete:
„Das Taschentuch hatte sich vom Boden erhoben und war aufgestiegen. Vor aller Augen, mit rascher, sicherer, energischer, fast schöner Bewegung stieg es empor. Aber nicht so war der Vorgang, dass es leer und flatternd emporgeweht wäre, es wurde genommen und erhoben, eine tätige Stütze steckte darin, die sich oben in knöchelartigen Erhebungen darunter abzeichnete. Dann kehrte es mit ruhiger und sicherer Bewegung zum Boden zurück. Das war nicht möglich – aber es geschah. Der Blitz soll mich treffen, wenn ich lüge.
Nicht der Schatten einer Möglichkeit war vorhanden, dass der schlafende Bursche hier hätte getan haben können, was drüben geschah. Wer sonst? Niemand. Es war niemand da, der hätte tun können, und dennoch wurde getan. Das schuf mir gelinde Übelkeit."
Über eine weitere Demonstration mit einer Schreibmaschine schrieb Thomas Mann Folgendes:

„Bei meiner Ehre, so wahr ich hier sitze, da fängt vor unseren Augen und Ohren die Schreibmaschine dort unten auf dem Boden zu ticken an. Es ist verrückt. Es ist, auch nach allem noch, was zuvor geschehen, verblüffend, lächerlich, empörend durch seine Absurdität und anziehend durch seine Merkwürdigkeit bis zum Äußersten. Wer schreibt auf dieser Maschine? Niemand. Niemand liegt auf dem Teppich und bedient das Gerät – aber es wird bedient. Willis Extremitäten sind gehalten. Mit dem Arm, gesetzt, dass er ihn frei machen könnte, würde er bei weitem nicht bis zur Maschine reichen. Auch mit dem Fuß nicht, wenn er einen frei bekäme. Willi kommt nicht in Betracht. Aber sonst ist niemand da! Was bleibt zu tun, als den Kopf zu schütteln und zu lachen?"

Mann fasst zusammen: „Auch dem, der mit Augen sah, drängt sich der Gedanke an Betrug, besonders nachträglich, immer wieder auf, und immer wieder wird er durch das Zeugnis der Sinne widerlegt und ausgeschaltet. Das ist mir ins Blut gegangen, ich kann's nicht vergessen."

Natürlich gibt es im Mediumismus Betrüger, also Illusionisten, die ihr Publikum täuschen. Wenn man in einem dieser Fälle den Betrug aufdecken kann, wird zu gerne pauschalisiert und allgemeingeltend auf alle Fälle übertragen, was letztlich ungerechtfertigt ist. Es gibt auch Fälle, in denen Nahtoderfahrungen erfunden wurden, um Aufmerksamkeit zu erregen. Das bedeutet aber natürlich nicht, dass alle Berichte von NTEs als Lügengeschichten anzusehen sind.

Das Medium Stewart Alexander erzählt eine lustige Geschichte:

„Manchmal sind die Geistwesen verspielt und es gibt häufig viel Gelächter. Eine Gelegenheit vor vielen Jahrzehnten werde ich nie vergessen, als ich als Medium bei einem Zirkel im Haus meines Freundes und Kollegen Alan Crossley saß. Als wir miteinander plauderten, beobachteten wir, wie die Jalousie eines Fensters im leichten Wind flatterte, der durch das offene Fenster kam. Dabei schlug die Jalousie ständig an eine Blumenvase, die auf der Fensterbank stand. Unweigerlich kippte die Vase um und fiel herunter. Wir alle sahen es, und das Wasser ergoss sich über den ganzen Boden. Alan holte sofort ein Tuch und hockte sich hin, um es aufzuwischen. Dann aber richtete er sich auf, lachte und sagte: „Kommt mal her und fühlt selbst: Der Teppich ist ganz trocken!" Er war wirklich vollkommen trocken, trotz der Wasserlache, die Momente zuvor noch dort gewesen war. 6 Std. später fand eine Sitzung statt. Christopher, ein kleiner Junge aus der geistigen Welt, fragte uns: „Wollt ihr ein Geschenk haben?" Als alle Ja gerufen hatten, hörten wir ein Rauschen, und all dieses Wasser ergoss sich über uns, und wir wurden alle klatschnass. Das war eine Gelegenheit, bei der wir uns darüber freuten, so nass zu sein! Sie mussten das Wasser irgendwie aufbewahrt haben. Ist das nicht fantastisch? Wie kann man angesichts von Erlebnissen wie diesem jemals wieder zweifeln?"

Ich führe diese Geschehnisse auf, weil ich nochmals verdeutlichen möchte, dass in der unendlichen Weite nichts unmöglich ist. Ihre Möglichkeiten sind entsprechend ihrer Natur unendlich, grenzenlos.
Sind derartige Ereignisse nun real oder illusionär? Sie sind Illusionen. Genauso wie das Buch, das du in den Händen hältst!
Alle Phänomene verweisen auf das, was sie ermöglicht und ihnen stets zugrunde liegt – ihre Quelle. Alles, was kommt und geht, weist gleichzeitig auf das hin, was nicht kommt und geht: Dich selbst!
Nur dasjenige, das sich all dessen gewahr ist, ist keine Illusion. Du bist die absolute Realität. Was auch immer du wahrnimmst, ist ein Traum. Weil alles nur ein Traum ist, ist auch alles möglich. Wirkliche Gesetze, die ausnahmslos festlegen, was möglich ist und was nicht, gibt es nicht.

„Die Summe aller Erfahrungen, die Sie machen,
egal ob für einen Tag oder für Jahre, ist eine Illusion."
(Nisargadatta Maharaj)

„Das Bewusstsein ist die ultimative Realität.
Im Vergleich dazu ist alles andere nur eine Illusion."
(Harold Percival)

Erfahre Es – Jetzt!

„Das Leben in seiner Essenz ist schön, aber nicht das Leben, das du lebst. Es gibt ein Leben, das so schön, so kostbar, so freudvoll ist, aber es liegt jenseits der Sinne. Es ist jenseits aller Konzepte. Es ist dein wirkliches Leben. Manche Menschen nennen dieses Leben Brahman. Manche nennen dieses Leben Bewusstsein, reines Gewahrsein, absolute Realität. Doch wenn du das nicht erfährst, weißt du nicht, dass es existiert."   (Robert Adams)

„Das Selbst zu erkennen bedeutet, durch direkte Erfahrung zu erkennen, dass nichts außer einem unteilbaren und universellen Bewusstsein existiert, das in seiner unmanifesten 'Form' als Sein oder Gewahrsein und in seiner manifesten Form als die Erscheinung des Universums erfahren wird."
(David Godman)

Worte sind nur Worte – und doch kann die Wortwahl entscheidend sein. Eine ungeschickte Wortwahl ist wie ein Postbote, der das Paket einfach in den Garten wirft. So kommt es vielleicht nie beim Empfänger an.
Ich verwende die Begriffe 'Bewusstsein' und 'Gewahrsein' grundsätzlich synonym, aber wenn es eine Unterscheidung gibt, die ich als sinnvoll erachte, dann ist es diese von Alan Watts: „Das Bewusstsein ist eine spezialisierte Form von Gewahrsein. Wenn man sich im Raum umschaut, ist man sich so vielem bewusst, wie man wahrnehmen kann, und man sieht eine enorme Anzahl von Dingen, die man nicht bemerkt. Wenn ich mir zum Beispiel ein Mädchen ansehe und jemand fragt mich später: 'Was hatte sie an?' – ich weiß es vielleicht nicht, obwohl ich es gesehen habe, denn ich habe es nicht beachtet. Aber ich war mir dessen gewahr. Verstehen Sie? Und wenn man mir in Hypnose diese Frage stellen würde, wobei ich meine bewusste Aufmerksamkeit durch den hypnotischen Zustand ausschalten würde, könnte ich mich vielleicht daran erinnern, welches Kleid sie trug. So wie du nicht weißt – du richtest deine Aufmerksamkeit nicht darauf – wie du deine Schilddrüse zum Funktionieren bringst, so hast du auch keine Aufmerksamkeit darauf gerichtet, wie du die Sonne scheinen lässt."

Letzten Endes halte ich aber eine allgemeingültige Unterscheidung nicht für sinnvoll, weil es gerade darum geht, zu erkennen, dass es immer und überall nur Eines gibt. Neben dem Titel dieses Buchteils halte ich viele Worte für geeignet, um auf das eine Selbst hinzuweisen: Sein, Bewusstsein, Gewahrsein, Geist, Leben, Lebendigkeit ... Du musst es erfahren, um es zu 'verstehen'. Auch wenn du all diese Begriffe in allen Sprachen der Welt kennst, wird das völlig nutzlos sein, sofern du nicht unmittelbar erfährst und erkennst, worauf sie hinweisen.

> „Es war einmal ein Mann, der war so gelehrt,
> dass er ein Pferd in neun Sprachen benennen konnte
> – und so unwissend, dass er eine Kuh zum Reiten kaufte.“
> (Benjamin Franklin)

Ich möchte nicht, dass du mir einfach glaubst. Wieder einmal lade ich dich herzlich dazu ein, es zu hinterfragen und in deiner eigenen Erfahrung zu überprüfen.

> „Glaubt den Schriften nicht,
> glaubt den Lehrern nicht,
> glaubt auch mir nicht.
> Glaubt nur das, was ihr selbst sorgfältig geprüft
> und als euch selbst und zum Wohle dienend anerkannt habt.“
> (Buddha)

Auch ich habe all die großartigen spirituellen Erkenntnisse einst für Wunschdenken gehalten, für das Produkt der menschlichen Angst vor dem Tod und der Unfähigkeit, Grenzen zu akzeptieren – bis ich die vielen Beweise gesehen und es selbst immer wieder erfahren habe.

> „Wer es selbst erfahren hat, der weiß Bescheid.
> Wer nicht, der soll abwarten.“
> (Raymond Moody)

Vergesse dich selbst und erinnere dich an das Selbst

„Die Beschäftigung mit deinem persönlichen Drama
ist die Wolke, die die Sonne verdeckt." (Wu Hsin)

Geisteszustände, in denen wir die Freiheit vom kleinen 'Ich' genießen,
werden von allen Menschen begehrt, auch wenn die meisten den wahren
Grund nicht erkennen. In der Liebe vergessen wir uns selbst als getrennte Individuen. Wenn jeder auf seine eigenständige Identität besteht, ist Liebe nicht möglich, daher lautete eine herrlich formulierte
Aufforderung von Rumi:
„Ich komme zu dir ohne mich. Komm' zu mir ohne dich!"
Auch tiefe Meditation zeichnet sich gerade dadurch aus, dass es keinen
individuellen Meditierenden gibt: „Die Meditation findet statt, wenn du
nicht da bist." – Jiddu Krishnamurti

Eine in der Tierwelt wohl einzigartige Eigenschaft ist der Glaube des
Menschen daran, vom Leben getrennt zu sein. Wir glauben, Personen zu
sein, die das Leben leben. Wir übersehen, was Nisargadatta Maharaj so
treffend formulierte:
„Es gibt nur das Leben.
Da ist niemand, der das Leben lebt."

Wenn ich nicht mehr an meine eigene getrennte Existenz glaube, dann
übertrage ich diese Illusion auch nicht mehr auf die sogenannten anderen, dann sehe ich überall, wohin mein Blick schweift, keine Lebensformen mehr, sondern 'nur' das eine Leben – absolute Vollkommenheit.

„Derselbe Lebensstrom, der Tag und Nacht durch meine Adern pulsiert,
fließt durch die Welt und tanzt in rhythmischen Takten. Es ist dasselbe
Leben, das die unzähligen Grashalme in unbändiger Freude durch den
Staub der Erde hervorschießen und all die Blätter und Blüten in turbu-

lenten Wellen wogen lässt. Es ist dasselbe Leben, das die Wiege des Ozeans von Geburt und Tod, Ebbe und Flut bewegt. Ich fühle, wie meine Glieder durch die Berührung mit dieser Welt des Lebens zu leuchten beginnen. Und mein ganzer Stolz ist es, in diesem Augenblick den Lebensfunken aller Zeitalter in meinem Blut tanzen zu wissen."
(Rabindranath Tagore)

„Es gibt keinen Unterschied zwischen einer Ameise, einem Menschen und Ishvara (dem höchsten Wesen / Gott); sie sind von der gleichen Qualität. Der Körper einer Ameise ist klein, der eines Elefanten ist groß. Die Körperkraft ist unterschiedlich, aber die Lebenskraft ist dieselbe." (Nisargadatta Maharaj)

Unter Wesen mag es gewissermaßen eine Hierarchie geben, diese ist aber nur von relativer Bedeutung. Das reine Bewusstsein, die unendliche Weite, ist davon nicht betroffen. Unter Charakteren in einem Film kann es eine Hierarchie geben, aber der Bildschirm, auf dem der Film gezeigt wird, kennt keine Hierarchie, weil es nur einen gibt – und somit keinen anderen, der über- oder unterlegen sein könnte.

Eine der Aktivitäten, die sich im Allgemeinen großer Beliebtheit erfreuen, weil sie uns vorübergehend von der kleinen, getrennten Person, die wir meist zu sein glauben, befreien, ist Sex. Vor allem beim Höhepunkt vergessen wir für einen kurzen Moment alle Grenzen bzw. beschäftigen uns nicht mehr mit ihnen. Ohne unseren Glauben können jene Begrenzungen nicht überleben, denn alles, woraus sie bestehen, sind Gedanken. Grenzen sind nur da, wo wir an sie glauben: „Die Flügelstruktur der Hornisse ist im Verhältnis zu ihrem Gewicht nicht zum Fliegen geeignet, aber sie weiß das nicht und fliegt trotzdem." – Albert Einstein Beim Orgasmus vergisst du deine vermeintlichen Grenzen. Du rufst dir währenddessen nicht ins Gedächtnis, dass du am Vortag von jemandem "ungerecht" behandelt wurdest. Du denkst auch nicht an die Einkaufsliste für den nächsten Tag. Du bist voll und ganz präsent, im Hier und Jetzt – und damit in der Ewigkeit. Wohl deshalb nennen die Franzosen den Orgasmus "la petite mort" – übersetzt: "Der kleine Tod".

Auch der Tod des Körpers birgt das Potenzial, alle Grenzen loszulassen. Aufgrund seiner majestätischen Erscheinung und Ausstrahlung wurde Yukteswar "Der Löwe von Bengalen" genannt. Als er starb, verkündete sein Schüler Yogananda: „Der Löwe hat seinen Käfig verlassen."

Den Körper als entbehrlichen Käfig zu betrachten, das scheint im Einklang zu sein mit folgender Aussage von Ramana Maharshi:

„Manch einer wäre froh, wenn er seinen kranken Körper los wäre und all die Probleme und Unannehmlichkeiten, die er ihm bereitet, falls ihm fortgesetzte Bewusstheit beschert würde.

Es ist nicht der Körper, sondern das Gewahrsein, das Bewusstsein, das er zu verlieren fürchtet. Die Menschen lieben die Existenz, weil sie ewiges Bewusstsein ist, das ihr eigenes Selbst ist. Warum also nicht gleich an dem reinen Bewusstsein festhalten und frei von aller Angst sein?"

Wie wahr! Das Kostbarste im Leben für uns alle ist das Leben selbst.

Menschen, die sich einer spirituellen Lebensführung verschreiben und nicht mehr völlig im Weltlichen verlieren, werden für ihren Verzicht auf Vergängliches bedauert und als enthaltsam bezeichnet. Doch die wahren Enthaltsamen sind diejenigen, die im Tausch für kurze Schattenspiele auf die bewusste Unendlichkeit ihres eigenen Selbst verzichten.

So sehr im Göttlichen aufzugehen, dass das Menschliche vergessen wird, mag nicht erstrebenswert erscheinen, jedoch ist es zweifellos fataler, nur das menschliche D(ram)asein zu kennen und das Göttliche zu vergessen. Da dieses Leben, vom absoluten Standpunkt aus betrachtet, nur ein Spiel ist, ist auch das Vergessen kein Desaster – und erfüllt vielleicht sogar einen Zweck... In den Worten von Alan Watts: „Gott spielt gerne Verstecken, aber da es außerhalb von Gott nichts gibt, hat er niemanden außer sich selbst, mit dem er spielen kann. Aber er überwindet diese Schwierigkeit, indem er so tut, als ob er nicht er selbst wäre." – ... und zwar in der Form von Menschen, die sich für kleine Fragmente halten und folglich ihre göttliche Natur vergessen.

Eine Aussage von Pat Nolan harmoniert mit jener von Watts: „Das getrennte Selbst ist nur der imaginäre Freund Gottes."

Dazu eine schöne Parabel, erzählt von Advaita-Lehrer Ramesh Balsekar: „Der König sagte zu dem Weisen: "Ich gebe dir die Hälfte meines Königreichs, wenn du mir zeigst, wo Gott ist." Der Weise sagte zum König: "Ich gebe dir das Doppelte deines Königreichs, wenn du mir zeigst, wo Gott nicht ist."" – Hier wird das Wort "Gott" offensichtlich im Sinne des allumfassenden Absoluten verwendet und soll nicht auf einen persönlichen Schöpfer verweisen.

Du bist die Quelle!

„Wenn du dich selbst als die Quelle der Schöpfung erfährst,
nicht als ein Teil der Schöpfung, dann bist du verwirklicht."
(Sadhguru)

„Äußerlich bin ich ein Apfel unter vielen.
Innerlich bin ich der Baum."
(Alan Watts)

„Die Realität ist nicht mysteriös. Es sind die Objekte, die anderen Selbste, Wesen, die Materie und der Verstand, die geheimnisvoll sind – so geheimnisvoll, dass sie nie in der Art und Weise gefunden wurden, wie sie normalerweise konzipiert werden. Die Wirklichkeit starrt sich die ganze Zeit selbst ins Gesicht. Sie hört nie auf, sie selbst zu sein und sich selbst zu kennen."
(Rupert Spira)

Sei vorsichtig mit der Annahme, die Quelle von allem oder die Realität sei unergründlich, und mit Aussagen wie „Das kann niemand wissen." Anstatt die eigene Unwissenheit aus Ignoranz auf alle zu übertragen, sollte man einfach zugeben: „*Ich* weiß es (noch) nicht."
Von dort aus kann die Exploration beginnen...

Manchmal ist es so einfach, dass der Verstand die Einfachheit nicht akzeptieren kann. Es ist nicht zu kompliziert, um in Worte gefasst und verstanden zu werden, es ist zu simpel. Sobald es in Worte gefasst und vom Verstand analysiert wird, erscheint es komplex. Doch es sind unsere Konzepte der Realität, die komplex sind, nicht die Realität selbst. Ich möchte an dieser Stelle eine ausdrückliche Empfehlung aussprechen für die ersten ca. 50 Seiten des Buches „Sei, was du bist! – Die wichtigsten Lehren des großen indischen Weisen" (1. Kapitel: „Das Selbst") über Ramana Maharshi, herausgegeben von David Godman, dem charismatischen Bibliothekar des Ramana-Maharshi-Ashrams. Als ich vor Jahren erstmals diese Seiten las, während ich im Wald auf einer Bank saß und alle auf dem Boden liegenden Blätter in meiner Wahrnehmung unterschiedslos ineinander übergingen, musste ich dauerhaft schmunzeln und immer wieder lachen angesichts der Klarheit und Einfachheit. Ramana hat es selbst vorausgesagt: „Es gibt kein größeres Mysterium als dieses: dass wir immer wieder nach der Wirklichkeit suchen, obwohl wir die Wirklichkeit sind. Wir denken, dass es etwas gibt, das die Wirklichkeit verbirgt, und dass es zerstört werden muss, bevor wir die Wirklichkeit erlangen. Wie lächerlich! Es wird ein Tag kommen, an dem du über all deine vergangenen Bemühungen lachen wirst. Das, was an dem Tag sein wird, an dem du lachen wirst, ist auch hier und jetzt."

„Du selbst bist die Quelle. Du warst es die ganze Zeit. Wenn du das weißt, fühlst du dich so gut, dass du anfängst, hysterisch zu lachen."
(Robert Adams)

Das kann ich nur bestätigen. In besagter Nacht (5./6. Juli 2022) saß ich vor dem offenen Fenster und lachte, bis mir die Tränen über die Wangen strömten und meinen Hals hinunterliefen.
Die Erkenntnis war nicht neu, doch ihre Intensität höher als je zuvor. Sich selbst als alles zu erfahren, das kannte ich bereits aus der Meditation. Aber gerade wegen seiner Unendlichkeit kann es immer wieder neuartig erfahren und genossen werden.

Auch in den darauffolgenden Tagen beim Waldspaziergang kam ich aus dem Lachen nicht heraus. Dieses Lachen ist Ausdruck größtmöglicher Erleichterung. Die Befreiung besteht in der augenblicklichen Erkenntnis, dass alle Ängste und Sorgen, die jahrzehntelang berechtigt zu sein schienen (weil sie jeder anerkennt), völlig unbegründet sind, denn die Probleme, um die sie sich ranken, existieren nicht – weil es denjenigen, der diese Probleme zu haben schien und sich um ihre Lösung kümmern musste, gar nicht wirklich gibt. Das menschliche Leben ist ein Witz, den sich das Bewusstsein selbst erzählt! Unser Humor ist eine göttliche Erinnerung daran, dass uns nichts passieren kann und dass das Leben keineswegs und keinesfalls eine ernste Angelegenheit ist. Aus diesem Grund halte ich besonders jene spirituellen Lehrer für authentisch, die humorvoll sind. Denn in der Spiritualität geht es nicht darum – auch wenn dies gelegentlich behauptet wird –, seine Dämonen zu bekämpfen, sondern darum, die Leichtigkeit des Seins zu zelebrieren.

> „Der größte Egotrip besteht darin, sein Ego loszuwerden.
> Der Witz an der ganzen Sache ist natürlich,
> dass das Ego gar nicht existiert.
> Es gibt nichts loszuwerden.“
> (Alan Watts)

„Ich möchte dich in ein kleines Geheimnis einweihen. Es gibt keine Probleme. Es gab nie Probleme, es gibt heute keine Probleme, und es wird auch nie Probleme geben. Die Realität im Hintergrund des Universums ist reines Gewahrsein. Es hat keine Probleme. Und du bist das.
Erinnere dich immer tief in deinem Herzen daran, dass alles gut ist und sich alles so entfaltet, wie es sein sollte. Es gibt keine Fehler, nirgendwo und zu keiner Zeit. Was falsch zu sein scheint, ist lediglich deine eigene falsche Vorstellung. Das ist alles.“ (Robert Adams)

An der Vielfalt von Lebensformen und ihren ausgefallenen Eigenschaften, die so faszinierend sind, dass sie geradezu dazu einladen, das Zugrundeliegende zu vergessen, kann man erkennen, wie verspielt und experimentierfreudig die Natur / das Bewusstsein ist. Ein Spiel wirkt dramatischer, wenn vergessen wird, dass es nur ein Spiel ist. Solange die Spielfreude und die Abenteuerlust zu stark ausgeprägt sind, will der verlorene Sohn seine Heimreise noch nicht antreten. Dann fehlt die Motivation, die Identität des Spielers zu durchschauen und zur Quelle zurückzukehren bzw. wieder bewusst die Quelle zu sein.

Einheit mit Gott

Frage: „Wie kann man die Macht Gottes erkennen?"
Ramana Maharshi: „Du sagst "Ich bin". Das ist es."

„Ist dir jemals in den Sinn gekommen,
dass du Gott mit Seinen Augen suchst?"
(Adyashanti)

Sein eigenes wahres Selbst essenziell mit Gott gleichzusetzen, das mag jenen, die noch nicht bereit für diese tiefe Erkenntnis sind, als Blasphemie erscheinen. „Das Auge, mit dem ich Gott sehe, ist dasselbe Auge, mit dem Gott mich sieht. Mein Auge und Gottes Auge ist ein Auge und ein Sehen und ein Erkennen und ein Lieben.", wagte Meister Eckhart vor etwa 700 Jahren zu sagen. Für diese vermeintliche Blasphemie wurde er von vielen kritisch beäugt. Glücklicherweise entging er der Todesstrafe, die damals eine mögliche Konsequenz war.
Manch andere Fälle verliefen leider nicht so glimpflich...
Wenige Jahrhunderte zuvor hatte der Sufi-Lehrer Mansur al-Hallaj öffentlich zugegeben: „Ich bin die Wahrheit." Er sagte, dass es nichts als Gott gibt und dass Gott sein einziges Selbst ist.
Larry Dossey berichtet in "One Mind", was mit ihm geschah:
„Diese Äußerungen führten zu seiner Verhaftung. Nach zehnjähriger Gefangenschaft wurde er zum Tode verurteilt. Seine öffentliche Hin-

richtung war ein Musterbeispiel für die Grausamkeit, die man heraufbeschwören kann, wenn man behauptet, mit Gott identisch zu sein. Er wurde zum Galgen geführt und mit fünfhundert Hieben ausgepeitscht. Nun wurde al-Hallaj zerstückelt. Hände, Füße, Zunge und zuletzt der Kopf wurden ihm abgeschlagen. Selbst als er geköpft wurde, soll er noch gelächelt haben. Am darauffolgenden Tag wurde sein Rumpf verbrannt und seine Asche am nächsten Tag in alle Winde zerstreut. Sein Kopf wurde an der Gefängnismauer aufgehängt und später durch die umliegenden Bezirke getragen, um Störenfriede abzuschrecken."

„Die Person ist nicht Gott, der Körper ist nicht Gott, aber du bist Gott. Der Grund, warum ihr die Tatsache, dass ihr Gott seid, nicht akzeptieren wollt, liegt in eurer orthodoxen Erziehung. Wenn ich dir sage, dass du Gott bist, hältst du das für Blasphemie. Das zeigt mir nur, dass du dich mit deinem Körper identifizierst. Die einzige Blasphemie, die es gibt, ist die Tatsache, dass du glaubst, ein Mensch zu sein, sterblich zu sein. Das ist wahre Blasphemie!" (Robert Adams)
„Sich selbst als ein separates Selbst vorzustellen, ist die ultimative Blasphemie. Normalerweise gilt die Aussage "Ich bin Gott" als Blasphemie. Was jedoch wirklich blasphemisch ist, ist zu sagen: "Ich bin ein getrenntes Selbst." Mit diesem Gedanken leugnet das Bewusstsein seine eigene, unbegrenzte, universelle Souveränität. Es gibt seine Freiheit auf. Aber es hat die Freiheit, dies zu tun. Es ist nicht blasphemisch, zu fühlen und zu sagen, dass ich die Gesamtheit der Erfahrung bin. Das ist eine Position der Liebe, in der alles und jeder eingeschlossen ist." (Rupert Spira)

Es ist der konditionierte Verstand, der nichts als Trennung und Unterscheidung kennt und deshalb die Erkenntnis der All-Einheit als Blasphemie missversteht. Doch klar auszusprechen, dass Gott und ich eins sind, ist keine Arroganz, sondern Liebe.
Der Verstand mag die Frage aufwerfen, ob das nicht ein wenig größenwahnsinnig sei. Größenwahn hat immer mit dem Ego-Bestreben zu tun, welches das Ziel verfolgt, in irgendeiner Weise größer als alle anderen

zu sein. Seine Wirkmechanismen leben vom Vergleich. Gefühle wie Stolz können in der unendlichen Weite nicht bestehen. Die unendliche Weite ist "groß", aber nicht "größer als...", denn es gibt außer ihr selbst nichts, nichts außer Das, kein Zweites, womit sie sich vergleichen könnte. Im Ego-Zustand willst du ausschließlich der Größte und Beste sein, als die unendliche Weite bist du alles, also sowohl Alpha als auch Omega, der Stärkste und der Schwächste, das Größte und das Kleinste.

Über Gott hinausgehen

„Wenn du denkst, dass du groß bist, wirst du klein werden.
Wenn du bereit bist, das absolute Nichts zu werden,
wirst du größer sein als die Schöpfung und der Schöpfer."
(Sadhguru)

Inspiriert von Suzanne Segal und ihrem wunderbaren Erfahrungsbericht, habe ich diesen Buchabschnitt „Die unendliche Weite" genannt. Es ist diese tiefste Tiefe der Spiritualität, die wir nicht dauerhaft ignorieren können. Wir können uns von mystischen Zeugenaussagen verzaubern lassen und die Natur kontemplieren – letztendlich werden wir doch immer wieder zum eigenen Bewusstsein zurückgeführt, zur All-Einheit, zur Erkenntnis des einen Selbst. Alles erinnert uns daran. Auch der 'persönliche' Gott, über den Ramana Maharshi sagte: „Es gibt einen, der die Welt regiert, und es ist seine Aufgabe, sich um die Welt zu kümmern. Er trägt die Last dieser Welt, nicht du."
Ich erwähnte bereits, dass die Gotteswahrnehmung vom eigenen Geisteszustand abhängt. Wer die Position eines Individuums einnimmt, nimmt Gott als außerhalb von sich selbst wahr. Wer aber als reines Sein verweilt, unterscheidet nicht mehr zwischen Gott und dem Selbst. Bestätigt von Mooji: „Für mich ist Gott persönlich und unpersönlich, er existiert und existiert nicht, und er ist jenseits solcher Ideen. Es gibt ihn natürlich, wenn sich meine innere Verfassung nach ihm als Gott

sehnt. Dann erfreue ich mich an ihm als Vater, Mutter, Freund, Gnade, Güte und mitfühlende Liebe. Zu anderen Zeiten existiert er nicht, gemeint ist damit, dass er eins ist mit meinem Bewusstsein als rein qualitätsloses SEIN, jenseits von Dualität.

Ich empfehle keine theologischen oder philosophischen Debatten über Gott, weil sie meistens Ablenkung und eine Vergeudung von Zeit und Energie sind. Sie führen weder zu einer wirklichen Einsicht noch zu einem bedeutenden Abwenden vom trockenen Intellektualismus."

Damit sich nicht wieder eine Dualität einschleichen kann, sei betont: Es gibt niemals ein Individuum *und* das Bewusstsein. Es gibt immer nur das Bewusstsein. Das Individuum ist eine Aktivität des Bewusstseins selbst und keine außerhalb und unabhängig von ihm existierende Wesenheit. Gott als individuelles Wesen ist ebenso 'real' wie du als individuelles Wesen – also letztendlich eine Illusion. Erleuchtung ist nicht das Ende der Individualität. Erleuchtung ist das Ende der Identifikation mit Individualität. Wir glauben lange daran, dass das Individuum ein Ego hat, bis wir feststellen, dass das Individuum selbst das Ego ist – bzw. der Glaube daran, ein Individuum zu sein. Da die Betrachtung Gottes als höhere Macht uns dazu bringt, uns selbst für kleine Individuen zu halten, lies Maharshi eine tiefere Erkenntnis nicht unerwähnt: „Für die meisten Menschen ist Gott notwendig. Sie können mit ihm weitermachen, bis sie herausfinden, dass sie und Gott nicht verschieden sind." ...

„Der Schöpfer, der persönliche Gott, ist die letzte der unwirklichen Formen, die verschwindet. Nur das absolute Sein ist wirklich. Darum sind nicht nur die Welt und das Ego, sondern auch der persönliche Gott unwirklich. Wir müssen das Absolute finden – nichts weniger als das.", so lautete Ramanas Botschaft für die wenigen, die bereit dafür sind.

„Meine Ehrerweisung ist von einer sehr seltsamen Art.
In dieser Verehrung sind alle Götter verschwunden.
Und Leere ist mit Euphorie verschmolzen."
(Lahiri Mahasaya)

Helfe dir selbst

Indem man dir bei der Geburt deines Körpers einen Namen gegeben hat, hat man dein Sein individualisiert. Dir wurde eine Identität verliehen, an deren Wirklichkeit du fortan geglaubt hast. Selten mag es vorgekommen sein, dass dich jemand liebevoll dazu ermutigt hat, daran zu zweifeln. Niemand trägt die Schuld. Die blinden Blindenführer können nichts dafür, denn auch sie sind Opfer der Konditionierung.

„Deine ganze Vorstellung von dir selbst ist von denen entlehnt,
die keine Ahnung haben, wer sie selbst sind." (Osho)

Wenn es um die Natur des Bewusstseins geht, kann kein Mensch – und sei es der genialste Wissenschaftler – dir bei der Aufklärung helfen. Wie bereits ausgeführt, kann das Bewusstsein nicht auf ein Objekt reduziert und im Labor untersucht werden, weil es stets selbst die Untersuchung durchführt. Nur das Bewusstsein kennt das Bewusstsein. Von "außen" können bestenfalls in Form von spirituellen Lehrern Impulse kommen, die dich dazu auffordern, nach "innen" zu blicken und es selbst herauszufinden. Wenn du tief genug blickst, wirst du feststellen, dass deine eventuellen Vorurteile über die Natur des Gewahrseins, also über dich selbst, und grundlegende Dinge wie Geburt und Tod nur Ideen sind, die du von anderen Menschen übernommen und für die selbstverständliche Wahrheit gehalten hast. Es entlarvt sich nun als 'Wissen' aus zweiter Hand. Das Einzige, was du auch ohne andere Menschen kennst, ist dein eigenes Selbst. Es ist das pure 'Lebensgefühl', das niemals zu einem Objekt der Betrachtung gemacht werden kann – denn du bist es. Wenn du die unaussprechliche Intensität des reinen Lebens, das du bist, nicht spüren kannst, dann führst du ein mechanisches Dasein. Leider trifft das auf die meisten Menschen zu:

„Leben – es gibt nichts Selteneres auf der Welt.
Die meisten Menschen existieren nur." (Oscar Wilde)

Wenn wir nicht in der Lage sind, das Leben, d. h. uns selbst, direkt zu spüren, dann versuchen wir es auf indirekte Weise, z. B. durch Aneignungen, von denen wir uns erhoffen, dass sie uns lebendiger fühlen lassen. Tatsache aber ist: „Wenn du die Fülle des Lebens nicht auf deinem Fahrrad spüren und genießen kannst, wirst du die Fülle des Lebens nicht spüren, wenn du in deinem Rolls Royce sitzt." (Eckhart Tolle)

Wir betteln um Almosen, während wir den größten Diamanten der Welt in der Hosentasche oder an einer Kette um den Hals tragen.

Wir halten das, was wir immer direkt und beständig erfahren – die Präsenz des Bewusstseins – für eine flüchtige Erscheinung in dem, was wir immer nur indirekt und unbeständig erfahren – die "Welt". Ist das nicht bemerkenswert? Wir ignorieren unsere tatsächliche Erfahrung. Warum? Weil wir größeres Vertrauen in Konzepte von anderen setzen.

Du bist im Tiefschlaf, im Traum und im "Wach"-Zustand gleichmäßig präsent. Das, was wir als die Welt bezeichnen, wird nur im vermeintlichen Wachzustand erfahren und ist im Schlaf abwesend. Die Traumwelt ist nur im Traumzustand Bestandteil der Erfahrung.

Der "Träumer" hingegen ist immer da.

„Es gibt kein "da draußen". Wenn du so leicht eine Welt erschaffen kannst, wenn du träumst, warum glaubst du dann, dass es unmöglich ist, dass du eine andere Welt erschaffst, wenn du wach bist?" (Wu Hsin)

Wir bezeichnen uns als wach, wenn wir morgens aus dem Schlafzustand heraustreten. Doch wirklich wach sind wir erst dann, wenn wir auch aus dem sogenannten Wachzustand erwachen. Und wie? Indem wir erkennen, dass keine Wahrnehmung essenziell realer ist als eine andere. „Alles, was du dir vorstellen kannst, ist real.", sagte Pablo Picasso. Alles hat denselben 'Grad' an Realität oder Illusion. Ob du dir etwas vorstellst oder es "wirklich" wahrnimmst – beides ist eine Erscheinung im Bewusstsein.

Es sind Filme auf der unendlichen Leinwand des bewussten Seins.

Jeder Film hat einen Anfang und ein Ende, nicht so der Filmemacher.

Höre auf, dich selbst zu erniedrigen

„Wenn du nicht die Überzeugung hast, die aus eigener fruchtbarer Suche entsteht, dann nutze meine Entdeckung, die ich so gerne mit dir teilen möchte. Ich erkenne mit größter Klarheit, dass du nie der Wirklichkeit entfremdet warst, bist oder sein wirst; dass du die Fülle der Vollkommenheit bist, hier und jetzt, und dass nichts dich deines Erbes berauben kann, dessen, was du bist! Du bist in keiner Weise anders als ich, du weißt es nur nicht. Du weißt nicht, was du bist – und deshalb stellst du dir vor, etwas zu sein, was du nicht bist. Daher die Begierde und die Angst, die überwältigende Verzweiflung und die sinnlose Aktivität, um zu entkommen. Vertraue mir einfach und lebe, indem du mir vertraust. Ich werde dich nicht in die Irre führen. Du bist die höchste Wirklichkeit, jenseits der Welt und ihres Schöpfers. Erinnere dich daran! Handle danach! Gib jedes Gefühl der Trennung auf. Sieh dich selbst in allem und handle danach! Glückseligkeit wird kommen."
(Nisargadatta Maharaj)

Wenn du nicht weißt, dass du dich in einem Gefängnis befindest, dann hast du auch keine Ambitionen, daraus auszubrechen. Aus Gewohnheit hängen wir an unseren scheinbaren Grenzen, weil wir nichts anderes mehr kennen und sie uns ein trügerisches Gefühl von Sicherheit geben. „Du selbst erlegst deiner wahren Natur des unendlichen Seins Einschränkungen auf und weinst dann darüber, dass du nur ein endliches Geschöpf bist. Du musst nur die falsche Vorstellung "Ich bin der Körper" aufgeben.", so Ramana Maharshi, der es bei anderer Gelegenheit besonders genial auf den Punkt brachte: „Sich mit dem Körper zu identifizieren und zugleich nach bleibendem Glück zu streben, das gleicht dem Versuch, einen Fluss auf dem Rücken eines Alligators zu überqueren." Die Idee „Ich bin der Körper" wird nicht selten ersetzt durch "spiritueller" klingende Selbstbilder wie „Ich bin eine alte Seele". In beiden Fällen will das Ego herausragen und besonders sein. Ich sage nicht, dass es keine alten und jungen Seelen geben mag. Ich sage, dass es Erscheinungen und Ausdrucksformen sind, keine Identitäten. Ob du dich für einen Körper oder eine Seele hältst, spielt keine Rolle – beides ist eine Selbsterniedrigung.

„Das größte Hindernis für das Verständnis ist das Konzept "Ich bin ein Wesen"."
(Nisargadatta Maharaj)

Viele realisieren nicht, dass sie einen Käfig verlassen und direkt in den nächsten einsteigen. Der neue Käfig mag schöner aussehen, aber es handelt sich immer noch um einen Käfig. Jede Formidentität ist eine Einschränkung. Du bist nichts Geringeres als die Unendlichkeit!

Der 'Verlust' des persönlichen 'Ich' wird in der westlichen Psychologie aus einem Mangel an tieferem Verständnis oftmals als psychische Erkrankung angesehen (siehe Fall Suzanne Segal). Dann wird der Versuch unternommen, die verlorenen Grenzen zurückzu"gewinnen", denn die Unendlichkeit überfordert den kleinen Menschenverstand.
Warum fürchten wir uns vor unserer eigenen Grenzenlosigkeit?
Der Regisseur und Schriftsteller Alejandro Jodorowsky hat es auf den Punkt gebracht: „Vögel, die in einem Käfig geboren wurden, glauben, dass Fliegen eine Krankheit ist."
Wenn du glaubst, etwas Bestimmtes zu sein, lebst du in der Tat wie ein Vogel, der auf seinen Käfig beschränkt ist, während der unermessliche Himmel darauf wartet, ihm ein wundervolles Zuhause zu bieten.
Die unendliche Weite des reinen Gewahrseins, die dein tatsächliches Selbst ist, hat kein Zentrum und keinen Standort. Hier gibt es keine Aufteilung der Erfahrung, kein Subjekt und kein Objekt. Ohne einen Standort haben wir es schlichtweg mit der dimensionslosen Allgegenwart zu tun, die wir in Ermangelung eines besseren Wortes als Weite bezeichnen. Wenn 'Weite' als physische, räumliche Ausdehnung interpretiert wird, können wir es auch durch ein Wort ersetzen, das wir nicht

mit Dimensionen und damit Begrenzungen assoziieren. Das Bewusstsein befindet sich an keinem bestimmten Ort, alle Orte befinden sich in ihm. Sosehr deine Gedanken auch hin- und herspringen mögen wie wilde Äffchen, sosehr dein Körper auch um die Welt reisen mag, du bewegst dich niemals von der Stelle. Wie könntest du dich im Raum bewegen, wenn du selbst der 'Raum' bist, in dem sich alles bewegt?

Non-Lokalität ist die völlige Abwesenheit eines individuellen Wesens, welches zwangsläufig lokalisiert wäre. Das scheinbare Individuum ist eine unschuldige Erscheinung, die ohne Identifikation, d. h. ohne die Zuweisung einer Identität, keinerlei Probleme verursacht und in gewisser Hinsicht sogar einen Zweck erfüllt: Die unendliche Weite nimmt die Form eines Individuums an, um sich selbst und ihre vielfältigen Ausdrucksformen aus einer bestimmten Perspektive zu erleben – so als würde der Ozean träumen, er sei ein Fisch, um in der Lage zu sein, durch sich selbst hindurch zu schwimmen, seine eigene Tiefe zu erkunden und all die anderen Formen – weitere Fische, Wale, Quallen, das Korallenriff etc. – zu erfahren. Ohne die Einnahme einer bestimmten Perspektive – also ohne Manifestation – sind derartige Wahrnehmungen nicht möglich. Nur wenn du dich selbst als Person in deinem Traum erfährst, kannst du die Traumwelt als Teilnehmer und nicht nur als Zeuge erleben – und damit die gesamte Bandbreite der Wahrnehmungsmöglichkeiten auskosten. In der menschlichen Form neigt das Bewusstsein dazu, sich selbst zu vergessen. Auch das ist kein Problem. Denn das Vergessen ist wie der Mensch vorübergehend.

„Sei kein Sehender; sei das Sehen. Ein Sehender zu sein bedeutet, jemand zu sein, irgendwo. Das Sehen zu sein bedeutet, niemand zu sein, überall."
(Rupert Spira)

Du musst nichts tun, um diese Aufforderung zu beherzigen und Spiras Empfehlung nachzugehen. Denn du bist bereits das reine Sehen. Keine Hinzufügung ist notwendig, eher eine Reduktion: Du solltest einfach nur aufhören, dir vorzustellen, du seist etwas anderes als das.

„Du musst in das reine Land des Buddhas gehen, wo es keine Objekte, keinen Sehenden und nichts zu sehen gibt. Dies allein wird dich erwecken."
(Robert Adams)

Das „Land des Buddhas" ist kein ferner Ort, sondern die Tiefe deines Seins, die keinen einzigen Millimeter von dir entfernt ist. Diese war/ist allen Weisen bestens bekannt, nicht nur dem Buddha...
'Ich bin' ist das Leben, das allen Lebensformen vorausgeht. Deshalb sagte Jesus: „Ehe Abraham war, bin ich." Er sagte „bin ich" und nicht „war ich", denn dieses Leben ist zeitlos. Es ist die ewige Präsenz, auf die er sich bezog bzw. die sich auf sich selbst bezog, nicht die Person Jesus.

„Der Gedanke "Ich bin" ist der Ausdruck des Bewusstseins. Er ist die Brücke vom Relativen zum Absoluten. Er ist die Öffnung, durch die das Absolute seine Ausdrücke wahrnimmt. Du bist das Licht, durch das das Licht wahrgenommen wird. Du bist der Raum, der alle Objekte trägt, während er selbst ignoriert wird. Du bist das Sehen, das Hören, das Wahrnehmen, das Wissen und das Tun von allem, was gesehen, gehört, wahrgenommen, gewusst und getan wird. Wie der Wind ist das, was du bist, nur durch seine Auswirkungen sichtbar."
(Wu Hsin)

„"Ich existiere" ist die einzige dauernde, an sich evidente Erfahrung eines jeden. Nichts anderes ist so evident wie ‚Ich bin'. Was die Menschen gewöhnlich Evidenz nennen, nämlich die Erfahrungen, die sie durch die Sinne gewinnen, ist alles andere als evident. Nur auf das Selbst trifft das zu. Alles, was es zu tun gilt, ist Selbstergründung und das ‚Ich bin' zu sein. ‚Ich bin' ist Wirklichkeit. ‚Ich bin dies oder das' ist unwirklich. ‚Ich bin' ist Wahrheit, ein anderer Name für das Selbst."
(Ramana Maharshi)

Wie oft vergessen wir das reine 'Ich bin', weil wir es durch das 'Ich bin dies oder das' ersetzen (womit wir die Unendlichkeit gegen Kleinigkeiten eintauschen). Wir bewundern die schönen Erscheinungen und ignorieren das Licht, das sie überhaupt erscheinen lässt. Während der OM-

Erfahrung befand ich mich in einer Leere, die nicht völlig dunkel war. Die Lichtverhältnisse entsprachen einer klaren Vollmondnacht, aber eine Lichtquelle habe ich nicht gesehen. Vielleicht konnte ich sie nicht sehen, weil ich selbst das Licht war, das die Dunkelheit erhellte.

Die eindrucksvollste Erfahrung ist auch diejenige, die dich am stärksten von dir selbst ablenkt. In Nahtoderfahrungen ist immer wieder die Rede von einem überwältigenden Licht, doch das Licht des eigenen Bewusstseins, das jene Wahrnehmungen überhaupt erst ermöglicht, findet selten Erwähnung. Das ist aber nicht sonderlich tragisch, da eine Unterscheidung zwischen Subjekt und Objekt, dem Wahrnehmenden und dem Wahrgenommenen, letztendlich ohnehin aufgegeben werden muss, weil es in Wirklichkeit nur ein einziges Licht gibt. Wichtig ist die Erkenntnis, dass es niemals erlöschen kann. „Sterben ist das Auslöschen der Lampe im Morgenlicht, nicht das Auslöschen der Sonne.", wusste der große Rabindranath Tagore.

Es ist schön, in "schlechten Zeiten" zu wissen, dass die Sonne immer wieder aufgeht, aber noch bedeutender ist die Erkenntnis, dass sie niemals wirklich untergeht und immer scheint. Das Licht unseres Selbst ist uns auch in den tiefsten Krisen sofort zugänglich.

Die Einladung des Selbst an sich selbst

Durch den Wegfall bestimmter Formen tut sich im Leben eines jeden Menschen regelmäßig eine Leere auf. Doch anstatt diese Einladung anzunehmen und die Leere genauer zu betrachten, um die unvorstellbare Fülle zu entdecken, die darin versteckt ist, sind wir meist darum bemüht, die Lücke möglichst schnell zu schließen.

> „Menschen tun alles, egal wie absurd es sein mag,
> um ihrer eigenen Seele nicht ins Angesicht sehen zu müssen."
> (Carl Gustav Jung)

„Wenn es uns gut geht und wir einen guten Job haben, wenn wir einigermaßen wohlhabend sind, sind die meisten von uns zufrieden und wollen nichts ändern; wir wollen einfach so weitermachen. Wir sind in eine bestimmte Gewohnheit verfallen, in einen bestimmten bequemen Trott, und wir wollen in diesem Zustand der endlosen Begrenzung weitermachen. Aber die Welle des Lebens funktioniert so nicht, sie schlägt immer wieder gegen die Mauern der Sicherheit, die wir um uns herum errichtet haben, und reißt sie ein. Unser Wunsch, durch und durch sicher zu sein, sowohl psychologisch als auch physisch, wird ständig durch die Bewegung des Lebens herausgefordert, das wie ein unruhiges Meer immer wieder an das Ufer schlägt. Und nichts kann dem standhalten, wie sehr man sich auch an die innere Sicherheit klammern mag, das Leben wird nicht zulassen, dass sie lange besteht. Es besteht also ein Widerspruch zwischen der Bewegung des Lebens und unserem Wunsch nach Sicherheit; und daraus entsteht die Angst in all ihren verschiedenen Formen. Wenn wir die Angst verstehen können, wird vielleicht schon im Prozess dieses Verstehens die Angst aufhören und damit eine grundlegende Veränderung ohne Anstrengung eintreten."

(Jiddu Krishnamurti)

Durch die von JK erläuterten Eingriffe des Lebens, welche uns die Unbeständigkeit dessen vor Augen führen, woran wir uns in der Regel klammern, werden wir immer wieder an das erinnert, was wirklich zuverlässig ist und nicht von den „Wellen des Lebens" hinweggespült werden kann. Durch den 'Verlust' des Verletzlichen offenbart sich das Unverletzliche. So stellt das Leben sicher, dass es sich selbst nicht auf Dauer vergisst, während es sich an seinen eigenen Schöpfungen erfreut. Es ist eine intelligente Einrichtung des Bewusstseins, das du bist.

„Nur in dem Maße, in dem wir uns
immer wieder der Vernichtung aussetzen,
kann das Unzerstörbare in uns gefunden werden."
(Pema Chödrön)

Wenn wir bereitwillig alle Erscheinungen wegfallen lassen, was ganz natürlich mit der Zeit geschieht, dann bleibt nur das reine Sein übrig, das reine Leben, bevor es zur Lebensform wird. Genauer gesagt gab es nie etwas anderes als das, daher wäre es sinnvoller, zu sagen, dass es nicht übrig bleibt, sondern sich offenbart. Und wem offenbart es sich? Niemandem außer sich selbst.

Die Überwindung der Angst ist nur möglich, wenn wir uns wieder dem 'zuwenden', das allein die Quelle der Sicherheit ist, weil es uns niemals entrissen werden kann: unser eigenes Selbst.

> „Anstatt nach dem zu suchen, was du nicht hast,
> finde heraus, was du nie verloren hast."
> (Nisargadatta Maharaj)

Wenn du darin gegründet bist, kannst du an den Spielen der Welt teilnehmen, ohne dich von eventuellen Niederlagen in deinem Sein bedroht zu fühlen. Ein tief verwurzelter Baum hat keine Angst vor Stürmen.

„Du bist nicht das persönliche "Ich". Du bist das Unpersönliche, das Absolute. Das persönliche "Ich" kann das Unpersönliche nicht ertragen, weil es sein Ende, seinen Tod bedeutet, und deshalb hat es Angst. Aber das ewige "Ich", das Absolute, kennt keine Angst." (Nisargadatta Maharaj)

Der Mystiker Emanuel Swedenborg bezeichnete alles in dieser Welt als Entsprechungen, also sozusagen als Kopien aus einer anderen Welt. Folglich sei alles, was in diesem Universum entsteht, zuvor schon in einem anderen Seinszustand existent gewesen. Dies enthält auch einen Hinweis darauf, dass die Individualität eines Menschen nicht erst mit der Geburt seines Körpers entsteht. Doch es sollte nicht schwer zu verstehen sein, dass dein wirkliches Selbst da ist, bevor die Individualität in jeglicher Form entsteht. Sie ist eine von unzähligen Ausdrucksmöglichkeiten, die deiner ureigenen, grenzenlosen Kreativität entspringen.

Nisargadatta Maharaj bezeichnete das Universum als „nur eine teilweise Manifestation deiner grenzenlosen Fähigkeit, zu werden."

Im reinen Sein kann sich alles entfalten, was dein Verstand sich vorstellen kann und auch alles, was er sich nicht vorstellen kann. Und es ist jener Verstand, der dich dazu bringt, daran zu glauben, dass du bist, was nur vorübergehend in dir erscheint. Eine Erscheinung ist alles, was kommt und geht. Du bist keine Erscheinung.

Die freiwillige Selbstbeschränkung durch die Identifikation mit Individualität in verschiedenen Formen lässt sich darauf zurückführen, dass wir die unendliche Weite zu fürchten gelernt haben – weil wir vergessen haben, dass sie unser eigenes Selbst ist. Wir klammern uns an das Wesen, das wir zu sein glauben, und suchen Halt, weil wir nicht mehr wissen, dass uns niemals etwas zustoßen kann.

„Sich mit seiner Persönlichkeit zu identifizieren, ist mehr oder weniger ein Reflex. Wenn der Reflex auftaucht, muss man erkennen, dass es sich um eine Art Unsicherheitsgefühl handelt; man sucht nach einem Halt." (Jean Klein)

„Ich bin bereits tot. Der physische Tod wird in meinem Fall keinen Unterschied machen. Ich bin zeitloses Sein. Ich bin frei von Verlangen und Furcht, denn ich erinnere mich nicht an die Vergangenheit und stelle mir die Zukunft nicht vor. Wo es keine Namen und Formen gibt, wie kann es da Begehren und Angst geben? Mit der Wunschlosigkeit kommt die Zeitlosigkeit. Ich bin sicher, denn was nicht ist, kann das, was ist, nicht berühren. Du fühlst dich unsicher, weil du dir Gefahr einbildest. Natürlich ist dein Körper als solcher komplex und verletzlich und braucht Schutz. Aber nicht du. Sobald du dein eigenes unangreifbares Sein erkennst, wirst du im Frieden sein." (Nisargadatta Maharaj)

Wenn du erkennst, dass das Monster in deinem Traum eine Schöpfung deines eigenen Geistes ist und wenn du zudem den Traum als solchen und damit als Illusion erkennst, verlierst du die Angst vor dem gesamten Inhalt, inklusive Monster. Da es kein zweites Selbst gibt, ist alles, wovon du attackiert werden könntest, deine eigene Kreation – und die Schöpfung kann ihrem Schöpfer nichts anhaben.

Gewahrsein ist Glück
Du bist alles, was du brauchst

„Glück: der Zustand des still lachenden Eins-Seins mit der Welt."
(Hermann Hesse)

Es ist so einfach. Alles, was für die Erkenntnis der All-Einheit und somit für grenzenloses Glück von dir verlangt wird, ist, dass du dein Gefäß entleerst, indem du deine Identifikationen lockerst: „Tropfen, gebe dich selbst ohne Bedauern auf und gewinne dafür den Ozean." – Rumi

„Entweder du bleibst für immer hungrig und durstig, sehnsüchtig, suchend, greifend, festhaltend, immer verlierend und trauernd, oder du gehst mit ganzem Herzen auf die Suche nach dem Zustand der zeitlosen Vollkommenheit, dem nichts hinzugefügt und nichts entzogen werden kann. In ihm sind alle Wünsche und Ängste abwesend, nicht weil sie aufgegeben wurden, sondern weil sie ihre Bedeutung verloren haben."
(Nisargadatta Maharaj)

Nichts kann der Unendlichkeit, die du bist, und dem grenzenlosen Glück, das du beständig in dir trägst, etwas hinzufügen – sei es ein Lottoge-winn, das teuerste Auto oder Haus, Sex mit der/dem schönsten Frau/Mann der Welt etc. ... „Die Welt kann nicht geben, was sie nicht hat; sie ist durch und durch unwirklich und taugt nicht zum wahren Glück. Alle Bedürfnisse haben mit der Selbsterkenntnis ein Ende. Andernfalls wirst du nicht zufrieden sein, selbst wenn du der Herrscher des ganzen Universums bist." (Nisargadatta Maharaj)

Wer sich selbst als alles erkennt und erfährt, begehrt nichts mehr. Wünsche können weiterhin auftauchen, doch nicht mehr zum Zwecke der inneren Erfüllung. Es gibt keine Leere mehr, die gefüllt werden will. Das Fass der Glückseligkeit ist bereits bis zum Rand gefüllt und schwappt beständig über, um alle Mitgeschöpfe einzuladen, an der ewigen Feier der unendlichen Vollkommenheit teilzunehmen.

„Wenn man sein eigenes Selbst als alles erkennt, kann man nicht begehren, sondern genießt einfach alles als das Seine.", sagte der Vedanta-Lehrer Swami Rama Tirtha.

Wer erkennt, dass nichts vom Selbst getrennt ist, dass alles gleichermaßen das eigene Sein ist, hält an nichts fest, weil er/sie weiß, dass nichts verloren gehen kann. Wer an nichts festhält, lädt alles liebevoll ein. Diesbezüglich ein schönes Sprichwort:

„Der Paradiesvogel setzt sich nur auf die Hand, die nicht zugreift."

Je mehr Aufmerksamkeit wir auf unsere Wünsche und Begierden richten, desto blinder sind wir für die Vollkommenheit, die bereits unser Eigen ist: „Dein Licht leuchtet in jedem Atom der Schöpfung, doch unsere kleinlichen Wünsche halten es verborgen." – Rumi

Wenn wir Glück erfahren, weil ein Wunsch in Erfüllung gegangen ist, so ist es nicht das Objekt der Begierde, das uns jenes Glücksempfinden beschert, sondern das Ende des Verlangens. Denn dadurch wird die bereits bedingungslos vorhandene Erfüllung, die unserem Selbst innewohnt und vom Verlangen verschleiert wurde, offenbart. Wenn ein Wunsch in Erfüllung geht, schmecken wir einfach kurzzeitig (bis ein neuer Wunsch auftaucht) den köstlichen Nektar unseres eigenen Seins. Das können wir auch daran erkennen, dass sich Freude im Grunde immer gleich anfühlt, obwohl die Ereignisse, die sie hervorzurufen scheinen, sehr verschiedenartig sind. Es fühlt sich immer gleich an, weil die Quelle immer dieselbe ist: dein eigenes Selbst.

> „Das Glück ist dem wahren Selbst angeboren.
> Das wahre Selbst ist unvergänglich.
> Wenn du es also findest, findest du ein Glück, das nicht vergeht.
> Wende den Geist nach innen und höre auf, dich als Körper zu betrachten.
> Dadurch wirst du erkennen, dass das Selbst immer glücklich ist."
> (Ramana Maharshi)

„Glück ist dauerhaft. Es ist immer da. Was kommt und geht, ist Unglücklichsein. Wenn du dich mit dem identifizierst, was kommt und geht, wirst du unglücklich sein. Wenn du dich mit dem identifizierst, was dauerhaft und immer da ist, bist du das Glück selbst."   (Papaji)

Wie könnte etwas, das von Natur aus flüchtig ist, das kommt und geht, uns dauerhaftes Glück bescheren? Die Quelle dauerhaften Friedens muss selbst dauerhaft sein. In unserer Erfahrung ist unser eigenes Selbst das Einzige, das nicht erscheint oder vergeht. Somit kann einzig und allein dein eigenes Selbst dir bleibende Freude garantieren. Die Realität ist nicht immer logisch, doch diese Wahrheit ist so einfach, dass sie sogar dem Verstand zugänglich ist.

Wieder einmal ist es Rupert Spira besonders gut gelungen, die höchst bedeutende Entdeckung in Worte zu kleiden:

„Selbst wenn du die ultimative Erfahrung machen würdest, nach der du dich sehnst, würdest du sie nicht für immer haben wollen, sondern dich langweilen und sie ersetzen wollen. Früher oder später kann uns auch das beste Objekt, das wir uns vorstellen können, nicht mehr zufriedenstellen. Wir projizieren unsere Sehnsucht nach Glück auf Objekte und Menschen, und solange sie uns zu erfüllen scheinen, sagen wir, dass wir sie lieben, aber sobald sie aufhören, uns zu erfüllen, geben wir dem Objekt oder der Person die Schuld, aber es ist nicht die Schuld des Objekts oder der Person. Kein Objekt und keine Person kann uns zufriedenstellen. Keine objektive Erfahrung kann uns dauerhaften Frieden und Glück geben. Irgendwann müssen wir dieser Tatsache ins Auge blicken. Keine wunderbare Beziehung, kein wunderbarer Lehrer, kein besonderer Geisteszustand, kein Zustand des Körpers, keine Gesundheit, kein Reichtum – wir müssen früher oder später klar erkennen, dass uns nichts davon Glück schenken wird. Solange unser Wunsch nach Glück in objektive Erfahrungen investiert wird, werden wir immer versuchen, eine Erfahrung durch eine andere Erfahrung zu ersetzen. Aber wenn uns wirklich klar ist, dass keine Erfahrung uns Glück bringen wird, dann beginnt unser Motiv, die aktuelle Erfahrung durch eine neue Erfahrung zu ersetzen, zu schwinden.

Es gibt nichts, was in unserer gegenwärtigen Situation vorhanden ist, das uns daran hindern könnte, vollkommen glücklich zu sein. Das gilt für jede Situation.

Sehe einfach, dass das, was du im Wesentlichen bist – dieses nackte Sein – von Natur aus erfüllt ist.

Kein Gedanke, kein Gefühl, keine Empfindung, keine Wahrnehmung, keine Aktivität und keine Beziehung, die wir jemals hatten, hat unserem essentiellen Sein etwas hinzugefügt. Unser essentielles Sein ist jetzt in genau demselben unberührten Zustand wie damals, als wir Kinder waren. Auch hat keine schreckliche oder schmerzhafte Erfahrung unser Selbst vermindert oder geschädigt oder verletzt. Alles, was wir tun müssen, ist, klar zu sehen, dass unser Selbst sich selbst erfüllt. Es wird nicht durch ein Objekt oder einen anderen erfüllt.

Du kannst immer noch Aktivitäten und Beziehungen begehren und genießen – nicht als Quelle des Glücks, sondern als Mittel, dein Glück auszudrücken, zu teilen und zu feiern.

Was Jean Klein "Die Leichtigkeit des Seins" nannte ...

Es fehlt nichts – das ist es, was ich unter Glück verstehe.

Ich fühle mich vollständig, ich brauche nichts, um mich zu erfüllen.

Bewege dich von diesem Standpunkt aus durch die Welt, treffe Menschen nicht als potenzielle Quellen der Liebe oder des Glücks, sondern einfach, um unser Sein zu teilen. Wenn du Menschen begegnest und nichts von ihnen willst, werden sie sich sofort sicher fühlen, weil sie nicht das Gefühl haben, dass du die unmögliche Forderung, Glück oder Liebe für dich zu produzieren, auf sie projizierst. Infolgedessen wird diese Beziehung eine echte Beziehung sein.

Eine intime Beziehung hat nichts damit zu tun, ob ihr sexuell intim seid oder nicht. Man kann sehr intime Beziehungen zu Menschen haben, mit denen man keinen körperlichen Kontakt hat, und ebenso kann man sexuelle Beziehungen zu Menschen haben, mit denen es keine wirkliche

Intimität gibt. Wonach wir uns sehnen, sind nicht sexuelle Beziehungen, sondern intime Beziehungen. Und eine intime Beziehung ist einfach das Teilen unseres Seins ohne jegliche Projektion oder Erwartung."

Sarada Devi, die Frau von Ramakrishna, wies ebenfalls auf die Gefahren hin, die offenkundig darin liegen, sein Glück in Verbindungen zu suchen, die ihrer Natur nach flüchtig sind, und forderte stattdessen dazu auf, sich auf nichts Geringeres als das Absolute zu besinnen:
„Diese irdischen Beziehungen sind vergänglich. Heute scheinen sie das A und O des Lebens zu sein, und morgen sind sie verschwunden. Eure wahre Verbindung ist mit Gott."
Nenne es Gott oder Bewusstsein – Fakt ist, dass nur dein Selbst dir nicht genommen werden kann.

Rupert Spira würde es laut eigener Aussage begrüßen, wenn sich verliebte Paare beim Ehegelübde auf der Hochzeit gegenseitig tief in die Augen schauen und zueinander sagen würden: „Ich brauche dich nicht." An eine Person gerichtete Aussagen wie „Du machst mich so glücklich!", „Ich brauche dich!" oder „Ohne dich bin ich unvollkommen!" mögen zwar romantisch klingen, bringen aber eine verheerende Illusion zum Ausdruck. Wenn du glaubst, dass ein Mensch die Quelle deines Glücks ist und dass du ohne diesen Menschen nicht glücklich sein könntest, dann wäre es vielleicht ratsam, sich einmal zu fragen, ob es dir nicht auch gelungen ist, glücklich zu sein, bevor dieser Mensch in dein Leben trat. Falls das der Fall ist, kann er schwerlich die Quelle deines Glückes sein, nicht wahr?
Selbiges gilt selbstverständlich für materiellen Besitztum und die Angst davor, ihn zu verlieren. Als Baby warst du sehr häufig grundlos glücklich – ohne etwas zu besitzen, ohne Freunde. Freundschaft ist wundervoll – um das Glück, das unabhängig davon besteht, zu zelebrieren.
Wenn du das einmal mit vollkommener Klarheit erkannt hast, dann gibt es kein Zurück mehr. Du wirst emporsteigen und nie wieder landen.

„Damit die meisten Menschen glücklich sind, muss eine Person, ein Ort oder eine Sache an ihrem Glück beteiligt sein. Beim wahren Glück gibt es keine Dinge, die daran beteiligt sind. Es ist ein natürlicher Zustand. Du wirst für immer in diesem Zustand verweilen." (Robert Adams)

Fakt ist: Du bist das vollständige Leben. Du brauchst nichts und niemanden, der/die/das dich vervollständigt. Es ist dein Verstand, der dir vorgaukelt, du seist unvollkommen. Das wird uns so vermittelt. Vergessen wir einmal, was dir beigebracht wurde. Untersuche: Fühlst du dich wie ein halbes Leben? Gefühle der Unvollständigkeit beziehen sich stets auf den Körper oder die Persönlichkeit und den Verstand („Ich bin zu klein/dick/dumm und wäre gerne größer/schlanker/klüger."). Widme deine Aufmerksamkeit der reinen Lebendigkeit, anhand derer du weißt, dass du da bist, dass es dich gibt, dass du lebendig bist, und du wirst feststellen, dass diese unter allen Umständen absolut vollkommen ist.

Keine Person – Kein Problem

„Es gibt keine persönlichen Probleme. Die Person ist das Problem. Alle Probleme kommen für und von dem persönlichen 'Ich'. Lass dein 'Ich' reines Bewusstsein sein, das Selbst, und erlebe das Leben als Freude, Frieden, Liebe und süße Harmonie." (Mooji)

Wenn Max Mustermann mich fragt, was Erleuchtung ist, dann antworte ich: „Erleuchtung ist, wenn du erkennst, dass Max Mustermann nicht existiert und mit dieser Erkenntnis lebst." ... „Wer erkennt das denn, wenn es Max Mustermann gar nicht gibt?", mag eine Gegenfrage lauten. Die Antwort: Das, was du wirklich bist – reines Gewahrsein.
Kein Mensch war je bewusst. Kein Tier war je bewusst. Diese Annahmen entspringen der amüsanten These, ein Körper könne Bewusstsein entwickeln. Nur das Bewusstsein/Gewahrsein ist bewusst/gewahr.

Wir haben im 13. Kapitel einige Erfahrungsberichte begutachtet, in denen die non-duale Natur der absoluten Realität offenbart wurde... Man betrachte insbesondere die Fallbeispiele Siegfried Trebuch, Sadhguru, Jeff Foster, Robert Adams, Ramana Maharshi und Suzanne Segal – sie alle erkannten und beschrieben einheitlich, dass es nur ein Selbst gibt. Doch es waren nicht die Personen, denen wir diese Namen geben, die zu der Erkenntnis gelangt sind. In jedem Fall ist es einfach dieselbe unendliche Weite, die sich selbst erkennt – sich ihrer selbst gewahr wird. Eckhart Tolle, der sicher ein großer Bewunderer von Buddha und Jesus ist, sagte in einem Interview: „In Wirklichkeit gibt es keinen Buddha und keinen Jesus, sondern nur das Bewusstsein, das durch manche Menschen hindurchscheint und manchmal die Form von Worten annimmt. Mehr nicht. In Wirklichkeit ist es eine Illusion, zu glauben, dass da ein Mensch ist, der eine bestimmte Stufe erreicht hat. Die Wahrheit ist, dass da ein Mensch ist, der durchscheinend genug ist, der als Person so unbedeutend geworden ist, dass das Bewusstsein durch ihn durchscheinen kann und sich dann als Ausstrahlung oder durch Worte auszeichnet. Aber man darf es nicht gleichsetzen mit einer Person."

„Wenn wir uns Buddha und Hitler als verschiedene Wellen auf dem Ozean des Seins vorstellen, dann sind beide gleichermaßen Bewegungen des Ozeans, beide gleichermaßen Wasser, aber Buddha weiß das, während Hitler in der Illusion gefangen ist, eine unabhängige, vom Ozean getrennte Welle zu sein, die darauf aus ist, die anderen Wellen zu erobern oder zu kontrollieren. Ihre Erfahrungen und Handlungen werden demzufolge unterschiedlich sein. Aber kein "Hitler" oder "Buddha" kann jemals wirklich aus dem fließenden Ganzen als ein statisches, andauerndes, substanzielles, unabhängiges, autonomes "Ding" abseits des Ganzen herausgeschnitten werden. "Buddha" und "Hitler" sind (wie Stühle und Tische und Hunde und Katzen) immer nur konzeptionelle Ideen. Wir können den einen als "gut" und den anderen als "böse" bezeichnen, aber BEIDE sind eine wahllose Bewegung des Ozeans, untrennbar voneinander, und keiner von beiden weicht jemals davon ab, der Ozean zu sein. Die Wirklichkeit ist niemals wirklich aufgeteilt. Sie ist nahtlos. Die Vollkommenheit schließt ALLES ein."   (Joan Tollifson)

„Die Person scheint nur zu sein, so wie der Raum im Topf
die Form, das Volumen und den Geruch des Topfes zu haben scheint."
(Nisargadatta Maharaj)

„Du konzentrierst dich, du meditierst, du quälst deinen Geist und
deinen Körper, du tust alle möglichen unnötigen Dinge, aber du verpasst
das Wesentliche, nämlich die Beseitigung der Person.
Du warst nie eine Person und wirst auch nie eine sein. Aber solange du
nicht einmal daran zweifelst, dass du Herr/Frau So-und-so bist, gibt es
wenig Hoffnung. Wenn du dich weigerst, deine Augen zu öffnen, was
kann dir dann gezeigt werden?" (Nisargadatta Maharaj)

„Verweile als Gewahrsein, ohne die Illusion einer Person.
Du wirst augenblicklich frei und im Frieden sein."
(Ashtavakra Gita)

Es gibt keine erleuchtete Person. Es hat nie eine erleuchtete Person
gegeben. Es wird nie eine erleuchtete Person geben. Erleuchtung ist die
Abwesenheit der Person – das völlige und dauerhafte Fehlen des
Glaubens daran, eine Person zu sein. Eine Person ist ein Fragment und
so etwas gibt es nicht. Das Ende des Glaubens an diese fundamentale
Trennung ist auch das Ende des Leids. Die unendliche Weite leidet nie.

„Es ist die Person, die du dir vorstellst zu sein, die leidet, nicht du.
Löse sie im Bewusstsein auf. Sie ist lediglich ein Bündel von Erinnerungen und Gewohnheiten." (Nisargadatta Maharaj)

„Wer glaubt, der Handelnde zu sein, der ist auch der Leidende."
(Ramana Maharshi)

Die Idee eines Handelnden setzt den Glauben an ein Wesen voraus:
„Es gibt den Glauben an das Getrenntsein... dass du vom Rest getrennt

bist. Es gibt nichts, was du tun kannst, um dich von diesem Glauben zu befreien, denn "du" bist der Glaube." – Wu Hsin

Die Reinheit, die du bist

„Ein Meister ist jemand, der seine ganze Persönlichkeit in das Meer Gottes geworfen und sie dort ertränkt und vergessen hat, bis er nur noch das Instrument Gottes ist; und wenn sich sein Mund öffnet, spricht er Gottes Worte ohne Anstrengung oder Vorbedacht; und wenn er eine Hand hebt, fließt Gott durch diese hindurch, um ein Wunder zu wirken."
(Ramana Maharshi)

Robert Adams hat Ramana Maharshi als die reinste Seele bezeichnet, die ihm je begegnet sei. Und doch wusste er, dass das, was Ramana Maharshi wirklich ist, nicht mehr oder weniger rein als das wahre Selbst aller scheinbaren Wesen ist.

Eine mögliche Übersetzung/Bedeutung des Wortes 'Guru' ist 'Lichtbringer'. Natürlich bringt ein Guru bzw. spiritueller Lehrer kein äußeres Licht zu dir. Er weist dich lediglich auf das Licht hin, das ewiglich in dir selbst scheint. Selbst die größten 'Meister' haben nichts, was du nicht auch hast – besser gesagt: Keiner von ihnen ist, was du nicht auch bist.

Das Sanskrit-Wort "Jnani" bedeutet "Wissender/Weiser", dementsprechend ist ein "Ajnani", wie der "normale" Mensch bezeichnet wird, ein "Unwissender". Das Einzige, was einen Jnani, den sogenannten Erleuchteten, vom Ajnani, dem sogenannten Unerleuchteten, unterscheidet, ist das Wissen, dass sie nichts voneinander unterscheidet.

Wer sich nach seiner Gegenwart sehnte, dem riet Ramana Maharshi, dem eigenen 'Ich' alle Aufmerksamkeit zu schenken:

„Klammere dich nicht an die Form des Gurus, denn diese wird vergehen.
Der wahre Guru wohnt in deinem Herzen als dein eigenes Selbst.
Das ist es, was ich wirklich bin."

Wir lieben äußere Erscheinungen, die eine gewisse Unschuld, Eleganz und Reinheit ausstrahlen, weil sie uns an die absolute Reinheit unseres eigenen Selbst erinnern. Meist bemerken wir das jedoch nicht. Wenn du, so wie ich, beim Anblick von bspw. Ramana Maharshi eine unbeschreiblich schöne Empfindung verspürst, so liegt das daran, dass du in einen spirituellen Spiegel schaust und dein freigelegtes Selbst erblickst. Die Reinheit deines Seins liegt jenseits all dessen, was dein Verstand für Perfektion hält, sie übertrifft deine schönsten Vorstellungen. Alle Versuche des Verstandes, das, was ist, zu verbessern, sind absurd.

„Das Bewusstsein ist so rein, dass alles, was du tust, um dieses Bewusstsein zu reinigen, ihm Unreinheit hinzufügt." (U. G. Krishnamurti)

„Die Praxis des Yoga wird dich nicht zur Reinheit führen. Den Geist zum Schweigen zu bringen, wird dich nicht zur Reinheit führen. Die Anweisungen des Gurus werden dich nicht zur Reinheit führen. Diese Reinheit ist deine Essenz. Es ist dein ureigenes Bewusstsein!" (Dattatreya, Avadhuta Gita)

Nichts von alledem, was wir je im "Außen" finden könnten, reicht an die unendliche Weite unseres eigenen Selbst heran. Wie könnte die Schöpfung ihrem Schöpfer, die Erscheinung ihrer Quelle, ebenbürtig sein?

„Der Mensch möchte zum Mond und zu den Sternen reisen,
aber die Weite in ihm selbst ist viel großartiger."
(J. Krishnamurti)

„Es gibt ein Schauspiel,
das großartiger ist als das Meer,
das ist der Himmel.
Es gibt ein Schauspiel,
das größer ist als der Himmel,
das ist das Innere der Seele."
(Victor Hugo)

Liebe

„Liebe wird als eine Beziehung betrachtet, als ein Gefühl, das sich zwischen zwei Menschen abspielt. Liebe ist keine Beziehung. Liebe ist die Auflösung einer Beziehung. Sie ist der Zusammenbruch der Beziehung. In der Erfahrung der Liebe lösen sich das Selbst und der Andere auf. Liebe ist die Auflösung der scheinbaren Trennung zwischen dem Selbst und dem Anderen, und eine Offenbarung der früheren Einheit dieser beiden scheinbar getrennten Selbste. Liebe ist also keine Erfahrung, die das getrennte Selbst macht. Sie ist die Auflösung des getrennten Selbst, die Enthüllung der Realität, die Enthüllung des Bewusstseins. Bewusstsein ist Liebe." (Rupert Spira)

„Ich liebe dich." ist Dualität. Tiefer ist: Kein Ich, kein Du, nur Liebe.

„Das Bewusstsein in dir und das Bewusstsein in mir,
scheinbar zwei, wirklich eins, suchen die Einheit und das ist Liebe.
Im Traum liebst du einige und andere nicht. Wenn du aufwachst,
stellst du fest, dass du die Liebe selbst bist und alle umarmst."
(Nisargadatta Maharaj)

„In der Unwissenheit bin ich etwas.
Im Verständnis bin ich nichts.
In der Liebe bin ich alles."
(Rupert Spira)

„Die menschliche Evolution hat drei Stufen und zwei Übergänge
– vom Jemand zum Niemand; und vom Niemand zum Jedermann."
(Ravi Shankar)

Du könntest der Welt und deinen Mitmenschen nicht liebevoller und mitfühlender gegenübertreten als mit der "Einstellung" – besser: Erkenntnis –, dass alles dein eigenes Selbst ist und du somit jeder bist.

Kann es eine größere Liebe geben als die, die alles und jeden gleichermaßen einschließt? Das ist der natürliche Zustand der unendlichen Weite, die du bist. Es erfordert keinerlei Anstrengungen, bewusst diese Liebe zu sein. Du musst deinem gegenwärtigen Zustand nichts hinzufügen – eher ist das Gegenteil der Fall: „Deine Aufgabe ist es nicht, nach Liebe zu suchen, sondern lediglich, alle Barrieren in dir zu suchen und zu finden, die du gegen sie errichtet hast." (Rumi)

Da die Liebe unser natürlicher Zustand ist, müssen wir uns nicht wirklich verändern oder anstrengen, sondern einfach nur bewusst das sein, was wir sind – indem wir nicht mehr als Person kontrahieren und zulassen, dass wir uns wieder 'ausdehnen'. Wir haben uns so sehr an die Kontraktion gewöhnt, dass wir sie nicht mehr als die eigentliche Anstrengung erkennen und stattdessen glauben, es erfordere eine Anstrengung, sie zu lösen und das Gewahrsein zu sein. Wenn du deine Hand zu einer Faust ballst, wirst du das vorerst als leichte Anstrengung wahrnehmen, doch allmählich kannst du dich daran gewöhnen und dann glauben, das Öffnen der Hand sei mit Mühe verbunden. Was vergessen wurde, ist also der natürliche Zustand der offenen, entspannten Hand. Wenn du dich entspannst, bist du die Liebe.

„Gedanken und Gefühle haben Vorlieben, treffen Entscheidungen, mögen und mögen nicht, suchen und widerstehen, loben und tadeln, hoffen und verzweifeln, verurteilen und verdammen, aber unser Selbst, das Gewahrsein, das sich ihrer gewahr ist, teilt ihre Vorurteile nicht. Das Gewahrsein betrachtet alle Menschen und Dinge gleich, so wie die Sonne auf alle Objekte gleichermaßen scheint.", so Rupert Spira.

Das Bewusstsein hat keine Präferenzen. Es ist die Akzeptanz selbst. Wenn du von Gedanken abläßt und nicht mehr an den festgelegten Abneigungen deiner Person festhältst, dann nimmst du eine erweiterte Perspektive ein, und zwar jene des Großen Ganzen. Aus dieser Perspektive wird alles als bedingungslos gleichwertig erkannt.

Osho drückte es wundervoll aus: „Vom kleinsten Grashalm bis zum größten Stern wird jeder gebraucht, und zwar gleichermaßen. Es gibt keine Hierarchie in der Existenz. Der Grashalm und der Stern haben keine Ungleichheit; sie sind gleich. Die Existenz unterstützt alles auf die gleiche Weise. Sie macht keine Unterschiede. Für die "Sünder" und für die "Heiligen" gilt dasselbe. Die Sonne scheint für alle, die Blumen blühen für alle, die Vögel singen für alle. Es ist unser Zuhause!"

Wahre Liebe trifft keine Unterscheidungen. Sie erstreckt sich auf alles und jeden. Nachdem Anandamayi Ma ihren Schülern im Beisein ihres Ehemannes gesagt hatte, dass wahre Liebe nicht persönlich, sondern universal ist und sie ausnahmslos alle gleichermaßen liebt, wurde sie unter vier Augen von ihrem verdutzten Mann gefragt: „Aber du liebst mich doch mehr als all die anderen, oder?" Sie antwortete: „Nein."

Alle Rollen des menschlichen Daseins sind vorübergehend. Sie gehören nicht zur Essenz. Eine Frau beschrieb ihre Nahtoderfahrung als „einen Zustand, in dem Sie nicht die Frau Ihres Mannes, nicht die Mutter Ihrer Kinder, nicht das Kind Ihrer Eltern sind. Sie sind ganz und gar Sie selber." Über den Körper und die damit einhergehenden biologischen Verbindungen hinauszugehen, bedeutet nicht, dass man sich nicht mehr um seine Nahestehenden kümmert. Die Liebe ist unvermindert, vermutlich sogar erweitert. Jedoch beschränkt sie sich nicht mehr auf wenige, man liebt alles und jeden. Alle gleichermaßen zu lieben bedeutet selbstverständlich nicht, mit allen ins Bett zu gehen. Es bedeutet noch nicht einmal, dass du unter allen Umständen nett zu allen bist und dir immer alles gefallen lässt. Auch „Nein!" kann ein Ausdruck von Liebe sein. Liebe ist im Grunde nichts Spektakuläres. Du kannst auch für jene eine fundamentale Liebe empfinden, die du gar nicht leiden kannst. Die Präsenz von Liebe lässt sich in diesen Fällen daran erkennen, dass du ihnen einfach von Herzen alles Gute wünschst. Wenn du einem Menschen Glück wünschst, dann deshalb, weil du selbst glücklich sein möchtest. Du weißt, wie gut es sich anfühlt, wie schön es ist, glücklich zu sein. Aus empathischen Gründen wünschst du das auch deinen Mitmenschen. Jene Empathie entspringt der simplen Tatsache, dass die anderen keine anderen sind, dass es nur ein Selbst gibt, dass du alles und jeder bist.

„Sich selbst in jedem zu sehen und zu erkennen, dass jeder in dir ist, ist das höchste spirituelle Wissen." (Anandamayi Ma)

Wenn du eine Vorstellung des Zustandes, in dem Menschen wie bspw. Ramana Maharshi und Anandamayi Ma etabliert sind, erhalten möchtest, dann stelle dir einmal vor, du würdest dich selbst im Spiegel betrachten, daraufhin einem anderen Menschen in die Augen schauen und dich mit deinem Spiegelbild nicht stärker identifizieren als mit dem Anblick des 'anderen', d. h. in beiden Fällen gleichermaßen dich selbst sehen. Wenn du das beibehältst und dich so durch die Welt bewegst, erhellst du sie.

Sobald man etwas definiert, schränkt man es ein. Deshalb gibt es keine angemessenen Worte für die Liebe... Und falls doch, dann von Rumi: „'Wer bist du?', fragte ich die Liebe eines Abends. Sie sagte: "Ich bin die Unsterblichkeit, ein schönes Leben, das kein Ende hat.""

Alles ist Eins – im wahrsten Sinne des Wortes!

Alles ist eins. Ich bin du und du bist ich.
Wir sind nicht miteinander verbunden. Verbindung setzt eine Trennung voraus, die nicht existiert. Dass wir miteinander verbunden sind, sagt das genaue Gegenteil dessen aus, dass wir eins sind. Wenn wir eins sind, gibt es keine zwei, die voneinander getrennt sind und somit auch keine zwei, die miteinander verbunden werden könnten. Ebenso gibt es kein "höheres" Selbst. Bewusstsein ist nicht dein höheres Selbst, sondern dein einziges Selbst. Auch hier gilt: Vertraue deiner eigenen Erfahrung! Wenn du glaubst, dass es mehr als ein Selbst gibt, frage dich: Habe ich je mehr als ein Selbst erfahren? ...
„Bewusstsein wird niemals im Plural erfahren, sondern nur im Singular. Nicht nur, dass keiner von uns jemals mehr als ein Bewusstsein erlebt hat, es gibt auch keine Spur von Indizien dafür, dass dies irgendwo auf

der Welt jemals geschehen ist. Ich sage, dass es nicht mehr als ein Bewusstsein geben kann." (Erwin Schrödinger)

Bedenke, dass die Erfahrung eines Selbst stets subjektiv ist, die Wahrnehmung der angeblichen anderen und die darauffolgende Interpretation vieler individueller "Selbste" hat hier also keine Gültigkeit.

Sogar logisches Nachdenken kann dich zu der Erkenntnis führen, dass es nur Eines geben kann. Der Urgrund der Existenz muss ungeteilt sein. Auch in der Physik spricht man von *einem* Anfangspunkt, *dem* Urknall. Was einmal eins 'war', kann niemals wirklich zwei werden.

Wenn die Liebe auch das Ende der Dualität und damit das Ende der Beziehungen im eigentlichen Sinne ist, verlangt sie nicht von dir, all deine Beziehungen aufzugeben oder deine Kontakte zu Nahestehenden nicht mehr zu pflegen. Im Gegenteil. Die Menschen und Tiere, die du liebst, nimmst du nicht mehr als andersartig wahr. Du umarmst sie nicht mehr nur vorübergehend körperlich, sondern ewig geistig. Es ist eine Umarmung ohne Ende. Du verlierst sie nicht, sondern gewinnst sie für immer. Verlust ist ohnehin eine Illusion. Es gibt niemanden, von dem du je getrennt sein könntest. Alle Lebewesen, die jemals in sämtlichen Seinszuständen existiert haben, sind für immer und ewig in dir selbst lebendig. Was sie wirklich ausmacht, verschwindet nie, es kann niemals sterben. Was zu sterben oder verschwinden scheint, ist eine Fata Morgana.

„Das, was ist, hört nie auf, zu sein. Das, was nicht ist, entsteht nie."
(Parmenides / Bhagavad Gita)

Hingabe

Auch Hingabe erfordert keine Anstrengung. Sie ist die völlige Entspannung, weil man all sein Vertrauen in Gott setzt. Es ist das Ende der Selbstkontraktion, das Ende der Person, die auf der vergeblichen Suche nach Kontrolle über ihr Leben ist – weil sie an die Dualität von „Ich und mein Leben" glaubt. Damit gibt es kein Wesen mehr, das Widerstand leisten könnte. Wenn alles dein Selbst ist, wem könntest du dich widersetzen? Hingabe scheint mit einem Individuum zu beginnen, das sich hingibt und resultiert darin, jenseits der Individualität einfach als das zu verweilen, was du ohnehin immer bist. Du bist die totale Mühelosigkeit. Fühle das – Jetzt!

Das persönliche 'Ich' durch Hingabe an eine höhere Macht oder Gottesverehrung aufzugeben, führt ebenso zur Selbsterkenntnis wie die tiefe Selbsterforschung ohne ein Wahrnehmungsobjekt, auf das wir unsere Aufmerksamkeit richten. Der indirekte Weg führt zum selben Ziel wie der direkte. In beiden Fällen stellt sich am Ende die Erkenntnis ein, dass es nur Eines gibt – dein eigenes Selbst, die unendliche Weite.

„Gott zu verehren heißt nichts anderes, als sich selbst zu erkennen."
(Ramana Maharshi)

Wenn du dich hingibst, übernimmt eine gewaltige, liebevolle Kraft die Führung. Auf einer Ebene der Betrachtung ist sie sehr viel größer und machtvoller als du, auf der tiefsten Betrachtungsebene ist sie dein eigenes Selbst. Hier und jetzt erfährst du dich als Mensch und ein Mensch ist bekanntlich ein in seinen Möglichkeiten limitiertes Wesen. Jedoch steht dir auch hier und jetzt eine unsichtbare – deine eigene ursprüngliche – Kraft zur Verfügung.
Indem du dich dem Leben hingibst, gibst du dich dir selbst hin, denn: Du bist das Leben!

Die ultimative und endgültige Heilung

Manchmal sind diejenigen, die für krank gehalten werden, die einzigen wirklich Gesunden. Wir erinnern uns an die zahlreichen Psychologen, die im Falle von Suzanne Segal den verzweifelten Versuch unternahmen, die unendliche Weite zu "heilen", bis Segal endlich auf Menschen traf, die weise genug waren, um zu erkennen und ihr klarzumachen, dass sie nicht krank, sondern schlichtweg erwacht ist. Nur wer selbst nicht schläft, kann die Schlafenden als solche ausmachen und ggf. versuchen, sie sanft zu wecken. Die Schlafenden selbst wissen nicht, dass sie schlafen. Viele Menschen wissen gar nicht, wie unglücklich sie sind...

„Die meisten Menschen sind unglücklich; und sie sind unglücklich, weil in ihren Herzen keine Liebe ist. Liebe wird in deinem Herzen entstehen, wenn du keine Barriere zwischen dir und einem anderen hast, wenn du Menschen begegnest und sie beobachtest, ohne sie zu beurteilen, wenn du einfach das Segelboot auf dem Fluss siehst und dich an seiner Schönheit erfreust. Lasst nicht zu, dass eure Vorurteile eure Beobachtung der Dinge, so wie sie sind, trüben; beobachtet einfach, und ihr werdet entdecken, dass aus dieser einfachen Beobachtung, aus diesem Gewahrsein der Bäume, der Vögel, der Menschen, die gehen, arbeiten, lächeln, etwas in euch geschieht. Ohne diese außergewöhnliche Sache, die mit dir geschieht, ohne das Entstehen von Liebe in deinem Herzen, hat das Leben sehr wenig Bedeutung." (Jiddu Krishnamurti)

Der Zustand der kollektiven Geisteskrankheit, in dem sich die Menschheit seit langer Zeit befindet, ist unübersehbar. In den Worten von Rupert Spira: „Schaue dich in der Welt um, schaue dir an, was die Menschen einander und ihrem Planeten antun. Wenn du eine außerirdische Spezies wärst, die die Erde besucht, würdest du die Menschen ansehen und denken: "Wow, was für eine intelligente Spezies! Ich möchte wissen, was sie für Ideen haben! Wir würden gerne eine Zivilisation wie die ihre haben!"? Würde der Außerirdische so denken? Nein! Die Außerirdischen würden denken: "Was ist nur los mit diesen Menschen? Seht euch an, wie sie einander behandeln! Seht euch an, wie sie ihre Tiere behandeln! Schaut euch an, wie sie ihre Erde behandeln!" Und sie würden beginnen, die grundlegenden Ideen zu erforschen, die unser Verhalten und unsere Beziehungen zueinander bestimmen. Sie würden zu dem Glauben zurückkehren, dass totes, träges Zeug, das Materie genannt wird, Bewusstsein hervorbringt und dass jeder von uns getrennt, begrenzt und in seinem Körper eingeschlossen ist, sodass wir alle voneinander getrennt sind, getrennte Fragmente, und jeder und alles ist "da draußen". Sie würden die Art und Weise, wie wir uns gegenseitig, unsere Tiere und unseren Planeten behandeln, auf diese ursprüngliche Idee zurückführen."

Spira weist nicht nur auf das Problem hin, sondern schlägt auch die Lösung vor, in seiner typischen, unnachahmlichen Wortwahl: „Verstehe mit deinem Verstand und fühle mit deinem Herzen, dass jeder und alles ein Ausdruck eines einzigen unendlichen und unteilbaren Ganzen ist, und handle entsprechend. Wenn wir das täten, gäbe es keine Konflikte, keinen Krieg, keine Umweltprobleme. Das ist alles, was notwendig ist."

Wie immer ist die Liebe die Lösung.

Immer wieder wirst du von dieser Welt dazu verführt, dein wahres Selbst und damit die Liebe zu vergessen: „Jeden Tag wird die Welt an deiner Hand zerren und schreien: „Das ist wichtig! Und das ist wichtig! Und das ist wichtig! Du musst dir um dies und das Sorgen machen! Du musst dich um dies und das kümmern! Und das! Und dies!" Und jeden Tag liegt es an dir, deine Hand zurückzuziehen, sie auf dein Herz zu legen und zu sagen: „Nein. Das ist es, was wichtig ist."" (Iain Thomas)

Es kommt vor, dass wir Menschen, die uns Leid zufügen, hassen und ihnen Schlechtes wünschen. Damit fügen wir der Welt weiteres Leid hinzu und tun somit exakt das, wofür wir die anderen gehasst haben. Wenn du der Welt keinen Hass hinzufügst, dann bist du nicht mehr Teil des Problems, der Krankheit, sondern Teil der Lösung, der Heilung. Die größte Heilung ist die Erkenntnis, dass es nichts gibt, was du nicht bist.

„Mein Verstand fiel in die unermessliche Weite des Bewusstseins. Als ich einen Tropfen davon berührte, schmolz ich dahin und wurde eins mit dem Absoluten. Und nun weiß ich, dass nichts anders ist als ich."

(Shankara)

Das kann sich auch zuträglich auf die Gesundheit und Ausstrahlung des Körpers auswirken, sodass wir uns physisch sichtlich verändern. In spirituellen Kreisen wird gelegentlich behauptet, alle körperlichen Erkrankungen seien Manifestationen eines spirituellen Ungleichgewichts (sofern mich meine Erinnerung nicht täuscht, habe ich in einem früheren Buch selbst Derartiges behauptet). Zwar kann es bekanntlich vorkommen, dass psychische Krankheiten auch den Körper in Mitleidenschaft ziehen, doch man sollte es nicht verallgemeinern. Spirituelle Erkenntnisse können den Zustand des Körpers ohne Zweifel sehr positiv beeinflussen, doch da es nicht seine Bestimmung ist, ewig zu bestehen, sind körperliche Krankheiten in vielen Fällen einfach natürliche Ereignisse. Es liegt in der Natur des Körpers, verletzlich zu sein und erkranken zu können. Viele Menschen müssen enttäuscht feststellen, dass das erwartete Glücksempfinden ausbleibt oder schnell nachlässt, nachdem körperliche Ziele erreicht wurden, z. B. bei Gewichtsverlust, Muskelaufbau oder gesteigerter "Schönheit". Der Köper ist und bleibt unzulänglich. Seine Unvollkommenheiten bringen uns dazu, die Vollkommenheit woanders zu suchen und nicht mehr dort, wo es sie nicht gibt.

Das Licht des Gewahrseins scheint immer mit derselben Helligkeit, auch während der tiefsten Depression des Verstandes und der schmerzhaftesten Verletzung oder Krankheit des Körpers.

Die effektivste Heilung ist die Wiederentdeckung dessen, was keiner Heilung bedarf, weil es niemals krank war. Du bist ewige Gesundheit!

„Betrachte dich niemals als krank. Das ist die falsche Diagnose.
Der Körper kann krank sein, der Verstand kann krank sein,
aber das Selbst kann niemals krank sein.
Du kannst niemals verletzt werden.
Du wirst es nicht nur glauben, sondern wissen.
Du kannst niemals krank sein.
Du bist das formlose und immer vollkommene Selbst."
(Mooji)

Bewusste Unsterblichkeit

„So wie mit der Leinwand nichts passiert, wenn eine Figur in einem Film krank wird, so passiert auch mit dem Bewusstsein nichts, wenn der Körper krank wird. Aus diesem Grund ist es die ultimative Heilung, seine wahre Natur des reinen Gewahrseins zu kennen. Wenn man sich selbst als reines Gewahrsein kennt, ist man immer in vollkommener Gesundheit." (Rupert Spira)

„Nichts kann dich jemals zerstören. Wasser kann dich nicht ertränken. Feuer kann dich nicht verbrennen. Was auch immer mit dem Körper in dieser Welt geschieht, kann das "Ich bin" nicht auslöschen. Es hat nichts mit deinem Alter zu tun, oder ob du gesund oder krank bist, oder reich oder arm. Es war schon immer und wird immer sein." (Robert Adams)

Wir haben die eindrucksvollen Kräfte der Natur bestaunt, deren Kontemplation dazu dienen kann, unseren Verstand zu überwältigen und auf diese Weise seine Quelle freizulegen. Doch du solltest angesichts dessen nicht vergessen, dass auch ein Schwarzes Loch dir letztendlich nichts anhaben kann.

Alles, was jemals geschehen ist, alles, was geschieht, und alles, was noch geschehen wird, kann der ewigen, unendlichen Weite, in der alles geschieht, nichts anhaben. Ausnahmslos jedes Ereignis – inklusive des größten Schwarzen Lochs und des gesamten Universums – ist nur eine kurzlebige Seifenblase in der Unendlichkeit deines Seins. Auch viele Milliarden Jahre sind ein Wimpernschlag in der Ewigkeit, die du bist.

„Wo das Wo nicht ist, wenn das Wann nicht ist, da bin ich." (Wu Hsin)

Du bist jenseits von Raum und Zeit. Du bist die Ewigkeit. Die Ewigkeit ist die Abwesenheit von Zeit. Du bist die Unendlichkeit. Die Unendlichkeit ist die Abwesenheit von Raum. Wenn du das erkennst, ist die Suche beendet. Denn es ist unmöglich, die Unendlichkeit zu erweitern.

Dann ist das Leben kein Kampf mehr, sondern ein Spiel, in dem du mit einer fantastischen Leichtigkeit deiner unerschöpflichen Kreativität Ausdruck verleihst. Dabei spielt es eine untergeordnete Rolle, ob du als Mensch bestimmte Ziele erreichst oder nicht. Denn unabhängig davon bist und bleibst du vollends erfüllt.

Wenn dein Geist frei ist von den typischen menschlichen Ideen der Unvollkommenheit und Vergänglichkeit, dann lebst du bewusste Vollkommenheit, bewusste Unsterblichkeit. (Wortwahl übrigens inspiriert vom Titel eines Buches über Ramana Maharshi: "Conscious Immortality")

Bewusste Unsterblichkeit ist auch die Freiheit von Angst. Wenn du wirklich weißt, dass du alles bist, und in dieser Erkenntnis gegründet bist, dann gibt es keine Furcht mehr. Als Nisargadatta Maharaj von jemandem gefragt wurde, „Wie kann ich in einer Welt voller Geheimnisse und Gefahren furchtlos bleiben?", antwortete er: „Auch dein eigener kleiner Körper ist voller Geheimnisse und Gefahren, doch du hast keine Angst vor ihm, denn du nimmst ihn als deinen eigenen wahr. Was du nicht weißt, ist, dass das ganze Universum dein Körper ist. Du brauchst also keine Angst vor ihm zu haben. Der persönliche Körper kommt und geht, der universelle ist immer bei dir. Die gesamte Schöpfung ist dein universeller Körper. Du bist so geblendet vom Persönlichen, dass du das Universelle nicht siehst. Diese Verblendung wird nicht von selbst aufhören – sie muss mit Geschick und Bedacht rückgängig gemacht werden. Wenn alle Illusionen verstanden und aufgegeben sind, erreichst du den fehlerfreien und vollkommenen Zustand, in dem es keine Unterscheidungen mehr zwischen dem Persönlichen und dem Universellen gibt." Wovor solltest du Angst haben, wenn es nichts als dein eigenes Selbst gibt? Und weshalb, wenn du unsterblich bist?

Wir erinnern uns an Mansur al-Hallaj, der noch gelächelt haben soll, als man ihn wegen vermeintlicher Blasphemie umbrachte. Glaubt man den Geschichten, dann ist Sokrates ein weiteres Beispiel für bewusste

Unsterblichkeit. Eben Alexander äußerte sich wie folgt über seinen Tod: „Platons Beschreibung der heroischen – geradezu übermenschlichen – Gelassenheit, mit der Sokrates den Schierlingsbecher leer trank, der ihm von seinem Athener Gefängniswärter dargereicht worden war, gilt als eine der stärksten Szenen der Weltliteratur. Platon wusste, dass man es nicht einfach kraft Charakterstärke schaffen konnte, so zu sterben – obwohl Sokrates sicherlich Charakterstärke hatte. Sokrates' uneingeschränkte Nonchalance im Angesicht des Todes entsprang dem Wissen darüber, was der Tod wirklich ist: nicht das Ende, sondern die Rückkehr zu unserem wahren Zuhause."

Über Sokrates' Furchtlosigkeit schrieb auch der Yogi Swami Rama in seiner Autobiografie "Unter Meistern im Himalaya": „Als Sokrates der Schierlingsbecher gereicht wurde, machte er Späße und sagte: „Darf ich den Göttern ein wenig davon abgeben?" Dann lächelte er und sagte: „Gift kann einen Weisen nicht töten, denn ein Weiser lebt in der Wirklichkeit, und die Wirklichkeit ist ewig." Er lächelte und trank das Gift."

Einfach Sein

„Hier ist es – genau jetzt.
Wenn du anfängst, darüber nachzudenken, verpasst du es."
(Huangbo Xiyun)

„Lass deine Eingangstür und deinen Hinterausgang offen. Lass die Gedanken kommen und gehen. Serviere ihnen einfach nur keinen Tee."
(Shunryu Suzuki)

„Betrachte Gedanken und Gefühle wie einen Zug,
der in einen Bahnhof einfährt und dann wieder abfährt.
Sei wie der Bahnhof, nicht wie ein Fahrgast."
(Rupert Spira)

„Ein ruhiger Geist ist alles, was man braucht. Alles andere wird sich von selbst ergeben, sobald dein Geist ruhig ist. So wie die Sonne bei ihrem Aufgang die Welt in Bewegung bringt, so bewirkt die Selbstwahrnehmung Veränderungen im Geist. Im Licht eines ruhigen und beständigen Selbst-Bewusstseins erwachen die inneren Energien und wirken Wunder, ohne dass du dich anstrengen musst." (Nisargadatta Maharaj)

„Die meisten Menschen haben die falsche Befürchtung, dass sie zu Gemüse werden, wenn sie aufhören zu denken. Im Gegenteil, sie werden spontan. Sie werden gerade genug denken, um sich um den Moment zu kümmern, und alles wird für sie erledigt werden. Probiere es aus. Wir denken immer, dass wir sehr wichtig sind und dass wir denken müssen. Erinnere dich nur an das Klischee "Ich denke, also bin ich". Es sollte heißen: "Ich bin, also muss ich nicht denken."" (Robert Adams)

Selbstverständlich ist der Verstand kein Feind. Als Aktivität des Bewusstseins ist er nichts von dir Getrenntes, nichts Fremdartiges, sondern ebenso wie ausnahmslos alles ein Ausdruck des einen Selbst. Die Empfehlung, so oft wie möglich über das Denken hinauszugehen, wird oft missverstanden. Kein spiritueller Lehrer würde von dir verlangen, unter die Ebene des Denkens zurückzufallen, um wie ein Regenwurm zu leben und sich des Verstandes gar nicht mehr bedienen zu können. Es geht darum, sich über das Denken zu erheben, sodass wir uns der Gedanken bedienen können, wenn sie nützlich sind, aber nicht mehr allzeit von ihnen absorbiert sind. Es geht darum, dass du den Verstand benutzt – und nicht umgekehrt. Manche entgegnen sogar, es sei gar nicht möglich, mit dem Denken aufzuhören. Reaktionen wie „Man denkt doch immer an irgendwas!" zeigen lediglich, wie sehr wir von Gedanken besessen sind. Häufig heißt es, die Qualität unserer Gedanken bestimme über Glück und Leid. Positive Gedanken machen glücklich, so die beliebte Behauptung. Doch verglichen mit der reinen Weite jenseits des Denkens sind alle Gedanken 'störend':

„Alle Gedanken sind leidvoll, denn sie lenken die Aufmerksamkeit vom Selbst ab, das ungetrübtes Glück ist." (Ramana Maharshi)

Wir haben bereits thematisiert, dass Sterblichkeit und Vergänglichkeit Erfindungen des menschlichen Verstandes sind.
Die Freiheit von Gedanken eröffnet dir nicht nur einen Einblick in die göttliche Intimität mit allem, was dich "umgibt" – sie ist auch gleichbedeutend mit bewusster Unsterblichkeit.
Bewusste Unsterblichkeit ist der natürliche Zustand allen Lebens.
Die meisten Hunde sind nicht zuletzt deswegen wesentlich glücklicher als ihre menschlichen Gefährten, weil sie ohne deren Illusionen leben: „Ein Hund weiß nicht, dass er ein Hund ist. Er weiß nur, dass er ist. Der Mensch hat nicht so viel Glück." (Wu Hsin)
Daran, dass du glücklich bist, kannst du erkennen, dass du im Einklang mit der Realität lebst. Es ist die Bestätigung, die du erhältst, so wie Leid ein Warnsignal ist, wenn du Dinge siehst, die nicht wirklich da sind.
Die Lebensfreude eines Hundes ist nicht das Erzeugnis positiver Gedanken. Selbiges gilt für menschliche Kleinkinder. Diese Lebensfreude ist Ausdruck intensiver, unverfälschter Lebendigkeit, welche die wahre Natur aller Lebensformen ist und nur vorübergehend verdeckt werden kann, z. B. durch unsere Ideen wie „Ich bin ein kleines, unbedeutendes Wesen und muss mich anstrengen, um Glück und Liebe zu verdienen. Ich bin nur dann wertvoll, wenn ich etwas Besonderes leiste."
Sobald es unserer geisteskranken Gesellschaft gelungen ist, einem Kind glaubhaft zu vermitteln, dass es „etwas werden" und „etwas aus sich machen" muss, wirst du sehen, wie seine Lebensfreude schwindet.
Ich stimme Adyashanti zu: „Nur ein so verrücktes Wesen wie der Mensch würde sich jemals fragen, ob "ich gut bin". Man findet keine Eichen, die eine existenzielle Krise haben: „Ich fühle mich so miserabel. Ich produziere nicht so viele Eicheln wie der Baum neben mir.""
Pflanzen und Tiere sind dem Menschen keineswegs unterlegen, sie sind unsere Lehrmeister. Ihre Lehre lautet: Einfach sein!

Unsere pflanzlichen und tierischen Gefährten sind also spirituelle Lehrer, die uns an etwas erinnern, das wir als Babys und Kleinkinder noch wussten, aber mit der Zeit vergaßen. Auch menschliche spirituelle Lehrer bemühen sich letztendlich nur darum, unser inneres, verschüttetes Kind wieder auszugraben.

„Die ganze Bemühung eines Jesus oder eines Buddha besteht nur darin, das ungeschehen zu machen, was die Gesellschaft dir angetan hat."

(Osho)

Stelle dir eine Welt vor, in der man den Kindern schon in der Schule oder noch früher beibringt, dass sie alle die unendliche Weite sind und ihr wahres Wesen immer makellos und bedingungslos erfüllt ist, dass das Leben ein Spiel ist, in dem es nur eine einzige Spielregel zu befolgen gibt – die Liebe: Behandle Lebewesen aller Art so liebevoll wie dich selbst, denn sie alle sind dein Selbst!
Wie wäre es, den Kindern beizubringen, dass Sieg und Niederlage in diesem Spiel namens Leben keinen Unterschied machen und sie unabhängig davon unendlich wertvoll sind und bleiben?
Im Grunde muss man Kindern die spielerische Leichtigkeit des Seins nicht beibringen, sondern nur damit aufhören, sie ihnen auszutreiben. Wie oft sagen Erwachsene zu Kindern, dass sie den „Ernst des Lebens" noch erlernen und begreifen müssen? Warum nehmen erwachsene Menschen das Leben so ernst? Weil sie sich selbst so ernst nehmen! Sie haben ein gefestigtes Selbstbild, das möglichst aufrechterhalten werden muss, weil sie es für ihre Identität halten. Wenn wir zumindest ab und zu eine gesunde Distanz zu unserer menschlichen Persönlichkeit einnehmen und bewusst als das Namenlose verweilen, das jenseits davon liegt, dann werden wir erkennen, wie unsinnig unser verkrampftes Dasein ist.

„Man sollte von Zeit zu Zeit von sich selbst zurücktreten
wie ein Maler von seinem Bilde." (Christian Morgenstern)

Ebenso wie ein Maler wissen sollte, dass die Qualität seiner Kunstwerke letztendlich keinerlei Einfluss auf sein tatsächliches Sein hat, so können auch wir spielerisch um Persönlichkeitsentwicklung, körperliches Training etc. bemüht sein, ohne an die Illusion zu glauben, dass wir dadurch unser Selbst verändern oder vergrößern. Wir sprechen in der Spiritualität zwar häufig von Bewusstseinserweiterungen, aber das Bewusstsein kann sich nicht wirklich erweitern, denn es ist schon unendlich.

Wenn wir uns für begrenzt halten, folglich uns selbst und das Leben ernst nehmen und deshalb glauben, etwas erreichen zu müssen, resultiert daraus häufig die berüchtigte Frage nach dem "Sinn des Lebens". Das ist eine Frage, die unser kleiner Menschenverstand besonders gerne stellt. Im Grunde ist sie ziemlich amüsant. Oft werde ich gefragt: Wenn wir unendliches Bewusstsein sind, warum sollten wir dann als Menschen auf der Erde inkarnieren? Meine Gegenfrage lautet: Warum nicht? Gerade weil wir ewig und unendlich sind, stehen uns grenzenlose Möglichkeiten zur Verfügung. Warum sollten wir uns dann nicht auf ein kurzzeitiges menschliches Abenteuer einlassen? Aus der Perspektive der Ewigkeit dauert es ohnehin weniger als eine Millisekunde.

Es gibt nichts Wichtigeres, als zu erkennen, wer du wirklich bist. Und wenn du das erkannt hast, stellt sich die Frage nach dem Sinn des Lebens nicht mehr. Dann verliert das Wort "Sinn" jede Bedeutung. Viele setzen sich unter Druck, indem sie ihrem vermeintlichen Lebenssinn unbedingt treu bleiben und ein Leben gemäß ihren Vorstellungen führen wollen, anstatt das Leben einfach mit Leichtigkeit zu genießen. Genieße es! Dieses Leben ist schlicht und ergreifend eine von unzähligen Ausdrucksmöglichkeiten der unendlichen Kreativität des ewigen Bewusstseins, das du bist.

Viele Menschen haben schon ein schlechtes Gewissen, wenn sie es wagen, sich hin und wieder auszuruhen und einen ganzen Tag lang untätig und "unproduktiv" zu sein – so tief reicht unsere Konditionierung! Unsere schlafende Gesellschaft warnt uns davor, bloß nicht stehenzubleiben und beständig um Weiterentwicklung bemüht zu sein, weil sie blind ist für die gewaltigen Möglichkeiten, die im Stehenbleiben liegen: Du wirst in der Stille nicht nur deinen Körper und dessen Bedürfnisse besser wahrnehmen können (in der Meditation spürte ich teilweise meinen Herzschlag mit einzigartiger Deutlichkeit). Was noch wichtiger ist: Wer innehält, kann die unbewegte Unermesslichkeit wiederentdecken. Es ist möglich, sie nicht mehr aus den Augen zu verlieren, auch wenn man danach wieder am Wettlauf des menschlichen Lebens teilnimmt. Im Gegensatz zu den meisten deiner Mitmenschen wirst du den Lauf allerdings genießen, dir keine Gedanken um das Ziel machen und dich nicht mit den sogenannten anderen vergleichen. Du wirst dich einfach in der für dich angemessenen Geschwindigkeit fortbewegen. Der größte Gewinn besteht nicht darin, schneller als alle 'anderen' zu sein und vor ihnen ins Ziel zu gelangen, sondern darin, bereits während des Rennens – so früh wie möglich – eine 'Trophäe' in sich selbst zu finden, die um ein Vielfaches wertvoller ist als die vom menschlichen Verstand kreierte Goldmedaille, die den Erstplatzierten des Rennens erwartet.

> „Der Tag, an dem du aus dem Rennen aussteigst,
> ist der Tag, an dem du das Rennen gewinnst."
> (Bob Marley)

Es gibt keine größere Ironie als die Tatsache, dass wir bereits das sind, was wir zu erreichen versuchen.

Selbst wenn du alle erdenklichen Wettbewerbe der Welt gewinnst, wirst du deinem wahren Wesen kein einziges Staubkorn hinzufügen können. Unser Streben gründet darin, uns auf die Unendlichkeit 'zuzubewegen', auch wenn sich nur wenige Menschen dessen bewusst sind. Wir wollen körperlich leistungsfähiger und schöner werden, intelligenter, gebildeter etc. Denn grenzenlose Schönheit, Intelligenz und Liebe sind unsere wahre Natur unter allen Umständen. Jeder Mensch spürt tief im Innern, dass die Grenzen, die er als seine eigenen empfindet, nicht wirklich zu ihm gehören – daher das Bestreben, sie abzulegen.

„Die meisten Menschen haben das Empfinden, dass ihre Identität, ihr Selbstgefühl, etwas unglaublich Kostbares ist, das sie nicht verlieren dürfen. Deshalb haben sie solche Angst vor dem Tod. Es erscheint unvorstellbar und beängstigend, dass das "Ich" aufhören könnte zu existieren. Dabei wird jedoch das kostbare "Ich" mit einem Namen, einer Form und der damit verbundenen Geschichte verwechselt. Dieses "Ich" ist nichts weiter als eine zeitweilige Form im Bewusstsein. Solange diese Identität mit einer Form das Einzige ist, was du kennst, ist dir nicht bewusst, dass das Kostbare daran dein Wesen ist, dein innerstes Gefühl von "Ich bin" und damit das reine Bewusstsein. Dieses Bewusstsein ist das Unvergängliche in dir – und es ist das Einzige, was du nicht verlieren kannst." (E. Tolle)

Die Nicht-Existenz des persönlichen 'Ich' wirkt beängstigend, solange wir diese Entdeckung für einen Verlust halten. Es ist aber nicht so, dass du etwas, das vorher immer da war, plötzlich verlierst oder aufgibst. Du erkennst einfach nur, dass es niemals wirklich da war. Nichts geht verloren, nur die Täuschung. Wenn diese verschwindet, hältst du dich nicht mehr für etwas Spezifisches und damit Begrenztes. Dann erkennst du, dass nichts von dir verschieden ist.

Das Bewusstsein darüber, alles zu sein, wird manchmal als Gottesbewusstsein o. ä. bezeichnet. Dies soll nicht darüber hinwegtäuschen, dass es keine verschiedenen Arten von Bewusstsein gibt. Es verändert sich nie, lediglich seine Kunstwerke. Das Gewahrsein ist immer alles. Vielleicht hast du als Kind Bilder gezeichnet, die du heute nicht mehr als deine eigenen Kreationen wiedererkennen würdest. Das ändert nichts daran, dass du der Künstler bist. Immer.

Im Grunde ist nichts so einfach wie die Erkenntnis, dass dein wahres Selbst nichts Geringeres ist als das Große Ganze. Das ist keine neue Idee, sondern die Einsicht, die am Ende aller Ideen auf dich wartet. Wenn du nicht denkst, bist du alles. Auch wenn du denkst, bist du alles. Aber weil dir "deine" Gedanken wahrscheinlich etwas anderes erzählen, wirst du es, sofern du ihnen glaubst, vergessen – und damit deinen unerschütterlichen Frieden.

Wir stürzen uns in mühevolle Arbeit mit dem Ziel der Grenzüberwindung und Ausdehnung in Richtung der Unendlichkeit, welche unerreichbar erscheint. Doch die Wahrheit ist, dass jene Grenzen nie existiert haben und dass nichts müheloser ist, als unendlich zu sein – weil wir niemals etwas anderes waren, sind oder sein werden.
Die unendliche Weite ist kein Ziel. Start, Weg und Ziel sind Illusionen, die vorübergehend in ihr erscheinen. Sie ist da – hier und jetzt. Du bist die unendliche Weite! Nichts und niemand kann dir das jemals nehmen. Wer sollte es dir nehmen? Da ist nur die unendliche Weite. Sie ist alles, was es je gegeben hat, was es gibt und was es jemals geben wird. Sie *ist*. Du *bist*. Keine Dualität. Keine Trennung. Kein Unterschied. EIN Bewusstsein. EIN Selbst.

Wir sollten vielleicht in Erwägung ziehen, dass der Ernst des Lebens nur unsere Einbildung ist und nicht an die nächste Generation weitergegeben werden muss. Seit Jahrtausenden werden Illusionen übertragen, bis hin und wieder jemand bewusst genug ist und dem ein Ende bereitet.
Setze DU dem jetzt ein Ende!

Schlussendlich darfst du alle meine Worte wieder vergessen. Wenn du hinausgehst in die Natur und dem Gezwitscher eines Vogels lauschst, ihm wirklich zuhörst, voll und ganz, mit deiner gesammelten Aufmerksamkeit, dann wird dieser Vogel mit seinem Gesang ein weitaus effektiverer Lehrer sein, als ich es mit diesem Buch je sein könnte. Der Vogel wird dir eine Botschaft überbringen, dessen klägliche menschliche Übersetzung etwa so lautet: „Ich bin du. Du bist ich. Wir sind für immer eins. Es gibt keine Teile, nur das Ganze, die ewige Perfektion. Du bist DAS!"

„Es gibt eine Geschichte von einem religiösen Lehrer, der jeden Morgen zu seinen Schülern sprach. Eines Morgens stieg er auf das Podium und wollte gerade beginnen, als ein kleiner Vogel kam, sich auf die Fensterbank setzte und zu singen begann. Er sang aus vollem Herzen. Dann hörte er auf und flog weg, und der Lehrer sagte: 'Die Predigt für diesen Morgen ist vorbei.'"

(Jiddu Krishnamurti)

GEDICHT

Mein Motiv für dieses Gedicht
Das Leid der Menschen ertrage ich nicht
Folge mir, pack' all deine Sachen
Es wird was geschehen, und zwar das Erwachen
Bequem ist's, mit dem Strom zu schwimmen
Doch wer Wahrheit sucht, zähle nicht die Stimmen
Weisheit kommt zu keiner Stund'
Jemals aus des Volkes Mund
All die Zweifel haben keinen Sinn
Nur eins weißt du sicher: Ich bin
Aber hast du den Wunsch, dich selbst zu sehen
Dann solltest du nicht zum Spiegel gehen
Darin siehst du nur die Form
Diese Täuschung ist enorm
All die Weisen brachten uns bei
Was wir wirklich sind, ist frei
Vor und nach dem Körper bist du das Formlose
In diesem Zustand brauchst du keine Hose
Suchst du das Glück in den Formen der Welt
Dann hast du es quasi abbestellt
Dort kannst du es niemals finden
Denn all das wird verschwinden
Besitz scheint dir Befriedigung zu geben
Das ist nicht von Dauer, du wirst es erleben
Auf der Suche danach, was Frieden erzeugt
Fündig wird, wer sich der Tatsache beugt
Alle Formen werden vergehen
Nur der Geist bleibt bestehen
Durch Selbsterkenntnis wird die Angst verbannt
Daher ist der Buddha stets entspannt

Auch Jesus wollte uns den Weg aufzeigen
Doch Unverständnis war seinen Schülern zu eigen
Die wahre Lehre kam abhanden
Das hat die Kirche nicht verstanden
Die Pfarrer scheinen sie nicht zu kennen
Weshalb wir sie blinde Blindenführer nennen
Und wenn du es wagst, die Illusion zu entlarven
Werden sie dich nicht verstehen, weil sie schlafen
Die Leute glauben, du siehst Gespenster
Aber du blickst durch den Körper wie durch ein Fenster
Sei stets der unbeteiligte Zeuge
Nur so erlebst du pure Freude
Auf der Oberfläche kann sich vieles entfalten
Aber du bist tiefer und bleibst immer erhalten
Wenn du glaubst, dein Körper zu sein
Und dann brichst du dir plötzlich ein Bein
Dann schlussfolgerst du: „Ich bin verletzt"
So wird Wirklichkeit durch Illusion ersetzt
Während der Körper nur schreien kann
Verweilt der Geist und schaut es sich an
Ob der Körper ist krank oder gesund
Du bist das Bewusstsein im Hintergrund
Auch wenn die Materie liegt im Sarg
Der Tod dich nicht zu berühren vermag
Du suchst das Glück durch die Personen
Ich sage dir, das wird sich nicht lohnen
So solltest du schnell erwachen
Niemand kann dich glücklich machen
Glück gibt es nur im eigenen Wesen
Erkenne das und du wirst genesen
Die Liebe ist nicht außen, sondern innen
Also kannst du nur gewinnen

Du selbst bist die Liebe, bedingungslos
Alles, was du brauchst, liegt im eigenen Schoß
Und angesichts wahrer Liebe
Vergisst du alle Triebe
Selbstzweifel plagen dich immerzu
Aber nichts und niemand ist größer als du
Die Erkenntnis ist eigentlich schlicht
Einen Größten gibt es nicht
Im Reich der Form gibt es größer und kleiner
Aber im Formlosen – da ist nur Einer
Auf der Oberfläche scheinen sich viele zu regen
Aber darunter kann es nur Eines geben
Und du bist dieses Eine
Das ist es, was ich meine
Weil du das bist, kann nichts passieren
Es ist unmöglich, dich zu eliminieren
Verletze ich dich, so verletze ich mich
Denn ich bin du und du bist ich
Vonnöten ist das Schweigen
Nur dann wird sich das Wahre zeigen
In der Stille spürst du auf jeden Fall
Eine Präsenz – sie ist überall
Das ist das Eine, identisch mit dir
Und du findest es auch in jedem Tier
Der Verstand ist es, durch den du dich trennst
Sei einfach still und du erkennst
Es gibt nur das, keine zwei Dinge
Aber Gedanken zerschneiden es wie eine Klinge
Wir formen über uns selbst ein mentales Bild
Mit vielen Gedanken, bis der Kopf anschwillt
Wir verwechseln uns mit jenem Bild
Dadurch wird das Glück gekillt

Alle Konzepte musst du verbrennen
Sonst wirst du dich nie erkennen
Denn solange wir uns selbst beschreiben
Wird der Irrtum stets verbleiben
Das wirkt nun sehr charmant
Du bist klüger als dein Verstand
Wie dieser die Welt betrachtet, ist kurios
In der Tat, Dummheit ist grenzenlos
Glaubst du wirklich, dass du den Baum kennst
Indem du ihn benennst
Dann muss ich dir sagen, dass du pennst
'Baum' ist nur ein Wort, das du sagst
Die Realität du damit nicht zu erfassen vermagst
Geh' hinaus in die Natur
Blicke nicht auf die Uhr
Lasse einzig die Wahrnehmung zu
Interpretation ist jetzt ein Tabu
Die Schönheit des Seins ist überragend
Und die Sprache des Menschen versagend
Die Wirklichkeit hat keinen Namen
Daher möchte ich dich warnen
Alle Stempel musst du hinter dir lassen
Sonst wirst du das Wunder verpassen
Bitte vermeide diesen Frust
Denke nicht, sei nur bewusst
Bist du bereit, dich hinzugeben
Dann wird die Gnade dich erheben
Und ewiger Friede an dir kleben
Dieses Wissen ist signifikant
Leid entsteht durch Widerstand
Die Unkenntnis verursacht Not
Verdammt noch mal, es gibt keinen Tod

Wenn jemand stirbt, sackst du weinend in die Knie
Doch vergesse nicht: Bewusstsein endet nie
Wir bemerken nicht, wie wir uns selbst bestrafen
Die "Toten" sind wach und die "Lebenden" schlafen
Spielen offene Fragen jetzt noch eine Rolle
Dann empfehle ich Bücher von Eckhart Tolle
Wie du bekommst, was du vermisst
Einfach nur SEIN – wissend, dass du ewig bist
Wie du das Ziel erreichst, ohne Gefahr
Indem du erkennst: Du bist längst da
Viele suchen es in einem Dom
Dabei sind sie selbst es schon
Braune, weiße, rote, gelbe
Vor Gott ist alles dasselbe
Das Wunder des Seins
Alles ist eins
Die Grundaussage dieses Gedichts
Du bist alles und brauchst nichts
Es funktioniert nur ohne Gedankenflut
Dass du begreifst: ALLES IST GUT
Und damit es deine Umgebung erhellt
Siehe: Du bist das Licht der Welt!

SCHLUSSWORT

Dieses Buch handelte von der unerträglichen Leichtigkeit des Seins. Unerträglich ist sie jedoch nur für den menschlichen Verstand, der süchtig nach Dramen und Abenteuern ist. Zum Glück bist du nicht jener Verstand, sondern die Unendlichkeit des Lebens. Du selbst bist die "unerträgliche" Leichtigkeit und Lebendigkeit reinen Gewahrseins.

Ich habe es zwar zu Beginn des Buches bereits erwähnt, möchte jedoch nochmals betonen, dass kein Buch sämtliche Beweise für unsere Unsterblichkeit beinhalten kann, weil sie einfach zu vielfältig und zahlreich sind. Doch allein jene, die auf all den vorangegangenen Seiten vorgelegt wurden, sollten selbst den hartnäckigsten Skeptiker überzeugen können, sofern er es zulassen kann (z. B. indem er zur Abwechslung seiner eigenen Skepsis gegenüber skeptisch ist). Wer Herz und Geist öffnet, erfüllt die einzige Voraussetzung und ist bereit für das Erwachen.

Ein menschliches Leben, das ausschließlich auf der Oberfläche stattgefunden hat und in welchem sich der Mensch nie der Tiefe in sich selbst gewahr werden konnte, ist gescheitert. Es ist gescheitert, weil ein solcher Mensch nie wahres Glück und unerschütterlichen Frieden kennengelernt hat. Daher lautet ein Ratschlag von Mooji: „Lass die Flamme dieses Körpers nicht erlöschen, ohne zu wissen, dass du das Bewusstsein bist, das zeitlose Sein. Sonst hast du dein wahres Leben verpasst."

Das gewaltige Potential wird in den allermeisten Fällen nicht ausgeschöpft. Es ist so, als würde man bei einem Kontostand von mehreren Milliarden Euro Hunger leiden und ohne Obdach leben, weil man nichts davon ahnt und es folglich ungenutzt bleibt. Kaum ein Mensch mit einem solchen Vermögen würde es unberührt lassen, wenn er um seinen Reichtum wüsste. Doch leider haben wir unseren Reichtum vergessen. Erinnere dich! Du hast unendliche Schätze auf deinem geistigen Konto, vergeude sie nicht, nutze sie für gute Zwecke. Wenn du mit Selbsterkenntnis lebst, bringst du Licht in die Dunkelheit. Einen größeren Dienst kannst du Gott, deinen Mitmenschen und dieser Welt nicht erweisen.

Der nächste Schritt

Erst dann, wenn nicht mehr nur einzelne Menschen, sondern die Allgemeinheit sich für "neue" und vorerst unerklärliche Phänomene öffnen kann und es gelingt, die weitverbreitete Ignoranz und die daraus resultierende spirituelle Blindheit abzulegen, ist die gesamte Menschheit bereit für einen erheblichen Wandel, welcher gleichbedeutend wäre mit einer signifikanten Verbesserung unseres Umgangs miteinander und damit der Chance auf eine bessere Welt, in der es sich mit Freude zu leben lohnt. Der Großteil der Menschheit repräsentiert das Bewusstsein, das glaubt, auf ausschließlich einen Körper beschränkt zu sein und sich so vielfältiges Leid erschafft.

Die potenzielle nächste Stufe der menschlichen Evolution besteht darin, aus dem Formentraum zu erwachen. Menschen wie beispielsweise jene, die in diesem Buch Erwähnung fanden, sind nur die Vorhut. Sie wurden vorausgeschickt, um den Weg zu ebnen. Immer wieder wird in der spirituellen "Gemeinde" von einem globalen Bewusstseinswandel gesprochen, einer kollektiven Transformation des menschlichen Geistes. Selbstverständlich findet diese Möglichkeit in den täglichen TV-Nachrichten keine Erwähnung. Dafür ist es nicht spektakulär genug. Ein Sprichwort besagt:

„Ein Baum, der gefällt wird, verursacht viel Lärm.

Aber einen wachsenden Wald hört man kaum."

Die meisten der wirklich bedeutenden Entwicklungen geschehen allmählich und heimlich im Stillen. Ein kollektives Erwachen der Menschheit halte ich dennoch für sehr unwahrscheinlich bis nahezu ausgeschlossen. Natürlich bin ich gern bereit, mich eines Besseren belehren zu lassen. Ich bin felsenfest davon überzeugt, dass es unmöglich ist, unseren ewigen Kern aus Liebe dauerhaft zu unterdrücken.

Zwar bin ich bereits darauf eingegangen, möchte jedoch nochmals nachdrücklich betonen, dass niemand von all den Erkenntnissen, die in diesem Buch vorgestellt wurden, ausgeschlossen ist. Unser wahrer Wesenskern bleibt in ausnahmslos jedem Fall immer rein und unschuldig.

Es ist gleichgültig, was du getan hast – du bist und bleibst göttliches Gewahrsein und als solches die Unschuld selbst.

Schwerverbrecher werden oft als geisteskrank bezeichnet. Aber solange wir nicht wissen, wer wir sind, sind wir alle mehr oder minder geisteskrank. Lediglich die Intensität unterscheidet sich.

„Jeder von uns ist ein weiser Guru, verkleidet als Geistesgestörter.", so der Musiker Jamie Catto. Der spirituelle Lehrer Mooji bediente sich gänzlich anderer Worte, wies damit jedoch auf dasselbe Faktum hin: „Die Welt ist voll von Buddhas, aber sie schlafen."

Wenn jemand hinsichtlich seines Verhaltens außer Kontrolle zu geraten scheint, werfen wir ihm vor: „Du hast den Verstand verloren!"

Es ist aber gerade dieser Verstand (und niemals das Herz), der für alle Schandtaten des Menschen verantwortlich ist. Es sind krankhafte Gedanken, die uns an Illusionen glauben und folglich bspw. rassistisch werden lassen. Demnach ist der Verlust des Verstandes hier nicht die Krankheit, sondern die potenzielle Heilung.

Die bestmögliche Lösung wäre jedoch eine Verfügbarkeit des Verstandes, wenn wir ihn wirklich gebrauchen können. Die richtige Anwendung ist entscheidend. Du kannst ein Feuer verwenden, um ein Haus niederzubrennen. Du kannst es aber auch einsetzen, um frierenden Menschen Wärme zu spenden. Der Verstand kann dein Freund sein, aber ebenso dein "Feind". Von maßgeblicher Bedeutung ist Ausgewogenheit. Du solltest seine Grenzen kennen und ihn nur dann um Rat fragen, wenn das zu lösende 'Problem' nicht über seine eigentliche Bestimmung hinausgeht und seine Fähigkeiten nicht überfordert. Andernfalls wird er dir nicht nur nicht helfen, sondern neue Probleme kreieren und dir ggf. sogar schaden: „Ein Geist, der nur Logik ist, gleicht einem Messer, das nichts ist als Klinge. Die Hand wird blutig beim Gebrauch." (Tagore) Mit dem Verstand ist es wie mit einem Hammer: Bei übermäßigem Gebrauch kann er abnutzen. Der Körper benötigt Pausen, so auch der Verstand. Unsere sinnlosen Gedankenkreisläufe sind die reinste Energieverschwendung. Mindestens 90 % unserer Gedanken sind vollkommen nutzlos und dienen nur als Sorgennahrung. Man bringt uns leider bei, Gedankenstille mit Dummheit gleichzusetzen. Wer nicht viel nachdenkt, gilt als dämlich. Doch wer nicht viel nachdenkt, ist nicht dumm, sondern glücklich! In den Worten von Jesus: „Selig sind, die da geistlich arm sind; denn ihrer ist das Himmelreich." Wer frei ist von Gedanken, kann die unendliche Weite des Seins und damit Seligkeit erfahren.

Tatsächlich sind Gedanken, die nach der Gedankenstille aus der Tiefe emporsteigen, oft von einer fantastischen Frische und Klarheit geprägt. Viele Menschen haben unter Beweis gestellt, dass der Verstand durchaus als wundervolles Werkzeug dienen kann, insbesondere dann, wenn er in aller Bescheidenheit seiner Quelle zugewandt ist und somit stets demütig bleibt. Ohne den Gebrauch 'meines' Verstandes hätte ich dieses Buch nicht schreiben können. Die bereichernden Erkenntnisse stellen sich ohne Gedanken ein, werden aber gedanklich und schließlich sprachlich zum Ausdruck gebracht, um an Mitmenschen vermittelt zu werden. Ich hoffe, dies ist gelungen. Der Verstand, der dieses Buch ermöglichte, richtet sich nicht (nur) an deinen Verstand, sondern an dein Herz.

„Trotz allem glaube ich immer noch, dass die Menschen
tief in ihrem Herzen wirklich gut sind." (Anne Frank)

Im Herzen sind wir alle rein. Wenn wir die Reinheit nicht sehen, haben wir einfach nicht tief genug geschaut. Unser wahrer Wesenskern kennt die Antwort schon und weiß bereits jenseits aller Zweifel, dass wir nicht die kleinen Fragmente sind, für die wir uns halten.

Es fällt auch mir schwer, dem menschlichen Verstand zu vertrauen (weshalb ich das kollektive Erwachen für ausgesprochen unwahrscheinlich oder zumindest fraglich halte).

Weil dafür aber mein Gottvertrauen umso größer ist, verliere ich trotz allem niemals die Zuversicht und insbesondere die Lebensfreude. Meine Liebe zu Gott liegt jenseits all meiner Möglichkeiten, Empfindungen durch Worte der menschlichen Sprache auszudrücken.

Diese Liebe ist sonderbar, über alle Maßen hinaus erfüllend und kann mit keinem Gefühl jemals angemessen verglichen werden. Nur wer sie selbst im Herzen verspürt, kann das verstehen.

„Erinnere dich so sehr an Gott, dass du dich selbst vergisst."
(Rumi)

Der große persische Dichter bezog sich auf das kleine, persönliche 'Ich', das in den Hintergrund rückt, sobald wir uns dem Göttlichen voll und ganz zuwenden. Im Folgenden bediene ich mich derselben Worte, verweise damit jedoch auf unser wahres Selbst, weshalb die Aussage zwar im Widerspruch zu jener von Rumi zu stehen scheint, aber im Grunde eine identische Bedeutung hat... Wer Gott vergisst, vergisst sich selbst. Wenn du vergisst, wer du wirklich bist, dann vergisst du Gott.
Jeder dürfte die unvergessliche Szene aus dem Film "König der Löwen" kennen, in der Mufasa im Nachtodkontakt zu seinem Sohn Simba sagt: „Du hast mich vergessen. Du hast vergessen, wer du bist – und somit auch mich. Hör auf dein Herz! Vergiss niemals, wer du bist! Erinnere dich!" ... Daraufhin erinnert sich Simba und kehrt nach Hause zurück. Vielleicht, so hoffe ich, konnte dieses Buch dazu beitragen, auch in dir die Erinnerung an deine Göttlichkeit zu wecken, damit du fortan ohne Zweifel und daraus resultierende Ängste leben und in dein wahres Zuhause zurückkehren kannst: den Palast innerer Glückseligkeit. Dich in die Lage zu versetzen, diesen unbeschreiblich prächtigen Palast furchtlos zu betreten (und bestenfalls dauerhaft zu bewohnen), war das Ziel unserer gemeinsamen Expedition.
Es gibt zwei Fragen, die du dir vor Beginn deiner eigenen Forschungsreise stellen musst und deren Beantwortung nur dadurch sichergestellt wird, dass man sie absolut priorisiert, so lange und intensiv wie möglich.
1. Wer oder was bin ich wirklich? 2. Gibt es tatsächlich einen Gott?
Du musst nichts so dringend herausfinden wollen wie das und dich dementsprechend voll und ganz in die Erforschung dieser beiden bei weitem

wichtigsten Fragen des Lebens hineinstürzen. Dieses Buch dient dem Zweck, sie unmissverständlich zu beantworten. Leider kann ich mich aber nur der armseligen menschlichen Sprache bedienen, um dir zu versichern, dass es Gott tatsächlich gibt und dass das, was du wirklich bist, niemals von Ihm getrennt werden kann. Diese unerschütterliche Gewissheit hat das vorliegende Buch ins Dasein gerufen. Ohne die unmittelbare, absolut zweifelsfreie Gotteserfahrung wäre es nicht entstanden.

Gotteserkenntnis und Selbsterkenntnis unterscheiden sich letztendlich nicht voneinander. Vor allem haben sie denselben Effekt...
Wenn du Gott kennst, weißt du, dass du für immer und ewig geborgen bist. Wenn du dein wahres Selbst kennst, weißt du, dass du unsterblich bist. Beide Erkenntnisse führen zum Tod aller Angst.

„Geht nun mit Gott und habt keine Angst! Lasst Gott vor euch hergehen, um euch zu führen und zu leiten, lasst Ihn hinter euch hergehen, um euch zu beschützen, unter euch, um euch Sicherheit zu geben, und lasst Ihn als Freund neben euch gehen. Geht nun, geht mit Gott – und habt keine Angst! Amen." (John Claypool)

Dieses Buch wird seinen Autor wahrscheinlich überdauern und hoffentlich noch eine Quelle der Inspiration für Menschen sein, wenn Simon längst zu Staub zerfallen ist. Aber kein Buch ist für die Ewigkeit, denn die menschliche Sprache wird irgendwann in Vergessenheit geraten. Unsere Spezies und auch der wunderschöne Planet, den wir bewohnen dürfen, wird – ebenso wie vermutlich sogar das gesamte Universum – eines Tages verschwinden. Es gibt keinen Grund, angesichts dessen ängstlich oder traurig zu sein. Es sei dem Traum gestattet, zu enden. Möge diese vergängliche Erscheinung in deinen ebenfalls vergänglichen Händen dich immerzu an das erinnern, was nicht vergänglich ist: dein eigenes Selbst, das ewige Leben, das reine Bewusstsein, das göttliche Gewahrsein, die unendliche Weite, die ewige Vollkommenheit des Seins.

Ich danke dir von Herzen für deine Aufmerksamkeit und die Bereitschaft, mich auf diesem Tauchgang zu begleiten. Abschließend erlaube ich mir, dir noch etwas für alle weiteren Abenteuer mit auf den Weg zu geben: Genieße das Leben! Ich meine damit nicht die Lebensumstände. Natürlich kannst du dich auch an denen erfreuen, solange sie angenehm sind. Aber selbst wenn sie sich nicht mehr erfreulich gestalten, kannst du dich immer noch am Leben erfreuen, denn es ist unabhängig davon. Das Leben, das du bist, ist immer rein und vollkommen.
Es ist die ewige Vollkommenheit des Seins!
Spüre so oft wie möglich die pure Lebendigkeit in dir.
Vertraue Gott mit ganzem Herzen.
Sei einfach bewusst das, was du bist – und alles ist gut.

„Erinnere dich immer daran, dass alles gut ist.
Alles ist gut.
Alles ist vollkommen in Ordnung.
Vergiss das nie.
Denke nicht darüber nach.
Versuche nicht, es zu analysieren.
Akzeptiere es einfach in deinem Herzen.
Alles ist gut, Punkt, Ende.“

Robert Adams

DANKSAGUNG

Aus der Tiefe meines Herzens danke ich ...

- Franz für die einzigartige Freundschaft. Als er vom Sterbebett aus mit dem Finger auf mich zeigte, sagte er zu meiner ebenfalls anwesenden Mutter: „Mein bester Freund."
Ich werde ewig unendlich dankbar sein für diesen und alle weiteren unvergesslichen Momente, die mein menschliches Dasein stärker bereichert haben als Worte jemals ausdrücken könnten.
Vor allem möchte ich Franz von ganzem Herzen dafür danken, dass er mir eindrucksvoll die Möglichkeit demonstriert hat, unter keinen Umständen jemals den Humor zu verlieren.
Wenn meine Zeit gekommen ist, diesen Körper hinter mir zu lassen, dann wird die Freude, Franz' Gesellschaft wieder genießen zu können, jede Bindung an dieses irdische Reich übertreffen.
Ich freue mich auf das Wiedersehen!

- Mama und Papa für die bedingungslose Liebe und all die Opfer, die sie für mich gebracht haben.
Zusätzlich danke ich meinem Vater für die stetigen Bemühungen, mir Gott so früh wie möglich nahezubringen, sodass in mir schon als Kind die Liebe zu Ihm erblühen konnte.

- Meiner Schwester Lina dafür, dass sie mit ihrem reinen Herz diese Welt zu einem besseren Ort macht.

- Meinen beiden gleichnamigen Tanten Birgit und Birgit für die liebevolle Unterstützung!

- Meinem Patenonkel Ewald für die großartige Inspiration!

Neben meinem Vater war Ewald sicherlich einer der wichtigsten Vermittler 'zwischen' Gott 'und' mir.

- Meiner weisen Herzensfreundin Corinna für die kostbare spirituelle Verbindung! Es besteht kein Zweifel daran, dass wir uns nicht erst in diesem Leben kennengelernt haben.

- Sabine Mehne für den bereichernden Kontakt, die lieben Worte für dieses Buch und ihre jahrzehntelange Arbeit mit dem Ziel, Wahrheit in diese Welt zu bringen. Wir singen dasselbe Lied!

- Axel für die schöne Zeit, die er meiner Mutter geschenkt hat.

- Unseren Hunden Dana und Inka für die auf übermenschlicher Liebe basierende Freundschaft.

Außerdem richte ich ein herzliches Dankeschön an alle meine Verwandten und Freunde, die hier keine namentliche Erwähnung gefunden haben.

Ohne euch alle wäre dieses Buch nicht möglich gewesen.
Ihr seid eine unaussprechliche Bereicherung.
Ich liebe euch!

Abschließend danke ich Gott. Einfach für alles.

Danke für die Erkenntnis, dass ich alles bin.
Nichts ist so schön, wie das zu erkennen
und mit dieser Erkenntnis zu leben.

Literatur-Empfehlungen

Ribhu Gita

Avadhuta Gita

Ashtavakra Gita

Know Yourself – Balyani

Stille spricht – Eckhart Tolle

Der Gesang des Seins – Papaji

Eine neue Erde – Eckhart Tolle

Sei, was du bist – Ramana Maharshi

Bewusstsein ist alles – Rupert Spira

Das Wunder des Seins – Jeff Foster

Endloses Bewusstsein – Pim van Lommel

Erkundung der Ewigkeit – J. Steve Miller

Das Buch des Lebens – Jiddu Krishnamurti

Kollision mit der Unendlichkeit – Suzanne Segal

Autobiographie eines Yogi – Paramahansa Yogananda

Weitere Bücher des Autors

Über Gott und die Welt (2015)   Du bist Bewusstsein (2017)

Die Essenz der Spiritualität (2017)   Tiere – Faszinierende Fakten (2018)

Du bist das Selbst,
das vollkommene,
unveränderliche Selbst.
Nichts anderes existiert.
Nichts anderes hat jemals existiert.
Nichts anderes wird jemals existieren.
Es gibt nur ein Selbst – und Das bist Du.
Freue dich!

Robert Adams

Dieses ist das Letzte,
der Anfang und das Ende
und das Absolute.
Da gibt es nur ein Gefühl
unglaublicher Weite und
unendlicher Schönheit.

Jiddu Krishnamurti